中国民族研究年鉴

2001年卷

揣振宇　华祖根　主　编
李　彬　邸永君　副主编

民族出版社

2002年

责任编辑：吕志超　张宝锁　张嘉林　许英姬　图亚　杨青
装帧设计：翟跃飞

图书在版编目(CIP)数据

中国民族研究年鉴.2001年/揣振宇等主编.—北京：民族出版社,2002.12
ISBN 7-105-05273-2

Ⅰ.中… Ⅱ.华… Ⅲ.民族学—研究—中国—2001—年鉴
Ⅳ.K28.54

中国版本图书馆CIP数据核字(2002)第087648号

ISBN 7-105-05273-2

9 787105 052738 >

民族出版社出版发行
(北京市和平里北街14号　邮编100013)
网址：http://www.e56.com.cn
民族出版社微机照排　艺辉印刷厂印刷
各地新华书店经销
2002年12月第1版　2002年12月北京第1次印刷
开本：850×1168毫米　1/32　印张：24.5　字数：600千字
印数：0001—1100册　定价：60.00元

编辑说明

一、《中国民族研究年鉴》自1993年以来每年出版一卷，目的是对本年度民族研究学科所取得的主要成绩和进展作一简要的介绍和评价。

二、《中国民族研究年鉴》2001年卷向读者展示的是2001年度我国民族研究的有关情况。本卷由九个栏目组成。《民族研究百年回顾》专栏，分别回顾了20世纪中国契丹、女真史研究，百越民族史研究，阿尔泰语系语言研究的概况。《特稿》专栏分别介绍了中南民族学院、西藏民族学院、四川省民族研究所、台湾人类学民族学教学与研究机构、香港中文大学人类学系。此外，本卷还设有《学科研究进展概况》、《学术热点问题座谈》、《学者访谈》、《年内逝世学者介绍》、《学术活动》、《书目·索引》和《附录》等栏目。

三、本卷的栏目设置和内容安排，虽经多次征求各方面的意见，但仍恐有遗漏和不妥之处，热忱欢迎读者提出宝贵的批评和改进意见，以便我们今后的编辑工作能够有所提高。

《中国民族研究年鉴》编辑部

2002年8月

目　录

民族研究百年回顾

特　稿

学科研究进展概况

学术热点问题座谈

学者访谈

年内逝世学者介绍

学术活动

书目·索引

附　　录

·民族研究百年回顾·

契丹、女真史研究百年综述

孙进己　　孙　泓

契丹族和女真族是我国历史上居住于东北地区的主要民族。契丹族、女真族分别于公元 10 世纪、12 世纪先后占据了北中国，建立了辽王朝和金王朝，12 世纪辽为女真所灭。13 世纪金被蒙古所灭，契丹族、女真族以后大都融入于我国汉、蒙古、满等各族之中。契丹史女真史在中华民族历史中占有重要地位。

我国契丹史女真史的研究早在 20 世纪上半叶就开始了，而且有了一批重要的成果。但长时间契丹史女真史的研究一直附属于辽代史和金代史的研究中，因而影响了对辽金以前的契丹女真及以后的契丹女真的研究。直到 1982 年中国辽金契丹女真史研究会成立，才明确将契丹、女真民族史和辽朝、金朝史并列，宣告了它们的分离①。1984 年孙进己著文阐明了契丹史、女真史作为民族史与辽史、金史作为断代史的区别。提出了契丹史、女真史是研究

① 中国辽金契丹女真史研究会秘书处：《中国辽金契丹女真史研究会成立大会文献》，《辽金契丹女真史研究》创刊号，1982 年。

契丹、女真民族形成和发展的历史，其上下限不限于辽金，要包括辽金以前及以后的历史。从契丹史而言，北魏至隋唐可作为契丹族形成史，辽代是契丹族发展鼎盛史，辽以后为契丹族消亡史。从女真史而言，辽以前作为女真族源史，辽代女真为女真前期史，金代为女真中期史，元明为女真后期史；其范围要小于辽金史，不包括辽金代其他各族的历史，仅在契丹女真和其他各族关系中涉及；其内容着重研究契丹、女真民族共同体民族特征的变化发展，注意契丹女真地域经济、语言、文化习俗和其他各族的区别①。这就为契丹史、女真史从辽金史中独立出来奠定了理论基础，促进了契丹史、女真史专业的独立发展②。

近20年中，各地区又多次专门召开了关于契丹史、女真史的学术研讨会，专门研究契丹史、女真史的论著日益增多，总数达数千篇，而有关的论著更多③。仅列其题、作者就要数十万字，因此，本文不可能面面俱到地介绍20世纪我国学者在契丹史、女真史领域所做的大小工作，而只能围绕契丹史、女真史研究中的一些主要问题，介绍已取得的重要成绩和存在的问题。而且偏重介绍一些宏观的研究文章，对不少具体一时一事一人一物的论著，就大都只能割爱了。

此外，本文是综述我国学者的研究，对国外学者的研究成果就不涉及了。港台学者的研究成果尽可能包括在内，但限于资料来源的困难，可能搜集不全，或有遗漏，请原谅。

---

① 孙进己：《关于契丹和女真史研究的几个问题》，《辽金契丹女真史研究动态》1984年第1期。

② 朱广文主编、金北人审编：《金史及女真史研究论著编年索引》，中国辽金契丹女真史研究会1993年印；孙泓等编：《20世纪辽金契丹女真史论著索引》，2001年。

③ 朱广文主编、金北人审编：《金史及女真史研究论著编年索引》，中国辽金契丹女真史研究会1993年印；孙泓等编：《20世纪辽金契丹女真史论著索引》，2001年。

一、20世纪我国契丹史研究综述

本节拟分六个部分,即总论,族源与族属,北魏至隋唐的契丹,辽代契丹的经济、政治及民族关系,辽代文化,金元的契丹及契丹族的流向,各部分再按专题进行综述。

(一)契丹史总论的研究

我国对契丹史的研究从20世纪上半叶就开始,最早者有冯家升、方壮猷、陈述等人。20世纪后半期研究者日益增多,主要有张正明、孙进己、冯继钦、于宝林、黄凤岐等人。冯家升论述了契丹名号的起源、契丹之始、契丹的祖先、契丹的国号、契丹字义之解释等,成为契丹史开创之作①。方壮猷也对契丹民族史作了全面考证,论述了契丹的国号、官名、王号、地名等。但当时还没有真正把契丹作为一个民族来研究②。陈述始对契丹史作了广泛的研究,先后发表了大量论文,并出版了专著,全面论述了契丹民族的起源及构成等,但在当时契丹史和辽史还没有明确区分,因此长期附属在辽史中③。张正明著《契丹史略》,论述辽以前契丹的历史分为三期:古八部、大贺时期、遥辇时期,也论述了金元的契丹族及最后与汉、女真、蒙古人同化,但主要篇幅还是论述辽代契丹,具体论述了辽代的蕃汉二元及契丹社会的三个等级:贵族、平民、贱民④。孙进己始明确论述了契丹史和辽史的区别,促进了契丹史研究的发展。他认为:契丹史作为民族史和辽史作为朝代史,在时限、范围、内容诸方面都有区别;契丹史应包括辽以前及以后的契丹,但不包括辽代的汉族和其他族;契丹史作为民族史应着重研究契丹

① 冯家升:《契丹名号考释》,《燕京学报》第13期,1933年。
② 方壮猷:《契丹民族考》,《北师大学术季刊》,第2、3期。
③ 陈述:《契丹史论证稿》,北平研究院史学所,1948年。
④ 张正明:《契丹史略》,中华书局1979年版。

民族形成发展消亡的历史与辽史作为朝代史主要研究辽代国家的政治、经济、文化发展不同[①]。许多学者论述了契丹族加入我国统一多民族国家及中华民族的历程。王玉哲认为契丹到辽代还没有形成国内民族，一直到元朝契丹与汉族才正式变为一国之内的兄弟民族[②]。孙祚民认为当我国还未形成统一的多民族国家的历史过程以前，显然是不能把当时一些还作为独立的民族国家，如匈奴、突厥、契丹和女真、蒙古等划为汉、唐、宋、明等王朝的组成部分[③]。翦伯赞认为，契丹族的活动地域是在今天中国疆域内，因此契丹族自古以来就是中国的一部分[④]。孙进己认为契丹族加入中国统一多民族国家的过程始于北魏终于隋唐[⑤]。契丹族最早融入他族始于北齐，唐代有部分融入突厥和汉族，主要在辽金元时期完成[⑥]。

对契丹族在历史上的作用，多数学者都是肯定的。如陈述认为契丹主要贡献是沟通长城南北，奠定了祖国统一的基础；开发东北、北方，稳定祖国北疆；促进社会经济发展；对于文化的贡献；对宋金元明清的影响[⑦]。张正明认为：长城以北的开发和燕云地区

---

① 孙进己：《关于契丹和女真史研究的几个问题》，《辽金契丹女真史研究动态》1984年第1期；孙进己：《开创契丹史研究的新阶段》，《辽金契丹女真史研究》1986年第2期。

② 王玉哲：《中国古代史上的民族问题》，《南开大学学报》1980年第2期。

③ 孙祚民：《处理历史上民族关系的几个重要准则》，《历史研究》1980年第5期。

④ 翦伯赞：《关于处理中国史上的民族关系问题》，《中央民族学院学报》1979年第1—2期。

⑤ 孙进己：《我国历史上民族关系的几个问题》，《中国民族关系史研究》，中国社会科学出版社1984年版；孙进己：《契丹族加入中国统一多民族国家的过程》，《北方民族史研究》(一)，中州古籍出版社1994年版。

⑥ 孙进己：《契丹族融入中华各族的过程》，《北方民族史研究》(一)，中州古籍出版社1994年版。

⑦ 陈述：《契丹的壮大及其对于祖国历史的贡献》，《契丹政治史稿》，人民出版社1986年版。

的稳定发展,加强了北方民族与汉族的联系,沟通东西交流的渠道[①]。朱子方、杨树森、王承礼、林树山都支持以上之说[②]。但孙进己却认为对契丹族在历史上的贡献评价不能过高,要实事求是,不能把契丹族以前及以后北方民族的总体贡献都归于契丹族,更不能把契丹统治下的汉、渤海等族的贡献全归契丹族,同时也要充分认识契丹族尤其是契丹统治者的破坏作用[③]。

研究契丹名称者有:冯家升首先对契丹名号进行考释[④];嵇训杰对契丹族名称及契丹民族的形成、发展、消亡进行研究[⑤];陈述论述了契丹名称的异译和释义[⑥];即实对契丹国号提出了自己的解释,邱久荣对之提出了质疑[⑦];王禹浪又论述了契丹称号的含义与民族精神;张博泉也著文论述了契丹和辽的名称[⑧];艾荫范论述了契丹民族精神与近世北中国区域文化特色[⑨]。

(二)契丹族源研究

研究契丹族源的论著甚多,但众说纷纭,长期无定论。有主张

① 张正明:《契丹的历史贡献和辽朝的历史地位》,《中国北方民族关系史》,中国社会科学出版社 1987 年版。

② 朱子方:《契丹族建立辽朝及其开发我国北部边疆的历史作用》,《辽金契丹女真史研究》1987 年第 1 期;杨树森、王承礼:《辽朝的历史作用初论》,《辽金史论集》第二辑,书目文献出版社 1987 年版;林树山:《契丹人及其历史作用》,《辽金契丹女真史研究》1988 年第 2 期。

③ 孙进己:《契丹族在历史上的作用》,《北方民族史研究》(一),中州古籍出版社 1994 年版。

④ 冯家升:《契丹名号考释》,《燕京学报》第 13 期,1933 年。

⑤ 嵇训杰:《关于契丹族名称、部落组织和源流的若干问题》,《中国史研究》1985 年第 2 期。

⑥ 陈述:《契丹名称的异译和释义》,《契丹政治史稿》,人民出版社 1986 年版。

⑦ 即实:《契丹国号解》,《社会科学辑刊》1983 年第 1 期;邱久荣:《契丹国号解质疑》,《中央民族学院学报》1983 年第 4 期。

⑧ 王禹浪:《契丹称号的含义与民族精神》,《中国北方文化国际学术研讨会论文集》,中国文史出版社 1995 年版。

⑨ 艾荫范:《契丹民族精神与近世北中国区域文化特点》,《阜新社会科学》1992 年第 6 期。

契丹起源于宇文氏[①];有认为契丹起源于鲜卑[②];有认为契丹接近于匈奴[③];有认为契丹是屡经混合之种族[④];有认为契丹所从出宇文氏是匈奴人与鲜卑人相互融合的产物[⑤];有主张契丹起源于乌桓[⑥];有主张契丹大贺氏起源于拓跋鲜卑贺兰氏[⑦];有主张契丹是鲜卑宇文部外的另一部,是鲜卑东部诸邑之后[⑧];有认为契丹是鲜卑族的一个别支,古称莗于、审吉、弥加、木津[⑨]。

所以产生这些分歧意见,是由于古代文献记载就有分歧,因此,有些人试图从考古上研究契丹及其先人的遗存着手,从确定契丹先人的考古文化是近于匈奴文化或鲜卑文化,还是两种文化的混合,以协助族源的确定。如张柏忠对契丹早期文化的研究[⑩],田立坤、孙进已对宇文鲜卑文化的研究[⑪]。但这个研究还刚起步,不足以定论。此外,还有人试图从契丹人骨的人种鉴定着手,分析测

---

① 冯家升:《契丹名号考释》,《燕京学报》第13期,1933年。

② 盛襄子:《契丹源流说略》,《新亚细亚》1936年3月;张正明:《契丹史略》,中华书局1979年版;杨树森:《辽史简编》,辽宁人民出版社1984年版;舒焚:《辽史稿》,湖北人民出版社1984年版。

③ 王民信:《契丹民族溯源》,《新时代》第11卷,第6—7期。

④ 陈述:《契丹史论证稿》,北平研究院史学所1948年;陈述:《契丹政治史稿》,人民出版社1986年版;冯季昌、白广瑞:《契丹族源新考》,《辽金史论集》第七辑,中州古籍出版社1996年版。

⑤ 景爱:《契丹的起源与族属》,《史学集刊》1984年第2期。

⑥ 陈可畏:《契丹的族源、早期的社会形态与文化》,《辽金史论集》第七辑,中州古籍出版社1996年版。

⑦ 赵振绩:《契丹族系源流考》,台湾文史哲出版社1992年版。

⑧ 孙进已:《东北民族源流》,黑龙江人民出版社1987年版;干志耿、孙秀仁:《黑龙江古代民族史纲》,黑龙江人民出版社1987年版;孙进已:《契丹族融入中华民族的过程》,《北方民族史研究》(一),中州古籍出版社1994年版。

⑨ 嵇训杰:《关于契丹族名称、部落组织和源流的若干问题》,《中国史研究》1985年第2期。

⑩ 张柏忠:《哲里木盟发现的鲜卑遗存》,《文物》1981年第2期;张柏忠:《契丹早期文化探索》,《考古》1984年第2期;哲里木盟博物馆:《内蒙古哲里木盟发现的几座契丹墓》,《考古》1984年第2期。

⑪ 田立坤:《三燕文化遗存的初步研究》《辽海文物专刊》1991年第1期;孙进已:《宇文鲜卑的考古文化》,《北方民族史研究》(一),中州古籍出版社1994年版。

定了乌兰察布豪贝营出土的契丹人骨,但认识也不一致;时墨庄认为与南杨家营子出土的鲜卑人骨相近,并与近代蒙古族有关①;邵福根认为基本属于南亚蒙古人种与东亚蒙古人种的特征②;朱泓认为明显与北亚蒙古人种南杨家营子古代组、蒙古近代组及通古斯近代组间的接近倾向③;朱泓又分析了赤峰山咀子契丹人骨,认为辽代契丹族与汉代鲜卑族在基本体质特征上确实存在着某种接近的倾向,而扎赉诺尔、杨家营子鲜卑居民中的低颅可能是出于某些匈奴人血统与鲜卑人混杂融合所致④。这种认识的不一致和结论的模糊,反映了这方面研究还不成熟。有人认为与理论上还存在问题有关⑤。有些人则从研究契丹语言去探索契丹的族属、族源⑥。

也有人主张契丹的起源仅应追溯至白马青牛两民族结合后于北魏初年衍出八个部落⑦。冯永谦批驳了此说,认为仍应向前推⑧。关于青牛白马传说产生的时间,认识也有分歧,有认为不早于唐代⑨,有主张更早的⑩,有定在公元4世纪,并将奇首可汗作为

---

① 时墨庄:《二号墓契丹男性人骨的测定》,《契丹女尸》,内蒙古人民出版社1985年。

② 邵福根:《契丹女尸体质形态的研究》,《契丹女尸》,内蒙古人民出版社1985年。

③ 朱泓:《契丹人种初窥》,《辽海文物学刊》1990年第2期。

④ 朱泓:《契丹族的人种类型及其相关问题》,《内蒙古大学学报》1991年第2期;朱泓:《人种学上的匈奴、鲜卑、契丹》,《北方文物》1994年第2期

⑤ 孙进己:《关于东北民族史研究中的一些理论问题》,《民族研究》1999年第5期。

⑥ 刘凤翥:《略论契丹语的语系归属与特色》,《大陆杂志》1992年第5期;于宝林:《契丹民族语言的初步探查》,《契丹古代史论稿》,黄山书社1998年版。

⑦ 李德山:《也评东北民族源流》,《光明日报》1988年10月19日。

⑧ 冯永谦:《关于契丹族与奚族起源的几点意见》,《辽金契丹女真史研究》1988年第2期。

⑨ 王民信:《契丹古八部与大贺迭剌的关系——附耶律述律二姓试释》,台湾《史学汇刊》1972年第4期。

⑩ 赵光远:《试论契丹族的青牛白马传说》,《北方文物》1987年第2期。

契丹始祖与此传说联在一起[1]。

(三)北魏至隋唐时期的契丹研究

总论北魏至隋唐契丹的有张正明的《契丹史略》、杨树森的《辽史简编》、舒焚的《辽史稿》、陈述的《契丹政治史稿》、孙进己的《辽以前契丹族的发展》及《北方民族史研究》、于宝林的《契丹古代史论稿》等[2]。具体论述各专题者有冯继钦论述了契丹、库莫奚公元344年从宇文鲜卑分出,又于公元388年两者分离[3]。任爱君亦讨论了契丹、库莫奚的先世及其关系[4]。孙进己、张柏忠论述了契丹早期地域的变迁,大致从"松漠之间"(今赤峰地区),于公元5世纪迁白狼水东(约在今北票、阜新、彰武一带),隋唐时西起老哈河,东至辽河,南至朝阳[5]。邓玖、李品清、黄凤岐等相继论述了契丹族在阜新的活动[6]。

对辽以前契丹社会的发展论述者甚多,但分歧较大。晖轩认为辽以前的契丹保存着浓厚的氏族社会遗风,如实行世选制[7]。

---

① 舒焚:《契丹族始祖奇首可汗》,《辽金契丹女真史研究》1986年第1期;徐世勋:《契丹先世的神话及其发生时代》,《华北日报》1935年8月1日。

② 张正明:《契丹史略》,中华书局1979年版;杨树森:《辽史简编》,辽宁人民出版社1984年版。舒焚:《辽史稿》,湖北人民出版社1984年版;陈述:《契丹政治史稿》,人民出版社1986年版;孙进己:《北方民族史研究》(一),中州古籍出版社1994年版;孙进己:《辽以前契丹族的发展》,《辽金史论集》第七辑,中州古籍出版社1996年版;于宝林:《契丹古代史论稿》,黄山书社1998年版。

③ 冯继钦:《契丹、库莫奚分立的时间问题》,《辽金契丹女真史研究》1986年第1期。

④ 任爱君:《登国年间北魏与契丹史事探赜》,《昭乌达蒙族师专学报》1990年第4期;任爱君:《契丹与库莫奚的先人及其关系略述》,《昭乌达蒙族师专学报》1989年第2期。

⑤ 孙进己、张柏忠:《契丹早期地域考》,《辽金契丹女真史研究》1986年第1期。

⑥ 李品清:《阜新地区为契丹故地考述》,《辽金契丹女真史研究》1988年第2期。黄凤岐:《阜新地区与契丹族》,《阜新文化》1991年第2期;王弘达:《契丹族在阜新地区遗迹综述》,《阜新辽金史研究》二,1995年。

⑦ 晖轩:《契丹民族之社会经济的结构》,《中原文化》第6号,1934年。

杨志玖认为契丹社会到辽是从氏族制跃进到封建制[①]。张博泉认为在阿保机前雅里时,已由奴隶制转向宗法游牧封建制,而阿保机建立的政权则是以农业为主的封建政权[②]。华山、费国庆认为北魏至隋时部落联盟已逐步形成,大贺氏时奴隶制最初萌芽,从鲜质可汗起已处于军事民主主义时期,阿保机才正式建立起半汉化的封建国家[③]。赵卫邦认为契丹在大贺氏时是部落及部落联盟制,遥辇氏时部落组织破坏,阿保机以后由奴隶制向封建制过渡[④]。驼峰认为4—10世纪契丹人属父系氏族公社时期,6世纪前属初期,以后为军事民主主义,阿保机后一跃而为封建社会[⑤]。蔡美彪认为古八部还没有统一的联盟,仅有互为兄弟的血缘关系,隋代形成松散的联合,唐代形成永久的联盟、酋长世选制,阿保机建立国家[⑥]。张正明认为古八部时期已是牧民的比邻公社,无部落联盟,大贺氏时建立部落联盟出现了部落贵族和家奴。遥辇时原始社会解体,遥辇联盟是军事民主主义的部落联盟。阿保机后封建制占主导[⑦]。孙进己、白新华认为:北魏到北齐契丹仍处于父系社会早期,野蛮中期,从隋到唐中期契丹部落联盟形成进入野蛮高级阶段向阶级社会过渡,遥辇氏时契丹进入世袭制形成小型的早期国家[⑧]。张广志认为契丹未经过奴隶制,由原始社会直接过渡到封

---

① 杨志玖:《十世纪契丹社会发展的一个轮廓》,《南开大学学报》1956年第1期。

② 张博泉:《略谈对契丹社会性质的看法》,《史学月刊》1956年第6期。

③ 华山、费国庆:《阿保机建国前契丹社会试探》,《文史哲》1958年第6期。

④ 赵卫邦:《契丹国家的形成》,《四川大学学报》1958年第2期。

⑤ 驼峰:《对四世纪末到十世纪初契丹族社会历史的分期》,《内蒙古师范学院学报》1959年第2期。

⑥ 蔡美彪:《契丹部落组织和国家的产生》,《历史研究》1964年第5、6期。

⑦ 张正明:《原始公社时期(4—9世纪)的契丹》,《契丹史略》,中华书局1979年版。

⑧ 孙进己、白新华:《四至十世纪契丹社会的发展》,《黑龙江文物丛刊》1983年第3期。

建社会[①]。舒焚认为古八部时基本单独活动，大贺氏时结成联盟，遥辇氏奴隶主政权已产生[②]。李桂芝认为古八部为契丹人第一个部落联盟而非契丹各亲属部落，大贺氏联盟为世选制，遥辇联盟后期契丹部落联盟走到尽头[③]。于宝林认为契丹民族形成于北魏，但当时民族汇聚尚未完成，属民族汇聚时期。7世纪中叶至10世纪进入社会快速发展时期，直到阿保机建立国家[④]。唐统天认为契丹在唐代涅里时已建立国家[⑤]。

陈述、华山、蔡美彪、王民信、张正明、向南等人著文讨论了辽以前契丹部落的变化发展[⑥]。孙进已总结各家之言，主张契丹为古八部中之一部，非悉万丹部；隋及初唐时契丹不仅八部，唐后期为十部。大贺氏、遥辇氏、世里氏三耶律和世里、乙室已是氏族不是部落，耶律和萧是两大胞族[⑦]。舒焚和于宝林也论述了早期契丹部落的发展[⑧]。

关于辽以前契丹族的习俗过去大都与辽代契丹习俗混杂一起不加区分。很多文章涉及辽以前契丹习俗，或在题目中未点出，或在文中不加区别。经梳理将凡是契丹习俗前未明确冠辽代字样，

---

① 张广志：《契丹与奴隶制》，《青海师院学报》1984年第2期。

② 舒焚：《辽史稿》，湖北人民出版社1984年版。

③ 李桂芝：《关于契丹八部之我见》，《中央民族学院学报》1992年第1期。

④ 于宝林：《契丹古代史论稿》，黄山书社1998年版。

⑤ 唐统天：《契丹涅里国家政治的建立》，《社会科学动态》1982年第29期。

⑥ 陈述：《契丹史论证稿》第31页；华山、费国庆：《阿保机建国前契丹社会试探》，《文史哲》1985年第6期；蔡美彪：《契丹的部落组织和国家的产生》，《历史研究》1964年第5、6期；王民信：《遥辇阻午可汗二十部考》，《契丹史论丛》，学海出版社1973年版；张正明：《契丹史略》，中华书局1979年版；向南、杨若薇：《论契丹的婚姻制度》，《历史研究》1980年第5期。

⑦ 孙进已：《契丹部落组织发展变化初探》，《社会科学辑刊》1981年第4期。

⑧ 王民信：《遥辇阻午可汗二十部考》，《契丹史论丛》，学海出版社1973年版；舒焚：《唐大贺氏八部怎样从古八部发展而成》及《大贺氏八部到遥辇氏八部和阻午可汗二十部》，《辽史稿》，湖北人民出版社1984年版；于宝林：《关于大贺氏八部》及《关于遥辇氏八部》，《契丹古代史论稿》，黄山书社1998年版。

其习俗又确系前代遗留者,均列于此,并按年代顺序排列[①]。

对早期契丹和唐朝等的关系论述者不少。如舒焚论述了大贺氏和遥辇氏时契丹族和唐的关系[②],冯永谦论述了唐代契丹都督府地[③],孙进己论述了唐代契丹族的地方建置[④],孟宪君论述了契丹与唐王朝的关系[⑤],崔明德论述了唐与契丹战争的起因[⑥],王成国论述了唐对契丹的政策[⑦],孙进己论述了契丹族早期与邻近各

① 冯家升:《契丹祀天之俗与其宗教神话风俗之关系》,《史学年报》1卷4期,1932年6月;刘铭恕:《契丹民族丧葬制度之变迁及其特点》,《中国文化研究汇刊》1941年第9期;林瑞翰:《契丹民族的再生礼》,台湾《大陆杂志》5卷4期,1952年5月;姚从吾:《契丹人的捺钵生活与若干特殊习俗》,台湾《边疆文化论集》1954年第1期;王民信:《契丹的柴册仪与再生仪》,台湾《故宫图书季刊》3卷3期,1973年;徐秉琨:《契丹族的猎具》,《社会科学辑刊》1979年第2期;贾敬颜:《烧饭之俗小议》,《中央民族学院学报》1982年第1期;李逸友:《左衽小考——关于契丹、女真、蒙古族的左衽》,《内蒙古文物考古》1982年第2期;杜承武:《谈契丹小袖圆领衫为左衽》,《辽金史论集》第三辑,书目文献出版社1987年;王承礼:《契丹的瑟瑟仪和射柳》,《民族研究》1988年第3期;王承礼:《契丹祭黑山的考察》,《社会科学战线》1990年第2期;孙继民:《试论契丹祀木叶山崇黑山》,《昭乌达蒙族师专学报》1990年第1期;张松柏:《试论契丹祭山及其民族构成》,《东北亚历史与文化》,辽沈书社1992年版;田广林、张建华:《契丹葬俗研究》,《昭乌达蒙族师专学报》1992年增刊;孙进己:《东北各民族文化交流史》,春风文艺出版社1992年版;赵振绩:《契丹捺钵文化的涵义》,《松辽学刊》1993年第5期;冯继饮:《契丹文化史》,黑龙江人民出版社1994年版;孙进己:《辽以前的契丹习俗》,《北方民族史研究》(一),中州古籍出版社1994年版;陈晓晓:《契丹族的形成与特点》,《陕西工商学院学报》1994年第1期;陈可畏:《论契丹的族源、早期的社会形态与文化》,《辽金史论集》第七辑,中州古籍出版社1996年版;葛华廷:《契丹族的祭天、祭左与祭东考略》,《北方文物》1999年第2期。

② 舒焚:《唐朝的契丹州府和大贺氏时期契丹族与中原皇族、中原地区的密切关系》和《遥辇氏时期契丹与中原皇朝关系的密疏变化》,《辽史稿》,湖北人民出版社1984年版。

③ 冯永谦:《唐代契丹都督府考》,《辽金史论集》第四辑,书目文献出版社1989年版。

④ 孙进己:《唐代契丹族的地方建置》,《辽金契丹女真史研究》1988年第2期。

⑤ 孟宪君:《浅谈契丹与唐王朝的关系》,《辽金及契丹女真史年会论文》,1987年。

⑥ 崔明德:《唐与契丹战争起因新探》,《社会科学战线》1991年第2期。

⑦ 王成国:《小议唐对契丹的政策》,《社会科学辑刊》1992年第2期。

族的关系①。

(四)辽代契丹经济、政治、民族关系的研究

关于辽代契丹族的分布地域论述者不多。有张云波、孙进己论述了辽代契丹族的分布②。金殿士、王绵厚论述了唐末契丹进入辽东的历史③。弘达、张少青论述了契丹人在辽西、辽北的活动④。冯永谦、韩光辉论述了契丹人的南迁⑤。何天明论述了辽代北南大王院及其驻牧地⑥。

对辽代契丹社会性质争议颇大,多数学者认为契丹社会到辽代是从氏族制跃进到封建制⑦。但也有学者认为即使辽代封建制较普遍,但主要是在汉族中,而在辽代契丹族中主要还是奴隶制,甚至北边一些契丹部落还保持氏族制,在辽代圣宗前后契丹族才逐渐向封建制发展⑧。王玲则论述了辽代燕京对促进契丹封建化的作用。陈述、张正明、杨树森、舒焚、漆侠、乔幼梅、孙进己都全面论述了辽代契丹族畜牧业、农业、手工业的发展及渔猎的保留,分

---

① 孙进己:《契丹族早期和邻近各族的关系》,《北方民族史研究》(一),中州古籍出版社 1994 年版。

② 张云波:《辽代契丹人及奚人的分布》,《四川大学季刊》1935 年第 1 期;孙进己:《辽代契丹族的建置及其分布》,《北方民族史研究》(一),中州古籍出版社 1994 年版。

③ 金殿士:《试论辽太祖耶律阿保机经营辽东》,《沈阳师院学报》1984 年第 1 期;王绵厚:《唐末契丹进入辽东的历史考察》,《社会科学辑刊》1993 年第 2 期。

④ 弘达:《契丹族在辽西的活动》,《辽金契丹女真史研究》1988 年第 2 期;张少青:《契丹民族在辽北地区的活动》,《辽金契丹女真史研究》1986 年第 1 期。

⑤ 冯永谦:《试谈辽墓所反映的契丹族南徙及其影响》,《辽金契丹女真史研究》1986 年第 1 期;韩光辉:《契丹人南下原因初探》,《北方文物》1990 年第 3 期。

⑥ 何天明:《辽代北南大王院及其驻牧地探讨》,《内蒙古社会科学》1999 年第 5 期。

⑦ 见前引杨志玖、张博泉、华山、费国庆、赵卫邦、驼峰、张正明、张广志等文及李锡厚:《辽金时期契丹及女真社会性质的演变》,《历史研究》1994 年第 5 期。

⑧ 陈述:《契丹社会经济史稿》,三联书店 1963 年版;朱子方:《从出土墓志看辽代社会》,《社会科学辑刊》1979 年第 2 期;舒焚:《辽史稿》,湖北人民出版社 1984 年版;孙进己:《辽代契丹族的社会性质》,《北方民族史研究》(一),中州古籍出版社 1994 年版;王则:《辽代社会制度的发展与斗争》,《博物馆研究》1994 年第 1 期。

歧处在于孙进己不同意前几位认为辽代仍以畜牧业为主或半农半牧，认为在南部已以农业为主，仅北部方为半农半牧；也不同意几位认为辽代契丹人尚以狩猎为生产的辅助手段①。

还有一些论文论述了契丹人的农业、牧业及农牧结合经济。黄吉连著文强调了辽代契丹农业比重极大增长，而张国庆则强调辽初畜牧业是契丹人的核心产业之一，与渔猎业并驾齐驱。后来农业上升为主导后，畜牧业一直起着重要作用②。王成国也论述了辽建国后已转到以农业为主③。

对辽代契丹的社会阶级与土地关系，陈述作了全面探讨，分别论述了斡鲁朵户、头下户、部曲、奴隶、平民的身份④，张正明论述了辽代契丹宫户、头下户、部民、奴隶⑤，陈述还有专文论述了辽代

---

① 陈述：《契丹社会经济史稿》，三联书店 1963 年版；张正明：《契丹史略》，中华书局 1979 年版；杨树森：《辽史简编》，辽宁人民出版社 1984 年版；舒焚：《辽史稿》，湖北人民出版社 1984 年版；漆侠、乔幼梅：《辽夏金经济史》，河北大学出版社 1994 年版；孙进己：《辽代契丹族经济的发展》，《北方民族史研究（一）》，中州古籍出版社 1994 年版。席岫峰：《略论辽代契丹人"畜牧""畋渔"生活方式及社会功能》，《东北师大学报》1993 年第 2 期；张国庆：《辽代契丹畜牧业述论》，《社会科学辑刊》1993 年第 3 期；张国庆：《辽代契丹贵族渔猎活动考述》，《社会科学辑刊》1993 年第 3 期。

② 张柏忠：《契丹人的农业》，《内蒙古日报》1982 年 5 月 20 日；黄吉连：《浅谈契丹族的农业》，《东北地方史研究》1990 年第 4 期；张国庆：《辽代契丹畜牧业述论》，《社会科学辑刊》1993 年第 3 期；贾州杰：《辽契丹畜牧业窥探》，《郑州大学学报》1990 年第 4 期；张秉铎：《契丹人的农牧结合经济》，《内蒙古畜牧业》1989 年第 6 期；何天明：《辽代群牧制度源流考论》，《内蒙古社会科学》1993 年第 1 期；张国庆：《辽代契丹贵族渔猎活动考述》，《社会科学辑刊》1993 年第 3 期。

③ 王成国：《从契丹族俗看辽代经济生活》，《社会科学辑刊》1987 年第 3 期。

④ 陈述：《契丹社会经济史稿》，三联书店 1963 年版。

⑤ 张正明：《契丹史略》，中华书局 1979 年版。

契丹族的头下制[1]。费国庆专论了辽代的斡鲁朵[2],唐统天论述了辽代斡鲁朵户、头下户的阶级地位[3],杨若薇、赵鸣岐、武玉环论述了辽代契丹族斡鲁朵所在及制度[4]。

孙进己论述了辽代契丹族的建置:宫卫、部族等[5]。金毓黻论述了辽代契丹族的部族[6]。舒焚详细论述了辽代契丹族从太祖二十部到圣宗 三十四部,形成了"部族统治圈"[7]。杨若薇论述了辽内四部族[8]。孙进已论述了辽代契丹部族的分布[9]。刘洁论述了契丹族的土地国有制[10]。武玉环论述了辽代的部族制度[11]。何天明专门论述了辽太祖析分迭剌部的作用[12]。陈述、葛华廷专门论述了辽代的横帐[13]。

陈述、赵卫邦、蔡美彪、张正明、舒焚、任爱君等著文论述了辽

---

① 陈述:《关下考》,《史语所集刊》8卷3期,1939年;《头下释义》,《东北集刊》1941年第1期。

② 费国庆:《辽代斡鲁朵探索》,《历史学》1979年第3期。

③ 唐统天:《辽代斡鲁朵户、头下户的阶级地位》,《辽金契丹女真史研究》1986年第1期。

④ 杨若薇:《辽代斡鲁朵所在地探讨》,《北京大学学报》1985年第5期;杨若薇:《辽代斡鲁朵官制探讨》,《中国史研究》1986年第4期;赵鸣岐:《关于辽代的斡鲁朵制度》,《北方文物》1994年第4期;武玉环:《辽代斡鲁朵探析》,《历史研究》2000年第2期。

⑤ 孙进己:《契丹统治下的州县户、二税户、宫分户》,《北方民族史研究》(一),中州古籍出版社1994年版。

⑥ 金毓黻:《辽部族考》,《东北集刊》1943年第5期。

⑦ 舒焚:《辽史稿》,湖北人民出版社1984年版。

⑧ 杨若薇:《释辽内四部族》,《民族研究》1987年第2期。

⑨ 孙进己:《契丹部族的分布》,《北方民族史研究》(一),中州古籍出版社1994年版。

⑩ 刘洁:《辽代契丹族土地国有制形式初探》,《北方文物》1990年第3期。

⑪ 武玉环:《辽代部族制度初探》,《史学集刊》,2000年第1期。

⑫ 何天明:《辽太祖析分迭剌部探讨》,《内蒙古社会科学》1999年第1期。

⑬ 陈述:《契丹舍里横帐考释》,《燕京学报》新第8期,2000年5月;葛华廷:《辽代横帐浅考》,《北方文物》2000年第4期。

代契丹族建立国家的过程[①]。陈述、姚从吾、张去非又论述了契丹帝位的继承制度及世选制的保留[②]。论述契丹官制的有杨志玖、韩道诚、赵振绩、赵云田、马赫等之文[③]。唐统天则论述了契丹的于越[④]。费国庆则论述了辽代的郎君[⑤]。论述辽代契丹刑法、法律的则有陈述、舒焚、嵇训杰、刘国有、白光之文[⑥]。

对辽代契丹和各族关系论述者亦颇多。陈述论述了辽代国内外贸易及其在社会经济中的影响[⑦]。张正明论述了辽代的民族关系及与邻国邻族属国属部的关系[⑧];岑家梧论述了辽代契丹和汉

① 陈述:《契丹史论证稿》,1939 年;《阿保机建国的基本情况及其政策》,《契丹政治史稿》,人民出版社 1986 年版;赵卫邦:《契丹国家的形成》,《四川大学学报》1958 年第 2 期;蔡美彪:《契丹的部落组织和国家的产生》,《历史研究》1964 年第 5、6 期;张正明:《契丹的勃兴以及辽朝的创立和发展》,《契丹史略》,中华书局 1979 年版;舒焚:《契丹族奴隶主贵族政权机器的逐步完善和后朝的确立》,《辽史稿》,湖北人民出版社 1984 年版;任爱君:《阿保机时期契丹国家的历史特点》,《昭乌达蒙族师专学报》1991 年第 1 期;《辽代国家体制研究》,《昭乌达蒙族师专学报》1991 年第 2 期。

② 陈述:《契丹世选考》,《史语所集刊》1939 年 8 期;《论契丹选举大会与君位继承》,《史学集刊》1947 年第 3 期;姚从吾:《契丹君位继承问题的分析》,《文史哲学报》1951 年第 2 期;《论辽朝契丹人的世选制度》,台湾《文史哲学报》1954 年第 6 期;张去非:《关于契丹汗位的承袭制度》,《历史教学》1964 年第 8 期;漆侠:《契丹辽国建国初期的皇位继承问题》,《河北师院学报》1989 年第 3 期。

③ 杨志玖:《契丹官制里的南北》,上海《大公报·文史周刊》1947 年第 21 期;韩道诚:《辽朝北面官制研究》,台湾《反攻》309 期,1969 年;赵振绩:《契丹二元政制与元魏之关系》,台湾《史学汇刊》1979 年 9 月;赵云田:《辽朝北面官制考》,《晋阳学刊》1982 年第 6 期;马赫:《辽朝北面朝官考述》,《辽金史论集》第四辑,书目文献出版社 1989 年版;李敬武:《辽代南北分治制度浅析》,《阜新师专学报》1990 年第 1 期。

④ 唐统天:《契丹于越考》,《东北地方史研究》1988 年第 1 期。

⑤ 费国庆:《辽代郎君考》,《上海教育学院学报》1991 年第 1 期。

⑥ 陈述:《辽代(契丹)刑法史论证》,《辽金史论集》第二辑,书目文献出版社 1987 年版;舒焚:《辽朝法律刑罚概述》,《武汉师范学院学报》1981 年第 2 期;嵇训杰:《辽代刑法概述》,《民族研究》1982 年第 1 期;刘国有:《论辽王朝的法律制度》,《阜新辽金史研究》第 2 辑,1995 年;白光:《契丹族刑讯制度略述》,《北方文物》2000 年第 2 期。

⑦ 陈述:《契丹社会经济史稿》,三联书店 1963 年版。

⑧ 张正明:《契丹史略》,中华书局 1979 年版;张正明:《契丹与属国属部的关系》,《中国北方民族关系史》,中国社会科学出版社 1987 年版。

族及其他民族的经济文化联系[①]。舒焚论述了辽统治地区内的民族关系及和宋、夏、高丽的关系[②]。孙进己论述了辽代契丹族和各族的关系[③]。石金民论述了辽代契丹族与周边民族的经济文化联系[④]。金殿士、王成国、杨保隆论述了辽代的民族政策密切了各族联系[⑤]。

专门论述契丹和某一民族关系的文章更多。专门论述契丹汉化的文章有毛汶、尹克明、姚从吾、景爱等人著文[⑥]。陈述论述了契丹人的改易汉姓[⑦]。张正明论述了辽朝的蕃汉合作体制和它的成功[⑧]。王明荪论述了契丹与中原本土之历史关系[⑨]。曾国富论述了五代时期契丹与中原王朝的战和关系[⑩]。孟古托力论述了辽人形成汉契一体的中华观念[⑪]。卞孝宣论述了五代时南方诸国与契丹的关系[⑫]。王吉林论述了契丹与南唐的关系[⑬]。李符桐论述

① 岑家梧:《辽代契丹和汉族及其他民族的经济文化联系》,《历史研究》1981年第1期。

② 舒焚:《辽史稿》,湖北人民出版社1984年版。

③ 孙进己:《北方民族史研究》(一),中州古籍出版社1994年版。

④ 石金民:《辽代契丹族与周边民族的经济文化联系》,《北方文物》1999年第3期。

⑤ 金殿士:《辽代的民族政策》,《东北地方史研究》1986年第3期;王成国:《辽代民族政策初探》,《北方文物》1987年第2期;杨保隆:《简论辽朝的民族政策》,《北方文物》1991年第3期。

⑥ 毛汶:《辽人汉化考》,《国学论衡》1935年第6期;尹克明:《契丹汉化略考》,《禹贡》第6卷第3、4期;姚从吾:《契丹汉化的分析》,《大陆杂志史学丛书》第1辑5册;景爱:《契丹人的汉化》,《长白学圃》创刊号。

⑦ 陈述:《契丹女真汉姓考》,《东北集刊》1941年第2期。

⑧ 张正明:《辽朝的蕃汉合作体制和它的成功》,《中国北方民族关系史》,中国社会科学出版社1987年版。

⑨ 王明荪:《契丹与中原本土之历史关系》,《边疆研究所年报》1978年第9期。

⑩ 曾国富:《五代时期契丹与中原王朝的战和关系》,《昭乌达蒙族师专学报》1989年第2期。

⑪ 孟古托力:《辽人汉契同体的中华观念述论》,《辽金史论集》第五辑,文津出版社1991年版。

⑫ 卞孝宣:《五代时期南方诸国与契丹的关系》,《山西师院学报》1957年第3期。

⑬ 王吉林:《契丹与南唐外交关系之探讨》,台湾《幼师学报》第5卷第2期。

了奚与契丹的关系[①]。王日蔚论述了契丹与回鹘的关系[②]。程溯洛也论述了辽金与回鹘的关系[③]。肖之兴论述了回鹘后裔在辽朝任事[④]。苏北海论述了辽太祖妻回鹘族女杰述律月里朵[⑤]。李宇峰论述了契丹与中亚的文化交流[⑥]。任崇岳、张正明论述了契丹和女真的关系[⑦]。

(五)辽代契丹文化习俗研究

关于辽代契丹文化的研究,是契丹史研究中热门课题之一。然而,从总体上来研究辽代契丹文化的文章却不多。冯家升认为辽文化是汉文化和契丹文化融合中产生的一种第三文化[⑧]。蔡美彪认为契丹和汉族共同创造了以汉文化为核心而又带有契丹民族特色和时代特色的辽文化[⑨]。杨树森认为辽文化是契丹族接受了汉文化但仍保持了自己的民族特色、时代特色[⑩]。冯继钦等认为契丹文化不是先经过第三文化而是逐渐被汉文化所取代[⑪]。孙进己认为辽文化不是各族文化融合而成的单一文化,而是具有多种不同文化的复合文化,辽代契丹族的文化虽接受了汉文化巨大影响,却不是各族通用的第三文化而仅是契丹族的新文化,辽文化是

---

① 李符桐:《奚部族及其与辽朝关系之探讨》,《大陆杂志》第 33 卷第 7—11 期。

② 王日蔚:《契丹与回鹘关系考》,《禹贡》第 4 卷第 8 期。

③ 程溯洛:《论辽金与回鹘的关系》,《辽金史论集》第 1 辑,1987 年。

④ 肖之兴:《回鹘后裔在辽朝共同任事》,《民族研究》1980 年第 4 期。

⑤ 苏北海:《辽朝回鹘朝女杰述律月里朵》,《西北民族》1984 年第 3 期。

⑥ 李宇峰:《从出土文物略述契丹与中亚的文化交流》,《东北亚文化研究》,中州古籍出版社 1994 年版。

⑦ 任崇岳:《论辽金关系》,《中央民族学院学报》1988 年第 4 期;张正明:《女真与契丹、汉的关系》,《中国北方民族关系史》,中国社会科学出版社 1989 年版。

⑧ 魏特夫、冯家升:《中国社会史——辽(907—1125)总论》,《辽金契丹女真史译文集》,吉林文史出版社 1990 年版。

⑨ 蔡美彪等:《中国通史》第六册,人民出版社 1979 年版。

⑩ 杨树森:《辽史简编》,辽宁人民出版社 1984 年版。

⑪ 冯继钦等:《关于契丹第三文化问题》,《契丹文化史》,黑龙江人民出版社 1994 年版。

以汉文化为主体的各族文化的总称①。

张国庆也论述了辽代契丹文化与汉文化的中和②。孟古托力论述了辽代契丹族的儒化过程③。任崇岳、梁淑琴论述了辽代契丹族对汉文化的吸收和继承④。张国庆论述了契丹族文化对汉族的影响⑤。冯继钦等全面论述了契丹文化的传承性和变异性,一方面传承本民族的文化,一方面接受拓跋鲜卑、突厥、回鹘、波斯、渤海、蒙古、汉文化的影响而变异;契丹文化也对汉、女真、高丽文化有较大影响⑥。

概述辽代契丹文化的有张正明、舒焚、孙进己、冯继钦等人。张正明在辽朝的文化和科学中重点介绍了辽代契丹文化⑦。舒焚将辽代分为前、中、后三期论述了辽代契丹的思想、科学、经学、史学、文学艺术及语言文字⑧。孙进己从契丹文字的创制以及契丹的文学、史学、绘画、音乐、舞蹈、婚丧、衣食住行、宗教等方面概述了辽代契丹文化的发展⑨。冯继钦等全面详细地论述了契丹族的教育、文学、史学、艺术、体育、科技、宗教、习俗⑩。张国庆等全面论述了辽代契丹人的生产、生活、人生、娱乐、宗教信仰习俗⑪。任

① 孙进己:《论辽文化》,《辽金史论集》第六辑,社会科学文献出版社 2001 年版。

② 张国庆:《略论契丹与汉文化的中和及其原因》,《北方民族》1989 年第 2 期。

③ 孟古托力:《辽代契丹族儒化过程及夹生现象之微议》,《北方民族文化》,黑龙江社会科学院印。

④ 任崇岳:《论辽代契丹族对汉族文化的吸收和继承》,《中州学刊》1983 年第 3 期;梁淑琴:《从出土文物看辽代契丹族对汉族文化的吸收和继承》,《辽金契丹女真史研究》1986 年第 1 期。

⑤ 张国庆:《契丹族文化对汉族影响刍论》,《北方文物》1998 年第 3 期。

⑥ 冯继钦、孟古托力、黄凤岐:《契丹族文化史》,黑龙江人民出版社 1994 年版。

⑦ 张正明:《契丹史略》,中华书局 1979 年版。

⑧ 舒焚:《辽史稿》,湖北人民出版社 1984 年版。

⑨ 孙进己:《东北各民族文化交流史》,春风文艺出版社 1992 年版;《北方民族史研究》(一),中州古籍出版社 1994 年版。

⑩ 冯继钦、孟古托力、黄凤岐:《契丹族文化史》,黑龙江人民出版社 1994 年版。

⑪ 张国庆、朴忠国:《辽代契丹习俗史》,辽宁民族出版社 1997 年版。

爱君论述了契丹辽朝文化的总体整合[①]。

艾荫范论述了契丹族与汉族价值观念道德观念之比较[②]。舒焚论述了契丹魂[③]。曹显征论述了契丹人的社会教育行为[④]。孟古托力论述了辽代契丹族的女教之道[⑤]。张国庆论述了辽代契丹习俗的源流[⑥]。

研究契丹礼仪习俗的文章也较多。论述契丹祭天习俗的有冯家升、张国庆、葛华廷之文[⑦]。论述契丹祭山习俗的有田广林、孙继民、王承礼、张松柏、张国庆之文[⑧]。论述契丹祭祖习俗的有张国庆、田广林、席岫峰之文[⑨]。

论述辽代契丹人柴册礼、再生礼之文有刘铭恕、王民信、朱子

---

① 任爱君:《契丹辽朝文化总体整合说》,《昭乌达蒙族师专学报》1991年增刊。

② 艾荫范:《契丹族与汉族传统价值观念和道德观念之比较》,《阜新辽金史研究》第三辑。

③ 舒焚:《契丹魂试说》,《辽金史论集》第七辑,中州古籍出版社1996年版。

④ 曹显征:《论辽代契丹人的社会教育行为》,《中国北方民族文化国际学术研讨会论文集》,中国文史出版社1995年版。

⑤ 孟古托力:《辽代契丹族女教之道的提倡者》,《黑龙江民族丛刊》1991年第1期。

⑥ 张国庆:《辽代契丹习俗文化源流考》,《学术交流》1994年第5期。

⑦ 冯家升:《契丹祀天之俗与其宗教神话风俗之关系》,《史学年报》第四期;张国庆:《辽代契丹贵族的天灵信仰与祭天习俗》,《北方文物》1988年第4期;葛华廷:《契丹的祭天、尚左与祭东考略》,《北方文物》1999年第2期。

⑧ 田广林:《说契丹黑山》,《松州学刊》1987年第4期;孙继民:《试论契丹祀木叶山崇黑山》,《昭乌达蒙族师专学报》1990年第1期;王承礼:《契丹祭黑山的考察》,《社会科学战线》1990年第2期;张松柏:《试论契丹祭山及其民族构成》,《东北亚历史与文化》,辽沈书社1992年版;张国庆:《辽代契丹人祭木叶山考略》,《辽宁大学学报》1992年第2期。

⑨ 田广林:《契丹祭祖礼俗研究》,《昭乌达蒙族师专学报》1993年增刊;张国庆:《契丹辽帝的造像与祭祖》,《黑龙江民族丛刊》1993年第3期;席岫峰:《试析契丹族人的祖先崇拜活动》,《社会科学辑刊》1994年第3期。

方、舒焚、张国庆等人之文[①]。论契丹瑟瑟仪和射柳的有王承礼、徐秉琨、崔岩勤等文[②]。论述辽代契丹射鬼箭习俗的有黄清连、唐统天之文[③]。论契丹宗庙制度的有朱子方之文[④]。论述契丹汉化礼俗的有宋德金之文[⑤]。

研究契丹族捺钵文化习俗的论著有:傅乐焕的《辽代四时捺钵考》[⑥],姚从吾有关捺钵文化诸文全面论述了捺钵文化[⑦]。李健才论述了辽代四时捺钵的地址和路线[⑧]。李锡厚论述了辽中期以后的捺钵[⑨]。赵振绩论述了契丹捺钵文化的涵义[⑩]。吕明论述了捺

---

① 刘铭恕:《辽代帝后之再生仪》,《中国文化研究汇刊》1947年第6期;王民信:《契丹的柴册仪与再生仪》,《故宫图书季刊》第3卷第3期,1973年;朱子方:《论辽代柴册礼》,《社会科学辑刊》1985年第1期;朱子方:《辽代复诞礼管窥》,《辽金史论集》第一辑,上海古籍出版社1987年版;舒焚:《辽帝的柴册仪》,《辽金史论集》第四辑,书目文献出版社1990版;武玉环:《契丹族的再生仪刍议》,《史学集刊》1993年第2期;张国庆:《略论辽朝契丹人与生育相关的几种习俗》,《北方民族》1992年第2期。

② 王承礼:《契丹的瑟瑟仪和射柳》,《民族研究》1988年第3期;徐秉琨:《横镞箭与射柳仪》,《社会科学辑刊》1980年第4期;崔岩勤:《契丹射柳仪》,《昭乌达蒙族师专学报》1994年第1期。

③ 黄清连:《辽代射鬼箭初探》,《史源》1973年第4期;唐统天:《辽代射鬼箭试探》,《史学译林》1983年第3、4期。

④ 朱子方:《辽朝契丹族的宗庙制度》,《中国民族史研究》(四),改革出版社1992年版。

⑤ 宋德金:《契丹汉化礼俗述议》,《辽金史论集》第一辑,上海古籍出版社1987年版。

⑥ 傅乐焕:《辽代四时捺钵考》,《辽史丛考》,中华书局1984年版。

⑦ 姚从吾:《契丹人的捺钵生活与若干特殊习俗》,《边疆文化论集》1954年1月;《说契丹的捺钵文化》,《东北史论丛》(下),1959年;《辽朝契丹族的特殊文化及军事习惯、世选习惯两元政治及游牧社会中的礼俗生活》,《中山大学学术文化集刊》1968年第1期。

⑧ 李健才:《辽代四时捺钵的地址和路线》,《博物馆研究》1988年第1期。

⑨ 李锡厚:《辽中期以后的捺钵及其与斡鲁朵中京的关系》,《中国历史博物馆馆刊》第15、16期,1991年。

⑩ 赵振绩:《契丹捺钵文化的涵义》,《中国北方古代文化国际学术研讨会论文集》,中国文史出版社1995年版。

钵体制对辽艺术的影响[1]。黄凤岐在其专著中对契丹四时捺钵也作了较多的论述[2]。

关于辽代契丹婚俗，最早论述的是朱子方，他总结出八个特点，异姓为婚，不拘地理，废除姐亡妹续，阶级界限不得逾越，破限必经批准，不受辈分限制，允诸部相婚，可与汉人通婚，并认为辽代契丹婚制渊源于母系氏族制的族外婚[3]。向南等认为契丹婚制属氏族外婚制部落内婚制，有群婚制的残留[4]。孙进己认为契丹属胞族外婚制，即不限于部落内，但氏族外同胞族也不能通婚，并认为契丹的石烈即胞族[5]。王玲等认为契丹早已排斥氏族内婚过渡到单婚制，契丹妇女改嫁是常事[6]。胡迪生认为契丹当是部落外婚制[7]。孟古托力认为是坚持异姓为婚、高门第内婚，存在收继婚、姐亡妹续、异辈婚[8]。程妮娜认为属两分组织的婚制，不限同部，保留母系社会遗风[9]。还有席岫峰、田广林也论述了契丹的婚姻制度[10]。

张国庆、孟古托力论述了辽代契丹人的家庭[11]。杨茂盛论述

---

① 吕明：《捺钵体制对辽代艺术的影响》，《辽金史论集》第七辑，中州古籍出版社1996年版。

② 黄凤岐：《契丹族的四时捺钵》，《契丹史研究》，内蒙古科学技术出版社1999年版。

③ 朱子方：《从出土墓志看辽代社会》，《社会科学辑刊》1979年第2期。

④ 向南、杨若薇：《论契丹族的婚姻制度》，《历史研究》1980年第5期。

⑤ 孙进己：《契丹胞族外婚制》，《民族研究》1983年第1期。

⑥ 王玲、齐心：《辽代社会的婚姻与家庭》，《博物馆研究》1987年第1期。

⑦ 胡迪生：《浅谈契丹族婚姻制度》，《东北地方史研究》1989年第1期。

⑧ 孟古托力：《契丹族婚姻探讨》，《北方文物》1994年第1期。

⑨ 程妮娜：《契丹婚制婚俗探析》，《社会科学战线》1992年第1期。

⑩ 席岫峰：《关于契丹婚姻制度的商榷》，《历史研究》1993年第2期；田广林：《论契丹社会的等级婚姻》，《内蒙古社会科学》1999年第5期。

⑪ 张国庆：《辽代契丹人家庭考论》，《社会科学辑刊》1991年第2期；孟古托力：《契丹族家庭探讨》，《学习与探索》1994年第4期。

了契丹的宗族家族斗争[①]。王民信、都兴智、蔡美彪论述了契丹人的姓氏[②]。张国庆论述了契丹人的命名习俗。黄震云论述了契丹姓氏的由来和消亡[③]。刘铭恕论述了契丹族丧葬制之变迁及其特点[④]。关于辽代契丹的葬俗，有贾洲杰之文论述了契丹有护守陵墓之制，死不用棺，保存尸体，金银面具，烧饭等俗[⑤]。李逸友论述了契丹墓制，墓地多择风水，墓形以砖室为主，石砌、砖石混砌次之，有椁室、壁画、墓志、墓园、墓仪，葬制有葬尸、葬具、葬式、殉人和俑、随葬物，并论述了辽代契丹人墓葬制度继承了民族传统吸收了汉人葬制；以后又论述了契丹各阶层及各阶段墓葬的特点[⑥]。田广林、张建华对契丹葬俗作了研究[⑦]。

张国庆论述了辽代契丹的丧葬文化和契丹皇帝的丧葬[⑧]。内蒙古出土辽代殉葬车辆[⑨]，景爱、袁海波论述了辽代的火葬制度[⑩]。

---

① 杨茂盛：《试论契丹的宗族——家族斗争及其世选制》，《北方文物》1996 年第 1 期。

② 都兴智：《契丹族的姓氏和名称》，《辽宁师大学报》1960 年第 5 期；蔡美彪：《试说契丹族耶律氏、萧氏之由来》，《历史研究》1993 年第 5 期。

③ 张国庆：《略谈辽代契丹人的命名习俗》，《博物馆研究》1991 年第 2 期。黄震云：《契丹姓氏的由来和消亡》，《辽代文史新探》，中国社会科学出版社 1999 年。

④ 刘铭恕：《契丹民族丧葬制度之变迁及其特点》，《中国文化研究汇刊》1941 年 9 月。

⑤ 贾洲杰：《契丹丧葬制度研究》，《内蒙古大学学报》1978 年第 2 期。

⑥ 李逸友：《辽代契丹人墓葬制度概说》，《内蒙古东部区考古学文化研究文集》，海洋出版社 1991 年版；《内蒙古辽代契丹人墓葬的形制和分期》，《昭乌达蒙族师专学报》北方民族文化 1991 年增刊；《略论辽代契丹与汉人墓葬的特征和分期》，《中国考古学会第六次年会论文集》，文物出版社 1990 年版。

⑦ 田广林、张建华：《契丹葬俗研究》，《昭乌达蒙族师专学报》北方民族文化 1992 年增刊。

⑧ 张国庆：《辽代契丹丧葬文化考述》，《中央民族大学学报》1994 年第 5 期；《辽代契丹皇帝的丧葬、陵庙、造像与祭祖》，《辽金史论集》第七辑，中州古籍出版社 1996 年。

⑨ 《内蒙古出土辽代殉葬车辆》，《人民日报》1994 年 4 月 29 日。

⑩ 景爱：《辽金时代的火葬墓》，《黑龙江省文博学会成立纪念文集》，1980 年；袁海波：《试论辽代火葬制度》，《阜新辽金史研究》第二辑，1995 年。

王明琦论述了辽契丹族的婚丧习俗[①]。王秋华论述了辽代契丹墓葬壁画装饰的分期[②]。刘素侠从辽墓壁画探讨了契丹人的社会生活[③]。

论述契丹葬俗中金属面具的有:杜承武、陆思贤论述契丹女尸网络、面具之文[④],马洪路论述契丹葬俗中的铜丝网衣及有关问题[⑤],杜晓帆论述面具网络与萨满教的关系[⑥],此外同一内容的文章还有木易、盖山林、刘冰、侯峰之文[⑦]。

契丹丧葬制度中的另一特点是烧饭。王国维首先论述了烧饭之俗[⑧]。陈述论述了烧饭是祭祀,而不是殉葬,也不是火葬[⑨]。贾敬颜也论述了契丹烧饭之俗[⑩]。宋德金论述了烧饭同殉葬的关系仅用于祭祀死者[⑪]。那木吉拉论述了烧饭与抛盏[⑫]。

总论辽代契丹人生活方式的改变则有景爱之文。总论契丹衣

---

① 王明琦:《辽契丹族的婚丧习俗及宗教信仰》,《沈阳文物》1993 年第 1 期。

② 王秋华:《辽代契丹族墓葬壁画装饰分期》,《北方文物》1994 年第 1 期。

③ 刘素侠:《从辽墓壁画看契丹人的社会生活》,《社会科学辑刊》1997 年第 3 期。

④ 杜承武、陆思贤:《契丹女尸的网络与面具》,《契丹女尸》,内蒙古人民出版社 1983 年。

⑤ 马洪路:《契丹葬俗中的铜丝网衣及其有关问题》,《考古》1983 年第 3 期。

⑥ 杜晓帆:《契丹族葬俗中的面具、网络与萨满教的关系》,《民族研究》1987 年第 6 期。

⑦ 木易:《辽墓出土的金属面具、网络及相关问题》,《北方文物》1993 年第 1 期;盖山林:《契丹面具功能的新认识》,《北方文物》1995 年第 1 期;刘冰:《试论辽代葬俗中的金属面具及相关问题》,《中国北方古代文化国际学术研讨会论文集》,中国文史出版社 1995 年;侯峰:《辽代契丹族金属面具、网络等葬俗的分析》,《内蒙古文物考古文集》。

⑧ 王国维:《观堂集林》卷十六。

⑨ 陈述:《谈辽金元"烧饭"之俗》,《历史研究》1980 年第 5 期。

⑩ 贾敬颜:《烧饭小俗小议》,《中央民族学院学报》1982 年第 1 期。

⑪ 宋德金:《烧饭琐谈》,《中国史研究》1983 年第 2 期。

⑫ 那木吉拉:《"烧饭""抛盏"刍议》,《中央民族大学学报》1994 年第 6 期。

食住行有武玉环、冯继钦、张国庆等文①。分论服饰的则有张国庆、米筱新论述契丹服饰之文②,李逸友、杜承武论契丹服饰为左衽之文③,徐秉琨论契丹冠式之文④,田广林论契丹头衣之文⑤,李思纯、李逸友、孙进己、田广林论契丹发式之文⑥,张国庆论契丹尚白之文⑦。论饮食则有罗继祖、张国庆、程妮娜之文⑧,赵清俊论契丹炊器之文⑨,张国庆论契丹饮酒之文⑩,冯继钦论契丹饮茶之文⑪。关于居住则有张国庆的有关契丹位所之文⑫,刘国有论契丹版筑习俗之文⑬,袁海波论契丹装饰习俗之文⑭。还有张国庆论述

---

① 景爱:《说契丹人生活方式的改变》,《辽金契丹女真史研究》1986 年第 1 期;武玉环:《论辽代契丹人的衣食住行》,《北方文物》1991 年第 3 期;冯继钦等:《契丹族的衣食住行》,《契丹文化史》,黑龙江人民出版社 1994 年版;张国庆等:《契丹人的生活习俗》,《辽代契丹习俗史》,辽宁民族出版社 1997 年版。

② 张国庆:《辽代契丹服饰考略》,《学习与探索》1990 年第 4 期;米筱新:《契丹族的礼仪风俗与服饰》,《文史知识》1991 年第 6 期。

③ 李逸友:《左衽小考——关于契丹、女真、蒙古族的左衽》,《内蒙古文物考古》1982 年第 2 期;杜承武:《谈契丹小袖圆领衫为左衽》,《辽金史论集》第三辑,书目文献出版社 1987 年版。

④ 徐秉琨:《契丹冠式和北方民族的金冠传统》,《辽宁省考古博物馆学会成立大会会刊》,1981 年。

⑤ 田广林:《契丹头衣考略》,《内蒙古文物考古文集》第一辑,大百科全书出版社 1994 年版。

⑥ 李思纯:《中国历史上边疆民族发式考》,《民族学研究集刊》1943 年 9 月;李逸友:《契丹的髡发习俗》,《文物》1983 年第 9 期;孙进己、干志耿:《我国古代北方各族发式之比较研究》,《博物馆研究》1984 年第 2 期;田广林:《契丹髡发礼俗述略》,《北方文物》1998 年第 4 期。

⑦ 张国庆:《浅谈契丹人的尚白习俗》,《四平民族研究》1980 年第 1 期。

⑧ 罗继祖:《契丹人的饮食》,《辽金契丹女真史研究》1986 年第 1 期;张国庆:《辽代契丹人饮食考述》,《中国社会经济史研究》1990 年第 1 期;程妮娜:《辽代契丹人的饮食习俗述略》,《博物馆研究》1991 年第 3 期。

⑨ 赵清俊:《辽金时契丹女真族使用铜铁炊器习俗的探讨》,《古民俗研究》,吉林文史出版社 1990 年版。

⑩ 张国庆:《辽代契丹人的饮酒习俗》,《黑龙江民族丛刊》1990 年第 1 期。

⑪ 冯继钦:《契丹人与茶》,《内蒙古社会科学》1995 年第 5 期。

⑫ 张国庆:《辽代契丹人的住所论略》,《辽宁师范大学学报》1990 年第 5 期。

⑬ 刘国有:《略论辽代的兴版筑》,《辽金契丹女真史研究》1988 年第 2 期。

⑭ 袁海波:《契丹族的装饰习俗初探》,《阜新师专学报》1992 年第 2 期。

契丹交通工具之文①。

论述契丹史学的有李锡厚之文②。论述辽代契丹文学的有苏雪林、顾敦鍒、厉鼎煃、魏洪祯、刘溶池、米治国、孙泓等人之文③。陈述专文论述了辽代文学中的契丹文作品④。论述契丹族音乐的有张国庆之作⑤。论述契丹舞蹈的有黄锡玖、隗芾、王玲、王克芬、黄凤岐等人之文⑥。论述契丹美术的有陈兆复、鲁琪等人之文⑦。契丹文字的研究是20世纪中进展最大的领域,在解读契丹字方面取得了巨大进展。最早研究契丹字的有厉鼎煃、罗福成、王静如等人之文,金毓黻汇编为书。这是第一次研究高潮,他们通过契丹文和汉文哀册的对读,破译了部分契丹文字⑧。70年代由于契丹文

① 张国庆:《辽代契丹人的交通工具考述》,《北方文物》1991年第1期。

② 李锡厚:《虏廷杂记与契丹史学》,《中国史研究》1984年第4期。

③ 苏雪林:《辽文学概述》,《珞伽》1卷1期,1933年11月;顾敦鍒:《辽文学》,《之江学报》1卷3期,1934年5月;厉鼎煃:《试用古回鹘文比较研究契丹文学》,《中山大学学报》2期,1937年;刘溶池:《辽代文学简编》,《中央日报》1947年10月13日;陈荆鸿:《辽金诗概述》,《文学世界》4卷4期,1960年12月;米治国:《辽代文学初论》,《社会科学战线》1985年第2期;孙泓:《契丹的文学》,《辽金史论集》第七辑,中州古籍出版社1996年版。

④ 陈述:《辽代文学中的契丹文作品》,《陈寅恪先生纪念文集》,北京大学出版社1991年版。

⑤ 张国庆:《辽代契丹人音乐文化勾沉》,《晋阳学刊》1992年第1期。

⑥ 黄锡玖:《漫谈辽金西夏的舞蹈》,《舞蹈论丛》1983年第2期;隗芾:《契丹乐舞考》,《社会科学战线》1989年第1期;王玲:《北京通史·辽代卷》,北京出版社;王克芬:《中国舞蹈发展史》,上海人民出版社1989年版;黄凤岐:《契丹族的音乐舞蹈艺术探论》,《辽金史论集》第六辑,社会科学文献出版社2001年版。

⑦ 陈兆复:《契丹族画家胡瓌和他的卓歇图》,《中央民族学院学报》1979年第4期;《契丹绘画》,《内蒙古社会科学》1980年第4期;《契丹族画家胡瓌和北方草原画派》,《美术》1980年第3期;鲁琪:《辽墓壁画》,《旅游》1980年第4期;宋协轲:《辽墓壁画思想内容及造型艺术特点浅析》,《昭乌达蒙族师专学报》1989年第3期。

⑧ 柳翼谋:《契丹大小字考》,《史地学报》2卷6期,1923年;厉鼎煃:《热河契丹国书碑考》,《国学季刊》3卷4期,1932年12期;厉鼎煃:《契丹国书略说》,仁声印刷所1934年5月;罗福成:《道宗宣懿皇后哀册释文》,《满洲学报》1933年第2期;罗福成:《兴宗皇帝(契丹国书)哀册文》,《史学月报》2卷1期,1934年;王静如:《辽道宗及宣懿皇后契丹国书哀册初释》,《史语所集刊》3卷4期,1933年;金毓黻:《辽陵石刻集录》,奉天图书馆刊,1933年。

碑刻的不断出土及一些学者的坚持努力,契丹小字的研究终于取得了较大突破。其间先后发表了陈述、郑绍宗、王静如、刘凤翥之文[①]。其主要成就则为清格尔泰、刘凤翥等五人的《契丹小字研究》等[②]。契丹大字的解读则有闫万章、刘凤翥等人之文[③]。其他研究契丹字者还有即实、阮延焯等人[④]。对契丹字研究作综述的则有刘凤翥之文[⑤]。

研究辽代契丹族的宗教的文章有:陈述论述了辽代宗教史;李申论述了辽代的宗教;邢康论述了从契丹宗教信仰变化看民族文化交流融合的趋势;黄凤岐论述了辽代契丹族的宗教[⑥];戴蕃豫论述了契丹王朝之佛教艺术,魏洪祯论述了契丹之佛教;韩道诚论述了契丹佛教发展;唐统天论述了契丹佛风;顾国荣论述了佛教在辽朝的流布及其影响;项春松论述辽代佛教与佛塔;王月斑论述了辽

---

① 陈述:《跋吉林大安出土契丹文铜镜》,《文物》1973年第8期;郑绍宗:《兴隆县梓木林子发现的契丹文墓志铭》,《考古》1973年第5期;王静如:《兴隆出土金代契丹文墓志铭解》,《考古》1973年第5期;刘凤翥、于宝林:《契丹小字许王墓志考释》,《文物资料丛刊》1977年第1期。

② 清格尔泰、刘凤翥等:《契丹小字解读新探》,《考古学报》1978年第3期,刘凤翥:《契丹小字解读再探》,《考古学报》1983年第2期。清格尔泰、刘凤翥、陈乃雄、于宝林、邢复礼:《契丹小字研究》,中国社会科学出版社1984年版。

③ 闫万章:《锦西西孤山出土契丹文墓志研究》,《考古学报》1957年第2期,闫万章:《关于契丹大字墓志纪年的考释问题》,《辽海文物学刊》1990年第1期;刘凤翥:《契丹大字中的纪年考释》,《民族语文》1982年第3期;刘凤翥:《关于契丹大字中个位数字之解读》,《东北亚历史与文化》,辽沈书社1992年版。

④ 即实:《谜路问径》,辽宁民族出版社1996年版;阮延焯:《契丹小字铜镜新考》,香港中文大学1990年;阮延焯:《辽史国语解赓补》,《联合书院30周年纪念文集》1991年。

⑤ 刘凤翥:《辽代的语言和文字》(上、下),《博物馆研究》1984年第2、3期;刘凤翥:《契丹大字六十年之研究综述》,《日中合同文字文化研讨会论文集》,1998年日本。

⑥ 陈述:《辽代宗教史论证》,《陈垣百年诞辰纪念论文集》1981年;李申:《辽代宗教》,《世界宗教研究》1990年第1期;黄凤岐:《辽代契丹族宗教述略》,《社会科学辑刊》1994年第2期;邢康:《从契丹宗教信仰变化看民族文化交流与融合的趋势》,《内蒙古电大学刊》1993年第5期;黄凤岐:《宗教与信仰》,《契丹史研究》,内蒙古科学技术出版社1999年版。

朝皇帝的崇佛及其社会影响；李敬武论述了从尊儒到崇佛的演变[①]；论述辽代契丹人信仰道教的有邢康及舒焚之文[②]；论述辽代契丹人巫教及原始宗教的有邢康及吕明之文[③]。

(六)辽亡后的契丹人研究

从总体上研究这一课题，最早有陈述之文，他论述了辽亡后部分契丹人西走而建西辽，部分北撤成为今达斡尔族的先人，大部分人留在原住区，成为金的属民[④]。张正明论述了金代和元代的契丹及契丹与其他民族的同化和融合，主流是同化于汉族，同化于蒙古族的是少数，而先前同化于女真的后来也入了汉族[⑤]。孙进己认为契丹人的流向很复杂，有入回纥、入夏国、入女真、入蒙古、入达斡尔、入汉族者，主要流向应为蒙古族和汉族，其中又以汉族为主[⑥]；以后又分别论述了契丹族西走建西辽及金代的契丹人，最后入汉族、蒙古族及云南各族，而入女真满族、入回鹘、高丽，成为达斡尔人[⑦]。

其他分论辽亡后契丹人及其流向的有：陈述论述了哈剌契丹，

---

① 戴蕃豫：《契丹王朝之佛教艺术》，《大公报》1946年12月29日；魏洪祯：《契丹之佛教》，《经世》1948年第4期；韩道诚：《契丹佛教发展考》，《大陆》18卷4、6期，1959年；唐统天：《契丹佛风》，《北方民族》1989年第1期；顾国荣：《佛教在辽朝的流布及其影响》，《昭乌达蒙族师专学报》1989年第1期；项春松：《辽代佛教与佛塔》，《东北亚历史与文化研究》；李敬武：《论辽代从尊儒到崇佛的演变》，《社会科学辑刊》1993年第4期；王月珽《辽朝皇帝的崇佛及其社会影响》，《内蒙古大学学报》1994年第1期。

② 邢康：《从考古材料看道教在辽地的流传》，《内蒙古民族师院学报》1988年第1期；《论辽朝的道教》，《昭乌达蒙族师专学报》1988年第4期；舒焚：《辽上京的道士与辽朝的道教》，《湖北大学学报》1994年第5期。

③ 邢康：《契丹巫教在辽立国后的地位及其变化》，《昭乌达蒙族师专学报》1989年第2期；吕明：《契丹原始宗教在辽代艺术中的反映》，《美苑》1990年第3期。

④ 陈述：《大辽亡后的契丹人》，《民族问题研究丛刊》第五辑，1955年；《契丹政治史稿》，人民出版社1986年版。

⑤ 张正明：《契丹史稿》，中华书局1979年版。

⑥ 孙进己：《东北民族源流》，黑龙江人民出版社1987年版。

⑦ 孙进己：《金元时契丹族的分化及契丹族的最后流向》，《北方民族史研究》(一)，中州古籍出版社1994年版。

陈得芝论述了耶律大石西走路线，魏良弢论述了契丹人西走所建西辽的政治发展，冯继钦论述了哈剌契丹人建立的起儿漫王朝[①]，其中以魏良弢的《西辽史纲》论述最全面。此外，冯继钦论述了金代契丹人的分布[②]，张博泉论述了金代契丹族的土地关系[③]，赖家度、陈良、刘素云、赵东晖等人论述了契丹人的反金斗争[④]，余行迈、佟宝山、冯继钦论述了元代契丹人投效任官及其贡献[⑤]。对契丹后裔为达斡尔人说，自陈述提出后，长期争论不休。最初傅乐焕反对此说[⑥]，近年刘金明也对此说提出了质疑[⑦]；有些人虽未驳斥契丹说，另提出了蒙古等族之说[⑧]；但有些人还是支持契丹说[⑨]。

① 陈述：《哈剌契丹说》，《历史研究》1956年第2期；陈得芝：《耶律大石北走史地杂考》，《历史地理》第二辑，1982年；魏良弢：《西辽政治史稿》，《新疆大学学报》1983年第4期；冯继钦：《哈剌契丹人建立的起儿漫王朝》，《新疆大学学报》1989年第2期；魏良弢：《西辽史纲》，人民出版社1991年版。

② 冯继钦：《金代契丹的分布》，《北方文物》1990年第2期。

③ 张博泉：《金代经济史略》，辽宁人民出版社1981年版。

④ 赖家度：《耶律斡罕领导的抗金斗争》，外三篇，《历史教学》1962年第9期，1963年第1、5期。

⑤ 余行迈：《蒙古伐金初期契丹人的投効》，《东方杂志》40卷1期，1944年。佟宝山：《蒙古军中的契丹将领》，《辽金契丹女真史研究》1988年第2期；佟宝山：《论蒙元时代契丹人的贡献》，《中央民族学院学报》1991年第4期；何天明：《试探元代蒙古与契丹的关系》，《昭乌达蒙族师专学报》1993年增刊；冯继钦：《金元时期契丹人姓名的研究》，《黑龙江民族丛刊》1982年第4期；冯继钦：《蒙元时期契丹人官职研究》，《辽金史论集》第七辑，中州古籍出版社1995年版；《从战迹和官职看契丹人在蒙元时期的分布》，《北方文物》1985年第2期。

⑥ 傅乐焕：《关于达斡尔的民族成份识别问题》，《辽史丛考》，中华书局1984年版。

⑦ 刘金明：《关于达斡尔族源的质疑》，《黑龙江民族丛刊》1990年第4期。

⑧ 王钟翰：《达斡尔人出于索伦部考》，《清史杂考》，人民出版社1957年版；阿勇：《关于达斡尔的族源问题》，《内蒙古社会科学》1984年第2期。

⑨ 沈汇：《论契丹小字的创制与解读——亦论达斡尔族的族源》，《中央民族学院学报》1980年第4期；刘凤翥：《从契丹小字解读论达斡尔为东胡之裔》，《黑龙江文物丛刊》1982年第1期；王咏曦：《从民俗论达斡尔族源于契丹的质疑》，《黑龙江民族丛刊》1986年第2期；陈志贵：《试论达斡尔族的族源问题》，《东北地方史研究》1992年第1期。

关于契丹后裔在云南的发现也发表了不少文章①。

二、20世纪我国女真史研究综述

对于女真族史研究的综述，也拟分族源、辽代女真、金代女真、元明女真及女真族流向几个部分论述。

（一）对女真族族源的研究

关于女真族族源的论著甚多，但分歧颇大。最初提出并较为流行的说法是认为肃慎、挹娄、勿吉、靺鞨、女真一脉相承，即认为肃慎、挹娄、勿吉、靺鞨均是女真之源②。但亦有人认为女真起源于室韦中之如者部③。以后随着研究的深入，对原先流行之说提出了不同看法，凌纯声、陶晋生等先后对这些族是否是同族提出了疑问④。孙进己提出了：肃慎、挹娄、勿吉为同种同语而非同部，靺鞨是若干民族的总称，否定女真起源于肃慎、挹娄、勿吉、靺鞨全体，认为生女真和长白山女真是女真族的主体，分别起源于安车骨和号室部（即肃慎部）⑤。以后又提出了要区别女真民族史和女真系各民族史，认为女真这一大系中包括许多小的民族系统，如肃慎—号室—女真是一系，挹娄—虞娄—胡里改是一系，勿吉—拂涅—

---

① 杨毓骧：《云南契丹后裔考证》，《思想战线》1994年第2期；陈乃雄：《云南的契丹后裔和契丹字遗存》，《中国北方古代文化国际学术研讨会论文集》1995年；孟志东：《云南契丹后裔研究》，中国社会科学出版社1995年版；黄震云：《云南契丹后裔和契丹姓氏》，《思想战线》1995年第2期；杨毓骧：《云南契丹人的社会文化》，《思想战线》1995年第2期；《云南契丹后裔的宗族组织》，《北方文物》1998年第4期；陈乃雄：《云南契丹后裔考说》，《思想战线》1994年第2期。

② 冯家升：《肃慎系之民族》，《禹贡》3卷7期；金毓黻：《东北通史》，五十年代出版社1943年版。

③ 李学智：《释女真》，《大陆杂志》16卷4期，1958年。

④ 凌纯声：《松花江下游的赫哲族》，南京1934年；陶晋生：《女真史论》，台湾食货出版社1981年版。

⑤ 孙进己：《女真源流考》，《史学集刊》1984年第4期。

兀惹是一系，黑水—乌底改—乌狄哈—乌德盖是一系。不应把这些不同民族系列混杂在一起，看作一个民族的发展过程。认为辽代女真不起源于黑水，黑水部之后是五国部，五国部不是女真①。张甫白（博泉）认为肃慎、挹娄、勿吉、靺鞨同属一个族属系统，黑水靺鞨的黑水部是女真族的直接来源，杨保隆同意其说。孙秀仁据考古资料论述了黑龙江流域的靺鞨文化是女真文化的主源。李健才从埋葬习俗的继承演变论述了女真和肃慎、挹娄的关系②。冯继钦认为完颜部所在三十部女真源于黑水靺鞨，而长白山女真三十部应属白山靺鞨③。蒋秀松认为女真不起源于黑水靺鞨，而起源于渤海统治下的靺鞨④，孙进己、张博泉又对女真起源于如者说表示反对⑤。

其他还有：傅朗云认为女真民族是肃慎、高丽、靺鞨、渤海、辰韩等民族的不同族籍成员的新结合⑥。赵振绩认为女真属东胡族系，来自北魏初的奴真⑦。

此外论述肃慎、挹娄、勿吉、靺鞨的论著甚多，但因大多与族源

---

① 孙进己：《女真史研究中的几个问题》，《辽金契丹女真史研究》1987年第2期；《辽代女真不起源于黑水》，《东北民族史研究》（一），中州古籍出版社1994年版。

② 干志耿、孙秀仁：《黑龙江古代民族史纲》，黑龙江人民出版社1987年版。张甫白：《肃慎·挹娄·女真考辨》，《史学集刊》1992年第1期；杨保隆：《女真》，见王钟翰主编《中国民族史》第五编第二章，中国社会科学出版社1994年版；孙秀仁：《生女真文化的渊源与构成——以黑龙江地区考古资料为主的论述》，《黑龙江民族丛刊》1990年第3期；李健才：《从肃慎、挹娄到女真、满族埋葬习俗的演变》，《古民俗研究》，吉林文史出版社1985年版。

③ 冯继钦：《辽代长白山三十部女真新探》，《辽金史论集》第三集，书目文献出版社1987年版。

④ 蒋秀松：《女真与靺鞨》，《民族研究》1992年第3期。

⑤ 孙进己：《东北民族源流》，黑龙江人民出版社1987年版；张甫白：《肃慎·挹娄·女真考辨》，《史学集刊》1992年第1期。

⑥ 傅朗云：《辽金时期女真民族源流丛考》，《博物馆研究》1994年第3期。

⑦ 赵振绩：《女真族系考》，《历史学会集刊》1975年。

没有直接关系,就不一一介绍了,仅列书名[①]及篇名[②]。

(二)对辽代女真的研究

关于辽代女真的论著甚多,涉及各个方面,如辽代女真的族体、范围、生产力水平、社会组织、国家形式、风俗和他族关系及分部等等。

对辽代女真的族体、范围,孙进己认为辽代女真不是一个统一的民族,应属具有共同语言和共同民族性的种族,包括许多部落和部落联盟,如生女真、长白山女真、南女真、北女真、奥衍女真、乙典女真、黄龙府女真、鸭绿江女真、曷苏馆女真等,但不包括铁骊、兀

① 孙进己、张璇如、蒋秀松、干志耿、庄严:《女真史》,吉林文史出版社1987年版;干志耿、孙秀仁:《黑龙江古代民族史纲》,黑龙江人民出版社1987年版;杨保隆:《肃慎挹娄合考》,中国社会科学出版社1989年版。孙进己:《肃慎——女真系研究》,《东北民族史研究》(一),中州古籍出版社1994年版;魏国忠:《肃慎、挹娄、勿吉、靺鞨研究》,《东北民族史研究》(二),中州古籍出版社1994年版。

② 李学智:《肃慎与挹娄之商榷》,《大陆杂志·史学丛书》第一辑第五册;薛虹:《肃慎和西团山文化》,《吉林师范大学学报》1979年第1期;薛虹:《肃慎的地理位置及其同挹娄的关系》,《吉林师范大学学报》1980年第2期;奚柳芳:《肃慎东迁考》,《吉林师范大学学报》1980年第1期;杨保隆:《肃慎考略》,《民族史论丛》1980年;杨保隆:《关于肃慎两个基本问题的辨析》,《吉林师范学院学报》1980年第1期;杨保隆:《肃慎改称挹娄考释》,《民族研究》1980年第2期;张博泉:《肃慎、燕、亳考》,《东北考古与历史》第一集,1982年;张泰湘:《从最新考古学成就看历史上的肃慎、挹娄人》,《东北师范大学学报》1982年第5期;孙进己等:《肃慎和挹娄的考古文化》,《学习与探索》1984年第5期;孙进己、干振玮、庄严:《肃慎、挹娄、勿吉、黑水靺鞨的经济社会性质》,《北方论丛》1985年第5期;林树山:《肃慎姓氏褥鸡考》,《北方文物》1986年第3期;白凤岐:《从肃慎到女真》,《满族研究》1986年第3期;崔广彬:《肃慎一名之我见》,《北方文物》1987年第3期;李德山:《关于肃慎族几个问题的探讨》,《北方民族》1993年第1期;魏国忠、贾伟明:《论挹娄考古文化》,《北方文物》1989年第3期;李学智:《对于勿吉、靺鞨种族与名称的管见》(上、下),《大陆杂志丛书》第一辑第五册;周齐:《靺鞨丛说》,《哈尔滨师范学院学报》1963年第3期;姜守鹏:《唐代黑水靺鞨》,《社会科学战线》1983年第4期;杨保隆:《黑水部和黑水靺鞨地域考》,《北方论丛》1984年第3期;庄严:《勿吉与黑水靺鞨的习俗》,《东北地方史研究》1985年第1期;孙进己、干志耿、庄严:《勿吉和黑水靺鞨的物质文化》,《博物馆研究》1985年第1期;冯继钦:《靺鞨共同体类型及其特征初探》,《北方文物》1986年第2期;干志耿:《靺鞨及黑龙江流域的靺鞨遗存》,《北方文物》1985年第1期;王禹浪:《靺鞨黑水部地理分布初探》,《北方文物》1987年第1期;董万仑:《白山靺鞨五考》,《北方文物》1986年第2期。

惹、胡里改、五国部等。多数并未形成部族,有形成部族者也很晚[①]。张博泉认为女真族在建国前有着众多的部族和部落,属于同一族属的部落集团。包括完颜部、温都部、乌古论部、加古部、鳖故德部等,他把一些已形成部落联盟的部也分出并列[②]。由于对五国部是否属女真有不同认识,有些人认为五国部也是女真,因此把五国部的考古文化也当作女真文化,如干志耿、孙秀仁、林树山、姚凤等。因此他们把五国部文化(绥滨三号)及黑龙江沿岸考古文化都看作女真文化[③]。但如果五国部不是女真,则这些文化都不是女真文化。

对辽代女真的分布有苏金源的论文[④] 及孙进己的论述[⑤]。

此外,有些论著专门论述了女真各部。如专论生女真的有刘肃勇、赵东晖、赵鸣岐等文[⑥],论述长白山女真的有冯继钦及董万仑之文[⑦],论述辽代鸭绿江女真的有冯继钦之文[⑧],论述辽代曷苏

---

① 孙进己:《辽代女真的族体》,《东北地方史研究》1984 年第 1 期;孙进己:《辽代女真的族体、范围和起源》,《东北民族史研究》(一),中州古籍出版社 1985 年版。

② 张博泉:《女真部族的形成与分布》,《金史论稿》(一),吉林文史出版社 1986 年版;姜守鹏:《十世纪初至十三世纪的女真族》,《北方文物》1987 年第 3 期。

③ 干志耿、孙秀仁:《绥滨三号辽代女真墓群清理与五国部文化探索》,《考古与文物》1984 年第 2 期;林树山:《关于黑龙江沿岸女真文化的起源问题》,《黑龙江民族丛刊》1988 年第 3 期;姚凤:《黑龙江左岸女真人文物遗存》,《辽海文物学刊》1990 年第 1 期;林树山:《苏联对女真文化的研究》,《北方文物》1987 年第 4 期。

④ 苏金源:《辽代女真和汉人的分布》,《社会科学战线》1980 年第 2 期。

⑤ 孙进己:《辽代女真的四至》、《辽代女真的西迁》、《辽代熟女真诸部的分布》,《女真史》吉林文史出版社 1987 年版;孙进己:《辽代女真诸部的分布》,《东北民族史研究》(一),中州古籍出版社 1994 年版。

⑥ 刘肃勇:《辽代女真完颜部部落联盟试探》,《辽金契丹女真史研究》1985 年第 1 期;赵东晖:《关于生女真氏族部落的几个问题》,《北方文物》1986 年第 1 期;赵鸣岐:《辽代生女真的社会变革及金的建国》,《辽金史论集》第三辑,书目文献出版社 1987 年版。

⑦ 冯继钦:《辽代长白山女真三十部女真新探》,《辽金史论集》第三辑,书目文献出版社 1987 年版;董万仑:《辽代长白山女真三十姓部落联盟研究》,《北方文物》1999 年第 2 期。

⑧ 冯继钦:《辽代鸭绿江女真新探》,《博物馆研究》1986 年第 2 期。

馆熟女真的有刘炳愉、陈福林、都兴智之文[①]。

对辽代女真的生产力水平多数人认为“绥可教人烧炭炼铁”，表明女真人已开始冶铁。有人并认为阿城小岭冶铁遗址与绥可之时相一致[②]。孙进已则认为辽代女真只会对输入铁器锻炼加工而不会冶铁，小岭冶铁遗址据黑龙江省博物馆原报道是属金代早期的冶铁遗址。干志耿等也认定为金代早期冶铁遗址[③]。

对辽代女真的社会结构，有三种不同意见：赵东晖、赵鸣岐认为辽代女真的社会组织是由若干个体家庭包括非自由人所构成的父系血缘组织，实行土地共同占有和共同耕作[④]。张博泉等则认为“女真在建国前主要是家长制家族公社，这和以前的民主型父系家族公社有别，但仍保持大家族；虽析居犹有公有聚种，包括非自由人和保持父权，但它已具有农村公社的性质，已打破血缘联系，土地关系有两重性，大家族与个体家庭并存，称之为村寨组织”[⑤]。孙进已则认为：辽代女真的家长制家族公社与农村公社有别，血缘联系还未破坏，但又与家族公社的公共所有共同耕作有别；个体家

---

① 刘炳愉、陈福林：《曷苏馆熟女真探源》，《北方文物》1985 年第 2 期；都兴智：《曷苏馆女真考略》，《辽宁师范大学学报》1986 年第 1 期；孙进已：《辽代熟女真诸部的经济及习俗》，《女真史》，吉林文史出版社 1982 年版。

② 孙秀仁：《从英雄时代到封建制的确立》，《吉林大学学报社会科学论丛》1980 年；赵鸣岐：《辽代生女真的社会变革及金的建国》，《辽金史论集》第三辑，书日文献出版社 1987 年版；姜守鹏：《十世纪初至十二世纪初的女真族》，《北方文物》1987 年第 3 期；张博泉：《女真部族的社会结构》，《金史论稿》(一)，吉林文史出版社 1986 年版。

③ 孙进已：《辽代女真经济及社会性质》，《克山师范专科学校》1985 年第 1 期，后收入《东北民族史研究》(一)，中州古籍出版社 1994 年版；孙进已：《东北古代使用铁器的历史及对铁器时代的管见》，《民族学研究》第七辑，民族出版社 1984 年版；黑龙江省博物馆：《黑龙江阿城县小岭地区金代冶铁遗址》，《考古》1965 年第 3 期；孙秀仁：《黑龙江古代民族史纲》第 358 页，黑龙江人民出版社 1987 年版。

④ 赵东晖：《女真族的家长制家庭公社》，《黑龙江文物丛刊》1983 年第 1 期；赵鸣岐：《金建国以前社会状况的几个问题》，《民族研究》1986 年第 3 期。

⑤ 张博泉：《女真部族的家庭形态》、《女真部族的村寨组织》，均见《金史论稿》(一)，吉林文史出版社 1986 年版；王可宾：《女真人从血缘组织到地缘组织的演变》，《辽金史论集》第二辑，书目文献出版社 1987 年版。

庭已分居和分产,但犹合亩聚种,这是原始社会向阶级社会的过渡中出现的过渡形态,赵东晖所说的不是家庭公社而是原始社会的家族公社,张博泉所说的地域村寨是金代的猛安谋克①。

关于辽代女真形成国家问题,华山、王赓唐认为辽代女真还实行选举制,金帝国的正式建立,虽然还在十多年之后的阿骨打时,但女真族的国家组织实质上在盈歌时已经完成了②。张博泉等则认为辽代女真已形成军事部落联盟,建立了军事民主制度,形成了人民大会、议事会、军事首长制,女真族的奴隶制国家的建立,应以阿骨打建立的金政权为标志。蔡美彪也把阿骨打建金作为女真族建立国家的标志③。孙进己则认为辽代女真建立国家的过程始于昭祖,当时已有官属,进入世选制建立小型城邦的国家。太祖太宗建立的是庞大帝国④。

对辽代女真的习俗,孙进己认为:葬俗有送血泪、奴隶殉葬、烧饭等;婚俗有同姓不婚、妻母报嫂,从自由订婚向强迫过渡,有母方居住的残余,居住已从穴居改为地上,用火炕;饮食则以米谷为食,以菜为副食,间或食鱼⑤。张博泉等认为女真婚姻为族外婚与异姓世婚,氏族内有时可通婚,有群婚制残余,有收继婚、隶役婚。张博泉认为函普在完颜部成婚是同部同氏族,属特例⑥。孙进己则

---

① 孙进己:《辽代女真族父系家长家庭公社的形成》,《东北民族史研究》(一),中州古籍出版社 1994 年版;《公有制向私有制过渡诸形态中家庭公社和家族公社、农村公社的区别》,《东北亚民族史论研究》,中州古籍出版社 1994 年版。

② 华山、王赓唐:《略论女真族氏族制度的解体和国家的形成》,《文史哲》1956 年第 9 期。

③ 蔡美彪:《中国通史》第六册第 241 页,人民出版社 1983 年版。

④ 孙进己:《辽代女真族国家的形成》,《东北民族史研究》(一),中州古籍出版社 1994 年版;《国家形成的过程及确立的标志》,《东北亚民族史论研究》,中州古籍出版社 1994 年版。

⑤ 孙进己:《辽代女真族的习俗及宗教艺术》,《北方文物》1985 年第 4 期。

⑥ 张博泉:《女真部族的婚姻形态》,《金史论稿》(一),吉林文史出版社 1986 年版;王可宾:《试论女真人的部落外婚》,《北方民族》1990 年第 2 期;刘肃勇:《放偷日与辽女真婚俗》,《社会科学辑刊》1984 年第 6 期。

认为函普不是入赘完颜部，而是以姓完颜的资格收继完颜部人①。

对辽代女真的宗教、艺术，孙进己认为属原始的萨满教，保留原始的歌舞习俗②。王禹浪等也认为女真建国前为萨满教，有女巫以梦预兆敬天祭祖，但建国前已信佛教③。

最早论述辽代女真和辽、宋、高丽关系的是孙进己，他认为辽代女真各部分别入贡辽，还开展了民间交易，也不断侵扰辽边；辽圣宗以后女真大都接受辽的管辖；和宋主要是通过海上交往、纳贡；和高丽也一直保持密切的经济文化交往，但一度曾为争夺今朝鲜东北部地区发生战争④。于国石文所述与此大体相同⑤。此外，专论辽代女真与高丽的关系之文还有四篇，各有侧重：孙进己主要论述了函普与高丽的关系，成宗时契丹伐女真时高丽的态度及文宗时高丽、女真之战。王崇时论证了女真人的南下与《高丽史》中的东女真、西女真，女真与高丽的贸易交往，东西女真与高丽的矛盾冲突。景爱主要论述了高丽对女真的扩张、对女真政策的转变、女真人的归附高丽以及女真与高丽的贸易活动⑥。蒋秀松则专门论述了辽末女真与高丽间的曷懒甸之战⑦。

（三）对金代女真的研究

不少学者著文讨论了金代女真民族的形成。张博泉研究了女真人由分散的部族到统一的女真民族，指出在建国前的穆宗、康宗及阿骨打为都勃极烈时，女真民族即趋于形成，统一民族地域、经

---

① 孙进己：《生女真的婚俗》，《女真史》，吉林文史出版社 1987 年版。

② 孙进己：《辽代女真族的习俗及宗教艺术》，《北方文物》1985 年第 4 期。

③ 王禹浪、崔广彬：《辽代女真宗教考》，《辽金契丹女真史研究》1987 年第 2 期。

④ 孙进己：《辽代女真与各族的关系》，《女真史》，吉林文史出版社 1987 年版。

⑤ 于国石：《略论早期女真与辽宋政权之间的关系》，《辽金契丹女真史研究》1987 年第 1 期。

⑥ 孙进己：《辽代女真与高丽的关系》，《朝鲜史研究》第 3 期，1985 年；王崇时：《十至十二世纪初女真与高丽的关系》，《北方文物》1986 年第 3 期；景爱：《辽代女真人与高丽的关系》，《北方文物》1990 年第 3 期。

⑦ 蒋秀松：《女真与高丽之间的曷懒甸之战》，《民族研究》1994 年第 1 期。

济发展的一致性并加强联系,共同语言、共同心理状态形成①。何俊哲、蔡娟娟等也论证了金代女真统一民族的形成②。张创新也论证了在阿骨打时女真民族共同语言、共同地域、共同心理、共同经济的形成③。王可宾、孙秀仁、华山、姜守鹏、杨茂盛等也分别论述了女真人在金初形成了地域组织、国家等④。李学智论述了女真民族兴起的渊源。

专论金代女真人地域的文章有张云波、孙进己等人之文,论述了金代女真人的西迁,分居东北及中原地区⑤。论述女真族称的有韩儒林、王文郁、聂锡文、苍寒、王禹浪等人之文⑥。

金代女真经济社会性质是学者讨论较集中的题目,最早论述金代女真经济社会性质的有朱人昀及漆侠之文⑦。其中最受关注的是金代女真的奴隶制度。学者一般都认为金代女真存在过奴隶

① 张博泉:《由部族到统一的女真民族和国家》,《金史论稿》(一),吉林文史出版社 1986 年版。

② 何俊哲等:《统一女真民族之形成》,《金朝史》,中国社会科学出版社 1992 年版;蔡娟娟、关玉华:《论古代女真民族的形成》,《辽金史论集》第七辑,中州古籍出版社 1996 年版。

③ 张创新:《简论阿骨打在女真民族形成中的作用》,《北方文物》1988 年第 2 期。

④ 王可宾:《女真人从血缘组织到地缘组织的演变》,《辽金史论集》第二辑,书目文献出版社 1987 年版;孙秀仁:《从英雄时代到封建制的确立》,《吉林大学社会科学论丛》1980 年;华山、王赓唐:《略论女真民族制度的解体和国家的形成》,《文史哲》1956 年第 6 期;杨茂盛:《完颜家族在生女真社会发展中的作用》,《辽金史论集》第四辑,书目文献出版社 1990 年版;姜守鹏:《十世纪初到十二世纪初的女真族》,《北方文物》1987 年第 3 期。

⑤ 张云波:《金代女真之配布及对契丹人之处置》,《文史教学》1941 年第 1 期;孙进己:《金代女真人的西迁及其分布》,《女真史》,吉林文史出版社 1987 年版;孙进己:《金代女真族的迁徙和分布》,《东北民族史研究》(一),中州古籍出版社 1994 年版。

⑥ 韩儒林:《女真译名考》,《中国文化研究所集刊》3 卷 1—4 期,1943 年 9 月;王文郁:《女真族称的由来》,《南开史学》1980 年第 2 期;聂锡文:《女真为什么又称女直》,《民族团结》1987 年第 5 期;苍寒:《女真族名起源新说》,《黑龙江民族丛刊》1992 年第 1 期;王禹浪:《女真称号的含义与民族精神》,《北方文物》1992 年第 3 期。

⑦ 朱人昀:《有关金代女真人的生产、生产关系及上层建筑的几个问题》,《史学月刊》1956 年;漆侠:《女真建国前及建国初期的社会状况》,《教学理论与实践》1958 年第 1 期。

制，而分歧之处在于金代女真族从奴隶制向封建制转化的时间。华山等主张在金初已向封建制过渡[①]，干志耿、孙秀仁则认为开始于阿骨打时，熙宗时大体完成了上层建筑方面的变革。海陵王大大促进了封建化进程，世宗已完成[②]。张博泉等则认为是在金世宗前后完成了从奴隶制向封建制的转化[③]。也有人认为金世宗实际上是维护奴隶制反对封建化，世宗时并未完成封建化[④]。

对金代土地制度的性质也有不同看法，张博泉认为牛头地的破坏标志着女真奴隶社会的解体，经由计口授田从奴隶制向封建制转变[⑤]。傅百臣认为计口授田是牛头地向封建租佃制度的转变[⑥]。孙进己则认为牛头地是在土地公社所有及国有基础上的土地分配制度，由牛头地转变为计口授田制，只不过是由旧的按大家族分配土地的方式转变为按小家庭分配土地而已，奴隶照样可由国家计口授田[⑦]。

金代女真的猛安谋克制度也是研究较多的问题，很早就有人

---

① 华山、王赓唐：《略论女真氏族制度的解体和国家的形成》，《文史哲》1956年第6期。

② 干志耿、孙秀仁：《黑龙江古代民族史纲》第369页，黑龙江人民出版社1987年版。

③ 张博泉：《金代奴隶解放的年代以及奴隶的生产和社会地位怎样》，《历史教学》1964年第2期；《金代奴婢问题的研究》，《史学月刊》1965年第9期；《金史简编》第219页，辽宁人民出版社1984年版；孙秀仁：《从英雄时代到封建制的确立——试论金代前期社会性质的演变》，《吉林大学社会科学论丛》1980年；蔡美彪：《中国通史》卷六第284页，人民出版社1983年版；吴泰等：《中国史稿》，第五册第255页，人民出版社1983年版；张璇如：《金代女真族的奴隶制和向封建制的转化》，《女真史》，吉林文史出版社1987年版。

④ 孙进己：《金代女真族的社会性质》，《辽金史论集》第四辑，书目文献出版社1989年版。

⑤ 张博泉：《金代女真牛头地问题研究》，《历史研究》1981年第4期；张博泉等：《金代女真计口授地研究》，《金史论稿》卷二，吉林文史出版社1991年版；张博泉：《金史简编》第218页，辽宁人民出版社1984年版。

⑥ 傅百臣：《论金代女真族的计口授田》，《松辽文物》1985年第1期。

⑦ 孙进己：《金代女真族的社会性质》，《辽金史论集》第四辑，书目文献出版社1989年版。

研究[1]。但集其大成者为张博泉,他论述了猛安谋克制度的形成、发展及破坏原因,猛安谋克在女真族社会发展中的作用,指出了猛安谋克不是民族组织,是行政、军事以及管理生产的地方基本组织,随着具有农村公社性质的村寨出现,与之结合而为地方组织,在奴隶制上升时期起过进步作用,但它比封建制落后,对中原封建制是一种反动[2],张博泉认为金代女真族的村寨组织已打破血缘联系而具有农村公社性质。孙进己则认为猛安既是军事组织又是行政组织、经济组织,它打破了过去的氏族部落组织,虽其中还残留一些血缘联系,但基本上已是地域公社,每个猛安谋克实际上就是一个农村公社[3]。王可宾认为猛安谋克也就是女真人的村寨组织,它是女真的政治、经济、军事三位一体的基层组织,本质是农村公社的一种民族形式[4]。关亚新也认为猛安谋克是金代女真族的村社组织[5]。此外,李薇、胡顺利、张博泉、孙进己还讨论了金代女真猛安谋克的分布[6]。

孙进己论述了金代女真族农业、工矿业及商业的发展[7]。赵鸣岐论述了金代东北地区农业的开发,指出随着金代统治者重农

① 陶希圣:《金代猛安谋克的土地问题》,《食货》1卷8期,1935年3月。

② 张博泉:《猛安谋克制度的形成、发展及其破坏的原因》,《文史哲》1963年第1期;《猛安谋克在女真族社会发展中的作用》,《吉林大学学报》1963年第1期;张博泉:《金代女真部族的村寨组织》,《博物馆研究》1984年第1期。

③ 孙进己:《东北古代各族的各种公社》,原刊《辽宁省史学会1982年学术论文选集》,后收入《东北亚民族史论研究》第231—232页,中州古籍出版社1994年版。

④ 王可宾:《猛安谋克制》,《女真国俗》,吉林大学出版社1988年版;王可宾:《女真社会变革的内在驱动力》,《辽金史论集》第九集,中州古籍出版社1996年版。

⑤ 关亚新:《论金代女真族的村社组织》,《社会科学辑刊》1997年第2期。

⑥ 李薇:《关于金代猛安谋克的分布和名称问题》,《黑龙江文物丛刊》1984年第2期;胡顺利:《金代猛安谋克名称与分布考订的商榷》,《北方文物》1987年第3期;张博泉:《猛安谋克制度的形成发展及其破坏的原因》,《金史论稿》卷二,吉林文史出版社1991年版;孙进己:《金代女真族的民族建置——猛安谋克》,《东北民族史研究》(一),中州古籍出版社1994年版。

⑦ 孙进己:《金代女真族经济的发展》,《女真史》,吉林文史出版社1987年版。

思想的形成，在东北地区推行农业开发政策，移民实内地，寓农于兵，实行受田制，奖励保护农业生产，因此农业区大面积扩展，农业人口增长，农作物品种增加，农业生产力水平提高[①]。

徐玉虎、赵东晖等著文讨论了金代女真国家建立发展的过程，早期的残留大量军事民主制，如世选制和兄终弟及，勃极烈制即贵族会议，无严格君臣之礼等，到熙宗、海陵王时逐步加强了君主专制[②]。张达昌则论述了金代女真政权的经济基础[③]。

对金初勃极烈制度作了专门研究的有王统照、程妮娜、赵东晖、张博泉等人的文章，程妮娜提出了金代初期女真勃极烈制度的六个特点，指出了是由过去的贵族议事会演变而来[④]。傅百臣则对金代女真法制的形成作了探讨，指出女真法来源于女真习俗，消失于汉法之中[⑤]。程妮娜还论述了女真人与汉官制度[⑥]。

讨论女真文化的文章特别多，其中有一部分是论述女真文化的形成发展，如姚从吾论述了女真文化从在上京时期到迁燕后的

---

① 赵鸣岐：《论金代东北地区农业开发政策》、《北方民族》1993 年第 4 期；《金代上京路地区的土地开发与农业技术水平的提高》，《北方文物》1995 年第 1 期。

② 徐玉虎：《女真建都上京时期的风俗》，台湾《大陆杂志》卷 9 第 10－11 期；赵东晖：《金初国家政体初探》，《东北地方史研究》1986 年第 3 期；张宝才：《论完颜女真国家关系的确立过程及其特点》，《求是学刊》1986 年第 4 期；刘庆：《金代女真官制的演变道路》，《民族研究》1987 年第 2 期；赵东晖：《论金熙宗时期国家政体的转变》，《辽金史论集》第二辑，书目文献出版社 1987 年版；王德忠：《女真政权传世方式琐谈》，《北方文物》1989 年第 2 期；杨茂盛：《试论完颜家族在女真社会发展中的作用》，《辽金史论集》第四辑，书目文献出版社 1989 年版；杨茂盛：《试论金初军事民主制与君主专制的关系》，《民族研究》1991 年第 1 期。

③ 张达昌等：《金代女真政权经济基础考》，《辽金史论集》第七辑，中州古籍出版社 1996 年版。

④ 王统照：《金人建国前后之孛堇制》，《文风》8 卷 1 期，1948 年 1 月；程妮娜：《金初勃堇初探》，《史学集刊》1986 年第 2 期；赵东晖：《金代勃极烈官制的特点》，《辽金史论集》第一辑，上海古籍出版社 1987 年版。

⑤ 傅百臣：《金代法制初探》，《史学集刊》1986 年第 4 期；《女真法与金朝法制》，《辽金史论集》第八辑，吉林文史出版社 1994 年版。

⑥ 程妮娜：《金代政治制度研究》，吉林大学出版社 1999 年版。

转变①。王世莲论述了金初女真族吸收汉文化，尚文好学的进取精神②。李建勋论述了女真族以本国制度为主吸收渤海、契丹、汉文化逐渐形成了金代女真族的文化③。于本庆论述了女真族本有自己的文化，创造了本民族的音乐、艺术、舞蹈、歌曲、文字，这是一种渔猎农耕文化，以后吸收了外族文化，在每个时期都有进展和特色④。伊保力、张建华也论述了女真文化在周边民族影响下最后的归宿是汉化⑤。舒焚论述了在女真社会发展中学习和掌握契丹文、汉文，创制和扩大女真文，发展女真文化形成了金代女真族的知识分子群⑥。王可宾论述了女真人最少保守，最肯学习的文化心态，促进了女真民族和社会文化的发展⑦。张晶论述了金代女真文化对汉文化既有融合也有排拒⑧。李成论述了金源文化的影响⑨。

对金代女真文学，20世纪上半叶就有人研究。如许文元、吴梅、苏雪林等，但都没有单点出金代女真文学⑩。明确研究金代女

① 姚从吾：《金朝上京时期女真文化及迁燕之后的转变》，《东北史论丛》卷二，1983年。
② 王世莲：《试论金初女真族尚文好学的进取精神》，《北方文物》1985年第2期。
③ 李建勋：《金代女真文化之形成》，《北方民族文化》（一），黑龙江社会科学院1987年版。
④ 于本庆：《女真族文化特色刍议》，《北方民族文化》（一），黑龙江社会科学院1987年版。
⑤ 伊保力、张建华：《浅谈女真文化体及其演进》，《北方文物》1995年第1期。
⑥ 舒焚：《金初女真族知识分子群》，《北方文物》1986年第1期。
⑦ 王可宾：《社会变革时期女真心态特点》，《辽金史论集》第五辑，文津出版社1991年版。
⑧ 张晶：《试论金代女真文化与汉文化的融合与排拒》，《社会科学辑刊》1991年第2期。
⑨ 李成：《论金源文化的影响》，《辽宁大学学报》1999年第6期；《再论金源文化的影响》，《哈师专学报》1999年第1期。
⑩ 许文元：《金源的文囿》，《小说月报》卷七号外，1927年6月；吴梅：《辽金元文学史》，上海商务印书馆国学小丛书，1934年；苏雪林：《辽金元文学》，上海商务印书馆百科小丛书，1934年。

真文学的论著则较晚，已到80年代，才先后有陶晋生、周惠泉、金启孮、孙泓、李成等人的论述[①]。还有一些论述金代女真诗歌的文章，最早也是混杂在金代诗歌中[②]，以后才明确区分出金代女真族的诗歌[③]，并有文章专门介绍了金代女真族的诗人完颜亮、完颜畴[④]。此外，也有论述女真散曲的[⑤]。

丛广玉探索了金代女真史学文化之源，认为有其自己的民族史学文化传统，并吸收了汉族史学文化的影响[⑥]。

张光福论述了金代女真的美术，有为宫廷和贵族服务的，也有民间的雕刻绘画[⑦]。陶亚兵论述了金代女真族的音乐文化，继承了金以前的女真音乐，借用辽音乐和宋音乐[⑧]。庞志国则依据出土文物论述了金代女真族的乐器[⑨]。

何俊哲等的《金朝史》在金代文化中专列了女真学校的兴办、女真策论进士及女真统治对金代科技发展的影响[⑩]，陶晋生则专

---

① 陶晋生：《文学艺术和宗教》，《女真史论》台湾食货出版社1981年版；周惠泉：《金代文学初探》，《社会科学战线》1983年第4期；《金代文学概论》（一、二），《学术研究丛刊》1992年第1、2期；金启孮：《论金代的女真文学》，《内蒙古大学学报》1984年第4期；孙泓：《女真人的文学》，《东北亚文化研究》，中州古籍出版社1994年版；李成：《金代文学简论》，《辽金史论集》第七辑，中州古籍出版社1996年版。

② 陈荆鸿：《辽金诗概述》，《文学世界》4卷4期，1960年。

③ 祝注先：《金代女真族的诗歌》，《北方文物》1988年第3期；薛瑞兆、郭明智：《金源文化与金代诗歌》，《北方论丛》1992年第1期。

④ 景爱等：《完颜亮的诗词》，《满族文学研究》1984年第1期；张克等：《试论女真诗人完颜亮》，《湖北师范学院学报》1987年第1期；穆鸿利：《女真族著名诗人完颜畴及其作品》，《满族文学研究》1982年第2期；周惠泉：《金代女真诗人完颜畴简论》，《社会科学战线》1985年第2期。

⑤ 高寒育：《女真散曲的民族特色》，《满族文学研究》1984年第1期；赵志辉：《金元时期女真散曲探微》，《内蒙古师范大学学报》1984年第2期。

⑥ 丛广玉：《金代女真史学文化探源》，《东北亚文化研究》，中州古籍出版社1994年版。

⑦ 张光福：《略谈金代美术》，《中央民族学院学报》1983年第1期。

⑧ 陶亚兵：《试论金代女真族音乐文化》，《北方论丛》1989年第4期。

⑨ 庞志国：《从出土文物看金代女真族的乐器》，《博物馆研究》1985年第3期。

⑩ 何俊哲等：《金朝史》，中国社会科学出版社1992年版。

门论述了金代的女真进士科①。

研究金代女真文字的论著甚多,但研究语言的却很少。早在20世纪初,就由于一些金代女真文碑刻的发现引起了人们对女真文字的关注,如罗福成、庄严、卞宗孟、刘师培等,其中罗福成论著最多②。新中国建立后对女真文字的研究成就突出的有金光平、金启孮父子③,其他则有孙进已、道尔吉、和希格、蔡美彪、于宝林、穆鸿利等人④。研究女真语言者较早的有钱稻孙、刘厚滋、罗继祖等人,但主要是资料的整理⑤。以后金光平、金启孮等人转入对女

---

① 陶晋生:《金代的女真进士》,《第三届东亚阿尔泰学会文集》1970年,台北;《金代女真进士科》,《国立政治大学边政研究所年报》第1期,1970年。

② 罗福成:《宴台金源国书碑考》,《北京大学国学季刊》1卷4期,1923年12月;《女真国书碑考释》,《考古》1926年;《女真国书碑跋尾》,《北平图书馆月刊》第34期,1929年2月;《女真国书碑摩崖》,《东北丛刊》第5期,1930年3月;《奴儿干永宁寺碑女真国书图解》,《满洲学报》第5期,1937年12月;庄严:《金得胜陀碑》,《学文》1卷5期,1932年5月;卞宗孟:《扶余得胜陀颂碑叙记》,《行健》4卷2期,1934年4月;毛汶:《金源国书碑跋》,《国学论衡》第3期,1934年6月;卞宗孟:《女真文刻石新发现》,《黑白半月刊》3卷1期,1935年1月;刘师培:《女真文字碑考》、《女真文字碑续考》,《考古社刊》第5期,1936年12月;王静如:《宴台女真进士题铭碑初释》,《史学集刊》第3期,1937年6月。

③ 金光平:《从契丹大小字到女真大小字》,《历史教学》1956年第6期;金光平、金启孮:《女真语言文字研究》,《内蒙古大学学报》1964年第1期;《女真制字方法论》,《内蒙古大学学报》1980年第4期;金启孮:《女真文字研究概况》,《中国民族古文字研究》1984年;《女真文辞典》,文物出版社1984年12月。

④ 孙进已:《海龙女真摩崖石刻》,《社会科学战线》1979年第2期;《女真辞典》,1983年油印本;《关于女真文字的研究》,《东北民族史研究》(一),中州古籍出版社1994年版;道尔吉等:《女真文字史料摘抄》,《内蒙古大学学报》1979年第3期;《关于女真大小字问题》,《内蒙古大学学报》1980年第4期;《女真文大金得胜陀碑校勘释读》,《内蒙古大学学报》1984年第4期;和希格:《从金代的金银牌探讨女真大小字》,《内蒙古大学学报》1980年第4期;《契丹文字与传世的女真文字》,《内蒙古大学学报》1984年第3期;蔡美彪:《女真字构字初探》,《中央民族学院学报》1984年第2期;于宝林:《女真文字研究论文集》,中国民族古文字研究会刊印,1984年;穆鸿利:《围绕女真文字研究的几个不能回避的问题》,《辽金史论集》第七辑,中州古籍出版社1996年版。

⑤ 钱稻孙:《关于女真语研究资料》,《东亚》1卷1期,1930年3月;刘厚滋:《传世石刻中女真语文材料及其研究》,《文学年报》7期,1941年;罗继祖:《女真语研究资料》,《国学丛刊》1944年第4期。

真语言的研究[1],王可宾则主要是以语言资料研究女真社会历史文化[2]。

论述金代女真习俗的论著很多,但大都为具体论述某方面习俗,总的论述女真习俗的论著不多。宋德金总论了金代女真习俗的三个来源:一是来自本民族的风俗,二是来自北方各民族共有的习俗,三是接受汉化[3]。傅朗云等论述了女真风俗,反映了三个历史阶段(原始、奴隶、封建)的社会特点[4]。孙海认为女真及其先人的民俗受地理环境影响很大,因此,女真及其先人的民俗既有共性又有个性,随着生产力发展和民族间的影响不断发展变化[5]。孙进己认为女真人各部分受汉族影响深浅不同,习俗有差别,全面论述了女真的婚姻形态、家庭形态、命名习俗、继承习俗、社会生活习俗等。他认为大体上居住在西面的女真人汉化较深,留居东部地区的汉化较浅[6]。王可宾全面论述了女真的婚姻形态、家庭形态、命名习俗、继承习俗、社会生活习俗等[7]。徐玉虎专门论述了女真建都上京时的风俗,较多地保留了古代遗留下来的传统习俗[8]。李桂芝也论述了女真人的社会生活,如婚姻、家庭、姓氏、部落生活习俗等[9]。

---

① 金光平:《女真语言文字研究》,《内蒙古大学学报》1964 年第 1 期;毛汶:《金史国语名物篇的译表》,《国学商兑》1976 年 6 月;周有光:《女真语言文字研究》,《内蒙古大学学报》1980 年第 4 期;金启孮:《女真的文字和语言对祖国文化融合发展的贡献》,《社会科学战线》1986 年第 1 期。

② 王可宾:《从语言遗迹看女真社会历史文化》,《史学集刊》1992 年第 3 期;《从民族语言看女真社会文化》,《辽金史论集》第八辑,吉林文史出版社 1995 年版。

③ 宋德金:《金代女真族俗论述》,《历史研究》1982 年第 3 期。

④ 傅朗云、张学成:《金代女真族风俗小议》,《博物馆研究》1988 年第 3 期。

⑤ 孙海:《女真及先人的风俗》,《古民俗研究》吉林文史出版社 1990 年版。

⑥ 孙进己:《辽金时期女真人的文化及其与各族的文化交流》,《东北各民族文化交流史》,春风文艺出版社 1992 年版。

⑦ 王可宾:《女真国俗》,吉林大学出版社 1988 年版。

⑧ 徐玉虎:《女真建都上京时风俗》,《大陆杂志》9 卷 10 期,1946 年。

⑨ 李桂芝:《辽金简史》,福建人民出版社 1995 年版。

关于金代女真的婚俗,宋德金论述了有妻母报嫂,限止同姓为婚,一夫多妻,婚姻较自由,指腹为婚,妻方居住等①。但孙进己认为金代女真限止同姓为婚是对他族,本族从来无此。认为金代女真婚俗在变化,婚姻范围扩大,妻母报嫂制逐渐解体,自由婚配转为包办、抢婚、买卖婚,婚仪繁杂化②。对金代女真是否实行接续婚有不同意见。徐炳昶主张金俗兄弟死当嫁于其兄弟③,邓荣臻同意其意见,并驳斥金代女真有妻后母之俗④,王叔言认为邓根据不足,金代女真妻后母有可能⑤。桑秀云则专论了金代完颜氏之婚制⑥。

关于金代女真人的丧俗,早期都混在金俗中论述,如景爱、庞志国、秦大树等的论述⑦。至张英始对金代女真葬俗作了全面论述。指出在葬地与葬制上实行归葬故里、子孙祔葬先茔、妇从夫合葬、迁葬;丧礼有:奔丧、担丧、会丧、赙赠、丧期,墓式和葬具有土圹墓、砖室墓、石室墓、土洞墓;有碑铭、石刻群、各种随葬品⑧。李健才论述了金代女真墓葬的演变,从土圹墓发展到石室墓或砖室墓,有葬具,随葬品增多,但各地发展不一致⑨。刘晓东等采用徐苹芳的早、中、晚分期论述了金墓的分期,进而讨论了金代女真贵族墓

① 宋德金:《金代女真族俗论述》,《历史研究》1982 年第 3 期。
② 孙进己:《东北各民族文化交流史》,春风文艺出版社 1992 年版。
③ 徐炳昶:《金俗兄弟死其妇当嫁于其兄弟考》,《史学集刊》3 期,1937 年。
④ 邓荣臻:《金代女真族“妻后母说”考辨》,《北方文物》1991 年第 1 期。
⑤ 王叔言:《女真“妻后母”复议》,《北方文物》1991 年第 2 期。
⑥ 桑秀云:《金代完颜氏婚制之释》,(台湾)《“中央研究院”史语所集刊》1970 年 12 月。
⑦ 景爱:《辽金时代的火葬墓》,《东北考古与历史》第一辑,1982 年;庞志国:《略论东北地区金代石函葬》,《黑龙江文物丛刊》1984 年第 4 期;徐苹芳:《金元墓葬的发掘》,《新中国的考古发现和研究》,文物出版社 1984 年版;秦大树:《金墓概述》,《辽海文物学刊》1988 年第 2 期。
⑧ 张英:《金代丧俗考》,《博物馆研究》1992 年第 2、3 期。
⑨ 李健才:《金代女真墓葬的演变》,《辽金史论集》第四辑,书目文献出版社 1989 年版。

葬的类型及其相对年代，总结了金代女真贵族墓葬的演变①。林树山介绍了黑龙江左岸女真人的土圹墓及封土墓等墓葬遗存②。贾敬颜、宋德金都论述了金代女真人的烧饭之俗③。

全面论述金代女真人衣食住行的有孙进己、宋德金、王可宾等人的论著④。具体论述某一方面的有李逸友、程溯洛、干志耿、邓荣臻、李宾泓、吴亚格、林瑞翰、王世莲、王禹浪等人的文章⑤。

论述金代女真人宗教的有宋德金、武玉环、王则等人的文章，他们论证了金代女真仍信仰萨满教、佛教、道教。宋德金指出了萨满教是一种包括有自然崇拜、图腾、万物有灵、巫术等在内的原始宗教。女真萨满能通过神语参与重大典礼、消灾治病、求生子女、使人遭灾。随着女真人的汉化，佛教盛行，道教也有发展。王则利用考古资料补证了金代女真信仰萨满教，都兴智认为女真人出家为僧尼者，表明女真人对佛教信仰不够，是其特点⑥。

---

① 刘晓东、杨志军、郝思德、李臣奇：《试论金代女真贵族墓葬的类型及演变》，《辽海文物学刊》1991年第1期。

② 林树山：《黑龙江左岸女真人的墓葬遗存》，《辽海文物学刊》1990年第2期。

③ 贾敬颜：《烧饭之俗小译》，《中央民族学院学报》1983年第1期；宋德金：《烧饭琐谈》，《中国史研究》1983年第2期。

④ 孙进己等：《女真史》，吉林文史出版社1987年版；宋德金：《金代的衣食住行》，《辽金史论集》第三辑，书目文献出版社1989年版；《金代的社会生活》，陕西人民出版社1988年版；王可宾：《女真国俗》，吉林大学出版社1988年版。

⑤ 李逸友：《左衽小考——关于契丹、女真、蒙古族发式之比较研究》，《内蒙古文物考古》1982年第2期；程溯洛：《女真辫发考》，《史学集刊》1947年12月；干志耿、孙进己：《我国古代北方各族发式之比较研究》，《博物馆研究》1984年第2期；邓荣臻：《女真发辫式样管窥》，《北方文物》1987年第2期；李宾泓：《金代上京地区女真人的饮食文化》，《北方文物》1991年第1期；吴亚格：《金代女真族食俗窥略》，《满族研究》1986年第3期；林瑞翰：《女真初起时期之寨居生活》，《大陆杂志》12卷11期，1956年；王世莲：《女真人的火焰与高丽褒民的长炕》，《学习与探索》1987年第3期；王禹浪等：《黑龙江地区金代女真人及其先民的饮食与居住习俗》，《求是学刊》1987年第5期。

⑥ 宋德金：《金代女真族俗论述》，《历史研究》1982年第3期；宋德金：《金代宗教简述》，《社会科学战线》1986年第1期；武玉环：《论金代女真的宗教信仰与宗教政策》，《史学集刊》1992年第2期；王则：《金代女真族的萨满教》，《博物馆研究》1993年第3期；都兴智：《金代女真人与佛教》，《北方文物》1997年第3期。

不少学者论述了女真人的姓氏特点，王国维讨论了金源姓氏①，朱希祖则重点论述了完颜姓氏②，陈述依据诸史、文集、碑刻等资料，撰制了金史氏族表，全面汇集了金代女真姓氏③。韩世明则着重探讨了女真姓氏的演变及明代女真姓氏④。

论述女真族和其他各族关系的论著甚多，但近年集中于论述女真后期的汉化，早年以论述对女真初期和各族关系为多。毛汶论述了金人反辽的背景及动机⑤，赵寒铁论述了宋金海上之盟的始末⑥。张天祐论述了宋金盟好的破坏与北宋的覆亡⑦，20 世纪 60 年代出了一大批批判民族投降主义，强调女真对汉族侵略的论著⑧，80 年代则发表了强调女真和金朝对民族合作的贡献⑨，90 年代又发表了为女真初入中原杀掠辩护之文⑩，两者都失之偏颇。

岑家梧之文别出蹊径，与过去诸文主要讨论女真和汉族政权的军事关系不同，着重论述了金代女真和汉族及其他民族的经济文化联系，肯定了虽然女真统治者一再发动民族战争，政治上南北

① 王国维：《金源姓氏考》，《学衔》1925 年 5 月。

② 朱希祖：《完颜姓氏考》，《文学史研究所月刊》2 卷 3、4 期，1934 年 1 月。

③ 陈述：《金史氏族表例言》，《中山大学文学研究所月刊》2 卷 3 期，1934 年 1 月；《金史氏族表初稿》，《史语所集刊》1935 年 12 月；《金史氏族表》六卷，《金史拾补五种》。

④ 韩世明：《女真姓氏及姓氏集团研究》，《辽金史论集》第八辑，吉林文史出版社 1997 年版。

⑤ 毛汶：《金人反辽之背景与动机》，《学风》6 卷 9 期、10 期，1938 年 12 月。

⑥ 赵寒铁：《宋金海上之盟始末记》，《大陆杂志》25 卷 5—7 期，1962 年。

⑦ 张天祐：《论宋金盟好的破坏与北宋的覆亡》，《东海学报》1972 年 7 月。

⑧ 金应熙：《周谷城是怎样袒护秦桧、张邦昌翻案的——评周著中国通史宣传民族投降主义的反动观点》，《光明日报》1964 年 10 月 20 日；顾文璧：《关于宋金战争的原因和性质——驳周谷城抹杀宋金战争的阶级根源、歪曲战争性质，为侵略者开脱罪责的谬论》，《历史教学》1964 年第 11－12 期。

⑨ 张正明：《女真和金朝对民族合作的贡献》，《中国北方民族关系史》，中国社会科学出版社 1987 年版。

⑩ 谢志诚：《对女真、蒙古初入中原的杀掠应作具体分析》，《北方民族》1991 年第 1 期。

分裂,但我国各族劳动人民之间的友好往来仍然是民族关系的主流[①]。孙进己等人则论述了金代初、中、后期女真族的民族关系,认为金代前、中、后期女真族和其他各民族的关系分别是以和契丹、汉、蒙古关系为主[②]。宋文炳、姚从吾、黄君萍、张晶、宋德金、刘嘉逵等人均著文论述了女真族的汉化[③],陈学霖则从金国号之起源及释义的变化,说明了女真统治者在汉文化冲击下的改弦更张[④],姚从吾、陶晋生则论述了金世宗时对女真汉化的阻挠[⑤]。陶晋生与陈述又著文论证女真人与汉人通婚、女真人改易汉姓,具体论述了女真的汉化[⑥],张正明和石方都从民族融合的角度论述了女真人与汉族的融合[⑦],孙进己、张正明又论述了金代女真和其他各族的关系[⑧]。

(四)对元明时期女真的研究

论述金元时期女真人的内迁及其演变的文章有罗贤佑、丛佩远、孙进己、滕绍箴之文,这些文章论述了金末女真人南迁者的汉

---

① 岑家梧:《金代女真和汉族及其他民族的经济文化联系》,《民族研究》1979年第2期;黄君萍:《金代女真对汉族文明的吸收及贡献》,福建人民出版社1987年版。

② 孙进己:《金代女真族与各族的关系》,《女真史》,吉林文史出版社1987年版。

③ 宋文炳:《女真汉化考略》,《海天》1卷2期,1934年;姚从吾:《女真汉化的分析》,《大陆杂志》6卷3期,1953年;张晶《金代女真与汉文化》,《中州学刊》1989年第3期;刘嘉逵:《金代女真汉化探微》,《北方民族》1992年第1期;宋德金:《金代女真的汉化、封建化与汉族士人的历史作用》,《宋辽金史论丛》1990年。

④ 陈学霖:《金国号之起源及其释义》,《辽金契丹女真史研究》1985年第2期。

⑤ 姚从吾:《金世宗对中原汉化与女真旧俗的态度》,《文史哲学报》第4期,1952年;陶晋生:《金代中期女真本土化运动》,《思与言》7卷6期,1970年。

⑥ 陶晋生:《金元之际女真人与汉人通婚之研究》,《田村博士颂寿东洋史论丛》1968年5月;陈述:《契丹女真汉姓考》,《东北集刊》2期,1941年10月。

⑦ 张正明:《女真与汉融合的历程》,《中国北方民族关系史》,中国社会科学出版社1987年版;石方:《金代人口迁移与民族融合》,《辽金史论集》第九辑,中州古籍出版社1996年版。

⑧ 孙进己等:《女真史》,吉林文史出版社1987年版;张正明:《女真的统一以及女真与契丹、汉的关系》,《女真与其他少数民族的关系》均见《中国北方民族关系史》,中国社会科学出版社1987年版。

化及留在东北地区者的继续发展①。

金毓黻、王慎荣、赵鸣岐则论述了金末留居东北的女真人与汉族等创建东夏国(东真国)的活动。孙进己认为东真国仍以女真后裔为主,因此仍应称为东真②。

王崇时、杨保隆、姜相顺、蒋秀松、孙进己等人则论述了元代东北女真的分布、社会经济状况及受元代统治状况,他们主要分歧在于有的把元代女真的范围定得较狭,有的定得较大,包括女真族系各族③。

论述元代东北女真和邻近各族关系的有孙进己④。

论述明代女真人的祖籍与源流问题的有董万仑之文⑤;王钟翰、吕光天、蒋秀松、孙进己等人论述了明代女真人的分布及族属⑥;王兆兰专论了明代内迁的女真人⑦;莫东寅、蒋秀松、滕绍箴、

① 罗贤佑:《金元时期女真人的内迁及演变》,《民族研究》1984 年第 2 期;丛佩远:《金末元初东北地区女真人口变化略析》,《辽金史论集》第一辑,上海古籍出版社 1987 年版;孙进己:《女真民族的形成、扩大与分化》,《东北民族源流》,黑龙江人民出版社 1987 年版。

② 金毓黻:《东北通史》,五十年代出版社 1943 年版;王慎荣、赵鸣岐:《东夏史》,天津古籍出版社 1990 年版。孙进己:《东真国的民族构成》,《东北民族史研究》(一),中州古籍出版社 1994 年版。

③ 王崇时:《元代东北女真族试探》,《延边大学学报》1982 年第 4 期;杨保隆:《浅谈元代的女真人》,《民族研究》1984 年第 3 期;姜相顺:《元代女真述略》,《东北地方史研究》1985 年第 1 期;孙进己:《元代的女真》,《女真史》,吉林文史出版社 1987 年版;蒋秀松:《元代东北女真族的分布》,《博物馆研究》1994 年第 3 期;孙进己:《元代女真人的分布和经济文化》,《东北民族史研究》(一),中州古籍出版社 1994 年版。

④ 孙进己:《元代东北女真和邻近各族的关系》,《女真史》,吉林文史出版社 1987 年版。

⑤ 董万仑:《龙飞御天歌 24 地——女真人的祖籍与源流问题》,《北方民族》1990 年第 1 期。

⑥ 王钟翰:《明代女真人的分布》,《中国民族问题研究集刊》第 5 辑,1956 年 12 月;吕光天、古清尧:《明代女真族的分布与发展》,《社会科学辑刊》1985 年第 2 期;蒋秀松:《明代女真各部的族属及其分布》,《博物馆研究》1986 年第 1 期;孙进己:《满族形成前的女真种诸族》,《东北民族源流》,黑龙江人民出版社 1987 年版;孙进己:《明代女真人诸族》,《东北民族史研究》(一),中州古籍出版社 1994 年版。

⑦ 王兆兰:《明代内迁的女真人》,《北方民族》1989 年第 1 期。

孙进已等人论述了明代女真人的经济文化[①];贾敬颜、李鸿彬、刘世哲专论了明代女真人的铁业及输出物产[②];刘晓萌论述了明代女真的血缘家族“乌克孙”[③];栾凡论述了明代女真族的农耕生产组织[④];滕绍箴、杨余练论述了明代女真的振兴[⑤]。

滕绍箴论述了明代女真的风俗[⑥];蒋秀松论述了明初对女真各部的经营与管理[⑦],又从明代女真的敕贡制论述了女真对明朝的隶属[⑧],论述了朝鲜半岛东北部女真诸部的归属明朝[⑨];滕绍箴论述了明代女真与蒙古的关系[⑩]。

专门论述明代斡朵里部和建州女真的有孟森、徐中舒、薛虹、

① 莫东寅:《明代女真族的社会形态》,《满族史论丛》,人民出版社 1958 年版;蒋秀松:《明代的女真》(上、下),《女真史》,吉林文史出版社 1987 年版;滕绍箴:《女真社会发展评述》,《黑龙江民族丛刊》1988 年第 2 期;孙进已:《元明时期女真人的文化及其与各族文化的交流》,《东北各民族文化交流史》,春风文艺出版社 1992 年版;孙进已:《明代女真人的经济文化》,《东北民族史研究》(一),中州古籍出版社 1994 年版。

② 贾敬颜:《铁与女真人的发展》,《中国民族问题研究集刊》第五辑,1956 年 12 月;李鸿彬:《明代女真铁业发展简述》,《民族研究》1984 年第 5 期;刘世哲:《明代女真几种物产输出述议》,《民族研究》1984 年第 6 期。

③ 刘晓萌:《明代女真的血缘家族“乌克孙”》,《社会科学辑刊》1992 年第 4 期。

④ 栾凡:《明代女真族从事农耕的生产组织》,《北方文物》1998 年第 3 期。

⑤ 滕绍箴:《明代女真的振兴述论》,《北方文物》1986 年第 4 期;杨余练:《明代后期的辽东马市与女真族的兴起》,《民族研究》1980 年第 5 期。

⑥ 滕绍箴:《论明代女真的几种风俗》,《民族研究》1986 年第 6 期。

⑦ 蒋秀松:《明初对女真各部的经营与管理》,《女真史》,吉林文史出版社 1987 年版。

⑧ 蒋秀松:《明代女真的敕贡制》,《民族研究》1984 年第 4 期。

⑨ 蒋秀松:《明初朝鲜半岛东北部之女真诸部的归属》,《博物馆研究》1989 年第 2 期。

⑩ 滕绍箴:《试论明代女真与蒙古的关系》,《民族研究》1983 年第 4 期。

张泰湘、蒋秀松、董万仑等人，他们论述了建州女真的迁徙[①]。李洵、王学松、杨旸、王崇时论述了建州女真的生产方式、社会形态[②]；郭毅生、徐健竹论述了建州诸卫的建立与变迁[③]；张璇如则论述了建州女真王杲的崛起[④]。

论述海西女真及其南迁的有蒋秀松、孟东风、董玉瑛、罗节文、孟庆仁[⑤]；论述明代兀者及托温部野人女真的有蒋秀松、冯继钦、

---

① 孟森：《建州地址变迁考》，《国学季刊》3卷4期；徐中舒：《明初女真居地迁徙考》，《史语所集刊》6卷2期；李学智：《明代初建州卫卫址考》，《大陆杂志》13卷1期，1956年7月；薛虹：《明代初期建州女真的迁徙》，《吉林师范大学学报》1978年第8期；张泰湘：《论建州女真渊流与南迁》，《北方论丛》1985年；李健才：《建州女真南迁和发展壮大》，《明代东北》，辽宁人民出版社1986年版；蒋秀松：《关于建州女真南迁的问题》，《博物馆研究》1988年第1期；《论建州左卫的东迁》，《黑龙江民族丛刊》1989年第3期；《斡朵里部何时南迁》，《北方文物》1991年第4期；《关于建州女真的集聚和组合》，《北方民族》1985年第1期；董万仑：《关于斡朵里部初迁时间与地址问题》，《北方文物》1991年第4期；《建州女真定居阿木河研究》，《黑龙江民族丛刊》1990年第3期。

② 李洵：《公元15世纪到17世纪建州女真社会性质问题的探讨》，《吉林师范大学学报》1978年第4期；薛虹：《明代初期建州女真的社会形态》，《中国古代史论文集》第一辑，吉林师范大学编；王学松：《试论明代前期建州女真的生产方式及其社会性质》，《黑龙江民族丛刊》1986年第1期；滕绍箴：《试论明代建州女真等的社会性质》，《中国古代经济史论丛》，黑龙江人民出版社1983年版；周远廉：《关于16世纪40—80年代初建州女真和早期满族的社会性质问题》，《清史论丛》第一辑；杨旸：《建州女真建州卫胡里改部社会经济形态考察》，《博物馆研究》1988年第1期；杨旸、陶文璋：《建州女真斡朵里部社会经济结构探讨》，《四平民族研究》1988年第4期；王崇时：《女真发展的不平衡性及连续性——兼论明初建州女真的社会性质》，《吉林师范学院学报》1989年第3期。

③ 郭毅生：《明代建州卫新探》，《北方论丛》1979年第8期；徐健竹：《论建州左卫的建立与变迁》，《社会科学辑刊》1983年第1期。

④ 张璇如：《建州女真王杲的崛起》，《博物馆研究》1985年第2期。

⑤ 蒋秀松：《海西与海西女真》，《民族研究》1981年第5期；董玉瑛：《明代海西女真的经济生活》，《社会科学战线》1980年第4期；孟庆仁：《海西女真南迁初探》，《吉林师范学院学报》1990年第2期；孟东风：《浅谈海西女真的南迁》，《博物馆研究》1993年第2期；张璇如：《海西女真的衰落》，《辽金契丹女真史研究》1984年第2期；《海西女真足迹探源》，《长白学圃》1988年第4期；蒋秀松：《海西女真贡敕所有形式的变迁和贡敕制的意义》，《长白学圃》1989年第5期。

肖民[1];论述忽刺温女真对朝鲜的朝聘的有蒋秀松[2];论述明代的扈伦四部的有李健才、丛佩远、吴文衔、赵东升、栾凡[3]。专门论述辉发部的有王育博[4];专论叶赫部的有丛佩远、李欣、奇浩、李澍田、雷广平[5];论述乌拉国的有赵宇辉、范厚[6]。

柴营论述了居住在安乐自在州的女真人的生活[7]。论述明代女真与汉族关系的有周远廉、朱诚如和傅朗云等人[8],论述明代女真流向的有傅乐焕等,他们认为满族和金代的女真族不同,它是一个新的民族共同体,女真仅有部分加入满族[9];薛虹则认为满族是以女真族为主发展而成的,应看作同一个民族[10]。此外有何寇环、

---

① 蒋秀松:《从兀良哈与兀狄哈的比较中看女真各部发展的不平衡》,《社会科学战线》1984 年第 1 期;蒋秀松:《明代的野人女真》,《黑河学刊》1986 年第 4 期;冯继钦:《明代兀者新报》,《黑龙江民族丛刊》1990 年第 1 期;肖民:《关于托温部的迁留问题》,《北方文物》1991 年第 4 期。

② 蒋秀松、王兆兰:《略述忽刺温女真对朝鲜的朝聘》,《博物馆研究》1993 年第 1 期。

③ 李健才:《明代的扈伦四部》,《博物馆研究》1982 年第 1 期;丛佩远:《扈伦四部形成概述》,《民族研究》1984 年第 2 期;吴文衔:《关于扈伦四部南迁》,《四平民族研究》1988 年第 4 期;赵东升:《扈伦四部源流考辨》,《北方民族》1992 年第 4 期;栾凡:《论努儿哈赤与扈伦四部》,《北方民族》1993 年第 2 期。

④ 王育博:《辉发部的兴衰》,《东北地方史研究》1988 年第 4 期。

⑤ 丛佩远:《叶赫部族属试探》,《黑龙江文物丛刊》1983 年第 2 期;李欣、金基浩:《叶赫部族史初探》,《松辽文物》第二辑,1986 年;奇浩、木子:《叶赫部史初探》,《四平民族研究》1987 年第 1 期;李澍田、张云樵:《明末海西女真叶赫部的卫属、都城及世系的考订》,《北方文物》1993 年第 1 期;雷广平:《叶赫部探微》,《社会科学战线》2000 年第 3 期。

⑥ 赵宇辉、赵宇煜:《关于乌拉国的世系和家族》,《北方民族》1993 年第 2 期;范厚:《打牲乌拉研究》(一),《北方民族》1999 年第 2 期。

⑦ 柴营:《明代安乐自在州及女真人的生活》,《辽海文物学刊》1989 年第 2 期。

⑧ 朱诚如:《明代辽与女真人杂居的历史考察》,1984 年第 1 期;朱诚如:《论明代女真与中央王朝的关系》,《辽宁师院学报》1982 年第 3 期。

⑨ 傅乐焕:《有关满族史若干问题的处理意见》,《光明日报》1962 年 6 月。

⑩ 薛虹:《试论满族共同体的形成》,《明清东北民族与疆域学术讨论会综述》,《社会科学战线》1981 年第 5 期。

任崇岳、王雪樵、景爱论述了女真遗民在晋皖豫京等地的活动①，刘浦江则全面论述了金亡国后女真后裔在北京、山西、安徽、河南、甘肃的情况②。

三、小 结

综观我国20世纪契丹史女真史的研究，可以说取得了巨大成就，尤其是80年代以来，每年发表出版的论著都数倍于以前。一个世纪来可以说研究已深入到契丹史女真史的各个领域，都取得了或大或小的突破。这一方面与党的十一届三中全会以来对民族文化和学术的重视和造成良好环境有关，另一方面也与考古方面的大量新发现和诸多学者的努力有关。但是，也应看到，契丹史女真史各个领域研究的发展是不平衡的，从时期而言，对辽金以前和辽金时的契丹女真研究者较多，对辽金以后的契丹女真研究相对薄弱。从内容而言，前些年对契丹女真的政治经济研究较多，近年对文化研究较多。从研究人员分布的地区而言则集中于北方，南方就很少。就研究人员的年龄而言，目前已出现严重青黄不接现象。

研究中出现的主要问题是：其一，没有重视继承前人成果，很多相同的题目发表了不少内容大致雷同的文章，虽非抄袭，但显然在研究中没有注意查阅前人成果，因此该继承的未继承，该订正争论的未订正和争论，严重影响了研究的发展。许多文章只注资料出处，很少注前人成果，不知是不知还是视而不见，这很难反映出

---

① 何寇环：《金之后完颜族迁移考略》，《史渊》1979年第5期；任崇岳：《谈晋皖豫三省的女真遗民》，《北方文物》1995年第2期；王雪樵：《安邑金姓为女真后裔考》，《山西地方志》1988年8月；景爱：《北京完颜氏遗族考》，《辽金史论丛》第五辑，书目文献出版社1991年版。

② 刘浦江：《关于契丹党项、女真遣商问题》，《大陆杂志》96卷6期，1998年6月。

学术上的继承和创新。其二,是对契丹、女真民族史的内容不明确,没有紧紧围绕契丹、女真民族的形成、发展、消亡来研究,因此契丹、女真史的一些重要问题没有很好研究。至今很少有专门论述契丹、女真民族的形成、发展和消亡之文,不少文章还沿袭过去朝代史、国家史的研究方法,不能扣紧民族史。甚至还有相当数量的文章至今分不清契丹史和辽史的区别。其三,是缺乏对契丹、女真史的宏观的研究。大多数文章是从微观上论述一事、一地、一人、一方面,较少有人概括总结各方面大量微观的研究形成一些全面宏观的大型论著。而进一步综观契丹女真民族史各个领域的发展过程,契丹族、女真族和其他民族对比研究之文更少。这些都是今后要加强的。其四,是对契丹、女真民族形成前与契丹、女真相近的许多族的关系分不清,特别是对女真族史和通古斯系各族史分不清,内容方面相混。有的不该写入女真族史的写入女真族史了,对奚族是契丹族以外的另一个民族,也分辨不清。其五,是应在明确契丹史、女真史作为民族史和辽金史的区别的前提下,整理出一部独立的契丹和女真族史的论著索引,在此基础上写一篇或一本更全面详细的契丹女真史研究综述或契丹女真史研究发展史,并着手在某一单位建立一个契丹女真史文献库,将零散的文献加以集中,提出一些亟待解决的重大课题,以期在近十年内有较大突破。

20世纪百越民族史研究概述

蒋炳钊

百越民族同我国其他民族一样都有悠久的历史。周成王二十四年(前1040年)“于越来宾”,已有“于越”参加周天子朝会的记载。在今江苏南部和浙江绍兴一带的勾吴和于越在历史上曾建立了吴国和越国。由于是吴、越两国相互结怨,征战不止,先是吴灭越,后是越灭吴,至公元前334年,楚威王兴兵伐越,越为楚并,吴、越两族历史终结。

先秦时期史书中所载的吴、越史事,大都是指勾吴和于越。战国晚期,《吕氏春秋·恃君》篇中又出现“百越”一词,“扬汉之南,百越之际”。《汉书·地理志》注引臣瓒言:“自交趾至会稽七八千里,百越杂处,各有种姓”。具体指出百越民族除了江浙地区的勾吴和于越外,还包括今江西、福建直至两广地区。是知“百越”不是一个单一民族,“各有种姓”,它是我国东南和南部地区古代民族的泛称。

“百越”一词是在越国(于越)灭亡之后出现的。勾吴、于越的族源及其与战国秦汉时代出现的东越和南越的关系如何?《史记》写下《吴太伯世家》、《越王勾践世家》、《东越列传》和《南越列传》四篇专传,提出勾吴为周人的一支。越王勾践,其先禹之苗裔。闽越王无诸和东海王摇者,其先皆勾践之后也。《汉书·地理志》对南越地区越人也认为是越国南迁的遗族。这些观点我们称之为“越为禹后”和“百越同源”。

汉武帝统一南越和闽越之后,百越民族的历史逐渐消失,在以后的正史中很少记载百越民族的史事。虽然百越民族是一个已经消亡了的古代民族,史书上留下的文献资料不多,但是由于开展百越民族的研究,实际上就是研究百越各地区的古代史,因而向来引起史家的重视。在近百年来,不少史学家和民族史专家曾作过诸多研究,取得令人注目的成就。

本文试图对20世纪百越民族史的研究成果作个简单概述,根据已掌握资料,有关百越民族史研究的文章最早见于1920年。本文按年代先后和研究情况分为解放前百越民族史研究概述、解放后前30年(1949—1979年)百越民族史研究概况、改革开放20年取得丰硕的研究成果和展望21世纪四个部分。

一、解放前百越民族史研究概述

百年百越民族史研究,按年代划分正好解放前、后各50年。1920年《岭南学报》发表童振藻《牂牁江考》,与西南地区越人有些关系,它是所见第一篇研究有关百越文章,因此解放前实际只能介绍30年研究情况。解放前30年间发表不少有关百越民族史研究文章,其研究成果已在前人的基础上进一步深化,但是发展不平衡。1937年成立"吴越史地研究会",它是这时期学术研究上的大事,在该会领导下做了一些研究工作,出版研究文集。故在这一时期,以吴、越史事研究居多,成果比较突出。现将30年主要研究成果简介如下:

(一)专著

1. 吴越史地研究会编《吴越文化论丛》。这是一本论文集,书中收入吴越文化研究论文24篇。

2. 罗香林《中夏系统中之百越》(1943年)。书中列出百越民族支系有:于越、瓯越、闽越、东鳀、扬越、山越、南越、西瓯、骆越、越裳、掸国、腾越、滇越、越巂、僰国、夜郎、夔越等17个,这是第一部较完整系统的研究百越历史的专著。书中介绍各支系的历史，并提出百越的文化特征有：文身、使用钺与铜剑、铜鼓、舟楫及水师等。对越族方言也略有探讨。本书提出当代少数民族黎族和僰夷（傣族）是越族的后裔。在百越来源方面，他在《古代越族考（上篇）》中认为越族不同于华夏族，后来成书的《中夏系统中之百越》则改变观点，认为百越源出中夏系统，越族为夏族之后裔。

（二）其他专著中的论述

吕思勉《中国民族史》（1934年）、林惠祥《中国民族史》（1936年）、徐松石《粤江流域人民史》（1941年）、《傣族僮族粤族考》和吕振羽《中国民族简史》（1947年）等书中对越族都有所论述。

吕思勉在粤族一章中提出：越族的原始居住地"似居中央亚细亚高原，后乃南下，散居于亚洲沿海之地"，东抵朝鲜，南至海中入南洋群岛，东北抵日本，更东抵美洲。"自江以南则曰越"，其后留川滇者为僚与哀牢。

林惠祥书中有《百越系》和《僰掸系》二章，《百越系》一章介绍于越、扬越、瓯越、闽越、南越、骆越和山越，指出百越分布在中国东南及南方，如今之浙江、江西、福建、广东、广西或至安徽、湖南诸省及越南。越族文化特征有断发文身、契臂、食异物、巢居，有不同语言，使舟楫及善水战，善铸青铜剑、铜铎和铜鼓。族源方面，他认为，"越族为华夏以外之异种"，"《史记》言越王勾践为夏禹之后，此不过越人托古之辞"。并提出黎人和蛋民的来源与越族有关。《僰掸系》一章介绍上古之濮，汉时西南夷的僰掸族（哀牢、滇、昆明夷），元朝之僚，为今日壮族、傣族之先民。

吕振羽在书中认为，中国人种的第二个主要来源是马来人种，从其共同的生活习惯、面貌、体质各方面考察，扬越、东瓯、闽越及百越各族都有断发文身等共同的风俗习惯，这与泰国、越南、缅甸、马来人风俗习惯相似，具有马来人种的特征。至于现代的黎族、高山族、畲族及蛋民，可能是扬越、东瓯、闽越、南越各越的孑遗。

徐松石两本专著论证僮(壮)族为"旧越人",系两广的土著。后来史载所谓俚、僚、乌浒、土人等,都是属于僮(壮)族。

(三)论文

根据《百越民族史论集》(1982年)收录1920年至1949年发表有关研究百越的文章有148篇,还有日本学者的12篇,内容广泛,现择其要者分类简介:

1. 结合民族史的研究

梁启超《中国历史上之民族研究》、《中华民族之成分》(1923年),文中提出百越族包括越、瓯越、闽越、南越、山越等,百越还分布于贵州南部、广西、广东西南以及越南、泰国、缅甸甚至南洋群岛、南印度的一部。文身断发为百越族人最主要文化特点。龙濬《中国与安南》(1928年)、郎擎霄《中国南方民族源流考》(1933年)、王辑生《越南史述略》(1933年)、韩振华《越南半岛古史钩沉》(1944年)等文,都认为南方民族与古代越族有历史渊源关系。

2. 专题研究

主要有刘芝祥《山越考》(1924年)、叶国庆《三国时代山越的分布区域》(1934年)、杨向奎《夏本纪·越王勾践世家地理考实》(1934年)和潘莳《汉初诸国越族考》(1935年)、《汉南海王织考》(1935年)等。叶文提出三国时代山越分布有九郡,跨有今江苏、浙江、安徽、江西等省地,盖占西汉时闽越、南越之旧境地,故山越为汉之越。汉高祖十二年立南武侯织为南海王,潘文论证:"织所据地,在今江西东南以迄福建之西南,界于闽越和南越之间。"

3. 对吴越的研究

主要集中于《吴越文化论丛》一书,共有24篇论文。其中卫聚贤研究成果最为突出,提出一些新观点,如《吴越释名》一文认为,吴字即鱼字,越即钺,为斧钺之钺。吴越原系一个民族,后越人发明钺而独立,故越有超越之意。他在《吴越民族》一文认为,吴民族不是中原南下民族,而是本地土著民与中原同化的民族,越民族来源也不是夏族后裔，夏是北方民族，越是南方民族。吴越民族的文化与北方民族不同。《殷民族由江浙迁于河南》和《中国古文化由东南传播于黄河流域》等文的观点也有独特之处，如殷人从何处到河南？司马迁主张是陕西，王静安言是山东。傅斯年说是来自山东，他从殷人文化等10个方面论述殷人系“自江浙往山东至河北，南下至河南”。他又应用考古器物与资料加以比较论证，中国古文化由东南传播于黄河流域。

利用地下出土的考古资料研究吴越文化，在研究方法是一大突破，这方面有：施昕更《杭县第二区远古文化遗址试掘简报》、慎微之《湖州钱山漾石器之发现与中国文化之起源》、卫聚贤《浙江石器年代的讨论》等。慎文曾根据钱山漾石器的发现，推论中国之文化起源于东南之说。

此外，罗香林《古代越族文化》、陆树枏《吴越民族文身考》、苏铁《吴越文化之探查》等，列举吴越文化特征并加以阐述。还有一些专论，如孔君治《虞舜耕地葬地的探讨》、何天行《仲雍之国》、吕思勉《越之姓》、卫聚贤《吴越考古汇志》（1940年）、齐宣《西施考》（1940年）、殷麈《吴史疑义举例》（1943年）、卫聚贤《范蠡事迹考》（1943年）、《中国东南沿海古文化遗迹之探讨》（1943年）、王淑民《鸱夷子不是范蠡》（1948年）等，是对吴越历史人物进行考证和对史迹的追寻。

4．对闽越的研究

主要有胡适之、顾颉刚《论闽中文化》（1923年）、吴高梓《研究福建民族的范围和方法》（1932年）、田剑光《福建人种的由来及初期文化之发展》（1932年）、叶国庆《古闽地考》（1934年）、郭毓麟《福建之民族与地势》（1935年）、劳干《汉晋闽中建置考》（1935年）、叶国庆《冶不在今福州市辨（1936年）、王新民《越王勾践子孙移民考》（1944年）、陈文涛《闽人蛇种及福建非闽之辨证》（1944年）、林惠祥《福建民族之由来》（1946年）、谢道芬《闽北越王遗迹考》(1948 年)等。概其内容主要有:关于闽越族的来源,有的认为闽越王无诸为勾践之后裔,越被楚并后,于越君长被迫南迁,闽越即是越国南迁的遗族。《周礼·职方氏》出现“闽”和“七闽”的记载。关于“闽”的地望,叶文认为:“谓闽先以指浙江南部,后拓地至福建北部,其终遂遍及全福建”。《史记·东越列传》记载:“汉五年,复立无诸为闽越王,王闽中故地,都东冶”。《汉书》作“都冶”。关于“冶”及“冶都”地点的争议,劳文谓闽越都冶,即东部侯官,在今福州。闽越立国先在海岸,后暨山地,其后拓地日广,渐及今之八闽。叶文认为《续汉书·郡国志》“章安故冶,闽越地,光武更名”的记载是可信的,故冶不可能在福州,应在浙江南部。关于福建民族的由来,大多数学者均认为,福建古代民族为越族。林文还指出在东晋以前福建均为闽越所居,汉族入迁后越人开始与汉族同化,成为汉族四大来源之一。

5. 结合两广地区古代民族的研究

两广地区古代民族为越人,这在《史记》《汉书》中已有载述。罗香林《广东民族概念》(1929 年)、《广东通志民族略族系篇》(1993 年)持越族来源于苗蛮说。他说:“广东一省原为苗民丛集之地,大约荆楚的三苗族……当嬴秦之时,已多徙入于云、贵、桂、粤各地”,“楚人灭越,越人逃之南服,居址定后,遂挟其较高文化,部勒土著,自为君长,以是而百粤的苗蛮和摆夷始与越族互相混化”。

徐松石《粤江流域人民史》持僮(壮)族说。他说:“古代两粤大河流的土著都是僮人,只有粤省极东部分,今潮汕地方,少有僮人罢了。”“至迟在周朝初年,僮人已经布满了两粤流域。所谓百越,所谓骆越,所谓路人,所谓俚僚,所谓乌浒,所谓土人,都是僮类”。

谭其骧《粤东初民考》(1932 年)则持黎族说。他说:“古代粤东境内居民属于何种类,自来说者不一,有以为越族者,有以为蛋族者,有以为瑶族者,细案之则臆度之谈。由余考之,有史以来最先定居于粤东境内者，实为今日僻处于海南岛之黎族。汉唐时称为‘里’或‘俚’者是也。”

据史书记载，僮族名称最早见于南宋范成大《桂海虞衡志》。黎族名称最早见于《新唐书·杜佑传》。《太平寰宇记》、《桂海虞衡志》、《岭外代答》和《诸蕃志》等宋代文献都以黎代替俚、僚名称，用来专指今海南岛黎族。由此可知，僮(壮)族、黎族不是广东的土著，它们应是越人的后裔。今之学者多主此说。

6. 结合西南地区古代民族的研究

专论西南地区越人文章不多见，大都是从西南民族、历史地理研究去追溯古代越族的。如童振藻《牂牁江考》(1920年)、杨成志《西南民族研究》(1932年)、朱希明《中国西南民族由来考》(1933年)、郑啸痒《西南边疆民族之来源及其现状》(1937年)、罗香林《南诏种属考》(1941年)、《僰夷种属考》(1943年)，都有涉及西南各民族来源中与古代越族的关系。此外，江应樑《云南西部僰夷民族社会生活》(1938年)、朱希祖《云南濮族考》(1939年)、方周喻《僰人与白子》(1939年)、岑家梧《西南种族研究之回顾与前瞻》(1940年)等，是专论西南的濮族和僰人的历史，濮与越的关系早已引起学者的关注。

7. 现代少数民族与古代越族关系的研究

主要是论证黎族、畲族和历史上蛋民来源于越族。如罗香林《唐代蛋族考上篇》(1933年)、《海南岛黎人源出越族考》(1939年)、刘咸《海南黎族起源之初步探讨》(1940年)和傅衣凌《福建畲姓考》(1944年)等。除了文献上的考证研究外，有的还深入了实地调查，刘文即是其中之一。他从历史资料、体质和文化特征结合实地考察，认为汉代赵佗所建立的南粤国，其民族由今证之，大部分为黎族。历相三朝之丞相吕嘉，实为黎族的酋豪，后兵败率族遁入海洲，即海南岛，为黎族由大陆迁入海南的明文记载之始，可见吕氏族属可稽为黎族之祖先。

二、解放后前 30 年(1949—1979 年)对百越民族史的研究

新中国建立后,百业待兴,政治、经济、文化和学术研究等方面都有良好的开端。而后由于种种原因,特别是十年"文化大革命"的干扰,因此在这 30 年间百越民族史研究未能得到应有的发展。从发表的有关研究著作可以看出,内地学者发表不多,而在我国的台湾、香港以及越南、日本的学者则有些研究成果,现介绍如下:

(一)专著

1. 罗香林《百越源流与文化》(1955 年),台湾出版。内容包括《越族源出于夏民族考》、《古代百越分布考》、《古代越族方言考》、《古代越族文化考》、《蜒民源流考》、《马来人与古代越族的关系》等。大部分文章在他的《中夏系统中之百越》一书已发表过,只是增加了一些新资料,而仍主百越出自华夏说。

2. 徐松石《东南亚民族的中国血缘》(1954 年),香港出版。该书论证东南亚马来族祖先出自中国的越族。马来人自浙江、福建迁去约在楚杀无疆之时,大批乘船出海,飘海到苏门答腊,逼走当地的波利尼西亚人,又征服了当地的小黑人,吸收了他们的血素,遂形成一个棕色的马来民族。

(二)论文

1. 有关百越民族研究

主要有傅乐成《孙吴与山越之开发》(1951 年)、凌纯声《南洋土著与中国古代百越民族》(1954 年)、高亚伟《孙吴开辟蛮越考》(1953 年)、陈荆和《华夷译语中越族部分之研究安南译语考释》(1953 年)、施之勉《南海八郡境》(1953 年)、萧璠《秦汉时期对南方的经营》(1973 年)等。这些都是台湾学者,其文章大都研究秦汉以后历代王朝对越人地区的开发及南洋土著民族与古代百越民族的关系。

据《百越民族史论集》附录一，越南《历史研究》(1966 年 7 月—1978 年 8 月)共刊登有关越族的研究文章 64 篇，如文新《越族形成和发展过程》、阮廷科《试谈越人人种之特点》、阮春邻《古代史书中的二征女起义》等。日本学者从 1951 年至 1975 年发表了 17 篇研究越族的文章，如何原正博《秦始皇帝的岭南经略》、后藤均平《古代中国文明と越族》、白鸟芳郎《华南土著住民の种族こ民族分类とらの史的背景》、町田章《汉代南越国墓葬考》、市川健二郎《古代吴越的文化》等。

关于越族来源，郭沫若主编《中国史稿》(1976 年)认为，越国是由夏人、楚人和当地人民融合而建立的。徐仲舒《夏史初曙》(1979 年)认为，夏被商灭后，其后裔有二支往南北迁徙，"一部分北迁为匈奴"，"一部分则南迁江南为越族"。

2. 从考古资料研究联系百越民族史

早在 1938 年"远东史学家第三次大会"上，林惠祥宣读《福建武平新石器时代遗址》就提出几何印纹陶和有段石锛是我国东南古代文化的显著特征。后来他在研究龙岩(1951 年)、闽侯(1954 年)、台湾(1955 年)、长汀(1957 年)等地新石器时代论文中，这个观点得到进一步发挥，并认为是越族先民的遗物。1958 年他又发表了《中国东南新石器文化特征之一——有段石锛》专论。1959 年，他的学生吕荣芳又写出《中国东南区新石器文化特征之一——印纹陶》。朱江《关于江苏南部新石器时代陶器性质问题》(1957 年)、伊焕章《关于东南地区几何印纹陶时代的初步推测》(1958 年)、梁钊韬《我国东南沿海新石器时代的分布和年代的探讨》(1959 年)、饶惠元《也谈印纹陶的几个问题》(1960 年)、蒋缵初《我国东南地区原始文化的分布》(1961 年)等文，以及江、浙、粤、闽等地区有关考古报告中，都有相同的观点。1978 年在江西庐山召开的"江南地区印纹陶问题学术讨论会"，与会专家普遍认为，印纹陶文化产生于新石器时代晚期，发展相当于中原的商周，衰落于战国秦汉。并认为它是百越民族文化的重要特征。这次会议的成功召开,除了纠正以前把印纹陶文化都看成是新石器时代文化遗存的错误观点外,而且为民族史研究者探讨百越各族的来源提供了理论上、方法上和实物上的依据。

3. 关于吴越研究

(1) 吴越青铜剑的出土与研究。如1959年在安徽淮南蔡家岗出土的“攻敔太子姑发剑”、“吴王诸樊剑”、“越王者旨于赐剑”。1964年山西原平峙峪出土“吴王光(阖庐)剑”。1965年湖北江陵腾店出土的“越王州句(越王翁)剑”和江陵望山一号墓出土“戉(越)王鸠浅(句践)自乍(作)用鐱(剑)”。1976年湖北襄阳蔡坡和河南辉县琉璃阁出土的“吴王夫差剑”。1977年湖南盖阳赫山庙出土“越王州勾剑”。通过对这些文物的研究,反映春秋战国时期吴、越两国青铜剑冶铸技术及其文化成就。

(2)关于历史人物研究。有灵吟《西施遗迹和她的传说》(1957年)、彭庆旨《范蠡的生意经随笔》(1962年)、赵捷民《计然即文种》(1962年)、吕式毅《略读吴王夫差(随笔)》(1962年)、吴颐平《范蠡述评》(1972年)等人著文。

(3)关于社会性质讨论。1964年发表叶国庆关于西汉闽越族一文,谈到越国的社会性质尚未进入阶级社会,仍处于原始社会末期的社会历史阶段。1978年蒋炳钊《关于春秋战国时代越国社会性质之商榷》,认为越国已处于阶级社会。

此外,还有李鉴昭《江苏无锡县古阖闾城的调查》(1958年)。绍兴文管会《浙江绍兴富盛的战国窑址》(1979年)等一些史迹的考述。

4. 关于闽越研究

(1)关于闽越族史研究。凌纯声《古代闽越人与台湾土著族》(1952年),他从《临海水土志》所记载夷州的方位和习俗,证明三国时代的夷州和隋代的流求及现在的台湾都是相符合。夷州与东越有密切关系。叶国庆、辛土成《西汉闽越族的居住地和社会结构初探》(1963年),考证闽、瓯、冶、东冶和泉山的地望均在浙南,认为西汉时闽越社会尚未进入阶级社会的历史阶段。陈可畏《东越、山越的来源和发展》(1964年),认为东越是越国南迁的遗族。庄锦清、林华东《福建南安大盈出土青铜器》(1977年)、俞越人《福建省南安县发现青铜器和福建的青铜时代》(1978年),认为这批春秋战国时期青铜器具有地方特色,为闽越人所铸造。吴绵吉《试论昙石山遗址的文化性质及其文化命名》(1979年),认为昙石山文化遗址晚期和早、中期是分属两种不同的文化,晚期已进入青铜时代,提供了闽越族来源于当地土著民的证据。

(2)崇安汉城。1959年在福建崇安县城村发现一座汉代城址,并进行试掘。福建文管会《福建崇安城村汉城遗址试掘》(1960年),认为该城是闽越王时代。陈直《福建崇安城村汉城遗址的时代推测》(1961年),也认为该城是闽越王时期的宫殿建筑。蒋炳钊《关于福建崇安汉城的性质和时代探讨》(1978年),从出土大量铁器进行分析,认为该城址时代为西汉中晚期文化遗存,是汉代一处军事驻所。

(3)武夷山船棺。1973年在崇安武夷山的白岩取下一具船棺,发表了蒋炳钊执笔的《福建崇安县架壑船棺调查报告》、《关于福建崇安武夷山的架壑船棺》以及辛土成《关于武夷山架壑船棺若干问题》(均为1978年)等文,认为它是古代当地民族的一种葬俗,年代有春秋和新石器时代之说,族属有闽越族和武夷族之分。1978年,福建省博物馆在武夷山观音岩又取下一具完整的棺木,棺呈舟形,有男性骨尸一具,还有一件龟状木盘随葬品。武夷山"地仙之宅"的神仙传说从此被揭开。

(4)关于历史上民族研究。陈碧笙《关于福州水上居民的名称、来源、特征以及是否少数民族等问题讨论》(1954年)、韩振华《关于福建水上蛋民(白水郎)的来源》(1954年)和陈国强《福建的古民族——“木客”试探》(1963 年)等,认为蛋民和“木客”的历史来源都与古越族有关。

5. 关于南越的研究

(1)关于两广地区民族的来源。如关绿茵《广东民族的构成及其性质》(1959 年)、中大考古组《广东原始社会初探》(1959 年)、张光直《华南史前文化史提纲》(1959 年)、广东社联《广东历史上是否经过奴隶社会阶段》(1961 年)、黄沫沙《开拓岭南的功臣赵佗》(1962 年)、徐硕如《试论秦始皇平岭南开灵渠的功过》(1978 年)、梁钊韬《西瓯族源初探》(1978 年)等,这些文章所写的大都是从两广的原始文化联系到南越民族的形成和对一些历史人物的评价。关于西瓯的族源,梁文认为西瓯民族成分包含了古代骆越人、东瓯越人、倭人、楚人和中原人等。

(2)从现代少数民族研究联系到古代越族。有梁钊韬《海南岛黎族社会史初步研究》(1955 年)、刘介《略论僮族名称在历史上的衍化及僮族的伟大贡献》(1957 年)、黄现璠《僮族在广西的历史分布情况》(1957 年)、林宝航《我对僮族渊源的一点看法》(1962 年)、王天奖《古代僮族社会性质试探》(1962 年)等文,均认为黎族和壮族的历史与古代越族有密切的渊源关系。

6. 西南地区越族研究

尤中《对秦以前西南各族历史源流研究》(1957 年)、江应樑《傣族在历史上的地理分布》(1962 年)、云南历史所《春秋战国时期云南的居民》(1961 年)、杨庭硕《夜郎简论》(1977 年)、王燕玉《夜郎沿革考》(1977 年),尤中《汉晋时期“西南夷”中的民族成分》(1979 年)等,都涉及云贵地区的越人,认为云南古代居民中有越族的支派。尤文的“西南夷”民族成分中出自百越系统的各族有傣族、鸠族、濮族,他们是近代侗傣语族各兄弟民族的先民。

解放后的前三十年,对百越民族史研究总的来说缺乏系统性研究,内地学者还没有出版过一本百越民族史专著。但是从研究内容的广度和深度比起解放前则进一步深入，涉及面更广。尤为可喜的是大量考古新发现和研究的新成果，拓宽了研究的思路，同时增进了对百越民族史研究应坚持多学科、综合性研究的重要性的认识。

三、改革开放20年取得丰硕的研究成果

改革开放以来，学术研究空前活跃。在这20年间，百越民族史研究取得辉煌的成果，现分述如下：

（一）成立研究会，推动研究的深入与发展

1980年6月成立了中国百越民族史研究会。20年来先后在厦门、桂林、武汉、通什、西双版纳、鹰潭、杭州、凯里、长沙和龙虎山等地举办10届全国性（国际）百越民族史研讨会；出版了《百越民族史论集》（1982年）、《百越民族史论丛》（1985年）、《百越源流研究》（1986年）、《百越史研究》（1987年）、《百越史论集》（1989年）、《百越民族研究》（1990年）、《国际百越文化研究》（1994年）、《百越民族史研究文集》（1998年）、《龙虎山崖墓与百越文化》等论文集，收录了大约300篇左右论文。在其他刊物发表的有关百越民族史研究论文，数量也相当多。这些论文大都为本会会员撰写，不但数量多，而且质量较高。

（二）出版多部百越民族史研究专著

20年来除出版多部会议论文集外，还出版一批百越民族史研究专著。计有：蒙文通遗著《越史丛考》（蒙默整理，1983年），蒋炳钊、吴绵吉、辛土成著《百越民族文化》（1988年），陈国强、蒋炳钊、吴绵吉、辛土成著《百越民族史》（1988年），蒋炳钊编《百越民族史资料选编》（1988年），董楚平著《吴越文化新探》（1988年），何光岳著《百越源流史》（1991年），宋蜀华著《百越》（1991年），陈存洗主编《闽越考古研究》（1993年），方杰主编《越国文化》（1998年），杨

琮著《闽越国文化》(1998年),吴春明、林果著《闽越国都城考古研究》(1998年),吴春时、林果编《冶城历史和福州城市考古》(1999年)等。其中《百越民族史》一书还获得1995年全国高校人文社科优秀成果二等奖。

此外,还有一些与百越民族文化有关的专著,如1981年在四川省珙县召开“悬棺葬学术讨论会”论文集(《民族学研究》第四辑,1982年),彭适凡《中国南方古代印纹陶》(1987年),福建省考古博物馆学会编《福建华安仙字潭摩崖石刻研究》(1990年),王胜先著《越族遗俗新探》(1990年),陈明芳著《中国悬棺葬》(1992年)。

上述专著都是研究会会员撰写的。这些丰硕成果的取得,一方面反映了百越民族史研究已向纵深发展,改变了过去滞后的研究局面;另一方面展现了一支百越民族研究队伍已经成长起来。

(三)研究成果的综述

改革开放以来,百越民族史研究不但有多部专著,且有大量的研究论文,因数量很多,不可能一一加以介绍,只能就自己所了解的研究情况,择其主要论点,作个简单的综述。

1.关于越的名称及其与闽、濮的关系

(1)“百越”一词始见于战国,而越族名称在商代已出现。大约在商代早期,越族已从“蛮苗”系统中分离出来。商汤时东方有沤深、越沤的记载,南方有沤的记载,这些应是居住在我国东南部的一部分越族。西周时又有“闽”、“七闽”之名;春秋战国又有勾吴、于越、扬越、干越;汉代又有夷越、大越、内越、闽越、东越、西瓯、骆越、滇越等。商周时代出现的越称,主要指扬越和于越;战国后期出现的“百越”,主要指楚灭越国之后东南地区的越族。但从各地考古资料和研究,百越各族名称出现虽有先后,但它们都有长久发展的历史。

“越”的名称大都认为是由“戉”演变来的,但看法还有一些不同。一说越即钺,为斧钺之钺,为浙江古民族所发明。一说戉是夏的方国，在今河南嵩县境内的三涂山一带，勾践为少康庶子之后，故其国号称“戉”，仍沿用夏少康中兴以后的国号。一说越古音为Wet. Wut. Wat，是古代南方土著称呼“人”的语音。由于汉人不通越语，故遂以“越”名之。有的解释戉即石斧，“用石戉开垦耕地，开辟荒山小径，成为人行小道，以便逾越山林，故戉旁加走，即边开伐山林小道，边向前行走之意”。

“戉”为何物？除了斧钺、石斧之说外，尚有铧、有段石锛、双肩（有肩）石斧和扁平穿孔石器等说法。

（2）“越”与“闽”的关系。《周礼》、《山海经》出现“闽”、“七闽”之名，因而有的认为“闽”和“越”是两个不同的民族，并举出福建的闽越系由福建的闽族和越国之后南迁的越人组成，故称“闽越”，闽为土著，越为南迁的客族。有的认为闽与越不是两个不同民族，而是不同时代的不同称呼，闽与越是同一个民族，闽即越。《说文解字》：“闽，东南越，蛇神”是也。有的解释为“越本国名，其族为‘闽’，后亦用为族称，泛指古东南沿海地区之民族。自越王勾践灭吴称霸之后，‘越’名大显于世。战国而后，又有‘百越’一词，泛指古东南沿海暨岭南地区及其居民”。

（3）“越”与“濮”的关系。有的主张濮、越是同一族群的不同名称，大概在战国以前称“濮”，战国以后通称“百越”。如有的认为《尚书·牧誓》记载濮人参加武王伐纣的战斗，濮人位于“楚西南”。《史记·楚世家》“镇尔南方夷越之乱”，这个“夷越”正是濮人，故濮人也就是越人。有的还提出“濮”是自称，“越”是被称，故史书上在同一事件中有时称“濮”，有时称“越”，或称“濮越”。有的还引据《左传·昭公九年》记载的“夷濮”，系指山东临海的濮人，而山东近海而居的民族是莱人，故濮人也是莱人。濮、莱都是原始越人的自称族名。有的认为濮、越是我国古代南方两个不同民族，《尚书·牧誓》所载伐纣的八国，史家注“皆西南夷也”。当时濮人居地“在今湖北枝江县南”，后为楚国所并。从文化系统看，濮与越也明显不同,故越(百越)为我国东南和南部地区的古代民族;濮(百濮)是西南的一个主要古代民族。

2.关于百越民族的来源

这是一个最有争论的学术公案,归纳起来主要有三种观点:一是“越为禹后”和“百越同源”,起自《史记》、《汉书》。《史记·越王勾践世家》云:“越王勾践,其先禹之苗裔,而夏后帝少康之庶子,封于会稽,以奉守禹之祀”。《东越列传》又曰:“闽越王无诸及越东海王摇者,其先皆勾践之后也”。《汉书·地理志》云:“今之苍梧、郁林、合浦、交趾、九真、南海、日南,皆粤(《汉书》‘越’作‘粤’)分也。其君禹后,帝少康之庶子云”。这一观点在学术界有很大影响,至今还有不少学者认同这一说法,如《越国文化》一书:“自夏帝少康封无余于越,到秦王翦降百越之君,越亡止,越国大约存在了近1800年”。认为越国为夏民族的后裔。有的还根据福建武夷山发现最早的船棺(悬棺)葬加以发挥,认为夏后少帝庶子“无余君”,后来被写作“武夷君”。因此,越国王室世系与越人部落首领的世系都应从此开始。岭西越人是从岭东迁去的,岭西部落的首领的世系也应追溯到无余君(武夷君)。

二是认为“百越”是一个组合复杂而来源众多的大区域的民族群体。《百越源流史》认为:“越人来源于黄河上中游之西羌,与华夏集团的炎帝族、黄帝族有亲缘关系,其中一支于越于夏禹之后。……距今约有六千年,这些越人有的东迁到鲁豫之交与东夷人接触,并融入了东夷人之成分,也吸收了东夷人之习俗,既崇拜蛇图腾,又崇拜鸟图腾。……越人的一部分在夏商时已加入华夏族,另一些越人则逐渐向长江中下游迁徙,他们既同化了南方的土著部落,又同化了马来人和矮黑人。也有早在新石器时代晚期迁入东南沿海及江南的原始越人,加入了第二批北来的越人集团。以后,不断有北方的部落、方国和越人群体杂居、通婚、融合,到商周时形成了“百越”中的各个不同的支系。”

三是主张百越各族主要系由各地土著民发展形成的。这主要是运用恩格斯“从部落发展为民族”的理论和根据大量考古资料说明,从几十万年前的旧石器时代到四五千前的新石器时代晚期,在我国东南和南部广大地域内都遍布了人类活动足迹。一般地说,在新石器时代末期的青铜时代到来之际,在这个地区的原始先民便逐步由原始氏族部落发展为民族,并创造出具有独特风格的几何印纹陶文化,它被誉为百越民族文化的显著特征。1978年在庐山举行“江南地区印纹陶学术讨论会”,与会考古专家根据各自地区印纹陶发现的情况,普遍认为印纹陶产生于新石器时代晚期,发展相当于中原的商周,衰落于战国秦汉。这与百越民族的形成、发展与消亡是大致相符合的。1981年李伯谦在《我国南方几何印纹陶遗存的分区分期及有关问题》一文中,把印纹陶分为宁镇区、太湖区、赣鄱区、湖南区、岭南区、闽台区和粤东闽南区共七个分区。这些分区与百越各族的分布范围也大体吻合。这就说明越族不是夏族后裔,百越各族主要都是由当地原始先住民发展形成的。

关于司马迁“越为禹后”之说,历来史家也有不同的意见。《汉书·地理志》注引臣瓒言:“自交趾至会稽七八千里,百越杂处,各有种姓,不得尽云少康之后”。清代梁玉绳《史记志疑》一书,则完全持否定的态度,认为这一说法是“伪撰”“诞哉”。“越为禹后说”的论据主要是依据禹巡狩会稽和死后葬于会稽的传说而立论。这一传说异疑颇多,史家早已指出,会稽地区当时并不属于夏王朝的统治范围,夏禹怎能到会稽来会诸侯;禹被誉为圣人,圣人死后又怎能随便葬于他国的领域呢?《论衡·书虚》曰:“儒书言:夫言舜、禹实也,言其巡狩,虚也。……舜至苍梧,禹到会稽,非其实也。……禹东治水死于会稽,贤圣家天下,故因葬焉。”东汉时王充已指出禹巡狩会诸侯至会稽不是事实,禹葬会稽之说,则是因为禹为圣人,“圣人以天下为家,不别远近,不殊内外,故遂止葬”的缘故,不可能有禹葬会稽之事。《史记志疑》亦指出:“禹葬会稽之妄,说在夏纪,夏商称帝之妄,说在殷纪,而少康封庶子一节,即缘禹葬会稽于越伪撰。盖六国时有此谈,史公缪取入史,后之著书者,相因成实,史并谓闽越亦禹苗裔,岂不诞哉!”同时他还说:“少康之子无考,《越绝书》、《吴越春秋》始言其名无余,《水经注》四十、《通志·氏族略》稽氏注,并以季杼号无余,是后杼之弟。……是知无余、季杼,即从后杼附会耳”。根本不存在夏后帝少康有庶子无余其人。因而封庶子无余于会稽,“以奉守禹之祀”之说就值得怀疑。今人宋蜀华《百越》一书也指出,帝少康封庶子于会稽一事,“司马迁是根据传闻写下来,所以他在《史记·夏本纪》的篇末,对此事的评述使用‘或言’二字,说明他的根据是不牢靠的。”1981 年蒋炳钊在《越为禹后说质疑——兼论越族的来源》一文中,根据史家对“越为禹后说”的质疑,并从历史上夏、越活动范围的不同,从文献记载少康至勾践世系相差近千年,从夏文化与越文化迥然不同,认为越族不是夏民族后裔,勾践非禹苗裔。越族来源主要应是由当地土著民发展形成的。陈桥驿《古代于越研究》、徐恒彬《南越先秦史初探》也论述了于越、南越形成的土著说。《百越民族史》、《百越》两书也持相同的观点。

3.关于百越民族的分布地域

通过长期的研究,特别是通过在上世纪最后 20 年的努力,对百越各族及其分布区域的认识更清楚些。研究比较多的是勾吴、于越、东瓯、干越、闽越、南海、南越、西瓯、骆越、扬越、滇 越以及台湾本岛的山夷。过去很长一段时间,对勾吴的看法不一,《史记·吴太伯世家》:“太伯之奔荆蛮,自号句吴。荆蛮之义,从而归之千余家,立为吴太伯”。太伯系周太王之子,言下之意勾吴为周族的一支。郭沫若主编《中国史稿》也认为:“吴在先是周族的一支,后来和当地居民融合。”此外还有荆蛮说、吴族说和苗人说三种土著说的不同名称。1937 年成立的“吴越史地研究会”,曾有人提出吴越原是一个民族,后来越人发明钺而独立。蒙文通《越史丛考》也认为吴、越同邦共俗，语言相通，吴越是同族。1990年在浙江杭州举行“首届国际百越文化学术讨论会”又提出吴、越同族和吴、越是一族两国以及吴文化是由越文化迁徙后形成的，又提出各种新的学术见解，因此，对吴、越民族历史有了更深的了解。但从百越民族的一些专著来看，大多数学者还是主张吴、越是两个不同的民族，勾吴也应列为百越民族之列。关于百越各族分布区域大抵如下：

勾吴领域东至于海，在太湖东南与于越错居，南达新安江上游南岸，西临彭蠡与楚为邻，北与长江为界，与南淮夷隔江相望。其范围大抵相当于现在的苏南、皖南和浙江北部的一部分地区。

于越以浙江绍兴为中心，包括今宁绍平原、杭嘉湖平原和金衢丘陵地。

东瓯分布于浙江南部瓯江流域一带，即清代温、台、处一带。

干越的分布以江西余干(汗)为中心。秦汉时余干县跨有清代的饶州、抚州、广信三府所属十一县，包括余干、乐平、德兴、安仁、上饶、弋阳、贵溪、广丰、兴安及万年、东乡县的一部分。

闽越主要在福建，北面可能到赣东。有的认为台湾也属闽越区。

南海王国领域，即在今闽、粤、赣三省交界地区。

南越地域北部到达湖南、江西南部，西部到广西北部，东部达闽越交界，南部抵香港。

西瓯与骆越有的主张是一个民族，有的认为是指两个不同民族。持后一种观点认为，西瓯活动中心在五岭之南，南越之西，骆越之北，恰当今桂江流域和珠江中游(即寻江流域)一带，相当于秦的桂林郡。有的认为平乐地区和西江中游的中心肇庆一带是南越地盘，西瓯的东界未越过漓江和桂江。骆越分布在南越之西，西瓯之南，即今南宁的邕江及其上游，相当于秦时的象郡，汉代的交趾、九真、珠崖等郡，其活动中心在左江流域至越南的红河三角洲。有的还提出今茂名、贵县一带是西瓯、骆越的杂居地。

台湾本岛住民为百越的一地支。《三国志》和《临海水土志》所载的夷州、夷州人和山夷,即指今日台湾古代民族,就是高山族的祖先。

湖南和湖北东南部越人属扬越。舒之梅指出《国语·郑语》的“芊姓虁越”,应分读“虁”和“越”,“虁”是楚的一支,“越”则是《史记·楚世家》所指的“扬越”。

云贵高原上的越人,《史记》有“滇越”、《华阳国志·蜀志》有“夷越”的记载。据汪宁生研究认为,汉晋时代越人在云贵高原上的分布地区,大致在今云南西部、西南部和北部的金沙江沿岸和贵州乌江以南,云南的义山、红河、曲靖地区的一部分以及广西左右江流域。分布在这里的越人不是集中居住的,而是与其他族群交错杂居,与东南地区越人聚族而居不同。

4.关于百越民族文化的研究

这是一个比较热门的课题,文献资料相对多些,因而研究文章比例最大,归纳起来大体有以下内容。

物质文化方面有:水稻种植、经济作物、饮食和居住方式、纺织业、冶铸业、舟楫及交通、建筑业、陶瓷业、玉器、竹器、蔬菜与水果、家禽家畜饲养、狩猎与采集,体现“水行山处”的特点。

百越民族是我国最早培育和种植水稻民族之一。吴越青铜冶铸的高超技术,为越人所创造的印纹陶(原始青瓷),舟楫文化以及纺织业、造船业等,留给后世以深远的影响;手工业技术有很大成就。农业耕作也有不少发明创造,如文献记载的“鸟田”、“象田”、“雒田”等,这是一种自然生态现象的利用,并由此得到启示,创造了“踏耕技术”,推进农耕技术的改革。

精神文化方面有:语言与文字、艺术、音乐、图腾崇拜、占卜、宗教信仰、婚俗、断发文身、凿齿(拔牙)、龙舟竞渡、崖葬等。此外,对于制度文化也有涉及。这些特征具有显明的民族特色。

关于语言文字,这是百越民族史研究中一个难点,但已经有些突破。杨雄《方言》和《越绝书》曾记载一些越语,如“热”,越人叫“煦煅”;“短”,越语称“短綶”。“越人谓盐曰余”,“越人谓船为须虑”。近年韦庆稳《试论百越民族的语言》一文,根据汉刘向《说苑·善说篇》记载《榜枻越人歌》同现在壮语进行比较研究,认为古越语与现代壮语之间很少有差别。李鸣高《侗族民歌与越人歌比较研究》和《论“榜枻越人歌”的民俗》,认为越人歌产生于湖北,同侗语更接近,民俗方面也有共通之处。二者研究成果说明越语与汉语是不同的,越语同现在壮侗语族有密切关系。

百越民族的文字问题,从出土吴越青铜剑铭来看,均为“鸟书”、“鸟篆”,它与中原同属一个系统。有些摩崖“仙字”,还不为人所识。而在一些陶器上则发现一些刻划文字,其中以江西吴城发现最多。唐兰认为:“其中又有一些跟商代文字截然不同,很可能是另一种已经遗失的古文字”;赵峰认为:“可能就是殷代古越国的遗物”;汪宁生认为这是“目前所知的最早文字”;最近谢志民《论“女书”字符构成中反映的稻作文化现象及其与古越人的关系》一文认为:“作为汉文异形字的现代‘女书’乃是古越文字的孑遗和演变”。

5. 关于社会性质的研究

这是一个重要课题,1984年“第四次百越民族史研讨会”曾把社会性质研究作为中心议题。但是这方面研究文章较少。就目前研究情况而言,认为百越各族社会经济发展是不平衡的,就是同一个民族,由于所处地理环境不同,也有差别。平原地区发展较快,偏远山区和海岛相对滞后。

关于越国的社会发展阶段有两种观点:一是认为越国始终未进入阶级社会的门槛。一说在春秋战国时期,越国已进入奴隶制时期,至勾践时期,进行了一些社会经济改革,开始向封建社会转化;有的认为勾践推行改革并没有触动奴隶制。

闽越的社会结构有三种观点:一是认为西汉时期闽越社会始

终未进入阶级社会,处于原始社会末期。二是“先民用金属的青铜刀子割断了原始社会的脐带,进入青铜时代”,处于奴隶制社会。福建奴隶社会延续时间比较长,客观原因是地处偏远,交通闭塞,接受外来先进文化受到限制;主观原因,西汉闽越国统治者争权夺利,内部长期相互残杀,对外不断与邻国甚至与西汉王朝对抗,这给社会发展带来不利的因素。三是主张秦汉时代已处于封建社会。其中也有不同说法,一说秦代已使用铁器。有的从汉城中出土大量铁器和青铜器,认为当时闽越“已有高度文化”,即进入封建社会;有的认为汉城铁器不是闽越国制造,而是汉统一闽越后由中原引进的,它给福建社会历史发展带来重要变革,即由奴隶制向封建制转化。

南越的社会结构,有的提出继几何印纹陶之后,岭南地区进入青铜器时代,上限达商末西周,下限到战国,战国晚期已经使用铁器。青铜器时代是南越族形成和发展的时代。随着青铜文化的发展,岭南地区的社会结构发生根本变化,产生了奴隶和奴隶主贵族,进入阶级社会。秦统一后,在岭南设置封建郡县,南越社会开始向封建制转化。有的认为广西地区社会发展较为滞后,没有经过奴隶社会发展阶段,直接向封建社会过渡。还有的指出,秦汉时期南越国奴隶制残余仍相当严重,越王赵眜墓中仍保留人殉制度,宰相吕嘉可谓是南越奴隶主的代表人物。

以上在论述百越各族社会经济的发展时,大量运用了考古资料作论证,并且注意到百越各族与周边民族的文化互动,特别是中原文化和楚文化及吴越文化的影响和推动。

6.考古研究新成果,推动百越民族史研究的深入与发展

百越民族史的文献资料极其有限,其研究所以能取得较大的进展,考古的新发现及其研究成果起了很大的推动作用。比较主要的有如下几个方面:

(1)几何印纹陶文化的研究成果。过去考古界往往把几何印

纹陶当做新石器时代遗物来认识,这必然就把百越各族原始社会的下限推迟到汉代甚至更晚。自1978年在江西庐山召开"印纹陶学术研讨会"后,如今考古界普遍认为印纹陶文化属于青铜文化。它产生在新石器晚期,其发达时期相当于中原的商国时期,衰落于秦汉时期。同时学者又认定印纹陶文化是百越民族创造的,这为研究百越各族来源和社会经济发展提供了一个重要依据。

(2)各种考古实物的出土,丰富了研究内容。如吴越地区青铜宝剑的出土,其精湛的铸作技艺,令人叫绝,说明其青铜铸造业是很发达的。武夷山悬棺与江西贵溪崖墓出土的西周乃至春秋时期丝绵织品和纺织工具,说明闽越、干越的纺织业高水平。河姆渡出土七千年前的稻谷遗存,说明越人是最早栽培水稻民族之一。江苏常州圩墩遗址和浙江钱山漾遗址出土的木船桨,绍兴鉴湖区坡培乡和福建连江县发现的独木舟,印证了越人"习于水斗,便于用舟",且有着长久的造船技术。还有大量窑址被发现。这些资料是百越手工业发达的佐证。

(3)悬棺葬(崖葬)的发现与研究。自顾野王提到福建武夷山"半崖有悬棺数千",并谓之"地仙之宅",宋代的朱熹以及历代方志都把这种距地面几十米高悬崖中的崖洞墓当做"神仙葬处"。1978年在武夷山的观音岩取下一具完整的"船棺";1979年在江西贵溪仙岩又清理37具棺木,出土大量文物,尤其是完整的纺织工具,引起考古界的重视。在西南地区和台湾以及中印半岛和马来半岛等地都有时代不同的悬棺被发现。1981年在四川珙县召开"悬棺葬学术讨论会",1999年在鹰潭龙虎山又以这个主题召开"百越民族史第十届研讨会"。经研究,普遍认为这种葬俗流行于我国东南地区,武夷山年代最早(周至春秋),现代台湾红头屿的耶美人还盛行悬棺葬。这种葬俗延续时间很长,最早行此葬俗与百越民族有关。

(4)王陵与宫殿、城址的发现。至目前为止,已发现王陵有广州象岗山的南越王墓和浙江绍兴的兰亭印山越王墓。前者出土大量珍贵文物,后者虽遭到盗掘,但仍可看出,其墓室形制特殊,规模很大。

宫殿与城址。吴越两国城址史书均有记载,但经考古工作者的研究又有一些新发现。1996 年冬若耶溪拓宽时发现大批印纹陶和青铜器的遗址和墓葬,因而有的学者主张越国都城在勾践兵败会稽之前是在绍兴城南 20 公里左右的平阳。吴王阖闾元年筑吴城,亦称吴太城、阖闾大都,经考古工作者的探测,其城址为后世苏州城所掩盖。

南越王宫殿 20 世纪 70 年代在广州中山四路与中山五路交汇处发现一处被认为是宫署的 20 余米走道。90 年代继续发掘,发现一段长约 180 米的大型石渠,被认为是南越皇宫的御花园。南越王国的宫殿位置推定在今儿童公园及其西,即今新大新百货公司一带。

江西清江县吴城商代遗址,出土大量印纹陶、原始瓷器、釉陶器以及铸造青铜器的范上,发现 150 多个刻划在器体上的“文字”。专家认为这是“一种已经遗失的古文字”,与商代文字截然不同,很可能就是当地越人的文化遗存;有的认为也是一处城址。

关于闽越王“冶都”在哪里?这个问题已争论几十年,有闽北说和福州说两种对立观点。关于福建闽越王城址宫殿已发现有两处。1959 年最早在崇安城村发现一处汉代地城址,并进行发掘。80 年代至今仍继续进行发掘与研究。城址规模很大,已基本弄清城址的布局,总面积 48 万平方米,宫殿遗址集中分布在城内中部的高胡坪上。可谓在今城址中发掘时间最长,考古工作做得较细的城址之一。发掘者认为这就是汉代闽越王的“冶都”,也是闽越王宫殿遗址。1998 年福州市政府举办福州市建城二千二百年纪念,即以史载汉高祖五年(前 202 年)封无诸为闽越王,都冶,于是有的学者认为“冶都”在福州,并以此作为福州建城的始发年代。此因不久前于市区新店古城村发掘一处建筑遗址,据说保留一段城墙，认为是一处古城址。同时又在屏山建设工地拾到汉代板瓦、“万岁未央”瓦当和绳纹、菱形纹铺地砖残块，于是有的学者认定屏山一带为闽越王宫殿遗址，即闽越王的治都。要解决这一长期争论不休的学术公案，只有在今后有更多考古资料佐证，特别是寄望于王陵的发现，才能得到解决。

7. 百越民族与现代南方少数民族的关系

自汉武帝统一了南越和闽越之后，百越民族在历史上逐渐消失。此后汉人陆续入迁百越民族地区内，特别是封建郡县推行之后，汉文化作为主体文化，有一部分百越族人逐渐被汉族所同化，成为当地汉族的一个重要来源。而在偏远的山区和海岛，在唐宋时代又出现一些民族名称，诸如僮、瑶、蛋、蛮僚、乌浒、俚僚、畲、流求人等。从百越民族史研究的角度，上溯追源，下探裔属。这些新出现的民族，学者大多主张与古代当地越族有密切的渊源。

解放后，我国为民族识别进行的广泛的少数民族社会历史调查，获得大量的资料，1981 年以来陆续整理出版全国各少数民族简史简志。从研究所得结论，属壮侗语族的壮、侗、水、布依、毛南、黎、傣、高山等族以及蛋民均被认为与百越民族有着密切的渊源关系。还有的主张畲族、瑶族也是百越的后裔。百越民族源远流长，其研究还是大有可为的。

8. 百越民族与周边民族的关系

百越民族分布于我国东南和南部广大地域里，形成了若干支系，彼此之间的关系从来都不是孤立的，同周边民族有长期的文化互动，百越各族之间也常有文化联系。在这方面已发表了很多文章阐述这个问题。

早在 20 世纪 30 年代，有的学者已提出越文化对中原商周文化的影响，如卫聚贤《殷人自江浙迁徙于河南》、《中国古代文化由东南传播于黄河流域》等文，他从浙江古荡出土新石器时代的石戈、矛、钺和陶器进行分析研究，认为这些都是吴越人最早发明的，然后传播到黄河流域，改变了中国文化是由西北传入东南的传统观点。最近有的学者又提出东南地区是夏文化的发祥地，如1994年陈剩勇《东南地区夏文化的萌生与崛起》一文，引用大量文献和考古资料，认为"东南地区是夏文化的发祥地，中国历史上第一王朝夏朝崛起于东南"。东南指现在的浙江、安徽和江苏，夏文化指的是创建夏王朝的主体民族夏人文化。有的认为这个观点尚需进一步研究。

百越地区江河湖海纵横，有数千公里的海岸线，营造了它们海外交通的有利条件，发展与海外各地区的交往，产生积极的影响。首先文化东传对日本的影响，稻作传入日本，大都主张是从百越民族地区传去。农业考古学家陈文华著文说："活跃在福建沿海一带的古越族，对日本古代文化的形成，曾起着非常重要的作用。"日本大阪民族博物馆原馆长佐佐木高明也指出："这些居住于沿海附近，使用舟楫，进行渔捞并且有几何印纹陶文化的水田稻作民们，对于横渡东海的载培型和传播，在很大的程度上一定扮演过重要的角色。"越地的纺织、建筑、金属冶炼、陶器制作等方面也相继传入日本，对日本文化产生很大影响。

其次，越文化对东南亚(南洋)地区的影响。林惠祥《马来人与中国东南人同源说》、凌纯声《南洋土著与中国古代百越民族》都论述华南古民族与马来族的关系，越人的南迁和越文化传播对南洋文化的影响。徐松石《南洋民族的鸟田血统》一文指出："我们有许多理由可以断定，今日南洋棕色民族的祖先，最主要的部分，发源于中国的东南沿海地带。"

第三，越文化对环太平洋文化的影响。凌纯声《中国边疆民族与环太平洋文化》、张小华《中国与大洋洲、美洲古代交往的探讨》、石钟健《论悬棺葬的起源和越人海外迁徙》等文都有论述。美籍华人杨江《马来—玻里尼西亚与中国南方文化传统的关系》一文认为："大量的语言、习俗、物质文化方面的考证可以得出这样一个结论,即:越国人的后代与马来—玻里尼西亚文化有悠久的联系。”“早在六千年前,马来—玻里尼西亚人的祖先开始从中国的福建省出行进行了长途的迁移运动。他们向南行穿越菲律宾和印度尼西亚,尔后分两个方向迁移,一路向西,到达马达加斯加;另一路向东,到达夏威夷和伊斯特岛”。石兴邦《关于中国新石器时代文化体系问题》认为:“多种物证表明,距今六千年夷人和越人就已同美洲和大洋洲有了接触。距今六千年前后属于夷人和越人分布范围内的我国黄淮下游、东部沿海、渤海湾周围以及东南沿海的青莲岗文化系统,与北美洲文化体系基本一致”。

四、展望21世纪

20世纪,特别是最后的20年,百越民族史研究取得令人注目的成就,为我国统一多民族国家的历史作出自己的贡献。但是也应清醒地看到,还有不少问题需要作深入的研究,还存在一些学术观点的争议,需要进一步探讨。同时还必须拓宽视野,开辟研究的新领域,需要付出更大的毅力。为在新的世纪里争取取得更大的研究成果,除在20世纪研究的基础上,着力解决一些存疑和待决的问题外,我想还有三个方面应作更深入的研究。

(一)系统研究百越各族的历史并写出专著

研究百越各民族的历史,实际上就是各所在地区的古代史,内容涵盖很广。目前虽然有几部百越民族史专著,但大都还是概论性,缺乏系统性。国别史如《越国文化》、《闽越国文化》,内容丰富,但偏重于横向介绍,从史的角度,从纵向叙述其历史及其发展变化的过程不够,因此要作为一部于越民族史或闽越民族史的专著,还有待充实。

要解决好这个问题,首先要确定研究对象,也就是说百越包括了哪些民族?从目前出版的几部专著看,各家写法不一。宋人罗泌《路史》,根据商周以来的文献,最先提出的"百越"中包括25个民族:"南越、越裳、骆越、瓯越、越嶲、瓯人、且瓯、供人、海阳、且深、海癸、九菌、稽余、濮句、比带、区吴、扶摧、禽人、苍吾、蛮扬、扬越、桂国、西瓯、损子、产里,所谓百越也"。这些族称在《史记》、《汉书》中则大都不见了。闽越和东瓯也未被列入百越系。罗香林《中夏系统中之百越》列出17个;于越、瓯越、闽越、东鳀、扬越、山越、南越、西瓯、骆越、越裳、掸国、腾越、滇越、越嶲、僰国、夜郎 和夔越。《百越民族史》只写句吴、于越、东瓯、闽越、南越、西瓯、骆越、山夷和山越9个民族,云贵高原的夷越和滇越只在分布中论及。《百越源流史》列出于越、东瓯、闽越、干越、扬越、西瓯、骆越、滇越、越、南越、外越(东鳀)、山越、越裳、交趾、儋耳、牂牁、乌浒、且兰、伶人和桂人共20支。《百越》一书介绍勾吴、于越、东越、山越、山夷、南越、西瓯、骆越、西南夷、濮族、僚族与鸠僚族、牂牁与夜郎、滇、滇越、哀牢和掸18支。

百越是一个庞大的民族泛称,分布地区广,民族支系多。由于它具有古老性、庞大性、分散性、断续性和复杂性的突出特点,在历史上存在相互混合和迁徙,不同时代出现不同的称谓,因此必须从发展变化看百越各支系的形成历史,同时也应该研究百越在不同时代应包括哪些支系,弄清楚研究的对象,恢复其历史面貌,才可能是完整的百越民族史。希望不久的将来能有较完整的百越民族史和百越中各民族的专门史问世。

(二)百越民族文化的传承、发展及流传

汉武帝统一南越和闽越后,百越民族在历史上逐渐消失了,但是广大的百越族人仍大量存在,他们所创造的优秀文化并没有因此而消失。在这个问题上,从现代南方一些少数民族的历史追溯其族源同古代百越联系起来,已有了很好的开端,取得很大的研究成果。

秦汉以来,随着封建郡县制在全国推广和汉人大量的入迁,民族关系发生很大变化。大部分越人先后被融合于汉族,成为当地汉族一大来源。但是文化是有继承性的,越人创造的优秀文化并不会因民族不同而骤然消失。例如“饭稻羹鱼”还是东南地区人民生活的特点。“上有天堂,下有苏杭”,指出苏杭丝织品的名优特点。海上丝绸之路陶瓷的外销以及造船业的发达,使唐、宋、元的海外交通及其重要港口都在东南地区首先兴起。由此可知,百越族人所创造的传统文化不但没有消失,反而被继承下来并加以发展。这方面的研究已开了个好头,但还做得很不够。

(三)百越民族文化对海外的影响

《山海经》曰:“闽在海中”、“瓯在海中”。海洋的神秘,它给人们传递这样的一个信息,百越民族有优越的大海资源,从事海上活动,具有航海民族的特征,在中国海洋的舞台上扮演了重要的角色。从目前的研究资料看,已有一些文章涉及到这个领域,百越民族史研究会也曾在两届学术研讨会上以百越民族与海洋文化作为主题,但是研究还不够深入,这个领域尚有很大的潜力。

以上几点,仅是个人的一些想法,妥否,请读者斧正补充。

20世纪我国阿尔泰语系语言研究概述

陈宗振　道布　胡增益　宣德伍

我国大约有20个民族的本族语言属于阿尔泰语系，其中一部分有文字，并且还在历史上使用过古代文字。他们主要分布于我国北方辽宁、吉林、黑龙江、内蒙古、新疆、甘肃、青海等省区。阿尔泰语系诸语言又分为突厥语族、蒙古语族、满—通古斯语族。同时，许多语言学家认为朝鲜语也属于阿尔泰语系，但语族、语支未定。

关于阿尔泰语系问题，国外学术界是有争论的。其中各语族语言是否有亲属关系，它们的一些共同成分是否仅仅由于互相接触、互相影响才形成的，学者们有不同的见解。在国内，中央民族大学开设了"阿尔泰语言学导论"这一课程，组建了阿尔泰学研究中心；新疆大学设立了阿尔泰学研究所，出版了李祥瑞、牛汝极主编的《阿尔泰学论丛》(一)(1994)，其中就有一些介绍或讨论这类问题的论文。此外，在各种刊物上也出现了一些有关的论文，例如，力提甫·托乎提的《论现代维吾尔语中的共同阿尔泰语动词附加成分》(1994)、吴宏伟的《阿尔泰语言理论及其焦点问题》(1996)、孟达来的《从核心关系词的分布看阿尔泰诸语言的词汇关系》(2000)，等等。

20世纪阿尔泰语系语言研究情况，相当纷繁复杂。我们只能根据各语族的情况和语言研究各分支的情况，就我们所知尽力而为，力争达到"粗线条"地勾勒出大致的轮廓。

一、突厥语族语言研究

(一) 20世纪以前的突厥语研究简况

有确切年代可考的古代突厥文文献为8世纪中叶东突厥汗国、回鹘汗国的一些碑铭,学者们大都认为,突厥文大约产生于此前一两个世纪。但是,最早的语言研究成果,应该是11世纪喀剌汗王朝的大学者麻赫穆德·喀什噶里的《突厥语大词典》,这是以阿拉伯语解释突厥语的词典,其中有大约7000词条和大量例句、诗歌、谚语为突厥语的宝贵语言资料。14世纪的《高昌馆杂字》(或称《华夷译语》之一,《高昌译语》),为回鹘文与汉文对照的词汇集,包括1000词条。18世纪的《御制五体清文鉴》,包括满、蒙古、藏、维吾尔、汉五种语言的18671词条。此外,清代还有《西域尔雅》、《西域同文志》等,也是与维吾尔语词汇研究有关的成果。

在国外,也陆续发现了许多突厥文、回鹘文、喀剌汗王朝突厥文、察合台文文献,国外学者有的刊布、研究了这些文献,例如,早在18世纪,他们就初步研究了喀剌汗王朝突厥文重要文献、伟大的诗人和思想家优素甫·哈斯·哈吉甫所著的有6645首双行诗的《福乐智慧》。另一方面,外国语言学家也早已开始研究我国突厥语诸民族或境外相同民族的语言,例如,15世纪已出现了关于察合台语的《文学词典》,16世纪,出现了以奥斯曼语解释察合台语的《Abushka》词典,18世纪,有了以波斯语解释察合台语的《Sanglax》词典,等等。

19世纪,国外学者一方面继续对我国古代突厥语各种文献进行语文学和语言学的研究,一方面也对我国现代突厥语或与我国民族相同的境外民族语言开展了调查研究。例如,克拉普洛特研究了《高昌译语》,发表了《回鹘语言文字考》(1820);万伯里编著了《突厥—鞑靼语词源词典》(1878);伊利明斯基编写了《吉尔吉斯语研究资料》(1860—1861》,等等。

19世纪后期,为突厥语研究作出重大贡献的拉德洛夫,在深入调查研究的基础上,陆续编出了10卷《突厥民间文学集译》(1866—1907),包括鞑靼语、哈萨克语、吉尔吉斯语和被称为"塔兰沁语"的我国伊犁地区维吾尔语的大量资料。从1893年到1911年,他又编著了内容丰富的4卷8分册《突厥方言词典试编》。其所谓"方言",实际上是突厥语诸民族的民族语言。

19世纪末,我国蒙古地方的突厥文重要文献《毗伽可汗碑》、《阙特勤碑》、《暾欲谷碑》等开始被国外学者发现,1893年底,汤姆森成功地解读了突厥文,并发表了有关的学术论文。从此,各国学者纷纷来我国考古,发现了许多突厥文、回鹘文文献,加以在从俄罗斯到土耳其广大地域发现的突厥语古代文献,使学术界大大增进了对于古今突厥语言文化的了解。

到19世纪末20世纪初,关于古代突厥文献及其语言研究的重要成果还有:拉德洛夫的《蒙古古迹图册》(1892—1899)、《蒙古的古突厥碑铭》(1894—1899),芬兰—乌戈尔学会刊布的《鄂尔浑碑铭》(1892)、《叶尼塞碑铭》(1889);万伯里的《回鹘语文献与〈福乐智慧〉》(1870)和拉德洛夫刊布的《福乐智慧》维也纳本、开罗本等(1890,1891,1900—1910);万伯里的《察合台语研究》(1867)、库尔特依的《东突厥词典》(1870),拉德洛夫发表了《帖木儿汗法令集》(1888),万伯里发表了《塞班尼传》(1885)等察合台文文献。

在此期间,关于我国近现代突厥语的重要研究成果还有:肖氏的《东突厥口语概要》(Ⅰ—Ⅱ,1878—1880)、《东突厥语语法》(1877)和《东突厥语词典》(1878,均是以维吾尔语喀什和叶尔羌方言材料为基础的著作);潘图索夫的《伊犁地区塔兰沁方言研究资料》(Ⅰ—Ⅶ,1897—1907)和《哈萨克吉尔吉斯语材料》(1899—1904,哈萨克吉尔吉斯语亦即哈萨克语);梅利奥兰斯基的《哈萨克吉尔吉斯语简明语法》(Ⅰ—Ⅱ,1894—1897);森特卡托尔奈的《喀山鞑靼语研究》（Ⅰ—Ⅲ,1875—1877）；帕塔宁的《中国西藏唐古特边区和蒙古中部》（1893）、肖氏的《在撒拉人的山村里》（1878）和罗基尔的《1891 和 1892 年蒙古、西藏旅行日记》（1894）等书中均有关于我国撒拉语、西部裕固语的记载。

总之,19 世纪末 20 世纪初,外国学者通过考古发掘和在我国的调查研究,获得了关于我国古今突厥语文的大量资料,对其进行了语文学和语言学的研究,并掀起了研究突厥语诸民族语言文化的新高潮。

回顾 20 世纪的情况,在我们国内,由于解放前经济文化落后,对突厥语未能认真开展科学研究,只是在新中国建立后,才逐渐开展起来。我们可以把 20 世纪的中国突厥语研究大致划分为三个时期：

(1)20 世纪前期（1901—1949） 探索和起步时期；

(2)20 世纪中期（1950—1979） 培养人才和大力开展调查研究时期；

(3)20 世纪后期（1980—2000） 人才辈出和全面深入、蓬勃发展的时期。

下面,我们按三个时期和各种语文分别加以扼要的介绍。

(二)20 世纪前期的中国突厥语研究

由于从清末直到新中国建立,我国处于内外战争不断的时期,经济文化不仅没有向前发展反而日益贫穷落后。直到 20 世纪 30 年代,才开始有极少数学者进行我国突厥语文的初步调查或简要介绍国外学者对突厥语的研究情况。在此期间,俄、德、英、法、瑞典、日、匈、土耳其等国投入大量人力、财力,调查研究我国古今突厥语文并发表了大量研究成果,这与我国 30—40 年代所发表的论文或译文形成了强烈的反差。

30 年代以后,在个别高等学校出现了教授维吾尔语、研究维吾尔语的人员,如南京中央大学、兰州大学；个别学者调查研究过撒拉语等西北民族语言;新疆的一些学校逐渐加强了民族教育,包括民族语文教育;有些历史学家或地理学家也结合他们的研究发表了一些有关古今突厥语文的论文或译文。维吾尔族学者依不拉音·穆提义(汉名穆铁依),于1948年在维吾尔文和汉文版《新疆日报》上发表了《维吾尔语正字法》、《突厥语的分布状况》等论文。同年,他还编写出《维吾尔语语音学》、《维吾尔语语法》、《维吾尔语句法》、《维吾尔语修辞规则》等4部教材。这是现代我国维吾尔族学者的第一批语言研究成果。

汉文的出版物,主要是徐锡华编著的《注音新疆回文常用字表》(1938),包括3000多个维吾尔语单词,用当时推行的"注音字母"标注维吾尔语的读音;陈郁文、杨永的译著《维文文法概要》(1948),此书译自巴斯卡科夫等编《维俄词典》(1939)所附"语法概要"。此外,西北大学、国民党国防部边务研究所均编写过《维汉词典》。

在各种社会科学刊物上发表了一些关于古今突厥语文的论文或译文,分述如下。

关于情况介绍的有:冯承钧的《关于西域语之讨论》(1930)、王日蔚的《新疆之语言文字》(1935)、戈定邦的《河西之民族语言与宗教》(1940)、董同和据德尼有关著作节译改编而成的《阿尔泰语系语言概说》(1943)、杨涤新译土耳其阿不都卡的尔·依南的《突厥学之研究及其历史》(1945),等等。

关于古代突厥文献的有:罗福成据缪勒、拉德洛夫等有关著作编纂的《高昌译语》(1934);韩儒林据汤姆森的著作从德文译成的《突厥文阙特勤碑译注》(1935)、《突厥文暾欲谷碑译文》(1936)、《蒙古之突厥碑文导言》(1937),以及韩儒林撰写的《突厥官号研究》(1940)、刘桂栋的《东突厥斯坦的古代语言》(1943)、李符桐的《回鹘文字来源及其演变》(1944)、王静如参考兰斯铁的译文翻译并考证而撰写的《突厥文英武威远毗伽可汗碑译释》(1938)、岑仲勉的《跋突厥文阙特勤碑》(1937)、朱延丰据德译文编著的《突厥暾欲谷碑铭译文笺证》(1943),等等。

关于我国现代突厥语文的有:姜康的《维吾尔语与国语的关系》(1941)、岑仲勉的《吐鲁番一带汉回地名对证》(1945)、天山客的《新疆地名释义》(1947)、周维新的《维吾尔方言的敬语》(1947),以及杨涤新的《撒拉人语文习俗之调查》(1943)、《青海撒拉人之生活与语言》(1945),等等。

另外,一些关于历史、地理的论著也涉及了突厥语或某些突厥语词,例如,冯承钧的《西域地名》(1930)、李符桐的《撒里畏兀儿部族考》(1944)、岑仲勉的《揭出中华民族与突厥族之密切关系》(1945),等等。

总而言之,20世纪前期,在国外学者对我国发现的突厥、回鹘重要文献以及现代突厥语广泛开展研究的影响下,我国学术界从30年代以后才开始对古今突厥语文的初步探索,尤其是国外对我国特有的维吾尔语、撒拉语、西部裕固语已经进行了几十年研究之后,国内极少数学者才在艰难的条件下开始探索。他们的论著,虽然有的译自外文或主要依据外文,有的深度不够或有个别错误,但毕竟使国内知识界初步了解了古今突厥语文的概貌,为进一步开展研究提供了入门的线索。

(三)20世纪中期的中国突厥语研究

中华人民共和国成立以后,党和政府大力发展民族教育和各项文化事业,培养了一大批突厥语民族的知识分子和汉、回等族的突厥语专业人员,逐渐开展了突厥语文的调查研究工作。但60年代后期,由于极"左"思潮 和"文化大革命"的影响,古今突厥语文研究的成果依然不多,仍然以专题论文为主。但与前期相比较,质和量都有所提高。这些成果可分为两类:

1.关于古代突厥文献及其语言

解放后,我国研究突厥文、回鹘文的先驱、历史学家冯家升发表了《回鹘文写本〈大唐三藏法师传〉研究报告》(1953)、《刻本回鹘文佛说八阳神咒经研究》(1955)、《回鹘文契约二种》(1960)、《1959年哈密新发现的回鹘文佛经》(1962,此即《弥勒会见记》)、《1960年在吐鲁番新发现的古突厥文》(1963,即吐鲁番洞窟题记)。同时还有《在蒙古出土的卢纳铭文》(1959,发表于苏联学术刊物)、《吐鲁番所获回鹘文三种》(1960,与捷尼舍夫合作),等等。

我国在突厥文、回鹘文文献研究方面著作最多、水平最高、贡献最突出的学者是耿世民。在这一时期,他发表了《古代维吾尔人的语言和文字》(1958)、《试论维吾尔书面语的发展》(1963)、《谈谈维吾尔古代文献》(1963)、《两件回鹘文契约的考释》(1978)、《回鹘文摩尼教寺院文书初释》(1978)、《回鹘文〈玄奘传〉第七卷研究》(上,1979,下,1980),并在美国《突厥学报》上发表了《回鹘文木刻本佛教密宗文献残卷研究》(1979)等论文,从而引起国外学术界的重视。

关于喀剌汗王朝文献,胡振华和耿世民曾发表《突厥语大词典〉及其作者》(1962),耿世民与魏萃一出版了《福乐智慧》的汉文节译本(1979),使我国读者得以了解此书之主要内容。

玉素甫别克编著了《维吾尔古典文学手抄本目录》(1957),其中包括50年代从各地收集到的察合台文抄本。胡振华发表了《〈西域尔雅〉中的维吾尔语词》(1979)。

2.关于现代突厥语

(1)关于维吾尔语

50年代较重要的论著为高等学校维吾尔语教材和工具书:李森的《维吾尔语读本》(1951),这是我国第一部用汉文解说的维吾尔语教材,其中除当时使用的老维吾尔文外,还采用了拉丁式维吾尔文音标;包尔汉的《维汉俄词典》,这是以巴斯卡科夫等所编《维俄词典》为基础编写的,约有12,000词条;达吾提·吐热合买托夫的《维吾尔语语法》(1956);阿不都萨拉木·托合提的《维吾尔语语法》(1957)。此外还有祖农卡的尔的《维吾尔谚语》(1957)、买买提扎依提的《维吾尔谚语汇编》(1957),等等。

新疆的民族语文机构编制了《维吾尔文字简明写法》(即正字法,1954)和《维吾尔语法学习材料》(1955),对老文字作了一些改进,也为普及语法基础知识提供了必要的依据。在一些报刊上也登载了涉及语文研究的文章,例如,莫·热依莫夫的《关于单音节词的ə变e问题》(1957)、阿·托合提的《关于副动词的某些特点》(1957)、莫·再以地的《关于附加成分的某些问题》(1955)、乃斯如拉的《关于语法分析》(1958),等等。作者们就自己注意到的一些语言学问题发表了见解。

60年代,新疆的民族语文机构又制订了拉丁化的《维吾尔新文字方案》和《维吾尔新文字正字法》(1965),还编印了《语音学常识》等培养新文字教师的教材;围绕着方言调查和文字改革,一些学术刊物上发表了米尔苏里唐与魏萃一的论文《维吾尔语罗布泊方言》(1962)和《维吾尔语西南方言和田土语》(1963),汉文写的论文还有朱志宁的《维吾尔语概况》(1964)和《维吾尔语中的汉语借词》(1965),以及傅懋勣的《从音和义的矛盾看维吾尔语的发展》(1965),陆秉庸的《现代维吾尔语中动词的时制》(1966),沙塔尔(师忠孝的笔名)的《维语动词后知过去时初探》(1966),魏宜、米尔的《关于维吾尔语复合词及其书写的问题》(1966),米尔苏里唐的《论维语合成词的某些特点》(1964),等等。

70年代,出版了一些书,有吐尔迪·阿合买提编著的高校教材《维吾尔语》(1973),热外都拉的《修辞常识》(1979),买买提·热依木的《维吾尔谚语》(Ⅰ.1979,Ⅱ.1983)。此时,一些高等学校学报和《民族语文》先后创刊,并发表了有关突厥语的论文。例如:程适良的《维吾尔语动词的式的范畴》(1973),程试(即程适良)的《关于维吾尔语的格位范畴》(1978),魏萃一的《维吾尔语词汇的发展及规范化问题》(1978),李经纬、靳尚怡的《关于现代维吾尔语的

"mu"》(1979),胡振华的《略谈我国维吾尔文字的发展》(1976)、《维吾尔族的文字》(1979),等等。①

(2)关于哈萨克语

新疆的民族语文机构先后编制了《哈萨克文简明写法》(即正字法,1954)和拉丁化的《哈萨克新文字方案》、《哈萨克新文字正字法》(1965),以及为普及语文知识,培养新文字教师而编写的《哈萨克语初级读本》(1965)、《哈萨克语(语音)》(1975),等等。在各种刊物上发表的论文有:热合木吐拉艾卜夏的《论词》(1956),阿·马敖亚的《要正确运用格言谚语》(1957),衣那也提·克扎也夫的《关于哈萨克语系属问题的简介》(1979),吾拉孜别克的《哈萨克语的元音及其符号》(1979)。以汉文写的论文有:耿世民的《哈萨克语文及其研究》(1958),魏萃一、范耀祖 的《关于哈萨克语圆唇音以及X字母发音的口语调查》(1965),等等。

另外还出版了《哈萨克谚语》(1979)和金炳喆以《哈英词典》为蓝本的《哈汉词典》(1979)。

(3)关于其他语言

胡振华发表了《中国柯尔克孜族的语言和文字》(1957)、《柯尔克孜谚语》(1962)、《柯尔克孜族语言概况》(1979);林莲云、韩建业发表了《撒拉语概况》(1962);陈宗振发表了《裕固族及其语言》(1977)。撒拉语和西部裕固语是我国特有的两种突厥语族语言,这两篇论文是新中国建立以后我国最早公开发表的介绍各语言基本情况的论文。

(4)在台湾的维吾尔语研究

这一时期,在台湾有一些从事维吾尔历史、语言研究的人员,他们也发表了有关的专著和论文。例如:刘义棠的《维吾尔语文研

① 详见高宝珍编《中国少数民族语言文字论著目录》,《民族语文研究文集》,青海民族出版社,1982年,第754—872页,有关突厥语族语言文字部分。

究》(1978)、《〈维吾尔语文研究〉之补充讨论》(1980)、《〈维吾尔语文研究〉之再补充讨论》(1986),以及《瓯脱考》(1969),等等。还有林恩显的《维吾尔语音法与文法概说》(1970—1972)、李静桂的《维吾尔语音法》(1979)、陈庆隆的《从借字看突厥、回鹘的汉化》(1976,此文从文化词汇的借用来说明维吾尔、汉民族在历史上的关系),等等。其中刘义棠的论著最多,他还对国内的维吾尔文字拉丁化提出了一些不同的意见。

新中国建立以后这30年,我国的突厥语研究从无到有,逐渐开展起来,出现了一批突厥语文专业人才,在比较艰难的条件下开展了一些突厥语调查研究工作。在古代突厥、回鹘文献研究方面,继冯家升之后,耿世民开始作出了贡献,获得国内外学术界的好评。70年代末,以耿世民为主编写了一套古代突厥语教材,培养了一批维吾尔族、哈萨克族青年专业人才,为在我国进一步开展古代突厥语文研究撒下了种子,打下了良好的基础。在现代突厥语研究方面,除少数论著外,所发表的论文也大都是当时进行维吾尔语、哈萨克语等突厥语方言调查研究和关于维吾尔、哈萨克文字改革学术问题的研究成果。其中有些论文学术价值较高。但是,由于各方面的原因,国家大力组织的突厥语调查,在事后没有整理出系统性的完整成果,实为一大憾事。60年代以后,在极"左"思潮和"文化大革命"的影响下,民族政策和民族语文政策受到严重的干扰破坏,学术风气缺乏,大多数学术活动得不到支持,因而研究成果不多,整体水平不高。而外国突厥语文研究在第二次世界大战后突飞猛进,成果丰硕,我国在这方面的差距更显突出。1978年底,党的十一届三中全会以后,各民族学者都盼望着学术研究的条件逐步改善,希望能够在突厥语研究上为国争光。

(四)20世纪后期的中国突厥语研究

20世纪后期,由于党和政府制定了基本路线,民族政策和民族语文政策逐步贯彻执行,我国突厥语研究者在比以前更有利的条件下开展了古今突厥语文的研究,并取得了比较突出的成就。尤其是一大批中青年学者逐渐成长,为提高我国突厥语文研究的水平作出了新的贡献。其具体成果主要包括以下几方面:

1.关于突厥语族诸语言

在国家民族事务委员会和中国社会科学院领导下编著的民族问题五种丛书的《中国少数民族》(1981)中,有各民族语言文字的介绍;《中国少数民族语言简志丛书》包括突厥语的七种语言简志(下面再具体介绍)。中央民族学院编的《中国少数民族语言》(1987)中也有突厥语的简况。陈宗振等编著的《中国突厥语族语言词汇集》(1990)提供了我国维吾尔语、哈萨克语、柯尔克孜语、乌孜别克语、塔塔尔语、图瓦语、撒拉语、西部裕固语 8 种突厥语词汇的基本资料;李增祥的《突厥语概论》(1992)包括突厥语分期、分类、语音系统、研究概况。王远新的《中国民族语言学史》(1993)有我国突厥语研究历史部分,介绍并简要地评述了一些论著;他的《突厥历史语言学研究》(1995)也有突厥语分期分类问题以及关于某些突厥语发展问题的见解。程适良主编的《突厥比较语言学》(1997),根据我国的 8 种语言的材料作了语音、词汇和语法的全面比较研究。

上述专著、工具书可以说是我国突厥语基础建设性的研究成果,具有重要的作用。

伊不拉音·穆铁依的《穆铁依学术论文集》(1990)、李森的《李森突厥语言研究文集》(1999)都是作者著作选集,涉及古今突厥语文乃至某些历史问题。

各有关单位还出版了综合性的论文集,有《突厥语研究》(维吾尔文,Ⅰ.1982,Ⅱ.1983,Ⅲ.1990)、《中国突厥语研究论文集》(1991)、《突厥语言与文化研究》(Ⅰ.1996,Ⅱ.1997)等等。范围更广的《民族语文研究文集》(1982)、《民族语文研究新探》(1992)等论文集中也有关于突厥语文的论文。

在各种学术刊物上,还载有关于突厥诸语言综合研究的论文。例如:李森的《突厥语族语言特点概要》(1987)、魏萃一的《试论我国突厥语的特点》(1983)、李增祥的《论突厥语族语言的元音系统》(1986)、李树辉的《试论突厥语族诸语言后置词的形成与发展》(1991)、吴宏伟的《关于突厥语族语言元音和谐性质问题的探讨》(1991)、《突厥语族语言元音和谐的类型》(1991)、《突厥语族语言的分类》(1992)、《突厥语族语言的领属范畴》(1998)、王远新的《突厥语族语言序数词的历史发展》(1995)、张定京的《语法范畴与词法、句法:突厥语言语法范畴问题》(1999)、许伊娜的《从维吾尔语副动词的功能特征看突厥语副动词范畴》(1997)、《突厥语形动词形式和功能的分布特征》(1999),等等。

上述论文集里所收的论文和学术刊物上发表的论文,代表了我国突厥语研究的水平。

2.关于古代突厥文献及其语言

(1)涉及各种古文字、文献的论著

主要的专著有:耿世民的《古代维吾尔诗歌选》(1982)、《维吾尔族古代文化和文献概论》(1983),克由木·霍加等编的《古代维吾尔文献选》(1983)、中国民族古文字研究会编的《中国民族古文字》(1987)、《中国民族古文字图录》(1990)、阿不力米提·艾海提等编著的《古代维吾尔语词典》(1989)、牛汝极的《维吾尔古文字与古文献导论》(1997)、吐尔逊·阿尤甫的《古维吾尔语读本》(1998),等等。

中国民族古文字研究会还汇编了《中国民族古文字研究》(论文集,Ⅰ.1984,Ⅱ.1993,Ⅲ.1991,Ⅳ.1994),其中都有关于突厥文、回鹘文、察合台文的论文。其他论文集中也有,例如,《中国民族语言论丛(三)》中有买提热依木·沙依提的《论古代突厥语中动词语态附加成分》(1999)。

(2)关于突厥文文献及其语言的论著

80年代以来主要的突厥文文献如《阙特勤碑》、《暾欲谷碑》、《苏吉碑》、《翁金碑》和《占卜书》都有学者在前人工作的基础上翻译为汉文或维吾尔文和注释，并提出了自己的新见解。胡振华发表了《黠戛斯碑文选译》(1993)，杨富学发表了《古代突厥文〈台斯碑〉译释》(1994)、《敦煌本突厥文 Irq 书跋》(1997)，等等。

关于突厥文文献语言的专著有耿世民、阿不都热西提·亚库甫的《俄尔浑—叶尼塞碑铭语言研究》(1999)；论文有：阿不都热西提·亚库甫的《鄂尔浑—叶尼塞碑铭语言的语音系统》(1992)、买提热依木的《关于古代维吾尔语 er 的分析》(1990)、陈宗振的《试论古代突厥文献语言的 arinč以及 ol 和 turur》(2000)，等等。

(3)关于回鹘文文献及其语言的论著

A. 宗教文献研究

关于《弥勒会见记》，例如，耿世民的《回鹘文〈弥勒会见记〉第二幕研究》(1980)、《回鹘文〈弥勒会见记〉第16品研究》(1985)、其第三品研究(1986)、第十品研究(1987)等，李经纬的《哈密本回鹘文〈弥勒三弥底经〉首品残卷研究》(1985)、其第三卷研究(1983)等，伊斯拉菲尔·玉素甫的《回鹘文〈弥勒会见记〉第二章研究》(1982)等。伊斯拉菲尔还与克里木·霍加等合作，出版了研究此文献的专著《回鹘文〈弥勒会见记〉》(Ⅰ.1987，Ⅱ.1988)。

关于《金光明最胜王经》，例如，耿世民的《回鹘文〈金光明经〉第九卷长者流水品》(1993)，李经纬的《回鹘文〈金光明经〉序品译释》(1987)，张铁山的《回鹘文〈金光明经〉第七品研究》(1988)、其第四卷第六品研究(1990)、第八品研究(1990)，周北川的《〈金光明经〉如意珍宝品研究》(1994)，阿力肯·阿吾哈力的《回鹘文〈金光明最胜王经〉第十三品研究》(1996)。

关于《玄奘传》，有耿世民在德国与克里木凯特合作的《回鹘文〈玄奘传〉研究》(1986)。

耿世民、李经纬、张铁山、牛汝极、沈利元等还有关于回鹘文佛教其他文献的论文。他们几位以及阿不都热西提·亚库甫、杨富学还发表了关于摩尼教、景教文献的论文①。

杨富学出版了《回鹘之佛教》(1998),牛汝极出版了《回鹘佛教文献》(2000)。

B. 世俗文献研究

这方面的专著有:李经纬的《回鹘文社会经济文书研究》(1996),杨富学、牛汝极合著的《沙州回鹘及其文献》(1995),买特热依·沙依提、伊斯拉菲尔·玉素甫的《回鹘文契约文书》(2000)。

胡振华、黄润华整理刊布了《高昌馆课》(1981)和《高昌馆杂字》(1984)。

研究回鹘文世俗文献的论文也很多,例如,耿世民的《回鹘文高昌王世勋碑研究》(1980)、《回鹘文买卖奴隶文书的考释》(1981)、《回鹘文大元肃州路也可达鲁花赤世袭之碑》(1986),李经纬的《回鹘文借贷文书选注》(1991),等等。杨富学、牛汝极、喀哈尔·巴拉提等也有属于这方面的论文。

C. 回鹘文文献语言研究

主要的专著有:阿不都热西提·亚库甫的《古维吾尔语摩尼教文献语言结构描写研究》(1996),邓浩、杨富学的《西域敦煌回鹘文献语言研究》(1999),李增祥、买提热依木、张铁山的《回鹘文文献语言简志》(1999)。这几部专著都是根据回鹘文各种文献阐述其语音、语法的重要成果。

主要的论文有:李经纬的《佛教二十七贤圣回鹘译名考释》(1982)、《回鹘文文献语言语音系统概述》(1989)、《回鹘文文献语言动词的语法形式与语法意义》(1996),以及他与靳尚怡或与陈瑜

---

① 中国维吾尔历史文化研究会由吴英、陈好林主编的《维吾尔历史文化研究文献题录》,北京,2000年。其中关于古今维吾尔语文研究的论著目录相当详细,读者可从古文字、古文献和历史、文化史部分查到有关的论文目录。

合作的有关其后置词、名词等的论文，木叶沙尔·拜祖拉的《关于回鹘文文献中名词的数范畴》(1995)，邓浩、杨富学的《西域敦煌回鹘文献语言条件形式的演变》(1999)，等等。

除以上论著外，还出版了《耿世民先生70寿辰纪念文集》(1999)，其中收入以回鹘语文研究为主的多篇论文。

耿世民教授在回鹘文献研究方面作出了特别突出的贡献，他不仅是我国突厥学界的泰斗，也是当今国际阿尔泰学界的著名大师。2000年，国际常设阿尔泰学会(PIAC)授予他当年唯一的金质奖章，以褒奖他为国际阿尔泰学所作的重要贡献。

3.关于中古突厥—伊斯兰文献及其语言

(1)喀喇汗王朝文献及其语言研究

20世纪80年代，新疆社会科学院组织专家和学者翻译、出版了现代维吾尔文版《突厥语词典》(Ⅰ.1981，Ⅱ.1983，Ⅲ.1984)，出版了《福乐智慧》各种抄本的影印本以及根据阿拉特的1947年校勘本出版了《福乐智慧》的拉丁字母转写现代维吾尔语诗体今译合刊本(1984)，还有郝关中等的《福乐智慧》汉译本(1986)。

哈米提·铁木尔与吐尔逊·阿尤甫翻译、出版了《真理的入门》(1980)，魏萃一翻译成汉文本《真理的入门》(1981)。耿世民与吐尔逊·阿尤甫出版了《古代维吾尔史诗〈乌古斯可汗传说〉》(1980)，有拉丁音标及维吾尔文今译，并有详细注解和词汇。耿世民还与马坎合作，出版了哈萨克文本《乌古斯可汗传说》(1986)。

关于喀喇汗王朝文献的语言研究论文较多，例如，伊·穆铁依的《"喀喇汗朝语"及其在维吾尔语历史上的地位》(1981)、米尔苏里唐的《我国11世纪著名突厥学家马赫穆德·喀什噶里及其〈突厥语大词典〉中的文学语言初探》(1982)、尼合买德·蒙加尼的《〈突厥语词典〉与现代哈萨克语的关系》(1980)、伊敏·吐尔逊的《哈卡尼亚语与和田方言》(1983)、叶少钧的《试论11世纪维吾尔语的语音特点》(1984)、陈世明的《从〈突厥语大词典〉看维吾尔语r音的演变》(1985)、李经纬的《〈突厥语词典语法形式索引〉疏》(1986)、陈宗振的《〈突厥语词典〉中的谚语》(1980)、《〈突厥语词典〉中保留在西部裕固语里的一些古老词语》(1992)、邓浩的《〈突厥语词典〉名词的语法范畴及其形式》《1995)、赵明鸣的《〈突厥语词典〉基本元音系统及其元音和谐研究》(1997)、《〈突厥语词典〉动词态范畴研究》(1999),等等。此外,还有张铁山关于《突厥语词典》各种成分电脑统计分析的几篇论文。

《突厥语词典》内容丰富,历史学家张广达、魏良弢和牛汝辰、牛汝极均根据其中资料发表了关于地名、地理学的论著,马兴仁、邓浩也有关于民俗学研究的论文。

关于《福乐智慧》的研究,新疆有关单位出版了《福乐智慧研究论文选》(1993),《论伟大的学术里程碑〈福乐智慧〉》(2000)。其所收论文偏重于文学和文化方面,但在其他论文集和各种刊物上也有少数关于《福乐智慧》的语言研究的论文。例如:司马义·铁木尔的《〈福乐智慧〉中的谚语拾零》(1984)、阿不都热西提·亚库甫的《〈福乐智慧〉语言名词的形态系统概述》(1997)、陈宗振的《〈福乐智慧〉中的阿拉伯—波斯语借词及其对维吾尔语文的影响》(1997),等等。

(2)察合台文献及其语言研究

关于察合台文重要文献,在新疆民族古籍整理领导小组的主持下,出版了一大批古典文学和历史著作,如纳瓦依的《五部长诗》(1991)、《纳扎里集》(1985)、《翟力里集》(1988)、《伊米德史》(1987)、《安宁史》(1988),等等。此外,哈米提·铁木尔翻译出版了现代维吾尔语本《巴布尔传》(1991)。这些都是篇幅较大的察合台文文献。哈米提·铁木尔还与阿不都若夫·普拉提共同翻译出版了纳瓦依的《两种语言之辨》(1988),与安瓦尔·巴依图尔共同翻译出版了《乐师传》(1982)。

关于察合台文献语言的研究成果,主要有哈米提·铁木尔、阿不都若夫·普拉提的《察合台语》(1986),此书论述了察合台语的词汇、词法、句法特点,有文字、文献介绍,并有纳瓦依等经典作家作品片断,附1500多个词语的对照表,是我国第一部较为适用的察合台语教材;阿不都若夫·普拉提(阿夫)的《察合台维吾尔语研究论文集》(1993)包含关于察合台语来源、与维语口语的关系、语言特点、长元音、特殊辅音等方面的论文十多篇。哈米提·铁木尔和阿不都若夫·普拉提在我国察合台语文研究方面作出了突出的贡献。

吾拉木·吾甫尔等的《维吾尔古典文学词语集注》(1986),收词3000多条,多为阿拉伯、波斯语借词,分别标注了词源并予以释义,是学习和研究察合台文献的重要工具书。

此外,还有刊于各种期刊、论文集的论文,例如:热合木吐拉·贾热的《关于察合台语》(1981),安瓦尔·巴依图尔的《察合台文和察合台文献》(1984),李增祥的《〈古兰经〉的中古突厥语译本及其语音词汇特点》(1985),阿不力克木的《〈乌古斯传〉同〈真理的入门〉的语言比较研究》(1988),米尔苏里唐·乌斯满诺夫、哈米提·铁木尔的《关于察合台语的一些看法》(1993),吾买尔·达吾提的《论察合台语名词格的大系》(1995),等等。

台湾刘义棠的《〈钦定西域同文志〉校注·新疆回语部分》(1984),也是关于后期察合台文献的研究成果,他对1763年的这部多语种地名录中的维吾尔语部分的内容,提出了一些独到的见解。

4.关于我国现代突厥语

(1)关于维吾尔语

A.专著、词典等出版物

(A)关于语言文字规范化研究,1985年出版了《维吾尔标准语正字词典》,1987年制定了《现代维吾尔标准语正音法》,1988年出版了《现代维吾尔标准语正音词典》,1992年制定了《维吾尔文标点符号》,从而使维吾尔语文的规范化水平进一步提高。

(B)关于语音研究的专著有周同春、阿米娜、米尔苏里唐等的《现代维语语音声学研究》(1992)。这是语音学家与维吾尔语专家合作的研究成果,它分析了维吾尔语全部元音和辅音的声学特性。

(C)关于语法的高校教材等专著有:纳斯茹拉·尤力布尔地的《现代维吾尔语》(1980)、吐尔迪·阿合买提的《维吾尔语教程》(1981)、《现代维吾尔语》(1983)、阿不都克里木·巴克的《现代维吾尔语》(1983)、安赛尔丁·木沙等的《现代维吾尔语》(1985);哈米提·铁木尔的《现代维吾尔语语法(形态学)》(1987),此书是作者多年从事维吾尔语语法教学研究的结晶,在名词的格和动词的式、时、体等方面有许多不同于传统语法的创见。关于语法的专著还有赵相如、朱志宁的《维吾尔语简志》(1985),易坤琇、高士杰的《基础维吾尔语》(1989)、《维吾尔语语法》(1998),高莉琴的《维吾尔语语法结构分析》(1987),陈世明、热扎克的《维吾尔语实用语法》(1991)和程适良主编的《现代维吾尔语语法》(1996)。这些语法研究成果都各有所长,促进了维吾尔语研究的发展。此外,赵世杰出版了《维吾尔语构词法》(1984)。

(D)关于词汇研究的专著,有阿不都若夫·普拉提的《维吾尔语词汇学》(1994),这是维吾尔语词汇学理论方面的第一部专著。这一时期出版了与维吾尔语词汇研究有关的各种辞书。例如,新疆大学等单位合作编写的《维汉词典》(1982),陈世明、廖泽余主编的《实用维汉词典》(1995)。新疆语委会阿不利孜·牙库甫等的大型词典《维吾尔语详解词典》(Ⅰ—Ⅵ,1990—1998)及其缩影本(1999),是维吾尔语词汇研究上有划时代意义的标志。此外,还有一些专科词典:王振本、艾力·阿比提的《维吾尔成语词典》(1983),热外都拉·海木都拉的《维吾尔熟语详解词典》(1984),阿不都沙拉木·阿巴斯的《维语成语详解词典》(1991)、《维语同义词词典》(1993),马兴仁的《简明维汉对偶词词典》(1989),等等。它们的问世，表明维吾尔语词汇研究达到了比以往更高的水平。

(E)关于方言研究的专著，有米尔苏里唐·乌斯曼诺夫的《现代维吾尔语方言》(1989)、《现代维吾尔语罗布泊方言》(1999)和以他为主编写的《现代维吾尔语哈密土语》(1997)，米海力的《维吾尔语喀什话研究》(1997)，阿西木、米海力等的《维吾尔语罗布话研究》(2000)。还有高士杰的《维吾尔语方言与方言调查》(1994)，吾拉木·吾甫尔的《简明维吾尔语方言词典》(1986)。

米尔苏里唐·乌斯曼诺夫多年从事维吾尔语方言调查研究，亲历所有方言区，对各种方言土语进行了调查，并在掌握全面情况的基础上正确地提出了划分方言的基本标准，克服了前人在方言研究方面的一些缺点，为维吾尔语方言研究作出了重要的贡献。

B.论文

在各种刊物上发表了大量的论文，在此仅分类各举数例[①]：

(A)有关语音研究的，例如：程适良的《音位理论与维吾尔语音位系统研究》(1984)，赵相如的《试论现代维吾尔语辅音的弱化》(1987)，阿不都热西提·沙比提的《论维吾尔语的音节结构》(1992)，塔·艾柏杜拉的《现代维吾尔语复辅音初探》(1988)，张鸿义、孟大庚的《浅说现代维吾尔语元音/i/及其变体》(1982)，阿西木、鲍怀翘的《维吾尔语声学初步分析》(1988)，阿西木、米海力的《维吾尔口语里的长短元音》(1986)、叶少钧的《现代维吾尔语长元音探索》(1995)，易坤琇的《现代维吾尔文学语言中 a.ɛ 变 e.i 的问题》(1985)，阿米娜·阿帕尔的《现代维吾尔文学语言语音的规范问题》(1990)，帕尔哈提·吉兰的《论现代维吾尔语的重音》(1996)，亚热·艾拜都拉的《维吾尔语中语音的脱落现象》(1995)，等等。

通过上述各种论文的发表，有些问题已阐述得很透彻，例如与元音弱化有关的问题，但还有些问题可以说学者们还应该更深入

---

① 详见吴英、陈好林主编：《维吾尔历史文化研究文献题录》，语言文字部分。

地钻研,例如长元音问题,等等。

(B)有关词法研究的,例如:哈米提·铁木尔的《论维吾尔语名词格的范畴》(1980)、《再论维吾尔语名词格的范畴》(1983),阿不都克里木·巴克、纳斯茹拉、阿帕尔·木合买提、买提热依木、程适良、刘文性、邓浩、方晓华等均发表了围绕"格"这一问题的论文;吐尔迪·阿合买提的《关于动词的体》(1982),哈米提·铁木尔的《维吾尔语的助动词及其用法》(1983),赵相如、阿不来海提、方晓华等也有围绕"助动词"、"体"等问题的论文。

除这些讨论比较多的问题外,词法方面的论文是最多的,哈米提·铁木尔关于陈述语气、语气词、叹词,阿不都克里木·巴克、再娜甫关于量词,米尔苏里唐、再娜甫关于模拟词,杨承兴关于动词的时,杨新亭关于动词条件式,靳尚怡、李经纬关于模拟词、动词的造词系统,易坤琇、阿布力克木关于代词,米娜瓦尔关于动词的分类,都有论文发表。

(C)有关句法研究的,例如:木海拜提·哈斯木的《现代维语的词组及其在句中的作用》(1982),杨承兴的《现代维语中的同等成分》(1988),陆秉庸的《略谈维吾尔语句法中的 todurquqi 及其他句子成分》(1985,1986),拉合曼·汗巴巴耶夫的《现代维语单句与复句的区分原则》(1982),任乌晶的《现代维吾尔语简单句实际切分理论概述》(1991),再娜甫的《谈谈现代维吾尔语中的无主句句型》(1991),力提甫·托乎提的《维吾尔语的关系从句》(1995),方晓华的《维吾尔语句子类型分析》(1997),许伊娜的《突厥语中 - sa 条件形式及其在现代维吾尔语中的句法功能》(1998),等等。其中,拉合曼、力提甫、方晓华的论文都有较多的新意,得到一些同行的赞同。

关于维吾尔语语法(包括词法和句法)问题的新理论、新见解尽管有些还需要深入探索,需要接受考验,但是这些研究成果的出现,无疑地促进了维吾尔语研究的发展。

(D)有关词汇研究的，例如：哈米提·铁木尔、吐尔逊·阿尤甫的《关于维吾尔语中新概念的表达方法和原则》(1982)，魏萃一的《维吾尔语词汇演变的规律性》(1981)，叶少钧的《浅谈维吾尔语中阿拉伯波斯语借词问题》(1980)，霍加阿合买提的《波斯语借词的正确含义及其正确使用》(1984)，陈世明的《维吾尔语复合词新探》(1984)，陈宗振的《关于维吾尔语中早期汉语借词的探讨》(1982)，马德元的《维吾尔语中的仿译词》(1995)，阿尔斯兰·阿不都拉的《论现代维吾尔语中的同音词》(1986)，伊明·阿布拉的《现代维吾尔语同音词漫说》(1995)，再娜甫的《关于现代维吾尔语的对偶词》(1993)，陈宗振的《现代维吾尔语词根的语音变异及同根异形词》(1992)。

(E)有关熟语研究的，例如：阿不都沙拉木·阿巴斯的《论维吾尔语的成语》(1982)，廖泽余的《维吾尔谚语源流浅说》(1986)，阿不都若夫的《论维吾尔语中的谚语和格言》(1994)。

(F)有关方言研究的，例如：阿米娜·阿帕鲁娃的《论现代维吾尔语方言及民族文学语言的基础方言和标准音》(1980)，米尔苏里唐·乌斯满诺夫的《现代维吾尔语罗布方言简介》(1982)、《现代维吾尔语方言的研究及有关维吾尔语方言划分的一些观点》(1992)，高士杰的《试论维吾尔语方言划分的标准》(1985)、《维吾尔语和田方言的主要特点》(1984)、《从语音看罗布方言的特点》(1985)、李经纬的《试论现代维吾尔语方言词的类型及其对划分方言的意义》(1986)，李森的《维吾尔语中心方言的主要特点》(1986)，阿尔斯兰·阿不都拉的《现代维吾尔语哈密方言初探》(1986)，牛汝极的《维吾尔语麦盖提方言述略》(1988)，木哈提·哈力克的《木尔吐克方言》(1991)，靳尚怡的《现代维吾尔语于田方言概述》(1984)、《现代维吾尔语和田话的方言特点》(1987)，相立波的《柯坪维语研究》(1998)，哈力克·尼亚孜、木哈拜提·哈斯木的《维吾尔语方言调查大纲：词汇部分》(1996)，米娜瓦尔的《维吾尔语方言研究中的问题及所面临的任务》(1996)，陈宗振的《维语方言研究的回顾与展望》(2000)，等等。此外，李森、魏萃一、程试、米海力、张洋、木哈提·哈力克、阿·沙迪尔、斯拉木·尤苏甫、邓浩、陈宗振等都有关于各地方言土语的某些具体问题的论文。

目前的维吾尔语方言研究，缺乏统一的组织和计划，各地、各人的研究成果不便于相互比较，应改变这种状况，以便对于各地方言土语作更全面深入的研究。有的方言土语，特别是罗布方言，正因为标准语的强大影响而急剧变化，其固有特点逐渐淡化，在新世纪应该加强对维吾尔语方言研究的组织领导。

(2)关于哈萨克语

A. 专著、词典等出版物

80 年代以来，关于哈萨克语的专著有：格拉吉丁的《简明哈萨克语语法》(1982)，耿世民、李增祥的《哈萨克语简志》(1985)，耿世民的《现代哈萨克语语法》(1989)，成燕燕的《现代哈萨克语词汇学研究》(2000)。关于哈萨克语的词典有：阿布拉什、努尔别克的《哈萨克语词组和成语词典》(1982)、《哈萨克文正字词典》(1986)，美拉特汉等的《哈汉谚语词典》(1986)，等等。努尔别克、崔崇德、李增祥的《哈汉词典》(1989)，资料丰富，解释正确、详细，是迄今最完备的哈汉词典。

B. 论文

在各种刊物上关于语音语法的论文，例如：吐尔逊·木卡什的《哈萨克语元音》(1981)，张定京的《哈萨克语元音中的清化现象》(1990)，米尔卡玛勒·贾来力汗的《哈萨克语中个别复杂词缀剖析》(1983)，努尔噶布尔·苏里唐夏日甫的《论哈萨克语的量词》(1985)，王远新的《哈萨克语量词浅析》(1984)、《再论哈萨克语的量词》(1995)，丁石庆的《浅谈哈萨克语动名词》(1987)，海拉提·哈比特汗的《试论哈萨克语形容词的级》(1987)，崔崇德的《哈萨克语拟声词初探》(1985)，张定京的《哈萨克语祈使句》(1990)以及他的

《哈萨克语并列连接助词》(2000)等关于哈萨克语助词的一系列论文,等等。

关于词汇问题的论文,例如:木拉提·苏丹的《关于哈萨克语名词术语规范的几个问题》(1992,1994),白斯木汗的《哈萨克语的历史词和古词》(1986),努尔噶布尔·苏里唐夏日甫的《论哈萨克语中的外来词》(1988),马坎、成燕燕的《关于哈萨克语复合词的结构》(1986),丁石庆的《哈萨克语紧缩词试析》(1986),李绍年的《哈萨克语惯用语简析》(1989),汗南·恰尔甫汗的《浅谈哈萨克语合成词的分类》(1988),博拉什·舒可也夫的《波斯语借词》(1990),陈晓云的《哈萨克语中的重叠词》(1988)。

关于方言问题以及其他方面的论文,例如:汗南·恰尔甫汗的《关于哈萨克语的方言问题》(1984);尼合买德·蒙加尼的《哈萨克语简史》(1980),史铸美的《试论近代哈萨克语的一些演变》(1986),阿里木·朱玛什的《哈萨克语词汇及其同古突厥语的关系》(1986),王远新的《试论哈萨克语词类的分化》(1983),吐尔逊·木卡什的《我国哈萨克语研究概述》(1994),等等。

(3)关于柯尔克孜语

A.专著

在新疆语委领导下,出版了《柯语正字词典》(1986)。胡振华编著了《柯尔克孜语简志》(1986)、《柯汉小词典》(1987)、《柯尔克孜语教程》(1995),他还和伊马尔特合作,编著了英文的《柯尔克孜语教程》(1989),努如孜·玉素甫·艾力编著了《现代柯语》(1988),等等。

在我国柯尔克孜语研究中,胡振华教授作出了突出的贡献,他不仅是我国柯尔克孜语文研究的学术带头人,并且也是在国外同行中的著名学者。

B.论文

关于语音的主要有:胡振华的《柯尔克孜语中的元音和谐——

兼论元音和谐不等于同化作用》(1981)，马克来克·玉买尔拜的《试论柯语元音和谐》(1982)，尤丽杜丝·阿曼吐尔的《柯尔克孜语语音》(1988)，依斯拉依·阿合买提的《试论柯尔克孜语的语音特点》(1990)。关于语法的主要有：柯容巴依·马提利的《关于助动词的我见》(1987)、《柯语有主语句和无主句》(1985)，托合托鲁·阿买提的《关于柯尔克孜语量词的特点》(1993)，马克来克的《试论柯语语素种类》(1987)，尤丽杜丝·阿曼吐尔的《柯尔克孜语中的助动词及其语法意义》(1994)，胡振华的《柯尔克孜语动词及其构成》(1999)以及图尔达利·库其肯的《回顾中国柯尔克孜语言文字的研究成果》(1994)，等等。

(4)关于乌孜别克语

有程适良、阿不都热合曼编著的《乌孜别克语简志》(1987)。

(5)关于塔塔尔语

有陈宗振、伊里千编著的《塔塔尔语简志》(1986)。

(6)关于图瓦语

有宋正纯的《土瓦语研究》(1981)、《我国土瓦语音系初探》(1982)，吴宏伟的专著《图瓦语研究》(1999)。

(7)关于撒拉语

主要著作有：林莲云的《撒拉语简志》(1985)、《撒拉汉、汉撒拉词汇》(1992)，许伊娜的《新疆—青海撒拉语维吾尔语词汇比较》(2000)。

论文主要有：林莲云的《撒拉语语音特点》(1986)，韩建业、林莲云的《撒拉语词汇概述》(1982)，马成俊的《试谈撒拉语谐音词》(1990)，韩建业的《现代撒拉语语音和词汇》(1988)、《撒拉语词法概述》(1989)、《撒拉语句法分析》(1990)。

(8)关于西部裕固语

主要著作有：陈宗振、雷选春的《西部裕固语简志》(1985)，雷选春的《西部裕固汉词典》(1992)。钟进文的《裕固族文化研究》

(1995)一书中有关涉及族称、地名的论文和裕固语研究概况。

论文有:陈宗振的《论西部裕固语的带擦元音》(1986)、《西部裕固语中的早期汉语借词》(1985)、《西部裕固语系动词的"口气"》(1998),等等。耿世民与L·克拉克在国外发表了《裕固语话语资料》(1992)。

撒拉语、西部裕固语是我国特有的两种突厥语族语言,在突厥语族和阿尔泰语系历史比较研究中具有重要的价值,目前的研究力量微小,研究成果很少。在新世纪里我国应利用有利条件加强对这两种语言的调查研究,以便在国际突厥学界掌握更多的发言权。

除以上8种语言之外,还有胡振华关于黑龙江柯尔克孜语,赵相如、阿西木关于新疆艾努语,关于新疆土尔克话和程试、胡毅关于土尔克话的论文。这些语言,或者说语言现象,还应该更进一步地调查研究。

5.关于突厥语其他方面的研究

(1)关于专名研究

例如,牛汝辰、牛汝极兄弟有专著《新疆地名概说》(1994)和关于《突厥语大词典》中的地名研究的论文;哈米提、王振中关于维吾尔族人名、陈晓云关于哈萨克人名的论文,等等。

(2)社会语言学、文化语言学研究

例如:李绍年的《塔城社会语言的发展》(1990)、《哈萨克文化语言学说略》(1992),邓浩、郑洁的《论新疆双语的形成和发展》(1989),王振中的《维吾尔习语的文化背景》(1989)。宋正纯、王远新、刘珉、廖泽余、喻捷、张庆宏、成燕燕、吴宏伟、陈宗振等也都发表了这方面的论文。

(3)翻译研究及语言对比研究

例如:托合提·巴克的《翻译经验漫谈》(1982)、《翻译技巧》(1990),热扎克·买提尼牙孜主编的《西域翻译史》(1994)等专著。

《语言与翻译》、《民族语文》等杂志有大量的关于突厥语与汉语翻译或对比研究的论文;全国性的《民族语文翻译研究文集》(1987)、自治区的《新疆民族语文翻译研究》等论文集中也有这方面的论文。

还有一些国内各种突厥语相互比较的以及与外语比较的论文,如米娜瓦尔关于撒拉语与土库曼语比较的,王远新关于哈萨克语与土耳其语比较的,海木都拉关于维吾尔语与日语对比的,许伊娜关于维吾尔语与俄语对比的专题论文。

此外,突厥语文信息处理研究已经取得成果,维吾尔文、哈萨克文和汉、英、俄文混合处理及印刷现代化的学术问题、技术问题都已解决。

综上所述,20世纪后期我国的突厥语研究,不论人员、成果的数量和质量,研究的广度和深度均大大超过20世纪前期和中期。近20年,我们确实有了飞速的进步,但是,我们也应该看到不足之处,从而努力提高研究者的整体水平,大力提倡严谨治学作风,力争在新的世纪作出更大的贡献。

二、蒙古语族语言研究

(一)20世纪以前国内外研究蒙古语概况

据现存文献资料,我国学者研究蒙古语始于13世纪。最早是藏族萨迦高僧贡噶坚赞(1182—1251年)、八思巴(1235—1280)叔侄,他们研究过蒙古语的语音和文字。贡噶坚赞把蒙古文的元音字母分为阳性、阴性、中性三类,这种划分是符合蒙古语的元音和谐律的。八思巴参照藏文字母创制了蒙古新字,即著名的八思巴字[①]。后来,八思巴的弟子搠思吉斡节儿为了用蒙古文翻译佛经,又系统地研究了蒙古文正字法,著有《蒙文启蒙》(直译《心耳》)一书[②]。

18世纪下半叶,内蒙古察哈尔人敬斋公、秀升富俊父子著《三合便览》一书。占这部著作大部分篇幅的是满、蒙古、汉三种文字对照词汇。在这部著作的第一卷《蒙文指要》中,作者论述了蒙古语语音、蒙古文正字法和语法问题。后来,噶拉桑的《蒙文全解》(1828)、《指要补》(1845),赛尚阿的《蒙文法程》(1848)等著作都沿袭了《三合便览》开辟的途径,把蒙古语研究与翻译满文、汉文的实际需要结合起来。

早在元朝,就已出现用汉字标音的汉蒙对照分类词汇集。成书于元朝至元年间的《至元译语》共收词534条。明朝初年编辑的《华夷译语》上卷《达达(鞑靼)馆杂字》(1389),是仿照《至元译语》体例编写的。这部分类词汇集收词845条。其后,《武备志》、《登坛必究》、《卢龙塞略》等书也都收录过这类"译语"型汉蒙对照分类词汇[③]。

在国外,最先研究蒙古语的当属朝鲜学者。《语录解》是一部研究蒙古语语法形式的语文学专著。此书于18世纪末经朝鲜李朝司译院蒙学训长方孝彦修改、补充得以流传下来。作者对蒙古语语法的认识可以说是相当全面的[④]。朝鲜学者还著有汉、朝鲜、蒙古三种语言对照的分类词典《蒙语类解》,会话体蒙古语读本《蒙

---

① 参阅丹金达格巴《蒙文启蒙诠释》,载内蒙古语言文学研究所编《蒙古语文研究资料》,内蒙古人民出版社,1959年,第2—5页;又见固始噶举巴·洛桑泽培《蒙古佛教史》,天津古籍出版社,1990年,第43、49页。

② 参阅《中国大百科全书·语言文字卷》[搠思吉斡节儿]条,中国大百科全书出版社,1988年,第369页。

③ 参阅包祥《蒙古文字学》,内蒙古人民出版社,1984年,第192—194页。

④ 参阅道布《〈语录解〉研究》,载《民族语文》1987年第6期。

语老乞大》和《捷解蒙语》。这些著作构成一套研究蒙古语的完整读物。18世纪朝鲜学者潜心钻研蒙古语的情况在安命说写的《蒙语老乞大序》和李瀷写的《蒙学三书重刊序》中都有翔实的记叙①。

西方学者系统地研究蒙古语始于19世纪30年代。1831年，日尔曼裔俄国学者施米特(Я. Шмидт)用德文写成的《蒙古语语法》出版，第二年又出了俄文版。这部著作是西方学者写的关于蒙古语的第一本科学语法②。1847年，俄国学者波波夫(А. Попов)出版了《喀尔玛克语法》③。喀尔玛克又译卡尔梅克，是蒙古语的一种，分布在伏尔加河下游一带。1849年在喀山出版了鲍布罗夫尼科夫的《蒙古喀尔玛克语法》。这部著作对后世蒙古学界影响颇大，从19世纪中叶到20世纪中叶，鲍布罗夫尼科夫的语法体系一直占主导地位，至今仍不失为研究蒙古语的一种重要参考书。

在西方学术界，编写蒙古语词典，前面提到过的日尔曼裔俄国学者施米特也是第一人。1835年，施米特在圣彼得堡出版了收词1.3万余条的《蒙德俄词典》。1844—1846年，在俄国喀山大学任教的波兰学者科瓦列夫斯基出版了《蒙俄法词典》。这部词典为进行比较词汇学的研究提供了可供利用的丰富材料④。

(二)20世纪上半叶我国研究蒙古语的情况

中华人民共和国建立之前的半个世纪，我国的蒙古语研究经历了从旧的语文学向现代语言学转折的探索过程。

---

① 参阅《蒙语老乞大》，载《国学资料》第3辑，韩国西江大学人文科学研究所，1983年；并参阅道布《〈蒙语老乞大〉叙略》，载《民族语文论文集——庆祝马学良先生八十寿辰文集》，中央民族学院出版社，1993年。

② 参阅布·哈·托达叶娃《现代蒙古标准语语法讲义·绪论》，中央民族学院，1957年，第10页。

③ 参阅布·哈·托达叶娃《现代蒙古标准语语法讲义·绪论》，中央民族学院，1957年，第11页。

④ 参阅布·哈·托达叶娃《现代蒙古标准语语法讲义·绪论》，中央民族学院，1957年，第29—30页。

先说20世纪上半叶传统语文学的情况。1909年,都嘎尔札布的《蒙文辑要》一书问世。这部著作共8卷,内容涉及正字法、正音法、语法、词汇研究等方面。对连用的语法形式和各种连词、语气词以及一些构词附加成分进行了研究[①]。

1929年,东蒙书局出版了罗布桑却夸尔的《蒙文精义明鉴》。在这部著作中,罗布桑却夸尔对蒙古语元音分长短进行了研究,举例说明在蒙古语中元音长短有区别语义的作用。在讲到词组时,作者对中心词和修饰语的关系也做了准确的解说。此外,还对同音词在词形上如何加以区分进行了研究[②]。

1934年,王子杨的《新法拼音蒙文字母》一书问世。这部著作主要讲正字法,兼及语音和语法问题。在"助词(dedgül üges)概说"一章中对后缀和虚词的意义进行了研究,并且把助词按连写和不连写分成两类[③]。

到了20世纪40年代初,蒙古族年轻的学者额尔敦陶克陶写出一部标志着国内蒙古语研究从旧的语文学向新的语言学过渡的重要著作《蒙古文新鉴》(又名《蒙古语简明语法》)[④]。在这部著作中,作者既全面继承了传统的蒙古语文学研究成果,又借鉴日本现代语法研究经验,运用新的语法概念勾画出一个比较完整的蒙古语语法框架,并且提出了一个改进蒙古文字的方案。

此后不久,另一位年轻的蒙古族学者清格尔泰,运用现代语言学理论方法写成了一部颇有影响的著作《蒙文文法》。这本书于

---

① 参阅内蒙古大学中国语言文学系蒙语教研室《现代蒙古语》上册,内蒙古人民出版社,1964年,第122—123页。

② 参阅内蒙古大学中国语言文学系蒙语教研室《现代蒙古语》上册,内蒙古人民出版社,1964年,第124页。

③ 参阅斯钦巴特尔编《蒙古语文研究资料》(2),内蒙古人民出版社,1986年,第259—331页。

④ 参阅斯钦巴特尔编《蒙古语文研究资料》(2),内蒙古人民出版社,1986年,第332—454页。

1949 年 8 月出版后,曾被译成英文在香港和纽约两度刊行①。清格尔泰作为鲍布罗夫尼科夫—罗布桑旺丹语法体系的继承者,在中国第一个写出真正现代语言学意义上的蒙古语语法,其功绩是不可磨灭的②。

(三)新中国成立以来蒙古语族语言研究的飞跃发展

进入 20 世纪 50 年代,中国蒙古语族语言研究发生了根本性的变化,由传统语文学彻底地转向了现代语言学,实现了划时代的飞跃。1953 年,在内蒙古自治区首府归绥市(即今呼和浩特)成立了蒙古语文研究会③。一年以后,由该会创办的《蒙古语文》杂志问世。在这个时期,应聘到我国工作的苏联学者布·哈·托达叶娃(Б. Х. Тодаева)起过相当重要的作用。

1955 年 6—9 月,中国科学院语言研究所、中央民族学院、内蒙古自治区蒙古语文研究会共同组织蒙古语族语言和方言调查队,对蒙古语、达斡尔语、东乡语、土族语进行田野调查。通过对调查材料的分析,提出了达斡尔语、东乡语、土族语和蒙古语有很强的一致性和来源上的共同性,属于同一个语族;蒙古语可以划分为中部方言、东部方言、西部方言、卫拉特方言、巴尔虎—布利亚特方言以及各方言还可以划分为若干个土语的意见④。

1955 年 12 月,中国科学院语言研究所和中央民族学院在北京联合召开第一次全国少数民族语言科学讨论会。会后中国科学院、中央民族事务委员会抽调语言研究所、中央民族学院和各地民

---

① 参阅照那斯图、李恒朴主编《当代中国民族语言学家》,青海人民出版社,1989 年,第 482 页。

② 参阅清格尔泰《蒙文文法》(第 3 版),内蒙古自治区人民政府文教部出版,1950 年。

③ 参阅应琳、高宝珍《建国三十年民族语文工作纪要》,载《民族语文》1979 年第 4 期。

④ 参阅蒙古语族语言和方言调查队《蒙古语族语言和方言调查汇报》,蒙古语族语言科学讨论会油印本,1956 年。

族语文机构及有关单位的民族语文工作者,组成中国少数民族语言调查工作队。其中第五工作队负责进行蒙古语族语言和方言调查。清格尔泰任第五工作队队长。1956 年第五工作队开展了蒙古语族语言和方言的普查。根据这次普查所得材料,并参考 1955 年调查的初步成果,清格尔泰执笔写成《中国蒙古语族语言及蒙古语方言概况》[①]。这是中国学者对境内蒙古语族六种语言及蒙古语方言进行全面研究的第一个公开发表的成果,具有划时代的意义。清格尔泰指出,事实上中国境内蒙古语各方言在书面语的影响下日益接近,彼此通话是没有困难的,蒙古语的方言差别不大。他认为中国境内的蒙古语可以划分为五个方言,即:巴尔虎—布利亚特方言(人口 2 万)、东部方言(人口 106 万)、中部方言(人口 21 万)、西部方言(人口 5 万多)、卫拉特方言(人口 6 万)。对各方言的特点从语音、词汇、语法几个方面进行了论述。这在蒙古学术界无论古今中外都还是第一次。清格尔泰运用比较的方法向读者全面、系统地展示了蒙古语族六种语言的面貌,并对各种语言之间的同源关系做了论证。这篇带有调查报告性质的"概况",为我国蒙古语族语言研究揭开了新的一页,给全面、深入研究蒙古语族语言开辟了道路,引起国外蒙古学界对中国同行的重视和期待。

从 50 年代末到 60 年代初,以清格尔泰为首的内蒙古大学的蒙古语言学家在 1955 年、1956 年进行的蒙古语方言调查的基础上,又深入调查了察哈尔和巴林地区的口语,并且从语言学的角度系统地研究了现代蒙古作家的作品,根据现代书面语和具有普遍性的口语,对蒙古语的语音、语法、词汇的基本问题进行了深入的专题研究,写成了两卷本的《现代蒙古语》[②]。这是国内第一部全

---

① 参阅《蒙古语文》1957 年第 11、12 期,《蒙古历史语文》1958 年第 1—4、6、7、12 期。

② 内蒙古人民出版社,1964 年。

面描写现代蒙古语的科学著作。此书以其全面性、系统性和创造性受到学术界的重视。这部著作的问世标志着中国蒙古语研究登上了一个新的台阶。

在现代蒙古语音系学研究方面,清格尔泰的《蒙古语的语音系统》[①] 是这个时期的代表作。他以现代口语为依据,结合传统语文学著作中的论述,对蒙古语的元音音位、辅音音位、元音和谐律、辅音结合律进行了深入分析。白音朝克图的《巴林察哈尔土语的前化元音》[②]、扎拉其夫的《巴林土语的复辅音和长辅音》[③] 在这两个专题方面进行了深入探讨,他们的观点与清格尔泰是一致的。

这个时期的语法学研究方面,有两篇重要论文可以代表中国蒙古语族语言研究领域内所取得的新进展。清格尔泰的《论蒙古语的动词》[④] 一文抓住了蒙古语语法研究中的关键问题,对动词进行了全面、深入的分析。确精扎布的《论蒙古语词类》[⑤] 既是一篇理论性文章也是对蒙古语词类进行全面论述的描写性研究成果。作者在比较以往各家划分蒙古语词类的分歧之后,就划分词类的标准进行了讨论。关于蒙古语的词类划分,在实词部分划分出助名词和量词,在虚词部分划分出情态词和状词,并且对其语义、语法特点一一做出准确的描写,是确精扎布这篇论文的重要贡献。

与确精扎布持有相同观点的达瓦达格巴、达西尼玛在《内蒙古大学学报》(蒙古文版)1962 年第 1 期上分别发表了研究蒙古语情态词和状词的论文。

(四)蒙古语族语言研究的第二个黄金时期

---

① 载《内蒙古大学学报》(蒙古文版》1963 年第 2 期。
② 载《内蒙古大学学报》(蒙古文版)1962 年第 1 期。
③ 载《内蒙古大学学报》(蒙古文版)1962 年第 1 期。
④ 载《内蒙古大学学报》(蒙古文版)1960 年第 2 期。
⑤ 载《内蒙古大学学报》(蒙古文版)1962 年第 1 期。

1966—1976年的"文化大革命"期间,曾一度打断我国学者对蒙古语族语言的研究。党的十一届三中全会以来这20多年蒙古语族语言研究的成绩,不仅表现在成果的数量上大大超过了过去的总和,发表了上千篇论文,出版了许多专著,而且在研究的广度和深度上也都有空前的进展①。从这一时期我国学者的研究成果看,蒙古语族语言研究已经步入了第二个黄金时期。我国蒙古语族语言研究在各个分支学科,无论就研究课题而言还是就学术水平而言,都已经进入国际蒙古学界各个研究领域的前沿。我国蒙古语族语言研究获得了空前的繁荣。1987年和1991年内蒙古大学举办的两次蒙古学国际学术讨论会,吸引了各国蒙古语言学家参加。中外学者一致认为,在这两次国际学术讨论会上宣读的论文,水平很高,为促进国际蒙古学的发展做出了贡献②。80年代以来我国蒙古语族语言研究已经由比较单纯的语音、语法、词汇研究和田野调查,扩展到许多分支学科,填补了许多空白领域。蒙古文字学和古文献研究有了长足的进步。蒙古语族语言比较研究取得了可喜的成绩。从音系学的角度研究蒙古语,探讨了一些前人不曾注意的问题。在应用语言学方面,关于语言规划、翻译理论和实践、蒙古语文信息处理都有不同程度的建树。总之,在20世纪下半叶,特别是在最后20年中,我国蒙古语族语言研究进入了空前活跃的时期,各个分支学科获得了全面发展,硕果累累。下面着重介绍一下党的十一届三中全会以来我国蒙古语族语言研究在各个分支学科领域中取得的成就。

1. 语音研究

现代音系学理论的传入和20世纪50年代以来开展的以口语

---

① 参阅陈乃雄《我国蒙古语族语言研究概况》,载《民族语文》1987年第4期。

② 参阅容舟《中外蒙古学家在呼和浩特聚会》,载《民族语文》1987年第5期;又见石夫《蒙古学的新进展》,载《民族语文》1991年第6期。

为对象的语言调查,有力地推动着蒙古语的语音研究。50—60 年代,学者们对蒙古语的语音系统做出了全面的科学的描述,突破了 7 个基本元音的传统观念,认定了前化元音、紧元音 I 和复辅音的存在。到了 80 年代,关于元音和谐问题的讨论形成了一个新的热点①。元音和谐是蒙古语语音系统的一个特征,也是阿尔泰语系许多语言共有的特征,甚至可以说是黏着型语言常见的一种类型学特征②。清格尔泰从分析蒙古语元音和谐律各项具体内容入手,联系各种不同语言的元音和谐现象,探讨了元音和谐律的一般性质以及元音和谐在不同语言中的表现。他指出,现代蒙古语标准音的元音和谐律,其生理基础是元音发音有松紧对立。在这个基础上还存在某种程度的唇形和谐。清格尔泰认为词的第一个音节以后出现的短元音是依附元音(一般称作弱化元音),没有自己的独立性格,它与前边的元音和谐是受前边元音制约的。清格尔泰的结论是:元音和谐律是关于一个词的前后音节里的元音之间的求同性、限制性、序列性、制约性的规律。清格尔泰关于元音和谐律的研究达到了一个新的理论高度,在学术界产生了较大的影响③。喻世长在《民族语文》1981 年第 2 期上发表的《元音和谐中的三足鼎立现象》一文也是讨论元音和谐理论的。作者把元音和谐归纳为一峰独峙、两水分流、三足鼎立、四平八稳四种类型,并且指出每一种语言或方言的元音和谐都有一定的复杂性④。道布在《民族语文》1984 年第 2 期上发表的《蒙古语的元音和谐与元音音

① 参阅王远新《中国民族语言学史》,中央民族学院出版社,1993 年,第 341—347 页。

② 参阅清格尔泰《关于元音和谐律》,载《中国语言学报》第 1 期,商务印书馆,1983 年。

③ 参阅呼格吉勒图《蒙古语音研究述评》,载乌兰察夫、乌力吉图主编《蒙古学 10 年,1980—1990》,内蒙古人民出版社,1990 年;又见王远新《中国民族语言学史》,中央民族学院出版社,1993 年,第 343 页。

④ 参阅陈乃雄《我国蒙古语族语言研究概况》,载《民族语文》1987 年第 4 期。

位对立的中和》一文,从音系学的原理出发,考察蒙古语的元音和谐,指出蒙古语的元音和谐是以元音的松紧对立为基础,以松紧对立为基础的两套元音音位在多音节词的后续音节里失去对立的性质,趋于同一,它们之间的最小区别性特征即松紧对立也就随之消失,于是产生了音位对立的中和。他运用这个理论解释了蒙古文与此相联系的拼写法问题。道布所做的研究具有一定的启发性,受到学术界的好评[①]。

清格尔泰从语言比较和方言比较中发现蒙古语族语言中存在音势结构规律[②]。音势结构规律指的是辅音在一个词里的配置规律。辅音根据发音时气流的强弱程度分为三类:强辅音、中辅音、弱辅音。在一个词里,第一个音节的首辅音和第二个音节的首辅音,在强弱配置上有一定的规律。道布对蒙古语口语中词首辅音弱化现象的研究也属于音势结构的范围。所谓词首辅音弱化现象是指位于词首的强辅音在一定条件下被发音部位相同或相近的较弱的辅音所替代的现象。有词首辅音弱化现象的口语比没有这种现象的口语在强弱辅音总的分布上有明显的不同。作者用两个公式概括了词首辅音弱化的全部条件[③]。

孙竹在《现代蒙古语的弱化元音》一文中认为,蒙古语的"弱化元音"音色不固定,可以把"弱化元音"统括为一个音位/ə/,而把每个"弱化元音"看作是这个音位的变体。他总结出为书面语注口语读音时"弱化元音"出现的 9 条规则[④]。清格尔泰把"弱化元音"看

① 参阅陈乃雄《我国蒙古语族语言研究概况》,载《民族语文》1987 年第 4 期。

② 参阅清格尔泰《蒙古语族语言中的音势结构》,载《民族语文》1989 年第 1 期。

③ 参阅王远新《中国民族语言学史》,中央民族学院出版社,1993 年,第 348—350 页;又见孙竹《从〈民族语文〉刊载的论文看中国蒙古语族语言研究》,载《民族语文》1991 年第 6 期。

④ 参阅呼格吉勒图《蒙古语音研究述评》,载乌兰察夫、乌力吉图主编《蒙古学 10 年,1980—1900》,内蒙古人民出版社,1900 年,第 4 页;又见王远新《中国民族语言学史》,中央民族学院出版社,1993 年,第 350 页。

作是“依附元音”。“依附元音”没有自己的独立的性格，没有区别语义的功能。它的主要作用是连接两个辅音，组成一个音节①。道布在《蒙古语巴林土语的复辅音、过渡性元音和音节结构》一文中，对复辅音、过渡性元音和音节结构问题进行综合研究，提出了新的看法。作者关于蒙古语口语中新起语音现象的研究，不仅对认识蒙古书面语与口语之间在语音结合规律上的区别有意义，而且对方言研究和蒙古语史研究也有价值。②

在研究蒙古语口语过程中，有的学者还发现了过去不为人们所注意的一些语音现象。例如，道布以笔名容舟写了一篇短文，揭示蒙古语口语中存在吸气音③。宝力巴苏日乐认为蒙古语口语中有送气辅音 n^h④，对送气辅音 n^h 的出现条件进行了分析。这项研究不仅对深化语音描写有启发意义，而且对区分语法中的词素音位也有重要价值。

2. 语法研究

语法研究一向是蒙古语族语言研究领域中受到重视的部门。20 世纪 80 年代以来，我国现代蒙古语语法研究的成就是比较显著的⑤。如果说过去对蒙古语语法的研究大多侧重在词法方面，句法研究是比较薄弱的环节，那么，近十几年来在句法研究上开始有所加强⑥。

1979 年出版的《现代蒙古语语法》是清格尔泰的一部代表作。

---

① 参阅清格尔泰《关于元音和谐律》，载《中国语言学报》第 1 期，商务印书馆，1983 年。

② 参阅王远新《中国民族语言学史》，中央民族学院出版社，1993 年，第 350—352 页。

③ 参阅容舟《蒙古语中的吸气音》，载《民族语文》1980 年第 1 期；又见道布《蒙古语简志》，民族出版社，1983 年，第 9 页。

④ 参阅宝力巴苏日乐《论蒙古语的送气辅音 n》，载《蒙古语文》1985 年第 1 期。

⑤ 参阅王远新《中国民族语言学史》，中央民族学院出版社，1993 年，第 368 页。

⑥ 参阅陈乃雄《我国蒙古语族语言研究概况》，载《民族语文》1987 年第 4 期。

这部语法著作比较系统地描写了现代蒙古语语音和语法的全貌，全面地阐述了口语和书面语的对应规律①。清格尔泰提出了把传统的句子成分分析法与直接成分分析法结合起来的新框架。为了把二者统一起来，他把词与词在句子中的关系归纳为体述、定体、宾述、状述、联合、辅助等六种关系。从句子的规模上看，句子有单层句和多层句之分。包孕句中可以有一个成分句，也可以有几个成分句。这样，分析句子时就可以密切结合其词汇意义和语法意义分析出它们的结构层次②。

道布在《蒙古语句子结构分析》③一文中，把蒙古语的复句分为并列复句、偏正复句、包孕复句、引语复句四种基本类型，把蒙古语的句子成分分为中心成分和扩展成分两大类。中心成分是谓语，扩展成分是状语、补语、主语。定语是句子成分的成分。谓语是蒙古语句子中不可缺少的成分。谓语作为句子的结构中心，决定整个句型”。作者认为“句子内部的各种结构关系并不都处在相同的平面上，因此，分析结构关系复杂的句子就需要弄清楚结构关系的层次”④。刘照雄提出了以谓语为中心分析句法的具体程序：先确定句子的核心成分——谓语，再分析可能存在的谓语的从属成分，如谓语的表述成分——主语，谓语的支配成分——宾语或补语，谓语的附加成分——限定语⑤。贾晞儒认为，蒙古语句子的语法和语义关系都是以谓语为中心组成的。分析句子首先要弄清楚

---

① 参阅特图克《读清格尔泰〈现代蒙古语语法〉》，载《民族语文》1993年第3期。

② 参阅清格尔泰《现代蒙古语语法》(蒙古文版)，内蒙古人民出版社，1979年，第451—520页；又见清格尔泰《现代蒙古语语法》(汉文版)，内蒙古人民出版社，1991年，第483—566页。

③ 载《民族语文》1979年第2期。

④ 参阅陈乃雄《我国蒙古语族语言研究概况》，载《民族语文》1987年第4期。

⑤ 参阅王远新《中国民族语言学论纲》，中央民族学院出版社，1994年，第55页。

谓语的性质，才能认清句子的结构特点①。这些学者提出了句法分析以“谓语为中心”的观点，突破了传统的“主谓二分”的框架，在蒙古语族语言句法分析方法的探索上作了有益的尝试②。

在蒙古语族和突厥语族的一些语言中，助动词有 iː～a 对立的现象。刘照雄和林莲云对这一现象进行分析，认为在陈述式动词谓语句以及在由体词和助动词构成的谓语句里，有确定语气与非确定语气之分。他们先后发表了《保安语和撒拉语里的确定与非确定语气》、《蒙古语族保安语陈述式动词的确定与非确定语气》等论文③。清格尔泰在《论土族语的两个助动词》④ 一文中就 iː～a 这两个助动词在土族语中的使用情况进行分析后认为，iː 表示的是主观语气，a 表示的是客观语气。他觉得蒙古语族语言中的助动词 iː 和 a 与日本语的动词 i 和 a 似乎有某种联系。

确精扎布的《蒙古语语法研究》⑤ 是一部学术性很强的著作。作者为提高蒙古语语法研究的质量，以新中国建立后我国出版的各种语法著作作为研究对象，评述各家的研究成果，为阐明分歧意见和争论的关键做出了努力⑥。

这一时期还出版了一些大部头的语法著作，如那森柏、哈斯额尔敦等集体编写的《现代蒙古语》⑦ 就是一部供高等院校使用的比较完整的蒙古语语法教材，影响较大。

---

① 参阅贾晞儒《蒙古语并列结构的语义关系》，载《民族语文》1983 年第 4 期；《论蒙古语的并列结构》，载《蒙古语言文学》1983 年第 3 期。

② 参阅王远新《中国民族语言学论纲》，中央民族学院出版社，1994 年，第 55—56 页。

③ 参阅王远新《中国民族语言学史》，中央民族学院出版社，1993 年，第 365—366 页。

④ 载《内蒙古大学学报》（蒙古文版）1981 年第 2 期。

⑤ 内蒙古大学出版社，1989 年。

⑥ 参阅白音门德《蒙古语法研究述评》，载乌兰察夫、乌力吉图主编《蒙古学 10 年，1980—1900》，内蒙古人民出版社，1990 年，第 10 页。

⑦ 内蒙古教育出版社，1982 年。

3.词汇研究

蒙古语的词汇研究一向注重实用性。从事词汇研究的学者往往从翻译的需要和规范化的需要出发,把主要精力放在编纂双语或多语对照的词汇集或词典上。新中国建立以来蒙古语词典编纂工作有很大进展,出版了多种类型的辞书,既有汉蒙、蒙汉对照词典,也有正字、正音词典,各种专业词典和名词术语词典。1982年,内蒙古人民出版社出版了由内蒙古自治区社会科学院蒙古语言文字研究所编纂的《汉蒙词典》(增订本)。这部词典,第1版于1964年问世。增订本在原有基础上参考各种汉蒙对照词书,扩大了收词范围,收词达12万条,包括社会科学、自然科学术语,一般词语和新词术语①。内蒙古大学蒙古语文研究室编纂的《蒙汉词典》,收词5万条②。内蒙古教育出版社1975年出版的《蒙汉词典》收词42000条,也是一部较好的双语对照词典③。

关于词典学的研究,仁赛玛为《现代蒙古语研究概论》一书撰写的第六章《词典学》具有相当好的系统性和知识性④。新特克的《蒙古语词汇研究的历史概况》⑤,按元、明、清、民国、新中国各个历史时期蒙古语词汇发展的特点、各个时期的辞书编纂情况,以及国外学术界研究蒙古语词汇的成就,进行了系统的介绍。

在蒙古语词汇学专题研究方面,陈乃雄的《蒙文同形词》⑥是一部很有特色、很有价值的著作,填补了蒙古语词汇研究中的空

---

① 参阅卜·图力更等著《现代蒙古语研究概论》,内蒙古人民出版社,1988年,第653—654页。

② 参阅卜·图力更等著《现代蒙古语研究概论》,内蒙古人民出版社,1988年,第655—656页。

③ 参阅卜·图力更等著《现代蒙古语研究概论》,内蒙古人民出版社,1988年,第656—657页。

④ 参阅卜·图力更等著《现代蒙古语研究概论》,内蒙古人民出版社,1988年,第605—725页。

⑤ 载《内蒙古大学学报》(蒙古文版)1980年第1期。

⑥ 内蒙古教育出版社,1982年。

白。书中收录的1000余组同形词不但有助于读者辨析读音和语义,也为蒙古语文研究人员提供了完整的资料。

关于蒙古语构词法的研究,诺尔金发表了一系列论文。她在《构词法在词汇发展中的作用》① 一文中认为:蒙古语的词根和构词后缀都具有超词类的抽象性。诺尔金在另一篇论文《现代蒙古语构词附加成分》② 中具体分析了240多个构词后缀的语法功能、语义及内部结构等问题。葆碌的论文《蒙古语构词法研究参考》③,研究了蒙古语中50余对静词和动词词干相同现象,认为这种现象应该属于构词研究的范围。此外,他还罗列了一批前人著述中没有提到过的构词后缀。此文虽然不长,但是作者独具慧眼,挖掘出别人没有注意到的问题,深化了人们对蒙古语构词法的认识。

在词汇研究方面,方言词汇成分的研究引起了一部分学者的兴趣。80年代以来关于方言、土语的词汇特点和方言词在丰富发展蒙古书面语词汇中所起的作用等问题发表了30多篇论文。这些论文对涉及的方言词还做了专门的解释,对深入研究蒙古语词汇有积极作用。诺尔金、乔丹德尔等编写的《方言词典》④ 收录了新巴尔虎土语的特殊词、额济纳土尔扈特土语的特殊词、青海土语的特殊词近5000条。

词汇学的理论研究起步较晚。1980年,新特克编了一部《现代蒙古语词汇学纲要》(讲义,油印本),被认为是我国学者全面研究蒙古语词汇学的代表作。1988年,巴特尔的《蒙古语词汇学探索》问世。但是,总的看来,我国蒙古语词汇学理论研究的发展还很不够,有些方面的研究不仅分散而且带有资料性质,有待进一步

① 载《蒙古语言文学》1981年第1期。
② 载《蒙古语文》1981年第5期。
③ 载《内蒙古大学学报》(蒙古文版)1979年第1、2期合刊。
④ 民族出版社,1992年。

深入[①]。

4. 文字学研究

我国学者研究八思巴字起步较晚。20 世纪 50 年代末，罗常培与蔡美彪合编了《八思巴字与元代汉语》[②] 一书。这是一部资料汇编，收有用八思巴字注汉字音的对音材料，包括碑刻、钱币、印文、蒙古字《百家姓》以及作为注音规范的《蒙古字韵》等。进入 80 年代，照那斯图在八思巴字研究上取得了一系列重要成果，把八思巴字研究推向了新的水平，其中《元八思巴字篆书官印资料辑存》[③] 是他的发轫之作，也是迄今最为完备的八思巴字篆书印章资料集。后来，照那斯图利用这批资料写出《八思巴字篆体字母研究》[④] 一文，为释读用八思巴字篆体字母写成的文献资料提供了科学依据。《论八思巴字》[⑤] 一文集中反映了他的新看法。照那斯图对八思巴字的研究造诣很深，引起了国内外学术界的重视[⑥]。他搜集的八思巴字文献资料是迄今最多的。他研究八思巴字的功力在复原与考释南华寺两件八思巴字蒙古语圣旨上有卓越的表现。在《南华寺藏元代八思巴字蒙古语圣旨的复原与考释》[⑦] 文中，刊布了两件八思巴字新资料。他通过周密的研究，不仅恢复了这两道圣旨的原貌，还第一次发现了八思巴字母 p‘的用例[⑧]。

① 参阅森格《蒙古语词汇研究述评》，载乌兰寨夫、乌力吉图主编《蒙古学 10 年，1980—1990》，内蒙古人民出版社，1990 年，第 13 页。

② 科学出版社，1959 年。

③ 载《文物资料丛刊》1977 年第 1 辑。

④ 载《中国语文》1980 年第 4 期。

⑤ 载《民族语文》1980 年第 1 期。

⑥ 参阅王远新《中国民族语言学史》，中央民族学院出版社，1963 年，第 386 页。

⑦ 载《中国语言学报》第 1 期，商务印书馆，1982 年。

⑧ 参阅照那斯图、李恒朴主编《当代中国民族语言学家》，青海人民出版社，1989 年，第 538—543 页。

照那斯图研究八思巴字的成就集中体现在《八思巴字和蒙古语文献》① 这部专著中。这部专著分两部分:Ⅰ.《研究文集》;Ⅱ.《文献汇集》。照那斯图在八思巴字研究方面写了许多颇有学术价值的论文,《研究文集》辑录了18篇。从总体上说,这些论文把八思巴字研究提高到一个新的水平②。《文献汇集》收八思巴字蒙古语文献40种,不但从资料的规模上看是国内外迄今最全的,而且从质量上看也是新材料最多、校勘最细的。

关于中世纪回鹘式蒙古文文献的搜集、整理和研究,在这个时期也有很大进展。道布的《回鹘式蒙古文文献汇编》③ 收录了元、明时期回鹘式蒙古文各类文献共22种,刊布了原文照片,并在题解中介绍了文献年代、作者、发现及保存情况,对文献中的古词语做了注释。此书的出版为推动我国回鹘式蒙古文和古文献研究起到了良好的作用④。关于回鹘式蒙古文文献的研究,包祥、哈斯额尔敦、照那斯图、斯钦朝克图、仁钦嘎瓦、双福、嘎尔迪、恩和巴图等都有许多建树。他们刊布和研究了新的材料,或考订修正了前人著述中的舛误⑤。我国学者研究回鹘式蒙古文和文献的成果,对开展中世纪蒙古语研究和相关学科如历史学、文学史的研究也都起到了积极作用。

包祥的《蒙古文字学》⑥ 和包力高的《蒙古文字简史》⑦,是系

---

① 日本东京外国语大学亚非言语文化研究所,Ⅰ.《研究文集》,1990年;Ⅱ.《文献汇集》,1991年。

② 参阅武·呼格吉勒图《〈八思巴字和蒙古语文献〉评介》,载《民族语文》1992年第2期。

③ 民族出版社,1983年。

④ 参阅王远新《中国民族语言学史》,中央民族学院出版社,1993年,第386—387页。

⑤ 参阅王远新《中国民族语言学史》,中央民族学院出版社,1993年,第387—388页。

⑥ 内蒙古教育出版社,1984年。

⑦ 内蒙古人民出版社,1983年。

统地介绍蒙古族在各个历史时期使用过的文字的专著。在这两部著作中除回鹘式蒙古文外,还介绍了八思巴字、托忒文、苏永布字、瓦金德拉字、阿利伽力字母等方面的知识。

5. 蒙古语族语言研究

分布在我国境内的蒙古语族语言除蒙古语外,还有达斡尔语、土族语、东乡语、保安语、东部裕固语。中国社会科学院民族研究所研究蒙古语族语言的学者,在喻世长主持下,从50年代起,编写蒙古语族语言简志,从1981年起到1983年,蒙古语族的6本语言简志[①] 陆续问世。每本简志都系统地描写了一种蒙古语族语言的语音系统、语法体系、词汇构成和构词法。有的简志还介绍了方言情况和文字情况[②]。

不久,喻世长的《论蒙古语族的形成和发展》[③] 一书出版。这是我国学者对蒙古语族语言进行综合比较研究的第一本专著。作者研究了蒙古语族语言语音演变的规律,并且结合语法现象的异同探讨了各种语言之间关系的远近,最后从民族融合与语言相互影响的角度阐述了由共同蒙古语演变为现代各种语言的历史进程。这本专著写的非常精炼而有理论深度。

为了深化对蒙古语族语言的研究,进而开拓阿尔泰语系语言比较研究,1980年,内蒙古大学蒙古语文研究所的学者在清格尔泰的领导下,重新对蒙古语族诸语言以及蒙古语的卫拉特方言和巴尔虎—布利亚特方言进行了系统的全面的调查。根据调查材料编写了《蒙古语族语言、方言研究丛书》。这套丛书涉及的5种语

① 照那斯图《土族语简志》,民族出版社,1981年;刘照雄《东乡语简志》,民族出版社,1981年;照那斯图《东部裕固语简志》,民族出版社,1981年;仲素纯《达斡尔语简志》,民族出版社,1982年;布和、刘照雄《保安语简志》,民族出版社,1982年;道布《蒙古语简志》,民族出版社,1983年。

② 参阅布和《蒙古语族语言研究概述》,载乌兰察夫、乌力吉图主编《蒙古学10年,1980—1990》,内蒙古人民出版社,1990年,第54—55页。

③ 民族出版社,1984年。

言和两种方言都各有一本调查报告、一本词汇集和一本话语材料。从1983年起，《蒙古语族语言、方言研究丛书》陆续问世。这是在蒙古语族语言研究领域中应该特别予以记载的业绩，受到国内外学术界的重视[①]。

80年代后期，土族学者李克郁编的《土汉词典》[②] 出版，收词14000余条。1979年开始在青海省互助土族自治县试验推行拉丁字母形式的《土族文字方案》，《土汉词典》就是为了配合这种客观形势发展的需要而编写的。

甘肃省民族事务委员会少数民族语文办公室和西北民族学院西北少数民族研究所合编的《东乡语论集》[③]，共收论文11篇，内容涉及语言概况、语音、语法、词汇等多方面。

6. 应用语言学研究

中华人民共和国成立后，党和政府在政策和法律上保障了少数民族有使用和发展自己语言文字的自由。民族自治地方的党政领导在维护和促进少数民族语言文字的学习、使用方面发挥了重要作用。我国蒙古族人口有400多万，分布在内蒙古、黑龙江、吉林、辽宁、新疆、青海、甘肃等省、自治区。国务院根据这一情况，于1977年批准建立八省、区蒙古语文工作协作小组及其办公室，开展省、区之间蒙古语文工作的协作。这是党和国家民族平等、语言平等政策的生动体现，也是民族语文工作创造性的新发展。舍那木吉拉在《增强民族团结开发民族智力的民族语文协作组织》[④]一文中，总结了八省、区蒙古语文工作协作的经验。贺其业勒图的

① 参阅布和《蒙古语族语言研究概述》，载乌兰察夫、乌力吉图主编《蒙古学10年，1980—1990》，内蒙古人民出版社，1990年，第55—56页。

② 青海人民出版社，1988年。

③ 甘肃民族出版社，1988年。

④ 载舍那木吉拉《语言与智力开发》，内蒙古人民出版社，1990年，第120—125页。

长篇论文《内蒙古语言政策文献及语文工作发展历程》①,全面、系统地论述了蒙古语言文字政策措施,材料翔实,分析透彻,见解明确。他的《论内蒙古语言政策措施体系》② 也是一篇很有参考价值的论文。

蒙古文翻译工作在党委和政府工作部门、文化教育战线、生产建设领域受到普遍重视。翻译理论与实践的研究在蒙古语应用研究领域中占有重要地位。特格希都楞在《关于翻译的特点、性质、标准》③ 一文中,把翻译标准归纳为准确、明了两条。卓日格图在《翻译概要》一书中,把三世章嘉呼图克图若为多尔吉提出的关于翻译的三条标准"风雅、尽意、明了"与严复的"信、达、雅"相比较,认为他们基本上是相同的,而且若为多尔吉提出这三条标准早于严复一百六十年。仁钦嘎瓦的《蒙译史概要》④ 是一部上起元朝下至民国时期系统地介绍蒙古文翻译史的专著。

应用语言学领域中的蒙古语文信息处理研究,是一门新兴边缘学科。80 年代初,内蒙古大学蒙古语文研究所在确精扎布领导下建立了计算机室,建立了《中世纪蒙古语语料库》、《〈江格尔〉语料库》、《满语语料库》、《现代蒙古语语料库》⑤。内蒙古大学蒙古语文研究所与北京大学方正集团合作,研制了蒙古、满、汉、英、俄、国际音标多文种混合排版系统,实现了蒙古文排版印刷技术的现代化。

---

① 连载于《蒙古语文》1989 年第 9 期至 1991 年第 12 期。

② 中国蒙古语文学会第 6 届年会入选论文(第 13 号),1991 年 11 月。

③ 载《蒙古语文》1985 年第 5 期。

④ 内蒙古人民出版社,1986 年。

⑤ 参阅呼拉《纯洁的爱　辛勤的劳动　伟大的事业——确精扎布教授访问记》,载《蒙古语文》1989 年第 1 期。

三、满—通古斯语族语言研究

19世纪上半叶满—通古斯语族语言之间的亲缘关系被语言学家确认。

满—通古斯语分布在亚洲的东北部:中国、俄罗斯联邦和蒙古国,包括十几种语言。中国境内有满语、锡伯语、赫哲语、鄂温克语、鄂伦春语以及历史上的女真语。属于讲满—通古斯语的民族总人口不算少,但实际使用语言的人口并不多,在中国约有46000人。

我国是研究女真语和满语最早的国家。明代永乐五年(1407)四夷馆编辑的《女真译语》其中的"杂字"辑录的是女真语词汇,可视为最早的研究。清代在满语研究方面取得了很大的成绩,出版有关满语的著述达200多种,对后来的研究影响很大。

中国的满—通古斯语的研究可分为两个时期:1.传统语言学时期,从明代《女真译语》刊刻起到辛亥革命为止。2.现代语言学时期,从辛亥革命到现在。现代语言学时期又可划分为三个阶段:(1)现代满—通古斯语言研究起步,从辛亥革命后到本世纪上半叶;(2)满—通古斯语言学的初步形成,从本世纪50年代到80年代中期;(3)满—通古斯语言学的发展,从80年代中期到现在。

20世纪中国满—通古斯语研究进入了现代语言学时期。

(一)现代满—通古斯语言研究的起步

这一阶段的研究工作主要是围绕满语和女真语进行的。

1931年李德启《满洲文字之来源及其演变》(《北平图书馆馆刊》第5卷第6期)标志着满语文的研究开始摆脱清代研究的旧路。这篇文章用新的语言全面地论述满文,可以说是现代满语研究的开山之作。

这个阶段的满语研究——是集中在老满文研究上。这是由于

1931年北平故宫博物院文献馆在整理内阁大库档案时,发现了老满文档册。这个发现引起了学术界的关注,带动了满语文的研究。代表性的著作有李德启《满文老档之文字及史料》《文献论丛》1931年)、张玉全《述满文老档》(同上)等。1935年文献馆整理内阁大库档案时又发现了用老、新满文书写的木牌共26支。李德启据此发表了《阿济格略明事件之满文木牌》(国内北平故宫博物院文献馆印行,1935),对木牌的文字进行了研究。

为了研究清史对满语词进行考释以及文化方面的研究是这个阶段研究工作的另一个方面。代表性著作有冯家昇《满洲名称之种种推测》(《东方杂志》第30卷第17号)、赵振纪《北平话中之满语成分》(《华年周刊》第3卷第48期,1934)、毛汶《满文汉化考略》(《国语论衡》第9期,1937)、郑天挺《清史满语解》(《真理杂志》第1卷第1期,1944)、关德栋《记满汉语混合的子弟书——"螃蟹段儿"》(《文史杂志》第6卷第1期,1948)等。

女真文是12—15世纪女真人使用的文字。清代中叶由于发现了女真文的碑碣、石刻,因而引发了清代学者的研究。20世纪从事女真文研究的学者罗福成、钱稻孙、毛汶、王静如、罗福颐等进一步搜集资料、释读碑文,取得了不小成绩。如罗福成《宴台金源国书碑跋》(《国学季刊》第1卷第4期,1923)、钱稻孙《女真文字之研究资料》(《学舌》1卷1期,1930)、毛汶《金源国书碑跋》(《国学论衡》3期,1934)、王静如《宴台女真文进士题名碑初释》(《史学集刊》3期,1937)、罗福颐《奴儿干永宁寺碑补考》(《满洲学报》5辑,1937)等。罗福成还石印了《〈女真译语〉正、续编》(大库旧档案整理处印,1933)。

值得提出的是这个阶段对满—通古斯语个别的没有文字的语言进行了最早的调查研究。凌纯声《松花江下游的赫哲族》(《中央研究院历史语言研究所单刊》甲种之十四,1935)的语言部分,对赫哲语的语音系统和语法作了介绍,并有分类词语约1000个。这是我国最早报道的赫哲语的信息。

在这个时期还有一件重要的事情就是锡伯语文研究的兴起。锡伯族从16—17世纪接受了满语满文。1764年一部分锡伯人从东北被派往新疆驻防,由此他们所使用的语言文字也走上了独自发展的道路。1947年锡伯族的一批知识分子在伊犁成立了“锡索文化协会”对满文进行了改动,形成了现在所说的锡伯文。1945年锡伯族学者萨拉春撰写了《锡伯文文法》,这是我国最早用锡伯文写的锡伯语语法。

满语、女真语研究经过辛亥革命以后相当一段时期的沉寂又再次为学术界所瞩目,对满—通古斯语的个别语言也有了初步的研究和报道,这都表明中国现代满—通古斯语言研究已在起步。

(二)满—通古斯语言学的初步形成

1949年中华人民共和国成立后,我国的满—通古斯语言研究进入了一个崭新的阶段。

50年代初期帮助少数民族创制、改革、选择文字的工作带动了语言调查和描写研究。

1955—1956年中国科学院和中央民族事务委员会组织和领导了全国少数民族语言的普查。在此期间李树兰、郭基南、关善保、格根等分别调查了锡伯语和鄂伦春语、鄂温克语。之后,安俊、仲谦、尔登保、王庆丰、乌云达赉、汪玉明又分别继续调查上述语言和赫哲语。1962年胡增益、李树兰、王庆丰根据新编制的满—通古斯语言调查大纲,对鄂温克语、鄂伦春语进行了长时间的调查。1961年、1964年清格尔泰、王庆丰等分别对残存的满语口语进行了调查。经多次田野工作,搜集到丰富的语言材料,写出了以满—通古斯语言简志为代表的一批著述,为我国满—通古斯语言学的初步形成奠定了基础。

1986年,先后出版了李树兰、仲谦《锡伯语简志》(民族出版社),胡增益《鄂伦春语简志》(同上),安俊《赫哲语简志》(同上),胡增益、朝克《鄂温克语简志》(同上)。在此之前曾在有关刊物上介绍了这些语言和文字的概况。《简志》是我国第一次对满—通古斯语口语进行的简明而系统的描写,它提出了各个语言语法体系的雏形,论述了各个语法范畴,反映了各个语言的特点。

在这个阶段还有一系列其他著述对满—通古斯语言学的形成起了作用。

金光平、金启孮《女真语言文字研究》(文物出版社,1980)内容包括制字、资料、读音、语法和碑释。在制字、读音、语法等章节都提出了一些新见解。金启孮《女真文辞典》(同上,1984)共收女真字1373个。这两部著述是我国20世纪女真文研究的重要成果。

清代虽对满语语法有一些研究,但是没有一部系统讲述满语语法的书。20世纪80年代在内蒙古和北京分别出版了乌拉熙春《满语语法》(内蒙古人民出版社,1983)和季永海、刘景宪、屈六生的另一部《满语语法》(民族出版社,1986),这是我国头两部满语语法的著作,对今后满语的深入研究有促进作用。

另外,我国第一次出版了有关语言口语词汇的著作。贺兴格、其达拉图、阿拉塔《鄂温克语词汇》(民族出版社,1983)收词、词组约3000个。从内容上看,这是一部鄂温克—蒙古—汉语对照词汇。《锡伯语口语词汇》是李树兰、仲谦、王庆丰撰写的《锡伯语口语研究》(民族出版社,1984)一书中的第二部分。收词、词组约6000条,对多义词的注释划分了义项。词条分口语词、口语词的书面语形式和汉语三栏。

在这个阶段还发表了不少论文,有的是新的调查成果,有的是新的发现,有的具有新意,有的较为深入。如清格尔泰《满洲语口语语音》(《内蒙古大学纪念校庆二十五周年学术论文集》,1982)是根据黑龙江省富裕县三家子屯满语口语材料编写的。该文材料丰富、描写细致、论述简明扼要,是一篇颇有分量的文章。王庆丰《爱辉满语概况》(《民族语文》1984.5)是根据黑龙江省黑河市大五家子村满语口语材料编写的。该文比较全面地反映了该地满语口语的概况。李树兰《锡伯语的领属范畴》(《民族语文》1982.5)论述了满语支的锡伯语有领属范畴,纠正了满语支语言不存在领属范畴的传统看法,并指出,第三人称领属有时指出的不一定是纯粹的领属关系,而是双方具有的某种联系或某种关系,因此对领属关系要从广泛的意义上去理解。《锡伯语动词陈述式的亲知口气和非亲知口气》(《民族语文》,1984.6)指出陈述式7种时的形式中有5种区分亲自目睹、亲身经历、直接得知的口气和不是或不强调是亲自目睹、亲身经历、直接得知的口气。概括起来可以说是亲知口气和非亲知口气。这是在我国满—通古斯语研究中第一次提到的。季永海《论满语的元音各谐——兼论元音和谐不同于语音同化》(《民族语文研究》,四川民族出版社,1983)比较全面地讨论了满语元音和谐的情况。胡增益《说 sembi——满语释词札记》(《民族语文》1979.4)对使用频率高、用法活的 sembi(基本词义为称说),从作为动词到演化为虚词的不同用法做了研究。1985年出版的由中国社会科学院和澳大利亚人文科学院合作编制的《中国语言地图集》(香港朗文出版公司,1985),其中有"满—通古斯语族图"(胡增益、李树兰编制),这是在多年调查研究的基础上用地图的方式把中国境内的满—通古斯语言分布的情况表示出来,图后还附有文字说明。

以上比较集中地反映了我国满—通古斯语言学在80年代中期初步形成一定格局的大略情况。

(三)满—通古斯语言学的发展

80年代中期满—通古斯语言学进入了发展阶段,其特点是:研究队伍扩大,研究领域拓宽,研究内容深化。

从事满—通古斯语研究的人数从早期的屈指可数发展到现在以几十人计。除了1961年在中国科学院少数民族语言研究所锡伯语研究组的基础上成立的满—通古斯研究组外,又出现了不少新的研究机构,如黑龙江省满语研究所(现转入黑龙江大学)、北京社会科学院满学研究所、中央民族大学满学研究所、内蒙古大学满—通古斯语研究室;中国第一历史档案馆,辽宁、吉林、新疆等省(自治区)的社会科学院、语委、档案馆,北京大学、新疆大学等大专院校都增加或充实了满—通古斯语研究的力量。除了《民族语文》杂志外,又出版了《满语研究》、《语言与翻译》、《满族研究》、《满学研究》等杂志和辑刊。研究范围也从语言的描写扩大到语言比较、语言与社会的关系等领域,研究探讨的问题也有所深入。

1.语言描写研究

(1)语音研究

穆晔骏从1964年开始对阿勒楚喀、拉林等地区残存的满语口语,主要是语音进行了调查,并在《满语研究》上先后发表了《阿勒楚喀满语语音概论》(1985)、《拉林满语语音概论》(1986.2)、《十二字头拉林口语读法解》(1987.1)、《论巴拉语的语音变化》(1988.1)等文章,还把满语划分为六个语区,但使用的是偏重于语文学的方法,对每个语区的特点、不同语区的差异等问题则没有专门的论述。瀛生《谈谈满语的京语》从1987年分期在《满语研究》上连载。在文章中首先介绍了京语——满族入关后在北京地区形成的口语——在清代各个历史时期的特点、发展和变化。用词汇材料——来自文献和“京语先辈”的论述,补充了宁古塔、盛京的满语口语,并且同京语、锡伯语等做了比较。他同意穆晔骏的语区划分,进一步说明京语、盛京语、锡伯语属南满方言,阿勒楚喀语属北满方言,而宁古塔则介乎其间。

关于元音和谐问题李兵撰写了一系列文章如《鄂伦春语的元音和谐——兼论元音和谐不属于同化范畴》(《民族语文》,1992.6)、《通古斯语言元音和谐与书面满语元音系统》(《满语研究》1998.1)、《论通古斯语言元音和谐的语音学基础》(《民族语文》1998.3)等,对元音和谐问题进行了深入的探讨。

(2)语法研究

语法研究在这个阶段仍是研究的重点。其中有:图奇春、杨震远用锡伯文撰写的《锡伯语语法》(新疆人民出版社,1987)是运用语言学理论和方法写出的较为详细的锡伯语(书面语)语法;郭秀昌、佟清福、扎鲁阿《现代锡伯语》(同上,1995)力图对"锡伯语进行比较系统的归纳和分析,探索其中某些新的语言规则""客观地反映现代锡伯语";赵杰《现代满语研究》(民族出版社,1989)是以黑龙江省泰来县依布气村的满语为描写对象的,是我国全面描写满语口语的第一部专著;刘景宪、赵阿平、赵金纯《满语研究通论》(黑龙江朝鲜民族出版社,1997)内容丰富、叙述详细,有的章节有新内容。D·O·朝克《鄂温克语研究》(民族出版社,1995)内容分语音结构、词汇结构、语法结构三部分,是我国全面描写鄂温克语的又一部著作。

在专题研究方面也有一些具有新意的文章,如刘景宪、赵阿平、吴宝柱、H·约翰《满语名词复数研究》(《民族语文》1993.4),胡增益《满语中的名词化手段和语言经济原则》(《语言与翻译》1989.1-2),黎艳平《谈 ningge一词在满语中的作用》(《满语研究》1989.1),沈原《论满语判断句》(《满语研究》1989.1)等。

(3)词汇研究

恩和巴图《满语口语研究》(内蒙古大学出版社,1995)是根据三家子村满语口语写成的,其中包括话语材料和词汇等,是一本很扎实的著作;吴宝柱《论满语的颜色词》(《满语研究》1992.2)运用模糊语言学的理论与同语族其他语言比较写出的;《满语方位词词根辨析》(同上,1994.2)认为大部分方位词是语族同源词,没有同源关系的可能借自蒙古语。

复合词研究是个热门,有李树兰《锡伯语的藻饰词》(《民族语文》1991.1)、《满文藻饰词研究》(《中国民族古文字研究》第3辑,天津古籍出版社,1991),其所谓"藻饰词"是指一部分用形象比喻等手段构成的复合词；黎冉《满语词语的形象色彩及其修辞作用》(《满语研究》1991.1)把词语本身给人以形象感觉的词称作词语的形象色彩，其中大部分是复合词；吴宝柱《试论满语复合词的语义结构》(《同上，1991.2)对复合词的语义结构做了分析。

(4)辞书编纂

90年代前后出版了不少辞书，如：郭秀昌《锡伯语语汇》(新疆人民出版社，1990)是一部锡汉双语词典，收词、词组约15,000个；杜·道尔吉《鄂(温克)汉词典》(内蒙古文化出版社，1998)收词32,735条，其中单词条17,509条，是一部潜心之作；尤志贤、傅万金《简明赫哲语汉语对照读本》(黑龙江省民族研究所，1987)，其中“词汇”一章有相对的独立性，是分类对照词汇，收词、词组约2000个；韩有峰、孟淑贤《鄂伦春语汉语对照读本》(中央民族学院出版社，1993)，其第四部分是鄂伦春语—汉语分类对照词汇，收词、词组约12,000条，反映了鄂伦春语词汇的特点。

90年代前期先后出版了两部介于大、中型之间的满语辞书，标志着我国满语辞书的编纂进入了一个新阶段。安双成主编《满汉大辞典》(辽宁民族出版社，1993)收词、词组近5万条，共170万字，其中单词条12,347个，是迄今为止在国内外已出版的满语辞书中收词、词组最多的，特别便于从事满文档案翻译使用。胡增益(主编)、李树兰、王庆丰、奇车山、仲谦、杨震远、那逊巴图、关善保《新满汉大词典》(新疆人民出版社，1994)收词、词组约35,000条，其中单词条14,600个。全书共280万字，用例近2万个，在已出版的满语辞书中是篇幅最大、用例最多的。商鸿逵、刘景宪、季永海、徐凯《清史满语辞典》(上海古籍出版社，1990)的编写目的是为解释清代史籍中用汉语音译的满语名称，收词1400余个，篇幅不大，却属力作。

(5)文献研究

如季永海《〈大清全书〉研究》(《满语研究》1990.2)、《〈清语易言〉语音探析》(同上,1994.2),赵志强《旧清语研究》(同上,1990.2、1991.2、1992.1、1993.1)等。

2.语言的历史、比较和综合研究

满—通古斯语在这方面还处在起步的阶段,但也有了喜人的势头。赵杰《锡伯语满语语音演变的比较》(《民族语文》1988.1)探索黑龙江、嫩江的满语口语、锡伯语与清代满语相比产生的变化、演变的原因和规律。乌拉熙春《满语元音的演变》(同上,1990.4)用黑龙江满语、嫩江满语和锡伯语的材料同满语书面语相对照,研究满语元音演变的情况。马学良、乌拉熙春《满语支语言中的送气清擦音》(同上,1993.6)提出满语和锡伯语都有送气清擦音,并通过某些语音对应关系对送气清擦音的来源及发展方向做了探讨。金炳喆《蒙古、突厥、满—通古斯三个语族共同词的探讨——五体清文鉴研究》(同上,1990.4)通过对清代《五体清文鉴》满、藏、蒙古、维吾尔、汉五种语言的分类对照词汇中的材料,抽出“鞍辔类”和“套备马匹类”的词,探讨满、蒙古、维吾尔三种语言在这些词中的共同成分。D·O·朝克《满—通古斯诸语比较研究》(民族出版社,1997)分语音结构比较、语音对应规则、形态结构比较三部分,是我国境内满—通古斯语言的综合比较研究。

3.语言与社会关系的研究

(1)语言规划、语言状况及使用情况

新疆维吾尔自治区民族语言文字工作委员会编有《规范化名词》(新疆人民出版社,1988)、《现代锡伯文学语言正字法》(同上,1992)、《现代锡伯文学语言正字词典》(同上,1993)推动了锡伯文沿着规范化、标准化、法制化的轨道发展。围绕规范化问题发表的文章有佟加庆夫《现代锡伯语及其新词术语问题》(《语言与翻译》,1989.3)、《现代锡伯语新词术语规范问题》(同上,1992.4)、奇车山《关于锡伯文字母》(同上,1992.1)。其他语言方面有姜洪波《赫哲语现状及其发展对策研究》(《满语研究》1990.2)等。

(2)语言接触

这方面的文章有林家有《试论满族文字的创制及满语满文逐渐废弃的原因和影响》(《民族史论丛》,吉林人民出版社,1990),佟永功、关嘉录《盛京满文兴衰谈》(《满语研究》1985),滕绍箴《明清两代满语满文使用情况考》(《民族语文》1986.2),白立元《满族转用汉语》(载《汉语与少数民族语言关系概论》,中央民族学院出版社,1992),季永海《满语转用汉语的历程与特点》(《民族语文》1993.6)等。关于语言接触对于语言产生的影响的论述有:常瀛生《北京土话中的满语》(北京燕山出版社,1992)、赵杰《现代满语与汉语》(论文集,辽宁民族出版社,1992)、《满族话和北京话》(同上,1998)、朝克《汉语对鄂温克语的影响》(载《中国民族语言论文集》,四川民族出版社,1986)等。讨论借词的文章有季永海《论满语中的汉语借词》(《满语研究》1985)、乌日根《满语借用汉语的方式和方法》(同上,1992.1)、胡增益《满语"白"同汉语副词"白"的借贷关系》(《中国语言学报》第5期,1955)。

(3)语言与文化

这方面的文章有胡增益《语言的历史—文化价值》(载《民族语文研究新探》,四川民族出版社,1992)、赵阿平《满语语义文化内涵探析》(《满语研究》自1992.2连载)、黎艳平《满族饮食文化》(同上,1994.2)、赵志强《清入关前烽燧制度及其文化》(《满学研究》6,2002)等。地名考释也是语言与文化关系的一个课题。如:黄锡惠《〈吉林通志〉中与植物有关之满语水体名称考释》(《满语研究》1987.1)、《清代志书中以动物为名之满语水体考释》(同上,1987.2—1988.2)、《文献中以颜色为名之满语水体考释》(同上,1990.2)、《满语地名研究》(黑龙江人民出版社,1998)、朝克《〈黑龙江志稿〉有关地名探源》(《满学研究》2,民族出版社,1994)、《〈黑龙江志稿〉呼伦县和室韦县地名考释》(《民族研究》1993.1)、英林《锡伯语地名浅析》(载《锡伯族研究》,新疆人民出版社,1990)等。

（四）台湾的满语文研究

台北是我国满文文献三大库藏之一。由于有这个得天独厚的条件，台湾在满语文研究方面占有一定的地位，出版了一系列学术著作。如1970年、1971年台湾中华书局先后出版了广禄、李学智合译的《清太祖朝老满文原档》第一册和第二册，以及李学智《释女真》（台湾《大陆杂志》16卷2—4期，1958）、《金史语解正误初稿》（香港《新亚学报》5卷2期，1963）、《略谈满文数词》（台湾《边政研究所年报》11期，1980）等。庄吉发整理翻译了《清语老乞大》（台北文史哲出版社，1976）、《尼山萨蛮传》（同上，1977）、《满汉异域录校注》（同上，1983），并著有《谢遂职贡图满文图说校注》（台北"故宫博物院"1986.6）、《清高宗敕译四书探讨》（台湾《故宫文物月刊》5卷3期，1987.6）等。

满—通古斯语族语言的现代科学研究已经走完了一个世纪。语言材料有了一定的积累，完成了一批研究成果，取得了不小的成绩，但同阿尔泰语系其他语族相比，研究成果还不丰厚，今后应该从以下几个方面进一步加强：（一）要继续加强描写研究，这是研究工作得以进行的基础；（二）要继续进行大量的田野调查，以充实发展的基础；（三）开展语族历史、比较和综合研究；（四）加强满文语言文字文献的研究，使满语研究水平有新的提高；（五）大力培养语言研究人员。

四、朝鲜语研究

中国的朝鲜族是19世纪中叶以后自朝鲜半岛陆续迁入并定居下来的，现在人口近二百万，主要分布在吉林、黑龙江、辽宁三省，而吉林省延边朝鲜族自治州是其最大的聚居区。朝鲜语是我国朝鲜族的主要语言。目前使用朝鲜语的人数，国内外总共约有七千万。

运用西方语言学的理论和方法研究朝鲜语始于19世纪末20世纪初,而我国的朝鲜语研究起步更晚,它开始于新中国创建以后,至今仅有五十年的历史。从其发展过程来看,它走的是一条“沿用——模仿——创新”的道路。这一过程大致可分为三个时期,即草创期、停滞期、成长繁荣期,呈现出马鞍形状态。

从1949年起到50年代末是草创的时期。这一时期的特点是,以沿用朝鲜民主主义人民共和国(以下简称朝鲜)的教材和语言学论著、聘请朝鲜的专家学者来华讲学授课等方式,着力于建立一支教学科研的骨干队伍。这是一个从无到有的发展阶段。到20世纪50年代下半期,这样一支骨干队伍开始形成,并着手进行教材的基本建设,奠定了朝鲜语教学和研究的基础。

从20世纪60年代到70年代上半期为停滞期。由于受到极“左”思潮的干扰,朝鲜语的教学和研究基本上停滞不前。整个“文化大革命”期间,我国朝鲜语学界处于与外界隔绝的封闭状态,但也由此开始探索建立自己的学术体系。

自70年代后半期至今为成长繁荣期。这一时期,我国朝鲜语文的教学科研工作取得了长足的进步,其具体表现是:教学科研队伍的扩大,研究领域的拓宽,研究内容的创新和深化。

这一时期首先是恢复和新建了一些必要的组织机构和学术团体。1977年5月创建了东北三省朝鲜语文工作协作小组及其办公室,任务是贯彻执行党和国家的民族语文政策,推动朝鲜语文的健康发展,促进学术研究。为此创办了机关刊物(现名《中国朝鲜语文》)。1981年8月又成立了中国朝鲜语学会。学会每年或每两年召开一次学术讨论会,极大地推动了朝鲜语文研究工作的开展。朝鲜语专门的科研机构除原有的中国社会科学院民族研究所语言研究室(现为中国少数民族语言研究中心)外,延边于1979年6月恢复了原有的历史语言研究所,1982年延边语言研究所单独建所,现隶属于延边社会科学院。此外,延边大学、北京大学、中央民族大学等一些高等院校也都设置有朝鲜语系科和研究所,朝鲜语教学科研队伍迅猛发展。又由于扩大了和国外的交往,加强了国际间的学术交流,汲取了国内外新的语言学理论和研究方法,这就有可能使研究工作进一步深入,并开拓了新的研究领域。应该说,朝鲜语文的研究成果绝大部分是在这一时期获得丰收的。

(一)语言的描写研究

1.语音研究

朝鲜语语音的研究长期以来都是语法著作中的一部分内容。我国的朝鲜语语音研究就是建立在朝鲜的传统研究基础之上的。开始时重点在于确立标准语的语音系统,规定规范的标准发音法。进入80年代,延边大学的全学锡在传统的音位学分类基础上,参照区别特征的学说,对朝鲜语各个音位作了区别特征的描述,并分析了其韵律特征[①]。

朝鲜语辅音中的塞音、塞擦音分松、紧、送气三套。中国社科院民族研究所的研究人员认为松辅音发音时带有明显的浊气流[②]。至于紧辅音,发音时喉部及有关发音部位的肌肉特别紧张,送气辅音则带有很强的清气流。因此该所已故副研究员陈植藩认为三套辅音应称为浊气音、憋气音和清气音。王韫佳则认为"紧辅音为[-送气],送气辅音为[+送气],松辅音是弱送气。"王在另一篇论文中还通过实验定量分析,指出辅音的松紧对后接元音也有影响。[③]。

《朝鲜语方言调查报告》一书的"语音总论"部分,根据口语调

① 全学锡:《朝鲜语的民族特性(1)》,黑龙江朝鲜民族出版社,1987。

② 陈植藩:《论崔世珍在朝鲜语文和汉语研究方面的贡献》,载《民族语文论集》,中国社会科学出版社,1981;宣德五、赵习、金淳培《朝鲜语方言调查报告·语音总论》,延边人民出版社,汉文版,1991。

③ 王韫佳:《韩国话与汉语普通话塞音的语音学和音系学对比》,载《韩国研究论集》,新世界出版社,1999;《韩国话辅音松紧音对后接元音的影响》,同上。

查的材料，提出了“零辅音”及其变体的观点。零辅音的设定更精确地描述了朝鲜语音位系统，同时由此而对朝鲜语音节结构类型的描写提出了新的看法，即把传统根据书写形式确定为以元音为首音的开音节和闭音节都归并入以辅音开头的音节类型中。

金镇容的《现代朝鲜语音节探析》① 一文对实际使用的音节结构类型进行定量分析，进一步具体阐明了朝鲜语音节结构的特点。

此外，为了更能显示朝鲜语语音特点，一些学者还把朝鲜语和其他民族语言联系起来，进行了两种语言的语音对比研究②。

2. 语法修辞研究

现代朝鲜语语法的描写研究是我国朝鲜语学界研究的重点学科。这一时期的语法专著和大量有关语法问题的论文在以下几个主要问题上取得了重要的研究成果：

(1)关于后附成分的性质及其意义和用法的研究：朝鲜早期语法学家周时经一派将后附成分全部处理为虚词，故被称为“分析的体系”；崔铉培一派(包括现今多数韩国语法学家)认为附于名词后的附加成分是助词，而附于动词的后附成分是词尾的性质。这一派被称为“折衷的体系”；现在朝鲜和我国的一些学者则认为不带后附成分进入句子的名词形式是零格形式，因此名词动词的后附成分同属一大类，朝鲜语称之为“吐(tʻo)”。我国多数学者称它们是词尾；崔允甲的《朝鲜语语法》(辽宁人民出版社，1980)和宣德五的《朝鲜语基础语法》(商务印书馆，1994)则认为是黏着性的词缀。

---

① 载《朝鲜语言学论文集》，延边大学出版社，汉文版，1987。

② 崔允甲：《汉语和朝鲜语的语音体系对比》，载《语文参考资料(8)》，1959 年 5 月；车光一：《现代汉朝音位体系的对比》，载《朝鲜语言学论文集》，民族出版社，1984；王韫佳：《韩国话与汉语普通话塞音的语音学和音系学对比》，载《韩国研究论集》，新世界出版社，1999；权伍铣：《朝蒙语语音对比》，载《第三次朝鲜学国际学术讨论会论文提要》，1990；陈晓鸣：《英语和朝鲜语语音初步对比》、《俄语与朝鲜语语音之对比》，分载于《延边大学学报》1978，第 3、4 期。

这一派被称为“综合的体系”。另外,车光一的《朝鲜语后附成分对比语法》(辽宁人民出版社,1981)对各个后附成分的意义和用法作了极为细致的描述,具有实用价值。

(2)词类的划分:朝鲜早期语法学家主要根据词义特征来划分词类;而目前我国朝鲜语学界则比较一致地认为划分词类应综合考虑词的形态变化、句法功能和词义特征、构词特征。另外,崔允甲还提出朝鲜语中一部分汉字名词在词义上同时具有表事物和表动作性状的意义,在句法功能上既能用作名词也能用作动词、形容词,构成了独特的类型①。此后姜银国在《朝鲜语的民族特性(2)》(黑龙江朝鲜民族出版社,1986)一书中单辟专章对这一类型的词进行分析,并指出这是汉语跨类词(如“报道”、“讨论”等)给予朝鲜语的影响。

(3)语法范畴问题:比较集中地讨论了格范畴、态范畴和终止形后附成分所表示的阶称、法、式等语法范畴。

(4)句子成分的划分及语序问题:多数语法著作把朝鲜语句子成分划分为五种:主语、谓语、补语(包括宾语)、状语和定语。由于补语和状语都位于谓语之前,界限难以划清,一些学者撰写专文进行了探讨②。

关于语序问题,朝鲜语正常语序是句子的核心谓语位于句末,其他成分均在谓语前,定语在中心语前。但由于形态丰富,语序相对比较自由,姜银国的专题论文③ 独到地全面论述了各句子成分

① 崔允甲:《朝鲜语汉字词名词和动名词(形容词)》,载《第一次朝鲜学国际学术讨论会论文集》,黑龙江朝鲜民族出版社,1983。

② 张寿山:《论朝鲜语句子成分划分的几个问题》,载《朝鲜语言文学国际学术讨论会论文集》,民族出版社,1988;金美子:《补语和状语的区别特征》,载《中国朝鲜语文》1988.5;许东振:《补语和状语的界限问题》,载《朝鲜学研究(2)》,延边大学出版社,1989。

③ 姜银国:《朝鲜语语序的特点》,载《朝鲜语言学论文集》,延边大学出版社,1987。

自由变换位置的具体条件,并作了理论上的说明。

(5)单句复句的划分:这是句法研究中的一个复杂的热门话题。大体上有两种截然相反的见解:传统上认为单、复句划分的依据是看句子中主谓结构是一个还是多个;而崔允甲、金祥元等人则认为朝鲜语主语也是补谓语的成分,单、复句应根据作为句子组织核心的谓语是单个还是多个来划分。[①]。

上述成果都属于传统语法的范围,而运用现代语言学理论在语法研究中取得新的突破的还有以下几个方面:(1)在句子分析方面,突破了传统的句子成分分析法的窠臼,引进了层次分析法;(2)句型的研究拓宽了句法研究的领域。代表作是姜银国的《朝鲜语句型研究》[②];(3)崔明植首次以口语为描述对象,发表了《朝鲜语口语语法》[③];(4)句群的研究是80年代后半期提出来的新课题,全炳善的一系列有关这方面的论文起了开拓的作用;(5)运用结构主义或转换分析的方法对歧义句进行研究是80年代以来取得的又一项重要成果,它使句法研究进入了更深层次;(6)在一些语法项目上进行了朝、汉语法的对比研究,从各个不同的侧面对比了朝、汉语语法结构的不同特点和对应形式。

关于文体修辞的研究,有崔应久的《朝鲜语文体学》[④] 和金琪钟的《朝鲜语修辞学》[⑤],这两部通论性著作,为这一分支学科初步确立了学术体系。梁午镇则提出了语言模糊性表现手法的新问题,阐述了模糊语言的性质上的特点及其表现效果[⑥]。

3. 词汇研究

---

① 崔允甲:《朝鲜语复句的特点》,载《延边大学学报》,1979.4;《朝鲜语单名和复句的区分》,载《民族语文》1982.4。

② 曙光学术资料社,汉城,1993。

③ 辽宁民族出版社,1988。

④ 辽宁人民出版社,1979。

⑤ 辽宁人民出版社,1983。

⑥ 梁午镇:《模糊语言及其文体学功能》,载《中国朝鲜语文》1987.1、2。

80年代,崔应久、金琪钟、刘银钟等人发表了几部概论性著作,初步建立起朝鲜语词汇学理论体系①。此外,许多专题论著就同义词、反义词、多义词的词义特征进行了探讨②。还有一些论文从微观角度讨论了构词法的一些特殊性问题③。金琪钟的专著《朝鲜语谚语研究》④,从理论上阐述了朝鲜语谚语的特点及其发展变化。朝鲜语存在着庞大的汉字词体系。60年代陈植藩发表了《朝鲜语中的汉字词》⑤,阐述了它的性质和特点。进入80年代,各学术刊物发表了一系列有关汉字词的学术论文,论述了汉字词体系的形成和发展过程,汉字词在朝鲜语里的分布状况,汉字词的语义特征和构词特点,汉字词在朝鲜语里的地位和作用⑥。关于如何整理和规范汉字词的问题,沈希燮的文章《关于整理汉字词的问题》⑦ 提出了指导性的意见;李亿哲的论文《朝鲜语从汉语中吸收新词的原则和方法》⑧ 则提出了吸收汉语新词术语的原则和

---

① 崔应久:《现代朝鲜语词汇学》,辽宁人民出版社,1980;金琪钟:《朝鲜语的民族特性(3)》,黑龙江朝鲜民族出版社,1987;刘银钟:《朝鲜语词汇学》,延边大学出版社,1991。

② 刘银钟:《朝鲜语同义词》,延边人民出版社,1985;《朝鲜语同义词及其类型分析》,载《朝鲜语文硕士论文集》,辽宁民族出版社,1986;崔伦:《反义词的概念及其类型》,载《朝鲜语研究(1)》,黑龙江朝鲜民族出版社,1987;张光军:《论朝鲜语多义词的语义系统》,载《中国朝鲜语文》1989.1。

③ 金淳培:《朝鲜语特异结构词的浅析》,载《民族语文》1988.5;郑璟彦:《论构词语素“-ha(ta)”》,载《朝鲜语研究(1)》,黑龙江朝鲜民族出版社,1987;许东振:《浅谈朝鲜语的语音交替手段》,载《民族语文》1982.2。

④ 东北朝鲜民族教育出版社,1989。

⑤ 载《中国语文》1964.5。

⑥ 赵习:《固有词和汉字词在语义上相辅相成关系的实例考察》,载《朝鲜学学者国际科学讨论会论文集(语言学分科)》,朝鲜社会科学出版社,平壤,1989;宣德五:《关于朝鲜语汉字词的几个问题》,载《民族语文》1992.1;《朝鲜语汉字词构词方式举要》,载《民族语文研究新探》,四川民族出版社,1992;《韩国传统文化与汉字、汉字词问题》,载《韩国学论文集》第4辑,社会科学文献出版社,1995;李得春:《汉字词增加的历史过程考察》,载《延边大学学报》(特辑),1982。

⑦ 载《朝鲜语研究(1)》,黑龙江朝鲜民族出版社,1987。

⑧ 载《民族语文》1990.3。

方法,是带有总结性的一篇文章。张兴权则对朝鲜语中来自印欧语系诸语言的外来词,就其借用方式、发音、构词、词义等方面的特点进行了探讨,从中归纳出了若干规律①。

受到国外现代语义学理论的影响,80年代后半期对语义场和义素分析的研究也开始起步。其代表性的文章是金东益的《朝鲜语亲属词的义素分析》② 和姜宝有的《朝鲜语颜色词的基本范畴及其构成》③。

自70年代末期起,我国开始出版自己编纂的词典。双语译解词典有商务印书馆出版的《朝汉词典》(1978)、《简明汉朝词典》(1986)、《汉朝词典》(1989)、《朝汉成语谚语词典》(1986)、《韩国语外来语词典》(2001)以及朝鲜和我国民族出版社合作出版的《中朝词典》(1986)、《朝中词典》(1992)等。单语语文词典有民族出版社出版的《朝鲜语小词典》(1980)和延边语言研究所为纪念延边朝鲜族自治州成立40周年编纂出版的《朝鲜语词典》等。此外还有多种专科词典,不再一一详列。

4.方言研究

1982年正式组织了中国朝鲜语普查工作队进行田野调查。作为其研究成果之一,延边人民出版社1991年出版了宣德五、赵习、金淳培合著的《朝鲜语方言调查报告》(汉文版)。书末附上了所调查的全部方言材料,具有重要的资料价值。这是我国朝鲜语方言研究的初步成果,也是我国学者运用方言地理学研究民族语言的一次新的尝试。作为这次普查的另一成果,民族出版社和辽宁民族出版社1993年出版了金祥元、全学锡、李允奎执笔撰写的《中国朝鲜语实态调查》,此书的目的是为词汇规范化提供材料依

① 张兴权:《朝鲜语中的印欧外来语》,载《民族语文》1981.2;《我们语言中的外来语》,载《朝鲜语学习和研究》1983.2。

② 载《朝鲜语言文学论文集》,延边大学出版社,1988。

③ 载《延边大学朝鲜学国际学术讨论会论文集》,延边大学出版社,1989。

据。李允奎、沈希燮还进行调查，画出了延边地区朝鲜语方言分布图，并撰写了论文[①]。黄大华则亲赴朝鲜东海岸地区进行为期一个月的田野调查，撰写了副博士学位论文[②]，对该地区方言的语音和形态变化的异同进行了描写分析。全学锡的博士论文《咸镜道方言的音调研究》对调查的录音材料进行实验分析，详述了该方言音调的性质、特点及其变化规律。

（二）语言文字的历史研究

我国朝鲜语学界和国外一样，主张朝鲜语属阿尔泰语系的学说占主导地位。安炳浩、李得春、崔羲秀等人的论文都列举了若干新的语言材料来补充论证阿尔泰语系说[③]。《民族语文》1994年第1期发表了吴安其的《论朝鲜语中的南岛语基本成分》，从水稻文化和若干词语材料考察了朝鲜语与南岛语在发生学上的渊源关系。赵杰在《当代韩国》1998年秋、冬季号上发表论文《韩国语语系归属新探》，认为"韩国语在发生学上属于阿尔泰语系，只是由于地理上朝鲜半岛向外延伸，它和同语族的其他语支分离较早，并且受到亚洲大陆的语言尤其是汉字词的强烈影响而已"。他还认为要使朝鲜语系属问题得到满意的答案，必须"把'历史比较法'和'语言接触研究'结合起来进行研究"。

关于朝鲜语言发展史方面的研究，代表性的著作有安炳浩的《朝鲜语发展史》（辽宁人民出版社，1981）和崔允甲连载于《中国朝

---

① 沈希燮、李允奎：《延边地区的朝鲜语方言分布》，载《朝鲜学研究（2）》，延边大学出版社，1989。

② 黄大华：《东海岸方言研究》，金日成综合大学出版社，平壤，1986。

③ 安炳浩：《阿尔泰语系统中的部分词语和朝鲜语基本数词的比较》，载《朝鲜学学者国际科学讨论会论文集（语言学分科）》，朝鲜社会科学出版社，平壤，1989；李得春：《朝鲜语中的满语借词与同源成分》，载《民族语文》1984.1；崔羲秀：《女真语和朝鲜语中有对应关系的词汇研究》，载《朝鲜语言学论文集》，民族出版社，1984；《东北方言粘附成分（部分）和通古斯语后缀的比较》，载《语言文学学术论文集》，延边人民出版社，1991。

鲜语文》1988年第2期至1989年第3期上的《朝鲜语史讲座》。关于断代的研究，崔允甲的《中世朝鲜语语法》(延边大学出版社，1987)以能上溯古代、下推现代的中世朝鲜语语言资料为依据，全面论述了训民正音的创制、制字原理及其演变过程和15世纪朝鲜语语言结构的特点及其演变等问题。安炳浩则通过对北宋孙穆《鸡林类事》中所说的高丽语言材料的考察，描述了高丽时期朝鲜语的面貌①。

李得春的一系列论著论述了朝鲜语词汇的历史发展过程，朝、汉语言文字和音韵的关系②。宣德五的《论汉语文对朝鲜语文发展的历史影响》③ 论述了朝鲜语文在历史发展过程中所受到的汉语文的深刻影响。

对朝鲜语汉字音进行研究始自瑞典学者高本汉，此后日本学者何野六郎同意他的朝鲜汉字音源于唐初长安音说，有坂秀世则认为是以宋代开封音为本。国内学者多认为源于《切韵》。至20世纪80年代，聂鸿音、李得春、崔羲秀等人的论著则认为不能将其看作是一个平面系统而将其源流追溯到汉语上古音，这是一个重大进展④。安炳浩的博士论文《朝鲜汉字音体系研究》⑤ 认为在10世纪确立了规范的朝鲜汉字音单一体系。胡明扬、陈植藩、李得春等人对朝鲜古文献如《四声通考》、《四声通解》、《训蒙字会》、《老乞大谚解》、《朴通事谚解》等用谚文所记的汉字音进行了颇有

---

① 安炳浩：《鸡林类事与高丽时期的朝鲜语》，黑龙江朝鲜民族出版社，1985。

② 李得春：《朝鲜语词汇史》，延边大学出版社，1988；《汉朝语言文字关系史》，东北朝鲜民族教育出版社，1992；《韩文与中国音韵》，黑龙江朝鲜民族出版社，1998。

③ 载《中国语言学报》第5期，1995。

④ 聂鸿音：《〈切韵〉重纽三四等字的朝鲜读音》，载《民族语文》1984.3；李得春：《汉语上古音在16世纪朝鲜汉字音中的遗存》，载《民族语文》1985.5；《朝鲜语汉字语音研究》，曙光学术资料社，汉城，1994；崔羲秀：《朝鲜汉字音研究》，黑龙江朝鲜民族出版社，1986。

⑤ 金日成综合大学出版社，平壤，1984。

价值的学术探讨。

关于吏读文字,崔允甲否定它是纪录朝鲜语的书面形式这一传统说法,独到地指出是记录“汉文词语+朝鲜语语序+朝鲜语黏附成分的混合语”①。

(三)应用语言学、社会语言学的研究

我国朝鲜语学界在科学研究的基础上,确定了“规范化要符合语言的民族性、群众性、科学性”这一原则,据此先后审定了多批规范化词语。1996年出版了《朝鲜语规范集》(修正增补版)。

书面语规范问题最突出的一个问题是是否要夹写汉字的问题。通过讨论,认识到不管书面语是否夹写汉字,有关朝鲜语汉字的形、音、义知识都应该掌握。

关于朝汉、汉朝互译问题,除发表了许多论文外,90年代还出版了系统论述朝汉、汉朝翻译理论技巧的专著②。

关于计算机应用方面的研究,国内外都处于初步开拓的阶段。我国的一个特点是根据我国实情,着重于开发朝鲜语、汉语同步处理。

社会语言学是一门新兴的学科。1990年中国朝鲜语学会和韩国双语学会在延边大学共同召开了有关双语问题的专题学术讨论会,韩国刊印的《双语学会志》第7期刊载了这些论文。关辛秋的博士论文《朝鲜族双语现象成因论》(1999)从朝鲜族个案入手研究其双语现象的成因,并作了若干与双语有关的具有普遍意义的理论探索。普通社会语言学方面的论著有廉光虎的《社会语言学》(延边大学出版社,1990)、太平武的《语言学与社会》(辽宁民族出版社,2000)。张兴权则从社会语言学角度出发,把朝鲜语和其他

---

① 崔允甲《吏读的产生及其性质》,载《中国朝鲜语文》1990.6。

② 张敏:《朝汉翻译教程》,北京大学出版社,汉文版,1992;太平武:《汉朝翻译理论与技巧》,中央民族大学出版社,1999。

语言作了对比研究,发表了《朝鲜语、汉语、日语现代词汇及其变化的对比研究》(民族出版社,1999)。关于语言的社会交际功能方面的研究有崔凤春的《交际语言学》(延边大学出版社,1990)和全炳善的《语言环境研究》(朝鲜社会科学出版社,平壤,1999)。崔凤春还主持调查,并主编了《朝鲜语与汉语关系调查》(延边大学出版社,汉文版,1994)。

目前,我国的朝鲜语研究已取得一定的成绩,不少研究成果得到了国际上的认可,上述论著中有的就是直接由朝鲜或韩国的出版社出版发行的。自1998年以来,我国学者车光一(1998)、崔允甲、宣德五(1999)、安炳浩、徐永燮(2000)已先后获得韩国东崇学术奖。这表明我国的朝鲜语研究已具有一定的国际影响。相信只要我们脚踏实地,进行不懈的努力,我们就一定能以具有特色的研究成果,去丰富和发展世界语言学的宝库。

·特稿·

中南民族学院的教学与科研工作

邓 行

中南民族学院是国家民委直属的一所综合性民族大学，位于湖北省武汉市。五十年来，学院以勇于创新的开拓精神，以求真务实的办学风格，为各民族地区培养了大批优秀专门人才，走出了一条具有鲜明特色的我国民族高等教育办学之路。

一、学校的基本概况

1950年11月，中央人民政府政务院颁布了《培养少数民族干部试行方案》，制定了“普遍而大量地培养民族干部”的方针。中南民族学院从此孕育而生。1951年1月1日，中南军政委员会遵照政务院颁布的《培养少数民族干部试行方案》的规定，确定由中南教育部领导，委托中原大学筹办中央民族学院中南分院，并由中原大学副校长孟夫唐兼任院长。1951年11月29日，分院一边建设新校舍，一边依托中原大学办班开学，成功地完成了当年建校，当年招生的任务。1952年11月27日，中央民族学院中南分院正式更名为中南民族学院。

建院伊始，中南民族学院以面向中南少数民族地区，以短期培训少数民族干部为办学宗旨。1951年至1956年，陆续开设了政治班、研究班、文化班、司法班、教育行政干部训练班、师范班、预科班、民族语文干部训练班、农业会计训练班和师范专修科，共培养了中南地区的苗、瑶、侗、黎、回、仡佬、高山、土家、满、畲、蒙古、维吾尔、汉等十几个民族的学生2300人。到1956年，已建设成为一所初具规模的社会主义新型民族学院。1958年，中南民族学院根据新中国的发展需要，对办学职能作了相应的调整。学校以“建设成为一所面向全国培养少数民族工人阶级知识分子的全心全意为民族教育事业服务的民族高等师范学院”为方针和目标，将普及与提高、长期培训与短期轮训相结合，重新进行了学科设置和专业调整，设置了中文、历史、政治、数学等系和预科部、干训部。从而使中南民族学院逐步发展成为一所多层次、多学科的本、专科教育的民族高等学校。

党的十一届三中全会以后，中南民族学院进入了一个全新的发展时期。如今的中南民族学院已成为我国目前规模大、效益好、具有发展潜力的一所综合性少数民族高等学府。学校占地1258亩，建筑面积296,750平方米，在职教职工1400余人，在校全日制学生11，000余人。

二、学校的定位与办学思路

五十年来，中南民族学院始终坚定不移地坚持社会主义的办学方针，忠实地执行党的民族政策，坚持面向少数民族和少数民族地区、为少数民族和少数民族地区培养人才的办学宗旨，在办学实践中大胆开拓创新，使得学校走上了一条正确、健康、高速的发展道路。

1992年国家民委在云南楚雄召开民族院校改革会议后，中南民族学院及时抓住“扩大办学规模，增强办学效益”的机遇，通过内部挖潜、扩大招生，使学院的在校生规模得以迅速扩大。1994年，根据高校扩招带来的一些问题，学院提出“加强基础，淡化专业，扩大知识面，加强公共外语和计算机教学”的教学原则和思路，为加强学生基础教学、扩大知识面以及强化计算机和外语教学提供了保证。为进一步提高教学质量，1997年，学院又明确提出了“稳定规模、调整结构，优化配置，提高办学质量得效益”的办学思路，为规模、质量、效益的协调发展打下了坚实的基础。在消除了扩招有可能造成教学质量下降的隐患后，1999年学院重新调整了办学思路，即“抓住机遇、加快发展、提高质量、增强效益”。

几次办学思路调整，使得学校以较快的速度发展。从1986年起，学院开始进行大规模的专业改造，从而使学院的本科专业从1988年的11个发展到24个，1997年达到45个。1998年教育部新本科专业目录颁布以后，学院又对原有专业进行了结构性调整，目前已拥有涵盖7个学科门类的本科专业35个，专科专业10个、硕士点16个，基本形成了多学科、综合性格局。学院目前下设文学院、历史文化学院、电子信息工程学院、计算机科学学院、化学与生命科学学院、经济学院、管理学院、成人教育学院和外语系、法律系、研究生部、社科部、预科部、体育部等教学单位，已经发展成为具有一定办学规模的综合性大学。

三、学校的教学、科研条件

1．师资队伍。学院现有专任教师721人，其中教授103人，副教授305人。这些年来，通过加大人才引进和青年教师的培养力度等措施，师资队伍结构不断优化。在学科结构方面，实现了师资队伍与学科专业总体布局及其发展状况相适应、相协调；在学历结构方面，教师中有博士45人，硕士306人，占教师总数的48.7%，随着我校教师引进和培养工作的进一步加强，我校教师队伍的学历层次呈现出不断上升的趋势；在年龄结构方面，目前，我校教师平均年龄为41岁，35岁以下的青年教师274名，占教师总数的38%。

教师中有20人享受国务院政府特殊津贴，16人为湖北省省管专家或学科带头人，有24名学校学科带头人、27名重点骨干教师和6名优秀青年教师。另外，教师中还有80余人具有在国外讲学、研究、学习、进修、考察的经历。部分教师在国内学术界具有一定的影响，如分析化学专家李步海教授、民族理论专家彭英明教授、南方民族史专家吴永章教授、计算机科学专家陆际光教授、生物医学专家杨仲乐教授等。

2. 教室状况。学校现有各类教室126间，座位10,279个，分布在6栋教学大楼和1栋学术交流中心内。学校还有多媒体教室12个，影视室4个，外语语音室6个，多功能教室3个，外语教学调频台1个。多媒体教室除了投影仪以外，还配备了计算机视频展示台、VCD、扩声音箱设备，教师可以通过声音、图像等多种教学手段对学生进行全方位的知识传授。

3. 实验室、实习场所状况。我校实验室和校外实习基地面积共60,999平方米，其中校内实验室及实习场所建筑总面积达33,989平方米(含即将完工的3号实验教学大楼建筑总面积9,028平方米)，校外实习基地面积27,010平方米。生均5.85平方米。

我校拥有基础课教学实验室和专业综合实验室18个，现有仪器设备12,000台（件），价值4789.47万元，其中单价5万元以上的设备有81台，价值1190万元。化学与生命科学学院的DNA测序仪、傅立叶红外光谱仪、元素分析仪等10多台大型设备在武汉高校具有先进水平，生物医学工程综合实验室进口的128道电脑信息处理系统价值180万元，在中南地区仅此一台。已规划建设的环境工程专业、经济专业、管理学专业、新闻广告专业综合实验室，已订购设备总值731.05万元，待3号教学实验楼完工即可投入使用。设备总值将达到5520.52万元，生均设备值5041元。这些仪器设备基本上能够满足教学科研的需要。

1995年，我校抓住基础实验室评估的机遇，对基础课实验室进行调整、合并，科学设置，实行校、院系两级管理体制。基础化学、普通物理、电子线路、计算机中心实验室1997年通过省级评估。学校还优先建设了学生受益面大的基础课实验室，如计算中心，校园网网络中心，外语语言实验室，电气信息技术实验中心等，使学生实验做到了1人或2人1组。实验室每天对学生开放，基础课实验开出率可达到90%以上。

学校还建有全国高校惟一的民族学博物馆。民族学博物馆是在吴泽霖等老一辈专家学者的筹建下经过多方收集、整理建设而成的，它是研究南方民族文化、南方民族史、民俗等方面的重要依据。博物馆现收藏各民族文物10,000余件。自开馆以来，接待外宾几千人，国内参观者200多万人。民族学博物馆的文物在国内外的展出，受到广大学者和参观者的欢迎。现在，民族学博物馆已成为我院民族学学科的教学科研基地，也是武汉市的“爱国主义”教育基地。

4.图书馆状况。我校现有图书馆馆舍面积7091平方米，即将竣工的新馆面积21,664平方米，馆舍总面积28,755平方米。图书馆现馆藏各类图书文献资料11,48,287册（包括电子图书、音像资料等）。生均藏书107册。校图书馆1997年建立了局域网，并使用了文化部委托深圳图书馆开发的ILAS图书馆自动化管理系统，开通了图书期刊采访、图书分编、典藏、流通借阅和读者检索查询等子系统，实现了管理手段的现代化。1999年建立了电子阅览室和中国学术期刊光盘镜像站点；2000年自建馆藏中文图书17万条的书目数据库；2001年建立了内容涉及43个学科、共有25万册的数字图书馆，同时更新主页，充实网页内容，提供了EI信息村（美国《工程索引》）、CSA剑桥科学文献、IEEE/IEE电气电子论文检索、EBSCO综合数据库、OCLC综合数据库、PQDD（博士论文检索库）、Academic Press（电子期刊数据库检索）等专题数据库检索。图书馆局域网通过千兆光纤与校园网连接，接上中国教育科研因特网，实现了网上资源共享。图书馆还与湖北省50多所高校图书馆签订了协议，利用网络进行远程文献传递和馆际互借服务，扩大了图书馆服务功能。

5. 校园网情况。1999年，我校校园网（SCUEC）建成。校园网网络采用千兆位以太网技术，全校光缆铺设，出口接入带宽为100Mbps，与CERNET互连。目前该网络已接通全校所有教学、科研、管理部门及教工宿舍。科研处、教务处、研究生部、院办等职能部门和部分二级院系都建立了自己的服务器与校园网连接。

6. 科研机构。学校共有民族研究、中国少数民族经济、民族高等教育、女书文化、民族文化、应用化学、等离子体物理、生物医学工程等19个研究所、研究中心。民族研究所是国家民族事务委员会批准的独立研究所，其他各研究所、研究中心是学校批准的跨系研究所、研究中心。研究所、研究中心集聚了我校大部分的学科带头人和中青年学术骨干，科研力量雄厚，是我校科研和学科专业建设的依托，研究所、研究中心承担了我校大部分的研究课题。如民族研究所，是在我国著名的民族学人类学家、社会学家吴泽霖先生领导下成立的，经过吴泽霖等老一辈专家学者的倾心建设和一代又一代学者的不懈努力，民族学及其相关学科已成为我校的特色和优势。民族研究所现有教授6人，副教授10人，其中具有博士学位的6人。1995年以来，民族研究所承担各类科研项目37项，其中国家社会科学基金项目6项，省部级项目14项。出版学术专著29部，发表论文225篇。获国家级奖5项，省部级奖12项。

7. 开放办学。学院一向坚持开放办学的原则，不仅与国内的兄弟院校有着密切的合作、交流关系，还与美国、加拿大、德国、澳大利亚、日本、韩国等国家的多所大学建立了校际交流合作关系。

在国内，我校先后与广西、湖南、海南、湖北等民族地区建立了合作办学关系，为这些民族地区经济建设培养急需的专门人才。我校还与云南大学联合培养民族学博士生。

在国外，我校先后与美国的威斯康星州立大学 Platteville 分校、芮布拉斯加大学、惠特曼学院，澳大利亚的南澳大学、昆士兰大学，加拿大的圣·弗朗西·泽维尔大学、里贾纳大学、萨斯喀彻温印地安联邦学院，德国的路德维希堡财政与公共管理大学，日本的东京学艺大学，韩国的全北大学等 20 余所大学建立了实质性的交流与合作关系，包括互派教师进修、讲学，互派留学生，联合培养研究生以及管理人员和学生互访等。近三年，我校共聘请 12 名外国专家来校执教，学术交流 11 人，团体 6 个；先后选派 25 批共 95 名老师、管理人员、学生到国外有关大学讲学、进修、访问，促进了我校对外开放、交流与合作，提高了我校的办学质量与水平。

我校还是较早招收外国留学生的高校之一。1990 年，我校就开始招收外国留学生，先后有来自美国、加拿大、日本、韩国、荷兰等国家的 22 名留学生来我校学习汉语言和中国文化。

四、科研工作成绩显著

科学研究水平是衡量一所高等学校办学水平、能力和声誉的一项重要指标。创办以来，中南民族学院一直坚持围绕民族地区经济建设开展科研活动。特别是近十年来，为了提高我校的科研水平，提高学校的声誉，学校出台了一系列的优惠政策，制定了一系列的科研管理条例和文件，设立学校科研基金，从政策上对广大教师从事科研加以鼓励和引导，以基金为保障，以条例为规范，从而使我校的科研走上了制度化、规范化、科学化的道路。通过多年的培育和努力，我校的科研已走上了良性发展的道路，科学研究取得了长足的进步，结出了丰硕的成果。1996 年以来，全院教师开展科学研究 260 余项，其中国家级课题 15 项，省部级科研项目 74 项，出版专著 585 部，发表论文 5500 多篇，获各级各类奖励 249 项，其中国家级奖 6 项，省部级奖励 80 项。如吴永章教授所著的《中国南方民族文化源流史》、《瑶族史》分获第一届、第二届教育部人文社会科学优秀成果奖二等奖。《中国南方民族文化源流史》、《瑶族史》、《元代社会经济史稿》、《中国南方民族发展史》、《中国土司制度的源流及发展》、《土家族语言简志》、《江永女书之谜》等专著，都独具特色或填补了有关研究领域的空白。生物磁学的研究已达到国际水平，非有机溶剂－固萃取体系的研究，引起了同行专家的重视与关注。“女书”是我校科研人员发现的人类文明史上第一批妇女专用文字，也是世界上唯一的女性文字，是中华民族宝贵的人类文化遗产，具有极高的学术价值，其研究成果在国内外引起了强烈反响。

为了了解国内外学术发展的动态和学科研究的前沿，营造浓厚的校园学术文化氛围，1997 年以来，我校聘请中外著名专家、教授作了 300 多场次的学术讲座。如两院院士李德仁、工程院院士杨叔子；中外著名教授，如章开沅、王先霈、夏振坤、E.H.Roh 教授等。我校还承办了多次国内外学术会议。2001 年我校就举办了 3 次国际学术会议。2001 年 5 月中德财政与税收国际学术研讨会，2001 年 10 月族群理论与族际交流国际学术研讨会，2001 年 11 月大学校长国际论坛——面向 21 世纪的民族高等教育。2001 年 10 月我校举办的族群理论与族际交流国际学术研讨会，来自美国、日本、韩国和国内民族学、人类学界著名专家、学者 100 多人参会。中外知名学者如马戎、郝时远、杜荣坤、林超民、谷口房男等就族群理论与族际交流从历史学、民族学、人类学、文化学等视角进行了广泛的交流与研讨。此次国际学术会议在学术界产生了很大的影响，光明日报、武汉各媒体都进行了报导。

走过了50年的风雨历程，中南民族学院面对新世纪的大好发展机遇一定会取得更大的发展成就。我们坚信，中南民族学院将建成为一所办学规模较大、办学条件优良、在国内具有一定竞争力和影响力的综合性民族大学的“十五”发展目标一定会实现，中南民族学院的明天一定更加美好。

西藏民族学院民族研究工作及主要成绩

顾惠雅

一、学院的创建与机构沿革

西藏民族学院创办于1957年7月，原为西藏公学，校址定于陕西咸阳。1958年9月正式开学，1965年7月1日正式定名为“西藏民族学院”，并由中科院院长郭沫若题写了院名。创办初，学院的主要任务是为西藏民主改革培养具有较高政治觉悟和一定文化水平的民族干部。1970年5月停办，1971年5月恢复办学，目前，学院采取以本科为主，适当发展专科教育、成人教育、预科教育及各类短期培训教育的多层次、多形式、多规格的办学形式。

西藏民族学院的民族研究机构始于1985年建立的民族研究所，专门从事民族理论、民族政策、民族历史文化、民族语言文字、科技、教育等方面的研究。2000年7月学院民族研究所与民族学系（原历史系）合并，从而使教学与科研融于一体，使学院的科研与教学形成良好的互动关系。

西藏民族学院的藏族、门巴族、珞巴族研究在全国占有一定的优势，逐步形成了以民族学、藏学为重心，全面发展的科研格局。现西藏民族学院拥有一批享有声誉的专家学者，其研究领域分别涉及民族理论、民族政策、藏传佛教、藏族审美文化、门巴族珞巴族语言文学、唐蕃关系、西藏地方与中央关系等方面的研究。论文主要刊发在《西藏民族学院学报（哲学社会科学版）》上。该刊筹办于1979年，自1980年创刊以来一直致力于以藏学为主的学术研究，主要设置藏学、民族学、历史学、民族语言、民族文字、哲学、经济、教育研究、大学生生活论坛等栏目。已发表各类学术论文1180余篇。

二、民族学研究领域开展的主要工作及其成绩

西藏民族学院自建校以来，科研工作一直是立足内地，面向西藏，为民族的平等、团结、共同进步不断探索，突出了民族性和地方性的特点，以马列主义、毛泽东思想、邓小平理论为指导，立足自身，同时批判地继承、学习和借鉴国外民族学、人类学界的成功方法和经验，在民族理论、民族政策、藏族历史文化、门巴族历史文化、珞巴族历史文化及民族语言文字、民族教育、历史文献学等研究领域均取得了显著成绩。

（一）民族理论与民族政策研究

西藏民族学院自建校以来一直开辟《民族理论政策概论》、《西藏地方与中央政府关系史》、《宗教概论》等方面的课程，对学生进行正确的民族观、宗教观、祖国观教育。学校一直重视教学与科研的相互促进，民族理论研究取得了很大成绩，这一方面的著作主要有彭英全著的《马克思主义民族理论发展史略》，池万兴著的《司马迁民族思想阐释》，马红霞著的《党的十一届三中全会与我国民族地区的对外开放》，徐万发著的《伟大的社会跨越——西藏民主改革》等。发表有关论文百余篇。

（二）各民族历史文化研究

西藏民族学院民族历史文化研究主要侧重于西藏相关民族的研究，这方面的成果无论是著作还是论文数量均非常丰硕，在国内外产生了较好的影响。

1. 各民族的总体研究。这一方面的主要著作有：熊坤新编

著的《中国伦理学大辞典》，于乃昌编著的《中国少数民族古代美学思想资料》、《西藏审美文化》、《中国少数民族审美意识史纲》、《中国民族文化大观》（门巴族卷、珞巴族卷），彭英全著的《藏族文化大观：哲学思想与宗教信仰》，哲学教研室编著的《中国少数民族哲学社会思想资料》，宋际民著的《民族贸易学》。发表论文 30 余篇。

2. 藏族历史文化研究。这一领域的著作主要有彭英全著的《西藏宗教概说》，申新泰译著的《西藏地震史资料汇编》，顾祖成等编著的《清实录·藏族史料》（共 10 册）、《明实录·藏族史料》（共 3 册）、《西藏地方与中央政权关系十讲》、《西藏地方与中央政府关系简明教程》，于乃昌著的《中国各民族宗教与神话大辞典》（工具书）、《门巴族诗律》，李哲著的《西藏科技志》，索南才让译著的《西藏通史——松石宝串》等。发表相关论文 300 余篇。

3. 门巴、珞巴等少数民族历史文化研究。这一领域的主要成果有：《门巴珞巴民族伦理思想概览》、《门珞之行》、《珞巴族的历史发展》、《珞巴族神话与生殖崇拜》等。

4. 民族教育研究。这方面的主要著作有：王学海著的《西藏爱国主义教育概论》、《全国民族院校体育教材》等。相关论文 20 余篇。

5. 社科文献学研究。这方面的主要著作有王铁斌著《民族文献提要》，张家秀等编译的《藏文典籍目录》，石俊华著《中国历史文献学》等。相关论文 50 余篇。

（三）民族语言文字研究

这方面的研究成果主要有：文国根著《藏文缩写字初探》、《〈忆拉萨〉的作者是谁》、《略论藏文（gi）字的演变》，张天锁著《汉藏翻译教材》，张天锁、申新泰、文国根、张家秀译著《玛尔巴译师传》，张家秀、文国根、王联芬著《藏文对照常用词汇》（辞书）等。相关论文50余篇。

三、近年来取得的重大研究成果

1.《西藏宗教与社会发展关系研究》。该书是国家哲学社会科学基金“九五”重点资助项目《西藏宗教与社会关系研究》的最终成果。全书分上、中、下三编。上编：西藏宗教与政治关系研究，共分三章，主要探讨各个历史时期宗教与政治关系、藏传佛教的社会历史作用和藏传佛教与社会主义社会相适应等问题。中编：西藏宗教与经济关系研究，分两章，重点探讨历史上的西藏宗教和西藏社会经济发展、西藏寺院经济等。下编：西藏宗教与文化关系研究，主要讨论西藏宗教与文化发展、西藏宗教与教育的关系、西藏宗教与社会主义新文化建设等问题。本书的最大特点是依据马克思主义的唯物史观，从不同层次对西藏宗教与社会关系作了综合研究和全方位的客观认识。揭示了西藏宗教与社会发展的内在机制，探讨社会主义新的历史条件下，西藏宗教与社会关系的变化以及藏传佛教以何种形态发展的问题。

2.《西藏密教史》。本书由我院民族研究所的索南才让（许德存）撰写，中国社会科学出版社1998年11月出版，55万字。全书共十章，分为：金刚乘的起源和特点、无上瑜伽密法的结构形态、密教的输入及藏密的形成、无上密法在西藏的传播、宁玛派的大圆满法、道果法的兴起与传播、噶举派的大手印法、觉囊派的六支瑜伽、格鲁派的密教思想与特点、藏密在国内外的传播等。全书援引藏文第一手资料，参考国内外最新研究成果，从民族文化的角度详细阐述了密法的兴起、主要经典的思想特点、西藏密教的形成发展过程、西藏密教与印度密教和汉地密教之间的相互关系及其影响。对当前藏密在国内外的传播，特别是近年来在我国蒙藏地区的复苏，藏密瑜伽与人体科学的关系和目前世界上主要研究机构、代表人物等都作了详尽介绍。

3.《西藏古代科技简史》。张天锁著。本书是西藏自治区科委重点科技项目，1999 年由西藏人民出版社和河南大学出版社出版。该书对西藏古代科技史进行了较为全面、系统的研究。涉及范围较广，几乎是西藏古代社会生产和生活的各个方面，内容主要包括农牧业生产技术、医药学、天文历法、古代建筑、数学、工艺、其他等部分，也包括科学技术在促进西藏生产力发展和社会进步方面所起的作用，还包括历史上西藏与周边地区和民族在科技文化交流方面的情况和经验。

4.《明清治藏史要》。顾祖成编著，西藏人民出版社、齐鲁书社联合出版。全书 23 万字，共分十部分：（1）中国统一多民族国家的历史演进及西藏纳入元朝中央政权的直接治理；（2）明初确立对西藏统属关系，设立军政机构；（3）明朝分封西藏地方政教首领，推行“多封众建，尚用僧徒”政策；（4）“贡赐关系”和“茶马互市”的发展及明朝推进格鲁派活佛系统之形成；（5）清初对西藏地方蒙藏上层联合掌权的确认，西藏归入清朝统辖；（6）清朝遏制蒙古贵族对西藏的统治，封授藏族官员掌管西藏地方事务，调整治藏体制；（7）清朝遣官进藏管理事务，驻藏大臣制度的确立；（8）清朝推进西藏地方行政体制的演进，从推行郡王制到授权达赖喇嘛掌管西藏政务；（9）清朝鼎盛时期加强和完善对西藏地方的治理，确立系统的治藏法规；（10）清朝后期对西藏的施政和清末藏事改革。书末附录明清 500 年治藏“大事系年”。本书运用了大量翔实的第一手资料，系统地阐述明清中央王朝对西藏地方治理的历史，充分揭示“西藏是中国不可分割的一部分”的历史事实。

5.《伟大的社会跨越——西藏民主改革》。由西藏自治区党史工委党史研究室和西藏民族学院合作编写，于 2001 年由西藏人民出版社出版。该书系统地论述了西藏民主改革的全过程。全书共分四篇十三章。第一篇重点论述了西藏的自然环境与历史概况。第二篇重点论述了西藏历史的转折，即西藏的和平解放和《十七条协议》的签订及执行协议的情况。第三篇是伟大的社会变革，着重论述了人民解放军奉命平息西藏反动集团发动的武装判乱；中央关于西藏民主改革的基本方针和任务以及西藏农区、牧区、寺庙、城镇及边境地区的民主改革进程。第四篇是经验与作用，重点总结了西藏民主改革胜利完成的伟大意义和基本经验，并深入探讨了民主改革的完成对西藏的社会主义现代化建设的伟大意义。该书资料翔实，论述中肯，具有独特的研究视角。

6.《西藏地方与中央政府关系简明教程》。2001年由西藏人民出版社列为“献给西藏和平解放50周年”书籍予以正式出版。该书以中国统一的多民族国家历史总体演进和中华民族“多元一体”理论为架构，依据确凿的历史事实，简明而又全方位地揭示西藏自古就是中国的一部分，元以来中国历代中央政府始终有效地行使着对西藏的主权管辖，所谓“西藏独立”问题是近代以来帝国主义侵略中国政策的产物。

此外，还有由耿香玲、毛阳海等人编著的《丰厚的资源、美好的展望》（西藏人民出版社2001年出版）、丁玲辉著《西藏传统养生体育文化》（西藏人民出版社2001年出版）等。

四、目前进行的主要研究项目

在科研方面，西藏民族学院编撰的著作和承担的各级各类课题主要有：国家人文社科项目“藏传佛教史”、“西藏民俗文化研究”、“西藏宗教哲学与文化”、“西藏高等教育发展战略研究”；教育部优秀青年教师资助计划项目“宗教文化与西藏社会”；西藏自治区科委重点项目“西藏地区资源合理配置的目标选择”、“西藏藏医养生体育研究”；自治区教育厅规划项目：“西藏大中专学校实用写作教学的问题与对策研究”、“民族院校文艺理论教学与改革的研究”、“西藏高等教育发展战略研究”、“西藏双语教学的心理语言学研究”。承担合作、委托项目：“西藏体育志”、“西藏外事志”、“西藏财政志”、“西藏政务志”、“西藏教育志”、“西藏党务志”、“西藏大记录”、“西藏反分裂斗争史”；中国——加拿大巩固大学合作项目“女大学生教育与发展”、“双语教学”；受台湾委托项目：“当代台湾的藏传佛教”、“拔绒噶举派全集”；区外合作项目：“中华佛教史（西藏卷）”、“藏密典籍翻译”；区内委托项目：“西藏通鉴”、“西藏的寺院与人物”、“西藏密教轶趣”；院内项目：“21世纪西藏学校体育和卫生发展战略目标及对策研究”、“《史论》与中华民族的历史走向”、“西藏经济概论”。自治区教育厅重点项目“马克思主义祖国观、民族观、宗教观、文化观教育读本”；“十五”期间国家重点项目“西部民族学校科技创新与转化”等。

五、科研队伍建设

西藏民族学院自建校以来，一直把科研队伍建设作为学校工作的重心，提高教师学历层次，大力扩大研究生比例，从而使科研人员的数量和质量都不断升级，为学院培养了一支结构合理、层次较高、梯队完整的科学教研人才队伍。这支科研队伍以马列主义、毛泽东思想、邓小平理论和江泽民“三个代表”思想为指导，面向现实，面向社会，面向西藏，面向教育，借鉴国内外先进的理论、方法和经验，解放思想，实事求是。进行面向经济建设，稳定基础研究，突出民族学和藏学特色的科学研究，至2002年，学院已拥有民族研究工作者50余人，其中博士5人，教授（研究员）13人，并有一批中青年学者分别在北京大学等高校进修或攻读博士。这是一批西藏民族学院民族研究工作的中坚力量。

六、对外学术交流

西藏民族学院一直十分重视、支持学院专家学者参加各种学术会议，请一些著名学者、教授来学院做专题学术报告；不断扩大学术交流范围。近几年来学院每年都有一批专家学者参加国内外的民族研究方面的学术交流会，如1993年在泰国召开的“第四届瑶族文化讨论会”；1994年在西安召开的“第二届中国少数民族科技史国际学术研讨会”；1996年在北京召开的“全国民族教育工作学术研讨会”；1997年在北京召开的“国际藏学学术研讨会”；1998年在西安召开的“海峡两岸藏学研讨会”；2000年在西宁召开的“中国民族史学第八次学术讨论会”；2001年在台湾召开的“海峡两岸第三届禅学研讨会”、在北京召开的“国际藏学研讨会”等。同时，学院还先后邀请西北大学、北京师范大学、陕西师范大学、陕西教育学院等多所高校的教授学者来学院讲学，通过学术交流，大大提高了学院的学术水平，营造了浓厚的学术氛围。

四川省民族研究所的历史回顾和科研工作

袁晓文　李　锦

四川省民族研究所是新中国成立后，为实践党和政府平等、互助、共同繁荣的民族政策而设立的机构。前身是1956年组成的全国人民代表大会民族委员会四川少数民族社会历史调查组，1959年组建中国科学院四川分院民族研究所。1964年1月正式建所，为隶属四川省委民族工作委员会的科研机构。

建所以来，广大科研工作者依据时代要求，紧紧围绕民族学的基本理论和民族地区发展的实际需求，不断进行理论创新，并积极推动理论研究为民族工作实践服务，取得了很大的成绩，许多学者成为专家，四川省民族研究所也在民族学界获得了相应的地位。目前，全所共有研究人员18人，其中研究员4人，副研究员4人，助理研究员9人。现任所长袁晓文。

一、基础理论研究

自1958年开始，四川省民族研究所就一直高度重视民族学基础研究工作。多年来，在民族学的基础理论研究方面，取得了许多进展，其中，在民族学理论界具有较大影响的基础理论研究有：

1. 以《凉山彝族奴隶社会》（人民出版社，1982年）为代表的一系列专著和论文，全面系统地研究了凉山彝族奴隶制社会，对凉山彝族奴隶制的形成、发展和演变作了深入的探索，给人们提供了一个在中国保存至近代，属于东方奴隶制类型，具有相当特殊性的标本，对丰富和发展历史唯物主义作出了贡献，同时也为如何在奴隶制废墟上建立社会主义提供了基础理论依据。这项成果集中了北京、四川、云南、贵州等省市的研究人员，动用多学科综合研究完成，四川省民族研究所负责组织实施。为做好研究工作，出版了《凉山彝族奴隶制》专刊10期，以及《凉山彝族社会性质讨论集》、《宁蒗小凉山彝族社会历史调查》、《元代罗罗斯史料辑考》、《凉山地区古代民族资料汇编》、《清实录彝族史料辑要》、《明实录彝族史料辑要》、《东亚南部民族史》、《我们当代的原始民族》、《彝族古代史》、《四川彝族家支问题》、《凉山彝文资料选译》（4辑）等资料、专著和论文集。值得提及的是，这项研究的实施过程中，还直接启动和恢复了贵州省毕节地区彝文编译组，促进了云南省基诺族的识别和认定工作，从某种意义上讲，带动了西南彝语支民族的研究。

2. 对四川藏区的农奴制社会性质进行了确定。在进行民族调查时，大家对四川藏区农区的农奴制社会性质认识较为一致，而对牧区的社会性质认识则有较大差异。通过大量的民族调查和学术讨论，在以《民主改革前四川藏族牧区的封建生产关系的基础》、《民族社会历史调查报告集》、《四川藏族社会历史调查资料》为代表的一系列著作和有关论文中，对四川藏族牧区的土地关系、牲畜占有、超经济强制等三个主导因素进行了细致的分析，并提供了大量的实证，确定了四川藏区的社会性质为封建农奴制度，为制定四川藏区稳定和发展的措施奠定了基础。

3. 对四川各少数民族的族源及历史发展过程进行了研究，取得了一系列开创性的成果。四川有14个世居少数民族，关于各民族的历史及其在四川境内的活动，以往的史书均语焉不详。通过研究，基本解决了四川各少数民族的族源和历史发展过程问题。代表性的作品是各民族的《简史》，而在民族学界影响较大的则有《羌族史》、《彝族古代史》、《清末川滇边务档案史料》、《近代康区档案资料选编》、《羌族历史问题》等。

4. 编撰出版《藏汉大辞典》。著名藏学家张怡荪先生主编，经国内知名的藏学家和藏族学者共同努力，于1985年由民族出版社出版，是迄今为止最全面、所收词目最多、兼收百科的综合性藏汉双解辞书。该书先后获四川省政府颁发的社会科学优秀成果一等奖、吴玉章语言文字优秀成果奖和第一届国家图书奖提名奖。

5. 制订《彝文规范方案》。彝族分布在川、滇、黔、桂四省区，有自己古老的文字，但由于地域差别，文字的书写和使用均不够统一。四川省民族研究所的彝文专家根据彝文使用的特点，对彝文使用进行了深入的研究，完成了《彝文规范方案》，经国家批准，成为彝文使用的通用方案。在此基础上，先后出版了《汉彝词典》、《彝语大词典》两本彝文词典，为彝文的普及和推广打下了基础。

6. 在对四川各民族的现状进行深入调查的基础上，编写各民族的《民族志》，其中在民族学界影响较大的是《四川省志·民族志》。为了编撰该志，还内部出版了《四川民族史志》(资料丛刊)，从1987年至1995年，内部出版36期，集中了大量珍贵的调查研究资料。在民族调查过程中，还产生了《中国悬棺葬》、《川东酉水土家》、《曲折的回归——四川酉水土家文化考察札记》、《雅砻江上、下游民族考察报告》、《四川苗族社会与文化》等国内有较大影响的著作。

7. 少数民族文化的研究。少数民族的物质和精神文化研究，一直是我所研究的重点。藏学方面，我所承担了组织、抢救、搜集、整理藏族英雄史诗《格萨尔》的工作。编纂出版了《格萨尔词典》、《格萨尔史诗》(资料小辑)、《格萨尔论文选集》、《格萨尔研究丛书》、《藏族英雄史诗与神歌——〈格萨尔〉研究》等书籍，受到了国家民委、文化部、中国社科院的联合表彰。我所藏学研究者收集、对勘、刊印了一些珍贵的藏文经典，如《本教大藏经》、《大宝藏》、《降央钦则文集》、《巴珠文集》、《莲苑歌舞》等。还出版了《中国各民族原始宗教资料集成》的《藏族卷》、《藏族原始宗教》、《四川藏传佛教寺院资料选编》、《中国藏传佛教寺院》等著作。同时，《中国各民族原始宗教资料集成》的《土家族卷》、《万户千门入图画——巴蜀少数民族文化》、《四川少数民族服饰艺术》、《凉山彝族服饰文化研究》、《苗族原始宗教研究》等著作和论文在民族学界的影响也较大。

8. 关于民族学学科理论和人类学的基本研究方法的研究，对新中国的民族学界是一个重要任务。对此，李绍明先生在《民族学》和《李绍明民族学文选》中，对建立中国的民族学体系均提出了独到的见解。近年来，他还对民族学的理论体系和学科地位、民族学与人类学理论在田野考察中的应用等一系列问题进行了富有创见的阐述。

9. 对党的民族理论和民族政策的研究。在马克思主义的民族理论和民族政策的研究中，《红军长征时期党的民族政策》、《社会主义初级阶段民族问题初探》、《民族政策教育纲要》、《邓小平民族理论与实践研究》等著作在民族理论界有一定的影响。

10. 对民族地区发展理论的研究。我所对民族地区发展理论的研究，注重地方特色，注重发展过程中的政府行为，独具特色。其中，影响较大的成果有：《四川藏区个体私营经济发展研究》、《川甘滇藏区扶贫综合效益研究》等。

二、应用研究

四川省民族研究所注重理论为现实服务、为民族工作实践服务，认真研究在改革开放和社会主义现代化建设过程中出现的理论问题与实践问题，在应用研究上做了许多工作。主要的研究成果有：

1. 调查民族识别中的遗留问题。20 世纪 80 年代以来，运用民族学、民族历史的基础理论，重点开展了对川东南土家族、苗族的识别调查，对北川、茂县等地的羌族识别调查。此外，还对川西南“西番”，阿坝、绵阳地区“白马藏族”，盐源、盐边一带的“纳日”等作了识别调查。形成了《四川“西番”识别调查小结》、《白马藏人族属问题讨论集》、《川东南部分群众要求更正民族成分和实行民族区域自治的调查》、《川滇边境纳日人的族别问题》等成果。这些识别调查工作，使川西南藏族、川东南土家族、苗族以及川西北一部分羌族等少数民族群众恢复了自己的民族成份，有利于民族团结。

2. 关于康藏关系的研究。我所组织进行的《我国藏区反分裂、反渗透与社会稳定问题研究》，详细分析了康藏关系对藏区稳定的影响，将前人对康藏关系的处理方式概括为“治藏必先安康”，直接为中央提出“稳藏必先安康”的思想提供了依据。2001 年，又组织实施了《“稳藏必先安康”的历史新启示》课题，分析了近年来康区稳定面临的新问题，提出了具有可操作性的对策建议，为藏区稳定工作做出了突出贡献。

3. 关于《民族区域自治法》的修改和实施研究。在我国从社会主义计划经济向市场经济转轨的条件下，《民族区域自治法》原有的许多条款不再适应民族地区发展的需要，我所进行的《完善民族区域自治法问题研究》和《民族立法的理论与实践》，对修改《民族区域自治法》的必要性、重要性、修改的具体建议进行了深入研究，得到民族学界的重视。

4. 关于四川民族地区基础教育发展的现状与对策研究。我所与四川省民委合作进行了深入的调查研究，提出了具有可操作性的对策建议，成为四川省《民族地区教育发展十年行动计划》

的蓝本。在该计划中，四川省决定每年投入3个亿，加快民族地区基础教育发展，在2010年完成普及九年义务教育的任务。

5.关于加快民族地区发展的研究。我所高度重视民族地区的发展问题，运用民族发展理论对四川民族地区的经济发展进行了深入的实证分析，较有影响的成果有：《川西北国土综合开发规划研究》、《四川省民族自治地方发展研究》、《攀西裂谷上的生长点》、《凉山——大西南开发的制高点》、《川甘滇藏区反贫困综合效益研究》等。

6.关于民族地区可持续发展的研究。鉴于四川民族地区在长江上游的重要环境地位，1998年以来，我所以民族地区经济与环境协调的可持续发展观念对民族地区进行了一系列研究，确立了发展生态经济，促进可持续发展的思路。其中，最具代表性的成果是《长江上游民族地区生态经济研究》。其他较有影响的还有《西部生态经济建设》、《西部大开发与四川民族地区生态经济建设》等。

7.人口学与促进民族地区发展的结合研究。对四川省各民族人口发展的社会因素进行分析，为制订各民族经济社会协调发展的政策措施提供了非常具体的指导。代表性的成果有《四川少数民族人口研究》。

8.少数民族妇女研究。我所少数民族妇女研究以《羌族传统民居改革与妇女的健康发展》、《从居住环境文化透视妇女的健康发展——以凉山彝族的田野考察为例》课题为理论依托，以“彝族贫困地区妇女功能性脱贫脱盲”、“西部大开发：社会性别与彝族地区发展研究”两个实施项目为代表，一开始就走上了理论与实践密切结合的道路。

9.对民族地区发展过程中突出的社会问题研究。我所对少数民族地区在现代化过程中面临的经济、文化冲突问题给予了高度重视，关于《凉山地区吸贩毒问题的社区控制研究》、《现代化过程中少数民族的文化调适研究》都在民族学界有一定影响。

此外，我所科研人员积极参加四川省委民族工委、省民委组织的各种调研活动，2000年以来提出的《加快民族地区发展的若干政策建议》、《加快散杂居少数民族发展的对策建议》等，均被上级机关采纳。

多年来，我所许多科研成果获得了很好的社会评价，在四川省哲学社会科学优秀成果奖的九次评奖中，共获一等奖2项、二等奖3项、3等奖16项。获得省科技进步三等奖2项。同时，还多次获得国家民委和其他部委的奖励，在全国性学会的评奖中也获得多项奖励。

我所的学术交流与合作也很有特点，我们多次举办、承办民族学科的学术讨论会。在良好的学术氛围中，我所与国内外以及中国台湾、香港地区的一些大学或科研机构建立了广泛的学术交流关系，接待了多批境外学者来访，也派出多批学者外出访问或讲学，进行学术研究，增进了相互了解，宣传了我国的民族政策和民族文化，促进了研究工作的深入发展。

与科研工作同步进行的是科研硬件的建设。80年代初，我所建成了近300平方米的科研楼，随后建成有4个书库，面积600平方米的图书资料室，近年又逐步配置了电脑、摄像、摄影、投影等现代办公设备，大大提高了我所的研究手段。我所图书馆现藏有关民族学科方面的各种图书、刊物、资料共十万余册(卷)。有汉、藏、彝文的著作和资料，以及部分英、法、日文的著作。许多资料弥足珍贵。随着时间的推移，反映四川少数民族社会历史文化的大量调查资料，其价值将更加重要。

在新的世纪，我们将继续坚持基础与现实研究并重，发挥原有一些优势学科之所长，开拓创新并建立一些新的科研重点。目前我所设有民族学与民族史研究室、民族问题与民族宗教研究室、藏学研究室、民族经济研究室、民族语言文字研究室和邓小平民族理论研究室、少数民族妇女研究中心、图书资料室和办公室。有汉、彝、藏、羌、土家、满等民族组成的科研和管理人员。我们将遵循社会科学研究改革的方向，不断总结经验，紧密结合四川民族地区的实际，制定切实可行的科研计划，发挥民族研究在理论和实践中的作用，为我国的民族研究事业做出应有的贡献。

台湾人类学、民族学教学与研究机构概述

何星亮

关于台湾人类学、民族学的研究分期和研究对象等情况，笔者已在《台湾的民族学、人类学研究概述》一文（载《中国民族研究年鉴》2000年卷）中做了较为详细的介绍。本文则介绍台湾目前主要人类学、民族学教学与研究机构的一些情况。

一、台湾大学人类学系

台湾大学人类学系原名考古人类学系，成立于1949年，由著名考古学家李济教授担任首任系主任。1982年，台湾大学考古人类学系更名为人类学系。

台大人类学系在建系之初，教授多为从大陆迁来的著名考古学家和民族学家。由于主要教授是原“中央研究院”历史语言研究所人员，所以在研究传统上延续了史语所的学风，尤其是史语所第三组（考古组）及第四组（民族组）的那种着重田野调查的风气。

台大人类学系在建系之初并无学生，直至1950年才由历史系转来两名学生，一为李亦园，二为唐美君。1953年6月，这两位作为台大考古人类学系的第一届学生毕业。第二届毕业生有张光直、任先民、林明汉三位。第三届则只有乔健一人。2000年，该系有本科生和研究生一百余人，专、兼任教师23人。历

届毕业生已有九百余人。

该系教学主要采取美国式的人类学教学方法，强调整合性的人类学研究取向。大学部的课程要求人类学四大分科即考古学、文化人类学、体质人类学与语言学并重。不过，历届本科生并没有分专业或组，主要是考虑到人类学是一门边缘学科，需要训练学生的整合能力。据 2000 年的资料，该系必修专业科目包括：考古人类学导论、世界通史、地学通论、文化人类学、史前史、语言学、体质人类学、中国考古学、考古或文化田野实习、中国民族志、人类学史等。此外，本系还开设有丰富多样的选修课程。

考古学课程是台湾大学人类学系的重要课程之一。在建系之初，授课教授有李济、董作宾、石璋如、高去寻等。他们在殷墟考古和甲骨文方面作出重要贡献，名闻中外。开设的考古学课程，主要为中国大陆考古学和台湾地区考古学。

在文化人类学方面，早期的教授有凌纯声、芮逸夫、卫惠林、陈绍馨和陈奇禄五位。前三位都是 1949 年由大陆赴台的，有丰富的大陆少数民族社会调查经验。后两位中，陈绍馨教授主要的研究兴趣在于台湾汉人社会人类学研究；陈奇禄教授主要研究台湾高山族的物质文化。而前几届毕业的学生，如李亦园、唐美君、乔健等，也在文化人类学研究中作出了重要贡献。

田野考察是人类学的重要方法之一。该系设有“考古田野实习与方法”及“文化田野实习与方法”课程，于每年寒假期间由教授和助教带领学生至田野地点，进行约二周之遗址调查、发掘或特定村落之人类学参与访问等实习训练。

台湾大学人类学系自 1956 年起成立研究所并开始招收硕士研究生。1997 年 8 月开始招收博士研究生，改变了以往大多到国外攻读博士学位的情况。研究生归研究所培养，根据研究生的研究题目分成考古学与文化人类学两类。

台湾大学人类学系除了教学和研究机构外，还有两个陈列室：民族学陈列室和考古学陈列室。室内标本收藏历经三个时期：其一是“土俗人种学讲座”时期，即日据时期的1928年至1945年5月；其二是“史学系民族学研究室”时期，即1945年11月至1949年7月；其三是“考古人类学系”时期，即1949年8月建系以来。室内标本的收藏与陈列除供教学、研究之用外，还对外开放参观，以此提升学生的学习兴趣并推广人类学的专业知识。

民族学标本陈列室设在系馆一层，以族群为单位区分陈列，包括泰雅族、赛夏族、阿美族、曹（邹）族、布农族、鲁凯族、排湾族、卑南族、雅美族和平埔族，另有海南岛、东南亚与南洋群岛等专题陈列柜。目前民族学标本约有三千多件，包括台湾各地区原住民的传统器物和衣饰，如家屋梁桁、木柱、雕像、佩刀、木盘、碗、烟斗、珠衣、皮帽、刺绣、祭壶与猎首用具等。除器物标本外，另有相关主题的影像和原始文献记录收藏。

考古学标本陈列室设在系馆二层，标本依台湾史前遗址之分布划分为北部、中部、南部及东部四区陈列展示，介绍各遗址出土的器物与文化特色。考古学标本是该系田野课程或执行委托研究计划中遗址发掘或地表采集之标本。主要为台湾各地史前遗址出土之陶器、石器、玉器、骨器、角器、牙器、墓葬、人骨、兽骨、贝类等，以及少数大陆及其他各地考古标本。另有专供教学使用的体质人类学标本，包括世界各地主要人类化石模型、人体骨骼标本、猩猩骨骼标本及各类型人类头发标本等。

该系有定期刊物《考古人类学刊》和不定期专刊《考古人类学专刊》两种，另有系学会编辑的《人类与文化》。《考古人类学刊》创刊于1953年5月，每年出两期。专刊主要为田野调查报告或研讨会论文集。

二、“中央研究院”民族学研究所

在台湾，人类学教学的重要基地是台湾大学人类学系，而人类学研究的重要基地则是“中央研究院”民族学研究所。

1955年8月1日，民族学研究所筹备处成立，著名民族学家凌纯声教授任筹备主任。研究所创办之初，人员仅五人，除了凌纯声之外，还有李亦园、任先民和李卉三位年轻助理员及一位职工。

1965年4月，民族学研究所正式成立，由凌纯声担任首任所长。1968年8月，增设副所长一职，聘请研究员李亦园先生出任首任副所长。1970年11月1日，凌纯声辞所长职，由李亦园先生接任第二任所长。此后，该所规定所长任期为三年，可连任两期。1976年11月1日，李亦园连任两期届满，由文崇一研究员接第三任所长。在此之后，先后又由刘斌雄、庄英章、徐正光、黄应贵担任所长。

从1976年起，民族学研究所分为两个组：文化研究组和行为研究组。1986年增设区域研究组。研究范围除了民族学和人类学之外，还包括社会学和心理学。三个学术研究组的人员原则上以三年为期，可以依个人研究之主题及区域，选择加入其中的一个研究组。1995年7月，原在该所从事社会学研究的研究人员分出，成立新的社会学研究所。2000年，该所有29名研究人员，其中研究员9人、副研究员10人、助研究员7人、助理研究员及研究助理3人。

文化研究组在理论和方法上以文化人类学为主，研究范围包括：经济人类学、宗教人类学、亲属与社会结构、族群关系、象征人类学及历史人类学等。其目标主要有四个方面：一是台湾各族群社会文化及其变迁；二是中国社会文化的结构与发展；三是其他文化区的社会与文化；四是期望建立一般社会文化的理论体系。

行为研究组系以科际整合方法研究人类文化及其行为，着重现实社会问题的探讨，涉及的学科包括人类学、社会学与心理学等。社会学研究所成立之后，该组主要从事人类学和心理学的研究。行为组的研究重点包含民俗宗教、原住民祭仪及华人文化心理、宗教与性别、家庭心理学、原住民适应问题等。

区域研究组的重点是对台湾与大陆华南、东南亚及太平洋地区的比较研究。自 1986 年区域研究组成立后，研究范围主要有四个方面：一是海外华人社会研究；二是台湾与东南亚土著文化与血缘关系；三是台闽民族志基本调查与比较研究；四是亚洲季风区高地与低地的社会与文化研究。

除了三个学术研究组之外，该所还设有学术咨询委员会、学术发展委员会、集刊编辑委员会、图书馆委员会、博物馆委员会、电脑管理委员会和福利委员会等。学术咨询委员会于 1991 年设立，委员由院长聘任，聘请海内外专家学者担任，每届任期三年，所长为当然委员。近几届召集人为李亦园。学术咨询委员会的主要工作是评估该所之发展方向及研究成果，并咨询重要所务事宜。学术发展委员会的主要工作为制定研究所整体学术发展方向，审议研究计划及研究与所外机构的合作事宜。图书馆委员会的主要任务是为协助所长督导图书馆业务的推动。集刊编辑委员会负责集刊之征稿、审稿及出版等事宜，由所长、三研究组主任及各组推派 1 人，计 7 人组成。集刊主编由所长担任，执行编辑由轮值主任兼任。

民族学研究所有自己的图书馆。1955 年筹设之初，名为图书室，至 1988 年，改制为图书馆。图书馆现设有参考室、期刊室、光盘室、微缩资料室、书库和办公室等。书库分上下两层，分别存放台湾特藏资料、东西方各种文字图书及装订期刊等资料。截至 1999 年 8 月 30 日止，馆藏数量计有：东方语文图书

66,450册；西方语文图书48,380册；期刊合订本22,404册；现行期刊种数810种；光盘数据库4种；计算机数据库4种；民族学相关微卷片1034卷，单张地图6569张。

民族学研究所的博物馆颇具特色。1955年12月，凌纯声率民族学研究所调查团考察排湾族等族群，除搜集大量民族学资料外，同时还收集大量的民族学标本，是为该馆收藏标本之始。1956年，设立民族学标本室，用以陈列收集的标本。其后，每次田野调查均收集民族学标本，使标本日趋丰富。1965年5月，从历史语言研究所借出所藏原从中国大陆运来的边疆民族标本一千余件，配合该所历年所收集的台湾高山族诸族群标本共同展示。1978年，凌纯声先生病逝，标本室更名为“凌纯声先生纪念标本室”，以资纪念。1985年8月，民族学研究所新馆建成，标本室的规模随之扩大。1988年6月，“标本室”更名为“博物馆”。现在，博物馆的常设展示分四个专题：其一为“台湾土著民族”；其二为“中国大陆边疆民族”；其三为“台湾汉人民间宗教”；其四为“太平洋地区民族”。

民族学研究所的主要出版物有：

(1)《中央研究院民族学研究所集刊》，为半年刊，1956年春季出第一期，此后从未间断，至2000年12月已出90期。从2001年起，该刊更名为《台湾人类学刊》。

(2)《中央研究院民族学研究所专刊》，始创于1962年，出版所内研究人员的研究著作、调查研究报告及研讨会论文集等。

此外，该所出版物还有：《中央研究院民族学研究所资料汇编》，1990年起出版；《民族学书目资料》，1988年起出版；《人类学纪录影片》，1984年起发行；《人类学录音带》，1988年起发行。

三、政治大学民族学系

政治大学民族学系是台湾民族学教育的重要基地之一，属于政大社会科学学院。

政大民族学系的历史可追溯至1955年成立的“边政学系”。1954年，台湾当局核准原“国立政治大学”在台复校。复校之初，共有五个系，其中之一为“边政学系”（其英语译名为“Department of Ethnology and Sociology”），即为民族学系前身。

边政学系后因考生来源少和毕业生就业困难而数次改名。第一次是在1969年，改为“民族社会学系”，先后由札奇斯钦、文崇一、林恩显三位系主任主持。第二次是在1981年，因“民族社会学系”仍未能为社会所了解，学生转系者多，故改为“社会学系”，但仍保留民族学课程。先后由丘其谦、陈小红、林显宗三位系主任主持。第三次是在1993年，改为“民族学系”，隶属社会科学学院，系主任先后由萧金松、林修澈和张骏逸担任。迄今为止，该系是台湾惟一的一个“民族学系”。教学除延续过去中国少数民族历史和文化知识的讲授外，还日渐注重台湾的多民族关系，尤其是台湾高山族诸族群问题。

民族学系近年来每年招收47名本科生（学士班），其必修课程有：民族学、民族政策、中国民族史、台湾民族志、中国民族志、世界民族志、台湾民族史、语言学概论、计算机概论与文书处理、网际网络概论与应用、民族文学概论或民族宗教概论（二选一）、民族政治社会制度或中国语言志（二选一）、语言课程（满语、维吾尔语、台湾原住民语、蒙古语、藏语任选一种）、民族问题或民族理论（二选一）、民族主义或族群关系（二选一）、民族艺术或民族教育（二选一），此外，还有民族学田野调查、民族学研究方法、博物馆学、体质人类学、考古学、社会学等。选修课程有：中国民族关系、伊斯兰民族问题、语料的采集与誊录、后殖民主义与民族问题、影视民族学、民族神话与传说、欧亚民族现况、北亚民族史、蒙古民族史、突厥民族史、西南民族志、大陆少数民族现况、台湾考古、民族学史、蒙古现代文学、原住民文学专题（演讲课）、台湾民间信仰专题、蒙古专题、西藏专题等。

1969年秋，政大成立了专门研究边疆民族的“边政研究所”，并开始招收硕士研究班。1990年，“边政研究所”改名为“民族研究所”。1995年，根据系所合一原则，将主要培养研究生的“民族研究所”改为“民族学系硕士班”。自1969年以来，札奇斯钦、周昆田、李元簇、刘义棠、林恩显、唐屹、萧金松先后担任该所所长。

该所的研究生教学主要以边疆历史与语文为重点，分东北、蒙古、新疆、西藏四组教学。20世纪70年代后期以来，逐渐以历史、语言、民族、社会学的角度（亦即科际整合方式）来研究中国边疆区域，在教学上以东北、蒙古、新疆、西藏、西南等边疆区域分组教学。

20世纪90年代后期以来，硕士班每年招收18名研究生。必修科目有民族学研究、民族政策研究、民族理论研究、中国民族关系研究、民族文化、民族教育研究、民族宗教研究、民族文学研究、民族艺术研究、民族历史等。另有选修课十余门。

自边政研究所成立之后，每年出版《边政研究所年报》一期，共出版了19期。1993年民族学系成立之后，改名为《民族学报》，为半年刊。

为配合博物馆教学之需，民族学系设有一民族文物标本室，保管各时期搜集的中国少数民族及台湾原住民的文物标本、照片，约有二千多件，目前正重新整理编目，同时亦正重新拟定民族文物室的搜藏管理办法，以便继续有计划地搜藏民族文物，为未来之民族博物馆馆藏做准备。

在台湾民族学、人类学界中，与大陆联系最为密切的当属政大民族学系。近七年来，该系一直与大陆各民族大学、学院进行学术交流，几乎每年举办一场两岸学术研讨会，而该系师生年年寒暑假也都要赴大陆考察、见习。

四、“中央研究院”历史语言研究所人类学组

台湾“中央研究院”历史语言研究所设有人类学组，主要从事民族史和历史人类学研究。

史语所人类学组的渊源有两个：一为1928年历史语言研究所创办之际便已存在的八组之一——人类学及民俗学组，后该组并入考古组；二为“中央研究院”社会科学研究所民族学组。1933年，社会科学研究所并入史语所，一年后该所转入北平社会调查所，但民族学组仍留在史语所，改称人类学组，由吴定良任主任。1944年改聘凌纯声为该组主任。1955年，在台成立“中央研究院”民族学研究所筹备处，凌氏出任主任，但史语所人类学组仍然维持不变。吴定良、凌纯声、芮逸夫、杨希枚、管东贵、杜正胜、蒲慕州、王明珂先后担任该组主任。

原社会科学研究所民族学组的研究对象，以中国东北及西南地区少数民族的原始文化为主。人类学组成立后，实行文化人类学与体质人类学并重的方针，后因东北沦陷，乃专重西南民族调查。1955年民族学研究所开始筹建之后，史语所人类学组之研究范围以体质人类学和民族史为主。

1980年以来，史语所人类学组在研究方法及研究范畴上均有新的发展，其研究的重点为利用历史材料以及田野工作所搜集的当代民间材料，从事社会史、民族史、宗教史、医疗史以及生活礼俗史之研究，大抵属于历史人类学的范围。社会史研究主要从社会结构的探讨更进一层研究生活礼俗的演变，从关注人群生命而及于医疗与文化的关系，以及生死观等思想心态的课题。宗

教史研究主要探讨信仰和文化的关系，包括古代宗教、道教、佛教与近现代之民间宗教，以探索基层社会人群的心灵为主。民族史的主要研究对象为中国境内少数民族的历史和生活习俗，也包括汉民族和少数民族相互交往的历程，结合文献和考古资料，研究古代民族形成的过程。这些研究课题都想从比较新颖的角度探讨中国历史文化的本质，试图通过深入的分析，认识历史现象的复杂性。

五、台湾清华大学人类学研究所

台湾清华大学于1956年建立于台湾新竹县。建校之初，只有原子科学研究所，仅招收研究生。1964年设立大学部，开始招收本科生。1984年8月1日成立人文社会科学院，由李亦园担任首任院长。

台湾清华大学人类学研究所原为“社会人类学研究所”，成立于1988年6月，分设社会学和人类学两组，隶属于人文社会科学院。建所之初，以本土化和科际整合为宗旨，两组有共同的必修科。学生亦可相互选课。但随着学科特色的发展，两组逐渐朝各自的专业方向发展。人类学组于1995年获准成立博士班，并从1996学年度开始招生。1998年8月1日，社会人类学研究所正式分为社会学研究所和人类学研究所。至此，人类学研究所自成一独立之教研单位，未来亦将朝向更完整的人类学综合学科发展。

台湾清华大学人类学研究所在教学上以培育具有广阔视野及专精领域的人类学研究者为宗旨。该所研究生课程除着重基本理论与方法论的训练外，还包括以下一些方面：（1）族群关系，包括族群理论、族群开拓史、平埔族研究、族群与性别、族群认同、东南亚民族与文化等；（2）社会文化变迁与发展，包括乡民社会、经济人类学、都市人类学、汉人社会与文化、民俗学等；

（3）宗教与精神健康，包括宗教人类学、象征人类学、心理人类学、医疗人类学、文化与精神健康、仪式与戏剧、宗教与文化表演等；（4）区域研究，以东南亚及太平洋西南地区为主要研究区域，研究对象包括东南亚民族与文化、太平洋民族志、南岛语系社会与文化、台湾民族志、中国少数民族及民族志名著选读等。

2000年，该人类学研究所有专任教师4名，合聘教师4名，兼任教师4名，荣誉讲座教师1名，博士班学生10名，硕士班学生43名。

该人类学研究所教师均具备台湾、中国大陆之实地田野研究经验，少数还具备东南亚田野研究背景。硕士班及博士班学位论文均要求实地田野研究（硕士论文至少三至六个月，博士论文至少一至二年），教师之研究主题亦均以实地田野调查为基础。

六、台湾东华大学族群关系与文化研究所

台湾东华大学族群关系与文化研究所成立于1995年8月，由原香港中文大学人类学系创建者、首任系主任乔健主持筹设工作，并聘请李亦园、宋文薰、林恩显、杨国枢为创所顾问。该所是一个以人类学为主的多学科研究所，强调研究与教学并重，理论与应用并重。

东华大学族群关系与文化研究所共有专任教师5名，人类学教师有乔健（兼所长）、吴天泰、黄宣卫（与“中央研究院”合聘），心理学教师有余德慧，社会学教师有纪骏杰。目前，还有蒋斌、傅君、顾瑜君等人参与短期教学工作。该所于1995年8月开始招收硕士生，1996年8月有研究生22名。

该所的教学内容分为三大部分：基础研究、文化咨询与社区总体营造。在基础研究方面，主要是由中国实情出发，对族群关系的理论与实际做深入而广泛的研究。研究的重点在于台湾族群关系的本质与特色，以及台湾原住民的历史与文化及其在南岛民

族中的地位。

附录：

一、台湾的民族学、人类学学术团体

（一）“中国民族学会”

“中国民族学会”于1934年在南京成立。1949年，学会一些主要成员迁台，并在台湾开展民族学调查，收集民族学资料。在此基础上，有些学者倡议在台湾地区恢复“中国民族学会”。1954年1月17日，“中国民族学会”正式复会，当时有会员66人，选出理事15人（卫惠林、李济、芮逸夫、陈奇禄、凌纯声、何联奎、陈绍馨、陈荆和、石璋如、林朝棨、蔡滋理、林宗义、郑发育、戴炎辉、宋文薰），监事5人（李宗侗、董作宾、吴克刚、林衡道、董同和），并决议编行《中国民族学报》。该学报一共出版了三期：第一期于1955年出版，第二期于1958年出版，第三期于1963年出版。后来，《中国民族学报》改为《中国民族学通讯》。至20世纪90年代中叶，《中国民族学通讯》共发行了29期。

20世纪80年代之后，台湾“中国民族学会”的活动逐渐消沉，学会组织虽仍存在，但活动已趋于减少。

（二）“中国边政协会”

“中国边政协会”成立于1954年，由大陆来台的从事边疆民族研究的学者和政界人士组成，其中包括由大陆迁台的维吾尔族、藏族、蒙古族及曾在边疆省区任高职的汉族政界人士。成立之初，协会中的主要学者有胡耐安、芮逸夫等。1956年，政治大学在台复校，并设立边政系，于是边政系师生大多都加入了该协会。此后，边政协会就有了比较稳固的基础。至20世纪90年代，台湾高山族诸族群人士及研究人员也有不少人加入该协会，其会员逐渐增多。“中国边政协会”设有理事长、理事、监事等职。

“中国边政协会”于1963年创办会刊《中国边政》。该刊为季刊，几十年来从未间断，现已出版了150多期。该协会除出版季刊外，每年还举行一次年会，邀请专家学者做专题报告并举行研讨活动。自1994年起，该协会开始举办“中国少数民族系列演讲”，深受各界重视。此外，自1995年起，该协会还与台湾政治大学民族学系合作，多次举办两岸民族学者间的学术交流活动。

二、参考文献

（1）陈奇禄：《中国民族学研究的回顾与前瞻》，原载《中华文化复兴月刊》第11卷第6期（1978年6月），引自陈著《民族与文化》，台北，黎明出版公司，1981年。

（2）李亦园：《民族志学与社会人类学：台湾人类学研究与发展的若干趋势》，载乔健主编：《社会学、人类学在中国的发展》，香港中文大学新亚学术书院，1998年。

（3）李亦园：《民族志学与社会人类学》，台湾《清华学报》，新23卷第4期，1993年。

（4）李亦园：《悼念李济之先生》，载李亦园：《人类的视野》，上海文艺出版社，1996年。

（5）李亦园：《四十年来的民族学研究所——一个全程参与者的回顾与反思》，台北，《民族学研究所集刊》第80期，1996年。

（6）李亦园：《我的人类学研究生涯》，载李亦园：《田野图像》，山东画报出版社，1999年。

（7）林恩显：《政大边政、民族研究教学的回顾与展望》，台湾政治大学《民族学报》第20期，1993年。

（8）凌纯声：《近年来中国民族学之研究》，载《中国边疆民族与环太平洋文化》（下），台北，联经出版事业公司，1979年。

（9）乔健、高怡萍：《台湾人类学的现况与发展：评述与建议》，载乔健主编：《社会学、人类学在中国的发展》，香港中文大学新亚学术书院，1998年。

（10）芮逸夫：《“国立”台湾大学考古人类系标本藏简史》，载芮氏著《中国民族及其文化》下集，台湾大学人类学系，1989年。

（11）尹建中：《台大人类学教学的回顾与展望》，台湾政治大学《民族学报》，总第20期，1993年。

香港中文大学人类学系概况

巫　达

一、基本情况

香港中文大学人类学系成立于1980年，是香港特区惟一的人类学教学与研究机构。该校的人类学教学，可追溯到1973年，但当时是将人类学设在社会学研究委员会。香港中文大学人类学系的创办人和首任系主任是著名人类学家乔健教授。1987年，人类学系在本科的基础上开办了硕士课程，1992年又设立了博士课程，1998年还设立了文学硕士修读课程。目前，该系有62名本科生，30名研究生（其中包括博士研究生、硕士研究生、文学硕士课程修读生）。在该系就读的学生，除了来自香港本地之外，还有不少来自海峡两岸、日本甚至欧美地区。

该系自成立以来，着力于探讨文化接触、族群冲突以及文化认同等问题。教师的研究领域包括族群与文化认同、都市社区、妇女与性别研究及其认同建构、中国民间信仰与民间宗教、中国少数民族、亚洲饮食文化、文化与旅游，以及华南地区的史前考古与文化。

在教学方面，该系注重对学生理论水平和田野调查能力的培养，支持博士和硕士研究生参加海内外的学术会议，以达到学以致用，促进交流，开阔视野的目的。此外，还派出博士生到国外大学进行交流。系里每年都组织本科生参加田野考察，考察地点包括中国内地和台湾地区，以及日本和马来西亚等国。例如，系里近几年曾安排学生到内蒙古、四川、云南、广西等地实习考察，主要是考察少数民族的民俗文化。系里还定期举行本科生学术论坛。这个论坛是专为本科毕业班学生展示他们的田野报告而举办的。对毕业班的同学来说，田野报告是他们完成人类学本科专业训练的标志之一。

性别研究计划是香港中文大学一个跨系的研究计划，人类学系也参与其中。该计划目前招收硕士研究生。

二、目前承担的研究课题及研究成果

该系现有6位教师，其中教授1人，副教授4人，助理教授1人。这些教师都拥有人类学博士学位。他们是：陈志明教授（毕业于美国康乃尔大学）、林舟（Joseph Bosco）副教授（毕业于美国哥伦比亚大学）、谭少薇副教授（毕业于美国夏威夷大学）、张展鸿副教授（毕业于日本大坂大学）、麦固敦（Gordon Mathews）副教授以及吕烈丹助理教授（毕业于澳大利亚国立大学）。现任系主任为陈志明教授。

目前，该系教师承担的研究课题主要有：陈志明主持的“宗教、移民与华人网络：泉州华侨村落”，该课题获得蒋经国国际学术交流基金会资助，计划与泉州海外交通史博物馆馆长王连茂教授以及菲律宾华裔青年联合会会长洪玉华教授合作，为期三年（2001—2004年）；林舟主持的“中国的香皂和香波销售：全球性的消费与消费欲”，此课题获得RGC资助，研究时间为两年，计划通过对城乡家庭的深入访谈和参与观察来研究消费欲的形成；张展鸿主持的“日本阿伊努文化转型”，获香港中文大学2001年夏季研究资助；吕烈丹主持的“华南地区一万到五千年的生计形态”，获香港中文大学2001年夏季研究资助；谭少薇的“家庭与性别的社会建构”，获RGC资助，研究时间为两年。

多年来，该系发表了大量的研究成果，在学术界产生了较好的反响。据不完全统计，仅2001年1月至9月间，该系发表的研究成果就达20余项。其中包括：陈志明教授的《亚洲华人饮食方式的变迁》(*Changing Chinese Foodways in Asia*，co－editor with David Y.H.Wu)、《香港的豆腐消费》（Bean－curd Consumption in Hong Kong，co－author with Sidney W.Mintz）以及《旅游、人类学与中国社会》（与杨慧、张展鸿共同主编，云南大学出版社）；谭少薇副教授的《港式饮茶与香港人的身份认同》(《广西民族学院学报》2001年第4期)；张展鸿副教授的《经由空间的记忆：香港后殖民地时期的社堂》（Remembering through Space：A Communal Hall in Post－colonial Hong Kong)、《土地利用与风水：香港新界的土地售让》（Land Use and Fung－shui：Negotiation in the New Territories，Hong Kong)、《香港客家人餐馆及其社会变迁》(《广西民族学院学报》2001年第4期)；麦固敦副教授的《生活之道》（Revised Japanese translation of *What Makes Life Worth Living*)；吕烈丹助理教授的《利用正电子放射X线断层摄影技术研究石器制作和人类大脑相关区域的激活》(《中国文物报》2001年6月6日)。

三、海内外学术交流

由于香港特殊的地理区位条件，香港中文大学人类学系成为香港地区与海内外人类学、民族学交流的桥梁，曾有很多知名学者在该系任教或进行学术访问，如Sidney W.Mintz教授（美国约翰·霍普金斯大学)、Edward M.Bruner教授（美国伊利诺大学)、James L.Watson教授和Rubie S.Watson教授（美国哈佛大学)、萧凤霞教授（美国耶鲁大学）和森川真规雄教授（日本京都同志社大学）等。在2000—2001年，到该系访问的学者分别来自美国哈佛大学和斯坦福大学、澳大利亚国立大学、日本东京大学、法国索邦大学、丹麦哥本哈根大学、中国社会科学院、中山大学、广西民族学院、美国自然历史博物馆和日本国立民族学博物馆等教学科研机构。

2001年，该系教师参加的主要学术交流活动有：在成都举行的第七届客家学国际会议、在兰州举行的中国社会学人类学第六届高级研讨班、在台北举行的第四届世界海外华人国际学术研讨会和“妈祖崇拜与现代社会”国际会议、在新加坡举行的“新马华人：传统与现代的对话”国际学术研讨会、在美国芝加哥举行的亚洲研究学会年会、在德国柏林自由大学召开的亚洲学者国际会议、在法国召开的关于东亚语言演化历史的国际会议，等等。

四、学术刊物与固定的学术讲座

香港中文大学人类学系与香港人类学会于2002年夏季共同创办了一份国际性的人类学刊物——《亚洲人类学》。陈志明和麦固敦担任该刊主编。2002年的创刊号以“东亚的文化转型”为主题，以后该刊将每年出版一期。《亚洲人类学》旨在给全球读者带去全新的亚洲人类学研究成果。到目前为止，人类学家撰写亚洲专题研究文章时，如果要寻求全球范围的读者，就必须在西方的刊物上发表。为了给本土人类学家和以亚洲为研究领域的人类学家提供更多的机会，有必要筹办一份新的人类学刊物。《亚洲人类学》就是放眼全球，立足亚洲的这样一种人类学刊物。该刊用英文出版，将为研究亚洲的人类学家提供一个新的学术论坛。

香港中文大学人类学系还设有固定的学术讲座。一是“周五学术讲座”，每星期五中午在该系人文馆举办。二是“性别研究讲座”，每星期三中午举办，地点也是在人文馆。

·学科研究进展概况·

民族理论研究

一、中国共产党民族理论研究

2001年是中国共产党成立80周年，因此本年度对中国共产党民族理论的总结和回顾性的文章较多，其中包括一些领导干部和老同志的文章。全国人大常委会副委员长铁木尔·达瓦买提在《解决中国民族问题的成功之路》（2001年6月29日《人民日报》）一文中系统地回顾了中国共产党解决民族问题的历程，总结了其中的理论和经验，认为党在解决民族问题方面走过一条艰辛探索但却是成功的道路，其中忠实地代表各民族人民的根本利益，坚持马克思主义民族理论与中国具体国情的结合这两点具有根本意义。

中央统战部副部长、国家民委主任李德洙著文认为，从中国共产党80年来处理民族问题的曲折历程中可以得出三个历史性的结论：第一，实践证明，我们党的民族政策是正确的；第二，我们党解决民族问题是成功的；第三，中国的民族关系是最好的。他还在文中对党的关于民族问题的基本观点和政策作了十条概括：（一）民族的产生、发展和消亡是一个漫长的过程，社会主义时期是各民族共同发展、繁荣的阶段，各民族间的共同因素在不断增多，民族特点、民族差异将长期存在；（二）民族问题是社会总问题的一部分，我国现阶段的民族问题只有在建设有中国特色社会主义的共同事业中才能逐步解决；（三）国家统一是各族人民的最高利益，各族人民都有维护祖国的安全、荣誉和利益的义务；（四）各民族一律平等，国家保障少数民族的合法权益和利益；（五）各族人民要互相尊重、和睦相处，不断巩固各民族的大团结；（六）各民族要加强互助合作，努力实现共同进步和繁荣；（七）发展经济、改善生活是我国现阶段民族工作的主要任务，是解决其他各种问题的基础；（八）民族区域自治是中国共产党对马克思主义民族理论的重大贡献，是解决我国民族问题的基本制度；（九）不断提高各民族人民的思想道德素质和科学文化素质，努力造就一支宏大的德才兼备的少数民族干部队伍；（十）民族问题和宗教问题在一些地方往往交织在一起，在处理民族问题时要注意贯彻党的宗教政策（李德洙：《伟大的成就，光辉的未来》，载《中国民族》第7期）。这十条是中央领导在一次中央会议上提出的，实际上是中国共产党对自身民族理论的一个总结。这些观点的概括和提出无疑对中国民族理论政策的研究和实践都具有重大意义。

在对中国共产党民族理论的总结中，王希恩发表在《世界民族》第3期的《中国共产党国际民族问题理论述要》一文首次将党的关于国际民族问题的论述纳入视野。文章认为，“国际民族问题”可以容纳两层意思：一是国家之间的民族问题，二是外国的民族问题。中国共产党的民族理论从一开始就包含着广泛的国际民族问题内容，大致可分为六点：关于民族主义或民族解放理论；爱国主义和国际主义；主张民族平等，反对民族压迫和歧视；和平共处、求同存异和尊重多样性的原则；反对外部势力插手别国民族问题的坚定立场；国际力量联手打击民族分裂主义的主张。这些内容丰富和发展了马克思主义关于民族殖民地的理论，填充了后殖民时代国际民族关系理论的空白，也提出了关于当代世界民族问题的见解。世界民族问题的突出是新时代的一个特点，中国共产党在如何看待和处理这些问题上正在作出自己的回答和抉择，是党的民族理论的重要构成。关于中国共产党国际民族问题理论的研究尚未系统展开，这篇文章的发表对开展这方面的研究是有引导作用的。

随着以江泽民为核心的党的第三代领导集体对解决民族问题实践的积累和民族问题论述的增多，关于第三代领导集体民族理论的研究也随之增多。中国共产党民族理论的研究热点正从邓小平民族理论转向第三代领导集体的民族理论。《民族研究》2001年第5期发表的金炳镐等人的《论中国共产党第三代领导集体的民族理论》一文认为，以江泽民为核心的党的第三代领导集体的民族理论是继毛泽东思想和邓小平民族理论之后马克思主义民族理论在中国发展的第三个阶段。它有自己形成的思想基础、基本特点和涉及广泛的理论内容，系统而科学地回答了新时期我国民族工作的一系列基本问题，思想深刻、特色鲜明、体系完整，适应了新时代的需要，是21世纪我国民族工作的指导思想。《中南民族学院学报》第4期发表了彭英明的文章《论新世纪民族问题与民族自身发展——学习江泽民同志关于民族问题的论述》，该文认为，根据江泽民关于民族问题的论述，民族自身发展是解决民族问题的硬道理，实施西部大开发，兴边富民，法治与德治相结合，是实施民族发展，建设文明民族的重要途径。

自江泽民提出“三个代表”的重要思想，尤其是他在纪念建党八十周年大会上全面阐述了这一思想之后，民族理论界很快将理论研究同“三个代表”重要思想的学习结合起来，形成了一批重要成果。如《民族研究》2001年第6期开辟了学习“三个代表”思想的专栏，就包括民族理论在内的民族研究与“三个代表”的关系发表了一组有价值的文章。《黑龙江民族丛刊》2001年第3期发表的金炳镐和都永浩的论文《“三个代表”思想与民族理论发展》，《学术论坛》2001年第2期发表的中共南宁地委宣传部和广西社会科学院联合课题组的论文《论“三个代表”重要思想对新世纪民族工作的指导意义》，都是这方面有代表性的成果。

此外，由陈国新、杜玉银主编的《马克思主义民族理论发展史》一书由云南大学出版社2001年6月出版。该书以史的形式概括性地叙述了马克思主义民族理论产生和发展的历程，介绍了马克思、恩格斯、列宁、斯大林和中国共产党三代领导集体有关民族理论的主要内容，对系统学习和研究马克思主义民族理论具有帮助作用。

二、西部大开发与民族问题研究

与西部大开发战略的实施相对应，西部大开发与民族问题的关系仍然是民族理论界关注的重大课题。黄铸于2000年第12期和2001年第1期在《人民论坛》连续著文，题为《当前我国民族理论研究面临的若干问题》，就所涉及的问题谈了自己的看法，其中首先就谈到，西部大开发和外部环境的变化呼唤民族理论和政策研究的深入和发展。毛公宁近年对西部大开发问题着力颇多，2001年又在《西北民族研究》第1期发表《关于西部大开发中若干重大问题的思考》一文，就民族问题在西部大开发中的地位和作用问题、在西部大开发中加快少数民族和民族地区发展的问题、民族政策和民族区域自治制度的发展与完善以及民族关系问题等谈了自己的看法。他提出，西部大开发实际上是少数民族地区的大开发，加快少数民族和民族地区的发展是西部大开发题中应有之义，也是党和国家实施这一战略的基本出发点和归宿。国家应加大对少数民族和民族地区的扶持力度，少数民族和民族地区也要充分认识西部大开发的长期性和艰巨性，从少数民族和民族地区的实际出发，探索一条适合于当地发展的路子。他认为，那种把民族区域自治与发展社会主义市场经济对立起来的观点，忽视民族区域自治巨大优越性的短视行为，都是错误的。近些年来，一些地方出现的撤消自治地方建市的现象，应当引起足够的重视，切不可蔓延成风。对影响民族关系的各种因素要采取积极有效的防范措施，以确保国家的安全和民族地区的长治久安。

除了对西部大开发与民族问题总的论述之外，不少文章把着眼点放在具体地方的问题，如王欣、周伟洲著文认为：在西北地区，民族问题是诸多社会因素中最为突出和重要的方面，能否处理好西北民族问题，不仅关系到整个社会的稳定和国家的安全，而且也是西部大开发战略顺利实施的前提和保证。他们将西北民族问题的特点概括为：民族构成的多样性、复杂性和地缘分布上的边疆性；民族社会经济发展的滞后性；文化传统的宗教性；族际关系中的跨国性和反分裂斗争的长期性和复杂性。基于这些特点，文章提出了全面正确贯彻执行党的各项民族和宗教政策，根据西部大开发新形势下可能出现的新情况作适当调整和充实等具体思路（王欣、周伟洲：《论西部大开发中的西北民族问题》，《西北大学学报》第4期）。

同样是较为具体的研究，以下三个问题又尤为突出：

（一）西部大开发对民族关系的影响。多数文章认为，西部大开发的战略决策代表了全国各民族人民的根本利益，得人心、顺民意，得到了各族人民的衷心拥护和支持，有助于调整民族利益、改善民族关系、增强民族团结。但同时也都指出了正在和将要出现的问题。马平认为，西部大开发在实施过程中并非齐头并进，也存在一个先富与后富的顺序问题。旧的差距消除以后，也有可能产生新的暂时性的、局部的差距。由此也有可能导致纠纷和摩擦的增多。西部大开发也伴随着不同文化和观念的碰撞。一部分少数民族群众对外来文化和观念缺乏足够的心理准备和承受能力，处置不当极易加剧摩擦或产生矛盾。西部大开发在带来机遇的同时，也给民族地区带来了更加激烈的竞争，少数民族在竞争中处于不利地位，其影响则往往反映到民族关系上来。他提出建议：加强法制建设，保护民族关系；落实各项政策，协调民族关系；兼顾各方利益，维护民族关系；加强东西部合作，密切民族关系；提倡互惠互利，增进民族关系；加强思想教育，融洽民族关系（马平：《西部大开发对当地民族关系的影响及对策》，《宁夏社会科学》第2期）。乌小花提出，在西部大开发过程中要关注西部与全国的关系，西部地区内部的民族关系，跨境民族问题的影响和宗教因素的影响（乌小花：《试论西部大开发进程中利益调整下的民族关系》，《黑龙江民族丛刊》，第1期）。

（二）西部大开发对民族地区生态的影响。黄剑波撰文认为，西部大开发是一项社会系统工程，它所关涉的不仅仅是经济、文化和社会问题，也包括生态问题。西部的生态非常脆弱，而西部生态堪称整个中国的生存线。西部不能不发展，环境不能不保护和改善，这个西部大开发中的两难问题的解决将是整个开发工程中的关键所在（黄剑波：《西部大开发中的生态困境》，《西北民族学院学报》，第2期）。中国民族理论学会2001年8月在内蒙古自治区的满洲里市召开专题研讨会，内容就是生态环境与少数民族发展。会议认为，生态问题事关国家经济建设和社会主义现代化的能否实现，也与民族问题密切相关，因为它事关中国各民族的生存和发展。目前生态问题已成为少数民族和民族地区发展的最大制约因素，抓好生态保护和建设是解决民族问题的一项根本性工作。随着对这一问题的认识不断深化，不少研究也开始注意文化生态的保护问题。段超以《对西部大开发中民族文化资源和文化生态保护问题的再思考》（《中南民族学院学报》第6期）为题专门论述了这一问题。他认为，西部大开发过程中的生态环境保护问题既包括自然生态环境的保护，也应该包括文化生态环境的保护。时下，西部民族地区的文化生态环境已经受到一定程度的破坏，并且伴随着西部大开发战略的实施和现代化进程的加快，西部民族地区的文化资源和文化生态环境将会受到更加严重的冲击。对此问题处理不当，会引发一系列社会问题，直接影响西部大开发的成效。要在保护自然生态的同时，采取多种办法，加大力度保护文化生态，使西部民族地区持续稳定发展。这一论题的文章还有不少。

（三）关注“兴边富民行动”。“兴边富民行动”是国家民委发起的西部大开发的配套工程，旨在通过这一行动，使边疆地区的基础设施条件有明显的改善，各族人民的生活水平有实质性的提高，经济和社会事业有较为全面的发展。这一行动得到了中央的肯定和支持，民族理论界也对此作出了反应。2001 年 8 月中国民族理论学会与延边大学在延吉市就此专门召开了研讨会，会上各地学者结合自己地区的实际进行了有益的讨论，全国人大常委会副委员长布赫也亲临会议并讲了话。会后由中国民族理论学会和延边大学民族研究所将会议论文以《兴边富民与少数民族发展》为题结集出版。在此前后，有关的文章也发表了不少，兴边富民行动由此成为西部大开发研究的一项重要课题。

三、民族工作理论研究

民族工作理论是中国民族理论的重要构成，它的存在也是中国民族理论的重要学科特色。民族工作理论内容繁杂，但法制建设研究历来占有突出的位置。2001 年 2 月，全国人大常委会通过了新修改的《民族区域自治法》，这是民族工作中的大事。以此为契机，理论界对民族区域自治制度的研究又有了新的进展。由王戈柳、陈建樾主编的《民族区域自治制度的发展》（民族出版社 9 月出版）一书，结合《民族区域自治法》的修改，对我国的民族区域自治进行了较系统的研究。由于作者或亲身参与了该法的修改过程，或本身就在民族政法部门担任领导工作，或已经是本领域的专业研究人员，故该书的内容和观点便有了一定的权威性。几乎与此同时，由陈云生撰著的《中国民族区域自治制度》一书也由经济管理出版社出版。由于本书作者是法学专家，其论述角度、风格和观点便独具特色，尤其关于民族区域自治的“价值蕴含”和“价值影响”两章，表达了作者期望世界各国能“从中找到一条解决麻烦不断、战乱频繁的民族问题的途径或启发性影响”的强烈心愿。同样抱有这种心愿，也抱着与世界各国同行交流研究成果，借鉴他国处理和解决民族问题的制度和经验的愿望，国家民委民族问题研究中心和香港科技大学于2001年6月下旬在北京联合召开了“民族区域自治国际学术研讨会”。来自中国、美国、英国、澳大利亚、新加坡、尼日利亚、印度等16个国家的60多人参加了会议。会议就自治的基础理论和个案经验进行了广泛的交流。外国代表对中国实施民族区域自治的成就给予了充分的肯定，认为中国的做法为多民族国家正确解决民族问题提供了成功的范例，同时，外国的一些自治制度和政策也给中国代表以有益的启发。各国学者普遍认为，民族区域自治是保障少数民族权利、预防和缓解民族冲突的一种重要机制。尽管各国历史背景 、民族构成、文化环境和现实状况不同，民族区域自治没有固定的模式，但都以有利于国家的统一、民族的团结和社会的发展进步为目标，为此应该采取对话—让步—达成共识的运作机制。这是一次成功的国际会议（王铁志：《国际视野中的民族区域自治》，载《世界民族》第4期）。此外，一些文章还就修改后的《民族区域自治法》的学习和贯彻发表了看法。其中很多文章结合了本地本部门的实际，如苏太恒的《学习贯彻民族区域自治法，加快少数民族和民族自治地方的发展》（载《贵州民族研究》第3期）等，都很有见解。

城市少数民族流动人口的管理是民族工作面临的新问题，由此也逐渐开始受到重视。周竞红在2001年第4期《民族研究》

发表文章《少数民族流动人口与城市民族工作》认为：改革开放以来，少数民族向城市的迁移人口大量增加，这促进了城市文化多样性的发展，加深了各民族文化在各个层面的交往程度，但也使得城市民族关系进一步复杂化，为城市民族工作提出了挑战。为此她提出应建立适应市场经济体制特点的管理协调机制、流动人口流出地政府与流入地城市政府间进行有效的协调合作、通过社区化管理以加强少数民族流动人口与城市社区的联系、动员民间社会组织力量参与管理等建议。胡令明则分析了城市少数民族流动人口的特点，认为少数民族人口流动将是今后发展的大趋势，加强对少数民族流动人口的管理将是城市的一项长期性工作。要树立认可、欢迎的态度，坚持管理与服务并重的原则，使城市少数民族流动人口管理工作形成良性循环（《城市少数民族流动人口的新情况、新问题》，载《民族论坛》第4期）。

与纪念中国共产党建立80周年有关，对党的民族工作进行回顾性的总结也成为本年度的一个重要课题。这方面首先值得提及的是李资源撰写的《中国共产党民族工作史》一书（2001年1月由广西人民出版社出版）。该书力图系统地描述中国共产党的民族工作历史，在对党的民族工作做出全景式介绍的同时，也从中作了有益的理论探讨。作为对自己成果的概括性总结，李资源在《中南民族学院学报》2001年第6期又发表了《论中国共产党民族工作80年》一文。此外，吴承义在《攀登》2001（专刊）发表的《中国共产党民族工作八十年的历史回顾》也作了同样的工作。这种从历史角度对党的民族工作所作的总结是非常有益的。

四、国内民族关系研究

除了在对西部大开发等问题的研究中已经涉及到民族关系问题之外，本年度专门就国内民族关系进行的研究也不少。其中的特点是结合地方和专门领域的文章突出。如段继业在2001年《民族研究》第3期发表的《青藏高原地区藏族与穆斯林群体的互动关系》一文，就是一项有质量的地区民族关系研究。文章认为，藏族和穆斯林群体的关系对青藏高原的民族团结和社会稳定影响极大；藏穆关系的和谐与稳定，源于他们之间长期、持久和频繁的民间互动，而互动的深层根源则是两种生产方式的互补共生需要。互动促进了民族文化的交流与融合，但和而不同才是藏穆关系长期的发展趋势。中共新疆区委组织部课题组近年来深入实际，对新形势下的新疆民族问题进行了广泛调查，《马克思主义与现实》2001年第2期发表了他们的成果《关于正确认识和处理新形势下新疆民族问题的调查报告》。该报告对新疆民族问题的现状作了基本估计，对新形势下民族问题的新矛盾及其成因作了深入分析，就解决这些问题提出了对策建议。其中在民族关系方面提出要坚持民族平等，保障"比例—照顾"政策的继续贯彻；加强干部队伍建设；尊重少数民族的语言文字和风俗习惯；科学界定"民族分裂主义"的概念，维护中华民族的大团结等。由于出于实际调查，故言之有据，很有针对性。此外，同样是地方民族关系研究，覃乃昌的《改革开放以来桂中、桂北的民族关系——以三江、龙胜、资源、鹿寨、金秀为例》（《广西民族研究》第1期）等也很有见地。

关于专门问题的研究，郑信哲《略论我国少数民族人口流动及其影响》（《满族研究》第1期）超出前述城市的范围，对我国少数民族的人口流动问题作了较全面的叙述。文章认为，进入20世纪90年代以来，我国少数民族社会变迁过程中的一个明显特点就是其人口流动变得日趋活跃。他对人口流动的概念作了界定，对其类型作了划分，对其分布地区作了分类，还就人口流动对民族关系和少数民族发展的各种影响作了分析探讨，使这一问题的研究明显得到深入。针对近年来一些地方民族群体性的事件时有发生的情况，江仁宝专文作了探讨。他提出：要认真提高对民族工作重要性的认识，增强预防、化解涉及民族群体性事件的自觉性；涉及民族群体性事件一旦形成，就要迅速、果断地在依法化解处置上下功夫；坚持法制原则，把预防工作纳入法制轨道；要大力加强基层组织建设和民主制度建设，克服种种不利于民族团结的倾向，提高素质，坚决维护民族团结和社会稳定（江仁宝：《关于正确处理民族群体性事件初探》，载《政法论丛》第2期）。此外，乌小花和李自然对民族文化交流与民族关系的发展作了专题研究，认为民族文化交流能够促进民族文化发展，是民族发展的动力，也是民族工作中的重要内容。文章也指出了民族文化交流中存在的问题并提出了对策建议（乌小花、李自然：《试论新时期民族文化交流与民族关系的深化发展》，载《内蒙古工业大学学报》第1期）。

五、全球化与民族问题关系研究

全球化是当代社会不可回避的现实和趋势，也是中外学术界的热门话题；相对而言，民族研究领域对此有所冷漠，但仍然有一些成果面世。国外对全球化与民族主义的研究已呈方兴未艾之势，受此影响，国内民族理论研究全球化也似乎多从这一话题开始。2001年第2期《探索与争鸣》发表了“何中华教授访谈录”：《全球化与民族主义》。何中华就“全球化”和“民族主义”的概念，二者的关系，全球化中的文化民族主义，如何保持自己的民族文化价值等问题发表了自己的观点。他认为，不能说民族主义是全球化的产物，但今天的民族主义的确是伴随全球化浪潮而兴起的一种思潮。全球化在使民族主义成为必要的同时，也在客观上带来了民族主义的危机。在全球化进程中保持文化多元，捍卫民族文化，成为目前难以抗拒且亟待解决的难题，而该任务的完成，将有赖于民族主义。李晓伟、袁涛也认为，20世纪全球化的迅猛发展，深刻地触动了当代民族主义的神经，促使民族主义在世界范围内扩散，势头不减。在全球化时代再兴的民族主义对和平与发展产生了重大影响，它是一把“双刃剑”，具有双重性作用（李晓伟、袁涛：《全球化时代的民族主义及其影响》，载《云南民族学院学报》第5期）。

全球化对民族文化的影响是另一个得到关注的问题。郑晓云的《论全球化与民族文化》（载《民族研究》第1期）对此作了较系统的论述。该文认为，全球化对民族文化将产生重大而深远的影响，促使各民族社会的转型、文化的重新整合。文章从全球化的角度审视了中国民族文化的变迁，探讨了其价值冲突、融合、存在状态、传承途径等，指出民族文化在中国的社会环境中机遇大于风险，只要积极应对，就可以在吸收外部先进文化的同时，又使自己走向世界，获得更大的发展空间。

关于全球化对中国具体民族问题的影响，王希恩在前述“民族区域自治国际学术研讨会”上提交的论文《全球化与中国的民族区域自治》引起了与会者的关注。他在文章中认为，全球化对中国的民族自治地方带来了加速发展的机遇，民族区域自治也有参与和适应全球化的有利条件，但同时也面临巨大压力和挑战，诸如全球化中的效益导向将使民族区域自治地方面临被“边缘化”的威胁，全球化过程中的市场原则将弱化民族区域自治的政策优势等。然而只要我们把握优势，积极应对挑战，就能够使民族区域自治与全球化达到最佳状态的对接。

此外还有一些文章，如何跃、何琍的《全球化与种族冲突》（《思想战线》第4期）等也分别论及了相关问题。但总的来说，全球化对民族问题影响方面的研究尚未充分展开，有待努力。

六、基础理论研究

2001年民族理论的基础研究有了较大推进，一些既有研究得到了深化，同时出现了一些新论点，拓展了一些新领域。

（一）民族政治研究。这一领域的成就尤为突出。关于民族政治的系统研究当提至民族政治学的层面，但国内自周星1993年出版了他的《民族政治学》之后，在很长时间内，该领域一直未出现成形的新作。周平的《民族政治学导论》（中国社会科学出版社，2001年11月）弥补了这一遗憾。作者认为，无论从理论上看，还是从实践上看，从政治学的角度对民族问题进行全面研究，弄清民族政治生活的基本规律、民族政治行为的基本特征、民族政治问题的生成机制，探索解决民族政治问题、改善民族政治生活的有效方式，继而建立一门专门研究民族政治生活和政治问题的民族政治学，是非常必要的。他将民族政治学定性为以民族政治生活和政治问题为研究对象，具有政治学和民族学交叉性质的学科。该书以“民族与政治”、“民族国家政治体系”、“多民族国家政治体系”等十章阐述了关于这门学科的基本内容。显然，这本书的出版不但对确立这门学科的地位有意义，而且对民族理论研究的拓展和深化也具有推动作用。

关于民族政治的具体问题研究，朱伦的《民族共治论——对当代多民族国家族际政治事实的认识》（《中国社会科学》第4期）颇有新意。该文通过对当代多民族国家族际政治生活的考察，提出了“民族共治”的命题。他认为民族共治有两个层面：一是各民族对国家的共治，二是有关民族对民族杂居地区的共治。所谓民族共治，就是在国家统一的前提下，由各民族共同造就的以共和为目标、以权益平衡发展为核心、以民族关系良性互动为宗旨的政治机构、运作机制和实现工具。朱伦的这一论点已引起了很大的反响，赞同者有之，反对者也有之，而且围绕这一问题的争论还可能在更大范围内展开。关于民族问题与国家的关系，何跃提出，世纪之交种族冲突和民族分离主义的泛滥与民族国家的弱化有密切关系。国家弱化主要表现在，一是民族国家在管理职能上的弱化，二是殖民主义分而治之的殖民遗产造成民族国家发展上的弱化。国家弱化加深了民族冲突（何跃：《种族冲突与国家弱化》，载《云南行政学院学报》第4期）。

“民族自决”理论不但是学术问题，也与当今的多民族国家政治稳定密切相关，因此中外学术界对它的研究越来越重视。陈联璧在其《民族自决权新议》（《民族研究》第6期）一文中，考察了民族自决权理论的由来和在前苏联的实践，继而认为，在冷战结束、殖民主义体系瓦解、世界已不存在压迫民族和被压迫民族的形势下，民族自决权原本包含的国家主权和民族政治独立自主权原则已不适用了，现今的民族自决权应体现为各民族公民享有符合本国国情的人权、参与包括管理和决策本民族事务的国家和社会管理的民主权利和平等权利。程人乾认为，民族自决原则和国家主权原则是伴随着近代民族国家的建立而产生的，此后经历了一个发展、演化的复杂过程。当代世界存在着过度使用民族自决原则从而挑战国家主权的问题。他指出，民族自决原则从来不是绝对的，它的运用应是有条件的，而这一原则一旦成为西方大国影响、干涉他国内政的工具，就会变味、变形，丧失原有的意义而走向反面（程人乾：《简论国家主权原则与民族自决原则之间关系的演化》，载《世界民族》第2期）。这些论点都是有启发意义的。

（二）民族问题的理论探讨。关于民族问题的概念，学术界历来看法不一，周传斌就此谈了自己的观点。他认为，民族问题是在民族交往联系中，基于民族文化差异、民族群体利益的关注，或者阶级不平等的延伸等原因造成的民族间复杂的矛盾问题。对民族问题应在交往、互动和关系的动态场景中来分析和认识。他借助社会学的方法提出并阐述了影响民族问题产生和发展的七个因素或变量：民族文化传统的差异程度；民族交往程度；民族社会性质和阶级状况；政府的政策导向；民族社会生产力发展水平的差异程度；历史上的民族关系状况；民族分布地域与国家界限的吻合程度（周传斌：《论民族问题的诸影响因素》，载《中南民族学院学报》第2期）。民族矛盾是民族问题的基本内容。唐鸣撰文对民族矛盾的根本原因和一般原因作了分析，认为：民族矛盾的根本原因，是指在全部历史发展进程和整个社会结构中决定民族矛盾得以产生、发展的最深刻的“终极原因”，它存在于一定的社会物质资料的生产方式之中，存在于一定的社会生产力的发展状况之中。民族矛盾的一般原因，是指各种各样民族矛盾所共有的原因，包括民族差异、民族交往和民族利益等（唐鸣：《民族矛盾的根本原因和一般原因》，载《社会主义研究》第4期）。韩忠太则从心理学的角度对民族偏见作了专门论述。他对民族偏见的定义是：不同民族在相互交往过程中，一个民族根据片面和错误的信息，对另一个民族及其成员所表现出的不公正的、否定的态度。他认为：民族偏见的特点是先入为主、以偏概全、不顾事实、不易改变；产生民族偏见有历史、政治、经济和文化的多种原因；民族偏见危害族际交往、文化交流、经济合作和社会稳定。克服民族偏见的方法主要是：加大宣传力度，增进相互了解；坚持平等接触，扩大民族交往；设立共同目标，建立相互依赖关系；防止个人交往对象民族化（韩忠太：《论民族偏见》，载《云南社会科学》第4期）。这些研究显然推进了民族问题理论的深入。

（三）关于“族群”问题。“族群”是近年来民族学逐渐采用的一个词语，而对它的研究也随之逐渐增多。针对“族群”概念的使用对中国习惯的“民族”概念的冲击，沙力克撰文指出：英文“ethnic group”译为中文的“族群”是贴切的，但它并不等于“民族”。就中国而言，“族群”概念是对各民族中的次级群体和尚未确定民族成分的少数群体的描述。而中国的“民族”是有严格界定的。在中文语境中虽然只有一个“民族”，但在表达中华民族、中国各民族、少数民族、某一民族时对于中国人来说已约定俗成，并无异议。我们需要解决的是如何将反映中国这种国情的概念和话语比较准确地介绍给世界，而不是按照西方的观念来削足适履地改变自己。从这个意义上说，将“ethnic group”同时翻译为“族群”和“民族”，或者用“族群”取代“民族”，甚至将“族群”概念随意运用于各类社会群体，都不是明智和科学的选择。就“族群”和“民族”这样的概念来说，我们不能因为不同于西方而改变自身已经既定的民族观和政策标准，而是需要研究如何在国际对话中让世界了解中国的民族和民族政策。让外国人也适应中国人的观念和话语系统，这样才能够使国际化成为双向交流的结果而不是单向接纳的产物（沙力克：《“族群”与“民族”的国际对话》，载《人民日报》2001 年 11 月 2 日）。沙力克的这一观点不但是自己在“族群”问题上的独特见解，更是在如何对待国外学术概念和中国既有学术话语的关系这一具有普遍意义的问题上阐明了中国学者应有的态度。此外，有关“族群”问题的文章还有不少，其中有分量的是周大鸣在《广西民族学院学报》第 2 期发表的长篇论文《论群体与族群关系》。他认为：有关族群和族群性的概念多种多样；“族群”与“民族”均来源于西方，但它们之间是有区别的。在对族群的研究中，群体认同被视为一个主要的内容，族群认同总是通过一系列的文化要素表现出来，文化是维持族群边界的基础。他还简要介绍了关于族群关系的一些理论，如同化理论、文化多元理论、生物学的理论、人文生态理论、权力和分层理论及整合的族群关系理论等。

（四）新的研究方法。理论研究的推进往往取决于方法的革新，民族研究也不例外。用结构分析的方法研究民族以往被人们浅尝辄止，而 2001 年第 1 期《民族研究》发表的黄行的文章《我国少数民族构成要素的因子分析》又使人们耳目一新。他在文章中用总人口、自治地方本民族人口、自治地方少数民族人口、人均 GDP、农业人口、识字人口、在校生、母语人、单语人、双语人人数等 10 项指标作为民族的地区、经济、教育和语言构成要素，对这些要素在我国现有少数民族中的构成情况作了描述，由此说明目前我国少数民族构成的基本社会状况。文章还依据已有的经验知识对统计分析结果作了相应的说明和解释，指出目前我国少数民族之间的区别特征主要在于经济发展水平、人口的教育水平、居住地区、使用语言等方面的社会差别；但是从发展趋势看，传统意义上的各民族构成要素的作用将逐渐减弱，民族间的差别将逐渐缩小。显然，这一研究是有启发意义的。但类似这样运用新方法的研究成果还不多。

（王希恩）

民族经济研究

在2001年，民族经济研究的主流依然是抓住当前少数民族和民族地区经济发展的热点开展应用性研究，重点仍然是西部大开发背景下的民族地区经济发展。但是，从全年发表的论著来看，民族经济研究领域有几个值得关注的变化：其一，对西部大开发一般性的战略研究有所降温，而针对西部少数民族及民族地区在西部大开发背景下的特色经济、人力资源、资源产业化、生态环境建设、可持续发展等具体问题的研究有所增加；其二，从民族文化视野探讨少数民族经济发展的著述大量增加，这一变化增强了民族经济研究的特色；其三，一些研究出现了向人类学或文化人类学靠拢的迹象，尤其是一些经济人类学和运用人类学方法研究民族经济的论著，使民族经济研究与人类学或文化人类学的界域趋于模糊。毫无疑问，上述变化对民族经济学的成长壮大及其理论建设都是有益的。

现将本年度民族经济研究的热点及前沿性研究概述如下：

一、西部大开发研究

随着西部大开发战略的正式实施，学术界对西部大开发的研究也开始向纵深发展，并且突出了应用性研究的价值。从研究成果的内容看，本年度有关西部大开发的研究热点大体可分为以下几类：

（一）在西部大开发中对民族地区经济发展的综合研究

比较有代表性的论著主要有赵显人主编的《西部大开发与民族地区经济社会发展研究》（民族出版社），胡鞍钢、温军的《社会发展优先：西部民族地区新的追赶战略》（《民族研究》第3期），张有京的《西部民族地区经济发展的思考》（《云南民族学院学报》第4期），过竹、邵志忠的《关于对西部大开发认识的几个问题》（《广西民族研究》第1期），王燃的《西部大开发的背景》（《青海社会科学》第3期）等。但这种综合性研究的成果数量较去年明显减少。

《西部大开发与民族地区经济社会发展研究》是国家民委经济发展司组织完成的一项重要研究成果，由总报告和20个专题研究报告组成，参加研究的有从中央到地方近50个政府部门、大学和科研机构，前后有近200余名专家学者参加了课题的设计、咨询、论证和研究工作，是一项很有分量的应用性研究成果。该书的总报告提出：在西部大开发中加速少数民族和民族地区发展，是实现全国国民经济持续健康协调发展、促进民族团结和边疆稳定的需要。西部少数民族和民族地区具有加速发展的现实基础和潜力，但制约加速发展的因素也很多，包括软环境和硬环境的制约、改革开放滞后的制约、资本形成能力不足的制约、自然和生态环境的制约、产业基础薄弱的制约等，民族地区按照传统的发展战略模式配置资源的产业组合形态已经不能适应加速发展的要求。因此，民族地区必须要充分发挥自身的创造力和积极性，以科学规划为指导，把握实施西部大开发战略的机遇，以改革和创新为动力，充分遵循市场需求和价值法则，用好中央的投资支持，依靠政策引导和动员国内外资金投入作为资金保障，切实重视并大幅度提高科教事业发展水平和少数民族群众的基本劳动素质，在集约生产、实现人地关系基本协调、巩固和完善民族区域自治制度的基础上实现加速发展，不断提高开发的整体效益和效率。

胡鞍钢、温军通过分析探讨西部民族地区传统追赶战略的主要特征及其未来所面临的挑战，认为新世纪应实施“以人为本、社会发展优先”的新追赶战略，优先缩小知识发展差距和人类发展差距，制定能够有效缩小城乡发展差距、使广大农牧民切实受益的农村公共服务政策，促进各民族的自身开放，融入世界现代文明的发展进程，努力消除人类贫困，保护民族文化，以实现各民族的可持续发展。

（二）关于西部大开发中发展民族地区特色经济的研究

比较重要的论著有王文长等著的《西部特色经济开发》（民族出版社），李澜、张丽君的《论西部地区民族经济发展中的特色经济开发》（《中央民族大学学报》第6期），刘晓春、王慧颖的《开发西部必须重新认识民族地区的经济特征》（《黑龙江民族丛刊》第1期），李竹青、于艳春的《调整西部地区产业结构，发展优势产业和各具特色的区域经济》（《黑龙江民族丛刊》第4期）等。

王文长等著的《西部特色经济开发》认为，在经济全球化及市场经济背景下，“越是民族的，越是世界的”经济学解释是：一个民族的所长、特色，正是其他民族的所短和稀缺的；“民族的”在“世界的”资源配置中具有稀缺性，凭借这种“民族的”资源稀缺性，能够在“世界的”资源配置中获得配置效率和市场竞争机会或优势，从而获得超越本民族的市场局限，为世界所赏识，体现出超越本民族的生命力和市场活力。在这种理论认识的基础上，全书探讨了西部开发的特色定位、特色优势、特色经济战略，以及西部地区各产业和西部各省区特色经济的发展。作者把民族学与经济学有机结合，对“特色经济”的定位有独到之处且厚重，因此对问题的探讨比较深入，是一部学术性和应用价值都比较高的著作。

（三）关于西部人力资源的开发

比较有代表性的论文有：吴松《西部开发与人的开发》（《云南社会科学》第3期），马玉树、王芳《西部人力资本探析》（《宁夏社会科学》第6期），郭庆松《人力资源：西部地区经济发展的第一资源及其困境》（《宁夏社会科学》第6期），王亚南的《西部大开发和经济全球化背景下的本土对策：人文资本开发》（《云南社会科学》第4期）等。

吴松认为，在西部大开发中人是最重要的因素。西部人既是西部开发的主体，又是西部开发的对象，开发西部应首先开发人。在西部开发中实施人的开发，必须适度超前发展教育，转换用人机制，充分发挥西部现有人才的作用，广揽天下英才，以解决西部人转变思想观念、实现文化和价值选择的问题，使西部的社会群体和个人完成传统人格的现代转换，提高整体素质，从而为西部开发提供可靠的人力资源保障。郭庆松则将人力资源提升为“西部地区经济发展的第一资源”，并从人力资源的数量、质量、结构和人力资源转化为实际生产力的效率等方面分析了西部人力资源缺陷，认为人力资源已经成为制约西部经济发展的最重要因素，因此必须从战略高度来考虑西部地区人力资源及其开发问题。而马玉树、王芳的文章则探讨了西部地区人力资本的现状及其与东部地区的差距，分析了西部人力资本落后的原因，提出西部地区人力资本的优化配置重点在于制度创新。这类文章的基本模式是：强调西部人力资源在西部开发中的重要性，分析西部人力资源的不足，提出开发西部人力资源的对策。

此外，有关专题研究的热点还有西部生态环境与可持续发展研究（另述）。其他比较有代表性的以整个西部民族地区为研究对象的专题论文有：谢丽霜《西部开发与金融市场的培育》（《内蒙古社会科学》第6期），《经济全球化与西部地区的资本形成》（《贵州民族研究》第4期），曾国平、增军丽《西部大开发中的公有制与市场经济结合问题探讨》（《西南民族学院学报》第6期），周南松、胡晓登《西南水电资源开发中少数民族移民问题与对策》（《贵州民族研究》第1期），罗莉《西部大开发与少数民族地区政策支持》（《西南民族学院学报》第8期），李保林

《西部大开发中民族地区的知识创新》（《内蒙古社会科学》第4期），黄健英《网络经济时代的西部大开发》（《中央民族大学学报》第6期），李岚《西部大开发中的制度创新等“非经济”因素初探》（《中央民族大学学报》第6期）等。

以西部某个具体民族地区经济社会发展问题为研究对象的文章也不少，如王文学、李含琳《甘肃民族地区大开发的总体思路和战略设计》（《民族研究》第1期），李甫春《广西实施西部大开发战略理论构想》（《民族研究》第5期），贺圣达《西部大开发中云南多民族社会发展研究》（《云南社会科学》第1期），韩小兵《西部大开发中的贵州法制建设》（《民族研究》第6期）等。这些文章均从不同的方面探讨了西部大开发进程中民族地区经济社会发展问题，具有鲜明的对策性研究特点。

二、生态环境和可持续发展研究

生态环境建设是我国实施西部大开发战略的重点建设项目之一，可持续发展是西部民族地区经济社会发展追求的理想状态。同时，生态环境建设又具有较浓厚的人文色彩。因此，对西部民族地区的生态环境和可持续发展研究也就成为学术研究的热点之一。这方面的研究可分为以下几类：

（一）在资源开发中如何保护生态环境，实现可持续发展

李笑春在《西部大开发与可持续发展》（《内蒙古社会科学》第2期）中认为：西部欠发达地区蕴藏着丰富的自然资源，存在很大的发展后劲和空间，但面对人口、资源和环境等多方面的冲击和压力，如何使西部欠发达地区的生活模式和消费模式，从“资源破坏型和浪费型”演变为“资源节约型和高效型”和“环境友好型”，是西部地区在经济和社会发展进程中亟待解决的一项十分重要的任务。为此，作者对西部资源开发进程中如何保护环境实现可持续发展提出了对策性建议。类似这样的文章较多

(表达的方式不同)，如周兴维《民族地区经济社会可持续发展研究》(《西南民族学院学报》第8期)，李曦辉《西部生态环境的保护与建设》(《贵州民族研究》第2期)，李竹青《切实保护和改善西部地区生态环境》(《中央民族大学学报》第1期)，金作祥《对西部环境保护跨越式发展的思考》(《青海社会科学》第4期)，李慧明《论西部开发中的生态环境保护》(《内蒙古社会科学》第6期）等。这些文章有的侧重于以史为鉴，有的侧重分析问题，有的侧重研究对策。

王根索、侯景新的《西部资源型区域的可持续发展》，针对国内外诸多学者提出的“西部应该选择资源产业尤其是矿业作为主导产业”，以及“以资源换资金”等观点指出：依据世界各国及我国的经验和教训表明，许多靠资源发展起来的区域经过一段时间的繁荣之后，极易陷入衰退，甚至一蹶不振。在现代市场经济格局下，区域经济发展具有新的内涵：一方面，区域经济发展的绩效取决于地区经济的竞争力和通过竞争在国内乃至国际大市场所占的市场份额；另一方面，市场竞争的成败，在很大程度上取决于创新，包括技术创新、管理创新和博弈规则创新等。作者提出的资源型区域可持续发展的创新思路为：培育和完善区域创新体制；实行资源开发利用的产业化、区域一体化，培育区域竞争优势；建立以资源为中心、以资源产业为基础的城镇网络；发展生态农业，为资源型区域可持续发展奠定坚实的基础。不过，像这样的对话文章很少，绝大多数文章都是“各说各的”。

（二）江河流域民族地区的生态环境建设

这是本年度的研究新动向。我国主要江河流域的源头基本上都在少数民族聚居区，江河源头的生态环境对全国都有重要影响。李绍民、李锦的《长江上游民族地区生态经济系统》《广西民族研究》第3期）是这方面的典型文章。作者认为，长江上游民族地区的面积占全流域面积的38%，其生态环境的恢复和保护对全流域的可持续发展具有决定性的意义。只有当生态环境保护与当地经济发展、少数民族群众生活改善相结合，生态环境的恢复与保护才有可持续性；只有对长江上游民族地区的所有产业进行生态化改造，并发展新的生态经济部门，建立生态经济系统，才能达到既保护生态环境，又发展经济，改善人民生活的目的，也才能真正实现全流域的可持续发展。

相关的文章还有罗民波、杨雪清等《三江并流地区经济活动对生态环境的影响及天然林的保护对策》(《思想战线》第6期)，刘建甫《塔里木河流域经济可持续发展与生态环境保护对策》(《新疆社会科学》第3期)，兰汝宽《珠江北部源头流域的生态问题》((广西民族研究) 第3期) 等。

（三）民族文化与生态环境研究

丁克家《试论东方传统环境思想的当代意义》(《宁夏社会科学》第6期)，袁国友《中国少数民族生态文化的创新、转换与发展》，刘兰凯《民族地区经济发展中自然生态观的重新整合》(《云南民族学院学报》第3期)，廖国强《中国少数民族生态观对可持续发展的借鉴和启示》(《云南民族学院学报》第5期)、《云南少数民族刀耕火种农业中的生态文化》(《广西民族研究》第2期)，王明东《独龙族的生态文化与可持续发展》(《云南民族学院学报》第5期) 是其中比较好的几篇文章。丁克家的文章视野宽阔，作者认为：面对东方发展中国家自然环境的日益恶化，我们有必要在发展经济和提高综合国力的同时，对历史和现实进行反思，广泛吸纳东方传统环境思想中的有益成分和观念，使其转化为具有现实作用和功能的因素。文章探讨了从东方古老传统中汲取中国儒、道思想中的积极生态观，伊斯兰教中人与自然的对等和谐发展观，以及印度等国传统思想中的有益成分，以促进东方国家和我国的生态环境与社会的协调发展。

袁国友的文章阐述了“少数民族生态文化”概念。作者认为：生态文化是关于天人之道亦即人与自然关系的综合揭示和展示。在特定的历史条件下，中国少数民族传统生态文化是一种能够维持少数民族地区经济、社会、资源、环境协调发展的生产方式和生活方式，而在当今社会历史条件下，少数民族生态文化必须实现由传统向现代的创新、转换和发展，才能实现中国少数民族地区的可持续发展。刘兰凯的文章指出，尊重生命和自然是一种全新的自然生态观，而西部民族地区在经济发展过程中，其生态观走入了误区：从敬畏自然到人定胜天，由满足于自给自足向追求利益最大化而出现短期行为。因此，在新的发展机遇面前，应该树立人类与自然环境共同进化的生态文明观。

郭家骥《云南少数民族的生态文化与可持续发展》（《云南社会科学》第4期）也是一篇有独到见解并且很有意义的文章。作者在大量田野调查的基础上，对藏、纳西、白、傈僳、普米、独龙、傣等民族的生态文化作了初步阐述，并就各个民族生态文化的复兴与民族地区的可持续发展进行了探讨。文章提出：云南的生态环境多样性、生物多样性和民族文化多样性，是云南迈向21世纪可持续发展的基石；西部大开发的一个重要内容就是保护和建设良好的生态环境，云南少数民族生态文化中所蕴含的古老智慧，为今天的生态环境保护和可持续发展提供了宝贵的资源。

（四）关于生态灾害及其对策研究

比较有代表性的文章有何爱平《西部地区的灾害经济问题与对策》（《青海社会科学》第1期），许成安等《西部地区草原沙化的原因及对策》，王关区《农业生态环境恶化及其治理对策》（《内蒙古社会科学》第4期），娄海玲《青海环境灾害问题探析》。这些文章主要探讨了我国西北和内蒙古等干旱地区生态灾害的现状，分析了生态灾害的成因，并对治理生态环境提出了对策性建议。

本年度探讨具体民族地区生态环境建设与可持续发展的对策

研究很多，如崔延虎《生态决策与新疆大开发》(《民族研究》第1期)，赵俊臣《西部大开发中云南天然林保护和退耕还林还草工程建设研究》(《云南社会科学》第1期)，陈家柳、俸代瑜《“三林”禁伐对广西民族地区经济发展的影响及对策研究》(《广西民族研究》第4期)，袁本朴等《西部大开发与四川民族地区生态环境建设》(《民族研究》第2期)，马成库《青海畜牧业的发展与生态环境保护》(《青海民族研究》第3期)，王天津《创建青藏高原环境资源产业》(《民族研究》第4期)，南文渊《青藏高原生态区划和重点开发战略探讨》(《青海社会科学》第6期)。由于数量较多，不再一一列举。值得关注的调查研究报告有：邓永进、郭山《香格里拉民族生态旅游的设计与实践——来自云南省中甸县霞给村的研究报告》(《思想战线》第2期)，鄂崇荣《乐都县退耕还林还草调研报告》(《青海社会科学》第4期)，王筱春《景洪旅游业的可持续发展研究》等。

三、关于民族文化与民族经济发展研究

从民族文化的视野研究少数民族经济社会发展的著述大量增加，是本年度学术界的一个突出特点。这方面的研究主要集中在少数民族文化资源的开发利用以及少数民族文化与经济发展的关系。

比较前沿性的研究有马翀炜的《民族文化的资本化运用》(《民族研究》第1期)。文章把民族文化作为一种资源，并在理论上把民族文化资源作为一种“资本”，在实践中进行“资本化”运作。作者提出，在现代世界体系中，处于世界边缘位置的民族无法再重复中心国家的发展道路，他们所能做的是动员更为广泛的社会文化资源，充分运用包括经济资本、社会资本和文化资本等多种资本形式来为自身的全面发展提供动力。民族文化资本化运用的实践活动就是这样一种努力行为，其意义深远。这样的实

践不仅为民族的发展提供了多样化的道路，而且还为弘扬民族文化提供了制度保障，进而也为人类新的文明的产生奠定了坚实的基础。

青觉、谢广民的《边疆民族文化的保护和开发与兴边富民》(《宁夏社会科学》第6期）论述了兴边富民过程中边疆民族文化的保护和开发问题。该文认为，边疆民族文化的产业化对边疆的发展有重要的推动作用；边疆民族文化是一个民族安身立命的不可替代的精神家园；边疆民族文化能为民族内源性的现代化进程提供精神资源。在保护和开发边疆民族文化时，应做到外延与内涵并重、继承与摒弃并存、弘扬与发展并施。

有关民族文化资源开发、利用或保护的文章很多，大多数研究者都把“少数民族”作为抽象概念或区域内若干个少数民族的“集合”概念来探讨民族文化的开发利用。比较有代表性的有：刘家志、朱海林《西部民族文化资源的综合开发与产业化的思考》(《思想战线》第5期)，吴钦敏《论西部大开发中民族文化的价值》(《贵州民族研究》第4期)，朱慧珍《少数民族传统意识与西部大开发》(《广西民族学院学报》第5期)，谢肇华《发展民族文化，促进西部开发》(《中央民族大学学报》第5期)，李汉林《民族文化多样性与资源利用的相关性研究》(《中央民族大学学报》第4期)，游俊《少数民族地区人文旅游产业的营销问题》(《云南民族学院学报》第5期)，杨红英《云南旅游的开发与民族文化资源的保护》(《云南民族学院学报》第5期)，张武明《江河源文化资源及其开发利用问题》(《青海社会科学》第1期),余鸣《云南少数民族服饰资源的开发》(《中央民族大学学报》第5期),沈阳《云南少数民族体育产业发展进程探讨》(《云南民族学院学报》第5期)等等。限于篇幅,不再一一列举。

不少研究者则是从微观视角，运用文化人类学或史学的方法，探讨某个特定少数民族或民族分支的文化与经济发展的关系。如潘盛之的《论侗族传统文化与侗族人工林的形成》(《贵州民族研究》第1期）认为，湘、黔、桂边区的侗族人工林萌芽于13世纪，在明代、清代和民国年间曾辉煌一时，并作为侗族社区的经济支柱而跻身于当时的“市场经济”；侗族传统文化中“侗款”和“家族公有制”是侗族人工林形成的两大基石。相关的文章还有：周亚成《哈萨克族传统生产习俗的变迁及发展》(《中央民族大学学报》第4期)，朱慧珍《中国苗族传统意识与西部大开发》(《广西民族研究》第3期)，范亚辉《“花腰傣”文化与新平经济发展》(《云南社会科学》第2期）等等。

四、藏区经济社会发展研究

藏区作为一个特定的民族地区，有其特殊的经济系统、社会文化系统和生态系统，历来是学术界关注的热点之一。本年度有关藏区经济发展的论著较多，并且以案例分析和对策研究为主。比较重要的成果有王洛林主编的《后发地区的发展路径选择——云南藏区案例研究》(经济管理出版社)，胡鞍钢、温军《西藏现代化发展道路的选择问题》(《中国藏学》第1、2期)，绒巴扎西《云南藏区可持续发展研究》(云南民族出版社)，王文长《藏区经济发展的方式及途径》(《西藏研究》第1期)，徐平《推行股份合作制在西部大开发中的意义——以西藏为例》(《民族研究》第1期）等。

王洛林主编的《后发地区的发展路径选择——云南藏区案例研究》是一项多学科协同完成的研究成果，课题组成员来自中国社会科学院经济所、法学所、社会学所、民族所、宗教所和世经政所6个研究所。该书的总报告认为：云南迪庆藏族自治州的经济以生存经济为特征，现有的产业都还不具备为增长提供资本积累的能力；地方财政主要依靠上级补贴，虽然保证了低水平的公共产品供给，但由于缺少预算硬约束和优先投资基础设施以及社会服务的激励机制，因而还不能有效地避免公共资源配置中的低效率。然而迪庆地区在社会发展尤其是乡村基层自治方面具有独特的优势，村委会能够在村民的有效监督下低成本高效率地为广大农牧民提供最直接的社会服务；迪庆州政府如果把增强村级服务和精简政府层次作为未来改革和发展的突破口，就有可能在政府治理改革和社会发展方面独辟蹊径，抓住内地经济高速增长和西部大开发的机遇，走出生态—经济—社会—文化相互协调的可持续发展道路来。

胡鞍钢、温军的文章以大量数据作为分析工具，认为新世纪西藏现代化发展的道路选择，应改变以往传统现代化的发展模式，特别是那种以追求经济高速增长为中心、以赶超内地发达地区为主要目标、以资源开发为主要手段的传统现代化发展战略，始终坚持“富民为本、投资于人民”的基本原则，实施“优先缩小城乡发展差距”的新现代化战略，在关注广大农牧民收入水平提高的同时，全方位关注广大农牧民生活质量的提高、生存条件的改善。这一新现代化发展战略的核心就是以追求共同富裕、使广大农牧民优先受益为中心，以缩小城乡发展差距为主要目标，以大力开发人力资源和投资人力资源为主要手段，其最终目的是增强广大农牧民的发展能力，给予广大农牧民更多的生存与发展空间，保护民族文化，实现可持续发展，促进广大农牧民融入现代化的发展进程。胡鞍钢、温军提出的全新的西藏现代化发展战略，是值得其他少数民族地区思考的。

绒巴扎西的著作通过对50年来云南藏区经济增长与结构变动的历史考察和绩效评价与反思，认为更新发展观、转变增长方式、实施可持续发展战略是云南藏区发展的必然选择，云南藏区可持续发展的关键是正确处理经济增长与生态环境保护、资源节约、人力资源开发和文化建设之间的关系，全书系统地就如何正确处理上述关系进行了很有意义的探讨。

其他比较有代表性的文章还有：毛阳海《知识经济与西藏可持续发展研究》(《中国藏学》第4期)，杨明洪《论西藏进入长江上游经济带》(《西藏研究》第4期)，周兴维《东部藏区发展粗论》(《西南民族学院学报》第7期)，刘志群《西藏文化发展面临知识经济的挑战及其对策》(《中国藏学》第4期)，王代远《西藏可持续发展与相关政策问题》(《西藏研究》第4期)等。这些著述从不同的方面对西藏或藏区的经济社会发展进行了探讨。

五、学科基础研究

民族经济研究在中国兴起之后，就将研究的对象事实上聚焦于中国少数民族及民族地区的经济发展，具有鲜明的“问题”研究或“对策”研究色彩。同时，由于历史原因和研究对象的特殊性，在相当长的一个时期内，民族经济研究基本上都是运用经济学的方法研究中国少数民族和民族地区的经济发展问题，很少关注国外相关学科的研究状况。① 1994年陈庆德出版的《民族经济学》(云南人民出版社)首次引入了西方经济人类学，此后，运用经济人类学或人类学方法探讨中国少数民族经济的研究者和研究成果逐渐增加，同时也出现了评价西方民族经济研究的文章，而研究方法、研究视野和研究领域的扩展，对民族经济学基础理论建设具有重要意义。

作为我国经济人类学的代表人物，本年度陈庆德出版了两部对学科建设有重要意义的著作：《经济人类学》(人民出版社)和《资源配置与制度变迁——人类学视野中的多民族经济共生形态》(云南大学出版社)。《经济人类学》是一部比较系统的理论专著，

---

① 学术界普遍认为，民族经济学是在中国“土生土长”的新兴学科。一方面，国外学者基本上没有研究中国少数民族经济的著述；另一方面，直到20世纪90年代中期，国内也还没有西方经济人类学的译著。

上篇标题为《经济人类学的理论工具及其成长》，分别介绍了经济人类学的形成，经济人类学的意义与地位；经济人类学结构与功能分析的早期理论尝试，制度视野与实体分析的转折；马克思主义理论在经济人类学中的拓展；精神分析在经济人类学中的扩散；经济人类学的理论模式与分析模型。下篇标题为《经济人类学的分析范畴》，其内容包括生产要素的社会性运用、交往形式与民族结构、制度构建过程、社会经济类型的多样性、社会经济过程中的民族与民族关系等。陈庆德认为：经济人类学理论工具的发展和分析范畴的拓展充分表明，它绝非仅仅是经济民族史的阐述。关注人类及其民族共同体的发展，拓展经济人类学独特的理论视野，是陈庆德这部著作的重要贡献。

《资源配置与制度变迁——人类学视野中的多民族经济共生形态》在理论上探讨了历史认识论与民族经济分析、民族经济发展中的制度要素，并以云南少数民族为案例分析了资源配置的社会初始过程、资源配置家庭化过程的民族历史差异、经济封建化的民族过程、皇权制度的二重性与中国民族经济进程、云南民族经济在皇朝中央集权制度框架中的开发进程。作者提出：人类发展的本质，在于其本质的实现，我们既不能摆脱这个世界体系所设置的发展环境，也要充分重视人类社会中各种不同的发展要求和选择，这就需要以一种“民族经济学”（Ethnic - Economic）的视野，来进行理论的构建。

单纯的《西方民族经济研究评介》（《民族研究》第3期）通过对西方民族经济研究的历史传统介绍及其研究内涵的总结，认为在民族学、社会学和经济学几代学者的努力下，西方民族经济研究的跨学科交叉研究方法、个案调查分析法、数量统计法和逻辑推论法都得以广泛应用，新的理论成就也越来越得到学术界的关注。民族性对民族经济发展有利弊两方面的影响，民族经济研究应注意历史与发展的二重性，从国内和国际的政治、社会、经济环境方面重视民族经济的价值。

此外，在张丽君主编的论文集《发展与创新——民族经济学科20年》（中央民族大学出版社）中，收录了施正一1982年发表的《关于发展我国民族经济学的几个问题》，使我们重温了民族经济学发展20年的历程。该论文集中张丽君的《民族经济学必须坚持正确的研究方向》和《地缘经济、区域经济与民族经济》，对学科建设也进行 了有益的探讨。

我们知道，民族经济在很大程度上是相对国家而言的。实际上，本年度社会各界使用“民族经济”一词的频率相当高，各种报刊、电视台及互联网经常使用“民族经济”及其相应的“民族工业”、“民族资本”等概念，讨论我国加入世界贸易组织后如何保护和发展我国或中华民族的“民族经济”。这种在国家民族（中华民族）意义上的“民族经济”，大多数情况下都等同于“中国经济”或“国民经济”，只是一种在危机意识中常使用的概念。但也有一些从中华民族文化视野讨论“民族经济”的文章，其中最值得关注的是吴秀生、王美霖的访谈式文章《再造中国民族工业的魂与魄》，2001年8月到9月《人民政协报》连续8周（每周一篇）以整个版面刊载了该文。其主要思想是：中国工业的问题出在民族精神和民族文化这个根上；中华民族工业的振兴，离不开中国工业人以及相关人士的民族精神和民族情感，而培育这种情感和精神，就需要使更多的企业家了解中华民族的历史和文化，并自觉地参加到中华民族文化的伟大复兴运动中来，从而再造中国民族工业的魂与魄。这篇文章对于主要研究少数民族经济的民族经济学界来说，或许能从中得到一些启示。

六、其他方面的研究

作为一门新兴的边缘学科，我国民族经济学界研究的领域非常广泛，涉及的内容非常丰富，不可能一一概述。但除上述热点问题外，有两个方面的应用性研究值得关注。

（一）中国加入WTO与民族地区经济发展

比较重要的成果有赵显人主编的《加入WTO与中国民族地区经济发展》（民族出版社）。该书比较详细地介绍了WTO的基本原则和主要规则，分析了中国加入WTO对民族地区的农业、畜牧业、工业和第三产业发展的影响，并提出了相应的对策建议。相关的研究还有多才旦《契机与考验并存——浅谈加入世贸组织对青海民族地区经济的影响和对策》（《青海民族研究》第3期），韩光明等《入世对我国西部农业的影响及对策》（《黑龙江民族丛刊》第3期），荆畅《论加入世贸组织对我国民族地区经济思维观念变革的影响》（《黑龙江民族丛刊》第4期）等。

（二）民族地区沿边开发问题研究

比较有代表性的成果有：马志福《中国陆疆地区建设与经济发展研究》（百家出版社），涂裕春《试论西部民族地区的沿边开发》（《西南民族学院学报》第6期），陈继东《中国西部大开发的南亚周边环境》（《云南社会科学》第6期），马太江、韦承二《中缅边境跨境民族经济与民族关系的崭新发展》，任佳《中国云南与印度经济的互补性及合作潜力》（《云南社会科学》第6期），董建中《思茅、西双版纳和河口边贸与国际大通道建设考察报告》（《云南社会科学》第6期）等。其中，马志福运用经济地理学、区域经济学、地缘经济学和民族经济学的方法和理论，从陆境环境、地缘生态、历史、文化、民族关系以及地缘经济、市场和地缘政治的多视角，探讨如何利用沿边开放口岸体系建设与大通道，开发境内资源与市场，最终建成中国陆境大市场，从而推动陆境地区消除贫困，繁荣民族地区经济。该著作被列为“上海理工大学沪江商学丛书”的事实表明，这方面的研究已受到各地学术界的重视。

其他值得关注的研究还有：陈庆德《农业社会和农民经济的

人类学分析》(《社会学研究》第1期),白志武、谭盛凤《广东山区经济发展的人类学思考》(《广西民族研究》第4期),温军《中国少数民族经济政策的演变与启示》(《贵州民族研究》第2期),杨清正、周晓燕《民族地区的反贫困与经济可持续发展》(《黑龙江民族丛刊》第4期),金海燕《市场经济体制下少数民族经济开发的特点与法律促进的必然性》(《黑龙江民族丛刊》第2期),蒙永胜《转型期新疆居民收入分配的实证分析》(《新疆社会科学》第2期),王治亚等《宁夏农民收入增长点的选择》(《宁夏社会科学》第1期),杨玉霜《关于少数民族乡特色经济发展的思考》(《广西社会科学》第6期)等。

七、结束语

作为事实上以研究中国少数民族和民族地区经济为主的我国民族经济研究,尽管其研究领域和内容仍然在不断拓展,但已明显地出现了两种发展趋势:一种是延续我国民族经济研究兴起至今的传统,即以经济学的思维方法研究中国少数民族和民族地区经济(就其事实上的研究成果而言),并在理论上将世界各个国家的民族经济纳入民族经济学的研究范畴;另一种是最近几年兴起并在南方迅速扩散的经济人类学,注重运用人类学、史学、经济学的方法研究。前者以应用性研究为主,并以“民族经济学”构建其理论体系;后者注重区域性的少数民族(如云南少数民族)案例研究,以“经济人类学”为其理论框架。中央民族大学少数民族经济研究所和云南大学人类学系作为我国招收少数民族经济专业的博士点,分别代表了两种不同的学术风范,其培养的研究生也大体继承了各自的风格,有可能形成不同的学术流派。这是民族经济学界的幸事。

(龙远蔚)

人类学民族学研究

随着中国加入WTO等国际组织，中国人类学民族学如何与世界人类学民族学接轨的问题越显重要。在本年度，人类学民族学研究领域除继续开展有关本土化的讨论之外，中国人类学如何走向世界，如何在中国各民族的丰富多彩的文化宝库中发掘出有价值的民族志资料来丰富和发展世界人类学等问题，已成为人类学民族学界普遍关注的热点。在这样一个时代背景下，中国的人类学民族学研究取得了瞩目的成就。具体表现在如下几个方面。

一、人类学理论与方法

到现在，人类学传入中国已有百年的历史了。在这百年的发展过程中，我国的人类学民族学的理论和方法得到长足发展，学科体系也逐步得到了完善。下面重点介绍本年度颇有新意的论著。

麻国庆所著《文化人类学：走进他者的世界》（学苑出版社）一书对人类学的主要方法进行了宏观的审视，并阐述了作者对文化人类学不同研究领域的独特见解。

徐杰舜主编的《本土化：人类学的大趋势》（广西民族出版社）一书主要探讨了什么是人类学本土化、中国怎样才能实现本土化的问题。

孙庆忠在《跨越人文类型的空间阻隔——社会人类学的观察方法与互联网时代的文化沟通》（《世界民族》第5期）一文中指出，人类学一直致力于文化沟通后的相互理解，建立汇聚共荣、和而不同的文化模式。描述地方性知识的民族志和走向民间的田野工作方法是人类学在20世纪的斐然贡献。然而，互联网时代的到来，全球化信息工程的建立，是否意味着人类学命运的终结？如果不是这样的话，人类学在信息社会将以怎样的实绩尽显其存在的价值？21世纪的人类社会，网络化、信息化是世界的主潮，但是，农业社会、工业社会还将延续着自身的生命，因为经济社会形态的演化不是单线的进化，它远比我们想象的直线历史进步的过程复杂得多。这种社会文化的变迁已使探索者的脚步无法停歇下来。如何在转身的忧叹前记录下这些我们的后辈无法亲临目睹的文化现象，这不仅是时代对人类学的要求，也是良知对每一位人类学工作者的呼唤！当我们的后人能在他们的时代里，在多媒体的信息传达中，因为我们今天的工作得以重观已逝的文化长卷，继而激发出一种存留文化的欲望，那么，人类学也便实现了其高扬的文化价值。

胡鸿保、王建民《近年来社会文化人类学若干热点透视》（《民族研究》第1期）一文认为，中国社会文化人类学在近年来的发展表现出如下特点：第一，在学术结构调整等条件作用下，与民族学、社会学等兄弟学科之间的差异正在扩大。第二，更多地强调专业学术规范，从业者认识到学科基础理论和专业规范是把应用研究引向深入的前提，也是社会文化人类学更好地为现实服务的必要条件；田野研究在操作上逐渐走向规范化，减少了随意性。第三，学科与现实之间的对话意识加强，利用专业优势进行现实问题研究正在成为学者们努力的共同目标。第四，学术队伍对专业理论研究的兴趣和消化能力正在提高；中青年学者队伍开始形成并逐步具备将社会文化人类学推向国际水准的潜力。但是，从总体来看，社会文化人类学的理论建设依然相对薄弱，学科规范还有待进一步加强。经费不足使田野作业受到一定的限制，难以广泛、深入、足时地进行，课题的完成多半依赖文献研究，田野调查计划常常不能充分实现。

黄泽《中国人类学的民俗学渊源及学术取向》(《广西民族研究》第1期）一文认为，我国的人类学与民俗学既各自独立发展又相互渗透，并在异文化、本文化的学术取向上有所交叉。民俗学以人类学为背景学科，人类学亦借鉴民俗学方法、材料与调查手段以把握研究对象。该文通过研究主体透视人类学的民俗学取向，并从学术史的视角描述了两个相关学科的互动过程：渗透、交叉、融合。

朱国佳在《台湾人类学田野调查理念与方法》(《广西民族研究》第1期）一文中指出，台湾由于历史文化发展的特殊性，人类学研究从1895年开始几乎没有中断过，并始终以田野调查为学科研究的基石。相比之下，大陆人类学研究的起点略晚于台湾，而且于20世纪50年代中后期以后一度受挫，直到80年代左右才有所恢复。受这种历史条件限制，大陆人类学显得相对滞后。一方面，大陆人类学研究虽然在近几年开始得到我国学术界更多的认同与重视，有一定的发展，但仍未能形成适合大陆本土具有共识性的人类学研究理论体系；另一方面，对于人类学的学科涵义，我国的学术界仍存在不同程度的模糊认识。例如近几年涌现了许多冠以人类学头衔的学科：经济人类学、教育人类学、艺术人类学、社会人类学、人口人类学等。虽然某些学科的建立具有其合理性，但是从某个角度而言，它也反映了一些学人对人类学的误解，把人类学研究的对象体系直接等同于它的学科体系，从而使人类学面临泛化或消解于各个学科之间的危险。所以，我们除了对西方人类学理论进行系统的学习与研究并对本土文化反省外，还应对处于学术地理性边缘的有交融性的台湾人类学进行充分关照。

王晓丽在《文化现象的解释》(《西北民族研究》第1期）一文中提出，文化存在着多链共生现象：从横向上看，文化是由若干个文化环相互连接而形成的文化链现象，并且，每条文化链都是以多走向为主要特征的。从纵向上看，无论是不同地区的单一文化，还是同一地区的多元文化，无论这些文化处于什么样的发展阶段，都存在着不依赖于其他文化而获得和保持自身文化发展的特征，这就是作者所称的文化共生现象。

施琳《论西方民族学方法论发展的历史轨迹》(《黑龙江民族丛刊》第1期）一文认为，经历一百多年发展历程的西方民族学方法论，具有较明显的阶段性发展特征。19世纪后半叶是民族学方法论探索发展的初期阶段，其主要的研究方法是比较研究法，其他方法虽已出现，但仅是简单的使用；20世纪上半叶则是方法论走向成熟时期，田野调查法确立了基础性地位，历史方法与归纳方法也被大量运用，比较法得到了丰富；“二战”以后民族学方法论出现了现代化、系统化和边缘化的发展趋势，从而注意了点与面的结合。

此外，周大鸣《论族群与族群关系》(《广西民族学院学报》第2期)、谢燕清《马林诺夫斯基与现代人类学工作方式》(《民俗研究》第1期)、纳日碧力戈《全球场景下的“族群对话”》(《世界民族》第1期)、《音系学：结构主义与人类学解释》(《中南民族学院学报》第1期)、黄泽《云南未识别群体研究的族群理论意义》(《广西民族学院学报》第2期）等论文从不同的角度探讨了民族学人类学的理论与方法。

二、分支学科的新进展

虽然有些学者认为现在冠以人类学之称的学科有泛滥之势，但从某个方面来说，学科的分化又是一门学科发展到一定深度的重要标志。本年度除了一些往年已有较大发展的人类学分支学科之外，还拓展了一些新的领域。

陈庆德的《经济人类学》（人民出版社）是一本全面、系统地论述经济人类学的形成、发展以及理论与方法的学术专著。作者认为经济人类学是在人类学研究范围的扩展中崛起的，人类学研究范围的扩展，又是在与其他学科的交叉与融合中实现的。但是，如果仅仅把这个新学科的产生，视为原有的经济学与传统人类学简单相加的结果，则是一个根本性的错误。因为一个新研究领域的拓展，往往也意味着对一种新视野的寻求和新的研究方法的确立。经济人类学的意义，就是要跨越传统经济学的藩篱，去探寻潜藏在经济制度底下的深层动因，以及决定这些动因的系统。

张利群在《论民族审美人类学领域的开拓和扩展》（《广西民族研究》第2期）一文中指出，新世纪人类学的发展趋向一方面是朝着整合和综合研究的方向发展，因而跨学科、多学科、交叉学科以及因此而形成的边缘学科、新兴学科、综合学科的研究越来越引起关注；另一方面是朝着学科分支、学科分化以及应用性学科的研究方向发展，因而人类学又分化为名目繁多的学科分支，诸如文化人类学、审美人类学、艺术人类学、文学人类学、生态人类学、体质人类学、教育人类学等。与此同时，还出现多元化发展的人类学流派，诸如马克思主义人类学、法国社会学人类学、认识人类学、结构主义人类学、象征人类学、文化与心理人类学、解释人类学等。在20世纪末期出现的审美人类学现在越来越引起学界的重视，它不仅是美学与人类学的学科交融和综合研究，而且以新的理论和方法、新的研究领域崭露头角。审美人类学以人类和民族的审美现象作为研究对象，尤其将过去以原始人类、原始民族的审美活动和审美意识的产生、发展作为对自身和自身发展的认识的研究，逐渐发展和扩大为从审美角度对不同民族及其异质文化的研究、对人类及其各种不同发展形态的研究，这无疑扩大了审美人类学研究的领域和视野。在审美人类学研究和发展中，民族审美人类学将会成为一个重要的研究领域和学科。所谓民族审美人类学，既可视为民族的审美人类学，亦可视为民族审美的人类学。也就是说，它是以民族审美现象作为研究对象以达到人类学研究的目的，或者说是以民族学、人类学和美学理论和方法的结合对民族审美现象进行研究。其关注点及其范围，一是民族的，二是审美的，三是人类的。与此相关的研究还有易中天的《艺术人类学》(上海文艺出版社)。该书比较系统地论述了艺术人类学的理论和方法。

董建辉《政治人类学研究及其理论的发展》(《广西民族学院学报》第5期）一文认为，对原始社会政治制度和政治过程的研究，是政治人类学传统的研究领域。但是，由于受世界政治、经济、文化的冲击，人类学所研究的传统社会在数量上急剧减少，而且大多失去了自身原有的社会文化特征。在这种形势下，政治人类学也涉足对现代工业社会中的正式政治制度的研究。这种研究主要包括两个层面：六七十年代时主要研究现代国家在这些传统社会的变革中所扮演的特殊角色，研究传统社会与现代国家之间的互动关系；七八十年代以后侧重研究现代国家社会中的一些小规模的政治团体，以及在政治活动中起重要作用的一些社会文化因素方面。政治人类学介入对现代社会政治制度的研究，使得它与政治学之间的界限日益变得模糊，许多政治人类学者同时又是政治学者，所采用的方法也往往相通。

宗晓莲在《西方旅游人类学研究述评》（《民族研究》第3期）一文中指出，旅游人类学研究在西方历经40年的发展，形成了多种理论、观点，积累了一定的研究成果。学者们从目的地社会、游客以及客源地社会等不同视角出发，分别形成旅游是一种涵化和发展的形式，旅游是一种现代世俗仪式，旅游是一种上层建筑等不同观点。该文从这三个不同视角入手，对西方旅游人类学研究的发展作了简要述评。

李霞《国外女性人类学的发展过程》（《民族研究》第5期）一文认为，结构语言学催生了施特劳斯的结构人类学。随后，在女性主义和结构人类学的推动下，以妇女人类学为基础的女性人类学便作为一门新的分支学科产生和发展起来。它先后经历了结构主义和后结构主义这样两个发展阶段。从90年代起，后结构主义所面临的一些理论难题又使后结构女性人类学开始进行新的反思，这预示着女性人类学将步入新的发展阶段。

潘守永、雷亮中《开创中国的影视人类学体系——〈影视人类学概论〉评价》（《民族研究》第3期）一文认为，张江华、李德君等六位学者合作的第一部中国影视人类学专著《影视人类学概论》（社会科学文献出版社2000年9月版）的出版，填补了一个学科领域的空白，也了却了民族学者和影视工作者的一个心愿。该书的各位作者既有丰富的影视制作实践经验，又有较高的民族学理论修养，是建设中国影视人类学的中坚力量。它的出版必将推动我国影视人类学的发展。

在都市人类学方面本年度出版了几部著作，其中沈林、张继焦、杜宇、金春子合著《中国城市民族工作的理论与实践》（民族出版社）、中国都市人类学会秘书处所编《城市中的少数民族》（民族出版社）较有影响。此外，徐杰舜等合著的《从磨合到整合——贺州族群关系研究》（广西民族出版社）一书具有较高的学术价值。

靳薇《生活在城市的边缘——流动农民的生存状态》（《广西民族学院学报》第5期）一文认为，在改革开放的进程中，大量农民涌向大中城市，成为既不是务农人口，又不是城市人口的“流动农民”。以“流动农民”的人口结构、居住时间等基本情况为出发点，分析其居住、收入、子女教育、婚姻及家庭生活、医疗卫生、闲暇活动、与当地人群及正式社会组织的关系，可以得出其生活在城市边缘的结论。处于边缘状态的原因，一是制度因素，二是文化及心理因素。“流动农民”长期处于边缘地位，一方面使城市面临“过度城市化”的威胁，另一方面又将延续城市化进程，应采取措施淡化“流动农民”的边缘状态和边缘地位。

孙九霞在《珠江三角洲外来企业中的族群与族群关系——以深圳中成文具厂为例》（《广西民族学院学报》第4期）一文中，从衡量族群关系的文化、社会交往或基层组织的相互进入、通婚、族群认同、偏见、歧视、资源与权利分析等7个变量，解析了中成文具厂的族群关系及族群关系的主要特征，并通过一个典型个案进一步揭示了其族群认同和族群关系。

周竞红《少数民族流动人口与城市民族工作》（《民族研究》第4期）一文在研究少数民族流动人口构成和城市中少数民族流动人口不断增长趋势的基础上，提出城市民族工作在内容、范围、方式方面均应作出适应性的调整。城市民族工作应更注重政策环境的建设，注重法制建设，注重少数民族人口流出地和流入地政府之间的密切合作与协调，建立起更有效的机制，从而有效地管理少数民族流动人口，并保障少数民族应有的权益。

杜发春在《中国民族地区的城镇经济与城镇文化》（《中国都市人类学通讯》第3—4期）一文中提出经济发展具有很强的城镇化倾向，而城镇社会经济具有其自身的运行规律。在城镇化的进程中，必然使根植于农业或草原文明的少数民族传统文化发生变迁，都市中少数民族的经济行为也要服从城镇经济单位和行政组织的规则。我国少数民族地区的城市，由于少数民族所占的比例不同，民族文化的变迁存在着较大差异。在这种情况下，都市经济的民族特征则更具有象征性意义。

崔延虎在《穿过城镇游牧：都市化进程与牧道的窘境》（《中国都市人类学通讯》第3—4期）一文中指出，一百多年前，阿勒泰地区基本上没有近代意义上的城镇，惟一的一座比较大的聚落——承化镇，只具有行政中心的功能。城镇的出现和发展只是近五十年内的事。今天，都市化趋势的发展使传统的牧道变得复杂起来。在每年春秋季节牧民转场的时候，在这里的许多城镇和农业聚落点，都会出现一群又一群的牲畜在游牧民的驱赶下艰难地穿过街道的情景。城镇的人流和来往的汽车，往往会把畜群和它们的主人围堵在街区的某个“交通拥挤”地方。穿过城镇游牧不仅使游牧民对都市化产生了恐惧的心理体验，而且也使他们感到牧道已经在发生着变化。

徐新建在《文学人类学：中西交流中的兼容与发展》（《思想战线》第4期）一文中指出，文学人类学，顾名思义就是文学和人类学两个不同学科的交叉与结合。20世纪后半期以来，文学人类学既是西方文学与人类学界一批前沿学者的积极主张，亦是一种逐渐向其他学科领域扩展、渗透的新理论和新方法，同时又是一种影响广泛的重要流派。近半个世纪以来，文学人类学则成为了中国文学和人类学研究领域的一个新的分支，并正对人文研究中的其他学科产生着日益深广的影响。

此外，蓝达居《历史人类学简论》（《广西民族学院学报》第1期）、徐杰舜《走进历史田野：历史人类学散论》（《广西民族学院学报》第1期）、张晓萍《旅游人类学在美国》（《思想战线》第2期）、韩民青《论人的哲学、社会哲学和哲学人类学》（《学术研究》第1期）、施琳《“SEA”与新广义经济人类学的兴起》（《宁夏社会科学》第2期）、叶舒宪《饮食人类学：求解人与文化之谜的新途径》（《广西民族学院学报》第2期）、色音《萨满教神秘数字的符号人类学解读》（《内蒙古社会科学》第1期）等论文从各自的视角分析和探讨了人类学不同分支学科的有关问题。

三、专题研究与田野调查的主要成果

本年度，由中国社会科学院民族研究所承担的国家“九五”重大项目“中国少数民族现状与发展调查”的最终成果《中国少数民族现状与发展调查研究丛书》的云南省《西盟县佤族卷》和新疆《富蕴县哈萨克族卷》，已由民族出版社出版。本项目选择具有代表性的十余个民族为对象，在以县（市、旗）为单位进行深入调查研究的基础上撰写而成。每卷分为综合篇、典型篇、专题篇三个部分，全面反映所调查的民族地区在政治、经济、文化教育和社会各方面的现状及未来发展趋势。西盟县佤族从事山地农业，富蕴县哈萨克族则以畜牧业为主，其传统文化及现实的发展各具特点。

周华山在《无父无夫的国度？——重女不轻男的母系摩梭》（光明日报出版社）一书中，通过对田野调查所获大量实证资料的分析，对蔡华在《一个无父无夫的社会——中国的纳人》（1997 年法文版）中提出的一些观点进行了反驳。

本年度还出版了翁乃群主编的《南昆八村：南昆铁路建设与沿线村落社会文化变迁》（民族出版社）一书。该田野报告分为三卷：广西卷、贵州卷和云南卷。广西卷包括了分别由李富强、李土玉、纳日碧力戈撰写的三村落的田野调查报告：《壮族村落——那善屯》、《渭额瑶村社会生活》和《瑶村——各烟屯》。贵州卷包括分别由彭雪芳、张晓和翁乃群撰写的三个村落的田野调查报告：《者岩布依村寨》、《三家寨调查》和《黔西南的一个汉族山村》。云南卷包括吴兴叿、薛金玲分别撰写的两个村落的田野报告：《沙锅寨白彝的经济生活》、《雾南岗干彝社会文化变迁》。

郝时远《人类学视野中的西藏文化》（《民族研究》第 1 期）一文从早期西方人对西藏文化的认识入手，论述了历史上西藏文化的开放性和保守性，着重讨论了回归人民的西藏在文化上的发展，同时对“西藏文化衰落论”进行了驳议，并从人类社会文化多样性的人类学视角论述了西藏文化是不断发展的文化。文章通过历史比较等方法，使人们不仅清楚地看到当代西藏文化是一种充满发展活力的文化，而且也可以清楚地看到达赖集团宣扬“西藏文化衰落论”所要维护的是什么样的文化。

色音在《萨满教与北方少数民族的人生仪礼》（《青海民族研究》第2期）一文中指出，人生仪礼是在人生的重要转折时期或危机时期，如生死婚嫁等一个人一生中具有特殊意义的阶段上举行的民俗仪礼，在社会人类学上称为“通过仪礼”。荷兰社会人类学家范杰内普在1909年出版的《通过仪礼》一书中曾把人生仪礼划分为分离仪式（即与原社会关系脱离隔绝的阶段），过渡仪式（即从一种状况进入另一种状况的中间阶段）、整合仪式（与新的社会关系结合为一体的阶段）三种基本类型。在信仰萨满教的民族中，各种人生仪礼活动几乎都和萨满教发生一定的关系。不论是在人的生死危机时刻，还是在婚嫁丧葬等重要活动中，往往都需要萨满来参加或主持仪式。

郭淑云《原始活态文化——萨满教透视》（上海人民出版社）一书主要围绕萨满教观念体系与哲学思想、萨满教对自然科学的萌芽、萨满预测、萨满治病、萨满神判、萨满教世界的符号形态、萨满教造型艺术等七个方面的内容对萨满教文化进行梳理，提出了不少独到见解。她在《萨满面具的功能与特征》（《民族研究》第6期）一文中又指出，萨满面具是萨满教思想观念的物化形态和特殊的表意符号，反映着信仰萨满教的北方民族的信仰、禁忌、思维心理和审美意识。该文论述了萨满面具所具有的神祇象征、通灵媒介、隐己屏障、赐福灵物和护魂盔甲等多重功能；并以傩文化为参照系，阐述了萨满面具的特征，揭示了我国萨满面具文化和傩戏具文化迥然不同的历史命运及其成因。

翟州莲《试论土家族的祖灵信仰观》（《贵州民族研究》第1期）一文认为，土家族人的神灵世界，可以说是对中国传统社会景观的反映。在中国传统社会里有皇帝官僚、家族或宗族成员之类的亲族、“异人”和“外人”。在异人和外人中还包括贼盗、乞丐等。人间世界在社会分类上与神灵世界的对应是：皇帝官僚对应于神灵，宗族的长老对应于祖先，而异人、外人对应于危险的鬼魂。神灵世界是人间世界的缩影，它也有官僚机构的等级序列，也就是说神灵世界与人间世界，乃是既相互区别又平行互补的世界体系。

何星亮在《河南濮阳西水坡蚌壳龙再探》（《民族学通报》第一辑）一文中，依据大量的实证资料批驳了李学勤、张光直等学者的观点，并提出了自己独到的见解。

定宜庄、胡鸿保在《从族谱编纂看满族的民族认同》（《民族研究》第6期）一文中指出，族谱是民间最常见的传世文献，具有追根寻祖、辨别亲疏、敬宗收族等作用。该文指出，族谱在民族识别和民族认同方面具有不容低估的现实意义。这里，重要的不仅在于甄别史实的真伪，而且还在于理解特定社会氛围中族人对于族谱的策略性利用。

钟年《不同民族不同文化的相处之道——现代化问题与文化多样性》（《世界民族》第6期）一文认为，在全球化背景下讨论世界上各民族、各文化的相处之道是十分必要的。在过去几十年中，现代化运动是最显著的社会文化变迁。现代化运动是由现代化理论引导的。但人们发现，经典的现代化理论有一个致命的弱点，那就是对文化多样性的忽视。文化多样性与生物多样性一样，对人类发展至关重要。为了人类社会的可持续发展，应该在各民族、各文化相处时倡导文化多样性的原则。

陈运飘在《宗族与墟市关系的人类学研究》（《广西民族研究》第1期）一文中指出，在中国传统社会中，宗族具有控制和影响基层社会的功能，其深深地介入地方政治经济活动和社会文化中，发挥着重要的控制与支配作用。宗族通过对农村墟市的控制，达到对地方政治经济的控制，并在地方文化创造及有关活动中发挥着影响。通过对宗族与墟市关系的探讨，有利于加深对中国传统社会与传统文化的认识。

此外，色音《论复合形态的萨满教》（《世界宗教研究》第3期）、杨圣敏《浅论姓氏研究的意义》（《中央民族大学学报》第2期）、孟慧英《畜牧经济与萨满教》（《内蒙古社会科学》第1期）、刘丰《老子之道的文化人类学探源》（《西北大学学报》第1期）等都是对某一个专题进行人类学探讨的论文。

四、应用研究

中国的人类学民族学一向注重学科的应用性，本年度有关应用人类学的论著非常多，在此重点介绍值得关注的主要论著。

陈庆德等合著的《发展人类学引论》（云南大学出版社）是一部探讨发展人类学的理论与实践的应用人类学著作。书中认为发展人类学的实践与理论探索，从不同的角度表明，发展是一个整体性的问题。尽管人们对每一个民族的发展问题会得出差异极大的看法，并采取大相径庭的操作手段，但最终都要涉及特定民族的文化整体性存在，都要进入一个整体互动的过程。缺乏整体性的观念，对研究者来说，无论他所强调的发展因素是什么，其理论结论都将是片面的；对实践操作者来说，欲谋求某种孤立的行动，其结果的有效性是值得怀疑的。

马戎、潘乃谷、周星主编《中国民族社区发展研究》（北京大学出版社）一书中关于少数民族地区各个基层社区的描述与分析，向我们提供了大量直接观察到的、基于感性认识的丰富资料，既探讨了各个民族地区所具有的共性，又注意分析了各个地区由地理资源、民族构成、社会发展历史与现实条件等方面而形成的特性，还提出了理解民族关系和区域发展的新视角和新思路。马戎所著《民族与社会发展》（民族出版社）一书不仅可为有关领导部门的决策和制定发展战略提供科学依据，而且具有很高的学术价值。

朱爱东《全球化视野中的民族文化与民族性》（《广西民族学

院学报》第4期）一文认为，无数事实、现象已经表明，全球化概念的提出绝非空穴来风，如今在人类活动的各个领域都可以看到全球化的影响。全球化对民族文化、民族性的影响正是在全球化对人类生活这种无孔不入的广阔背景下展开的，对此大致存在着三种意见：一是文化差异缩小，民族文化面临生存危机；二是民族文化意识增强，文化冲突增加；三是文化个性化与文化相互认同。无论是哪一种意见都涉及到如何对待全球化的问题。像现代化一样，全球化也是把“双刃剑”，对此我们应该有清醒的认识，认识全球化的不平衡性，抵制文化殖民和文化渗透，警惕狭隘的民族主义，应采取积极的态度与对策，抓住机遇，迎接挑战。

钟进文《西部大开发与小民族文化遗产的弘扬、保护》（《青海民族研究》第2期）一文，主要针对西北人数较少民族的文化遗产在西部大开发中所面临的保护与发展问题阐述了自己的观点。作者认为，西北各少数民族在西部地区这一广阔的时间和空间里，共同创造了光辉灿烂的人文资源，这些宝贵的资源不仅应当保护，而且还可以开发和利用。

吴钦敏在《论西部大开发中民族文化的价值》（《贵州民族研究》第4期）一文中指出，由于多方面的原因，我国西部地区经济相对不发达，但是西部的文化，特别是少数民族文化却丰富多彩。民族文化是各民族在社会历史发展过程中创造和发展起来的具有本民族特色的文化，它在当前进行的西部大开发中将发挥十分重要的作用。充分认识民族文化在西部大开发中的价值，有利于发展民族文化，繁荣民族文化，促进民族地区各项事业的发展。

崔延虎《生态决策与新疆大开发》（《民族研究》第1期）一文认为，新疆近代开发缺乏对生态环境制约因素的认识和正确决策是导致生态环境恶化的因素。目前环境出现恶化状况的深层原因，主要是人口急剧增加、传统农业超速发展和开发决策中没有生态环境的内容等。文章提出了生态决策的概念，并对此进行了初步的论证，指出生态决策是新疆大开发走可持续发展道路的基本条件之一。

胡鞍钢、温军《社会发展优先：西部民族地区新的追赶战略》（《民族研究》第3期）一文，通过分析探讨西部民族地区传统追赶战略的主要特征、后果影响及其未来发展所面临的挑战，认为新世纪应实施“以人为本，社会发展优先”的新追赶战略，优先缩小知识发展差距和人类发展差距，制定能够有效地缩小城乡发展差距、使广大农牧民切实受益的农村公共服务政策，加快促进各民族的自身开放、发展变革以及融入世界现代文明的发展进程，努力消除人类贫困，促进人类发展，保护民族文化，以实现各民族的全面可持续发展。

韩小兵的《西部大开发中的贵州法制建设》（《民族研究》第6期）一文论述了在西部大开发背景之下，贵州省应当着力加强法制建设，以保障西部大开发的顺利进行。贵州法制建设应从法律法规内容两个方面同时进行；法律法规的内容应侧重于基础设施的保障立法、利用外商投资的立法、旅游区的环境保护立法和少数民族权益的保障立法四个方面。

王文学、李含琳《甘肃民族地区大开发的总体思路和战略设计》（《民族研究》第2期）一文以西部大开发为背景，主要探讨了甘肃省民族地区大开发的基本条件和制约因素，提出了大开发的总体思路和战略设计。

何群在《地域意识行为与小民族发展：以鄂伦春族为例》（《西北民族研究》第1期）一文中指出，本文无意怀疑政府对鄂伦春族实行定居政策的正确性，只是解释特定的地理环境之于民族文化的深厚作用，以及这种环境一旦改变对这个民族的巨大影响。事实是，这一地区现代化的推进，的确使鄂伦春族的衣、食、住、行、用等方面改变了原始状态，表现在精神层面的，也发生了根本变革。同时，现代化的推进也带来另外一些影响。

此外，于长江的《小民族，大课题：以赫哲族为例》(《北京大学学报》第1期)、黄行的《我国少数民族构成要素的因子分析》(《民族研究》第1期)、罗康隆的《论民族文化互动的特点及本质》(《吉首大学学报》第1期)、麻国庆的《草原生态与蒙古族的民间环境意识》(《内蒙古社会科学》第1期)、苍铭的《山民下坝的文化适应：苦聪人定居问题研究》(《中央民族大学学报》第1期）等论文都有一定的应用意义。

五、研究特点与发展趋向

从2001年度所发表和出版的论著情况来看，民族学、人类学具有如下几个特点和发展趋势：

(1）在反学术腐败的大背景下，人类学民族学界，“玄学化”的倾向有所收敛，学者们越来越重视学术著作的普及化，出版了几部面向大众的通俗易懂的人类学民族学专著。

(2）应用研究越来越受到重视，科研单位、高校和政府部门之间的合作明显增多。

(3）回顾和总结学科史的论著呈现增多趋势。

(4）学术气氛活跃，召开了几次较有影响的学术讨论会。如“2001年民族学学术研讨会”（7月份在兰州大学召开)、“21世纪都市可持续发展暨纪念中国人类学百年”研讨会（12月份在中山大学召开）等。

(5）田野调查日益受到重视，调查研究硕果累累，体现了可喜的发展取向。

(6）创办了高层次的民族学人类学专业刊物，如《人文世界：中国社会文化人类学年刊》（华夏出版社)、《民族学通报》(云南大学出版社）等。

（7）成功地举办了一些优秀论著评奖活动，如“中国都市人类学研究十年优秀论著评选”等。

（8）学科的分化和整合并行发展。在人类学民族学领域，一方面学科越分越细，新的分支学科不断产生；另一方面不同学科、不同领域之间又相互交叉，向综合和整体化方向发展，这两者相辅相成，促进了中国人类学民族学的进一步发展。

总之，2001 年人类学民族学研究获得了丰硕成果，为今后中国人类学民族学事业的繁荣发展奠定了基础。

（色　音）

民族史研究

一、北方民族史研究

纵观 2001 年的北方民族史研究，无论是从论文的数量或是质量来看，比上一年都显得薄弱些。笔者认为：相对而言，本年度北方民族史研究比较突出的是在族源研究、高句丽史研究以及民族关系和民族迁徙等领域。

（一）族源研究

中国自古以来就是个多民族国家。古往今来，有些民族消亡了，有些民族壮大了，有些民族则有过较大的变迁。各民族是如何形成、发展和演变的？他们之间存在什么联系？在中华民族形成的过程中，他们曾起过什么作用？要解决这些问题，首先须弄清各民族的发展源流。所以族源研究历来是北方民族史研究的一个颇受重视的方面，也是一个难点所在，对其中许多问题学者们见仁见智，歧议甚大，至今仍为历史的悬案。本年度这方面的研究又有新的进展，在问世的有关论著中，不乏具有独到见地的文章，现择要叙述如次。

钱伯泉《哈萨克族族源新探》（《民族研究》第 5 期）

关于哈萨克族的族源，历来学者们都认为是乌孙，这几乎已成为定论。哈萨克族的主要族源究竟是否为 2000 多年前的乌孙，本文对这个问题进行了新的探索。经过对《史记》、《汉书》、《魏书》、《北史》、《新唐书》等史料的深入分析，作者认为：公元 5 世纪初乌孙灭国后，乌孙举族南迁帕米尔高原以寻求新的立足之地。乌孙国故地残留的少数乌孙人，不久被同化于恹哒人。公元

6世纪后期，突厥勃兴，击灭怏哒后，原乌孙国境即成为西突厥十姓部落的游牧之地。哈萨克族真正的族源应是汉代的奄蔡、南北朝时的曷截及其后裔——唐代的可萨突厥、元代的钦察。蒙古金帐汗国时期，钦察人与克烈、乃蛮、轻吉惕、弘吉剌惕等操突厥语的蒙古族人相互杂居，历经200多年的同化与融合，终于形成了今天的哈萨克族。至于哈萨克族中的乌孙部落，作者认为不是2000多年前立国于西域的乌孙，而是10—12世纪游牧于蒙古高原西部的兀孙（又译“兀逊”、“许兀慎”等）。该部多数人后随术赤和拔都迁居金帐汗国。此族非彼族，界限应分清，不可混淆。

邢洁晨《准葛尔部形成考辨》（《民族研究》第3期）

卫拉特是古代蒙古族的一个分支，曾经在历史上产生过重要影响。准葛尔部是卫拉特蒙古的组成部分，长期居于核心地位。至今关于准葛尔部的部名涵义、“形成时间”、兴衰嬗变等问题还有许多没有解决的疑案，尚有继续探讨的余地。本文在综合前人研究的基础上，辨析诸说，考其源流，对此问题作了进一步的论证。作者首先辨析了准葛尔部名称的涵义，提出己见：准葛尔部即“左部”，因为它源于15世纪60年代末厄鲁特汗国的左部，原为绰罗斯人的一部分。接着探讨了准葛尔部的形成过程。经过对史料的逐一考订，将准葛尔部形成时间确定在16世纪初期。此时随着杜尔伯特部的出现与分离，厄鲁特汗国趋于衰落，厄鲁特仅存的左部便由行政建制区蜕变成部落，其名称亦被该部沿用下来。清初葛尔丹称汗建国，准葛尔遂成为汗国内各部人的通称。准葛尔汗国灭亡后，其名称逐渐演变成部名和地名。

侯丕勋《“祁连小月氏”族源新探》（《青海民族研究》第4期）

自18世纪中叶以来，东西方史学家曾就月氏族源问题作了大量的研究工作，相继提出了月氏为突厥、禺氏、通古斯、尉迟氏、西藏种、塞种、哥特、雅利安、伊兰系、突骑施、高加索种、恹哒、吐火罗、斯拉夫种、土耳其族等约十多种均属单一族源论的观点，但至今仍未有一个足以令世人公认的结论。以此之故，作为月氏支族的“祁连小月氏”的族源问题，中外史家也是歧见纷纷，尚未提出中肯的结论。为解决这桩历史悬案，本文另辟蹊径，选择了一个全新的角度对此问题作出新解。首先对众多学者赞同的“单一族源”论提出质疑，认为应注意我国古代历史上带有一定普遍性特点的“一族多源”历史现象的存在。欲解决“祁连小月氏”的族源问题，关键是要论定月氏族在河西走廊活动时期，究竟是“单一族源”民族还是“一族多源”民族。根据中外历史文献与实物资料，通过“有虞氏与河西月氏”、“西域东迁民族与河西月氏”、“河西固有居民羌与月氏”、“西迁西域的大月氏之族属”等多方面的论述，作者认为：在河西走廊活动时期的月氏，并非单一族源的民族，而实际上是由羌、突厥和乌孙三个民族成员所构成的一族多源民族。经过对有关“祁连小月氏”族源的若干重要史料予以辨析后，得出结论是：“祁连小月氏”虽曾是河西走廊月氏的一部分，但同西迁西域的突厥种大月氏并不同源，实际上是源于羌族。据此，更进一步地证实月氏在河西走廊地区活动时期为名副其实的一族多源民族。

王建新、刘瑞俊《先秦时期的秽人与貊人》（《民族研究》第4期）

对于中国古代文献记载的秽人与貊人，历来都有不同的见解。本文作者认为：其所以如此，主要原因之一是没有将文献中关于先秦时期秽人、貊人的记载与汉以后秽人、貊人的记载区分开来。无论是从文献资料还是从考古资料看，公元前3世纪初，东北亚地区各人类集团的格局都发生了很大的变化。基于这样的认识，本文对先秦时期的秽人与貊人及其相互之间的关系进行了详尽的考察。总的来说，先秦时期的文献记载虽然可以勾画出秽人与貊人的大致状况，但毕竟有限，要进一步了解秽人和貊人的文化内涵等具体情况，还须借助于考古资料。本文即主要根据考古资料所提供的信息，再参证有关文献记载，对秽人与貊人的活动地域、经济生活、社会发展状况及文化系统等详加考证，提出秽人和貊人在先秦时期应是两个人类集团的称谓。从迥然不同的分布地域和文化内涵、文化特征来看，公元前1000年到公元前3世纪东北亚系青铜文化，可分为两个主要系统：一个系统分布在辽西和辽河流域，应是先秦时期貊人所创造的文化；另一个系统分布在辽东、吉长地区和朝鲜半岛，应是先秦时期秽人所创造的文化。

（二）高句丽史研究

高句丽是我国北方的一个古老民族，曾长期活动在鸭绿江流域。公元前37年（西汉建昭二年）高句丽国家建立，公元312年（东晋永嘉六年）势力抵达今朝鲜半岛的大同江流域，公元668年（唐高宗总章元年）灭亡。由于高句丽在历史上曾经建立过地跨现今中朝两国疆域的国家，所以关于高句丽的历史定位、疆域归属等问题必然引起中外学者的广泛重视。无庸讳言，在新中国成立后很长一个时期中，中国学者对高句丽历史的研究，大大落后于其他民族史的研究。在出版问世的史学论著中，大多对高句丽族或高句丽国的历史定位显得含糊，乃至混乱。之所以如此，除了各种客观原因之外，受到非学术因素的干扰，自觉或不自觉地偏离了马克思主义的唯物史观，则是重要的主观原因。这种不正常的状况，不仅授人以柄，也影响了我国学术界对高句丽历史研究的开展。出现了所谓的“研究的冷落期”。好在近年来这种情况正在迅速改变，我国学者撰写出一批以客观、公允的标准研究高句丽历史的著作和论文。本年度在这一领域又有所进展。特别对于高句丽的疆域问题涉及较多，这方面的主要论文有：

刘子敏《高句丽疆域沿革考辨》（《社会科学战线》第4期）

关于高句丽疆域的界定与沿革，在中外学界一直存在不同意见与分歧。本文对高句丽疆域的历史沿革作了比较全面系统的考证辨析。从“高句丽五部疆域的形成”、“高句丽疆域向辽东方面的扩展”、“高句丽北部疆域的变迁”、“高句丽东北至东南疆域之沿革”、“朝鲜半岛西部高句丽疆域的伸缩”等五个方面论述高句丽疆域从小到大、其国势由弱到强的发展变迁过程。以确凿的史实证明：高句丽是我国古代一个少数民族割据政权。为澄清历史是非，还历史真相，该文针对国外某些人曲解历史的说法进行了论辩。

徐德源《高句丽历史与疆域归属问题补议》（《社会科学战线》第5期）

自公元前1世纪后期，高句丽兴起于西汉玄菟郡高句丽县，至公元668年唐朝灭高句丽，设安东都护府，下置四十二州、百县，以取代高句丽的地方行政建制为止，时间跨度六七百年。本文对不同历史时期的高句丽历史与疆域问题，从微观方面进行补议。通过对高句丽历史疆域的纵向考察，本文得出的结论是：高句丽王国毫无疑问是古代中国历史上的一个少数民族政权形式的地方割据王国，它的历史是中国历史的一个组成部分，它的全部疆域在历史上都是属于中国的领土，这是历史的事实。将历史上的高句丽视为外国，从而将其历史与疆域完全纳入外国历史，以及将中原皇朝与高句丽之间本属中国国内民族关系或中央政府与地方王国之间的关系说成是中国对邻国的侵略，都不符合历史的真实情况。本文更以朝鲜高丽朝金富轼的官修史书《三国史记》为佐证，指出该书的《高句丽本记》就相当多地保存了高句丽归属的历史原貌，即承认高句丽原来归属于中国。

高福顺《试论汉魏时期高句丽政权的统辖区域》（《东疆学刊》第4期）

本文是就某一个历史时期，即汉魏时期（公元前37—公元

270年）高句丽政权的统辖范围内，对高句丽历史及疆域归属问题作了比较深入的探析。因为整个汉魏时期，高句丽政权所统辖的区域是处在不断变化之中的，所以本文也是从动态的角度对那时的高句丽政权统辖区域进行考察。在综合研究《三国史记》、《好太王碑》、《魏书》、《梁书》、《北史》、《论衡》等史料记载的基础上，论证自东明圣王之后，高句丽政权便开始扩张自己的势力范围，大规模地进行扩疆活动。本文以古文献《三国史记》为中心史料，分别对汉魏时期高句丽的东西南北界统辖区域作了比较细致的考证。其结论是：汉魏时期的高句丽政权是以高句丽族为主体建立起来的一个地方性民族政权，其统辖区域北占扶余，势力达今吉林省东部；东伐沃沮，拓境至海；南侵乐浪，进至萨水（今清川江），但高句丽向西方的扩疆活动却受到中原王朝的全力阻击，甚至多次遭到中原王朝的大规模讨伐，使高句丽政权濒于灭亡。

（三）民族迁徙史研究

历史上的民族迁徙问题，也是民族史学家致力研究的一个方面。今年有些论文涉及到这个问题，例如：

钱伯泉《汉唐龟兹人的内迁及其扩散》（《西域研究》第2期）

龟兹为西域古国之一，张骞“凿通”西域后，始为内地所知。龟兹人的内迁是中国历史上的一个引人注目的现象。本文一方面详细论述了龟兹人内迁及扩散的历史过程，另一方面着重介绍了白氏家族的名人及其转徙的轨迹。龟兹人的内迁始于西汉，晚至唐朝中期，前后长达一千余年。西汉政府为安置大量的龟兹国移民，曾在今陕西省米脂县境内设置龟兹县。内迁的龟兹人始则聚居于一两处地方，后因各种原因，逐渐浸润扩散至现今的甘肃、陕西、四川、山西、河南等地，人数相当可观。因为龟兹王族姓“白”（有时有译为“帛”），龟兹人内迁后也俱从王姓，姓

“白”或“帛”。唐代著名诗人白居易，即出身于龟兹白氏家族。本文在论述过程中，不仅征引了《汉书》、《三国志》、《晋书》、《宋书》、《魏书》、《旧唐书》、《白氏家谱》等文献资料，而且还利用了有关考古资料。例如根据发现于陕西省白水县纵目镇的《广武将军□产碑》，考证了迁入关中、与羌人杂居的龟兹移民情况。由此可知，前秦时期的冯翊郡东部地区，龟兹移民颇多，民户三万人中，即有龟兹移民近一千六百户，以每户五口记，约有九千多人。再如作者根据 1997 年 10 月出土于河南省尹川县的一块唐朝士人皇甫恢夫人白氏的墓志，以及新近出土于渭南县的《白敏中墓志》，论述了龟兹移民东进尤其是白居易家族转徙的轨迹。又以这些出土墓志与新、旧《唐书》及《唐摭言》、《北梦琐言》等文献资料相互印证，则更具说服力。

贾丛江《回鹘西迁诸事考》(《西域研究》第 4 期)

本文是一篇对回鹘西迁的史实进行专门考述的论文。长期以来，关于唐开成五年（840 年）回鹘西迁之事一直是中外学人的聚讼所在。大致来说，主要有两种不同的学术观点：多数学者认为西迁回鹘析为三支，主力一支迁至七河葛逻禄的领地；否认回鹘曾经西迁七河流域的学者，则先后提出许多依据论证西迁回鹘只是在东部天山地区活动，再未向西发展。本文对这两种说法均提出质疑：认为前者目前还缺乏可靠史料的有力支持；后者则对《旧唐书》、《新唐书》、《资治通鉴》三部史书中“西奔葛逻禄”一说又难以作出合理的解释。实际上，回鹘西迁西域，与 9 世纪前半叶漠北回鹘汗国的经营战略和由此导致的东部天山地区政治格局有直接关系。漠北回鹘汗国自保义可汗（808—821 年在位）时期直到 840 年，一直控制着东部天山北麓和塔里木盆地西北地区。西域的这种政治格局，一直持续到公元 840 年回鹘西迁之前。作者继而探讨了“回鹘西奔葛逻禄”的原因，得出以下三点结论：（1）840 年回鹘西迁之前，已有部分分裂出来的葛逻禄人迁居于今焉耆至喀什一带；（2）840年之前，这些葛逻禄人已臣服于漠北回鹘，完全沦为其附庸；（3）公元840年回鹘投奔之葛逻禄，乃此地之葛逻禄，而非七河之葛逻禄。此外，本文还对回鹘西迁目的地与西迁路线加以考订，从而认为：回鹘西迁是一次已经选定了目的地的有计划的迁国，并非是一场四处寻找落脚点的出逃。

程龙《兀良哈三卫南迁气候寒冷说质疑》（《中国史研究》第1期）

气候变冷引起北方游牧民族南下，在相当程度上已经成为研究环境变迁影响人类活动的学者比较通行的看法。例如美国学者欧文·拉铁摩尔和日本学者村上正二都持这种观点。兀良哈三卫南迁是发生于明代很有影响的事件，前人对此作了不少研究，但关注点大都集中在与农牧过渡带密切相关的气候因素，兀良哈三卫南迁即成为气候变化研究的典型个例。兀良哈南迁气候寒冷说就是其中较有代表性的结论。本文对这种结论提出质疑，认为：在分析政治军事形势如此复杂的明代边防，以及与明朝关系微妙的兀良哈三卫时，将三卫南迁完全归结于气候寒冷，未免有失偏颇。在分析了明代兀良哈三卫的独特性质和地位之后，从“兀良哈三卫并非全部南迁”、“兀良哈乞居大宁”、“兀良哈侵边的兵力问题”、“三卫有别”、“南迁兀良哈部与蒙古的冲突”等五个方面指出诸多与气候寒冷说的矛盾抵牾之处，从而证明，用气候变冷来解释兀良哈南迁这个含有复杂政治军事因素的历史事件是比较牵强和过于简单的。至于三卫南迁的主要原因，本文归结为是军事、政治因素所起的作用。一是明朝北边防线的南撤为兀良哈南迁创造了可能与条件；二是鞑靼、瓦剌等蒙古部落对兀良哈的征伐、胁迫和诱使，这是三卫部分南迁的直接原因。在论述过程中，既对历史文献进行分析，又根据现代气候状况进行推演，依此证明当时虽较现在寒冷，但等温线的走向和疏密程度应保持相对的稳定，兀良哈放弃旧居地而南迁寇关、西走延绥是不可能达到避寒的目的。由此也从一个侧面证明：与政治军事因素相比，15、16世纪的气候变化并非兀良哈三卫南迁的主要原因。

（四）民族关系史研究

本年度关于历史上民族关系的评述文章也有数篇，从不同角度展开对这个问题的探讨。

薛宗正《吐蕃“回鹘”葛逻禄的多边关系考述》（《西域研究》第3期）

唐代安史之乱后的西域主要呈现吐蕃、回鹘、葛逻禄三方角逐的政治格局。本文依据较丰富的史料，从唐与回鹘反蕃政治同盟的初建及其演变、葛逻禄的西迁及其叛唐附蕃、回鹘易代与吐蕃接管西域、吐蕃衰落与回鹘西迁等四个方面，论述了这三种强大势力在西域的此消彼长及他们之间的错综复杂的关系。文中对一些问题提出新解，例如关于葛逻禄作为附蕃异姓突厥政权性质，通过对新、旧《唐书》、《资治通鉴》、《磨延啜碑》等史料的分析研究，认为葛逻禄主体部落的发祥地本在天山北麓，后来逐渐东徙至金山一带，始合用葛逻禄共名。该族曾一度归属于铁勒国，铁勒国解体后，分化为东、西两支。东支先后臣属于唐朝和东突厥汗国；西支先是臣属于西突厥汗国，突骑施汗国创立后，又为其十四姓之一。东、西两支经历了长期而复杂的演变后，逐渐合流于西域，于公元7世纪末投倚吐蕃，在吐蕃与回鹘的西域角逐中发挥了重要作用。再如关于回鹘西迁问题，以往几乎所有流行的说法皆谓西迁回鹘乃是三支，本文则认为“这些说法显然同史料所记存在背谬”。作者从文献中庞特勤为回鹘共主的记载入手，层层论证，突破了“三支说”的传统框架，得出“西迁回鹘中的三支实乃庞特勤所率同一支部落西迁过程中的三站居留地”的结论。

杜家骥《阿拉善蒙古与清廷联姻述评》（《民族研究》第5

期）

清廷为羁縻蒙古贵族，采取“北不断亲”的政策，一直重视与蒙古贵族的联姻。关于这方面的研究，以往学者们大多着眼于科尔沁五旗、喀喇沁三旗及巴林、奈曼、敖汉、翁牛特、土默特左翼诸旗王公与清廷的联姻关系。事实上，阿拉善蒙古也是清朝皇帝实行政治联姻的重点部落，有清一代，该部与清皇室的相互婚姻始终不断。虽有学者注意到这方面问题并作出过相关研究，但其成果相对寥寥，而且不无讹误之处。本文以清皇室族谱《玉牒》为主要史料依据，结合其他文献，对阿拉善蒙古与清皇室的联姻史实作了比较全面的揭示，并逐一分析了这种联姻的特点及其与清朝统治的关系以及由此产生的满、蒙古、汉三个民族间血缘融合等问题。在论述过程中，对阿拉善左旗蒙古文《巴音森布尔》等资料中的不确之处进行了纠误。本文附有一幅“清皇室与阿拉善蒙古联姻总表”，有助于详细了解双方的世代通婚关系。

前代史家读书时随有心得所见，即作札记。如清人赵翼的《廿二史札记》，近人吕思勉的《燕石札记》等，每条解决或说明一两个问题，不失为一种论史的好形式。在本年度涉及民族史的文章中，就有一些这样短小精悍的读史札记，均在史料钩稽中有所发现。试举以下二例：

胡小鹏《元诸王念不烈考》（《中国史研究》第1期）

元代蒙古诸王念不烈及其王妃忽而真之名，屡见于《元史成宗记》，但不见于《元史·宗室世系表》和《元史·诸王表》的记载。其世系所出、分地所在始终是治元史者存疑的问题之一。本文作者发现清乾隆《陇西志》中载有《宝庆寺约禁令旨碑》一通，碑文是典型的元代白话公文体。从这一前人所未提及的珍贵资料入手，并结合其他一些史料，对元朝诸王念不烈进行了深入考述，得出结论如下：活跃于元成宗大德年间的诸王“念不烈”、“念木烈”或“捏木列”是同一人的异写形式；当系出窝阔台汗之子阔端次子蒙哥都一支；安西“凤翔”延安、兴元等路有其投下诸色户总管府，可见其分地在秦陇一带。

吕一飞《匈奴汉国的政治与氐羌》（《历史研究》第2期）

匈奴汉国是南匈奴屠各部首领刘渊于公元304年所建立的国家，为“五胡十六国”之一。本文的研究视角是从五胡内部切入，着重考察汉国内的匈奴与其他胡族之民族关系，特别是探讨氐、羌族在汉国政权中的地位和作用，这正是前人研究所忽略的问题。在分析史料的基础上，作者的一得之见是：在匈奴汉国的政治斗争中，匈奴族与氐、羌族失和，二者政治联盟宣告破灭，这是匈奴汉国内部民族矛盾激化的重要表现形式之一，也是匈奴汉国灭亡的重要原因之一。推而广之，十六国时期在中原立国的各少数民族政权都面临同样的问题，即占统治地位的少数民族如何妥善处理与其他少数民族的关系，这个问题倘若解决不好，其政权是难以巩固的。这是十六国史研究中的一个新课题。

二、南方民族史研究

回眸2001年南方民族史的研究成果，据不完全统计，散见于各种杂志的有关文章有四五十篇之多。内中既有一些引人注目的新的专题论文发表，也有一些旧命题在原有基础上，经过发幽探微和潜心考证，有所前进，还有一些文章探讨了一些本该注意而未被注意或注意不够的问题。特别可喜的是出现了不少争辩性的文章，对推动南方民族史中一些重大问题的深入研究颇有助益。这反映了本年度南方民族史的研究无论是广度或深度都有所进展，但因研究的领域相当广泛，涉及问题也较多，故只能摘要介绍部分论著。

（一）族源研究

族源研究在民族史研究中有着重要地位，特别是在中国古代南方地区，民族众多，构成复杂，因而族源问题成为一个重点专题，长期以来不少学者对此潜心探析。就 2001 年而言，对这个问题进行研究和探讨的文章就达十数篇之多，内中不乏有新见解之作。

众所周知，先秦时期建立的楚国有着极其辉煌灿烂的历史，因此对楚国和楚人的族属问题，一直是人们乐于探求的热门话题。以往许多学者根据不同资料，从不同视角进行研究，并提出各种不同的看法，其中有北夏说、东夷说、西羌说和土著说等等，众说纷纭。石宗仁《论楚王族的族属》（《中南民族学院学报》第 4 期）一文认为，过去人们对楚王族、楚国及楚人的族属产生种种不同看法，主要因为没有从构成民族的诸因素论述楚国与楚王族的族属，使其观点不符合江汉地区的民族历史实际现象。该文从楚王族的原居地、族称、语言、信仰习俗及楚王族芈姓与楚王族尊号熊、酓的内涵及关系等方面对楚王族的族属进行了论证。作者以《世本》载："楚鬻熊居丹阳"为据，证实楚君的原居地在丹阳，而丹阳虽有"枝江秭归说"、"荆山蛮河说"、"淅川说"三种说法，但所涉及的这些地方，当时均属蛮夷之地。其次，史籍文献记载楚君、楚民是荆蛮，楚君亦屡说自己是蛮夷，说明楚国主体民族与楚王族，均属于蛮夷族即苗蛮族。再者，楚语和夏语，是两种不同的民族语言。作者认为楚语是蛮夷语，即三苗的语言，还引述了贵州的苗族学者比较研究后提出的"杨雄《方言》现存楚语约二百条……发现有一百一十条与苗语东部方言相同或相似"为依据，认为楚语与苗语是同一民族语，否则不会有这么多相同或相近似的词汇。文章还从楚王族与苗族二者祭祀的对象、祭仪、祭品、祭司称谓等方面，进行比较研究，发现并得出苗族三大祭祖活动与楚王族三祭祖活动完全相同或相似的结论，并论证了楚王族的芈姓属江汉地区蛮夷姓氏，与苗族芈姓的历史传说相符。此外还探析了楚王族以熊为氏，以酓为尊号的涵义，认为楚君鬻熊与熊绎之熊，不是出自黄帝有熊氏，也不是所谓熊图腾，而是源于伏羲、神农皇熊氏。畜，即蚩尤。苗蛮族的历史最早也可追溯到伏羲、神农和蚩尤，并把他们尊为英雄的祖先。鉴于上述，作者认为楚王族既不是华夏、西羌，亦不是东夷，而是苗族先民江汉土著荆蛮的首领，并直言楚王族是苗族先民无疑。

伍新福的《楚人、楚国与苗族》（《民族研究》第1期）也是一篇涉及如何确认楚人、楚国族属的探讨文章，着重对近年来一些著述中认为楚人是苗族，楚国是苗族建立的大国之观点提出异议。文章认为持“苗族论”者常引用语言资料为据，其中多以杨雄《方言》中所搜集的楚方言代表楚语，并同苗语比较，即认为楚语同苗语有许多读音相同或相近和可以互转的字，并由此断言，楚人讲的是苗语，所以楚人为苗族。该文作者认为，这难以令人信服。因为传世的杨雄《方言》成书于西汉末和东汉初年，其中所搜集的原楚国境内的方言，有“楚”、“南楚”、“吴楚”、“陈楚”、“荆吴”、“江沔”、“沅澧”、“沅浸”、“沅湘”等近10种方言。这些大大小小的方言，无论哪一种都很难代表楚语，与四五百年前古楚人的语言都相去甚远。其次，用今天通行的现代苗语的某一种方言和次方言，去同两千多年前的古代楚人语言比较，其可比性和代表性都受到相当大的局限。我们已无法知晓两千多年前的古苗语是什么样子，现在也还没有人能用苗语的三大方言综合性地同所谓的“楚语”作比较。作者指出，语言比较必须符合科学性，否则就难免牵强附会和望文生义。该文还对“苗族论”者根据《楚辞》不仅记有苗语，还记有苗俗，故认定楚人为苗族先民，也提出质疑，认为《楚辞》所描述的某些风俗不仅与苗族今天某些风俗有相似之处，但同今天的瑶、土家、侗、彝等民族的习俗也颇多相类；这些相似现象并不奇怪，因为楚国是个多民族国家，屈原采风当时当地的民情习俗必然包括聚居于这一地区众多民族的风情习俗；我们今天研究《楚辞》绝不能以同某个民族有颇相类之处，就片面断言其民族属性。该文还从不同角度论证了苗族虽然来源于“三苗”，并不是说苗族等于“三苗”，或说“三苗”仅仅是今天苗族先民。认为“三苗”集团和继之的“荆蛮”集团都不是一个单一民族的称呼，而是一定地域内的各部落群体的总称，应包括今天的苗、瑶、畲等民族的先民，以及已融入华夏族系的楚人、卢戎和部分巴人、濮人的先民。进而指出，楚人和苗族先民均属“三苗”和“荆蛮”集团，但是两个不同的支系，即属“同源异支”。作者认为这一观点才符合历史实际。

胡阳全《论苗瑶民族的同源问题》（《贵州民族学院学报》第1期）一文认为，苗族和瑶族是我国具有悠久历史而分布较广的民族，虽然目前对探讨有关苗族和瑶族的族源文章颇多，但说法各异。本文以翔实、丰富的历史文献、民间传说、语言情况、信仰习俗及苗、瑶族的迁徙原因等资料为依据，通过对比研究后，对苗瑶民族同源问题进行了客观的描述。作者认为：从《蛮书》、《炎徼纪闻》、《溪蛮丛笑》、《赤雅》及《苗族古歌》等史籍和民间传说中，都反映出苗族和瑶族的原始居地是在长沙、武陵地区；从图腾崇拜看，苗族和瑶族都广泛流传着盘瓠传说，都尊奉传说中的盘瓠为本民族始祖；从语言的角度看，苗瑶同属汉藏语系的苗瑶语族，瑶族约有35%的人讲话接近苗语，而苗族也有一部分人讲话接近瑶语，并且苗语保留古苗瑶语的声母较全，瑶语保留古苗瑶语的韵母较全，说明苗瑶确实有着亲密的同源关系；在文化习俗上，也颇多相似之处，如苗族和瑶族有许多相似的民歌，苗瑶的头饰同是椎髻，头巾、衣饰也相仿；从苗瑶各自的迁徙史歌来看，也证明武陵地区是苗瑶先民原先共同的聚居区，后来都是因封建统治阶级多次用兵和战乱，成为迫使苗瑶先民迁离武陵地区的主要原因。作者认为，上述种种，都有力地反映出苗、瑶同源于秦汉时期信奉盘瓠图腾的“长沙武陵蛮”或

“五溪蛮”这一事实。

元、明、清史籍所载的贵州“龙家”，其所指的人群实体到底属于哪个民族？是一个单一的民族，抑或是属于某个已知民族？长期以来一直成为学术界争论不休的难题。吴正彪《贵州“龙家”族属考辨》（《中南民族学院学报》第2期）一文认为，要弄清“龙家”这一名称的来历，必须依据翔实的史料，遗憾的是元以前贵州腹地各民族的史料在汉族典籍中残缺、错讹，不足为凭。元代以后的史料虽较为丰富，但大多局限于当地各民族与中央王朝的关系，极少涉及当地各民族的状况。这就成了“龙家”的来历在学术界长期不能作出结论的客观障碍。该文作者通过校释《百苗图》的过程，对元、明、清三代有关“龙家”的史籍记载进行排比，并结合当代民族学田野调查资料进行深入考辨，发现所谓龙家文化，既有苗族的文化特征，也包含彝族、布依族乃至汉族的文化特征，而作为一个单一民族，其文化特征必然具有内在的同一性，理当自成体系。其次，“龙家”无论与彝族、布依族，还是苗族、仡佬族在分布上均不重合，而在上述各民族分布区的交错地带密集分布，并且其分布恰恰位于从贵阳西通昆明的交通干线两侧，这一区域是贵州历史战事频繁的军事冲突地带，“龙家”集中这一地带定居，可能与历史上各民族政治、军事冲突有关联。再者，所谓“龙家”，他们的社会地位均比较低下，又分别受辖于彝族和布依族土司或中央所属的卫所。据此，作者认为不能把“龙家”理解为一个单一的民族，而是一个曾经包含有苗族、布依族、彝族、汉族在特定政治背景下形成的一个较稳定的民族集合体。文章还分析了“龙家”这个名称的定型和拓展使用，与长期控制贵州西部政局的彝族家支势力消长有相联关系，如明清之际，通过大规模的改土归流，“龙家”中属于布依族者回归布依族，属于苗族的被认定为苗族，属于汉族者也不再被人视为“龙家”。

在西南民族史的研究中，对南中大姓的主要代表爨氏的研究，历来受到史家的重视。王宏道《释爨及西爨白蛮》(《云南民族学院学报》第5、6期连载）一文通过对《爨龙颜碑》的详细诠释，并结合有关古籍文献资料，对爨氏家族的历史源流作了全面的考证，并对云南民族研究中某些颇有争议的学术问题提出了新的看法。作者指出，过去有人根据《南齐书·州郡志》“宁州”条：“蛮夷众多，齐民甚少，诸爨、氐强族，恃远擅命”的“诸爨、氐强族”，读成“诸爨氐强族”，把“爨、氐”二字合读为一词，故断言爨氏为氐族。这显然是一种误读和误解。作者认为应把爨、氐分读为二词，文中“氐”是指“蛮夷众多”，“爨”是指“齐民甚少”中的“齐民”，即宁州既有齐民爨人，又有蛮夷氐人，并论证了爨氏是汉族，绝非边裔土著，就其血统渊源来说，爨氏是东汉后期班超受封定远侯而班氏改为爨氏的班氏后裔。该文作者认为，旧说把“爨文化”说成是上承“滇文化”下启“南诏、大理文化”的承传关系，也不合符历史事实。所谓“滇文化”，是指1955年在滇池晋宁石寨山出土的一批青铜文物，经考古工作者考订，这批文物下限年代在汉武帝设置益州郡之后，并称这批青铜文物为“滇池青铜文化”，即“滇文化”。该文认为汉武帝设置益州郡后这一期间，正当《爨龙颜碑》中所述班氏的祖先“蝉蜕河东”的时候，这时班氏还没有改姓为爨氏，所谓“爨文化”还未产生，怎么会有“爨文化”继承了“滇文化”呢？作者认为爨氏家族文化保持着传统的汉文化特征。文章还指出，旧说把爨松子的“反叛”，解说成爨氏家族企图独霸一方，抵制中央王朝派来的刺史、太守，这也不符合历史真实情况。爨松子的所谓“反叛”，并未得到爨龙颜的支持，相反爨龙颜支持徐循讨平爨松子，以表明支持中央法令。此外，旧说一般把《蛮书》里的“白蛮”一词解释为专指今天的白族。本文作者认为，所谓“白蛮”，实指“白人”，即承担王朝赋役的编户齐民。其实历代王朝清查人口，整理户籍，统一进行对编户齐民征收赋役时，一般都把户籍分为白、黄两色，造册立簿。所以白人可以包容白族，但白族不能包容白人。因此，“白蛮”这一名称，不应如旧说释为专指今天的白族，而是可以泛指各族，如汉族、羌族、彝族等各族。总之，上述种种引人注目的新见解，对云南民族史的研究具有较高的学术参考价值。

（二）边政问题和民族关系史研究

有关历代边政问题和民族关系问题，一直是研究民族史中的重大课题。本年度发表涉及这方面的学术论文也不少，其中不乏颇有见地的文章。

1. 边政问题研究

方铁在《论唐朝统治者的治边思想及对西南边疆的治策》（《云南民族学院学报》第2期）一文中，以唐朝对西南边疆的治理为例，深入剖析了当朝统治者的治边思想及其治策的局限性。文章认为，由于以唐太宗为代表的唐前期统治者着力经营边疆，故在西南边疆的统治较前代有明显深入，西南边疆的社会经济也有长足发展。但唐太宗等人治理边疆的思想，主要是从“四海如一家”和“德泽洽夷”等怀柔边疆民族的道德观出发，而对开拓及巩固边疆的重要性与深远意义，以及开发边疆实现其利用价值的重要性，却认识不足，甚至还流露出经营边疆招徕远域“无益于用而糜弊百姓”的错误意识。在上述思想指导下，唐朝统治者经营西南等边疆地区存在重统治轻开发和重投入轻回报的情形，虽然在经营边疆上耗费了大量人力和物力，但却因赋税收益甚微和处理边疆事务缺乏长远与全局的考虑，以致对边疆的经营活动难以为继，也使唐前期开明的治策鲜克有终。所以笔者认为，唐朝经营边疆的力度与成效与后来元明清相比就略逊一筹，这主要是与唐统治者的治边思想和治策的局限性有关。但文章还着重指出，从秦汉至明清，对边疆地区开发利用的价值，以及经营边疆对国家统一与发展具有的重要意义的认识，在封建统治者中经历了一个较长演变过程。认为统治者这种治边思想的不断深化，与封建国家与边疆地区的发展及其产生的影响，以及内地与边疆政治、经济上联系的重要性渐趋明显有密切关系，同时也有封建统治者自身受时代与阶级局限的原因。认为雷同化地看待不同封建王朝的治边思想及治策，把历代统治者对边疆地区的经营视为固定不变的模式，显然有悖于史实。该文提出的这种从历史发展角度进行分析历史问题的观点，应该说是有一定的启迪意义。

“改土归流”也是边政研究中的重要话题，如发生在20世纪初叶的清末川边藏区“改土归流”，一直是藏学界研究的热点，先后发表研讨文章不少，但对这一事件涉及的具体人和事，争议颇多。马箐林《清末川边藏区“改土归流”的宏观历史分析》（《西藏研究》第3期）一文，在综合分析了历年来有关这一课题研究后认为，过去多数学者由于把分析的切入点定位在对事件本身及其是非功过的评价上，尤其是在方法论上往往错误地套用了阶级分析的方法，使所得结论，有失偏颇，从而影响了对这一在清王朝即将崩溃之际发生的重大历史事件的正确认识和评价。该文指出，清末川边的“改土归流”，绝不是一朝一帝一臣之作，而是前朝“改土归流”措施的合理延续。赵尔丰等人作为这一地区“改土归流”的组织者和实施者，是对前朝未尽事业的继续执行。其中一时或一事的处理虽带有许多个人浓烈的色彩，但就整个事件而言，则应具有深刻历史渊源的政府行为。“改土归流”事件所涉及的具体人和事是偶然的，但从整个历史发展的规律来看，“改土归流”在这一地区、这一时期发生却是必然的。所以作者认为，分析和评价清末川边“改土归流”时，应把它放在中华民族发展的大历史中，从中国边疆少数民族发展进程中去认识，才能作出客观的历史结论。作者还认为，在这一事件的具体过程中，作为具体实施者的赵尔丰，无论其本人属于哪个阶级，其具体手段是否正确，都应放在当时特定的历史环境中去分析，只要其行为是顺应了历史发展的潮流，就应给予肯定，而不应用现代人的眼光和标准去评价和苛求一个世纪以前的古人。作者最后认为，尽管川边藏区“改土归流”由于清王朝的覆灭而未取得应有的效果，甚至后来土司制度在川边藏区重新复辟，但并不能否定“改土归流”作为符合社会发展规律的政策措施所应有的历史意义。文章所阐述的某些论点，未必都能被所有人所接受，但作者认为评价具体历史事件时，必须进行宏观分析的观点，这对如何准确评价历史事件和历史人物，无疑是十分重要的。

2. 西南民族关系史研究

中国西南自古就是一个多民族的聚居地之一，所以研究中国西南民族关系史是研究中国历史的一个重要组成部分。王文光、龙晓燕《中国西南民族关系研究散论》（《思想战线》第2期）一文认为，对中国西南民族关系的研究，可以有种种不同的视角和不同的切入点，但西南民族关系的主流是什么，必须首先回答这个本质性的问题。在民族史研究中，对民族关系主流问题曾经流行过“友好合作说”和“民族压迫说”两种观点：前者认为我国历史上的民族关系主流是各民族没有根本利害冲突，是友好往来的；后者认为历史上民族关系的实质和主流是民族的压迫、歧视和矛盾冲突。本文作者认为，这两者都是片面的。民族关系是指一定主客观条件下，不同民族之间的交往形式、内容及其历史发展过程的总和，即民族关系是各民族之间一种长期的、较为全面的关系。各民族之间既有和平友好的一面，也有战争矛盾的一面。文章深入论证了中国西南民族关系的主流是各民族在长期的历史发展中，在各个领域的接触中，既有和平友好、相互吸收，又有矛盾冲突、相互排斥的这样一个辩证的历史运动过程。此外，民族融合也是民族关系研究的一个重要内容。该文作者认为，西南民族的融合特点是以自然融合为主，并指出西南历史上的民族融合在元代以前表现为同源异流（大量汉族融于非汉族之中），在元代以后既有同源异流，也有多源合流（少数民族融于汉民族）和异源异流（各少数民族之间的相互融合）。该文还详细阐述了中国西南自古就是众多民族的聚居地，发展到今天已形成有 30 多个民族大杂居、小聚居的格局。这些民族尽管他们形成的时间有早有晚，但都拥有悠久的历史和让人惊叹的文化，他们都在历史发展过程中通过各种形式的交往，结成种种联系，体现出极其生动的民族关系画卷，丰富着中华民族多元一体的历史内容。

李天石《论唐宪宗元和年间唐朝与吐蕃的关系》（《西藏研究》第 2 期）也属一篇有一得之见的文章。作者认为，唐宪宗元和年间（805—820 年）的唐蕃关系问题，目前史学界尚无专文讨论。一方面是因为人们论及元和时期政事时，注意较多的往往是唐宪宗对藩镇的平定；另一方面，在唐朝中后期的唐蕃关系问题上，人们一般都将视线放在德宗时期的唐蕃“清水会盟”及元和以后穆宗时期的唐蕃“长庆会盟”等重大历史事件上，而对相对比较平稳的宪宗元和年间的唐蕃关系问题则未能给予足够的重视。本文指出，其实元和虽然只有 15 年的时间，但唐蕃关系却经历了一个由交好到交恶的过程，其间颇多曲折，颇有特色。自肃、代两帝以来，吐蕃渐次占领陇右，并利用距唐长安近在咫尺，频频入侵，故使唐之边患，莫大于吐蕃。宪宗即位之际，由于中亚大食帝国的兴起，直接威胁到吐蕃，故吐蕃希望通过会盟改善与唐的关系，以便集中精力对付大食帝国；唐宪宗也想通过与吐蕃建立友好关系，以集中精力解决藩镇问题，故主动与吐蕃修好。由于双方都有此愿望和要求，所以在元和初中期前，唐蕃友好关系得到恢复和发展。但宪宗始终不肯在吐蕃归还安乐、秦州、原州等三州之前与吐蕃结盟，特别是在宪宗平定藩镇以后，进一步提出收复所有被吐蕃侵占的陇右地区。而吐蕃也企图以武力迫使唐朝与之会盟，以确定现有唐蕃边界的合法性。所以双方冲突不可避免，导致元和后期唐蕃关系的破裂。作者认为，认真分析这个时期唐蕃关系的变化，这对研究整个唐代的唐蕃关系和评价唐宪宗的历史作用，都具有重要的意义。

孙宏年《国民参政会的藏族参政员与国民政府治藏政策》（《西藏研究》第4期）一文指出，1938年—1948年间的国民参政会是这一时期国民政府认可的最高咨询机关，对国民政府的内外政策和国家政治生活都产生不可低估的影响。该参政会共四届，每届都有来自西藏和其他藏区的代表，他们积极参政，提交了许多与西藏和藏区有关的议案。这些议案受到当时国民政府不同程度的重视。但目前学术界对此还鲜见论述。作者认为，研究民国时期中央政府与藏地区的关系时，国民参政会的作用及其反映的历史事实，不容忽视。其一，国民参政会以立法的形式确定了西藏地区各族人民参与国家管理的权利；其二，藏族参政员提交的大量治藏议案，虽然未能全部实施，但大都受到国民政府的高度重视，从而在某种程度上影响了中央政府的治藏政策，对加强中央政府与西藏地方的联系，推进藏区的社会进步，都产生了积极作用；其三，国民政府遴选藏族代表参政员，以及这些代表积极参政，反映了当时包括藏族在内的中华民族团结抗战、维护祖国统一与复兴中华民族的爱国主义精神，表明了藏族是中华民族大家庭的重要成员。该文以丰富、翔实的文献和档案资料为依据，从一个侧面有力地证明西藏是中国领土不可分割的一部分的历史事实。

李晨升《策墨林诺们罕事件》（《中国西藏》第1期）主要是针对日本学者铃木中正依据1846年抵达拉萨的法国传教古伯察撰写的《鞑靼西藏旅行记》的描述，把1844年驻藏大臣琦善将掌办西藏商业长达26年之久的策墨林诺们罕革职，并平息了其党羽的骚乱，解决了一场可能危及藏内稳定的政争，称为“1844

年的拉萨政变”（见铃木中正《关于1844年拉萨政变》，载《西藏研究》1989年第1期）的错误观点，提出反驳。作者认为，该事件的起因是策墨林诺们罕在掌办西藏商业时期，利用手中的权力企图扩充自己的地位和利益，引起了其他政教势力的不满，从而导致西藏地方内部的政治斗争。于是七世班禅等僧俗势力要求清廷进行干预。驻藏大臣琦善执行中央王朝的命令，革去策墨林诺们罕的所有职衔、名号，查封其财产。其党羽借机闹事，但很快就被平息，并且主要策划者都受到惩罚。这次骚乱实际是策墨林诺们罕的党羽的单独行动，西藏地方的其他僧俗势力不仅没有表示支持，而且积极拥护中央王朝的决定。所以铃木中正等人把这一事件称为“拉萨政变”，根本违背历史事实。文章还批驳了铃木中正等人说，当时西藏地方僧俗官员对琦善亲自处理策墨林诺们罕的党羽表示不满，要向琦善争夺载决策墨林诺们罕党羽的权力，还说琦善不得不作出让步，表明清王朝对西藏的控制已不如半个世纪前有效。作者以大量的档案资料证实，对这一事件的处理决定都是由驻藏大臣代表中央王朝作出的，并交由噶厦地方政权执行，所谓清王朝对西藏地方势力不得不做出让步的说法是没有根据的。文章还详细阐述了琦善就任后，通过处理策墨林诺们罕这一藏内纷争事件，整顿藏政，最后还主持制定了《唐古特裁禁章程》二十八条。故作者认为，无论后人对琦善这些措施的评价如何，当时清中央王朝在西藏地方的权威地位是无可置疑的。

（三）台湾民族史研究

近年来涉及我国台湾民族史问题的研究也日渐增多。廖杨《台湾早期移住民的史前文化述论》（《贵州民族研究》第2期）根据考古资料和前人的研究成果，论述了台湾早期移住民各族与祖国大陆古人类有密切渊源关系和台湾各民族的历史文化原貌。作者认为台湾早期移住民的一部分最早距今3万年前或更早时代从我国大陆东南或华南迁到台湾的。台湾的“长滨文化”与大陆华南旧石器文化同属一个系统，其主人“左镇人”便是大陆最早移居台湾的一批住民。随后“大岔坑文化”、“圆山文化”和“凤鼻头文化”的后裔，成为今天台湾泰雅人、赛夏人、布农人和曹人等祖先。“十三行文化”、“番仔园文化”、“大邱园文化”等主人的后裔，则是平埔人各族的祖先。另一部分与东南亚南岛语族古文化有许多相似之处的台湾鲁凯人、排湾人、雅美人、阿美人和卑南人等族群的祖先，是从我国大陆经西南地区迁入中南半岛与古印度奈西安种人融合成原马来人后进入南洋群岛，在没有与尼格罗种人融合的情况下，经菲律宾到达台湾东海岸的。该文还指出，有些学者根据南岛民族的神话传说及一些文献记载，推断台湾早期曾有矮黑人分布，但目前台湾考古文化中还没有找到这方面的充分证据。至于古代文献中所记载的古琉球人可能活动于台湾则晚得更多，而且第三纪和第四纪之间的台湾与琉球群岛和我国大陆相连。如果琉球群岛存在古人类遗迹的话，似乎亦应从我国大陆去探寻其起源。故作者断言，台湾早期居民是分东西两路从我国南部直接或间接迁移过去的远古人类。了解和研究台湾早期移住民的史前文化，对台湾民族历史文化的正本清源，具有十分重要的理论意义和学术价值。

李艾丽的《论日据时期台湾同胞的祖国意识》（《广西民族学院学报》第3期）一文，针对某些“台独”分子竟把日寇占据我国台湾时期，台湾同胞在特殊的情况下，为了摆脱日寇的统治，曾提出“自决”、“自治”等策略和斗争，曲解为“台独前史”的谬论，进行有力的抨击。本文以史为证，阐述了在日寇占领台湾的半个世纪中，台湾各族人民为了摆脱日本殖民统治，争取回归祖国，进行不屈不挠的英勇斗争。在这一历史过程中，虽然各个阶段的斗争形式、规模及影响各有不同，但始终贯穿一条主线，即台湾是中国的领土，台湾同胞是中华民族的成员。作者以铁的事实无情地揭露了某些“台独”分子将台湾同胞抗日自救运动，列为“台独运动”前史。这是对历史的歪曲和对历史的篡改。作者认为，台湾各族人民以各种形式反对日本殖民统治的斗争，充分证明台湾是中国神圣领土不可分割的一部分，台湾同胞有着以中国认同、归属的民族情感及卓著的爱国主义传统。台湾同胞这种强烈的祖国意识正是当今两岸人民反“台独”、反分裂，共促中华民族完成祖国统一大业的坚实基础。

（四）其他研究

本年度南方民族史研究所涉及领域还很多，这里主要介绍两篇颇有新意的文章。一是彭年《束发椎髻非南越之俗》（《中央民族大学学报》第6期）。过去许多学者把束发椎髻的发式，视为岭南越族之俗。其根据是，《史记·货殖列传》载秦代蜀郡冶铁商人程郑以铁器“贾椎髻之民”。《史记·索隐》释“贾椎髻之民”，“谓通贾南越”。《史记·陆贾传》还载，汉高祖令陆贾使南越，“陆生至，尉佗魋结，箕倨见陆生”。《索隐》：“夷人（指南越）本被发左衽，今佗同其俗，但魋其发而结之”。本文作者认为，上述论据不能成立。其一，在秦代的蜀郡与居住在岭南之地的南越并没有通商的记载，只是到汉武帝时期，蜀郡与南越地区才出现间接的商业往来。所以秦代蜀商程郑以铁器“贾椎髻之民”，不可能是南越。其二，上引的《史记·陆贾传》索隐是在说了“被发左衽”本是“夷人”之俗，赵佗“同其俗”之后，用连词“但”字作为转接，然后才说“魋其发而结之”。按古汉语规则，“但”字可用在句子的后半句表示转接语气，以示后半句的内容与前半句有所不同。因此，《索隐》这句话是说，赵佗尽管与“夷人”（指南越）“同其俗”，但其发式则不同于“夷人”，而是“魋其发而结之”。显然，这里说的“魋结之俗”，不是被发而左衽的夷人之俗。本文作者认为，南越人的发式和其他居住在东南沿海地区的越人一样，是男子“断发”，女子“被发”。而最盛行

“椎髻”为俗的民族是中原地区华夏族先民。文章根据考古资料证实，早在史前时期，中原地区就出现束发挽髻之俗。到战国后，特别是秦汉以来，随着中原文化逐渐南传，接受华夏—汉族这种“束发椎髻”之俗的地区和民族越来越多，后来盛行于全国各地。

二是朱家桢《〈西双版纳份地制与西周井田制比较研究〉再版序》一文（《云南民族学院学报》第1期）。著名历史学家、民族学家马曜撰写的《西双版纳份地制与西周井田制比较研究》一书于1989年出版后，曾在民族学界和史学界引起了广泛的反响。本文作者认为，10年来马曜先生认真汲取各方面的意见，进一步完善全书的基本理论观点，为推动民族学和古代史学的有关理论研究提供了新的思考。该书不同于以往某些游记式的，乃至猎奇式的民族资料的收集；也不同于那种摭拾一些零散的、片面的民族学资料用来作类比论证式的研究。该书作者在取得大量第一手资料的基础上，以马克思主义理论为指导，进行整理分析，从而为科学研究提供了相当完整、系统、丰富的民族学资料。在研究方法上，继承和发展了王国维在古史研究中应用考古资料与文献资料相结合的“二重证据法”，进一步与民族学相结合，形成“三重证据法”，将傣族社会的封建领主制经济与三千年前的西周社会的封建领主经济进行比较研究，解读了我国古代“井田之谜”的历史悬案，从而在根本上为解决我国古代历史分期问题，找到了一把钥匙。该书通过对傣族农村公社这一古老社会共同体在现实社会中活生生的遗存的研究，一步步地揭开了建筑在这种社会共同体基础上的封建领主制社会的全部奥秘。它不仅在史实上丰富了我国乃至世界史上对农村公社这一古老社会共同体的认识，而且在理论上丰富和深化了人们对马克思关于东方公社理论的认识。因此，本文作者认为，该书不仅对我国的民族学和历史研究，而且对丰富世界古代史和中世纪史的研究都有重要的理论意义和史料价值。

综观过去一年，民族史研究领域中发表了许多有新颖见解的文章，其中有不少是对学术问题争辩性的论文，都是过去少见的，这是十分可喜的。但也有许多不足之处，如对民族史中一些总体问题的宏观研究和探讨有所欠缺；其次，对近现代民族史问题的研究，也显得非常薄弱。今后应该进一步加强这方面的研究。

（罗贤佑　卢　勋）

民族语言文字研究

2001年民族语言文字的研究成果在专著和论文两种形式上都有可喜的收获。各个语言、各种内容的学术性研究专著有20多部，此外还有为数不少的应用性读物、教材和词典；在《民族语文》、《中国语言学报》、《语言研究》等全国性的重要刊物和《三月三·民族语文论坛》、《满语研究》、《语言与翻译》、《云南民族语文》等地方刊物以及各大学学报、各省民族研究刊物上发表的论文有160多篇。这些专著和论文内容十分广泛，不仅有对具体语言结构的描写分析，对特殊语言现象的专题研究，对语言历史演变和系属关系的构拟比较，还有对我国语言研究理论和方法论的探索讨论，对语言使用现状和发展前景的分析预测，对语言文字运用、双语现象和教学的论述总结，对语言和社会、文化相互影响的探析阐述，等等。涉及的领域包括共时描写语言学、历史比较语言学、社会语言学、文化语言学、计算机语言学、实验语音学等各个民族语言研究的分支学科，既有学术性很强的基础理论研究，也有同现实需要联系密切的运用性研究；既包括具有历史优势、基础深厚的传统领域，也包括具有开拓性意义和时代特点的前沿课题，展现出在世纪交替的新时期中，民族语言研究学科的理论思考更加活跃，关注视野更加开阔，研究方法更加多样，分析手段不断更新的发展势头。

一、语言共时描写研究

语言的共时描写研究是语言研究的基础领域，长期以来，我国民族语言学科在这一领域具有传统的优势，积累了丰硕的成果。但是，我国语言资源极为丰富，语言现象复杂多样，对陆续发现的新语言、对以前虽进行过描写但还不够深入系统的语言、对方言差别很大的语言进行整体性描写研究，对一些错综复杂的语言现象进行专题性分析探讨，仍然是民族语言研究中的重要内容。从2001年的研究成果来看，无论是专著还是论文，对我国南、北方语言的结构进行描写研究的比重仍然占有很大的分量，其中专著8本，论文50多篇，分别在专著和论文总数中占大约1/3的比例。

语言结构的共时描写可以分为以下两大类：

（一）对语言结构的整体性描写

这一类描写研究成果基本上都从语音、语法、词汇，有的还包括形态、语义等各个方面，展示一种语言或语言方言的基本面貌。这方面的专著有语言研究和方言研究两类。

鄂伦春语是我国北方满—通古斯语言中的一种，是典型的黏着语，保留着较多的满—通古斯语的早期形态；鄂伦春语的语音结构简明，清晰地显示出阿尔泰语言八个元音阴阳匹配的格局；语法成分、语法格式的对称也比其他阿尔泰语言更为显著，因此，对鄂伦春语的深入研究具有重要的学术价值。胡增益著《鄂伦春语研究》（民族出版社）分引论、语音、构词、词法、句法、词汇、余论共七章，系统全面地分析描写了鄂伦春语的整体面貌，并且附录常用词和长篇语料，是鄂伦春语研究和满—通古斯语言研究中一部重要的著作。

赛德克语是台湾高山族泰雅人的一个群体——赛德克人使用的语言，由于大陆没有分布，民族语言学界对这种语言的情况基本上毫无了解。陈康、许进来著《台湾赛德克语》（华文出版社）从语音、词汇、词组、语法、方言等方面系统描述了赛德克语的结构体系，并附有赛德克、汉、英三种语言的对照词汇和短篇语料，是大陆出版的第一本对台湾高山族语言中的一种语言进行全面描写的研究专著。

罗安源、田心桃、田荆贵、廖乔婧著《土家人和土家语》(民族出版社)，是一部兼有语言描写和历史探讨的著作，其特点是，不仅对土家语进行了系统的描写分析，而且对土家族的族源进行了探索。全书分两大部分，语言部分分语音、语法、语词三篇，对土家语的声调、声母、韵母、拼音、词法、句法、常用语句进行分章描写，在分类词汇中还附有 2000 个土家语词条。族源部分包括土家族源研究史略，土家族源研究的新热潮，土家族的主源与支流，土家族与“宝人”的共性等内容。

有些描写性专著以方言差异作为研究的视点展现语言的结构面貌，这些方言研究著作既具有共性，又各有特色，例如：陆绍尊著《普米语方言研究》(民族出版社)，从语音、语法、词汇、长篇语料等方面研究普米语方言；蒙朝吉著《瑶族布努语方言研究》(民族出版社）的主要内容包括：瑶族布努语方言土语区的人口分布表，人口分布和居住地理环境，布努瑶族的自称，布努语的使用和发展等；周耀文、罗美珍著《傣语方言研究》(民族出版社）则主要从语音、词汇、汉语和巴利语对傣语的影响、文字等几个方面研究傣语的方言；胡毅的《中国柯尔克孜语南部方言研究》(新疆大学出版社)，从语音系统、词汇系统和语法系统等几个层面进行描写论述，着重分析了柯尔克孜语南部方言的特点。

对语言整体的描写成果还有以语言概况的形式发表的多篇论文，如在《民族语文》2001 年各期先后发表的《茶洞语概况》(李锦芳)、《巴那语概况》(陈其光)、《克木语概况》(陈国庆)、《莽语概况》(高永奇)、《西山白语概况》(王锋)、《扎话概况》(江荻、李大勤)，都对以前没有调查或调查很不充分的语言或方言进行了描写分析，展现了这些新发现或新调查的语言、方言的结构概况。意西微色·阿错发表在《语言研究》2001 年第 3 期的论文《藏汉混合语“倒话”述略》，则是对新近发现的、分布于青藏高原东部腹地的一种特殊语言“倒话”的研究，介绍了这种语言的语音、词汇和语法特征，认为它是青藏高原藏语使用区中一个小小的语言岛，虽然词汇主要来自汉语，语法结构层面与藏语有着高度的同构关系，但是拥有相当丰富的词汇、完备严密的语音语法体系，是一种独立的语言。

（二）对语言现象的专题性分析

专题性研究不同于对一种语言的整体描写，而是对一种或几种相近语言中特殊、复杂的结构现象进行深入的探讨分析。这方面的专著有李泽然的《哈尼语研究》（民族出版社），作者在这本书中对哈尼语中的双音节化、a音节、名词性前缀、重叠式、并列复合词、动物名词的语义等一些具有特点的语言现象，作了深入的探讨。这本书还包括对哈尼族村寨双语现象的分析，以及历史和文化方面的专题，是哈尼语和哈尼族文化综合研究的成果。力提甫·托乎提著《维吾尔族语及其他阿尔泰语言的生成句法研究》（民族出版社）以生成句法理论为框架，观察和研究维吾尔语及阿尔泰语言的语法，是一部突破传统、具有开拓意义的阿尔泰语言学专著。

对语言结构的专题性研究主要体现在大量的论文中。综观这些研究成果，显示出一个非常突出的重要变化，那就是改变了以往关于语音现象的论文一直占多数的倾向，在2001年的专题描写论文中，对语法的研究在数量上占有明显的优势，同语音、词汇、语义的论文总数相当，基本上各占1/2。这表明，描写研究长期以来相当薄弱的语法领域正得到显著的增强，民族语言学界的关注重点正在从较为表象的语音层面进入到较为深刻复杂的语法层面，研究重心从长期的倾斜状态开始趋向平衡。下面分类论述。

（1）语法

语法专题研究有的是综合语族或语支中多种语言的语法现象，对共同存在的某种语法范畴进行研究。如李大勤的《藏缅语人称代词和名词的“数”——藏缅语“数”范畴研究之一》（载《民族语文》第5期），在考察藏缅语言人称代词“数”范畴的类型及其表达形式的基础上，讨论人称代词和名词的“数”之间的关系，指出这两个系统之间大致呈现出三种情况，但总的来说，其形式手段的创新有着极为密切的关系。徐世璇在《缅彝语言体范畴研究》（载《中国语言学报》第10期）一文中，通过多种语言的综合分析，提出缅彝语言的体存在着动貌和情貌两种不同的类别，两种类别的体可以复合，形成了体范畴的复合功能和多种层次。这种共时特点是由体范畴的历史性质决定的，分别来源于动词虚化和语法成分的两类体标记，其性质、功能和在句中的语序不同，经过长期的演变，共同组成了表示体意义的系统，但是仍然保留了各自内在的潜质，决定了缅彝语言体范畴的类别差异和复合功能。丁崇明的《汉语、藏缅语形容词重叠式的特殊用法》（载《云南民族学院学报》第5期）对汉语和藏缅语言中形容词的重叠用法进行了描述分析。许伊娜的《阿尔泰诸语句法类型及副动词范畴》（载《民族语文》第1期）简略对比分析了维吾尔语、蒙古语、鄂温克语中副动词范畴的语义功能和句法结构特征，力图从结构类型特征方面认识这三种语言的异同。

有的语法专题研究是以一个语言中的某种语法现象为主题，这方面的论文数量较多。如胡素华的《彝语动词的体貌范畴》（载《民族语文》第4期）对彝语中丰富的体貌范畴进行分析，认为体和貌可以分开，体范畴有进行体、完成变化体、未完成变化体，貌范畴有完成貌、进行貌、将来貌、短时少量貌、长时频繁貌。两个范畴的表现手段和虚化程度各不相同。她在《彝语结构助词在不同层面上的多功能性》（载《语言研究》第2期）中对彝语结构助词的功能进行了多层面的分析。戴庆厦《景颇语的话题》（载《语言研究》第1期）认为，景颇语是一种具有话题结构的语言，景颇语话题的特点是由其语法类型特点——以分析型为主但又有屈折型特点决定的。杨将领在《独龙语动词的使动范畴》（载《民族语文》第4期）中分析了独龙语使动范畴的共时特征，将使动语法意义概括为致使、致动和役使三类，语法形式有黏着和分析两类，两种形式相互制约而又互补并存，并从黏着形态向分析形式转化。马忠建《西夏语SOV型单句中宾语的形式》（载《民族语文》第2期）以已经消亡的西夏语语法为主题，叙述了单句中宾语的7种形式及分布条件，并对各种形式之间的关系进行初步的分析。

对阿尔泰语言的语法研究主要集中在蒙古语族和突厥语族。哈斯巴特尔《关于蒙古语人称代词词干变格问题》（载《民族语文》第3期）一文，分析研究了蒙古语人称代词早期形式和早期变格情况，认为几种不同变格词干是由词干和格词缀的固定形式中演变而来的词干形式。德力格尔玛的《论蒙古语构形法归属问题》（载《中央民族大学学报》第5期）对蒙古语的构形法进行了深入的讨论，提出传统蒙古语语法将词法划分为构词法和构形法，但构形实际上是表达句法关系的，不属于孤立的词，应归入句法学中的组词法，并对构形作了“组词手段的种类”和“组词造句的内容”的区分。突厥语族语言的语法研究论文数量不少，其中张定京对哈萨克语所作的语法研究较为引人注目，在《哈萨克语知情语气助词》（载《民族语文》第6期）一文中，他以语法意义和语法形式相结合的方法，介绍哈萨克语知情语气助词的特点和种类，对16个知情语气助词的分布、用法和表义情况作了详细的分析描写；在《哈萨克语限定和否定语气助词》（载《中央民族大学学报》第2期）和《哈萨克语关注格助词》（载《语言与翻译》第3期）两篇文章中，分别对哈萨克语的另两类助词进行描写分析，形成了哈萨克语助词研究系列。对维吾尔语语法的研究包括否定范畴、形态、语言结构和量词等多方面，这些论文分别发表在《语言与翻译》第2期和第3期，有李军、滕春华的《现代维吾尔语否定范畴探析》，胡毅的《零形态与维吾尔语语法》，李祥瑞的《现代维语的命名结构》，张玉萍的《维语量词的形象性和模糊性》。满—通古斯语言语法研究有黄行的《鄂温克语形态类型的对比分析》（载《满语研究》第1期），文章用120个话语句子作文本，对7种典型的构词构形参项作类型指数的统计，并通过同类型上有较大差别的汉语和英语的对比，描述鄂温克语在形态类型上的类属。

北方语言语法方面的论文还有金日、毕玉德的《有关朝鲜语词类问题上的不同观点评析》（载《民族语文》第6期），文章主要就中国、朝鲜和韩国的学者关于朝鲜语词类划分的标准、具体的词类设定以及词类下位分类等问题上的不同观点进行讨论。

（2）语音

对语音现象的描写研究一直是民族语言研究中的强项，2001年这方面的研究成果，无论是北方语言还是南方语言，无论是研究内容的广泛性还是研究手段的多样性，都显示出了这一领域的坚实基础。

用实验语音学的手段研究语言声学的新作有孔江平著《论语言发声》（中央民族大学出版社），这部专著从语音学、言语声学和嗓音生理的角度，全面介绍了作者在语音嗓音发声类型方面的研究，分为基础部分、中国民族语言发声类型的语音学研究、发声的声学研究、声带振动的生理研究、基于发声的语音学框架讨论共五个部分，涉及到发声的语音学分析及理论、声学特征、分析方法和数学成像的动态声门研究，通过实验科学的手段，对语言发声的原理和类型及我国少数民族语言丰富的语音发声现象作了精确的分析。

对各种语言中的语音现象进行描写论述的论文内容十分多

样，下面从北方语言和南方语言两个方面分别来看。

元音和谐是我国北方语言中普遍存在的语音现象。李兵在《元音和谐的类型学问题》（载《民族语文》第2期）一文中认为，从音系分析的角度看，可以归纳成腭、舌根位置、舌位高度、唇状、鼻化和卷舌等各种类型的元音和谐。元音和谐的结构特点、谱系特点和地域特点之间表现出错综复杂的关系，各种传统观点难以充分概括出元音和谐的类型、形式以及音系机制的多样性和复杂性。李得春的《近代朝鲜文献中的汉朝对音转写问题》（载《民族语文》第2期）一文，探讨谚文注音转写成国际音标时需注意的几个问题，明清时期朝鲜文献中的汉字都有谚文字母标注的读音，这些反映当时读音的对书对于明清汉语音韵研究具有很大的价值，文章列出了谚文字母同国际音标和传统的三十一字母的声韵对应音值，解释了正音、俗音、左音、右音等术语。复合音是锡伯语音系中较为复杂的组成部分，其发音方法、发音部位、内在联系以及分类等问题，都有许多需要深入研究的疑点，安成山的《现代锡伯口语复合音探析》（载《语言与翻译》第2期）就以上几方面的问题作了简单的描述。侯尔瑞的《雅库特语与柯尔克孜、维吾尔语语音比较》（载《中央民族大学学报》第1期）一文，对比分析了现代雅库特语同柯尔克孜语、维吾尔语语音的同异点。北方语言的语音研究还有李美玲分析土族语语音的两篇文章：《土族语长元音的形成》和《土族语词首辅音 f 的演变》（均载《西北民族研究》第1期），黄锡惠的《满语口语研究的重音问题》（载《满语研究》第1期）等。

南方语言的语音现象十分复杂，一直是民族语言研究的重点。立于唐穆宗长庆三年（823年）的《唐蕃会盟碑》时代明确、标音精细，是藏、汉两种语言语音上不可多得的、高度可信的历史文献，对中古的藏语和汉语研究都有重要的意义。郑张尚芳的《〈唐蕃会盟碑〉藏汉对音里下附小阿（ɦ）的语音意义》

(载《民族语文》第1期)，对藏汉对音里下附的小阿（ɦ）进行研究，根据出现的范围和条件推论它所表示的音值特征。对现代口语中的音变现象进行分析的论文有曾晓渝的《高田壮语的声调演变》（载《民族语文》第4期）和陈康的《赛德克语动词命令式的协和音变》(载《民族语文》第5期)。高田壮语的单字调近50年来由8个演变为6个，这是调值相近的声调自然归并、进而导致声调系统内部重新整合的结果，这一音变现象可能预示着今后壮语及壮侗语族声调的发展趋势。赛德克语动词词根加后缀构成命令式，从而引起重音的转移，从词根的倒数第二个音节移至最后一个音节，并发生元音的强、弱、高、低变化以及词尾辅音在发音部位与方法上的音变。对语音的专题描写还有江荻的《藏缅语言元音的上移和下移演化》（载《民族语文》第5期)，文章提出古缅语元音到现代缅语元音的演变是长元音舌位上移，藏语中短元音的舌位下移，如果类似现象在其他藏缅语言中都存在，那么可以看作藏缅语元音演变的一条规律。其他的论文还有：李泽然的《哈尼语文学语言的双音节化》（载《中央民族大学学报》第2期)，赵岩社的《佤语的前置音》(载《中央民族大学学报》第4期)，奚寿鼎的《白语南部方言中的32调》（载《云南民族语文》第1期)，都是对一种语言中具有特色的语音现象的描写分析。

(3) 词汇、语义

关于词汇和语义的研究涉及对词本身的分析、借词的描述、词义的分类、构词形式的讨论等多方面。李柄泽在《“稻子”一词从华东向四周传播的痕迹》(载《民族语文》第5期）一文中，结合稻作农业的传播和藏缅语言、南岛语言、英语、日语、朝鲜语中有关的词形，论述了“稻子”一词的扩散。蒙凤姣的《七百弄壮语表示性别的词》(载《民族语文》第6期)，论述表示性别的词同量词的关系，并通过对数量繁多的性别词的分析，提出了其中最初表示“公”、“母”含义的两个词。李锦芳《壮语汉借词的词义和语法意义变异》（载《中央民族大学学报》第3期）一文，对壮语中的汉语借词在词义上的变化进行分析。对词义进行讨论的有黄中祥关于哈萨克语词义的两篇文章《哈萨克语的词义类型》（载《语言与翻译》第4期）和《哈萨克语的词义关系》（载《新疆大学学报》第1期）。他认为词义的类型很多，不同的标准可划分出不同类型的词义，根据现代哈萨克语词义的具体情况和结构特点，借助于莱昂斯、戈罗文等几位学者的划分方法，将哈萨克语的词义划分为词汇意义、语法意义和语音意义三种类型，其中词汇意义是哈萨克语词义的核心部分，分为概念意义和附加意义，附加意义也包括感情意义、搭配意义、风格意义、暗示意义等，不同的词义类型之间具有不同的关系。马进武的《简论藏语同义词的积极作用》（载《西北民族学院学报》第1期）一文，运用实例阐述了同义词对于增强藏语表现力的积极意义。在构词方面，哈斯巴特尔的《关于满语 - mbi 词缀》（载《满语研究》第1期），刘剑文的《彝语支语言词头 a、i 与排行名称、亲属称谓》（载《云南民族语文》第1期）分别对不同语言的词缀进行分析。

二、语言历史比较研究

对语言的历史比较也是民族语言研究历来十分重视的领域，它同语言的共时描写互相促进，是我国民族语言学科的基础领域。

2001年关于历史比较的研究专著有三部。一部为蓝庆元著《壮汉同源词借词研究》（中央民族大学出版社）。侗台语在汉藏语系中的地位是学术界争论纷纭的一个问题，争论的焦点都落在同源词和借词的区分上。由于汉族和壮族先民在两千年的时间里接触频繁，语言之间的影响也十分深远，两种语言的词汇既有同源关系，也有借贷关系。这本书运用历史层次分析法对汉壮关系词进行分析，认为现代、近代、中古（包括前中古）关系词均为借词，不能作为论证同源关系的依据，将同源词和借词的甄别局限在上古层的有限范围之内；通过词族比较，侗台语和汉语不仅有接触关系，而且有同源关系。麻荣远等著《苗汉语的历史比较》（湖南师范大学出版社）采用历史比较的方法，对苗语和汉语进行全面系统的比较，论证了两者分化的原因、基础、机制和年代，揭开了苗族乃殷商遗民后裔的奥秘。孟达来著《北方多民族历史接触与阿尔泰诸语言共同性的形成》（中国社会科学出版社），结合北方民族的历史对阿尔泰语言的历史状况和历史演变进行分析，全书共分五章，围绕古代北方民族的变迁与阿尔泰语系语言的早期接触、核心关系词的分布与词汇关系、形态和语音上的共同性与推移性等主题展开论述，并且附录了突厥、蒙古、满—通古斯语言的200个核心词对照表。

2001年历史比较方面的研究成果主要反映在论文上，按照内容，可以分为以下两个主要的方面：

（一）语言的历史比较和历史演变

汉藏语言的历史比较一直是学术界关注和讨论的热点，对于原始汉藏语语音的拟测也是很多学者多年探索的重要问题。孙宏开对于原始汉藏语音节结构构拟的理论思考提出了辅音系统和介音问题的系统看法，在《原始汉藏语辅音系统中的一些问题》（载《民族语文》第1期）中，他提出塞擦音、送气清音是后起的，原始汉藏语只有清、浊两套塞音，其中包括小舌部位的塞音，并勾画出了辅音系统。在《原始汉藏语中的介音问题》（载《民族语文》第6期）中，他对介音的概念作了界定，根据藏缅语言、苗瑶语言、壮侗语言介音的历史音变情况，认为介音是后起的，主要来源于复辅音后置辅音的演变弱化。其他的论文有薛才德的《藏文前加字 * ɦ ± 和上古汉语的鼻音前置辅音》（载《民族语文》）第 1 期，文章运用邢公畹先生的语义比较法进行藏文和上古汉语的比较，论证藏文前加字 * ɦ ± 所标记的实际语音和上古汉语的鼻音前置辅音对应。关于苗瑶语族语音比较的文章，有李云兵的《苗语语音比较中的几个问题》（载《贵州民族研究》第 1 期）。

同源词的比较和确定是汉藏语言同源关系论证中至关重要、极为有效的一个方面，因此也是学者们多年来一直在为之努力的一项工作。陆镜光、张惠英的《汉藏语系语言和汉语方言称谓词的比较》（载《语言研究》第 4 期）引用大量的语言例证，从临高语、京语、村语、黎语、壮语龙州话、傣语傣雅话中同汉语方言中对“父”、“母”的多种称谓，比较异同，探讨其语源。金理新《从核心词看汉语和藏缅语的亲疏关系》（载《民族语文》第 6 期）运用斯瓦迪士一百核心词分析藏语、缅语、汉语之间的同源关系，认为汉语和藏语关系比较亲近，而缅语和藏语的关系相对疏远。龚群虎在《南方汉语古越语底层问题新探》（《民族语文》第 3 期）中提出，南方汉语里的“古越语底层”有不同类型的情况，如“南方所独　汉籍则无”，“虽为底层　汉越同源”，“汉源越源　两可难断”“源头已久　南北皆有”，在对各种情况进行具体的论述之后，特别提出在讨论“底层”时应注意对不同类型的情况加以区别。蓝庆元《壮语中古汉语借词及汉越语与平话的关系》（载《民族语文》第 3 期）一文认为，壮语中古汉语借词、汉越语和平话的读法相近，应有共同的来源。中古时华南和西南地区曾经流行着内部比较一致的汉语方言，可能是平话的祖方言，是壮语中古汉借词、平话、汉越语的借源。此外，还有对句型句式的比较，如曹翠云的《〈楚辞〉特殊语句像苗语——兼释“扬云霓之奄蔼兮，鸣玉鸾之啾啾”》（载《中央民族大学学报》第 5 期），认为古汉语的一种句式同苗语具有相似之处，对其进行了比较解释。

阿尔泰语系的历史比较有对共同阿尔泰语的构拟，有语言之间的语音比较、词汇比较、词类比较等各个方面。力提甫·托乎提的《对共同阿尔泰语肯定动词 * ba－～ * bi－和否定动词 * aː－～ * eː－的探索》(载《民族语文》第1期)，通过对突厥、蒙古、满—通古斯语言的比较，构拟了共同阿尔泰语的肯定动词和否定动词形式，并对这两个动词在各语族中派生出来的词组的结构特点进行了分析。语言之间的语音比较有王国明的《土族〈格萨尔〉中土族语与藏语音系之比较研究》(载《西北民族学院学报》第4期)；词汇比较有孟达来的《从核心关系词的分布看蒙古语和满—通古斯诸语的词汇关系》(载《满语研究》第1期)；语法中某种词类的比较有晓春的《蒙古语联系助动词“ge”和满语联系助动词“sembi”的比较研究》(载《满语研究》第1期)，斯仁巴图的《鄂温克语和达斡尔语、蒙古语的形动词比较》(载《满语研究》第1期)。

探索一种语言内部的历史演变轨迹，不仅能够考察这个语言的历史面貌，而且有助于获得一些历史演变的普遍现象和规律。吴安其的《上古汉语的韵尾和声调的起源》(载《民族语文》第2期)，通过亲属语同源词韵尾的读法和上古汉语的谐声、通押等现象，说明上古汉语中一些韵尾的存在，以及它们的消失同声调产生的关系。潘正云在《彝语阿都话唇软腭复辅音声母比较研究》(载《民族语文》第2期)一文中，将彝语北部方言阿都话唇软腭复辅音声母(舌根音和双唇音结合的复辅音声母)与彝语其他方言的读法作比较研究，认为阿都话的这一套复辅音声母是彝语方言较为原始的声母。菲达的《维吾尔语基数词历史演变》(载《新疆大学学报》第3期)一文，则论述了维吾尔语中一类词的历史演变情况。

(二) 语言的系属分类和系属地位

关于语言系属分类和系属地位的研究，分别有以下几篇论文：

李永燧的《哈尼与西夏（党项）同源论》（载《三月三·民族语文论坛专辑》第1期），是作者继“羌缅语群”之后，对藏缅语言系属问题提出的又一新见解，论文从哈尼语和西夏语同属羌缅语群，通过比较研究，提出了两种语言的同源词和语法上的一些同源现象，采用语言年代学的方法拟测两种语言分化的大致年代，进而讨论哈尼先民与古羌分离及其南迁的时间问题，得出哈尼和西夏均属古羌系，不属古夷系的结论。孙宏开的《纳西语在藏缅语族语言中的历史地位》（载《语言研究》第1期），从纳西语和藏缅语族部分语言的常用词、语音和语法现象看纳西语在藏缅语族中的历史地位，同一些藏缅语言的远近关系，认为纳西语是兼有羌语支、彝语支一些重要特点的语言，对纳西语历史地位的讨论有助于进一步认识藏缅语族语言的历史演变规律，解释藏缅语族语言中的难题。李旭练《徕语的系属及其在南亚语系语言中的地位》（载《三月三·民族语文论坛专辑》第1期）在前人的研究基础上，通过对徕语与壮侗语、南亚语特别是京语的比较，探讨了徕语的系属归向及其在南亚语系中的地位。认为不论从词汇上还是语音、语法上都能看出徕语和南亚语言之间的同源关系。特别是徕语和京语之间关系较为密切，应该同我国的莽语以及越南的芒语、土语、哲语、抗语等划为一个语族。

三、语言接触和语言对比研究

随着改革开放的进程和西部大开发战略的实施，我国众多少数民族语言之间的接触日渐频繁，影响日渐深入，对于语言接触所产生的影响和结果，语言类型的对比和变异的现象，成为民族语言学界越来越关注的问题。袁焱著《语言接触与语言演变》（民族出版社）以阿昌语为对象，探讨语言接触和语言变化的问题。以语言接触不同时期的不同表象为环节，系统地分析了语言接触中由表层到深层的影响与变异。徐思益的《试论语言的民族变体》（载《语言与翻译》第1期）以汉语和维吾尔语等的影响为例，讨论了语言之间的接触对于语言结构产生影响而引起的语言变化。

不同语言之间结构特点的对比研究不仅对于认识语言类型差异有重要意义，而且也是语言教学、尤其是双语教学的现实需要。有关这一内容的论文有以下多篇：张国云《汉维语时间表达之异同》（载《语言与翻译》第1期），文章从人类认知的角度出发，选择时间范畴，分别描写和分析了汉语和维吾尔语时间概念表达方式的异同。赵永亮、廖冬梅的《汉维语双重否定句对比研究》（载《语言与翻译》第2期）首先分别对汉语和维吾尔语双重否定句形式进行共时描写，然后对两种双重否定句进行对比分析，归纳出汉语双重否定句在维语中的表达方式。张宏胜在《汉维语动词“时”的对比翻译》（载《语言与翻译》第2期）一文中，在对比分析大量语言材料的基础上，阐述了动词时态在汉语和维语中的不同表达方法。杨文革、安占锋的《汉维语词法构词法对比》（载《语言与翻译》第3期）运用对比语言学的方法，对汉维语的词法、构词法进行对比分析，论述了两种语言在构词方式、词缀的来源和作用等方面的同、异之处。对不同语言进行对比研究的文章还有：陈宗振《试释李唐皇室以“哥”称父的原因及“哥”“姐”等词与阿尔泰诸语言的关系》（载《语言研究》第2期），袁生武《汉维语礼貌用语的对比用法》（载《语言与翻译》第1期），夏迪娅·伊布拉音《由后置词bilen构成的维吾尔语后置词结构及其在汉语中的对应表达》（载《语言与翻译》第2期），黄玉花《汉语“动词＋结果宾语”在朝鲜语中的对应》（载《中央民族大学学报》第1期），黄晓琴《浅析朝鲜语数词与阿尔泰语系的关系》（载《语言与翻译》第4期），朝克《关于通古斯诸语和爱斯基摩语共有名词》（载《满语研究》第1期）等。

四、语言使用状况和发展前景研究

在经济发展、文化交融、教育普及、科技高速发展的当代信息社会，语言求同成为语言使用状况中占主导地位的一种趋势，很多经济文化相对封闭、人口较少的群体，在进入现代主流社会的过程中，其本族语言也发生了极大的生存危机，近几十年来，语言消亡的速度和广度迅速加剧，语言学界面临着一个新的课题：语言濒危现象。20世纪80年代末，国际语言学界开始对濒危语言问题引起注意，90年代随着语言濒危现象的急剧发展而很快成为广泛关注的前沿课题，语言学界和联合国有关机构多次召开各种学术研讨会和工作会议，从专业讨论和实际行动两方面作出积极的反应。我国学术界于2000年10月召开专题研讨会，第一次正式提出了濒危语言问题，此后，语言学界开始了这一新领域的研究。2001年民族语言学界以濒危语言问题为主题的研究成果有一部专著和数篇重要论文。

徐世璇著《濒危语言研究》（中央民族大学出版社）是我国在这一领域的第一部专著。全书共分五章，对语言、尤其是少数人群体的语言所蕴含的文化价值和人类文明成果进行了阐释，对语言消亡的历史和当前状况、语言消亡的具体现象进行描述，对导致语言濒危的原因和发生的过程进行分析，对当前海内外语言学界和国际社会对于语言濒危问题的反响和所采取的行动进行了综合报道，并且提出了最佳对策，认为现代化不应以放弃传统的语言文化为代价，倡导和发展双语应该成为当代语言使用的一种趋势。在现代化进程中，通用语和本族语并非是截然对立、互相矛盾的，而应该相辅相成、互补共存。本族语的留存将有利于保护文化多样性的人文生态环境，有利于实现可持续发展战略。

有关这一主题的论文有张公瑾的《语言的生态环境》（载《民族语文》第2期）。在这篇文章中，作者论述了语言的大规模消亡给人文生态环境造成的损害、给人类文明造成的损失。他认为语言是一种文化，是各民族在适应特定环境的过程中形成的，不应用“先进”、“落后”的标准来评价。多语言共存是人类的一种幸运，只懂得自己母语的人眼界必然受到限制；而且没有众多语言的并存，几种强势语言也难以形成和发展。因此，人类不能因为自己的愚昧而丢失手中最有价值的财富，对濒危语言要努力加以保护。他提出了推行双语教育的对策，认为形成一个平等使用各种语言的文化氛围，使各种语言经常有机会被使用，是保护濒危语言的重要措施。从文化生态环境的角度讨论濒危语言问题的文章还有普忠良的《从全球的濒危语言现象看我国民族语言文化生态的保护和利用问题》(载《贵州民族研究》第4期)。孙宏开在《关于濒危语言问题》（载《语言教学与研究》第1期）一文中论述了中国少数民族语言使用的情况，指出部分弱势语言已经处于濒危状态，有的语言正在消亡或已经消亡。他认为，弱势语言的陆续消失是全球性的问题，是时代的总趋势，是人类不可弥补的巨大损失。因此在现阶段，应重视濒危语言的调查研究，抓紧濒危语言资料的抢救和保存，并采取有效措施，延缓弱势语言向濒危状态的转化。戴庆厦、邓佑玲的《濒危语言研究中定性定位问题的初步思考》（载《中央民族大学学报》第2期）对濒危语言概念的内涵和外延进行讨论，认为界定濒危语言的指标体系有主有次，当前濒危语言研究的主要任务是要解决定性定位问题，提出了衡量濒危语言的核心指标和参考指标，提倡进行个案调查、理论研究，思考对策和措施。

2001年，我国应联合国教科文组织的要求提供了中国境内82种语言的有关资料，这些资料将被编成《世界语言报告·中国部分》。为了广泛收集语言资料，记录世界丰富多彩的语言现状，以展示人类语言的多样性，鼓励人们更加关注人类的语言财富和语言前景。联合国教科文组织制定并主持实施了一个世界性的项目:《世界语言报告》，要求各国政府的有关机构和语言学家给予合作，中国对此作出了积极的反应。在国家民委和中国社会科学院的支持下，中国社会科学院民族研究所主持了这个项目在中国部分的工作。以副所长黄行研究员为首的，包括北京、天津、云南、黑龙江、湖南、青海等地的几十位语言学家按统一格式提供了各种语言的基本情况，内容包括语言的地理分布、使用人口、使用领域、群体的语言态度等，为分析我国语言的使用状况提供了较为全面系统的资料。

对我国语言使用状况进行调查分析的论文有以下多篇：高利琴、乔永《接触　影响　吸收　趋同——多民族地区的语言文化交际》（载《语言与翻译》第3期），薛淳元《透过历史看社会政治需要对言语表达的干预》（载《语言与翻译》第1期），赵升奎《西部民族杂居区的语言使用特点》（载《西北民族研究》第4期），徐世璇、关红英《鄂伦春语使用现状分析》（载《满语研究》第1期），覃国生《东兴市高栏人语言调查研究》（载《三月三·民族语文论坛专辑》第1期），陆晓荔《试谈民族心理对壮文推行的影响》（载《三月三·民族语文论坛专辑》第1期）等。

五、双语问题、民族语文教育、民族语文工作

（一）双语现象和双语教育

正像上一节中所论述的那样，随着改革开放的发展和西部大开发战略的实施，双语现象和双语教育在我国这样一个多民族统一国家的语言生活中，正在成为越来越重要的趋势，民族语言学界也将关注的目光越来越多地投向这一领域，具体体现为，在2001年的民族语言研究专著中，以少数民族双语现象和双语教育为主题的有4部，它们是方俊明等著《当代中国少数民族双语教育学理论与实践》（陕西人民出版社），云南民族语文工作指导委员会编著《双语现象与双语教育》（云南民族出版社），滕星著

《文化变迁与双语教育：凉山彝族社区教育人类学的田野工作与文本撰述》(科学教育出版社)，关辛秋著《朝鲜族双语现象成因论》(民族出版社)。其中最后一部作为学术性较强的理论著作，主要论述了朝鲜族双语现象成因的外部条件，内在要素及其意义，同时通过对朝鲜族学校双语教育史的研究以及与其他民族语言使用状况的对比研究，探讨了与双语现象相关的具有普遍意义的理论。

以双语现象为主题的论文有黄平文的《论壮族双语制的沿流》(载《三月三·民族语文论坛专辑》第1期)，文章就壮汉双语的历史成因、渊源和发展趋势做了简单的论述，提出壮汉文化早在三代之前就发生接触，尤其是自秦代汉族入主岭南之后，壮汉民族文化的交往更加频繁，文化的交往促进了语言学习，也必然产生语言的借用、兼用和转用等多种类型的语言使用情况。

(二) 民族语文教育

为了在经济建设新时期，尤其是西部大开发战略中，进一步提高少数民族的文化教育水平，促进少数民族语文教学，2001年出版的民族语言应用方面的论集有许河龙等编《中国朝鲜语文教学研究会第七届年会论文集》(延边教育出版社)，各种语言的词典和教材读物有：马国忠、陈元龙编《东乡语汉语词典》(甘肃民族出版社)，词典共收词条10800条，其中包括派生词和复合词以及少数地名，每个词条都有东乡语词和汉语词的对应。为初、高中毕业的汉族和少数民族学生学习维吾尔语用的《维吾尔语口语读本》(再娜甫、王煜著，中央民族大学出版社)，这本书在课文的选编中注意采用标准化、大众化的口头语言，因此形象易懂，富有感染力和吸引力。南方语言的教材有：米旺索措著《藏英对照基础口语》(西藏人民出版社)，李继先著《藏文传统日用书信写作指南》(云南民族出版社)，洛边木果著《大学彝语文》(四川民族出版社)，云南省民族语文工作指导委员会编《彝文看图识字》（云南民族出版社），罗解学、罗春玲、苏翠薇著《亚伟式拉祜语速记》（云南民族出版社），李显元、任巧银著《苗寨欢迎您：苗英汉简明会话手册》（贵州民族出版社）等，这些教材读物的出版发行将为不同程度、不同用途的民族语言教学提供更好的基本条件。

少数民族语文教育的理论探讨一直是学者们关心的问题，尤其是结合当前的社会现实进行理论思考，是民族教育领域的一个主题，关于这一方面的论述有罗安源的《西部大开发中的语言教育问题》（载《中央民族大学学报》第3期），罗茂忠《西部大开发与民族语文教育》（载《云南民族语文》第1期）。有关的文章还有：贺明辉《简谈民族语文对发展广西民族教育的作用》（载《三月三·民族语文论坛专辑》第1期），金华妹《傈僳文教学的发展与现状》（载《云南民族语文》第1期），宝玉柱《清代蒙古族寺院教育及其语言教育》（载《中央民族大学学报》第5期），热孜婉·阿瓦穆斯林《维汉语词义的差别在教学中不应忽视》（载《语言与翻译》第1期）等。

（三）民族语文工作

关于民族语文工作，2001年出版了一部专著，即舍·那木吉拉著《中国民族语文工作的创举：蒙古语文“八协”工作二十年回顾》（辽宁民族出版社）。这本书回顾了我国八省、自治区20年来蒙古语文工作的历史，对于“八协”的职责和运作形式、“八协”的历史功绩和协作中遇到的理论、政策问题以及如何继续加强“八协”进行了全面的论述和探讨。

对民族语文工作的新见有以下一些论文：莫所连《社会用字民汉文并行化》（载《云南民族语文》第1期），陆晓荔《新形势下壮文推行工作的新思路》（载《云南民族语文》第1期），张树荣《开拓进取，再创苗语文工作的局面》（载《云南民族语文》第1期）等。

六、文化语言学和社会语言学

文化语言学和社会语言学研究随着新世纪的到来，也显示出方兴未艾的活力，在 2001 年发表的 20 多篇有关论文中，既有宏观性的理论概述，又有具体现象的深入剖析，内容广泛丰富，其中有的独具新意。

张公瑾的《文化语言学与民族语言研究》（载《三月三·民族语文论坛专辑》第 1 期）是一篇具有理论深度的宏观性概述，提出文化语言学属于语言学科，是研究作为文化符码的语言本身，包括黏着文化因素的各种语言构件（词、语音、句法等）上带有的文化意义。通过语言研究文化有语音、词、句法结构、语言的谱系归属、语言的类型问题这五个层次。语言特点制约着一个民族的思维方式，同时又是人类认识活动的宝贵成果，文化语言学以语言为基础，但是又不局限于语言，而是一门具有普遍意义的思维科学。在我国，民族语言文化相对于汉语言文化，是边缘文化，它同中心文化具有互补性。文化语言学要把民族语言研究提高到揭示语言的普遍规律、揭示语言普遍存在的文化性质和文化价值的高度来认识，将其看成语言学和文化研究中不可或缺的领域，使其获得广泛的关注，这是文化语言学在 21 世纪必须承担并且要力求实现的任务。

绝大多数的论文都是对某一具体的语言事实，如一类词语等进行分析，揭示其中所蕴含的民族思维特征、共性、历史、经济背景等文化意义。斯钦朝克图的《生殖器名称与自然崇拜——以蒙古语为例兼论北方诸民族语言与文化关系》（载《民族研究》第 2 期）和《祖先崇拜与生殖器名称》（载《民族语文》第 4 期）两篇论文，运用文化语言学的理论和方法，以蒙古语中生殖器名称为例，结合我国北方民族的语言与文化，分别探讨生殖器名称与大地、树木、火等自然崇拜的关系，探讨与长老、祖宗、神仙、老丈和老太太等祖先崇拜的关系。马清华《动物观念的实现方式与普遍性问题》（载《民族语文》第1期）一文认为，任何语言在语义组织中都一方面忽略人类、动物及其相关事物的差别，另一方面又选定某种角度释放着人类和动物对立的观念。形成人类和动物观念对立差异的基础是人类的基本文化结构，包括生活方式、文化秩序、认知结构和价值标准。哈斯巴特尔的《从“羊”一词词源看不同语言的文化联系》（载《中央民族大学学报》第3期）也是从语言中动物词源的分析，探讨不同语言之间文化上的联系。周毛草的《藏语藻饰词中的形象思维与逻辑思维》（载《民族研究》第2期）一文，通过对藏语藻饰词的构词基点、结构方式和特征的分析，揭示形象思维与逻辑思维在藻饰词的语义构成、词性选择及组织过程中的融合运用，认为藻饰词的产生和构建方式具有藏民族精神特质和思维方式的内在特点。刘剑三的《临高黎语关系词的文化内涵》（载《民族语文》第3期）通过对临高语和黎语中一些关于热带、海洋、山林、稻作、习俗等具有鲜明地域特征和浓厚民族特色的关系词的分析，探讨其来源，尝试从民族迁徙和交往的角度揭示蕴含其中的文化背景。这方面的论文还有：李雍《〈突厥语大词典〉的词的古历史含义与经济学涵义》（载《西北民族研究》第1期），华侃《藏族地名的文化历史背景及其与语言学有关的问题》（载《西北民族研究》第3期），杨惠滨《入关前满族语言中的物质经济文化基因》（载《满语研究》第1期），韦达《壮语地名的文化色彩——壮族语言文化系列研究之一》（载《中南民族学院学报》第4期），普忠良《彝族古地名“玛纳液池”考释》（载《民族语文》第6期），刘剑文《彝族自称及兀“濮”、“泼”、“拔”释义》（载《三月三·民族语文论坛专辑》第1期）。

对语言中的亲属称谓及其所体现的社会特点、语言同习俗的关系、语言中所反映的文化特点等，一直是社会语言学的研究内容，这方面的论文有：孙岿《维吾尔语亲属称谓的社会称呼法》（载《中央民族大学学报》第5期），阿孜古丽·阿布力米提《试论维吾尔语和田方言亲属称谓的特点》（载《中央民族大学学报》第6期），阿布力米提·尤努斯《维吾尔民俗语言及其研究》（载《语言与翻译》第2期），周亚成、古丽巴克《哈萨克族“巴塔”习俗及其语言》（载《语言与翻译》第4期），马伟《撒拉族文化与委婉语》（载《语言与翻译》第3期），茹娴古丽·木沙《谚语与格言中反映出的民族文化异同》（载《语言与翻译》第3期），以及樊敏的《布依族民歌的语言特色》（载《云南民族语文》第1期），刀洁的《金平白傣的谚语及其韵律特点》（载《云南民族语文》第1期）等。

七、文献文字研究

文献文字研究领域2001年的成果十分显著，一是数量不菲，有三部专著和将近三十篇论文。二是内容丰富，既有对古文字文献的研究，也有对历史不长的现行文字的分析；既有对文献文字本身的探讨，也有通过文献文字对其语言的描写；既有对文字形体或演变源流的论述，也有对文献内容的解析。

三部专著分别是：赵明鸣著《〈突厥语词典〉语言研究》（中央民族大学出版社），这本书从语言学的角度对《突厥语词典》进行研究。《突厥语词典》是一部全面记录和反映11世纪维吾尔及其他突厥民族社会文化生活的百科全书，在突厥语族的研究中具有重要的史学和语言学价值。全书分上、下两篇，上篇介绍《突厥语词典》的背景情况和主要内容，下篇是对《突厥语词典》的语言学研究，以维吾尔文版《突厥语词典》为依据，通过语料对其反映的语音和语法现象进行穷尽式描写，同时利用7世纪以来的突厥语文献和现代突厥语言对《突厥语词典》的语言进行共时和历时比较研究，书后附有语法形式索引和词条索引。

阿不里克木·亚森著《吐鲁番回鹘文世俗文书语言结构研究》（新疆大学出版社），这本著作主要介绍回鹘文世俗文书的历史背景，回鹘文世俗文书的发现及其研究，描写分析了回鹘文世俗文书的语音系统和词汇、构词法、形态学等内容。

阿余铁目著《彝文字形探源》（四川民族出版社），对彝文字形的历史来源和流变进行探源溯流的研究。

以文献文字研究为主题的论文按照内容可以分为以下三个部分：

（一）古文献研究

回鹘文文献研究一直是古文献研究领域中的重要内容之一。张铁山对敦煌莫高窟出土的回鹘文文献残片进行研究，形成了三篇系列论文，其中《敦煌莫高窟北区 B159 窟出土回鹘文〈别译杂阿含经〉残卷研究》（《民族语文》第6期），对首次刊布的文献进行拉丁字母转写、汉文翻译和注释，并对残卷的翻译年代、版本和翻译方式等问题提出自己的看法；另两篇是《敦煌莫高窟北区出土回鹘文《中阿含经》残叶研究》（载《中央民族大学学报》第4期），《北京大学图书馆藏两部敦煌本回鹘文残片研究》（《西北民族研究》第3期）。牛汝极的《回鹘佛教归属未定典籍》（载《语言与翻译》第4期）则对回鹘佛教文献中归属未定的11种残件的保存、收藏、编号、整理刊布及相关参考文献等情况进行了详尽的介绍。契丹小字的研究成果是对新出土的契丹小字文献进行考释的两篇论文，一篇是石金民、于泽民的《契丹小字〈耶律奴墓志铭〉考释》（载《民族语文》第2期），经过考释，论证了墓的主人，诠释了墓主人的履历及亲属关系，并新释出了一些官名；另一篇是赵志伟、包瑞军的《契丹小字〈耶律智先墓志铭〉考释》（载《民族语文》第3期），参考汉字墓志铭，考释出一些人名和官名，并对《辽史》做了一些补正。纳西族东巴文多用于宗教经典，较少用于日常生活，以前对东巴文应用性文献未能引起重视。喻遂生的《纳西东巴文应用性文献的考察》（载《中国语言学报》第10期）对5件东巴文医书、账本、歌本、日记、文书进行了释读和语言文字考察，指出：东巴文有各种各样的日常用途，是纳西族社会生活的真实记录，这些应用性文献大多是逐词记录，其语言比东巴经更接近口语，其文字百分之七八十以上为假借字，多变体讹字。这些文献对于确定东巴文的社会功能、全面正确地认识东巴文的发展阶段及其性质有重要意义。文献研究还有关于满文的《康熙〈御制清文鉴〉选词特点举要》（作者江桥，载《满语研究》第1期）、《关于江宁将军额楚满文诰封碑》（作者刘小萌，载《满语研究》第1期）。

（二）文献语言研究

对文献语言和文献中所体现的语言现象进行研究，也是文献研究的一个重要方面，这方面的论文分别以回鹘语、女真语、契丹语等为主题。王红梅的《元代高昌回鹘语概略——〈转轮王曼陀罗〉残卷语言分析》（载《民族语文》第4期）根据文献，从语音、语法和词汇等方面分析回鹘语的特点，探讨元代高昌回鹘语的发展演变及其与佛教文化的关系。阿不里克木·亚森、王正良的《吐鲁番回鹘文世俗文书语言数词研究》（载《新疆大学学报》第1期）是对世俗文书语言的数词所作的分析。邓浩、杨富学的《回鹘文文献语言研究百年回顾》（载《语言与翻译》第2期）则就一百年来对回鹘文文献语言的研究进行回顾总结。女真文留下了不少文献资料，女真语专家从天文学、语音学、词汇学、语法学、形态学等角度，对这些资料进行研究，成为古文献领域的重要组成部分。孙伯君在《〈女真译语〉中的遇摄三等字》（载《民族语文》第4期）一文中指出，遇摄三等字既可以代表u，又可以代表i，后一种现象实际上是残唐五代以后北方汉语一条普遍规律的反映，这条规律在当前少数民族古文字研究中常常被忽略。朝克的《关于女真语研究》（载《民族语文》第1期），对女真语研究的成果和理论价值作了综合的讨论。聂鸿音的《契丹语的名词附加成分 * －n 和 * －in》（载《民族语文》第 2 期），对契丹人名字中反映出来的两个名词附加成分进行研究，提出它们的分布具有明显的互补关系，分别出现在不同的语音条件下，语音形式近似于某些蒙古语族语言的属格词尾，这一事实提示我们应该对此前的契丹语构拟结论作适当的修改。赵明鸣的《〈突厥语词典〉语言被动态及其被动结构研究》（载《民族语文》第 4 期）对 11 世纪《突厥语词典》所体现的语言动词被动态标记进行讨论，分析了动词被动态标记的类型及其来源、被动结构的主要类型、被动结构中的施事标记及其发展等。对《突厥语词典》的语言进行研究的文章还有张洋的《从〈突厥语大词典〉看维语复辅音的发展》（载《语言与翻译》第 3 期）。

（三）文字研究

对文字本身的研究包括几种文字之间的关系、文字的性质、造字规律、一种文字的源流和传播历史等多方面内容，既有对北方古文字的探讨，也有对南方传统文字的分析。由八思巴字专家和朝鲜语文专家照那斯图和宣德五联名发表的论文《训民正音和八思巴字的关系探究》（载《民族语文》第 3 期），对训民正音和八思巴字两者的关系进行了深入探讨，认为这两种文字之间存在着直接的渊源关系。正音的基本字母来源于相应的八思巴字母，不过正音的创制者不是引进完整的字母，而是截取其部分笔画，作为整个字母的基础，设计出一套独具特色的民族文字。木仕华在题为《纳西东巴文与藏文的关系》（载《民族语文》第 5 期）的文章中提出，若干藏文字母、元音符号以及藏文文献中常用的字段标记符进入了东巴文，并且发生了变异，出现切音标音法，还派生出一批与藏文字母及元音符号相关的字符，丰富了东巴文体系。王锋的《从汉字系文字看汉字符号的多语言适用性》（载《云南民族语文》第 1 期）从汉字体系的视角，分析汉字符号所具有的广泛适用于多种语言的特殊性质。罗卫东的《汉字在韩国、日本的传播及教育概况》（载《中央民族大学学报》第3期）则论述了汉字在东亚的传播和教学情况。彝文是具有较长历史的传统文字，对彝文的称法，各地彝语大同小异，不同历史时期的汉文史料各不相同，黄建明的《关于彝族文字称谓》（载《民族语文》第2期）通过相关的历史背景探讨彝文不同称法的来源及含义。对彝文的讨论还有李生福的《古彝文及其选字规律新探》（载《贵州民族研究》第2期），张启仁的《浅析彝族文字的造字规律》（载《云南民族语文》第1期）。女书的发现曾经轰动一时，对于女书的分析探讨现仍在继续深入，2001年中的有关论文有：谢志民《"女书"字符中的崇鸟意识与古越人鸟图腾的关系》（载《中南民族学院学报》第6期），宫哲兵《论江永女书决非先秦古文字》（载《中南民族学院学报》第6期）。傣文也是南方少数民族具有较长历史的传统文字之一，龚锦文《关于德宏古傣文的源流问题》（载《云南民族学院学报》第5期）一文对德宏古傣文的历史进行了探讨，俸俊馨《试论傣文对傣族民间文学繁荣发展的贡献》（载《云南民族学院学报》第6期）则从文学方面论述傣文在傣族文化发展中的功绩。

八、方法论探讨及其他

随着研究广度和深度的日趋推进，随着科学技术的不断发展，民族语言研究领域越来越重视研究方法的探索，希望通过对传统方法的总结创新，对新的研究手段的尝试实践，推陈出新，摸索出符合我国少数民族语言特点和研究需要的行之有效的新方法。

徐通锵的《声调起源研究方法论问题再议》（载《民族语文》第5期）就声调起源的研究方法进行讨论，他认为，历史比较法只适用于发生学上有同源关系的语言现象，不同语言的声调是分别独立产生的，相互缺乏同源关系，因而历史比较法无助于声调起源的研究。语音易变性和音系结构格局稳固性的对立统一是支配音变的一种杠杆。结构格局的稳固性决定了古今音变机理的共同性或相似性，因此可以用显示语言中总结得出的音变机理去解释历史上已经完成的音变规律。

历史比较这一研究方法最初是从印欧语系的研究中产生形成的，在用于汉藏语系研究时，必然会不断遇到新的情况和问题，因此，结合具体的语言研究实际，不断总结探索，寻求适合汉藏语言特点的途径，是十分必要的。邢凯的《语义比较法的逻辑基础》（载《语言研究》第 4 期）一文，从历史比较法和语义比较法、汉语和侗台语深层意义对应的类型两方面进行论述，介绍了历史比较法中的新原则——语义学原则，语义比较的内涵、操作程序及其作用，归纳出 16 种深层语义对应的类型，实际上揭示了一种语言的内在规律可以从各个不同的角度证明汉语和侗台语的发生关系。黄行的《确定汉藏语同源词的几个原则》（载《民族语文》第 4 期）根据现有的研究成果，讨论汉藏语言比较研究中的几个问题：语音对应规律的概率论原则，同源词的语值变异和集合原则，构拟的非线性原则和构拟无标记项优先原则，认为这些原则的设定，有可能提高语料库语言学比较研究的解释力。

在共时的语音分析研究方面，有的学者运用新的理论框架或新的研究手段分析具体的语音实际，在理论和方法论方面作出了有益的尝试，如伊·达瓦、大川茂树、白井克彦的《蒙古语主要方言的声学和音律特征分析分类》（载《民族语文》第 1 期）和《蒙古语多方言语音识别及共享识别模型探索》（载《中央民族大学学报》第 4 期）两篇论文，通过语言的声学特征、音律信息及语言结构的统计概率考察蒙古语的主要方言，分析结果表明，所采用的各种实验语音分析方法不仅直观、符合实际，而且信赖性较好。许卓的《红葵土语音系模板初探》（载《三月三·民族语文论坛专辑》第1期）以管辖音系理论作为理论框架，对壮语红葵土语的语音进行理论性探讨，主要讨论这一土语中的音系模板及元素延伸问题。这方面的论文还有：刘向晖的《维语词重音的节律栅及其参数》（载《语言与翻译》第3期）。

关于语言调查手段的讨论有两篇文章，一篇是张霞的《RTT（录音材料测试）与白语方言调查》（载《云南民族语文》第1期），一篇是米娜瓦尔·艾比布拉的《浅谈田野调查在民族语言研究中的重要性》（载《语言与翻译》第3期）。此外还有李树辉的《语言学研究方法论（三）》（载《语言与翻译》第3期）等。

有关民族语言研究的论文集有两本，一本是戴庆厦主编《中国民族语言文学研究论集》（民族出版社），书中收有《景颇语的疑问句》、《哈萨克语颜色词的性质及联想意义》、《朝汉途径表达形式》、《思维形式与语言关系》等论文；另一本是王堡主编的《新疆少数民族语言文学论集》，由新疆大学出版社出版。

综上所述，各个分支学科在2001年所取得的丰硕成果使新世纪的民族语言研究有了一个良好的开端，为今后学科的发展奠定了一个较好的基础，它预示着我国民族语言文字的研究将迎来一个繁荣兴旺的新时期。

（徐世璇）

民族教育研究

2001年我国的少数民族教育事业在西部大开发的大背景下呈现出良好的发展势头，教育改革不断深化，各级各类教育稳步、协调地发展。与此相应，民族教育研究也呈现出较好的发展态势，本年度研究基本理论问题的人较少，但关注现实问题的人较多，如西部大开发与民族教育的发展问题、新世纪民族教育的新发展思路问题、民族高等教育的改革方向等问题都有较多的人予以关注。同时，对双语教育、民族地区义务教育的实施及民族教育史的研究仍在继续，还有相当一批论文结合各民族地区的特点对本地区民族教育工作作了较好的分析、总结并进行了新世纪的展望。

一、民族教育理论研究

在承上启下的2001年，对"九五"期间的民族教育进行总结，同时对"十五"时期进行展望，无疑是十分有意义的。李东成的《民族教育研究："九五"回顾与"十五展望》（《中国民族教育》第2期）正是在这方面做了一些工作。李文认为，"九五"期间民族教育的学科建设取得了重大成就，诸如：民族教育的学科地位进一步确立，民族教育研究被视为一个相对独立的研究领域，并组建了民族教育学科组，研究领域不断拓宽；研究方法呈现科学化与多样化的态势，越来越多地运用了较规范的实验法、因素法、数理统计与分析法、个案法、田野调查、问卷调查等方法和技术；研究成果显著增多，不少成果产生了较大的社会效益；形成了高效、有力的学科领导管理机制。但李文也认为，

“九五”期间民族教育研究中还存在一些问题，主要包括：研究的相关性有待继续加强，研究方法与技术有待进一步改进，各研究领域进展不平衡，研究资源不足。作者还对“十五”期间的研究进行了展望。

本年度涉及民族教育理论的文章不多，在不多的几篇文章中都不约而同地论及传统民族教育与现代学校教育之间的关系。孟立军在《发展民族教育必须实行五个结合》（《黑龙江民族丛刊》第2期）中认为，民族教育体制改革要与少数民族特点相结合，现代教育内容要与民族传统教育形式相结合。孟文认为，由于各民族间在教育传统方面表现出来的差异性，加快民族教育发展必须在尊重本民族教育传统的基础上进行；切忌在发展民族教育时搞“一刀切”，盲目地推行某种固定的模式，而应切实根据不同民族的具体情况办事。否则，不仅会影响民族教育的发展，甚至还可能伤害少数民族群众的感情，影响民族团结。作者以傣族民族教育的发展为例，论述了发展民族教育时尊重少数民族的教育传统，吸收少数民族传统教育中那些有利于现代教育发展的合理因素，以民族特有的文化传播方式来弘扬科学文化知识和社会主义时代精神的必要性。与孟文的观点近似，曲木铁西在《继承和发展少数民族传统教育是发展民族地区现代教育的基础》（《中央民族大学学报》第2期）中也认为，少数民族现代教育的发展，不能脱离少数民族传统教育这个基础。曲文认为，民族传统教育是在少数民族传统文化的土壤上生长起来的，其思想、观念都是传统文化的积淀，是各民族传统文化的重要组成部分。在少数民族传统教育中包含着很多合理的优秀的教育思想、制度和方法，少数民族地区的现代教育应继承这些优秀的教育传统，并且在新的历史条件下加以发扬，把传统教育中有生命力的思想、内容和形式，融入新的结构、新的体系，使其成为促进民族地区现代教育发展的巨大动力。许玮则在《论多元化视野中的我国民族音乐教育》（《西北师大学报》第6期）中认为，民族音乐教育在对儿童音乐素质的培养过程中具有其他音乐无法替代的作用，应挖掘我国民族音乐的丰富素材，通过民族音乐培养学生的民族审美观。在学习西方音乐思想中的合理内核的同时，构建符合本民族特色的音乐教育体系。

二、西部大开发与民族教育

实施西部大开发，加快中西部地区发展，是党中央面向新世纪作出的重大决策，是西部地区经济社会发展的历史转折点。本年度，论述西部大开发中教育所起的作用及教育应采取的发展思路等方面的论文大为增加，主要有：马文华的《西部大开发中民族教育应如何优先发展》（《中国民族教育》第2期）、刘笑燕的《西部大开发与民族教育》（《内蒙古大学学报》第2期）、朴今海的《西部大开发与民族教育》（《宁夏社会科学》第3期）、吴明海的《西部大开发与藏区教育现代化若干问题思考》（《民族教育研究》第1期）、刘吉昌的《西部大开发与民族高等院校的发展》（《民族教育研究》第1期）、李少军的《对西部开发中人才问题的实证研究——哈尼族人才现象的调查与思考》（《民族教育研究》第2期）、张丽君的《西部大开发背景下民族教育发展的新举措》（《民族教育研究》第3期）、普丽春的《西部地区民族高等教育的发展思路探析》（《民族教育研究》第3期）、马秀珍的《浅析继续教育与西部大开发之关系》（《民族教育研究》第3期），王鉴的《西部大开发与“少数民族教育优先发展区”构想》（《民族教育研究》第4期）等。

在上述文章中，有些从人力资源开发的角度论述了发展民族教育的重要性，也有些从打破西部开发中人才“瓶颈”制约，培养更多更好的人才的角度论述了教育发展的必要性。相当一批论文论及西部开发中教育发展的思路问题，如马文华在《西部大开发中民族教育应如何优先发展》中认为，在西部大开发中应把加强民族教育作为优先发展的战略重点来抓，国家要为加快民族教育发展采取特殊政策。作者提出了一些具体措施，如建议国家对民族地区的“九年制义务教育”所需的教学设施和师资等费用实行基本包下来的政策、对少数民族各类专业和管理人才要采取特殊手段加大培养力度、加强民族地区的职业技术教育和成人教育等。张丽君在《西部大开发背景下民族教育发展的新举措》中从教育与经济的关系入手，论述了我们应当把发展教育作为西部地区谋求大发展的重要战略决策。在她提出的教育发展策略中，强化各级政府的教育意识和行为及转换教育工作者的观念被放到重要的地位。王鉴在《西部大开发与“少数民族教育优先发展区”构想》一文中则提出，立足西部大开发的宏观背景，根据西部少数民族地区教育的实际状况，在西部大开发中设立“少数民族教育优先发展区”十分必要。作者认为，有国家的政策、我国的民族区域自治制度和东南沿海经济特区建设的成功经验作为支持，设立“少数民族教育优先发展区”也是可行的。“教育优先区”一词首度出现于1967年英国卜劳顿报告书中，该报告书建议英国政府，为避免物质或经济贫乏地区儿童在起跑线上处于劣势，政府应积极介入改善这些地区学校的校舍与社区环境。20世纪60年代初，教育优先理念在美国盛行并一直实行至今。很多发达国家通过采取这一模式，使土著民族和少数民族地区的儿童在受教育时或在受教育前因获得额外的补偿而与其他民族或族群的儿童一样享有受教育的平等机会。随着市场经济的发展，我国地区间的不平衡在加大，教育机会的不平等开始引起了国内众多人士的关注，研究西方发达国家的一些做法，正是对这一问题关注的结果。新中国建立50余年来，我国在扶持民族地区教育发展方面采取了很多措施，已取得了举世瞩目的成就。实施西部大开发以来，仅国家教育部就提出了支援西部地区教育的十条措施，其他部委也制定了一些相关的措施。如何根据我国民族地区的具体情况，同时吸收国外经实践证明已取得成效的一些好的做法，是民族教育工作者应该思考的问题。

自实施西部大开发以来，很多出版社推出了有关西部大开发的系列丛书，其中不乏西部教育方面的论著。在中共中央党校出版社出版的《中国西部大开发》丛书中，由吴德刚主编的《西部教育》是一部近年来我国教育科研领域有关西部教育的较新的研究成果。该书分为上下篇：上篇为宏观问题研究，从宏观的角度研究了西部与东、中部教育发展差距问题、西部普及九年制义务教育问题、西部高等教育的现状与发展、西部少数民族地区农村小康建设及教育问题、西部四省区女童教育问题等；下篇重点研究了重庆、贵州、四川、云南、西藏、陕西、甘肃、宁夏、青海、新疆、广西、内蒙古等十几个省区市的民族高等教育改革及义务教育可持续发展等问题。该书比较全面地反映了西部教育多个层面的现状，提出了发展战略选择和解决深层次问题的对策，具有较强的现实意义。

三、民族基础教育研究

作为提高国民素质和培养跨世纪人才的奠基工程，基础教育是实施“科教兴国”战略、走可持续发展道路的根本保证。“九五”期间，我国的中西部地区在很困难的条件下，普及九年制义务教育工作取得了很大的进展。2000 年下半年，教育部财务司委托国家高级教育行政学院，对“义教工程”项目县的主管教育的副县长和教育局长分别进行了培训，并形成了由王秀云和从春侠主编的《西部基础教育现状与发展研究》（民族出版社）一书。该书由“来自西部贫困地区基础教育第一线的报告”和“国家级培训中的调查与研究”上、下两篇组成。上篇所包含的 100 余篇论文，是从参加培训的 400 多位副县长、县教育局长写的数百份论文中遴选出来的。这些来自西部贫困地区教育第一线的报告不同于一般的理论探讨文章，而是第一期“义教工程”项目县主管教育的副县长、教育局长对自己主持一个县教育工作的丰富实践经验的总结，也是对发展民族贫困地区县一级基础教育进行深入探讨的可贵成果。

本年度研究民族基础教育的论文和田野调查报告较多，相当一部分研究成果不再满足于像以往那种停留于现状、问题、对策层面的研究，而是在调查研究的基础上，力求得出有自己研究特色的东西。如贾明德、李刚、吴克强、齐捧虎撰写的《陕西贫困地区义务教育可持续发展的深层问题及对策》（吴德刚主编《西部教育》第322页，中央党校出版社，2001年1月）从可持续发展的角度探讨了贫困地区义务教育的发展问题。作者认为，民族贫困地区普及义务教育工程尚有一些深层和长远的问题需要研究和解决。这其中有基础性问题，有体制性问题，也有认识论问题，只有有效地解决这些问题，才能使贫因地区义务教育事业得到可持续发展。作者对影响贫困地区义务教育工程可持续发展的问题的分析也是较为独到的。文章将“贫困”列为贫困地区教育发展滞后的根本性原因，把强化“反贫困”措施，扶助贫困地区脱贫致富，作为发展贫困地区义务教育的根本途径。文章将中国教育财政分权化改革不到位、体制不健全，作为加剧地区间教育发展不平衡的制度性因素，提出要深化教育体制改革和加大“制度创新”力度。文章认为，对国家义务教育性质认识不足，对贫困地区教育重视不够，是制约贫困地区义务教育发展的认识论根源，提出真正从国家义务教育性质出发思考问题，是实现贫困地区义务教育可持续发展的思想保证。

此外，王嘉毅、吕国光和白芸的《加快少数民族贫因地区普及义务教育步伐的研究与实验》（《西北师大学报》第3期）、良警宇的《撒拉族农村地区的教育现状与困境》（《民族教育研究》

第3期)、任一明的《论普及义务教育在西部民族地区的巩固与深化——从贵州民族地区普及义务教育谈起》(《民族教育研究》第3期)、余海波和陈建智的《广西南宁市郊区基础教育办学效益分析》(《民族教育研究》第4期)、王秀云的《民族贫困地区基础教育跨越式发展的干部因素》(《中国民族教育》第3期)、陈立鹏的《民族贫困地区教育发展面临的突出问题及对策》(《中国民族教育》第3期)、李蔬君和李韬的《西部贫困山区民族教育发展滞后的症结及出路——以云南潞西市三台山德昂族乡为典型的调查研究》(《中国民族教育》第5期)、张朝勇的《立足现实开拓创新全面推进素质教育——对民族贫困地区实施素质教育的思考》(《中国民族教育》第6期)等，也从不同角度探讨了民族基础教育的有关问题。

四、民族高等教育研究

(一) 民族高等教育的办学方向

关于民族高等教育的办学方向，近年来引起了一些讨论。有学者认为，民族地区的高等教育，只有面向民族地区，坚持为少数民族和民族地区服务，才能办出自己的特色。与此相反，也有学者认为，随着市场经济的发展和高等教育改革的不断深化，民族院校应扩大招生范围。

本年度也有几篇文章涉及到这一问题，主要有：郎军萍的《民族高等教育应坚持"和而不同"的办学理念》(《中南民族学院学报》第5期)、刀波的《遵循教育和民族工作的双重规律是办好民族学院的关键》(《中央民族大学学报》第4期)、刀波的《浅谈民族院校的任务、培养目标和办学思想》(《民族教育研究》第2期)等。刀文认为，民族学院首先是高等院校，它是创造、传播知识的平台，是选拔、培养、输送高级专门人才的基地；民族学院又是具有民族特色的院校，其教育对象相当一部分来自于具有特定历史文化传统和心理特征的社会群体，其教育目标也具有一定的定向性，即主要服务于我国少数民族地区的物质文明和精神文明建设。双重身份决定了民族院校的发展既要遵循教育工作的普遍规律，同时又要遵循民族工作的一般规律。郎文认为，随着我国改革的进一步深化，各高校都面临着激烈的市场竞争，由于发展的特殊性，相对于其他高等院校，民族高等院校所面临的生存和发展的环境就更加严峻。郎文认为，民族院校应坚持“和而不同”的办学理念。要从民族地域、民族经济需要出发，发展现代教育，走具有民族特色的个性化道路。

（二）21 世纪民族高等教育的发展战略

21 世纪初，随着知识经济的来临，我国加入 WTO，西部大开发战略的逐步实施，我国正处于转型的关键时期。为适应这一转型时期我国民族地区经济发展、社会进步的需要，研究民族高等教育发展战略的意义十分深远。陈巴特尔的《关于 21 世纪初我国少数民族高等教育发展的若干思考》（《中央民族大学学报》第 6 期）研究了 21 世纪初我国少数民族高等教育的发展战略，认为本世纪初我国民族高等教育的发展应将针对民族地区发展与适应全国发展有机结合；规模应与结构、质量、效益协调发展；应将发挥少数民族高等教育特色与坚持高等教育一般规律相结合；应使中央的政策支持与民族地方和学校自力更生相结合；坚持法制化，加快少数民族高等教育立法；将少数民族高等教育发展纳入西部大开发总体规划之中等。安学斌在《21 世纪初民族院校建设发展的思考》（《中国民族教育》第 6 期）中提出，要坚持以育人为本，深化教学改革，推进素质教育，不断提高学校育人质量和办学效益；瞄准国际学术前沿，强化科研工作，不断推进知识、科技和民族文化的创新；积极推进内部管理体制改革，全面提高办学效益等。此外，刘吉昌的《西部大开发与民族高等院校的发展》（《民族教育研究》第 1 期）、普丽春的《西部地区民族高等教育的发展思路探析》（《民族教育研究》第3期）、王玲的《21世纪民族高等教育的改革与发展》（《西南民族学院学报》第12期）等，也都研究了民族高等教育的发展战略。

（三）民族高等教育改革研究

近年来，高等教育改革一直是热门话题之一，本年度也有一些围绕民族高等教育改革的论文出现。黄英的《论扩招形势下西部一般普通高校生存、发展之模式》（《贵州民族学院学报》第3期）具体论述了在扩招形势下西部一般普通高校生存与发展的应有路径，认为狠抓教学质量，实现特色办学，注重规模、质量、结构、效益的协调发展是其生存之本；而进一步解放办学思想，形成多元办学投资格局，实现自主、开放式办学，并加强对高校教育产业的经营管理，则是其发展之根基。作为发展之根基，文章认为，高校只有举国家拨款、增收部分学费和通过为社会提供服务与办好校办企业及争取教育贷款而筹集资金之合力，才能真正构建"多足鼎立"的立体式筹资渠道，并逐步摆脱办学经费紧缺的困扰而发展腾飞。同样是探究如何突破高校办学经费长期来靠财政拨款的状况，兰汝宽的《负债办学是高校教育腾飞的必由之路》（《贵州民族学院学报》第3期）认为，科学合理的负债办学，可以解决高校教育发展急需的经费，扩大了办学规模，改善了办学条件，也提高了教育质量，是高校教育腾飞的必由之路。作者认为，负债办教育，最终要以货币计量，需要校方以货币或资产去偿还借贷，它源自于由财政部和国家教委联合新颁布的《高等学校财务制度》。由于人们习惯认为高校不是生产制造物质产品，而是培养高素质的人才，成本核算很难找到规范的标准，因而敢于举债办学的单位目前十分少。作者认为，负债办学机制的引入，促使高校注重教育成本的核算，并树立风险意识和效益观念，有助于改变高校传统理财的旧观念，是一条十分适合市场经济的路子。

本年度民族高等院校课程改革问题也引起了一些学者的关注。郑一筠和麻秀成的《关于民族院校课程改革的研究》(《民族教育研究》第1期)、金京振的《试论专业建设和课堂教学改革》(《民族教育研究》第1期)、郑一筠和麻秀成的《对民族院校课程改革若干问题的思考》(《民族教育研究》第4期) 探讨了民族高校课程改革的有关问题。民族院校的课程改革，是直接影响民族院校生存与发展的最敏感的问题。长期以来，由于受计划经济的影响，我国民族院校的专业设置远远滞后于民族地区经济发展的需要。其中最突出的问题是专业结构不合理。与专业设置相对应的课程体系上的弊端也日益显现，如专业划分过细，造成学生知识面窄；培养目标和规格单一；教学形式简单，教学方法单一；重理论，轻实践，重知识，轻能力；过分强调统一性，而忽略了少数民族教育在环境、内容和对象方面的特殊性；在课程的整体设计上，民族教育的特色显现不足。针对民族院校专业设置和课程体系中存在的弊端，20世纪90年代以来，民族院校进行了大规模的专业调整和课程改造工作。首先进行了课程结构的改革，在课程层次结构中，公共基础课的比重有所加强；在课程形式结构中，选修课明显增加；在课程设置中，反映现代科技知识的课程、应用型的课程和富有民族特色的课程明显加强；在课程建设中，实验类课程越来越受到重视。其次，课程功能的发展，出现了多元化的趋势。增加了数量较多的应用型课程，体现了课程与社会的适应性；增加了选修课，体现了课程设置在培养多规格人才方面的广阔性；增加了辅修课程和双学位课程，以增强人才的竞争力。最后，课程内容越来越丰富。我国民族院校的课程改革，体现了民族高等教育主动适应社会变革的观念和现代化、培养模式现代化以及课程体系和内容现代化的主导思想，会对我国民族高等教育主动适应民族地区经济发展和迎接知识经济挑战，产生巨大的意义。

五、地方民族教育发展研究

在新世纪的起始年，各地都有一些学者对本地的民族教育发展作了回顾、总结，并对新世纪的教育发展作了展望。其中，西藏教育厅副厅长吴德刚发表于《中国民族教育》第2期和第3期上的《西藏教育50年回顾与新世纪的展望》是一篇较有分量的文章。早在国家教育部任职期间，吴德刚就对西藏教育的改革与发展作过专题研究，在四次进藏的基础上他于1995年出版了专著《中国西藏教育改革与发展的理论研究》，本年度的这篇论文可说是该专著的浓缩，同时融入了作者近年在西藏工作过程中进行的新的思考。论文首先回顾了新中国西藏教育发展的历程，将新中国成立以来西藏教育的发展划分了五个主要阶段，即1951年—1958年的社会主义民族教育体系初创时期、1959年—1966年的西藏民族教育迅速发展时期、1966年—1976年的西藏教育遭受严重挫折时期、1976年—1987年的西藏教育的恢复与调整时期及1987年以来的教育改革发展的重大转折时期。在对新中国西藏教育的巨大成就与经验进行了回顾之后，作者对西藏现代教育的发展进行了反思，提出了几点启示，发人深省。历史的回顾表明，西藏教育发展走过的是一条艰难曲折的道路，要彻底改变西藏文化教育的落后面貌，是一项十分艰巨的历史任务。不考虑历史的影响和现有的条件，想用很短的时间就赶上内地发展水平或其他少数民族地区的发展水平是不现实的。任何急于求成的做法都是脱离实际的。作者提出的另一个重要启示便是：50年来，西藏教育发展受内地大一统的办学模式影响很大，与西藏的历史文化传统与现实生活联系不够紧密，特别是1987年以前，教育的办学方向、教育内容、教育方法不同程度地脱离西藏实际。有关教育部门忽视了西藏传统教育模式对现代教育仍然存在的影响，对如何将现代教育与西藏传统教育的合理因素有机结合起来重视不够、探索不够。教育的内容与形式也与西藏的社会环境相脱离。值得重视的是，作者从人权的角度对新、旧西藏的教育作了对比，指出西藏教育的巨大变化具有特殊的人权意义。作者认为，新中国西藏教育的发展充分表明，在我国社会主义制度下，各少数民族不仅享有平等的社会政治地位，而且享有平等的受教育权利。西藏人民的受教育状况得到全面的改善，充分体现了我国社会主义制度下人权的广泛性。作者的研究无疑是对那些企图利用所谓的西藏人权问题来攻击中国的人的有力的回击。

此外，贺雪梅的《四川省民族地区教育发展十年行动计划论析》(《西南民族学院学报》第8期)、马劳周等的《甘肃民族教育改革与发展综述》(《西北民族学院学报》第1期)等，也都对各地的民族教育发展及改革状况做了总结。

(杨　华)

世界民族研究

2001年，我国世界民族研究继续呈现良好的发展态势。年内发表的研究成果数量多，涉及内容广泛，不少论文都有独到见解，并在理论和研究方法上有所创新。此外，在这一年里，中国世界民族学会还成功地召开了第七届会员代表大会暨全国学术讨论会。

一、关于世界民族理论问题的研究

本年度，世界民族研究学界就民族主义、民族概念、多民族国家民族政策与理论，以及跨界民族等问题展开了广泛的研究。

陈晓律在《全球化进程中的民族主义》(《世界历史》第4期)一文中认为，民族主义的作用在全球化进程中并未减弱。民族主义的核心就是具有共同血缘和区域生活传统的人们对自己的利益有一种共识，这种共识意味着他们必然会结合在一起并为他们的共同利益而奋斗。全球化虽然使各国人民更加紧密地联系在一起，但仍然不能使这些地区的人民分享经济全球化的利益。由于全球经济发展的不平衡性，各地的经济利益会有很大的差别，因此，民族主义仍有着坚实的基础。到目前为止，全球化进程中的发展还是以民族—国家为基本单位的发展，不是以全人类为基本单位的发展，而且在可以预见的将来也是如此。

庄明哲在《全球化过程中的民族主义》(《世界民族》第5期)一文，针对全球化的发展将导致民族主义逐步走向衰落的观点指出，乍看起来，全球化与民族主义是不相容的，但在全球化的发展中，民族主义的存续不仅可能，而且有极大的机会得以转化、重生：一方面，具有普遍价值的人权、平等概念当可得到正面发展；另一方面，具有独特个性的民族认同也将在科技文明、经济条件的提升之下得到前所未有的重生契机。

钱雪梅在《文化民族主义的理论基础》(《世界民族》第2期)一文中认为，经济全球化与文化民族主义的并存将是21世纪人类社会的一大特色。在国际政治实践中，发展中国家已经尝试着用民族传统和历史文化去对抗西方的普世主义政策，并取得了初步的成功。然而，由于各种原因，人们对文化民族主义还存有各种误解。作者通过探讨文化民族主义的理论基础，说明文化民族主义并不等同于“非理性主义”。

台湾学者刘久清则从社会文化的视角来透视文化民族主义，他在《文化民族主义的困境与出路》(《世界民族》第6期)一文中指出，人们在研究文化民族主义时，往往忽略它与社会文化发展的关系，而文化民族主义研究的困境亦出于此。作者从现代社会文化变迁的观点出发，认为相互尊重、认同，彼此丰富，才是不同文化促成理解的惟一有效的方式，才是文化民族主义走出困境的基本途径。

在中国世界民族学会第七届会员代表大会暨全国学术讨论会上，与会学者也就民族主义问题进行了广泛的讨论。值得注意的是，很多与会者突破了按政治、经济、文化来划分民族主义的传统。李其荣按民族主义的表现形式将当代民族主义分为民族分离主义、暴力民族主义、宗教民族主义和地方民族主义（指非洲国家中的部族主义)。台湾学者洪泉湖则按民族主义追求的目标和采取的手段，将民族主义分为四种类型，即：暴力分离型、暴力统合型、和平分离型、和平统合型。关于民族主义的发展趋势，李其荣认为有五种趋向：第一，在经济一体化的大势下，聚合型民族主义具有长远发展趋势；第二，局部冲突中的民族主义将以更加激烈的形式出现；第三，民族主义将超越政治意识形态；第四，宗教民族主义将成为引发民族暴力冲突的重要诱因；第五，民族主义问题将更趋国际化。

台湾学者林安梧教授认为，中华民族近百年来的民族主义是一种“抗生型的民族主义”，它须逐渐向“共生型的民族主义”转化，从而成为世界和平的主导力量。在民族主义个案研究方面，冀开运教授认为，伊朗伊斯兰民族主义（亦称霍梅尼主义）因其有巨大的时空优势和强大的群众基础，也因其内涵的全民性、系统性、人民性、传统性和时代性，而成为伊郎民族主义的主流，成为伊郎伊斯兰共和国的指导思想和占统治地位的意识形态。此外，曹兴副研究员就世界民族问题热点东移亚洲的表现及其原因所提交的论文，王建娥副研究员就欧盟建设与民族—国家功能变化的发言，也引起与会学者的兴趣。

在此次研讨会上，学者们还就民族概念、多民族国家民族政策与理论、跨界民族等问题进行了讨论。

中外有关“民族”的概念是不同的，这是困扰中外民族学者交流的基本问题。针对这个问题，有的学者倾向于机械地与国际接轨，而郝时远研究员则提出，中国与世界进行的学术对话应该是一种双向的交流，我们不能光接受国外的话语系统，也应该让国外了解和理解中国的话语系统。例如，我们应当把我国识别56个民族的标准和有关概念介绍到国外。针对有人主张将中国56个民族称为中华民族的56个“族群”（ethnic group），郝时远认为，在国外，“族群”本来主要是指移民群体、土著人群体的，所以不能用“族群”来指称中国的56个“民族”。此外，他还认为“族群”这一概念的使用在当今出现了泛化的趋势，突出了其社会学意义，而削弱了其民族性。例如，有人把残疾人、同性恋者等群体也称之为“族群”，这样必然会对科研产生混乱影响，因此应当加以规范。这些属于社会学范畴的群体，不能使用属于民族学的概念。

在关于多民族国家民族政策与理论的研究方面，也有多篇论文涉及。朱伦研究员的《民族共治论》一文，引起了热烈的讨论。

作者通过对当代多民族国家族际政治生活的考察,指出民族共治是与民族自治同时存在的事实,并认为共治是多民族国家民族政治的纲领性命题,而自治则是子目问题。作者从理论上阐述了民族共治的必然性和合理性,指出正确认识自治和共治的辩证关系,是建立完整的民族政治理论,构建合理的民族政治机制的前提。民族共治包括两个层面:一是各民族对国家的共治,一是有关民族对民族杂居地区的共治。民族共治就是在国家统一的前提下,由各民族共同造就的以实现民族共和为目标,以保证各民族权益平衡发展为核心,以促进民族关系良性互动为宗旨的政治结构、运作机构和实现工具。陈联璧研究员的论文对"民族自决权"提出了新的观点,他认为,随着世界经济一体化趋势的日益增强,多民族国家是人类社会发展的方向,在多民族国家中民族自决权应让位于人权和公民权,这有利于维护多民族国家的统一。为此,应淡化民族意识与观念,强化公民意识与观念;淡化民族权利,强化公民权利。实现了公民权利平等,也就实现了民族权利平等。台湾学者于蕙清在其论文中指出,前苏联的民族政策造成并强化了各民族的民族认同感并进而导致了苏联的解体。施兴和与腾成达分别对加拿大和越南的民族矛盾与民族政策作了评价和分析。

跨界民族研究是近年来世界民族研究的一个热点,本次研讨会上亦有不少论文涉及这个问题,其中一些论文还结合西部大开发来探讨跨界民族问题,具有很强的应用性与现实指导意义。赵廷光和葛公尚的文章都宏观地概括阐述了西部大开发与跨界民族的密切关系,提出在大开发过程中解决跨界民族问题、建立睦邻友好关系的一些对策建议。石安达和刘达成的文章介绍了前几年在云南跨界民族中创建的"绿色禁毒工程——勐海模式"目前存在的问题和困难,并提出解决的对策。朱在宪关于东北亚跨界朝鲜族的文章指出,跨界民族是客观存在的一种特殊群体,跨界民族问题具有特定复杂性和敏感性,处理跨界民族问题必须慎之又慎。刘稚则探讨了缅甸、老挝与我国的跨界民族问题，认为缅、老两国北部的少数民族武装对我西南地区的民族团结、社会安定构成了一定的威胁。

二、亚洲民族问题研究

2001年，亚洲民族问题研究主要集中在中东、中亚和东北亚地区，对南亚的研究则相对较少。

（一）中东问题研究

中东问题研究集中于中东局势与伊斯兰原教旨主义问题两个方面。

中东局势一直是世人关注的热点问题。2001年是巴以冲突严重升级的一年。我国学者对中东局势的研究取得一定的进展，不仅文章多达几十篇，而且对问题的分析也有一定的深度。万光的《中东局势的新发展》（《阿拉伯世界》第2期）一文认为，自2000年9月以来，巴以和平进程搁浅，中东局势陷入混乱，阿拉伯世界逐渐走上相互谅解与团结之路，使美国和以色列陷入孤立。李平民分析了巴以冲突与国际政治的关系，从中东和巴勒斯坦的战略和经济地位出发，探讨了世界大国关系的调整和发展变化对巴以冲突的影响，认为巴以冲突和中东局势是国际政治的晴雨表（《阿拉伯世界》第3期）。关于巴以局势的逆转，黄培昭在《巴以目前局势及发展走向管窥》（《阿拉伯世界》第2期）一文中分析了其中的一些原因。在巴勒斯坦方面，包括五点原因，即安全问题、被关押在以色列监狱的巴犯人问题、犹太人定居点问题、耶路撒冷问题以及以色列对被占领土的关闭和宵禁政策及其巴人的愤怒；在以色列方面，主要是沙龙顽固的右翼政策所致。黄培昭在《巴以冲突一周年：回顾和展望》（《阿拉伯世界》第4期）中指出，近一年来的巴以冲突，在开始只是自发的，但后来被双方的政治家利用，双方都想把武力和反武力的较量作为提高谈判的筹码。从发展看，通过起义突破《奥斯陆协议》的框架，在谈判中另辟蹊径，让美国敦促以色列做出让步，成为阿拉法特的战略目标之一。

伊斯兰原教旨主义问题也是世人瞩目的问题。2001年,我国学者对该问题的探讨有所深入。具有纠偏意义的是,刘中民的《伊斯兰原教旨主义对民族主义的思想挑战》(《世界民族》第1期)一文提出,目前学术界将伊斯兰原教旨主义笼统归入民族主义存在不妥之处。这是因为,伊斯兰原教旨主义不仅声称反对民族主义,而且在实际中与民族主义形成尖锐对立,它以"乌玛"认同挑战民族认同,以真主主权挑战国家主权,以伊斯兰化挑战世俗化。田文林和林海虹在《对伊斯兰原教旨主义的多学科分析》(《世界民族》第1期)一文中提出,应当从政治学、经济学和宗教学角度对伊斯兰原教旨主义进行多学科分析。从政治学角度看,发展中国家政治体制的不稳定性和中东各国民族主义的弱点及外部生存环境的恶化,导致了原教旨主义的兴起。从经济学角度看,伊斯兰国家现代化进程的失败,导致了原教旨主义的乘机崛起。从宗教学角度看,原教旨主义与西方政治理论的不同及对西方文化的抵触,激发了伊斯兰原教旨主义运动。这种探讨还有待深入进行。

（二）中亚问题研究

中亚不是一个很明确的概念，人们对"中亚"可能有各自不同的认识。潘志平在《"中亚"：地缘政治、经济、文化的思考》（《东欧中亚研究》第3期）一文中认为，论及现实中的中亚五国，意味着对国际地缘政治竞争的当代分析；把中亚与高加索联系起来讨论，意味着对地缘经济前景的憧憬；而对"内亚"所做的更大范围的研究，则体现出对欧亚腹地文化的历史考察。

关于伊斯兰教在中亚的生命力和影响，常玢在《伊斯兰教在中亚的传播和发展》（《东欧中亚研究》第1期）一文中指出：这一地区人种复杂、民族众多、经济多元，既有绿洲农耕地带，又有草原游牧部落；既保存着氏族部落制，又有封建地主贵族制。伊斯兰教在中亚的传播是不均衡的，呈由南向北依次减弱状，并经历了民主化和本土化的漫长过程。同其他宗教相比，伊斯兰教似乎更有一种在恶劣环境下生存的顽强能力。

关于中亚五国的民族问题及其对我国的影响，陈联璧在《中亚五国民族关系问题》（《东欧中亚研究》第3期）一文中进行了分析。该文认为，中亚国家独立后实行的民族政策是突出主体民族地位，这样就形成了与其他民族，特别是与俄罗斯族的矛盾，加之历史上遗留下来的跨界民族问题，就使中亚民族关系更为复杂。中亚国家对民族政策的调整和变化包括：奉行民族复兴政策，以巩固新独立国家的主权和统一；否定民族自决权，倡导文化多元化；强化“人权和公民权”，淡化民族观念；反对极端民族主义，建立和谐民族关系；采取措施缓和与俄罗斯人的矛盾，恪守历史形成的边界，维护中亚稳定与民族关系和谐。

（三）东北亚问题研究

关于东北亚问题的研究主要集中在朝鲜半岛以及日朝关系问题上。徐文吉在《日朝关系的发展及其意义》（《东北亚论坛》第1期）一文中提出，日朝关系经历“五起四落”的缘由，在于朝鲜半岛对于日本的战略抉择具有两面性：当朝鲜半岛形势的发展与日本利益需求一致时，则有利于朝日关系的改善；有悖于日本利益时，日本则将朝鲜视为威胁。张玉山在《朝日关系的现实与未来》（《东北亚论坛》第3期）一文中，分析了朝日关系的现实状况和未来走向，认为朝日关系正常化进程历经10年而未能实现的原因，主要是由于双方在某些重大问题上未能达成一致，并预见近二年内朝日关系仍然难有实质性改善。

三、欧洲的民族—国家及前苏联民族问题研究

2001年，我国学者对欧洲民族问题的研究有两个重点：其

一是欧盟与欧盟内的民族—国家，其二是前苏联的民族问题。

（一）关于欧盟与欧盟内的民族—国家研究

陈志瑞在《试论欧盟共同外交与安全政策的“布鲁塞尔化”》（《欧洲》第6期）一文中认为，欧盟在国家间的“高度政治”领域一直遵循政府间合作的模式。“欧盟共同外交与安全政策”（CFSP）的机制和程序开始沿着一种特定的秩序演进，即“布鲁塞尔化”。欧盟在有关决策和行动过程中，以政府间合作为基本前提，成员国的主导和控制作用弱化，决策机制和权限逐渐向以布鲁塞尔为主的联盟决策中心转移和集中，致使联盟外交和安全决策不断趋向集中、连续和统一，从而不断提高联盟的对外决策和行动能力。“布鲁塞尔化”不是“政府间化”，也不可能是“共同体化”，而是兼具两者的基本特性或某些特性，因此代表了特定的一体化模式。

朱立群在《欧盟共同安全与防务政策的突破性进展》（《欧洲》第4期）一文中认为，欧盟及其共同体安全与防务政策的发展将对欧美关系产生深远影响，但在可预见的未来，欧盟战略上的独立是不可能的，它仍将依赖北约提供的安全保障，欧美安全合作不论是从集体防御的角度，还是从冷战后危机处理角度来说，都反映着双方的共同利益和互相需要。

范军在《一体化与地区间问题：欧盟地区政策分析》（《欧洲》第2期）一文中认为，欧盟的地区政策是共同体为维护自身的统一和完整所采取的一种策略，也是克服市场一体化对落后地区带来的负面影响所进行的必要的适度经济干预。欧盟东扩后，地区聚合问题更加突出，加入欧盟的所有中东欧国家都处于欧盟最穷成员国的水平。从一体化与地区问题的关系来看，一体化要获得成功，就要使所有的成员国及其地区从中受益。

张健雄在《欧盟对落后地区的扶助和开发政策》（《欧洲》第3期）一文中认为，欧盟的“扶贫政策”、“公有企业竞争政策”

等，有助于欧盟与其成员国之间的相互关系以及民族—国家间的相互关系。除了各成员国政策，欧盟执委会作为一个超国家权力机构也有对成员国的落后地区进行援助的政策。这个政策的目的是巩固和完善欧盟的国际竞争力。从1975年以来，该机构已经资助了2000多个开发项目，有力地促进了落后地区经济的发展，缩小了先进地区与落后地区之间的差距。

刘戈宏在《欧盟东扩：问题与前景》（《社会科学辑刊》第2期）一文中认为，欧盟东扩是欧盟制定的跨世纪三大战略目标之一，对于欧盟本身而言具有划时代意义。它不但将导致21世纪的欧洲发生重大变化，而且还将对整个世界经济和政治格局的变动产生重大影响。目前，尽管欧盟在东扩问题上面临着诸多挑战，阻力重重，但欧盟东扩的决心仍未改变，实现东扩已成为欧盟发展的必然趋势，不可逆转。

有关欧盟研究的方法，年内有两篇论文值得一提。房乐现在《新功能主义理论与欧洲一体化》（《欧洲》第1期）一文中认为，新功能主义是描述欧洲一体化的一个有用的分析工具，它又在很大程度上塑造了欧洲一体化。外溢是新功能主义的核心概念，对超国家机制的重视是该理论的核心要素之一。新功能主义是在批判继承功能主义的基础上形成的一种一体化认识。其要点是：在各种条件合适时，有一种能动的、扩展型的一体化逻辑，并最终取代可能过时的民族—国家，取代的方式不是通过联邦，而是通过超国家共同体的新型机构。王展鹏在《欧洲政治一体化理论与欧盟决策的合法性之争》（《欧洲》第1期）一文中认为，欧盟面临的合法性问题是外在的结构性改革和内在的身份认同之间存在的矛盾，任何单一的理论都难以提供一个完满的解决方案，需要实现理论的综合。

（二）对前苏联民族问题的研究

关于前苏联民族问题及前苏联解体的研究，许新、陈联璧、潘德礼和姜毅合著的《超级大国的崩溃——苏联解体原因探析》（社会科学文献出版社，2001年1月）一书，可谓集我国学者十年研究之大成，是一部系统研究前苏联解体的力作。作者指出，戈尔巴乔夫的错误路线、方针和政策是苏联解体的直接原因，而苏联高度集中的政治经济体制与社会生产力的矛盾是苏联解体的历史根源。戈尔巴乔夫的错误不是认识问题，也不只是操作性错误，而是全盘否定苏共的历史，主张实行多党制，千方百计削弱和否定苏共的领导，这是原则性和路线性错误。另外，他没有与民族分离主义进行应有的斗争，妄图通过与叶利钦等少数人妥协的方式决定苏联的命运。结果，不是适度分权，而是向民族分离主义无原则地退让，无限度地承认加盟共和国主权，最终导致联盟失去赖以存在的社会基础。

杨顺清在《十年后的回顾与反思——民族问题对苏联解体的影响及其教训再认识》(《世界民族》第6期)一文中,回顾了民族因素在苏联解体过程中的巨大影响和重要作用,认为前苏联在理论上背离马克思主义的民族平等原则,忽视社会主义时期民族问题的长期性、复杂性和重要性,在实践上对民族问题解决不力,处理问题失误,造成许多难以化解的历史积怨和现实的民族矛盾,这些都是导致苏联解体的重要原因。文章最后以苏联为鉴,就如何做好我国的民族工作和解决好我国的民族问题进行了阐述。

四、非洲民族问题研究

在非洲民族研究方面，今年出版的两本著作引人关注。

其一是由艾周昌和沐涛编著的《走进黑非洲》(上海文艺出版社,2001年1月)。该书共分11章,向世人展现了撒哈拉以南非洲尼格罗各族人民创造的独特文明,生动地说明了非洲黑人文明的存在和发展。此书在“黑人文明在世界文明史上的地位”一章中,对尼格罗各族文明的特性、古代黑人文明与世界文明的关系、黑人文明对近代欧美文明的影响等问题都提出了独到的见解。

其二是刘鸿武等编著的《从部落社会到民族国家——尼日利亚国家发展史纲》（云南大学出版社）。该著作以尼日利亚为研究对象，具有某种典型意义，因为尼日利亚是非洲人口最多的国家，又是民族成分最复杂的黑非洲国家。一般认为，尼日利亚的族体总数在250个以上，而且发展水平、相互关系都十分驳杂。作者依据丰富的资料和本人的实际考察，较为全面、系统、清晰地分析了尼日利亚各族体的民族过程，从国族层面上勾勒出从部族社会到民族—国家的发展轨迹。

年内，我国学者还发表了多篇有关非洲民族问题的论文。

徐伟忠的《非洲民族及民族问题》（载《全球民族问题大聚焦》，时事出版社，2001年5月）一文，宏观地分析了当代非洲的民族和民族过程，介绍了非洲种族、民族、语言、宗教等方面的多元现状，概括了非洲民族的五个特点，即：北非国家与撒哈拉以南非洲国家的民族构成有很大的差别；现代民族发育尚不成熟；族体归属异常复杂；跨界族体众多；有强烈的族体归属意识。此外，文章还集中分析了非洲部族主义的几大危害：一是延误了非洲民族—国家建设的步伐，二是使非洲民主政治体制的建立十分困难，三是危害非洲国家的安全和稳定。

刘中民的《埃及的地方阿拉伯民族主义思想与伊斯兰教》（《世界民族》第1期）一文，以埃及为个案论述了阿拉伯民族主义与伊斯兰复兴运动之间的关系，认为埃及地方民族主义在本质上是世俗民族主义，反对宗教干预政治。由于伊斯兰教在埃及社会文化中的传统地位，早期埃及民族主义思想家的理论主张不可避免地留下了深刻的伊斯兰印记，并成为伊斯兰现代主义与民族主义的混合体；中期则渗透着民族主义和泛伊斯兰主义的争夺；后期则表现为与伊斯兰教决裂的较为彻底的世俗化立场，贬抑和排斥伊斯兰教的自由民族主义思想占据了上风。从海卡尔到塔哈·侯赛因，都崇尚法老主义，抑贬埃及的阿拉伯与伊斯兰属性，强调埃及的欧洲属性，倡导理性主义，强化民族认同，主张政教分离。

五、美洲民族问题研究

徐世澄在《墨西哥印第安人问题与政府的政策》（《世界民族》第6期）一文中，探讨了墨西哥历届政府对印第安民族采取的一体化政策，认为这一政策在一定程度上促进了印第安人居住区经济的发展和社会的进步。然而,在实施一体化政策和现代化的进程中,印第安人原有的土地问题变得更加尖锐,从而导致社会、民族矛盾的集聚与爆发。文章指出,只有在法律上承认印第安民族的政治权利,真正解决印第安民族的自治权,制定出符合本国国情的民族政策并付诸实践,才能解决墨西哥的民族冲突问题。

周世秀在《巴西印第安人现状与政府的相关政策》（《世界民族》第1期）一文中，介绍了巴西印第安人的历史与现状、巴西官方印第安人政策的发展过程，以及近十余年来巴西政府对印第安人所采取的某些政策，如出台宪法保护措施、设立土著保留地、发展文化教育、引进外资促进开发等。该文认为，巴西政府对印第安人的新政策切合实际，但也存在着一些问题，例如，由于大庄园主的破坏，印第安人传统居留地的安全无法得到保证。

时春荣在《美国的平权措施与少数民族的高等教育》（《世界民族》第2期）一文中，介绍了美国政府及其相关部门为改善黑人等少数民族的高等教育状况而提出的平权措施以及社会对这些措施的反应。该文指出，此项措施基本上是以对公共教育的民主设想为基础的，并取得了较明显效果。

六、海外华人研究

2001年，我国海外华人研究成果显著，其中以王赓武、庄国土和方金英三位的著述影响较大。

王赓武在《新移民：何以新？为何新？》（《华侨华人历史研究》第4期）一文中，介绍了华人“再移民”的情况、华人“新移民”这一称谓的产生、“新移民”与其先辈的不同之处、东道国的移民政策以及“新移民”在海外生存与发展所面临的主要问题等。

庄国土在《华侨华人与中国的关系》（广东高等教育出版社，2001年）一书中，首先讨论了早期华人移民与华商网络的形成，考察了20世纪中叶以前中国政府的侨务政策及华侨对中国的认同和贡献。接着，论述了“二战”以后海外华侨社会从认同中国到认同于当地社会的变迁以及华侨社会向华人社会的演变过程，介绍了中国实行改革开放政策以来海外华侨华人与中国的合作，并预测了这种合作的发展前景。此外，该书还对新移民存在的问题做了剖析，并对台湾当局的侨务政策做了评述。该书是迄今为止比较全面地论述海外华侨华人与中国关系的力作。

方金英在《东南亚“华人问题”的形成与发展：泰国、菲律宾、马来西亚、印度尼西亚案例研究》（时事出版社，2001年）一书中，阐述了殖民时代以前东南亚华人的情况，揭示了东南亚华人问题的形成、发展和演变，进而讨论了华人问题的现状和发展趋势。该书在分析各个阶段华人的问题时，能从华人、东南亚国家、中国政府三个方面考察其相互作用与影响，这是以往的研究比较少见的。

今年举办的几次学术研讨会，也在不同程度上涉及到海外华人研究。

2001年9月，中国世界民族学会第七届会员代表大会暨全国学术讨论会在呼和浩特召开。学会执行会长郝时远研究员建议把海外华侨华人研究作为世界民族研究的一个重要领域，这一建议得到与会学者的完全赞同。学术界还对华侨华人研究的学科归属和学科建设进行了讨论，并取得了初步共识和成果。

在此次会议上，一些学者还就海外华侨华人研究进行了讨论。曾少聪在论文中指出，海外华人一方面是中华民族在国外的发展，另一方面在居住国属于少数民族。华人与当地社会的关系不仅直接影响到海外华人在居住国的发展，而且也会影响到中国与华人居住国的关系。高伟浓则探讨了华夏九皇信仰及其在南洋的传播，指出中国人对九皇的信仰源自中国古人对北斗的崇拜，随着中国移民大量移居海外，九皇信仰也流传到新加坡、马来西亚、泰国等地。曹云华从民族社会学的角度审视了东南亚华人与当地民族在相互接触时产生的心理上的关系和心理上的距离。廖小健较为全面地论述了马来西亚华人与马来人之间的民族关系。周翔鹤则就早期东南亚华人社会的土地制度作了探讨。

2001 年 4 月，“第四届海外华人国际学术研讨会”在台湾“中央研究院”中山人文社会科学研究所举行，此次研讨会的主题是“海外华人研究新境界”。与前三届会议相比，这次会议关注的问题侧重于海外华侨华人的社会现状以及华侨华人在海外的生存与发展。此外，中国大陆新移民在海外的情况，也引起了与会学者的广泛兴趣。

最后，还需就本年度召开的中国世界民族学会第七届会员代表大会暨全国学术讨论会再做一点介绍。此次学术讨论会的主题是“21 世纪的世界民族问题与民族主义”，与会学者达 140 余人，提交论文 96 篇。此次讨论会还有来自台湾的 20 多位学者参加，海峡两岸学者共同探讨当前世界民族问题，可谓 2001 年我国世界民族研究中的一大盛事。

（朱　伦、劳焕强等*）

---

* 葛公尚、曹兴、曾少聪、刘泓、杨艳丽等同志对各自研究领域的情况提供了基本材料。

·学术热点问题座谈·

国际恐怖主义对中国民族问题的影响
——“中国民族理论学会北京地区学术研讨例会”纪要

2002年4月10日，中国民族理论学会北京地区学术研讨例会在中国社会科学院民族研究所举行。会议由中央统战部二局、国家民委民族问题研究中心、中央民族大学和中国社会科学院民族研究所共同主办。来自北京地区各单位的学会会员50余人参加了此次会议。

此次研讨会的中心议题是国际恐怖主义对中国民族问题的影响。会上，中国社会科学院民族研究所所长郝时远做了主题报告，与会者就此进行了讨论。会议由中国社会科学院民族研究所党委书记、副所长揣振宇主持。

一、国际恐怖主义的基本情况

会上，主报告人首先就国际恐怖主义的基本情况作了一些介绍。

国际恐怖主义的历史，可以追溯到20世纪70年代发生在中东地区的恐怖活动。此后，随着国际形势的变化，国际恐怖主义呈逐渐蔓延之势。在苏联解体、东欧剧变的大背景下，这些地区的民族冲突也趋于明显和激烈，科索沃和车臣的民族分裂势力转而采用恐怖主义作为其争取民族分裂的手段。另一方面，与我国毗邻的阿富汗，在苏军撤出之后，旋即陷入持久的内战，以拉登为首的国际恐怖势力乘虚而入，大力扶植塔利班势力，并依靠塔利班政权的庇护，大力发展“基地”组织，培训来自世界各地的恐怖分子，再派遣他们到世界各地进行恐怖活动。

恐怖主义的产生有着复杂的、各自不同的原因。有的是出于对霸权主义和扩张势力的反抗，有的是以民族分离为目标，有的是以某种宗教或某种意识形态为依托，有的是与贩毒等有组织犯罪相联系，还有的则是以国家机器为后盾。正因为如此，对恐怖主义也就很难做出一个统一的、能够得到公认的界定和分类。

但是，一般来讲，国外学术界还是倾向于将国际恐怖主义界定为非法的、跨国的、非制度性的、偷袭式的暴力破坏活动。这种恐怖主义通常不属于国家行为。有些西方人常常把恐怖主义视为弱者的一种武器，这是一种错误的认识。恐怖主义活动是以一种较低的成本，在社会上造成一种恐怖氛围，借此达到恐怖分子的某种政治意图。恐怖活动多以公共场所为目标，它所直接危及的往往是社会上的普通平民。因此，恐怖主义的本质是反人类的、反社会的、反和平的。我们不能对任何形式的恐怖主义抱有任何同情。

从分类上说，学术界一般是将恐怖主义分为这样四种类型：第一种是极右型，它带有很浓重的种族主义色彩，鼓吹排外主义、白人至上，排斥外来移民。这种恐怖主义多见于西欧和北美地区，以“新纳粹”、“光头党”等组织为代表。他们经常在街头从事针对外来移民的恐怖活动。第二种是极左型，以日本的“赤军”、意大利的“红色旅”和秘鲁的“光辉道路”等组织为代表。

他们以某种政治理念为旗号，自我标榜为共产主义组织，但实际上与共产主义的理论和实践都没有任何关系。第三种是与有组织犯罪团伙相联系的恐怖主义，以意大利“黑手党”和拉丁美洲贩毒集团为代表。他们从事暗杀、爆炸等跨国性的恐怖活动，以维持其有组织的犯罪活动网络。第四种是以某种民族要求和宗教理念为旗号的恐怖主义。这种类型的恐怖主义在世界各地均比较常见，例如西班牙的“埃塔”组织、科索沃和车臣的民族分裂组织和菲律宾的“阿布沙耶夫”武装。对我国产生影响的，主要就是这种类型的恐怖主义。

二、“东突”问题的历史与现状

国际恐怖主义对中国民族问题的影响，突出表现在“东突”的恐怖主义活动上。为了使与会者对“东突”问题有一个比较全面的了解，会议的主报告人先对“东突”的来龙去脉做了一个概括性的介绍。

（一）“东突”问题的历史

“东突”是所谓“东突厥斯坦”的简称。19世纪末，某些殖民主义出于支解中国的目的，而将新疆称为“东突厥斯坦”。因此，从一开始，所谓“东突”就是国外强权为支解中国而制造的一个政治概念。

进入20世纪以后，新疆极少数分裂分子和宗教极端分子以老牌殖民主义者的“东突”概念为依据，在某些境外势力的支持下，鼓吹“东突”独立，建立政教合一的伊斯兰国家。在20世纪30年代，“东突”运动曾先后出现过几次高潮。其中一次是在1933年11月，“东突”分裂势力一度在新疆喀什建立了所谓“东突厥斯坦伊斯兰国”。但由于新疆各族人民的反对，这个民族分裂政权成立不到三个月就瓦解了。

1949年中华人民共和国成立，新疆获得和平解放，极少数新疆分离主义分子逃往境外。自此之后，新疆地区在一段时间内一直比较稳定，经济上也取得一定的发展。但是，自1960年中苏关系破裂之后，苏联当局也利用“东突”问题对中国进行颠覆，曾策划和制造边民外逃事件，企图把这些人当作自己手中反对中国的一张牌。克格勃就曾在这些外逃边民中策划组建“东突”组织，并利用报刊、广播等进行反华宣传。但由于当时中苏两国呈对抗态势，中国又比较封闭，因此，境外“东突”势力对中国的影响是微乎其微的。

20世纪80年代中期以后，美苏两国的冷战趋于缓和，中国也在逐步对外开放，境外“东突”势力的环境发生了很大的变化。特别是90年代以来，东欧和苏联先后发生剧变，一些多民族的前社会主义国家发生解体，中亚地区民族主义高涨，甚至出现了极端民族主义的倾向。在这种情况下，境外“东突”势力有了很大的发展，建立了各种各样的组织。这些组织一方面吸收了某些移居境外多年的新疆移民，另一方面又通过帮助介绍住处、联系工作等方式，对近年来出国读书、研修和做生意的新疆人加以拉拢，以期对他们进行控制。

（二）“东突”势力在境外的分布与活动

近年来，境外“东突”势力主要集中在中亚、西亚、欧美和南亚等地区，分布于15个国家。他们在这些地区建立了70多个组织，绝大部分都是在90年代建立的。其中，活动于中亚的组织最多，有20多个；活动于西亚的有十多个。这些组织有大有小。大的在很多国家都设有分支机构，而小的则只有几个人。

1.中亚的“东突”势力

“东突”势力在中亚的存在有较长的历史，在中亚的各种组织也较多。比较有影响的有：“东突厥斯坦国际委员会”、“维吾尔国际联盟”、“维吾尔斯坦解放组织”、“东突厥斯坦解放组织”，等等。

“东突厥斯坦国际委员会”的前身，是成立于20世纪50年代初的“东突厥斯坦革命民主统一战线”。20世纪70年代，该组织制定了所谓“东突厥斯坦共和国宪法”，80年代又颁布了所谓“国家政纲”，制定了未来“国家”的各种政策。1990年，随着中亚形势的变化，该组织联合其他一些较小的组织，成立了现在这个组织，其总部设在哈萨克斯坦的阿拉木图。1993年，该组织在当地注册，成为合法的组织。其宗旨是要组建“东突厥斯坦”流亡政府，建立“东突厥斯坦”志愿军，驱逐汉人，最终建立“东突厥斯坦伊斯兰共和国”。

“维吾尔国际联盟”于1992年成立于哈萨克斯坦，是由几个较小的组织合并而成的，1993年正式登记注册。

“维吾尔斯坦解放组织”也是在1992年成立的，其宗旨是要“解放维吾尔斯坦”。这个组织在中亚其他几个国家也有分支机构。

“东突厥斯坦解放组织”是20世纪60年代新疆边民外逃后成立的，总部设在阿拉木图。80年代，该组织开始与西方建立联系，90年代初，提出“解放新疆”、“驱逐汉人”、“建立东突厥斯坦共和国”等民族分裂主张。

除此之外，中亚还有20多个各种各样的“东突”组织，诸如“维吾尔青年联盟”、“维吾尔民族解放阵线”、“东突厥斯坦爱国者民族中心”等。活动于中亚的这些“东突”组织既有相似的目标，又存在利益上的各种矛盾，因此一直没有形成联合的态势。

2．西亚、欧美的“东突”势力

除了中亚地区之外，在西亚和欧美地区，也有一些“东突”势力在活动。

在这些地区，最大的“东突”势力是伊敏—艾沙集团。1949年伊敏、艾沙等新疆分裂分子外逃印度，并建立民族分裂组织。

1954年，他们迁至土耳其，依附于当地的势力，企图以此对抗中国。该集团一直宣扬建立“东突”的主张，聚拢流亡在外的以维吾尔为主的新疆人员。70年代，中国恢复了在联合国合法席位，中美两国也开始接近并最终建交。面对这种情况，伊敏—艾沙集团也做了一些策略性的调整，一度不再提分离的主张，而是要求高度自治。80年代以后，苏联开始衰落，伊敏—艾沙集团又重新提出分裂的要求。90年代中期，中土友好关系取得较大的进展，在一定程度上制约了伊敏—艾沙集团的活动。此后伊敏—艾沙集团逐渐处于衰落之中，其很多成员现已主要从事经商。

在欧美地区，也有一些“东突”的组织在活动。其中包括“东突厥斯坦民族代表大会”（1999年成立于德国慕尼黑，2000年登记注册）、“世界维吾尔青年代表大会”（1996年成立，总部设在德国慕尼黑，曾在安卡拉、塔林等地举行其代表大会）、“欧洲东突厥斯坦统一联盟”（1997年成立于慕尼黑）、“美国维吾尔联盟”（1998年成立于华盛顿）。此外，在澳大利亚、英国、瑞典、比利时、加拿大等国，也建有一些“东突”组织。

3. 南亚的“东突”势力

90年代以前，在南亚地区几乎还没有“东突”的组织。但在90年代以后，鉴于当地突出的宗教、民族问题，在南亚地区，特别是阿富汗，也开始出现了一些“东突”组织，而且一度处于急剧膨胀的态势。其中，以“东突厥斯坦伊斯兰运动”最为猖獗。该组织成立于1998年2月，总部设在阿富汗的喀布尔。其主要成员都是1997年才从新疆喀什出去的。该组织宣称要组建一支“伊斯兰义勇军”，在“东突厥斯坦”进行“圣战”，建立独立的“伊斯兰共和国”。由于其总部就设在喀布尔，因此，该组织与本·拉登和塔利班政权均有密切的联系，而且毫不隐讳地提出要以恐怖暴力活动来实现其目标。1999年，该组织头目在拉瓦尔品第开会，总结了境内“东突”分裂主义和恐怖主义失败的主要原因，提出等待时机，伺机行动，而将眼下的主要任务定为扩大宣传，发展组织，集聚力量。

"东突"势力还在巴基斯坦建有"突厥党"等组织。"突厥党"的总部设在伊斯兰堡，主要由从新疆出去的民族分裂分子、宗教极端分子和恐怖活动分子，以及在土耳其、沙特、阿富汗、伊朗等国的"东突"分子联合组成。该组织的宗旨是通过系统的思想教育和武装训练，进行以分裂中国为目的的恐怖破坏活动。

在南亚的"东突"组织以恐怖暴力活动为其最基本的特征，明目张胆地宣扬恐怖主义，培养恐怖分子，号召进行所谓"圣战"。

（三）境外"东突"势力与外国的关系

"东突"问题从一开始，就是殖民主义为分裂中国而制造的一个政治概念。而"东突"势力也总是希望通过各种活动获取西方的支持，将中国的民族问题国际化。"东突"势力与国际霸权主义和某些势力的结合，使其成为国外势力借以分化、弱化中国的一个工具。

从殖民主义时代开始，西方强权就总是企图对世界上一些较大的国家实行分而治之的政策。煽动民族分离主义，培植民族分裂势力，收容民族分裂组织，是其分化、弱化其他国家的一贯做法。这个传统一直延续到现在。西方强权在科索沃问题上，在车臣问题上，对南斯拉夫和俄罗斯也都是采取的这种态度。在他们看来，为了在国际上实行其霸权，在这个世界上就不能有较大的国家和较大的民族。

但是，西方国家对于"东突"势力，既想加以利用，又不愿过度炒作。这是因为，"东突"势力有着很强的宗教极端主义背景，与西方国家普遍信仰的宗教存在着西方学者所谓的"文明的冲突"。因此，西方国家在利用"东突"的同时也对它有所顾虑。同样具有宗教极端主义背景的本·拉登及其势力，就曾一度被美国大力加以扶植和利用，结果到头来，正是这股势力，组织发动了针对美国的“9·11”恐怖袭击。但是，西方强权出于分化、弱化中国的目的，又未必能够接受这次恐怖袭击带给他们的教训。

除了西方强权之外，还有一些国家也希望利用境外“东突”势力，作为牵制中国的筹码。在前苏联等多民族的社会主义国家解体之后，西亚某国的政要曾一度预言，某种多米诺骨牌效应将会发生。他们公开表示：“在我们面前，将会展开一个新的突厥世界，一直延伸至长城脚下。”但事实证明，90年代源自苏联东欧地区的民族主义浪潮，在我们中国的国门前就停止了，并没有对中国造成进一步的冲击。目前，该国的政要已对其在苏联解体时所持的盲目乐观的估计进行了反思。再加上双边关系的发展，他们在对“东突”的支持上也较前有所收敛。

三、“东突”的恐怖主义活动

会议主报告人指出，从某种方面来说，“东突”的恐怖主义活动也属于全球化所产生的影响之一。在世界已进入全球化的今天，在世界其他一些地区出现的恐怖主义活动，也对“东突”势力产生了很大的影响。特别是本·拉登和塔利班等宗教极端势力和恐怖势力，其活动基地即位于与我国毗邻的阿富汗。正是在国际恐怖主义的影响下，境内外的某些“东突”组织开始转向以恐怖暴力的手段进行分裂祖国的破坏活动。

（一）“东突”势力在境外与国际恐怖主义的联系

从20世纪90年代开始，境外“东突”势力与以阿富汗为基地的国际恐怖主义建立了广泛、密切的联系。

国际恐怖势力直接筹建了“东突厥斯坦伊斯兰运动”这一恐怖组织，并直接指挥其活动。本·拉登曾要求该组织的一切行动都要与“乌兹别克斯坦伊斯兰解放运动”和阿富汗塔利班进行协调。国际恐怖势力还多次表示，要帮助“东突”恐怖组织在新疆进行“圣战”，以便将中国的新疆建成一个政教合一的伊斯兰国家。

国际恐怖势力还多次为“东突”恐怖组织的活动和训练提供大量经费，并向“东突”恐怖势力提供了大量的武器装备、交通工具、通讯设备等军用物资。

国际恐怖势力还直接为“东突”恐怖组织培训人员。他们从境内外物色的一批刑事犯罪分子、宗教极端分子、民族分裂分子，都曾在阿富汗各地的恐怖主义训练营地进行过训练。此外，在南亚其他地区，还建有专门培训“东突”恐怖分子的骑兵训练中心。

“东突”恐怖分子在经过一段时间的训练之后，有的就地加入了阿富汗的塔利班武装，有的则被国际恐怖势力派往俄罗斯车臣以及中亚一些国家，参与当地的国际恐怖活动。

（二）“东突”在境内的恐怖活动

“东突”恐怖组织与国际恐怖主义建立联系的最终目的，是为了依仗他们的支持，在中国境内进行各种恐怖活动，以期达到破坏国家统一、威胁社会稳定、制约经济发展的目的。

某些“东突”恐怖分子在境外受训后，即潜回境内进行恐怖破坏活动。他们还曾多次走私偷运武器弹药入境，希望以此来武装境内的恐怖分子。回到境内后，他们往往以电话、互联网等现代通讯方式保持着与境外恐怖组织的联系。他们还在境内发展恐怖组织，策划与从事恐怖活动。到目前为止，中国警方已破获潜入境内的某些“东突”恐怖组织，抓获一批曾在阿富汗及其他国家接受过恐怖训练的“东突”恐怖分子。

“东突”恐怖组织在境内的恐怖破坏活动主要集中于我国新疆地区。根据国务院新闻办公室公布的资料，自1990年至2001年，境内外“东突”恐怖势力在中国新疆境内至少制造了200余起恐怖暴力事件，致使160多人无辜死亡，并有440多人受伤。

警方还在新疆地区收缴非法枪支1400多支，子弹16万发，手榴弹、手雷6000多枚，炸药40多吨。

“东突”恐怖势力在新疆进行的恐怖暴力活动主要包括以下几种：在各种公共场合制造爆炸事件，以此制造恐怖气氛；对包括维吾尔族在内的各族干部群众和爱国宗教人士进行暗杀；对警方和政府机关进行袭击；在偏僻地区建立秘密的恐怖训练基地，培训恐怖分子；秘密制造炸药和爆炸装置；策划并组织骚乱及暴乱事件，进行打、砸、抢、烧、杀等恐怖活动，在社会上制造紧张气氛。从已经掌握的证据来看，在新疆境内发生的大多数恐怖暴力事件，都是由境外“东突”组织直接策划、指挥的。

“东突”恐怖分子在境内的活动，在一定范围内以及一定程度上，影响了社会的稳定，制约了经济的发展，构成了对国家统一的威胁。但是，由于我国严密的反恐措施，境外“东突”组织对境内恐怖活动所能提供的支持还是很有限的。从总体上看，“东突”在境内的恐怖暴力活动还是个别的、分散的。

在美国遭受“9·11”恐怖袭击之后，国际反恐合作已在全球范围内展开。在这种大环境下，“东突”恐怖势力已转入低潮，并已开始在策略上进行某种调整。在境外，“东突”恐怖势力正试图减少与本·拉登恐怖势力的联系，以试图改变其恐怖主义的形象。他们在境内的恐怖活动也暂时有所收敛。但是，“东突”势力分裂中国的意图并没有改变，“东突”恐怖势力与国际恐怖主义的联系也没有中止。目前，在南亚的“东突”恐怖组织正试图将其成员转移到其他地区，投靠当地的恐怖组织，以便保存自己的实力。

四、反恐斗争：民族理论研究的新课题

参加此次中国民族理论学会北京地区学术研讨例会的学者普遍认为，在反击恐怖主义的新形势下，民族理论界也应将反恐作

为自己研究的新课题。

与会者认为，很长时间以来，“东突”恐怖活动就一直是影响我国国家统一和社会稳定的一个问题。在美国遭受“9·11”恐怖袭击之后，世界各国政府已在反对国际恐怖主义方面达成理念上的一致。在这种情况下，我国政府适时地将过去一直比较隐讳的“东突”问题正式提了出来，这一做法是很明智、很恰当的。

对于“东突”恐怖活动的问题，我国过去仅限于国家安全和情报部门予以追踪调查，学术研究尚未进入此一领域。与会者提出，既然现在“东突”恐怖主义问题已经公开化，学术研究就应该介入其中，好好进行研究，把这个问题从理论上讲清楚。这也是国家反恐斗争的需要。学术研究的一个特点就是保持客观的态度。民族理论学界应当以客观的态度和求实的精神，利用自己的理论知识，争取在反恐问题上取得一定的研究成果，供国家参考。

在这次会议上，与会者首先就恐怖主义的概念展开了讨论。

对于国际上普遍使用的恐怖主义概念和普遍认定的恐怖主义行为，仍有学者持怀疑的态度。例如，有个别学者就提出“如何看某些巴勒斯坦人搞的人体炸弹”这一问题，并倾向于认为这是弱者反对强权的一种武器。

但是，大多数人都同意主报告人的看法，将恐怖主义视为出于某种政治目的，在公共场所进行的、殃及无辜的偷袭式暴力破坏活动。在讨论中，很多学者都认为，面对新的形势，我国民族理论界应在国外研究的基础上，从我们的立场出发，从我们国家的利益出发，对恐怖主义概念做出我们自己的界定。在这方面，有必要将恐怖主义与民族分裂势力、宗教极端势力的暴力活动联系起来。与此同时，还要使我们的界定赢得国际社会的理解与支持。

要进行反对“东突”恐怖主义的研究，还必须进行认真的调查研究。有学者提出，新疆的暴力恐怖活动到底有哪些国际背景，民族分裂势力、极端宗教势力与暴力恐怖主义究竟有多深的联系，对这些问题，我们都需要进行深入的研究，乃至量化的分析。

在对形势的估计上，大多数与会者都同意主报告人对境内恐怖活动所做的分散化、小型化的判断。有的学者认为，就新疆总体的情况而言，社会是稳定的，经济发展也是很快的，只是在局部地区的个别地方出现过一些恐怖活动，当然这些恐怖活动也的确产生了较大的社会影响。“9·11”事件之后国际范围的反恐合作以及塔利班政权的倒台，在一定程度上对国际恐怖活动产生了某种遏制作用。在我国新疆地区，恐怖活动的发生率也有所下降。但我们不能因此而盲目乐观，因为恐怖组织现在进一步处于秘密的状态，他们也在韬光养晦。

在反恐策略上，不少学者都提出，各国有各自不同的政治制度，要想让其他国家取缔其境内的“东突”组织，是不现实的。在这种情况下，我们应当通过发展国与国之间的关系，构建共同安全机制，以遏制境外“东突”恐怖主义的活动，特别是“东突”恐怖势力向境内的渗透。

在政策方面，有不少学者提出，恐怖主义不是普通暴力犯罪问题，也不是民族宗教问题。但在现实中，搞恐怖活动的人往往又都属于某种民族分裂势力和宗教极端势力。为此，一定要划清恐怖主义的界限，不要将某一民族中的一般性犯罪团伙划入恐怖主义的范畴，也不要将不属于恐怖主义的民族宗教问题划入恐怖主义的范畴。应该说，这是一个很敏感的问题，必须谨慎把握。从国家安全的角度来讲，应当对形势的严重性有充分的估计；从理论和政策上来讲，则应强调分清不同性质的矛盾，团结大多数，维护稳定。

会议主报告人指出，在认识和研究恐怖主义问题方面，必须要把恐怖主义组织、人员与相关的民族、宗教严格区分开来，否则就会扩大他们的民众基础。目前，我们要趁“东突”势力处于低潮的有利时机，加快经济发展，加快提高人民生活水平的进程。这是我国社会长期稳定的根本基础所在。没有这个基础，民族团结也就得不到有效的保证。民族团结属于精神文明的层面。但是，精神文明的建设又离不开物质文明的建设。没有物质文明，也就没有精神文明。因此，意识形态的教育、民族团结的教育，都应依托于为各民族人民多办好事、多办实事，应当体现在新疆社会经济的快速发展上。如果社会经济不发展，改革开放没有一个新的形势，即便是“天天讲”，“月月讲”，也难以收到实际的效果。对于这一点，与会者予以了高度的认同。

（李　彬　根据会议录音和记录整理）

田野调查与21世纪的中国人类学和民族学研讨会纪要

2002年6月21日，主题为“田野调查与21世纪的中国人类学和民族学”的研讨会在中国社会科学院民族研究所报告厅举行。

此次会议的主办单位是民族研究所的人类学研究室、《民族研究》编辑部、科研处和《中国民族研究年鉴》编辑部。协作单位有：北京大学、清华大学、中国人民大学以及中国藏学研究中心等教学与研究机构。来自北京各大学和研究机构的50多位学者参加了此次研讨会。

民族研究所所长郝时远在会议开始时致辞，并在会议结束时做了总结发言。民族研究所人类学民族学研究室副主任何星亮和《民族研究》编辑部主任刘世哲分别主持了上午和下午的会议。

此次研讨会就有关人类学田野调查的问题展开了广泛的讨论。主要议题包括：人类学田野调查方法的产生以及对它的质疑和改进；相关学科研究方法的相互借鉴；在人类学民族学中引进定量研究的问题；社会文化变迁对田野调查的挑战，以及田野调查中应注意的问题。此外，有的学者还通过自己参加的课题，具体介绍了某些研究方法的应用。

一、人类学的田野调查方法：传统、质疑与发展

（一）田野调查方法的产生、引进及其价值

与会学者一致认为，田野调查是人类学和民族学最具特色的

方法，而在人类学和民族学中，最常用的两种田野调查方法就是“参与观察”和“深度访谈”。

在研讨会上，有学者就田野调查基本方法的产生做了回顾，认为田野调查的方法是西方人类学的传统方法，这一方法始于美国的摩尔根，而最终形成于英国的马林诺夫斯基。摩尔根曾多次访问印第安人居留地，是19世纪与所研究的对象直接接触过的少数人类学家之一。马林诺夫斯基曾先后三次到新几内亚及其邻近岛屿上的土著民族中做长期的实地调查，这种长时间的田野调查，是西方人类学界以前从未有过的。

马林诺夫斯基长期居住在被调查民族之中，努力学习当地土著民族的语言，直接观察土著民族的日常生活，由此了解当地居民的生活和行为方式，熟悉当地居民的伦理、道德和价值观念及心理特征等。马林诺夫斯基的调查方法，后来成为西方人类学家从事田野调查工作的范式。马林诺夫斯基所主张的“参与观察”开创了田野工作的新局面，奠定了现代人类学田野调查的基石。

马林诺夫斯基的田野调查方法，很早就被引进到中国。可以说，中国的民族学从诞生之日起，便把实地调查摆在重要的地位。有学者指出，早在1949年之前，中国民族学家就对诸多少数民族进行过实地调查。1949年之后，尽管民族学作为一门独立学科曾一度被打入冷宫，但民族学的实地调查却在“民族研究”、“民族工作”的领域中发挥了很大的作用。

在研讨会上，还有学者具体介绍了华裔美国社会学家杨庆堃（1911—1999年）先生于1948—1951年间在广州近郊南景村的田野调查，认为杨先生对该村的研究极具人类学田野作业的精神与特色。他的做法包括：先依据村民户籍登记表调查人口情况；以学校的名义请部分乡绅吃饭，以取得他们的支持；利用岭大医学院学生替村民医病的机会配合调查工作；为村民发放麦片、奶粉等救济物资；以社会学系的名义买水车、打谷机等农具给村民使用；利用请茶的办法与在茶楼休息的农民接触；请熟知村史和内务的村民作为专门的报道人；等等。正是基于这样的研究方法，杨庆堃先生对南景村才有细致入微的描述和精当入理的剖析。

今天，尽管人类学研究需要更多的方法来适应不断变化的社会，但正如有的学者所指出的，马林诺夫斯基所创立的参与观察和深度访谈的田野调查方法乃是人类学的“看家本领”，人类学家不应因采用其他方法而放弃田野调查的传统方法。

还有的学者指出，当前学术界存在着一股急功近利的浮躁之风，有人为了急于评职称而一味追求成果的数量，缺乏认真的田野工作，有时竟完全根据地方提供的一些文本来撰写自己的文章。在这种情况下，应当特别鼓励我们的人类学民族学工作者进行长期的、扎实的田野调查，因为田野调查是人类学民族学最基础的工作。只有把实际情况“是什么”描述清楚了，我们才能研究“为什么”，才能提出有效的对策。如果连“是什么”都没有搞清楚，就大谈“为什么”，甚至连“为什么”都不谈，就直接谈对策，这样出来的东西就没有任何价值可谈了。

(二) 对传统“田野”的质疑

在研讨会上，有的学者对人类学的“田野”情结予以质疑，认为对“田野”的片面强调忽略了文化的互动。

有学者提出，英语中的“Fieldwork”一词被译为“田野调查”，反映出人类学对于“田野”或偏远地方的偏爱和向往。虽然人类学家在更多的时候都是住在城里，但他们迷恋的是那些远离自己的“田野”，而且很少提及他们是怎样“到那里”的。这就遮掩了他们“到那里”的行迹，也遮掩了“这里”与“那里”的互动以及二者在政治上和象征意义上的关联。这位学者指出，人类学中所谓的“文化”、“传统”和“他性”，实际上有很多都是“田野”与“城里”、“那里”与“这里”、“传统”与“现代、

“他们”与“我们”之间互动的结果。举例来说，所谓“走婚”，究竟是摩梭人的“传统”，还是他们与藏人和喇嘛教之间的互动结果，这还没有定论，但可以肯定的是，人类学今天所面对的“走婚”，已不仅仅是一种“传统”，而在很大程度上是本地人和外地人的“旅游共建”。

面对当今世界日益密切的经济、文化互动，有学者对人类学传统的田野要求也表示质疑。西方人类学认为，一个完整的田野调查至少需要一年，因为这正好是人们日常生活的一个完整周期。然而事实上，并不是所有的西方人类学博士论文都在描述其研究对象的一个完整的生活周期。而且，今天的许多“田野”调查实际上是跨“田野”的，即，并不固定在某一个具体的地点，而是在多个地点之间穿梭，进行采访、观察和比较。这就很难在一个地点完整地呆上一年。由此看来，现实的人类学研究已不完全拘泥于田野调查的传统方法。

针对人类学的“田野”取向，有学者认为，人类学的一个不足之处，就是只强调“由下看”，而缺乏“向上看”。社会中存在不同的利益群体。在这方面，人类学应该向社会学学习，对社会的不同阶层都有所了解，并向政治学和经济学学习，养成“向上看”和“由上向下看”的习惯，从整体上理解社会各群体及其关系。这一点对人类学家参与社会发展项目（如世界银行贷款项目评估）、政府管理咨询，以及都市人类学研究等，都是必需的。

实际上，正如有的学者所指出的，今天人类学民族学所面对的田野，早已不是传统的、封闭的、保守的小小村落或地区。随着市场的作用、人口的流动，以及民族间的互动，人类学的田野也进入了一个新的天地。例如，城市也开始成为人类学研究的田野。在这种情况下，田野调查的对象和任务都已发生了很大的、复杂的变化。

（三）田野调查方法的发展

在研讨会上，有的学者也介绍了人类学田野调查方法的一些改进和发展。有学者指出，马林诺夫斯基创立的田野调查和撰写民族志的方法，主要是在调查原始民族的基础上形成的。这种方法比较适用于调查无文字的、社会尚未分化的简单社会，而对于研究历史悠久的复杂社会，则不完全适用。在这方面，有学者介绍说，在马林诺夫斯基之后，人类学已吸收了社会学、心理学等学科的调查方法，从而发展了马林诺夫斯基的田野调查方法。

著名英国人类学家、马林诺夫斯基的弟子弗里德曼认为，仅仅运用小社区的调查研究法，不可能整体地理解历史悠久、社会分化复杂的社会。为此，人类学家应该向历史学家和社会学家学习研究文明史和大型社会结构的方法，在较大的空间跨度和时间深度中探讨社会运作的机制。

马林诺夫斯基的另一位弟子、曾任美国人类学会主席的著名华裔人类学家许烺光，也没有完全采用马林诺夫斯基的调查研究方法。他采用的是一种自己称之为“比较接近法”（comparative approach）的调查方法。这种方法既具有宏观研究的特点，又具有实证研究和微观研究的特点，可谓粗细结合。许烺光在印度调查时，把收集到的圣典、神话、民间故事、戏剧、小说等资料与基于田野调查的社区资料结合起来，从整体上考察了它们之间的相互作用以及各自的意义。传统人类学的研究对象主要是原始民族或后进民族，而许烺光研究的则是像美国、中国、印度这种具有高度文明的大民族，由此开辟了人类学研究文明民族和复杂社会的新途径。

二、方法上的借鉴与引进

（一）不同学科间的相互借鉴

在此次研讨会上，很多学者都对各种方法的相互借鉴予以特别强调。正如有些学者所指出的，各种方法理论都有其特定的视角，都有其很大的分析空间，都是其他理论方法不可替代的。从这个意义上说，方法上的互补是非常重要的。

有学者指出，在中国古代学术传统中，通常只有因对某一学术体系的不同理解所形成的“学派”，而没有把这一完整体系肢解后按具体研究领域形成的“学科”。中国古代的这一学术传统对于我们今天的研究仍有启发意义。在国外，不同学科的学者们现在也在从理论、方法等方面相互借鉴。实际上，许多近年来具有创新性的研究成果，都是在多学科交叉协作的基础上完成的。

社会学和人类学这两个关系密切的学科在方法上各有其优势，应当相互借鉴。社会学的问卷调查可以有很大的涵盖面，便于使用统计的方法来分析变量之间的规律性。但是，这种调查也存在一些问题，如时间、经费的限制，问卷内容的有限性，回答的标准性要求，编码比较死板等，这就使得研究者无法了解被访者的许多具体细微的情况。而人类学、民族学的深入访谈，以及民族志的系统调查，在这方面就很有优势。另一方面，人类学和民族学调查虽然比较深入，但调查对象的数量有限，所调查到的个案在整体社会中的代表性难以确定。如果把问卷调查和个案深入访谈这两种方法结合起来，把定性研究与定量研究结合起来，相互补充，就会取得很好的效果。

（二）定量研究方法的引进

将定量研究的方法引进到人类学的田野调查中，是此次研讨会上讨论相对集中的一个问题。

不少学者都指出，在人类学领域，定量研究一直被忽视，甚至被排斥。重定性、轻定量成为我国人类学民族学调查的传统模式。当然，出现这种情况，并不完全是人类学自身的问题。定量方法主要用于个体差异较大的研究对象和容易量化的社会文化现象。而人类学的研究对象往往是同质性较强的小规模社会，它所研究的内容又是不易量化的文化现象。可以说，正是人类学的研究对象和研究内容，限制了定量方法在人类学研究中的应用。

尽管如此，但在人类学的发展史上，也有一些学者做过定量研究的尝试。在人类学研究中适当引入定量方法，有利于人类学研究成果的多样化、精确化和科学化，对人类学的发展是有利的。现在的问题是，我们在人类学研究中应该采用什么样的定量方法。为此，有学者提出，对人类学家来说，最适合的定量研究方式就是结合田野调查进行定量研究。人类学家进行田野调查的范围往往是一个小规模的社区。对于这种小规模的社区，我们完全可以采用普查的办法来收集定量资料，而不需要复杂的抽样技术；另外，对所收集的资料也不一定要做太复杂的统计分析。根据不同情况，能够做到百分率分析、交互分类分析、双变量的相关分析，就已经足够了。这样的定量研究，大多数人类学家都是可以做到的。

另有学者提出，在抽样调查中，设计有民族学特色的实用问卷表格乃是民族学抽样调查取得成功的关键。

根据一位暑期归国学者在此次研讨会上发表的看法，调查方法可以包括问卷调查方法、统计学调查方法和田野调查方法。问卷调查最关注的是结构问题，其最表面的操作就是对“是”与“否”的选择，而对这种选择进行处理后所得出的结果，则大多体现为一个比例问题。统计学调查方法的目的是要通过少而精的抽样，说明总体的数量特征。至于田野调查，则是要通过对“他人”生存方式、思维方式的体验和了解，将他人归入自己的知识体系；或者说，通过“我”与“他”的距离，找到了解自己的一个支点，以此形成知识的基础。田野知识是19世纪西方社会科学借以成长的两个支点之一（另一个支点是史学）。这样看来，问卷调查、统计学调查和田野调查这三者，在目的性上应当是有区别的。

（三）定量研究方法的局限性

有学者在提倡定量研究的同时，也认识到它的局限性，认为并不是所有的人类学研究都适合采用定量研究的方法。对于那些可以量化的社会经济现象和文化现象，决不应排斥定量方法的应用；但在采用定量方法的同时，也不应该放弃传统的定性研究方法。也就是说，人类学的定量研究一定要与定性研究相结合。

在研讨会上，还有学者认为，定量研究并不是提升我国人类学研究水准的关键所在。如果说我国人类学研究的水平还不高的话，那并不是因为忽略了统计学，而是在理论和话题上没有什么创新。实际上，自20世纪80年代初以来，我们一直在期待统计学的方法，以至统计化几乎成为人类学创新的代名词。统计学当然是有用的，但问题是，我们究竟应该统计哪些东西，说明哪些问题，而这并不单纯是一个方法的问题。

三、田野调查实例

有的学者在介绍抽样调查方法时，提到了两项重要的研究：一个是中国社会科学院民族研究所主持开展的“中国少数民族现状与发展调查研究”，该项目以县（市、旗）为单位，对全国范围内具有代表性的十余个少数民族进行了全面深入的调查研究，其中也尝试使用了抽样调查的方法；另一项是近年来云南大学开展的“跨世纪云南民族调查”，该项目既采用了传统的民族学实地调查方法，也采用了其他学科的方法，特别是社会学的抽样调查方法。这两项较重大的研究课题，为在民族学调查中引进抽样调查的方法，积累了开拓性的实践经验。此外，近年来一些民族学专业的博士生在他们的学位论文中，也结合课题的实际，有意识地采用了抽样调查法，并精心设计了问卷表格，取得了一定的成功。

在此次研讨会上，有两位学者还介绍了自己曾做过的一些研究项目，重点谈的是不同方法在田野调查中的结合。他们介绍的两项研究，可以为我们在田野调查中将定量研究与定性研究的方法结合起来，提供某些有益的、具体的借鉴。

（一）西藏社会发展研究

有的学者以1987—1991年间北京大学社会学人类学研究所组织和参与的研究课题“西藏社会发展研究”为例，来说明他们在调查实践中是如何把不同的方法结合起来的。该课题的调查研究工作共包括以下4个组成部分，分别使用了不同的方法：

最初进行的是宏观层面的研究。这一阶段主要是应用人口学和社会学的宏观分析方法，对西藏自治区的各项统计数据及人口普查资料进行初步的归纳与整理，从而对一些基本问题（如族群人口分布、自然资源分布、经济发展水平、产业结构、地区差别、城乡格局等）有一个整体性的印象。

在此基础上，选择比较重要和具有代表性的地区来开展抽样户访调查。该项目选择的是拉萨、日喀则和山南这三个地区。为此，设计了问卷和具体抽样程序。当时，还根据有关人均耕地、人均牲畜、人均收入等指标的统计数据，使用分层多级概率比例方法，从这三个地区抽取出50个乡，每乡抽取2—4个村，再采用等距抽样方法从当地乡政府的户籍登记簿中抽出各村的调查户。然后，在拉萨集中培训来自被抽选各乡的藏族调查员，由这些调查员回到基层实施户访。这一阶段应用的是社会学的户访问卷调查方法。

在抽样调查的基础上，选择有代表性的典型社区（农区和牧区的村落，较大的寺庙、工厂，城市街区和事业单位）进行社区调查。前一阶段问卷调查的结果，也在这次社区调查中做了复查，这样既可以再次检验问卷调查所获数据的真实性，也可以了解到许多问卷之外的信息，有助于把问卷内外各类资料信息相互连接起来，找出内在的联系，解释事物变迁的规律。

此外，课题组还针对与西藏社会经济发展密切相关的重大问题，开展了专题调查，涉及住房、就业、物价、寺庙、外来人口等问题。这一阶段，课题组根据需要，采用了多学科交叉的方法。

在这一系列研究中，不同的研究方法得以交错使用，使得强调不同侧面的信息和知识组合成一个更全面的知识系统，由此加强了对于社会结构和社会变迁的理解和解释。

（二）蒙古族生活方式变迁研究

研讨会上，还有学者介绍了自己几年前在研究蒙古族生活方式变迁的项目中结合使用定性和定量两种研究方法的情况。

该项研究的调查区域选在内蒙古哲里木盟（即现在的通辽市）。在这个地区，蒙古族居住的社区大体上可以分为四种不同的类型：一是牧业比重较低的蒙古族聚居社区；二是牧业比重较高的蒙古族聚居社区；三是蒙古族为多数的蒙汉杂居社区；四是汉族为多数的蒙汉杂居社区。为此，选择了四种不同类型的社区，来进行以参与观察和深度访谈为形式的田野调查和以收集定量资料为目的的问卷调查。

定量资料的收集方式可以有多种，其中问卷调查是最常用的一种。该项研究设计了两套问卷：一个是个人问卷，另一个是户访问卷，并对这四个社区的全部人口和住户进行了普查。四个社区总共填写了2633份个人问卷和636份户访问卷。

该项研究的主题是生活方式，这需要了解不同社区的蒙古族生产生活方式的变迁有何不同。而这些变化和差异都可以用数字的形式表示出来。为此，在设计问卷时，就已经考虑好测量指标。比如，用上学年的数据作为教育水平的测量指标，用农业收入在总收入中所占比重和从事农业的劳动力比例作为测量农业化程度的指标，用蒙古语、汉语能力和食品消费构成等几种不同变量共同作为测量汉化程度的指标。

完成问卷调查之后，需要把问卷资料输入计算机，用社会科学统计软件 SPSS 进行统计处理。为了考察不同社区之间的差异，该项研究是以社区为单位进行统计的，采用的主要方法是频率（百分比）分析、交互分类分析和双变量相关分析等。

在对收集的问卷资料进行统计分析后，发现对很多现象还需要进一步加以分析和解释，例如：有的社区蒙汉通婚比例很高，有的却基本没有；有的社区通婚范围很广，有的则很小；在有些社区，蒙古族的汉语能力与年龄、教育水平等有很强的相关关系，但在有些社区，则基本没有这种相关关系。这些都应该给予解答。但是，在定量分析中显示出来的有些现象，用问卷调查等方式所收集的定量资料是无法解答的。这时，通过实地观察和访谈所获得的知识就可以发挥作用。

对于历来以小规模社会为研究对象的人类学家来说，将问卷调查与实地观察、深度访谈方法相结合，是最为切实可行，也最有可能普及的一种定量研究方式。

四、田野调查中应注意的问题

（一）社会文化变迁对田野调查的挑战

在研讨会上，有学者提出，任何田野调查都是调查者的文化与被调查者的文化的一种接触和互动，因此，田野调查过程本身也可以成为人类学、民族学研究的一个田野。在这方面，特别应当重视改革开放以来发生的社会文化变迁对田野调查的挑战。

进入田野是人类学民族学开展田野调查的第一步。进入田野的方式明显带有社会文化的影响。几十年来，通过各级组织系统进入调查点一直是我们进入田野的一种有效方式。但是，在改革开放之后，这种重组织、轻个人，重上级、轻基层的进入方式，已经遇到了某些挑战。

挑战之一是有些地方干部不愿让外人看到自己的“后院”，例如较穷的乡村。有些地方的干部可能会把我们的调查误解成某种与政绩评估有关的“检查”，而这种评估又往往与干部的晋升有关。在这种情况下，我们的调查究竟是否能够真实、全面地反映当地的状况，就成了一个问题。当然，任何人、任何文化都对自己的“后院”有所保留，但人类学要理解某种文化，就不能不设法深入这种文化的“后院”。这实在是人类学的一个尴尬之处。

挑战之二是，被调查者出于经济上的考虑而不欢迎我们的田野调查。改革开放以后，农民在家庭联产承包中产生出强烈的致富欲望，个人的独立意识也得到很大的发展，而我们的调查不但不能给农民带来任何经济利益，还要占用他们的时间或其他资源，因此，这样的调查可能就不大为农民所欢迎，只是很多人出于礼貌，不便明说而已。

挑战之三是，被调查者利用调查的机会，提出投资或引进项目的要求。应当说，这些要求都是出于“为公”的目的，而且，人家为我们做了很多，我们也应该为人家做些什么。但是，这些要求往往都超出了我们的能力范围。如果我们明确表示无法办到，则会伤害他们的感情，还可能会影响我们日后的跟踪调查；如果我们承诺下来，则明显是随便应付。此外，有些地方还希望通过我们向“上边”提出各种呼吁。但是，我们实际能够做的要比被期望做的少得多。

挑战之四是同吃同住遇到的新问题。我们做田野调查，有时就住在村民家里，到临走时再把食宿费作为感激的一部分回报给主人。我们觉得，过早提钱的事似乎凸显了一种赤裸裸的交换关系，少了一种“亲情”。但迟迟不提钱的事，则容易使人怀疑我们有白吃白住的可能。因此，在这种情况下，每到一个村屯，都应该先把交食宿费的事跟房东说清楚。另一方面，从市场经济的角度来看，食宿费的标准也不应由调查者单方面来定（虽然我们定的标准并不低），而应与农户就此达成一个双方都满意的协议。

此外，还有学者谈到在做调查时遭遇到的社会“距离”。当前，社会治安出现诸多问题，各家各户都安装了防盗门。这种封闭的防盗门在客观上加大了人与人之间的心理距离。此外，世居者之间过去虽相互了解，但对此时各自的隐私却很少问津。正是由于民间“问讯时空场景”的这种转换，大多数人都拒绝来访，调查难有回应，入户访谈率甚低，使得调查面临着很大的挑战，尤其是在调查的初始阶段。

（二）田野调查之道

在此次研讨会上，一些学者还结合自己的田野调查实践，就如何在新世纪发展和完善中国人类学民族学的田野调查方法，谈了自己的体会和意见。

有学者提出，中国的人类学民族学应当注意以下一些方面：充分吸收西方人类学田野调查的长处，善于运用理论（如功能理论、结构理论、象征理论等）分析田野调查资料；在对某一民族进行调查之前，应当努力熟悉该民族的文化及其特性；实行多点调查比较法，探讨同一民族文化的共同性与差异性；围绕某一主题（如象征、交换、冲突、结构等）进行跨民族、跨地区的比较研究；将田野调查与历史文献资料相结合，进行纵向的比较研究；将少数民族和汉族的田野调查并行发展；保证田野调查资料的准确性和可靠性，使其能够得到本民族的认可。

还有学者根据自己多年来的田野调查实践和体会提出：应在正确理论的指导下，遵循实事求是的基本原则，扎根于活生生的现实生活中；切忌从书本上的时髦理论出发，去套用、演绎、构建所谓的“理论”。否则，即使再时髦的“理论”，也至多是学者玩的游戏，社会和大众不会理睬，更谈不上真正意义上的学术影响和社会贡献。

在研讨会上，有学者还谈到：都市将成为人类学未来研究的主要场域，在这种情况下，如何使人类学立足于未来社会，又不失人类学研究的本色，应该是我们这一代学人在田野实践中深入思考，做出解释的命题。

还有学者在讨论人类学的研究方法时，更多地着眼于新问题的提出和理论的创新。其依据是：人类学的研究方法更多地是由所要研究的问题来决定的。我国的“民族研究”在20世纪50年代之所以取得新的成绩，主要就是因为它发现（或被赋予）了新的话题（或使命），并采用了新的理论。今天，我国的人类学民族学要发展，也将主要取决于它能否发现重大的新话题，能否在理论上有所创新，而不是单纯取决于对某种方法的采用。

（李　彬　整理）

澳门文化、汉文化、中华文化与21世纪学术研讨会纪要

澳门社会科学学会与全国汉民族学会联合主办的“澳门文化、汉文化、中华文化与21世纪”学术研讨会，于2001年10月13—14日在澳门举行。出席会议的学者有70多人，分别来自内地15个省、市、自治区和香港、澳门、台湾地区，以及新加坡和马来西亚，共提交论文逾50篇。会议以大会发言结合小组讨论的方式进行。与会代表就研讨会的各个议题进行了认真的、有深度的讨论。现将会议讨论的情况综述如下。

一、澳门文化与中西文化交流

澳门文化的内涵极为丰富，它是400多年来中华传统文化与西方近代文化在澳门交汇、交流、碰撞、融合、创新而逐步形成和发展起来的地域文化，是源远流长、博大精深的中华文化的一个组成部分，是开拓兼容的中华岭南海洋文化的一个支系。有学者特别强调：“澳门古代文化是古朴的渔猎文化，由于地处沿海港口，沟通外洋，因此它的特点从来就是开放的，而不是保守的和闭塞的，它善于不断吸收外来文化，以充实和丰富自己。这一点，对于近代澳门文化的形成起着十分重要的作用。”

有学者指出，澳门文化是一种“双质文化”。澳门人长期生活在“华洋杂处，中西交汇”的社会氛围中，华洋文化共处，各自发挥本民族主体文化的功能，并将对方文化的优秀部分加以吸纳和同化。澳门文化在整合和改造中创新和发展，形成了“中西

合璧”的混体文化和“中西（葡）杂交”的混血文化或称“联姻文化”，呈现中西混杂、不中不西、亦中亦西的特征。

与会学者就澳门文化的精神内涵进行了讨论，虽详简不一，但大同小异。有人将其归结为“开放包容、和平共处、共存共荣”；有人则对其做了比较详尽的解释，认为“可以将旧澳门文化的最具传承意义和弘扬价值的精华提炼阐释为‘开放性和国际化，宽容性和多元化，互动性和和谐化，亲和性和平民化，务实性和商业化，宗教化、娱乐化、平民化以及动中有静、静中有动的博物馆化’的几个特点。”有学者指出，澳门的多元文化所以能和谐相处，共存共荣，最根本最核心的就是它的“开放和宽容”，而且这种开放不是一般的开放，而是大开大放，这种宽容也不是一般的宽容，而是大度宽容。这是澳门文化精神所在，随处可见，而最典型者是宗教信仰的多元共处。在澳门，道教、佛教、伊斯兰教、妈祖信仰、天主教、基督教、琐罗亚斯德教、摩门教等不同宗教信仰长期并存，和平相处，都享有平等的地位和权利。一些重大的庆典，常会同时邀请佛教的大师和天主教的主教出席，分别以各自特有的方式举行宗教仪式，共同为澳门祈福，还有人说澳门是世界宗教博物馆。

至于澳门文化的形貌，有学者认为是多元化的格局和四种模式的结构。这四种主要模式是双轨文化（中西文化在澳门社会并行发展）、并蒂文化（中西文化在同一文化体中并蒂开花）、融入文化或称混体文化（中国文化融入西方文化体或者西方文化融入中国文化体）和混血文化（即中葡联姻的杂交文化）。

与会学者注意到，中西文化在澳门的交流和碰撞之所以产生出独特的澳门文化，是因为这种交流和碰撞有其独特之处：第一，500年前葡萄牙率先探险东来，东西文化开始了撞碰和交流的进程。在多数的情况下，这种碰撞和交流都是在不平等的条件下进行的。但在澳门，外来的西方文化同本土的中华文化在地位上则是大致相当的，二者之间的协调多于冲突，和平协商多于对抗。第二，中西文化在澳门的交汇和交流，不只限于中西两种文化的客体，而且还包括两种文化的主体（中国人和葡国人）。第三，交汇交流的渠道和形式多种多样，有通商、旅游、传教、办学、生活交往等，因此是全方位、多层次的，既有表层的物质文化，也有深层的精神文化，还有中层的制度文化。第四，中西文化在澳门的交汇交流，还通过澳门的中介作用向外辐射，既将西学（主要是西方的科技）东渐到中国内地及东亚其他地区，同时也把中学西传到欧洲各国。第五，中西文化在澳门的交汇交流，高度密集在面积不足3平方公里的海岛环境中，经历了400多年而从未中断。由此可见，中西两种文化在澳门交汇交流的全面性、密集性、深刻性、持久性及其强度和辐射作用，都是十分典型的。其结果不是一方吃掉另一方，而是双方共存共融，和谐相待，创造了“双质文化”（即澳门文化）和“双质文化人（即澳门土生人，包括土生华人和土生葡人）。

面对新的世纪，澳门文化可以给人类的未来提供某种启示。澳门文化的实质就是不同文化之间的交流、共处和融合。澳门特区政府社会文化司司长崔世安博士在研讨会开幕式上说：“把澳门文化放在中华文化、汉文化这样一个大背景之下进行研讨，放在面对21世纪这样一个富有前瞻性的角度进行研讨，意义非常重大。”与会学者对此十分赞同。

20世纪80年代后期，澳门学者在研究澳门社会文化的过程中，鉴于澳门的独特性及其价值，提出了创建“澳门学”的构想。这一构想随后又得到广州某些学者的响应和支持。十多年来，澳门社会科学学会为此组织过多次讨论，也出版过一些书刊。但是学者们在“澳门学”的研究对象与任务等问题上，存在某些不同的意见。在这次研讨会上，有澳门学者提出了“澳门学”应以澳门文化为主要研究对象，研究澳门文化的特色、品性、功能及形成、发展的规律性，从而揭示人类不同文化的交流、碰撞、融合、共处的规律和价值，为21世纪人类文明的共生共存、世界的持久和平与合作寻求有益的启示。

二、中华文化与民族文化

与会学者指出，中华文化源远流长，是以汉文化为主体并兼容了少数民族文化的多元民族文化。在人类历史上，中华文化是唯一未曾中断的古老文明，以其博大精深著称于世。

探本求源，学者认为中华文化的源头是炎黄文化。在中国，自古以来区分民族的标准，都是将文化放在首位。炎帝和黄帝二部经过战争合二而一，这种二元归一的特点为中华文明的发展奠定了格局。农耕文明以其相对稳定的生存环境和较为复杂的社会分工而达到较高的发展程度，因此成为中华文化的主体，而牧猎文明则与农耕文明相辅相成，是中华文化不可或缺的重要组成部分。最近，又有学者指出，中华文化亦有源自海洋的部分，其中，岭南沿海地区的海洋文化亦可谓源流久远。只有将植根于内陆农耕文化、牧猎文化的中华陆地文化，与源于沿海的中华海洋文化彼此补充，才能对中华文化有一个完整、全面的认识。与会学者指出，自古以来，中国就是以汉族为主体的多民族统一的国家。中华文化实际上是中国各民族的文化或者说中华民族文化，是中华民族共同的文化体系。

与会学者还指出，汉文化是中华民族文化的主体文化，而儒家文化又是汉文化的主干，在历史上长期影响和主导着中国历史文化和社会的发展。因此，要了解中华文化，就需要了解儒家学说；要探讨中华文化的更新，必须研究儒家学说的积极方面和消极方面，继承其精华，去除其糟粕。有学者认为，儒学的积极方面主要表现在：（1）主张国家统一的大一统思想；（2）主张做人要有“仁”、“义”的完善人格，这是儒家思想的核心；（3）主张入世的精神，即经世致用、兴邦治国、教民化俗等一系列思想，要求人们将内在的思想外化为积极的事功；（4）主张“中庸”、“中和”之道，以实现自身协调、人我协调和天人协调；（5）主张“有教无类”，首创了平民教育，注重培养国家贤才。而儒家思想的消极方面主要表现在：（1）轻视生产劳动和科学技术，轻视劳动者；（2）轻视商品经济，将社会人群分为“士、农、工、商”四类，置商于末位；（3）提出“忠君”、“正名”思想和等级观念，提倡“三纲五常”的社会秩序，成为封建社会统治制度的纲领。然而，亦有学者认为，虽然儒家文化与市场经济发展的要求有相抵牾的一面，但中国传统儒商的出现，海外华人在世界经济舞台上的崭露头角，在历史上受到儒家思想影响的国家和地区在经济上的迅速发展，以及中国现代儒商的崛起，都反映出儒家文化对市场经济的发展亦可有积极的适应。

与会学者还讨论了中华文化的现代化问题。这个问题实质上也就是中华文化如何面对21世纪以及在全球化的大潮中如何自处的问题，即：一方面，在传统与现代、东方文化与西方文化的碰撞中，中华传统文化如何“会通”西方的现代文明，与时并进，既保留自己传统的特色和精华，又不断地优化、更新和发展；另一方面，在经济全球化和文化交流趋于密切的过程中，中华文化如何发挥其作用并做出新的贡献。

有学者提出，现在需要思考中国传统文化如何实现现代化转型的问题。“由于现代化过程在中国是植入型而非原生型，现代性裂痕就显为双重性：不仅是传统与现代之冲突，亦是中西之冲突”。因此，就存在一个由新/旧与中/西这双重维度所构成的坐标。还有学者指出，中华民族“具有与生俱来的对异族文明的吸收消化机制，中华文明在（同异文明的接触中）经过了一段时间的招架、适应之后，已完全能够从容应对，并像历史上曾经多次出现过的情况一样，逐步将异文明的优秀成份融入中华文化体系之中，并根据时代的要求，对自身的文化体系进行改造、整合，从而做到与时共进，永葆活力”。

与会学者指出，季羡林先生在谈到东西文化关系时曾经预言：“几千年来，人类文化形成了两大体系：以中华文化为代表的东方文化和以欧美文化为代表的西方文化。这两大文化体系在人类文化发展过程中各领风骚，即‘三十年河西，三十年河东’……我们既不要妄自菲薄，也不要妄自尊大，对于东方文化中的诸多好东西，我们要积极探讨，发扬光大；同时也要与西方文化进行交流。”有学者认为，季羡林先生的话应是中华文化在21世纪的自处之道。

21世纪既是充满希望和机遇的世纪，也是充满危险和挑战的世纪。我国著名人类学家费孝通先生曾经指出，21世纪是危险世纪，其标志是“生态环境恶化”、“人类心态失调”、“民族和宗教冲突导致社会大混乱”、“人与人之间的矛盾日益突出”。他认为，当今世界急需“为人类共同生存下去找到一条出路”。费孝通的忧虑和盼想，也是今天西方有识之士的忧虑和盼想。因此，不少西方人都热衷于向东方文化尤其是向中国文化“请教”。有学者指出，西方国家对中华文化感兴趣的一个方面就是精神文化，“也就是儒家的人文主义思想，以及老庄、孔孟所代表的东方哲学和东方智慧。这些精神文化或许正含有西方社会所急需的精神营养”。

此次研讨会是澳门回归后，在澳门举行的一次全国性的学术会议。这种学术合作形式不仅适用于澳门与内地之间，而且也可以扩展到整个亚洲中华文化圈。这些地区既有共同的文化底蕴，又各有特点，通过交流，可以在学术上起到互补的作用。

（黄汉强　程祥徽）

·学者访谈·

杨志玖先生访谈录

杨志玖先生是享誉国内外史坛的史学家，1915 年生于山东淄博。现任南开大学历史学院教授、博士生导师。还担任中国元史研究会名誉会长、蒙古史学会理事、隋唐史学会顾问、中国海外交通史学会顾问、中国历史大辞典编委会主编等学术兼职。已出版《隋唐五代史纲要》、《元史三论》、《马可波罗在中国》等专著，发表论文近二百篇，主编《中国历史大辞典·隋唐五代史卷》、《中国封建社会土地所有制形式问题讨论集》。最近又将刊行《元代回族史稿》、《杨志玖自选集》和《马可波罗在中国》(英文版)。杨先生在蒙元史、隋唐史、回族史、中西交通史、土地制度史等诸多研究领域中，均取得了世所瞩目的成就。

今年 1 月 8 日，虽时值三九，天津却温暖如春。受《中国民族研究年鉴》编辑部的委托，我们对杨先生进行了专访。杨先生把自己的书斋称作“陋室斋”，当我们步入其中时，老先生正伏在堆满书籍和稿件的书桌上撰写《元代回族史稿》的《后记》。尽管我们都是先生的弟子，但先生依然起身示迎，不失其一贯的谦谨本色。我们扶先生落座，先生又让我们坐下后，这才言归正传。

一、治学经历

问：杨先生，元代是西域人大量东来和回族形成的重要时期。元代回回人问题，既引人注目又错综复杂。而您在这一领域的研究卓有贡献。那么，您是如何开始这方面的研究的？

答：1934 年，我考入北京大学史学系，受教于郑天挺、钱穆、傅斯年等教授。由于我出身回族家庭，因而对回族史（当时叫回教史）产生了浓厚的兴趣，于是尽量搜罗有关的论文和书籍来阅读，如陈垣的《回回教入中国史略》、金吉堂的《中国回教史研究》、英国传教士马歇尔（B.Marshall）的《清真教》（Islam in china）以及张星烺的《中西交通史料汇编》等。这使我了解到一些回教在中国历史上的情况，增加了关于回教史的知识。

1938 年 8 月，我从云南昆明市北京大学毕业。当时的中央研究院历史语言研究所也在昆明，我又作为该所的所外研究生继续在此学习。仍选元史作为研究方向，因为回回人和回教在元朝最兴盛，材料也多，而当时我国学术界有关元代回族史的论著却不多。我首先披览《元史》，摘录有关回回人的资料，又梳理其他材料，不到一年，写出《元代回回考初稿》一文（近三万字）。对元代回回人和伊斯兰人与伊斯兰教，“回回国”与“伊斯兰教”，“回回人之东来”，“回回人之散布”，“回回人所受之待遇”“回回仕官”，“回回商贾”，“回回教士”，“回回天文”，“回回医学”，“回回炮手”，“回回文字”，“蒙古诸汗与伊斯兰教”，“蒙古诸王之皈依伊斯兰教”等问题一一缕述。题目虽多，但也只能算个框架，不过对元代回回人的情况已大体能说清楚，不仅对一般读者有用，对自己此后进一步研究也有所帮助。

1939 年，我考进北京大学文科研究所，跟姚从吾、向达两位教授研习元史和中西交通史。这期间，我再次阅读《元史》，这次是精读，把自己的一部《四部备要》本《元史》认真标点一遍，并把钱大昕的《元史考异》抄到书眉上。我想以原来的那篇《元代回回考初稿》为基础，进一步补充修正，作为研究生毕业论文，于是把《元史》中不列传的回回人物一一作出卡片，还抄录了《元典章》和元人文集中的有关史料。在姚先生和汤用彤先生的教导下，我把论文题目改为《元世祖时代汉法与回回法之冲突》，主要分析了元世祖时代汉人与回回人的政治斗争及其缘由，认为是两种不同文化背景所致。

1944 年 3 月，应傅斯年先生的邀请，我到四川南溪李庄中央研究院历史语言研究所任兼职的助理研究员，帮他编写中国边疆史清代部分。1946 年 10 月，应南开大学文学院院长冯文潜先生之聘，这才到天津，任教于南开大学历史系。我先教几个班的“中国通史”和本系的“宋辽金元史”。解放后，随着教学的需要，我开设的课程也越来越多，“隋唐史”、“中国土地制度史”、“中国历史文选”、“中西交通史”、“中国回族史”、“元史专题”、“隋唐史专题”等都教过，我的研究领域也随着这些课程的开设逐渐扩展到隋唐史、土地制度史等领域。不过，对于元代回族史，我始终不曾“割舍”。到上世纪 80 年代，我发表的有关元代回族史的论文已有十七八篇。

1991 年 2 月，宁夏社科院回族、伊斯兰教研究所创办的《回族研究》征稿，我将《回族杨姓来源考述》寄去发表。后来，该杂志 1992 年 4 期又发表了我的《元代回族史稿绪言》和《回回一词的起源和演变》。从 1993 年第 1 期到 1995 年第 2 期这份杂志又先后发表了我在这方面的论文共 8 篇。以后我又写过几篇元代回族史方面的论文，现在已结集成书，即将由南开大学出版社出版。我愿天假之年，头脑无病，就继续写下去。

问：杨先生，马可·波罗来华及其所撰《游记》，是元代中西交通史上的重大事件。但波罗氏是否来过中国，曾经是学术界的一桩公案。原因是上个世纪 40 年代以前，中、西学界一直未在中国史书上发现马可·波罗来华的可靠记载。1941年，您在《永乐大典》上发现了马可·波罗来华的可靠史料，从而证明了马可·波罗确实到过中国。您是如何发现那段史料的？

答：1941年夏，我在《永乐大典》卷一九四一八所引元修《经世大典·站赤》中，发现一段材料说：

（至元二十七年八月）十七日，尚书阿难答、都事别不花等奏：平章沙不丁上言："今年三月奉旨，遣兀鲁斛、阿必失呵、火者，取道马八儿，往阿鲁浑大王位下。同行一百六十人，内九十人已支分例，余七十人，闻是诸官所赠遣及买得者，乞不给分例口粮。"奉旨：勿与之！

我最初注意这段材料，是因为其中提到的沙不丁是回回人，他是江淮行省平章政事。《元史》中虽无专传，但《世祖本纪》中常提到他。其后发现，文中提到的三位使臣——兀鲁斛、阿必失呵、火者以及阿鲁浑大王，在《马可·波罗游记》中都曾提及。阿鲁浑是当时波斯伊利汗的君主，三位使臣是他派来元廷向元世祖求婚的，马可·波罗一家就是陪同他们和蒙古公主从泉州出发的。这段材料可证明马可·波罗记事真实，也证明马可·波罗确实到过中国，同时还可以考定马可·波罗的离华年代为1291年初，而过去一直认为在1292年初。我把这一发现告诉我的导师向达先生，他鼓励我写出来，我便写了《关于马可·波罗离华的一段汉文记载》，寄给顾颉刚先生主编的《文史杂志》，得到他的较高评价。汤用彤先生知道后也很高兴，并建议把题目改为《新发现的记载和马可·波罗的离华年代》。只是由于把说明改题的信寄到重庆顾先生处时，文章已经发排，来不及再改，就仍保持了我那个拙朴的题目。文章发表后，傅斯年先生非常重视，推荐给中央研究院学术评议会，使此文获得名誉奖。他还请当时中央大学何永佶教授把它译成英文，寄给美国哈佛大学《亚洲研究杂志》（Harvard Journal of Asiatic Studies），但这份杂志发表时仅摘录了

《站赤》这段文字，使傅先生很不满意。这一缺陷，直到1976年该杂志36卷刊载哈佛大学教授柯立夫（F.W.Cleaves）论文《关于马可·波罗离华的汉文资料及其到达波斯的波斯文资料》，对拙著进行全面介绍和评价后，才算得到弥补。事隔六十多年，想起这些先生对我的鼓励和关怀，不禁涌起感激和思念之情！

《站赤》这本书，在我之前中外学者早已看过，我发现这段材料，事出偶然，好比花子拾金，偶然得宝。但偶然之中有必然。若不是那几年我一直搜集有关回回人的资料，包括《马可·波罗游记》中的资料，便不会在发现材料后就敏感地和《马可·波罗游记》的记事联系起来并作出判断，可能是等闲视之，交臂失之。因此这里面并无捷径，也不能图侥幸。“踏破铁鞋无觅处，得来全不费功夫。”我虽未踏破铁鞋，却一直在觅，在“上下求索”。

刚才提到的柯立夫的论文主要介绍了我、法国的伯希和、英国的鲍埃勒三人关于研究马可·波罗的成果，同时阐述了他个人的见解。他很重视我的发现，同意我考证的马可·波罗于1291年初离开中国之说。他指出，伯希和虽然因为第二次世界大战造成的隔绝状态没能得知我的发现，但也从另一角度，以聪慧的方法，在马可·波罗离华的年代方面，得出了和我相同的结论；至于鲍埃勒，则从波斯史方面找到了有关马·可波罗到达波斯的记载，虽然记载中没有提马可·波罗的名字。我读了柯文后很兴奋，因为不仅我的研究成果得到了国际学术界的正式承认，而且我的结论也和他们不谋而合，真可以说是“德不孤，必有邻”了。

上世纪70年代末至80年代，国际学术界吹起了一股否定马可·波罗到过中国或只承认他到过中国北方而未到过中国南部的风。他们抓住马可·波罗书中有些事物未提到，如中国的茶、印刷术、长城、汉字等，或有些事物说得不清楚，如地名和行程等而大做文章，甚至说马可·波罗是无中生有的克里空式的人物。

我为此写出《马可·波罗足迹遍中国》、《马可·波罗与中国》等论文，用确凿的事实和合理的分析反驳了上述观点。我认为这不仅是学术问题，也是影响到中国和意大利人民的友好关系的问题。

几年前，英国弗朗西丝·伍德博士出版《马可·波罗到过中国吗?》一书，集怀疑和否定论者之大成。我写出《马可·波罗到过中国》一文，针对伍德著作从五个方面进行了辨正。同时更深入地研究马可书，又有几个重要发现：一是马可说，在天德的乔治王是长老约翰的第六代继承人，并述及天德的阿尔浑人、汪古部人和蒙古人，所说都和当时的情况相符，都有汉文史籍可证。也证明马可·波罗确实到过天德。二是马可说元世祖的生日在九月二十八日，与《元史·世祖纪》的记载一致。对元旦朝贺仪式的记载与《元史》所记相差无几。三是马可对元代刑罚施刑数目的记载也与《元史·刑法志》所记相同。2000年前，我共写出18篇研究马可·波罗的文章。2000年选其重要的15篇，以《马可·波罗在中国》为书名由南开大学出版社出版了。

问：杨先生，探马赤军是蒙元时期的重要军队之一，对元代政治军事影响颇大。众所周知，因史料记载含混，关于这种军队的组成、性质等问题直到上世纪60年代前，国内史学界大多沿用日本学者的看法，未作细致的研究。直到1963年，您对此提出自己的见解。后来，您又对此问题再探、三探。我们想请您谈谈这一问题。

答：1963年，《辞海》中国史分册征求意见，其中《历代兵制》中有《探马赤军》一条：“元代在各重镇、州、县设置。强征十五岁到七十岁的契丹、女真、汉等非蒙古族的男子为兵，称为探马赤军。”这条辞目的根据其实是日本蒙古史学者箭内亘的说法。箭内在引用《元史·兵制》“蒙古军皆国人，探马赤军则诸部族也”后解释说：“所谓诸部族者，无非指蒙古人以外之北族，即契丹人、女真人等故也。”我对照了《元史·兵制》及有关列传，觉得这样的解释可疑，因为最初探马赤军是由蒙古的五个部族组成，所以有时称他们为“蒙古探马赤”，甚至径称之为“蒙古军”，而契丹、女真、汉人组成的军队则称为“契丹军”、“女真军”、“汉军”。我除为《辞海》另撰一“探马赤军”新条外，更进一步探讨，写成《元代的探马赤军》一文。这是我国学者对这一问题的第一篇探索性文章。

1979年至1980年，我看到日本学者萩原淳平教授写的《木华黎国王麾下探马赤军考》（载《东洋史研究》36卷，2号，1977年9月）。萩原先生认为探马赤军是由地位低下，即处于社会最底层的隶属民组成的，并从蒙古语Tama义为收集、Tamaga义为印章推断说，探马赤军即被收集起来的、烙有领主的烙印的隶属民组成的军队。这是一个与旧说大不相同的新学说。我仔细研读后，觉得作者论点周密，不失为一家之言。但更进一步把文中的论点和史实相对照，却觉得大有商榷的余地，因而写了《探马赤军问题再探》，对萩原先生持论诸点一一作了辨正。这就把我中断了十五年的对这一课题的研究接续下来了。

拙文发表后，贾敬颜、黄时鉴也撰写了同样的论著，黄先生文中还对我把弘吉剌、兀鲁等五部军全部当成探马赤军的说法加以纠正。我又涉猎了一些国外学者的有关著作，写成了《探马赤军问题三探》，对探马赤军的组成、五投下与五投下探马赤、探马赤军在蒙古军中的地位和作用等问题进行了论述，对两篇旧作做些补充修正。经过三探之后，我对蒙古史上的这一难题理解较深了，但还有些问题没有搞清楚，有些则若明若暗。今后还要继续探寻，以期把它搞得比较清楚。

二、治学方法和体会

问：杨先生，您治学则以务实弃虚为宗旨，平时指导我们这些学生时，总是本着求实的原则，从具体问题入手，为我们释疑解惑，而从不空谈什么方法。我们揣测，原则性的方法讲多了，学生容易照猫画虎，殆于自己思考。具体而微的方法又须由学生根据自身的禀赋、才具和研究题目等等灵活运用。所以，您就具体问题而谈方法，一本孔子“因材施教”之主张；二是由学生通过具体研究自己去领悟方法，或可切实体会“纸上得来终觉浅，绝知此事要躬行”之深意。不知我们的领悟对不对？这次您就谈谈方法问题吧，因为这是《中国民族研究年鉴》编辑部的要求。

答：那还是从我的几篇论文来谈些体会吧。

（一）要坚持追求真理的态度　1943年下学期，我在西南联大师范学院教元史和中国通史宋辽金元部分。这期间，我写了《葡萄语源试探》、《定宗征拔都》、《元代回汉通婚举例》几篇短文。第一篇受到罗常培先生的赞许，但几年以后，当它发表在青岛的一个小刊物《中兴周刊》上后，却受到一位波兰汉学家的批评。第二篇写出，辗转送到历史语言研究所岑仲勉先生处，遭到岑老的驳斥（因为他曾写过同样题目的文章，我受到他的启发，却与他看法不同）。我不服，又写了答辩，却不敢给他看。直到1979年，这一争论才在《中华文史论丛》该年第二辑上公开。岑先生是史学前辈，著作等身，我也很受他的教益。但智者千虑，未必不有一失。我本着“吾爱吾师，吾更爱真理”的态度，同他商榷，从有利于学术事业的角度看，大概不算过错。从此也看出我治学的另一个特点——好与人辩。“君子无所争，必也治学乎！坚持真理，修正错误，其争也君子。”这算我学着孔夫子腔调自我解嘲吧！

60年代初我写过一篇短文《方腊起义提出过平等口号吗?》发表在《光明日报》1960年9月29日《史学》版上。史学界曾流行方腊起义提出过平等口号，根据是南宋庄季裕所著《鸡肋编》中说摩尼教徒们也念《金刚经》，但把经中的“是法平等，无有高下”读作“是法平等无，有高下”；又因方腊是摩尼教徒，因而认为他起义时曾提出平等口号。我觉得这一解释太牵强，不符《鸡肋编》原意，因写此文辨正。文章发表后，除个别同志提出不同意见外，这个问题没有展开更充分的讨论。“文革”期间，在撰述农民起义的文章中，方腊提出平等口号已成定论，在那时要提出反对意见当然不可能。但我坚信自己的看法不错。1978年我在《南开大学学报》第4、5期合刊上发表《再论方腊起义没有提出平等口号》，除了对反对派的意见阐发我的见解作为答辩外，还就“平等”这一概念的应用范围和时限作了探讨。认为“平等”是佛教术语，是指精神世界而言，它大量出现于与佛教有关的名物和文件中，而在政治和经济问题上则不见应用。王小波、钟相、邓茂七、李自成等起义都不用这个词，连太平天国的正式文献中也不见这两个字，虽然这些起义有类似平等的思想和行动。我归纳说，一个名词在一定的历史时期里有其特有的涵义和应用范围，不能随意解释，更不能把今天的理解强加于古代。对这篇文章的反响，据我所知，已有人表示“很有见解”，并且“从主要方面而言”，同意我的观点。可参见《文史》1980年第8辑杨渭生撰写的《关于方腊起义若干问题的再探索》。

从以上两个例子可以看出我的治学方法。我觉得研究历史要求真，要按历史的本来面目理解历史真相，不容主观猜测。这就是实事求是。要做到这点就要对历史资料认真钻研，了解其真义，有些还需要对史料鉴别审查，去伪存真。我在大学时代受当时史学界考据学家的影响，他们又继承了清代乾嘉学派朴实的学风，再加上西方近代史学方法。我认为除了立场、观点以外，他们的某些方法还是可取的。恩格斯曾说：“即使只在一个单独的历史实例上发展唯物主义的观点”，也要“靠大量的、批判地审查过的、充分地掌握了的历史资料，才能解决这样的任务。”可见经典作家也是很重视对史料的鉴别审查的。考据即对史料的审查，也就是调查研究。在澄清历史事实方面，它是必要的手段。

（二）要善于深思钻研　我就从吕思勉先生的治学格言说起吧。1999年12期《群言》月刊摘录已故国学大师吕思勉先生的治学格言，名曰“学贵自得”。全文十四句，八十七字。极为精炼，文曰：

学问之道，贵自得之。欲求自得，必先有悟入处。而悟入处，恒在单词只义，人所不经意之处，此则会心各有不同，父师不能以喻之子弟者也。昔人读书之弊，在于不甚讲门径，今人则又失之太讲门径而不下切实功夫：二者皆弊也。

这就是说，要自得，首先要“悟入”，即深入理解，对常人所不注意而放过的单词意义作仔细的推敲，看出问题来。这全在各人的领会，家长和老师也难以对其子弟说清楚。过去读书人多不讲究门径，就是窍门，现今读书人则又过于讲门径而不下切实功夫深思钻研。两者都有毛病（访问者按：这也可为先生不空谈方法下一注脚）。

我认为，吕老的话虽简短，却大有分量，可谓一言九鼎，掷地有声。兹就个人读书体验举例申述之。

1．明修《元史》有《札八儿火者传》，他是从中亚来的穆斯林，“火者”是尊称。晚清学者屠寄的《蒙兀儿史记》和柯劭忞的《新元史》却把他认为是《元朝秘史》中的“阿剌浅”，为之立《阿剌浅传》。不仅如此，二位先生还把《长春真人西游记》中的河西人“阿里鲜”与《金史》中的“乙里只”也当成“阿剌浅”，其根据是这几个人的名字对音相近或事迹相同。王国维先生从出生籍贯不承认阿里鲜和札八儿是一个人，这很正确。但他认为阿里鲜和阿剌浅、乙里只是一个人。我研考了这几个人的事迹后，认为阿里鲜、阿剌浅和札八儿是三个不相干的人，但从对音上和事迹上着眼，乙里只却正是札八儿其人。原来，乙里只是蒙古说，义为“使臣”。《元朝秘史》的汉译蒙语作“额勒赤”或“额勒臣”，与乙里只对音极近。《元史》、《金史》都说札八儿多次出使金朝，只是《金史》多称其名为乙里只，但有两次称“乙里只札八来”。王国维先生据此认为这是两个人，是未曾考虑“乙里只”是蒙语的官称而非人名。额勒赤＝乙里只的迷雾，涣然澄清了。我这一见解是1948年形成的，其后才发现，法国汉学家伯希和早在1931年就已持此说。可谓不谋而合。

2.20世纪50年代，时为北京市副市长的著名史学家吴晗先生来南开大学作关于海瑞的演讲。演讲结束后我请教他海瑞是否回族。他说，有此传说，尚无书面根据。这引起我追究海瑞族属的好奇心和兴趣。最初查了些书都无结果，最后在自有的丛书集成本《海刚峰文集》上找到与海瑞同乡同时代人梁云龙所撰的《海公行状》，其中有这么几句话：“公讳瑞……其上世以来未详……洪武十六年，答儿从军海南，著姓于琼，遂为琼山人”。“答儿”和“著姓”四字至关重要；原来海瑞的祖先有一个叫海答儿的，从他或他的子孙起，才以海为姓，而海答儿则是元代回回人常用的名字。海瑞之为回族的证据终于解决了。

我举这两个例子，是否符合吕老“自得、悟入”要求，自己也没有把握。吕老的“自得”、“悟入”箴言对我本人及文史工作者却是治学的指路明灯。不过要履行他的教导，则需要下切实功夫，在实际操作中才能体会其真谛。

（三）要不断学习新知识　所谓“新知识”，既包括社会科学知识，也包括现在对我们研究有用的科技知识。80年代反映新技术革命的书籍《第三次浪潮》刚出版时，我曾找来学习。80年代初，天津市民盟总部举办计算机培训班，我自己掏钱报名参加，后来又进了一个南开园的电脑培训班学习。可惜我现在眼睛不大好用，一天只能看三个小时的书，不能用电脑打字写作了。具体到我们研究的元史来说，它是一门国际性学问，要研究好元史，并且能与国际同行交流，就必须学好外语。1934年作为新生入大学时，我选择了北京大学。当初本要加入英文系，由于北大教务处管分数的人把我英文入学分看错了，说不能入英文系，我只好改入史学系。不久，当文学院长胡适召集新生谈话宣布入学分数时，我的成绩在文学院是第二名，英文分数 70 分以上，完全可以入英文系。当时我完全可以向胡适提出转系，但我怕和胡适这样的大人物说话，不敢提出来。但我还是喜欢英文，因为在中学时我的英文成绩最好，得到中学老师顾绥昌、张友松等先生的赏识。只是自己没有勇气坚持己见，遇事迁就，听从命运的摆布，没有能从事自己喜爱的专业，这是我性格中的弱点，至今引以为憾。当然在史学领域中，我也不是无所作为，不过，假如我学英文，可能更容易做出成绩。在我的生命旅程中，有多少偶然性的因素在起用啊！但多年来我每天都要阅读英文资料，目的是不要使英文荒疏了。现在眼睛不如以前了，就坚持天天听英语广播。我还先后学习过日语、阿拉伯语、意大利语、俄语、德语、波斯语、蒙古语等多种语言，可惜只是一知半解（访问者按：杨先生对有的语言已有相当高的造诣）。

三、作文与做人

问：杨先生，您在学问上追求真实，又从善如流，做人同样是正直诚恳，质朴无华。您的学问和品德令史学界同仁景仰，比如著名元史、中西交通史专家黄时鉴先生就在一篇文章中称赞您“学问渊博清雅，心胸虚怀若谷。”请您谈谈在当今特定的经济、学术大背景下如何作文和做人。

答：那是黄先生等人对我过誉了。在学术是非的问题上，为追求真实，要无所顾忌。1957 年春天，我系雷海宗教授在《人民日报》社召集的座谈会上提出马克思主义在 1895 年停止发展说，《人民日报》编者按予以驳斥。我认为《人民日报》误解了雷先生的原意。我觉得雷先生原意是说，在 1895 年恩格斯逝世后，马克思主义的史学停止了发展；他说 1895 年后，新的历史资料不断发现，但治史者仍墨守成说，不提出新看法，使得马克思主义史学不能继续发展。我写信给《人民日报》为雷先生辩护，被该报发表，在社会上引起了不同的反响。不久我又在《天津日报》社的座谈会上发表了为雷先生辩护的同样见解，《天津日报》也登出了。反右运动后，雷先生为此被打成右派，我在单位党总支的保护下幸而“漏网”，但做了不少的检讨。“文化大革命”中，这又成了我的主要“罪状”。当初我以为这是一个可以争鸣的学术问题，哪想到竟上纲为政治问题。我真是书生气十足啊！但是我到现在也不后悔。现在不会有人把学术论争跟政治问题联系起来了，你们更没有必要顾忌了。

但是不要把学术论争发展成个人间的恩怨，要善于听取和接受别人的正确意见。在听到别人批评时，要择善而从，随时接受，并公开纠正自己的失误和不足。在批评别人时，言语不可过激，要充分肯定别人的成绩和长处。这样，论敌可以转化为论友。20 世纪 80 年代初，我曾经和日本学者萩原淳平先生就元代的探马赤军问题发生过论争。1981 年在乌鲁木齐召开的中国蒙古史学会年会期间我和萩原先生相识了，但会上未及交流看法，他带来了一篇答复我的文章稿（以后全文在日本刊物《蒙古研究》1982 年 13 号上发表，题为《再论木华黎国王的探马赤军——答杨志玖氏的批判》），散会前我们合影留念。1983 年我到日本京都访问时又见到他，他热情接待我游览市容，顺便谈到对于印章、烙印的看法，并答应送给我他参加主编的《元史语汇集成》。后来，书寄来了，热情友好，令人感动。可见学术争鸣和争论不仅不会影响反而会增进双方的友情，这大概就是孔夫子说的“君子之争”吧。

再比如，由于伍德博士的书，我对马可·波罗做了更进一步的研究。我深刻体会到，只有在争鸣和交流中才能促进学术进步。2000 年中国元史研究会、南开大学等单位在天津举办了一次国际马可·波罗研讨会，伍德博士欣然不远万里莅会。我对伍德博士致以敬意，并欢迎她来南开进行学术讨论。所谓：以文会友，百家争鸣，切磋琢磨，相反相成。我和伍德博士也成了好朋友。

写文章时如有疑难问题，可向同行专家学者请教，认真听取他们的各种意见，广泛吸收他们提供的补充史料，不要在乎他们的年龄大小或职称的高低。撰文发表时，对提供帮助的学者，都要一一附志，不可埋没他人的协助之功。这是学术道德问题。

现在学术界急功近利的人很多，这也是造成学术腐败的原因之一。我们研究历史的人要甘于寂寞，坐稳冷板凳，我有“八句箴言”，不妨说给你们听听：

宠辱不惊
名利不争
肝火不盛
学习不停
淡泊宁静
度此一生
实事求是
乃吾所宗

看看已耽搁了先生近一个上午的时间，我们只好结束了这次颇受教益又令人愉快的访谈，起身告辞。当再度环顾先生的“陋室”时，上海《文汇报》一位高级记者对它的描述蓦然涌入脑际：“一排与屋顶齐高的书架、一对沙发、一把藤椅、一张办公桌，所有的家具都显得十分陈旧。家具上面不是一本本书，就是一叠叠资料、一堆堆稿件，地板上也几乎为书刊所占领。他的书房确实是一间名副其实的‘陋室’”。这是十年前的情况，而今仍然一切依旧。就是在这样的“陋室”里，杨先生安贫乐道，长年累月、夜以继日地笔耕不辍。而我们每当在这样的“陋室”里“侍坐”，心里就不免发酸。我们祝愿杨先生身体健康，学术长青！我们也希望有关部门能改善一下杨先生的生活、工作环境，使杨先生写出更多的精品、珍品！

(访问者：叶振华，现在南开大学历史学院任教；赵文坦，现在山东大学政治学与公共管理学院任教)

谷苞先生访谈录

年初接《中国民族研究年鉴》编辑部华祖根同志的来信和访谈提纲，盛情难却，谨按提纲顺序，作如下回答。

（一）谷先生，非常感谢您接受我们的访谈。请您先给我们介绍一下您早年接受的专业教育。

我祖籍湖南。1916 年出生于兰州市，1934 年高中毕业于兰州第一中学。1935 年到北平，补习几个月，考入清华大学。报名的志愿为外语系。由于“大一”不分系，只学五门基础课：除汉语、英语、逻辑学三门必修课外，我选修了中国通史和生物学。中国通史是在两门通史（中国通史与世界通史）中选修的。生物学是在四门自然科学（物理学、化学、生物学、地质学）中选修的。授课老师依次为余冠英、吴宓、张申甫、雷海宗、彭光钦，他们都是国内著名的学者。在老师们的言传身教下，在清华勤奋学风的熏陶下，我的胸襟、视野大大开阔了。我和当时的许多同学一样，立志要把教育、科研作为自己的终生事业，要为祖国的富强而学习。

在北平清华学习的两年中，日本军国主义对我国的侵略日益加剧，为此，我曾参加过“一二·九”运动。参加过由清华民族解放先锋队组织的徒步去宛平、良乡、涿州等地农村进行抗日爱国的宣传活动。卢沟桥事件发生后，在日本侵华军占领清华前，民先队曾组织三十多人乘校车向守卫北平十三个城门的二十九军将士热情慰问。

日军侵占北平后，我于 8 月 13 日绕道天津，乘海船赴烟台，辗转返回兰州。在兰州市我曾拜访历史学家顾颉刚。顾先生提议在兰州出版一个通俗刊物，宣传抗日救国，由他任社长并承担出版经费每期20元，由我负责组稿。他给了我一大批他任社长的北平通俗读物编刊社出版的刊物，该刊物采用了华北人喜闻乐见的《大鼓》韵文形式编写。他要求我们新刊物主要采用西北民歌、民谣的形式编写。刊物定名为《老百姓》旬刊，只出了八期，就被当时的甘肃省政府勒令停刊。顾先生在遭受国民党特务造谣陷害的情况下，被迫离开了甘肃。1937年底，兰州市的三个抗日团体和他们联合组成的联合剧团均被国民党的宪兵、警察武装查封。1938年春，我邀约三个抗日团体的几位友好，到甘肃省抗敌后援会工作，由聂青田负责组织了血花剧团，由万良才、魏懿和我编辑《抗敌报》。1938年9月18日夜，血花剧团与《抗敌报》被国民党警宪武装查封。我在大病一场后，于1939年夏去昆明复学。

西南联合大学系由北大、清华、南开三个大学联合组成。因为只有清华大学有社会学系，故我在复学时便找了清华大学的教务长潘光旦教授和社会学系的系主任陈达教授，要求转系。我在陈述自己要求转系的理由后，他们同意了我的请求。

我在1936年下半年了解到社会学系的课程中有人类学、社会学课程，就有转系到社会学系的念头，因错过了学年开始的时机而未能如愿。转系后，我师从陶云逵教授学习体质人类学（包括化石人类学、系统人类学、世界人种志以及人体测量等）与文化人类学（民族学）。陶先生除对人类学有深厚的造诣外，还擅长画山水画，擅长写诗词，有着诗人、艺术家的气质。他待人诚恳、坦荡，治学严谨。陶先生的夫人林女士受过高等音乐教育，擅长歌唱，在呈贡县中学教音乐，没有机会施展其才华。夫妇两人均不善治家，生活常感拮据。一次我去陶老师家，陶夫人很风趣地对我说，早上我让他去买菜，他却只买了一束杜鹃花，今天中午我们只好望着杜鹃花吃白饭了。陶老师辩解说：“不是家里还有咸菜吗?”引得大家都笑了。1941年夏我在清华社会学系毕业，被留校任清华大学国情普查研究所的助教，研究所设在呈贡县城的文庙内。由于无意长期从事普查与统计方面的研究，我便到了费孝通教授主持下的燕京大学与云南大学合组的社会学研究室工作。研究室设在县城西侧的奎星阁。陶先生的家住在呈贡县城南面不远处，租住农民的房屋。我每个星期里都有一次或两次去看望陶老师，每次他都热情地接待我，对我讲近期的研究计划和心得、偶感，让我看他已发表过的文章和未发表的手稿。他有一木箱在野外调查时所拍摄的照片，也让我多次翻阅过。从1941年到1944年的五年间，我不断地接受过陶老师的教导。1944年夏季，陶老师在田野调查中被传染上了猩红热，住云大医学院附属医院治疗。我到医院看望他时，他对我表示急于出院，以便尽早把调查报告写出来。熟悉陶先生的人，谁也不曾想到先生竟一病不起，英年早逝，逝世时年仅41岁。先生的逝世是中国人类学研究的一大损失。如果天假以年，先生定会作出更丰硕的研究成果。这个意外的噩耗，使陶先生的妻子林女士无法承受，曾跳入滇池自杀，幸被救起。我曾目睹了这不能忘却的一幕。

我的第二位社会学、人类学老师是费孝通教授。当时的燕京大学与云南大学合组的社会学研究室，在费老师的指导下从事研究工作的人员只有4人，即张之毅（解放后任中国科学院经济研究所研究员，已去世)、史国衡（解放后任清华大学教授，已去世)、田汝康（解放后任复旦大学教授，退休后赴美定居）和我。我们4人的年龄与费教授相比，相差只有二三岁至五六岁不等，应该说属于同一代人，但是由于费教授学术水平比我们高得多，我们都心悦诚服地称他为费老师。社会学研究室设在当时的呈贡县城西侧的古城村奎星阁，是一座三层的孤楼，一层为伙房（食堂）和盥洗室，二层为研究室，三层为单身宿舍。当时张之毅的研究课题为《易村手工业》，史国衡的研究课题为《昆厂劳工》，田汝康的研究课题为《摆夷的摆》（傣族信仰的南传佛教的一种宗教仪式），我的研究课题为《化城村乡的传统组织》。我们的这些研究课题，都在费孝通教授的主持下，在奎星阁的研讨会（seminar）作过多次的讨论。费师经常强调要开动脑筋，多问几个为什么，既要分析，又要综合，努力作出理论的表述。三年的学徒生活，使我开始跨进了科研的门槛。1944年9月我离开昆明，到西北工作期间，费老师一直关心我的研究工作，他在耄耋之年，仍然“行行重行行”，以研究富民为中心，不断地进行调查研究，不断地有新著问世，为我们树立了学习的楷模，使我们不敢有所懈怠。从1941年算起，费教授已是我六十多年的老师了。

在我的两位人类学老师中，为着发展中国的人类学研究事业，陶云逵教授英年早逝，费孝通曾在瑶山承受了毕生中不能忘却的巨大悲痛。当时费先生在被老虎夹打伤之后，他新婚的爱妻王同惠女士为了寻找费而掉下悬崖丧生，那时的她正是花季的年华。我还不禁要说在我所熟悉的人类学家中，为了在人类学研究领域作出贡献，如吴泽霖、李安宅及其夫人于式玉等，都曾度过了漫长的坎坷生涯。在旧中国，人类学的调查研究，是一项艰苦而危险的事业，老一辈人类学家所走过的道路，为后继者留下了珍贵的精神财富。

我所以立志要学习人类学，并把它作为自己终身从事研究的领域，是和我自己童年时期的生活经历密切联系着的。在我读小学的时期，冯玉祥的部下攻占了甘肃省，为筹措军饷，设立了提倡种鸦片烟的禁烟局，征收“烟亩罚款”。玩弄这种鬼把戏，无非是把种鸦片的罪责妄图推给农民罢了。由于大批良田种植了鸦片，使粮价飞涨，人民生活更加艰难。特别严重的是刘郁芬的军队挑起了回、汉民族纠纷和民族仇杀，加重了连年干旱的灾情。

兰州市附近各县的农民，为躲避民族纠纷、民族仇杀，大量逃难到兰州。这些难民很少有活下来的。饿死的难民都被丢进设在红山根下的万人坑内。万人坑内所散发出的尸臭味，长期弥漫在兰州市区的上空，在刮东风的日子，尸臭味就更加强烈。那时候回族和汉族的小孩由于受到民族仇视观念的毒害，玩着一种民族仇视的游戏。在兰州市有两种蚂蚁，一种是黄色的蚂蚁，数量少而战斗力强；一种是黑色的蚂蚁，数量多而战斗力较弱。人们说黄蚂蚁代表回族，黑蚂蚁代表汉族。有几次四五个回族小孩把我捉到附近的黑蚂蚁穴前，他们并不打骂我，只让我看着他们用手指和鞋底将黑蚂蚁弄死，不许我保护黑蚂蚁，为此我伤心地流过泪。此后，我和几个汉族小孩也捉回族小孩到附近黄蚂蚁穴前，让回族小孩看着我们弄死黄蚂蚁。每一想起儿童时期的这种荒唐行为，都深感愧疚。当初我捉弄过的回族小孩中，有的还是后来的好朋友，等我们长大懂事以后，再回首往事，就只能是“相逢一笑泯恩仇”了。我曾把我幼年时的这种经历告诉过回族著名学者纳忠教授，他告诉我，在他的家乡云南省玉溪县也曾流行过这种游戏。由此可见这种游戏流行之广，民族矛盾带来的毒害之深。

（二）您在一篇回忆录中说，1949年8月，兰州市刚获得解放，中国人民解放军二兵团司令员兼政委许光达同志和副政委徐立清同志约您谈话。您见到徐立清副政委后，他对您说，部队要进军新疆，需要对西北少数民族有所研究的同志到部队工作。谈话后，您就参军随二兵团政治部至新疆。请问当时为什么选中您参军进新疆？您当时又是怎么想的？

对于二兵团的领导为什么选中我参军进新疆的问题，我并不确实知道，我估计是由兰州市的地下党组织推荐的。解放后始知在兰州地下党组织的领导成员中有我的中学同学和朋友，他们知道解放前有五年的时间我在兰州大学教过民族学和社会学，并在兰州的报刊和天津《益世报》、南京《中国边疆》、上海《光》杂志等处发表过多篇研究少数民族社会的文章。当徐立清副政委提出要我参军的问题时，我并未多加思考，就一口应承。第二天就换军装随部队进新疆。当时我很珍惜这个机会，我认为这是我能够为解放军效力的最后一个机会。对于我的生活道路带有转折意义的这件事，后来我曾多次回想过，如果错过了这个机会，我会后悔一辈子的。

我还需要说明的是，我是在白色恐怖下获得解放的。兰州的解放，使我和我的全家都为之欢欣鼓舞。事情得由我 1948 年秋后发表在北平《新路》杂志的两篇文章说起，一篇是《河西——农民的地狱》（1 卷 19 期）；另一篇是《河西农村的崩溃》（1 卷 23 期）。解放区的电台曾先后播出这两篇文章。在我朋友中曾有两人听到过这个广播。不久我们全家就生活在白色恐怖之下，幸喜兰州解放，我们全家才获得了平安。

两个月的行军生活，使我受到了深刻的政治思想教育。“八月秋风狂，凯歌进新疆。”进军新疆的部队“脚踏着祖国的大地，背负着人民的希望”，在所有经过的农村和城镇，都受到了各民族人民群众的热烈欢迎。“箪食壶浆”，鱼水情深。进军的部队都负重（身背子弹袋、干粮袋、步枪和背包）行军，沿途歌声不断；宣传队员们即情即景所编唱的有趣的快板，也增添了行军中的欢乐气氛。在行军途中，我经常看到军官抢着替体弱的战士背背包、背步枪的情况，也看到了严格执行三大纪律八项注意的实际情况……这一切深深感动了我，使我下定决心，要努力改造思想，学习解放军的优秀传统和高尚品德。

进驻新疆的中国人民解放军一、二两个兵团的两个军的将士，继承二万五千里长征的光荣传统，克服了负重徒步行军中的种种困难，翻越了祁连山的高山冰雪地带，穿过浩瀚的沙漠戈壁，和平解放了祖国六分之一的领土。这种丰功伟绩将永远载入中国历史。

（三）请您回顾一下几十年的学术生涯，哪些经历您最感兴趣？有哪些治学的经验和体会？

在我的学术生涯中，下列三段经历对我的影响最大：1. 在燕京大学与云南大学合组的社会学研究室三年的学徒生活，使我由蹒跚学步，走进学术研究的大门。以后的生活就沿着这条路走下去了。2. 参军在二兵团政治部两个月的行军生活，使我对自己思想改造的必要性与迫切性有了初步的认识。3. 在中共中央新疆分局研究室和新疆自治区党委研究室工作的6年零7个月中，我有整整四年多的时间在对新疆的农村和牧区进行社会调查。这使我有机会在新的历史条件下，继续从事研究工作。在与老红军、老干部的长期接触中，我深深地为他们的献身精神所感动。

新中国与旧中国相比，“换了人间”。因此，在解放前与解放后我自己所从事的学术活动，有着明显的区别，现列举数例如下：

1. 解放前后调查研究方法的改变。

请让我对自己解放前与解放后的调查研究作一些对比。在解放前，我在云南、甘肃的三次调查研究，把调查与研究割裂开来，认为调查只是向群众搜集资料，至于如何把这些资料写成调查研究报告，就全是自己的事了。在解放前的调查工作是非常困难的，一般农、牧民群众不敢也不愿意讲述他们所知道的全部情况，怕的是部落头人、地主、牧主会对他们的家庭造成灾祸。解放前调查研究的经费很困难，加大了工作上的困难。1944年暑假至寒假有半年多的时间，我曾到卓尼和迭部的藏族地区进行社会调查。当时兰州大学给的调研经费仅50个银元，大部分的支出得靠我和妻子的工资。

解放后，我们在新疆农村和牧区的社会调查工作，出乎预料的顺利，特别在开始的两年，由于我们都穿着解放军军服，初进村时，晚间农民们常举行舞会表示欢迎，调查完毕离村时，农民又依依不舍地送别。调查期间，我们进行挨户访问时，对被访问的农民和基层干部，我们除请他们回答我们所提出的问题外，还就我们发现的一些新情况和新问题征求他们的看法，与他们共同商量。解放前在社会调查中，虽然我们也曾举行过座谈会，但是只限纯生产性的农业、牧业、手工业的座谈会。解放后，在社会调查中我们曾根据需要举行过多种座谈会，如妇女座谈会，各种宗教田地（瓦哈甫）的所有制与用途的座谈会，当地各种度、量、衡制度的座谈会，解放前基层政权组织情况的座谈会，解放前后农民负担情况座谈会等等。

解放后，我所参加过的调查组，是直接为民主改革（减租反恶霸运动与土地改革）、农村社会主义改造（互助合作）和牧区工作服务的。如我们在 1950 年所进行的农村社会调查，就是为研究室提出《新疆施行农村减租反恶霸运动条例草案》准备了条件。我们 1951 年秋至 1952 年初夏所作的调查，就为研究室提出《新疆施行土地改革运动条例草案》和《新疆土地改革运动中处理宗教田地（瓦哈甫）的意见草案》准备了条件。

原中共中央新疆分局和新疆维吾尔自治区党委的领导同志都很重视社会调查。如：1950 年春天，中共中央新疆分局的第二书记徐立清同志曾带领三个调查组，在巩哈县（今尼勒克县）和伊宁市，进行了对哈萨克族牧区、蒙古族牧区和维吾尔族农村的调查。这次调查的报告，集结为两本调查专集，即《巩哈县蒙、哈牧区调查报告》和《北疆农村调查报告》，由中共中央新疆分局宣传部、研究室出版发行。1951 年秋至次年初夏对南疆农村的调查，是由原中共中央新疆分局的常委、宣传部部长兼研究室主任邓力群同志领导并亲自参加调查工作的。这次的调查报告集结为《南疆农村社会》，由新疆人民出版社于 1953 年初出版，并于1980年再版，作为《中国少数民族社会历史调查资料丛刊之一》发行。原中共中央新疆分局和新疆维吾尔自治区党委的第一书记王震和王恩茂等领导同志对调查研究工作都非常重视，他们都曾听取我们的调查报告，并多次提出改进的建议。

新疆农村、牧区的社会调查，对新疆农、牧区的民主改革（农村的减租反恶霸运动与土地改革运动，对牧区的民主建政、包括牧主经济在内的全面发展畜牧业生产的各项政策措施）与社会主义改造（发展互助组、合作社和人民公社），作出了贡献。此外，我还参加了1951年在莎车县四区四乡的试办减租反恶霸运动和1952年在阿克苏县一区五乡的试办土地改革运动，参加了1955年在乌鲁木齐县南山牧区试办的新疆第一个畜牧业合作社——前进畜牧合作社，并对这些推动新疆社会变迁的实况，作出了真实的记录，即新疆农村、牧区由封建主义社会进入社会主义社会的记录。

我在新疆从事社会调查的时间累计有四年多，这对于我后来的民族学研究有很大的影响。我曾一再说过：我的民族学知识，有一半是在课堂内外听老师讲的和从书本上学来的；另一半则是云南、甘肃和新疆的各民族农民、牧民和解放后的基层干部教给我的。1950年我们在乌鲁木齐市近效水磨沟村进行社会调查，出发前王震同志告诉我，你们在调查结束前，将调查的情况向农民们作一次汇报，请他们提意见。出乎意料的是，在我作了汇报之后，有一老农指出，我们对几件事的认识和折旧的算法是错误的。他的话合情合理，令我信服。吃一堑，长一智，为了预防再犯错误，我在当年秋季去南疆调查前，便在自己的笔记本的首页上写下了这样四句话："拜少数民族群众为师；体验民族生活；学习民族历史；尊重民族情感和民族文化。"此后，我所参加的社会调查都是按这几句话做的。

2. 关于民族研究的指导思想问题

解放前我在从事社会调查研究和撰写学术论文时，从来没有想过指导思想问题。虽然没有自觉地、明确地意识到指导思想问题，但并不等于自己没有指导思想。我自己的指导思想，是在旧社会所受的教育包括专业教育中形成的。我所受的专业教育（社会学与民族学），是20世纪上半叶我国老一辈的社会学家、民族学家介绍到中国来的英、法、德、美等国的各种学派的学说。各学派的各种学说都在学术思想上作出过贡献，到今天仍值得学习。这是应该肯定的。但是，一般说来，各学派代表人物的世界观都是资产阶级的，我们对他们的学说只能是批判地继承，而不能是全盘继承。如世界文化史研究中的欧洲中心主义、种族优越论、中国文化西来说等等，我们是不能接受的。我不能否认，解放前我的学术观点是资产阶级的。

解放后出现的“民族研究”一词，并不是一个单一学科的名称，而是一个多学科丛体的名称，“民族研究”所包涵的学科主要有民族学、社会学、民族史、地区史、语言学、宗教学、考古学、民族经济、民俗学等。解放初期在院系调整以后，我国大学中的社会学系被取消了，大学中也不再设社会学和民族学了。直到十一届三中全会以后，才恢复了大学中的社会学系，并设了民族学系。在这以前，像我这样先前学过民族学和社会学的人，都是在民族研究的名义下，进行着民族学和社会学研究的。

解放后，从旧社会过来的从事民族研究工作的人，曾在自觉自愿的基础上，把马克思主义、毛泽东思想作为自己研究工作的指导思想。这反映了新社会的时代精神，是应该肯定的一件大好事。通过政治学习和新旧社会的对比，激发了人们思想改造的积极性，增强了群众观点，逐渐改变了那种在调查研究工作中看不起农牧民群众的思想。后来在从事民族研究的队伍当中，出现了一种新的提法，认为要提高民族研究的质量，并保证沿着正确的方向发展，必须依靠两头：上头靠马克思主义、毛泽东思想的指导，下头靠广大群众的热情支持。这种观点为许多同志所认同。

我很重视学习马克思主义、毛泽东思想和党的各项方针政策，是和当时的工作环境有密切关系的。在王震同志担任中共中央新疆分局第一书记的头两年中，新疆分局干部职工大体上仍然过着部队的集体生活。干部职工中大部分穿着军服，实行由部队相沿下来的供给制，大清早听到军号后起床，洗过脸后就开始政治学习。已结婚的干部，只有星期六下班后才能回家。新疆分局的老干部对政治学习都很重视。当时邓力群同志曾告诉我，新疆分局最忙的人是王震同志，他用于政治学习的时间是最多的。在新疆分局的大院内，每天晚上最后一个熄灯的都是王震同志。我每天是新疆时间晚十二点（北京时间凌晨2点）睡觉的，临睡前有时到大院前散散步，果然看见只有王震同志的办公室的灯是亮的。目睹这一情景，我很受感动。王震同志确实是一个值得人们学习的好榜样。我听到有些同志告诉我，说王震同志是一个不知疲倦的人。我想疲倦人人都会有的，只是不同的人对疲倦有不同的态度罢了。

我在学习马克思主义与毛泽东思想时，很重视与我所从事的民族研究工作相结合。我在阅读原著时，把有关民族、宗教、历史的论述，在书上划了红线，以备以后随时查阅，有些语句我还抄入了读书笔记中。

随着自己在新疆民族研究工作的逐渐深入，发现自己原有的知识面很窄，不能适应需要，首先我感到急需充实民族史、新疆史和宗教学方面的知识。为此，我查阅了廿四史中有关西域传和我国北方的民族传记，并阅读了一些近代我国和外国学者的有关著作。这样，日积月累，使我的知识结构有所扩大和更新。在我67岁离休后，又学习了一些考古学和语言学方面的书，受益匪浅。活到老，学到老，学到老，学不完。在知识的海洋面前，深感“鼹鼠饮河，不过满腹；鹪鹩栖林，不过一枝。”回首往事，本来我自己资质平庸，从事学术研究难度极大，兼之努力不够，进入中年后又长期担任行政工作，愧谈研究成果，仅若干篇有关兄弟民族社会历史的调查，也许可以为学者提供研究的资料。

3. 我特别重视巩固祖国统一和维护民族团结的研究

“从部落发展成了民族和国家”，这是一个历史发展的规律。我国历史上的夏、商、周三代，都是实行诸侯制的多民族国家。夏朝是由炎帝（神农氏）部落的后裔羌族建立的国家，商朝是由舜部落的后裔东夷族建立的国家，周朝是由黄帝部落的后裔周族建立的国家。2000 年 11 月公布的《夏、商、周年表》是我国历史研究中具有重大意义和影响的事件。年表表明夏朝的始年为公元前 2070 年，夏、商分界为公元前 1600 年，商、周分界为公元前 1046 年。公元前 256 年秦灭西周。公元前 221 年（秦始皇二十六年）秦灭六国，实行郡县制，废除诸侯制，建立了统一的多民族的秦朝。自此以后的两千多年中，统一的多民族国家始终是我国历史发展的主流。在世界各文明古国中，只有中国文化的发展没有中断。在长时间内，由于羌族、东夷族、周族间相互的民族融合，以及和东夷、西戎（即西羌）、南蛮、北狄间的相互融合，在春秋时形成了华夏族。秦统一全国后，在秦、汉时期形成了汉族。汉族在中国历史上一直是人数最多、分布最广的民族。

19 世纪以来，资本主义列强及后来出现的帝国主义国家猖狂地侵略我国，妄图肢解、瓜分我国，把我国变成他们的殖民地。中国各族人民为反对侵略，前仆后继，进行了一百多年的英勇斗争。新中国成立后，取消了各帝国主义设在中国境内的租界和种种特权。但是，有些国家和本·拉登恐怖组织，仍然或明或暗地支持“台独”、“藏独”、“东突”恐怖组织。对此，全国各族人民应该保持高度警惕。

毛泽东同志说过：“国家的统一，人民的团结，国内各民族的团结，这是我们的事业必定要胜利的基本保证。”这段话既是中国历史经验的总结，又是中国革命事业取得胜利的经验总结。这几句言简意赅的话，包含着深邃丰富的道理，需要我们进行深入地学习，读懂读通，付诸实践。

我国又是一个拥有13亿人口、56个民族、960万平方公里领土的大国。在反对帝国主义侵略的长期斗争中，在进行社会主义建设和改革开放、实现四个现代化的事业中，我们都越来越深刻地认识到了大国的优越性。

基于以上的认识，我把巩固祖国统一和维护民族团结（包括各民族内部的团结和各民族之间的团结），作为我后半生的重要研究课题。巩固祖国统一和维护民族团结，两者之间存在着密切的联系，存在着相互促进的关系。自秦汉以来的两千多年当中，国家统一始终是我国历史发展的主流。其深层次的原因是，统一符合各民族的根本利益。在统一时期，社会安定，各民族间经济文化交流畅通，有利于各民族经济文化的发展，存在着相互依存、相互支持的良性格局。而在分裂时期，由于战乱频仍，生产凋蔽，生活困难，因此各民族人民是厌恶分裂的。这个历史的经验教育了我国各族人民，他们总是拥护统一，反对分裂的；总是维护民族团结，反对民族压迫的。这个重大的历史经验得来不易，在各族人民群众中间世代相传，众志成城。

中国的56个兄弟民族，都有各自的族名，都有各自的文化传统和民族特点。同时，56个兄弟民族又有一共同的族名，即中华民族。中华民族的文化传统，涵盖了各民族文化中所共同具有的部分，即中华民族的共同性。此意我曾在《论中华民族的共同性》和《再论中华民族的共同性》[①] 两文中有所阐述。在其他的文章中，如《民族都是在多元一体格局中形成和发展的——兼

---

① 见费孝通等著《中华民族的多元一体格局》，中央民族学院出版社1989年7月初版。又见谷苞著《民族研究文选》，新疆人民出版社1991年10月出版。

论有关民族融合的一些问题》、《关于民族特点的一些思考》等[①]，也曾有所论述。

少数民族加入我们这个多民族国家，起先是夏、商、周时期的少数民族的诸侯国，秦汉以后是边疆地区的少数民族。少数民族加入我们这个统一的多民族国家，对于缔造祖国的政治、经济、文化都曾作出过伟大的贡献。对此，毛泽东同志曾经说过："少数民族在政治上很大地帮助了汉族，他们加入了中华民族这个大家庭，就是在政治上帮助了汉族。少数民族和汉族团结在一起了，全国人民都高兴。所以，少数民族在政治上、经济上、国防上，都对整个国家、整个中华民族有很大的帮助。"[②]

在秦、汉和秦、汉以后，我国南方的百越、西南夷，长城以北的匈奴、东胡、丁零、坚昆、高车、突厥、回鹘，天山以北的乌孙，天山以南的塞种等相继加入了我们这个统一的多民族国家。公元前60年（神爵二年）西汉政权设立西域都护，管辖今新疆地方。西藏地方是通过阔端与萨班的凉州会谈，和平归顺蒙古汗国和元朝。

在大统一时期，由汉族人当皇帝的秦、两汉、隋、唐、宋、明等朝，是继承和发扬了由各民族共同创造的传统文化的，是维护统一的多民族国家的。在蒙古族人当皇帝的元朝和满族人当皇帝的清朝，也是继承和发扬了各民族共同创造的传统文化的，也是维护了统一的多民族国家的。在国家分裂时期，如南北朝时匈奴族人刘渊建立的前赵，氐族人苻坚建立的前秦等，也都继承了中国的传统文化，也都抱有统一中国的愿望。

---

① 原载北京《民族研究动态》1993年第4期与1992年第2期。又如《中华民族多元一体格局赖以形成的基本条件》、《关于正确理解炎黄子孙的探索》，原载《西北民族研究》1993年第1期与1995年第2期。

② 见《中国共产党主要领导人论民族问题》第113页，民族出版社1994年7月版。

关于西北各族人民对祖国历史的贡献，我曾写过两篇长文加以论述：一篇是《新疆各族人民对祖国历史的伟大贡献》①，另一篇是《西北各族人民对缔造祖国的政治、经济、文化的伟大贡献》②。另外，我还写过一本专著《古代新疆的音乐舞蹈与古代社会》③。在这本书中我讲过：产生于新疆的于阗乐、疏勒乐、龟兹乐、高昌乐、伊州乐，与产生于甘肃河西走廊的凉州乐，分别在汉朝和南北朝时传入了内地，在宫廷和民间广泛流传。这些乐种的乐曲、舞曲、各种乐器（琵琶、筚篥——管子、箜篌等）及其演奏方法，也都传入了内地。古代新疆的乐理学家、器乐演奏家、舞蹈家苏祇婆、白明达、裴神符、裴兴奴、裴大娘等人，在我国内地的长期工作，大大地丰富了我国内地的文化生活，影响深远。对于古代龟兹乐舞，唐朝历史学家杜佑在《通典》142卷中曾指出如下一些特点："举止轻飙"、"或踊"、"或跃"、"跷足"、"弹指"、"撼头"、"弄目"、"抃"（鼓掌击节）等，在今天的维吾尔舞蹈中仍然可以看到这些特点，说明维吾尔族的舞蹈继承和发展了古代龟兹乐舞。

古代新疆乐舞在内地的流传，还影响了内地戏剧与宋词的发展。源于龟兹乐，流行于内地的大曲（大型乐舞），到宋朝时开始演出故事情节，出现了杂剧，演变成后来的戏剧。龟兹乐等乐种对于宋词的发展也产生了深刻的影响。《旧唐书·音乐志》中说："词是胡夷、俚巷之曲。"这说明词的来源主要是汉族和少数民族的民歌，也有少数的外国歌曲。文人们写的词开始于唐朝，大盛于两宋，故有唐诗、宋词的称谓。宋词中的词牌，有许多原来是龟兹乐等乐种的曲牌的名称。

① 原载《西北民族研究》1997年第1期。
② 原载《西北第二民族学院学报》2001年第3期。
③ 新疆人民出版社1986年11月版。

我国的龟兹乐舞等乐种，还由内地辗转传到了日本、朝鲜、缅甸、柬埔寨、越南等国，对这些国家的音乐文化曾产生过深远的、程度不同的影响。

（四）您长期担任中国科学院新疆分院的副院长、新疆社会科学院的院长，请您简单回顾一下新疆的民族研究概况，有哪些值得注意的经验。

先让我从参加筹备中国科学院新疆分院的经历说起。1955年5月，新疆党委宣传部宣布为发展新的科学研究事业，中国科学院决定在乌鲁木齐市筹建中国科学院新疆分院，包尔汉兼任筹备委员会主任，自治区党委宣传部的副部长艾斯海提任兼职副主任，谷苞任专职副主任。于是我便与几位由各单位调来的行政干部组建了办公室，借住新疆财经学院的几间房，开始了筹备工作。同年，乌依古尔·沙依然同志由苏联回国，任筹备委员会党组书记、副主任。1957年春，中国科学院召开党组扩大会议，专门研究确定新疆分院的研究机构设置，通知我列席会议。会议决定，在新疆分院先建立历史研究室（研究新疆的历史、民族、语言），并任命我兼任历史研究室主任，另外设立化学试验室，生物、土壤、地质、地理研究组，要求在以后这些研究室、组均以建成研究所为目标。同时，要求新疆分院的研究人员既要有汉族人员，又要有本地少数民族的人员，要组成一支多民族成分的科研队伍。新疆分院所需要的各种学科的大学生由中国科学院分配，少数民族大学生在新疆当地吸收。同时，1956年中国科学院成立新疆综合考察队。该队由中苏两国的学者组成，从1956年至1960年的五年间在新疆进行科学考察。同时，规定该队在考察期间要帮助新疆分院的筹建工作，具体办法是，分配到新疆分院的生物、地学方面的大学生，在有关中国专家的指导下，夏秋季参加野外考察、冬春季随专家到内地研究所做试验或进修。这个办法对新疆分院的生物地学方面的科研人员的成长起到了极重要的作用。

1956年6月间，全国人民代表大会民族委员会召开关于在少数民族地区开展社会历史调查的大会，自治区党委宣传部派我参加了这次大会。会议由人大民委主任谢扶民同志主持，由国家民委刘春同志作报告，传达了毛主席关于开展少数民族地区的社会历史调查工作、抢救社会历史资料的指示。会后决定先组建8个调查组，后增为十六个调查组。新疆设有一个调查组，新疆分院历史研究室的全部人员都参加了新疆社会历史调查组的工作。在他们当中，有几位在野外调查工作完成后，还参加了民族史志和地方自治概况的编写工作。如谷苞、萧育民参加编写《新疆维吾尔自治区概况》，纪大椿、黄治国等编写《察布查尔锡伯自治县概况》、《锡伯族史志合编》（由新疆分院历史研究所出打印本），郭平梁编写了《乌孜别克族简史简志合编》、《塔塔尔族简史简志合编》和《柯尔克孜族简史简志合编》，王治来后来编写了《哈萨克族简史简志合编》，李炳东、徐伯夫等编写《伊犁哈萨克自治州概况》、《博尔塔拉蒙古自治州概况》，穆舜英、王守礼编写《塔吉克族简史简志合编》。另外，历史研究所编写了《新疆生产建设兵团史》，待领导审定后出版，后因“文革”而拖了下来，最后由新疆生产建设兵团的同志修改后出版。

1960年，在历史研究室的基础上建立了民族研究所。1961年新疆维吾尔自治区党委常委兼宣传部长富文同志告诉我，自治区党委要求民族研究所编写一本新疆简史，要求简明易懂，作为向新疆各族人民进行爱国主义教育的教材。我将富文同志的指示向民族研究所的研究人员作了传达，几经研究讨论，确定由郭平梁、王治来先撰写古代史部分，王思华同志撰写史前部分，作为《新疆简史》的上册。此书于1965年由新疆人民出版社出版，由民族研究所送有关单位和有关学者审阅，以便再作修改后公开发行，后来因“文革”而停止。万事开头难，作为新疆出版的第一本新疆简史，有关同志是付出了巨大辛劳的。

为了培养少数民族的社会科学研究人才，1956 年曾将新疆大学历史系的四名毕业生保送到中央民族学院历史系学习中国历史和汉文、汉语，不学习外语。这样做的原因是，他们都是初中毕业后考入新大的，外语没有基础。这 4 人中最后有一人留在分院，这人就是哈萨克族的加合甫·米尔札汗，现任新疆社会科学院的副院长，已有几本专著问世。另有一名维吾尔族干部学习成绩较优，自愿到大学任教师。其余 2 人自愿回到南疆教中学。从这件事可以看出培养少数民族的科研干部需要克服更多的困难，需要走更长的路。1956 年新疆分院还曾将两名新疆大学的毕业生送到中国科学院新疆综合考察队培训。有一名参加新疆综合考察队学习的新疆大学毕业的哈萨克族毕业生萨阿都拉，由于在新疆分院生物土壤研究所工作多年，成绩优良，后来担任了新疆畜牧兽医科学院的院长。

新疆分院成立后，在"文革"前，上级领导机关未任命过院长，只任命过三位副院长，即涂治同志（兼职、已故）、方明同志和我。哈琳同志（已故）曾任党组书记。

新疆分院的筹建工作主要包括两件大事：基本建设与逐步建立多民族成分的科研队伍。基本建设包括房屋建筑与仪器图书的购置这两项工作。在中国科学院和自治区党政领导重视与支持下，这两项工作都进行得比较顺利，而且成绩卓著。

1962 年初，民族研究所应新疆人民出版社之约，将《新疆历史丛话》书稿交给出版社。新疆日报社的编辑同志看了书稿中的文章，建议在报纸上先开辟一个专栏，每日刊登一篇，问我们是否同意。我说我很同意这样的安排，我想其他的执笔人也会赞同的。当《新疆日报》刊出这批文章后，社会上的反响较好。1965 年，新疆人民出版社出版了《新疆历史丛话》的第一版。

关于新疆分院所需的各种仪器，起先均由中国科学院新疆综合考察委员会指定该委员会的彭加木同志负责向中国科学院器材局商谈调拨，或向国内外购置。彭加木同志以饱满的政治热情，从制定计划到调拨进或购置进各种仪器，特别是精密大型仪器，付出了巨大的辛苦和奔波。彭加木同志每年夏季和秋季都要来新疆参加化学研究所的科研工作或参加野外调查。后来，彭加木同志任中国科学院新疆分院的院长。他在罗布泊附近的雅丹地带考察时不幸失踪，这是新疆科学界的一个重大损失。

我曾经陪同前苏联中亚加盟共和国的几位院士参观过物理所和化学所，参观时面对一些从西方进口的大型精密仪器，他们不胜惊讶地说：为发展新疆的科研事业，你们的国家真舍得花钱啊！

新疆分院的图书购置从一开始都是由我负责的。有几件事情给我留下深刻的印象。第一件事情是：当 1956 年我在北京听说中国科学院设在东北地区的科技干部学校将要停办时，我曾给中国科学院的领导写了一个报告，要求把该学校的图书拨给新疆分院，不久中国科学院就把该学校的七万多册藏书邮寄到了新疆。第二件事情是：我用新疆分院筹备委员会的名义给故宫博物馆的领导写了一封信，说如果有可能，请他们捐赠一批馆藏图书，用以支持少数民族地区的科研事业。后来，我们就接到了一批用十几个大木箱运来的、用黄缎子做封套的善本书。这批图书丰富了新疆分院图书馆的馆藏。第三件事情是：邓力群同志兼任中共中央新疆分局研究室主任时曾经派人到北京购买了一批有关新疆历史地理的书，其中很大一部分为木版线装书。这批图书收藏在新疆自治区党委的图书室内。中国人民解放军西北野战军二兵团政治部用四头骡子从兰州随军驮运来的八箱有关新疆的书也藏在该图书室。我曾经给王恩茂书记写过一份报告，请求将该图书室除留需要参考的书籍外，将其中的古籍、外文等图书赠送给新疆分院图书馆。经王书记批准，自治区党委图书室无偿将两千多册图书赠送给了新疆分院图书馆。第四件事情是：前沙皇俄国驻迪化的领事迪牙阔夫50年代初期在乌鲁木齐市逝世后，他的朋友和邻居，几位俄罗斯老人，曾经将迪牙阔夫发表在法国法文杂志上的几篇文章和几篇用汉文写的文章的剪报，送到了中共中央新疆分局的研究室，我接待和接受了他们送来的文稿，并向他们表示非常感谢。这些资料后来也由自治区党委图书室赠送给了新疆分院图书馆。著名敦煌学家常书鸿先生曾经我手借阅过迪牙阔夫的法文论文。

“文革”开始前，我在新疆分院整整工作了十年，目睹了新疆分院从无到有、从小到大的过程。建筑设施良好、仪器图书充实，一支多民族成分的科研队伍初步形成并不断壮大，凝聚了中国科学院领导与自治区领导的关怀，也凝聚了国内和自治区内有关单位在研究人员和图书资料等方面的支援。这些关怀和支援都体现了党的民族政策的光辉。

中国科学院新疆分院最重要的成功经验，就是培养了一批少数民族成分的研究人员，也培养了一批在新疆扎根的汉族科研人员。

（五）在您担任新疆社会科学院院长期间，中央和新疆地方党政领导对新疆民族研究工作有过哪些重要的指示？这些指示对新疆民族研究工作产生了什么影响和作用？

1978年9月19日，经自治区党委会议决定，成立新疆社会科学院筹备组。自治区党委常委韩劲草任筹备组组长，蒋慕竹、阿不力孜达吾提、阿不都萨拉木、谷苞、陈华任副组长，下设民族、宗教、考古、语言、中亚五个研究所，并确定了边筹备、边开展研究工作的原则。在原新疆民族研究所的基础上成立民族研究所和宗教研究所；在原博物馆考古队的基础上成立考古研究所；在原自治区语言文字委员会语言文字研究室的基础上成立语言研究所；在原自治区党委宣传部政治研究室的基础上成立中亚研究所。这样做的结果，壮大了新疆社会科学院多民族成分的研究队伍，特别是集中了一批少数民族的学者，使他们有机会能够承担重大的科研任务。如维吾尔族语言学家依不拉音·穆提义和维吾尔族文学家吾铁库尔承担了将《突厥语大词典》和《福乐智慧》翻译为现代维吾尔语本的重要任务。

1980年8月29日至9月20日，筹备组先后在所级干部和党员中传达和组织学习《中央书记处会议讨论新疆工作问题的纪要》和自治区党委扩大会议关于贯彻《纪要》的决议。通过深入学习讨论，大家取得共识，提出了以下几点建议：(1)新疆社会科学院应该办成以研究新疆的社会、经济、历史、文化为主的科学研究机构；(2)积极培养新疆各少数民族的社会科学研究人才和管理人才；(3)树立各民族研究人员彼此尊重、相互学习的风尚；(4)积极翻译、出版维吾尔族的古典文献《突厥语大词典》、《福乐智慧》和其他少数民族的古典文献，积极出版少数民族近代和当代作家的著作。

1981年2月2日，经自治区党委常委会讨论决定，新疆社会科学院党组、行政领导班子名单如下：自治区党委宣传部长蒋慕竹兼任新疆社会科学院党组书记，谷苞任新疆社会科学院院长，乌依古尔·沙依然任党组副书记、副院长，何达文任党组副书记、副院长兼秘书长，买买提明·玉素甫、陈华、曹玉泰任副院长、党组成员。

2月21日，院党组召开第一次党组会议。自治区党委书记、原新疆社会科学院筹备组组长韩劲草在讲话中指出：新疆社会科学院要在自治区党委领导下，团结社会各界力量，在研究基础理论的同时，要大力加强对实际问题的研究，积极为新疆的四化建设服务，为民族团结服务，为反霸斗争服务，成为党和人民政府的有力助手。

3月4日，新疆社会科学院成立大会隆重举行，自治区的党政军领导均出席了大会。

5月22日，王震同志到新疆视察。当晚接到王震同志的电话通知，约我次日上午去他的下榻处见面。见面后，我首先汇报了新疆社会科学院边筹建、边开展科研工作的情况和一些主要的研究成果。王震同志听了很高兴，勉励新疆社会科学院各民族的研究人员努力争取更多更好的研究成果，并向大家问好。当天王震同志还给我写了一封亲笔信，全文如下：

史学家谷苞教授同志：承赠各族历史著作及来函均收到，谢谢你。你几十年来从事党政军工作和开拓工作，在西北时间最久，贵研究著述，是我喜爱读览的著作。所提目前要解决的研究学者住房及公用建筑，我回京后积极向有关方面和中央领导报告，从速分期建筑。中华民族共同奋斗创造的中国版图，现在人口约占世界四分之一，同时现在我们中国社会主义国家正在控制人口的增长，以适应四化建设，争取本国长治久安，争取联合世界上的反霸力量，亦即争取世界和平。中华民族的古代文明，西北是发源地和中心，各民族共同奋斗，在历史长期斗争中占主要地位的还是互相支援和友谊交往。对于暴乱、侵略者进行过有正义性的斗争，对于和睦和统一，形成中华民族，各民族都作出过自己的贡献。你们的研究宝贵成果将对我们振兴中华民族的爱国主义和马克思主义必将起到积极的贡献。特此谨向你们各位学者致以敬礼。

王震　一九八一年五月二十三日

王震同志的亲笔信，是对新疆社会科学院各民族工作人员的关心爱护和殷切的希望，使各民族的工作人员都受到了极大的鼓舞。

1982年6月4日，王震同志视察新疆工作期间，亲切会见了谷苞和乌依古尔·沙依然。王震同志在询问了新疆社会科学院研究工作进展情况之后，作了五点指示：（一）我们中华民族是一个伟大的民族，各兄弟民族对祖国的缔造，都作出了自己的贡献。(二）新疆建设兵团屯垦戍边，是很成功的经验，要很好总结，并认真宣传。(三）你们的经济研究，要以自治区的农牧业生产作为研究的重点，要着重研究与现实生产有密切关系的重大问题。(四）要从新疆的大学毕业生中，选拔少数民族中的优秀学生做研究生，培养少数民族在社会科学方面的人才。(五）包尔汉同志已经写的和打算写的，需要有人帮助整理。10 日院党组专门召开会议进行了讨论研究，逐条落实了贯彻执行的措施。

根据王震同志的指示，新疆社会科学院派纪大椿同志去北京帮助包老完成了《新疆五十年》的文字整理工作。此书于 1984 年由文史资料出版社出版发行，1994 年又由中国文史出版社发行了第二版。王震同志还为这本书写了序言。可以说这本书的出版，体现了王震同志对少数民族学者的尊重与关怀。此书的汉文版出版后不久，又出了英文版，在国内外都受到了好评。《新疆五十年》出版以后，包老曾经告诉纪大椿同志，他因年老记忆衰退，许多往事已经记不清，不能再为《新疆五十年》写续集了。但同意纪大椿同志为他编一本《包尔汉选集》，此书由纪大椿同志编成，交包老审阅定稿，邓力群同志写了序言，民族出版社于 1989 年出版，受到了全国学术界的欢迎，特别是在新疆各族各界中受到了热烈的欢迎。

1982 年 11 月 8 日至 12 日，新疆社会科学院召开首届学术讨论会。自治区党委第一书记王恩茂同志在讨论会开始时作了重要讲话。讲话指出：（一）社会科学工作要为社会主义现代化建设服务，既要为建设高度的社会主义物质文明服务，也要为建设高度的社会主义精神文明服务；（二）社会科学工作要坚持四项基本原则；（三）社会科学工作要遵循马克思主义的普遍真理同具体实践相结合的原则；（四）社会科学工作要贯彻“洋为中用，古为今用”的方针；（五）社会科学工作要做到理论和实际很好地结合起来；（六）要加强党对社会科学工作的领导。学术讨论会分为民族、历史、考古、中亚、民族语言、民族文学、宗教、经济8项议题进行。有31人作了专题发言，会后出了论文集。

新疆社会科学院是一个很小的科研单位，但这个小单位的产生和发展却是与全国的大局密切联系着的。在1978年党的十一届三中全会以后，在毛泽东思想、邓小平理论的指导下，改革、开放、现代化的大潮在祖国大地上汹涌澎湃，经济文化发生着日新月异的变化。

新疆社会科学院的成立和发展，是与中央领导和自治区党委、人民政府的重视与关怀分不开的；是与二百多位各民族的科研、行政人员艰苦奋斗分不开的；也是与国内各单位在人才、图书资料方面慷慨支援分不开的。如果只用一句话表述，那就是新疆社会科学院的成立和发展，凝聚了党的民族政策的光辉。新疆社会科学院能够在新疆建成一支多民族成分的科研队伍的经验，是最宝贵、最具有深远意义的经验。

我于1978年9月参加新疆社会科学院筹备组的工作，到1983年9月离职休养，其间共工作5年时间。1953年冬季我在阿勒泰专区工作三个多月，在零下三十多度的环境下住在帆布帐篷内，由于铺盖单薄，寒冷难当，患上了鼻窦炎，左大腿麻痹，针刺无感觉，右腿也不灵便。1982年秋右腿血检，险遭截肢。幸手术前获侧支循环，右腿才得以保全。因此，我在离休后遵医嘱选择了冬季气温较暖的兰州定居。当然，在我离休前兰州大学历史系主任杜经国约我到兰大任兼职教授，并由我申请在兰大设立民族学的硕士点（后均实现），也是一个原因。另外，也有位担任领导职务的老同学，劝我不要在新疆办理离休手续，在北京继续工作。经一再考虑，我放弃了这个打算。我在新疆工作了三十五年，有四年多是在几百户维吾尔族农舍和蒙古族、哈萨克族的毡房中度过的。对新疆的山山水水和父老乡亲是有着深厚情感的。有一件事情使我深感遗憾，我的几十本笔记本在“文革”中抄家时被造反派拿走后丢失了，内中记载着大量的维、哈、蒙等民族的民间历史传说、宗教法庭、人物故事、氏族部落制度、原始宗教的活动等多方面的丰富资料，未抓紧时间整理而全部丢失，造成了无法挽回的损失。当年向我提供这些资料的长者，虽然他们的音容笑貌我还记得，但他们早已离开了这个世界，已经不可能再向他们求教了，我为此而深感内疚。我曾在一篇习作中写下了这样两句话：“暮年喜赋盛世赞，鞠躬尽瘁赎前愆。”

我很感谢自治区党委和人民政府对我的关心和爱护，在我离休时，嘱咐社会科学院为我留一套房，嘱我在天暖时每年回新疆住一时期。因此，在我离休后的前十年中，我有9年的夏、秋季是在新疆度过的。每次都住三个多月，这期间对院内院外的中青年同志写的几本书稿，仔细阅读后提出修改意见，并写了序言。当时我在昆明时的多位前辈都还在岗位上坚持工作，这也激励着我，不敢有所懈怠。

（六）您对新疆的民族研究队伍有何评估？特别是对中青年研究人员有何希望？

从1978年开始，新疆社会科学院已经建成了有近两百人的社会科学研究队伍，其民族成分包括维吾尔、哈萨克、锡伯、回、满、汉等，具有了能够承担国家和自治区交办的科研任务的能力。当然我们必须清醒地看到，这支科研队伍的形成历经艰辛，得来非易，必须珍爱。但我们也必须同时看到，在数量上需要扩大，在质量上也需提高。去年新疆社会科学院在举办20年院庆时，编印了两本历史资料专集：一本名为《新疆社会科学院20年》；另一本名为《新疆社会科学院20年科研成果目录》。这两本书各约20万字，均由新疆人民出版社出版。从这两本书中，可以看到新疆社会科学院发展历程和所取得的全部科研成果。这两本书中提供的资料，值得人们高兴。但是展望新疆社会科学研究队伍的前景，又使人怀有隐忧。我所说的隐忧，并非杞人忧天，而是坦诚道来，与同志们共同商榷。前些时有位退休的研究员对我说，他所从事的研究工作已后继无人，另一位退休的研究员对我说，某某从事的研究工作早已后继无人。这还不算，更为严重的是，在中国科学院新疆分院建院的过程中，在历史研究室、民族研究所发展的过程中，有多名从南开大学、北京大学、南京大学分配来的大学生。从中国科学院下放到新疆分院的人员中，有两位清华大学的研究生（一位从事化学，另一位后来为知名的考古学家），一名北大的毕业生，还有其他几个内地大学的毕业生，另有 3 名英、俄、法文的高级翻译。从华东师大分到新疆社会科学院研究生 1 人，并支援了历史系讲师一人。招考录取的 23 名人员中有北京大学早年的毕业生 2 人，北京政法大学毕业生 1 人……从这些著名高校分配到新疆的学生，近些年几乎已经断流，这是一件不能不忧虑的事情。因为从这些高校分配来的大学生和研究生，后来大都成了科研骨干、学术带头人。近接新疆友人来信说，近 20 年来从新疆孔雀东南飞的各方面的人才，据说多达 21 万。这个消息使人震惊。

至于说到要我说说“对中青年研究人员有何希望”，这使我颇感困惑。因为一则我对“人之患在好为人师”常怀警惕；再则又怕谈过去的老经验误人。现在新疆社会科学院的青年研究人员我都不认识，现在的中年研究人员，当初是青年研究人员，他们中许多是我当年的同事。对熟人说话比较容易，那我就放胆讲几句吧！

首先，要做一个有所作为的社会科学工作者，必须是一个马克思主义、毛泽东思想、邓小平理论的坚定的信奉者，同时又必须是一个热忱的爱国主义者。面对东突厥斯坦的反动谬论而听之任之的人，是不配作为社会科学研究人员的。只有全心全意拥护祖国统一和维护民族团结的人，才有可能成为合格的科研人员，才是可以信赖的同志。我们学习马克思主义、毛泽东思想、邓小平理论，学习马克思主义的历史观、民族观、宗教观，为的是指导我们的立身行事，指导我们的研究工作。学习的目的，重在应用，用重于说。这个学习不是一阵子的学习，而是一辈子的学习。活到老，学到老，持之以恒。

第二件我要说的是，结合你的专业争取作一些社会调查，读一读大社会这本无字的书，读懂它并不容易，但在既读之后，是一定能有所收获的。历史证明：参加过毛主席号召而组成的各个社会历史调查组的人，在全国出了不少人才。新疆社会科学院在这方面所出的人才也是有目共睹的。我们常讲理论联系实际的重要性。对实际情况茫然无知，你又怎么去联系哩！作一些社会历史调查有助于我们学会理论联系实际。

第三件我要说的事情是，趁年轻时要把自己作学问的基础尽可能地打得厚实一点。譬如说一个学经济学的年轻人，自己又学了民族学，当然也可以说他的基础比先前厚实了一些。如果他在业余读了阿·托尔斯泰、列·托尔斯泰、巴尔扎克的几本小说或曹雪芹的《红楼梦》以及一些唐诗、宋词，也算他的知识基础厚实了一些。前人讲："为学犹如金字塔，要能博大要能高。"我们所要求的治学的高度，是金字塔式的基础上的高度，而不是单科独秀的电线杆式的高度。根据我的经历，我初小读的是半私塾的学堂，童年时曾背诵过《四书》，后来读初中和高中，又被几位语文老师逼着背诵了几百篇由汉朝到清朝的古文以及唐诗、宋词等，我在读大学时曾认为这些曾使我耗费青春时光的东西，是没有什么用的，但到了我中年写学术论文时，童年、少年时背诵过的诗文就"时复往来于心"，在好多处派上了用场，并为我的文章增添了一点可读性。

我要说的第四件事情是，在当代，我们的民族研究工作要为开发西北服务，要为有中国特色的民族研究而努力奋斗。在我国，开展改革、开放、现代化的重大意义，根据我个人的理解，主要是为了缩短以至将来完全消除两种差距：一种是我国与资本主义发达国家在经济文化发展水平上的差距，使中华民族巍然屹立于世界先进民族之林；另一种则是在我国国内消除西部地区与中东部地区、汉族与少数民族在经济文化发展水平上的差距，共同发展、共同进步，以保障祖国的长治久安。江泽民同志在十五大的报告中曾经指出：科学研究“一定要以我国的改革开放和现代化建设的实际问题，以我们正在做的事情为中心，着眼于马克思主义理论的运用，着眼于实际问题的理论思考，着眼于新的实践和新的发展。”对于这段话，我们必须深入学习，使我们的民族研究工作沿着正确的道路前进，建立有中国特色的民族研究。

（七）在当今世界上，民族问题非常突出，从历史角度看，您对新疆的民族问题有何见解？

公元前 60 年（汉宣帝神爵二年）西汉政府设置西域都护府，西域都扩府的辖区（今新疆）就成为中国领土的一部分，到今年已经有 2062 年了。历经西汉、东汉、魏晋、南北朝、隋、唐、宋、明诸朝，我国历朝历代都称古代新疆为西域。到了清朝统一西域以后，开始用新疆的名称逐步取代西域旧称。“新疆”二字的含义是什么呢？左宗棠说是“故土新归”，这个解释是很确当的。清朝统一新疆是“故土新归”。西域与新疆都是我国历代政府所用的法定名称。所谓“东突厥斯坦”一名是于法无据的，是一种蛊惑人心的称谓，列强用它来作为开拓殖民地的筹码。他们造谣说，新疆是清朝政府新占领的地方，这并非由于他们对历史的无知，而完全是由于其险恶的用心。古代的新疆是一个多民族的聚居区，近代的新疆也是一个多民族的聚居区。在近代，列强中的英国和沙俄对新疆的侵略最为猖狂。他们曾勾结浩罕国豢养并支持大和卓布拉泥敦在浩罕国的后裔张格尔等在新疆掀起过多次叛乱，并支持浩罕国的阿古柏匪帮侵占南疆和哈密、乌鲁木齐等地，使新疆各族人民遭受了浩劫。沙俄并公然侵占我国伊犁地区长达十年之久，进行了暴虐的统治。他们还散布了种种谬论，挑拨离间新疆各少数民族与汉族人民的关系。

鸦片战争以后，中国社会的性质为半封建半殖民地社会。新疆农业区和牧区均为封建制度占优势的社会。广大的农、牧民群众忍受着阶级压迫和民族压迫的双重苦难。就南疆农村的贫农和下中农而论，纵使在丰收的年景，也无法过上好日子。从播种到秋收，在田间辛勤劳动的是他们的妻儿老小。但在秋收的季节，站在他们身旁伸手要分他们的劳动果实的，却有三种人：官吏要收田赋和各种苛捐杂税；地主要收 50% 的地租；村里的小阿訇要收新谷登场捐（卡其布里），县、区的大阿訇要收宗教粮（乌修尔什一税）。试想一想，这样下来还能留给穷人什么呢？只能是漫长的难熬的冬天。到了春天只能靠桑葚充饥。在 1949 年 9 月新疆和平解放以后，在中国共产党的正确领导下，由于贯彻执行了民族平等和宗教信仰自由的政策，由于完成了农村和牧区的民主改革和社会主义改造，由于实行了民族区域自治，实现了各少数民族当家作主，实现了平等、团结、互助友爱的的社会主义的民族关系，由于进行了大规模的社会主义建设和改革开放、四个现代化的建设，旧貌变新颜，空前的历史巨变，理所当然地受到各兄弟民族的讴歌颂扬。

在改革开放、实现现代化的大潮中，我国的东部、中部与西部三大地区之间的发展是不平衡的。东部地区发展最快，中部地区次之，西部地区滞后。西部地区是我国少数民族最重要的聚居区，西部地区的滞后同时意味着居住在这个地区的少数民族经济文化发展水平的滞后。这虽是在新的历史条件下出现的一个新问题，一个新的事关少数民族发展的问题，但它却是有深厚的历史根源的。就新疆而论，要想加速发展新疆各民族的经济文化，只能是在开发西北的大潮中，在中央政策的倾斜和关照下，只要新疆地区的经济文化加速发展了，新疆各兄弟民族的经济文化也就随之发展了。这就是说,各民族的发展必须依托所在地区的发展。我相信在党中央的正确领导下,在西北地区各族人民的努力下,在东部、中部人民的支持下,这个问题一定能得到完满的解决。

这里我想顺便谈谈所谓的"东突厥斯坦独立"问题。从历史上看所谓"东突厥斯坦独立"问题,从来都不是中国内部的民族问题,而是帝国主义为了开拓殖民地,豢养了一小撮少数民族败类作为走狗和傀儡而演出的历史丑剧。如1933年11月12日在喀什成立了伪"东突厥斯坦伊斯兰共和国",和加尼牙孜任伪总统,萨比提大毛拉任总理,发表独立宣言,并派人到国外活动。1934年1月,和加尼牙孜率部从阿克苏进军喀什,就任伪总统。2月所谓"东突国"就被甘肃军阀马仲英的部下联合当地军民一举捣毁。萨比提大毛拉在逃亡中被盛世才的军队俘获,和加尼牙孜在走投无路中,投降盛世才,任新疆省政府的副主席。其后萨比提大毛拉与和加尼牙孜两人均被盛世才杀死。前几年,居然还有人为和加尼牙孜辩解,说什么和加尼牙孜当时并未赴任。可是在包尔汉所著的《新疆五十年》中,《"东土耳其(即东突厥)斯坦共和国"的出笼和覆灭》一节中,对这个事件的始末,作了全面的论述,所揭发的一些内幕,很值得用心读读。

所谓"东突厥斯坦独立运动",从来都是在国外反华势力的指使下进行的,有的报道指出,东突厥斯坦团伙早就和设在阿富汗的本·拉登的基地有联系,曾在新疆进行过许多恐怖活动,如在乌鲁木齐市几次制造炸公共汽车的案件,并曾在南疆制造杀害基层干部和爱国爱教的宗教人士等,残害无辜群众,扰乱社会治安。"东突厥斯坦独立"团伙一小撮人作恶多端,已经引起了广大各族人民群众的痛恨。《左传》云:"多行不义,必自毙。"这是历史的规律,是一个不能逾越的铁的规律。

(访问者:华祖根)

清格尔泰先生访谈录

乌兰（下文简称“乌”）：您是我国现代蒙古语言研究事业的开拓者和奠基人，被尊为“蒙古语言学泰斗”。您的蒙古语言教学、研究工作始于20世纪40年代中期，而我们听说您在大学时原本读的是理科专业，能否谈谈您是如何“改行”走上蒙古语言教学科研这条道路的？

清格尔泰（下文简称“清:”）：我有时被誉为“泰斗”、“大师”等。我听到以后，深感“盛名之下，其实难副”。实际上，我作为一名教授、博导，也常感到先天不足，后天也不充裕。这就涉及到您提到的我的学历和我“改行”的问题。为了说明这个问题，需要简要地谈三件事或三个情况。

（一）我学习理工科的事。20世纪40年代初，我被当时的内蒙古当局派到日本留学。当时的青年受到社会和学校各方面的影响，比较认真地考虑过：为了我们处于苦难境地的民族，应该学些切实有用的知识。有的说教育最重要；有的说医学也很重要；有些上理工科大学的先去的同学说，这些固然重要，但也不能忽视理工科，可是人们对理工科知难而退，相比之下，这方面人才太少，将来要成问题。我受这些同学的影响，决心报考理工科。为此我白天在正式为我们内蒙古留学生安排的特设预科学习，晚上还去日本东京有名的补习学校“研数学馆”补习数学和英语。经过一年多的艰苦努力，终于考入了东京工业大学，开始了理工科的学习。

（二）关于肄业回国的情况。入学以后，长期紧张学习的情况有所缓和。受学习文科的同学的影响，开始阅读一些文科书籍。从住处到学校每天来回坐三个小时左右的电车。在这段时间里，一般都浏览文科书籍。从文学名著到各种杂文，从历史到地理，从哲学思想史到世界观、人生观的讨论。后来战争进展的情况对日本越来越不利，一直到由于空袭警报频繁不能正常上学的地步。这时我们索性把专业学习放松下来，一边讨论时局问题和内蒙古的前途问题，一边搜集阅读有关蒙古人民共和国、有关中国共产党八路军的报刊杂志和书籍（当时国内看不到的书籍，在日本还可以看到）。在空袭进一步加剧的情况下，对外国留学生进行了疏散。我被疏散到仙台，转入日本东北帝国大学理学部。不久，我决心提前回国，否则后果不堪设想。我在回国前的一个多月，不去上课，专门到图书馆看书。专门看市场上禁卖、但在大学图书馆里还可以看到的关于社会主义、共产主义的书籍。看这些书的目的不只是出于好奇，而且主要是为了了解社会，了解世界。了解社会、了解世界的目的绝不是为了离开专业去在政治上找出路，而是为了减少人生道路上的盲目性。

（三）关于我“改行”做蒙文工作的情况。我从日本回国不久，东北解放。1945 年冬喀喇沁中旗（宁城县）的大学生、中学生进行串联，1946 年一过春节就集体到赤峰内蒙古自治学院参加工作或学习。自治学院有干部班、中学班。中学班有蒙文课，干部班的一个班需要以蒙语授课。这时需要从来到自治学院的人员当中挑选能教蒙文课又能以蒙语授政治课的人员。学院的领导是我们小学时期的校长，其他一些负责人中，也有我们过去的同学。他们的目光都集中到我的身上。矮子当中选高个子，选到我头上来了。这是有其原因的。

我的家乡喀喇沁地区，在内蒙从历史上来说并不很落后，曾出现过不少“喀喇沁先生”，在内蒙古许多地方当过私塾先生。但是同全国情况来比较，还是相当落后的。20 世纪 30 年代初期，全国范围的内战正在激烈地进行。这时我们的家乡却相对比较平静。从文化教育方面来说，村民们还在集资办私塾。学习的内容还是清朝时期的那一套。首先学满蒙文字母，然后学三种语言的“杂字”之后学“三字经”。然后学习“名贤集”、“千字文”、“四书”等。也都是三种语言并学，目标可能是培养兼通三种语言的翻译、文书等。

我在这样的私塾学习过两年半多，后来转入伪满洲国的洋式学堂，即所谓的“国民优级学校”。由于我有这样一个“私塾底子”，在后来的汉语授课加学蒙古语的小学和蒙语授课的中学里蒙文成绩在班里始终是一流的。这就是知道我老底的老师同学们把目光投向我的原因。

我服从工作需要，不太自愿地接受了这项任务。中学班的蒙文课不太费力。干部班的蒙语授课内容是把延安来的政治教员的教材译成蒙语来讲。由于在留日后期比较广泛地阅读过社会科学方面的书籍，所以在理解“社会发展史”、“中国革命史”等政治理论书籍方面没有太大的困难。但讲课当中在名词术语方面遇到了不少问题，当时只能以大致内容和基本精神讲懂为原则。

乌：您说您做蒙古语文工作是服从工作需要，并不太自愿。可是我们听说您在内蒙古军政大学建立过内蒙古历史上第一个蒙古语文研究室，撰写过解放后的第一部《蒙文文法》，这些是怎么一回事呢？从教学科研的需要来说，当时可以借鉴、利用的资料可能很少，这些问题怎么解决的呢？

清：1947年，内蒙古自治政府成立之后，决定在齐齐哈尔成立内蒙古军政大学，轮训民族干部。内蒙古自治学院的一半人马，加上自治政府委派的一些人一同去建立这所学校，我也是被派往的人之一。任务是更大规模上、更正规地完成蒙文授课和以蒙古语讲政治课。我这时感到，如果想保质保量地完成这些任务，必须成立一个机构，必须集聚相应数量的合格的人才。于是在学校和内蒙古党政领导的支持下，成立了蒙古语文研究室，陆续调来了17位教学和翻译人员。所进行的具体工作是：（1）把全校学生打破原有班级，按蒙古语文的水平分成高级、中级、初级三个班，用统一时间（早晨一节课）统一授课。主要是教授新蒙文。（2）研究室中一部分人翻译政治课教材，提供给蒙语授课教师，还时常翻译一些中央重要文件。这方面与乌兰浩特内蒙古日报社有些协作关系，因为军大蒙古语文研究室和内蒙古日报社是当时的两个主要语文工作机构。（3）一部分人主要进行语文研究。如：研究新蒙文正字法，编写初级、中级、高级新蒙文材料，研究新词术语问题，编写汉蒙词汇、蒙汉词典，研究蒙古语语法等。

1949年由内蒙古日报社出版的我编写的《蒙文文法》，就是这一时期编写的稿子。当时编写这个书稿的主要目的是：介绍一下以西欧传统语法的观点观察蒙古语语法的方法；促进一下书面语与口语的接近，把书面语的语法形式、语法成分尽量改换为口语的语法形式和语法成分，并附有它们的口语读法。附带把蒙文字母和新蒙文字母（俄文字母）进行对比，以便加深理解音节的构成、词的构成，以及新旧蒙文的异同。

正如您所说，当时可以借鉴、利用的资料的确很少，所以我们也想了种种办法。我们把当时仅有的一两本新蒙文学习课本和新蒙文正字法，作了最大限度的利用。把到手的一部新蒙文的俄蒙词典拆开分头抄写成蒙俄汉词汇卡片来加以利用。关于语法，一方面参考了蒙古国学者参照西方和俄罗斯学者的著作编写的蒙古语语法，同时又参考了日本学者所著的蒙古语语法（他们也在很大程度上参考了西方和俄罗斯的著作）。当然这里边也有我自己不同的取舍法和自己的一些研究。

乌：是否可以认为自从在内蒙古军政大学建立蒙古语文研究室，开展蒙古语言的教学科研以来，正式开始了您的自觉自愿的民族语文教学科研的历史？听说您在这以后还组织过蒙古语族语言调查队。

清：这问题一句话难以说清楚，还得作些说明。从我这方面说，经过内蒙古军政大学这一段工作，对民族语文工作产生了一定的感情。但在主观的方面，我还是在服从工作需要，没有长期从事这项工作的打算。因为我知道，内蒙古军政大学不是长期的正规大学，它是为了完成短期任务而设立的。因而蒙古语文研究室也不可能是长期的正规的研究机构。军大的历史任务完成后，所有人员都要分配到其他单位工作。到那时如果让我做与理工科有关的工作，或者到中学去教数理化方面的课程，我也许觉得比较自然。可是当时在上级组织部门的眼里，我们研究室的人员已经都属于语文工作干部了。军大的工作结束以后，我先后被调到编译部门和语文行政部门。其他人员也都分配到语文工作部门，都成为语文工作部门的骨干或者领导成员。

50 年代前期我在自治区党委宣传部语文工作处工作。当时自治区语文工作方面的情况是：在党的民族政策指导下，“发展蒙古民族语文的工作，已有相当大的成绩。但是这方面的工作，也还存在着许多缺点甚至错误。最主要的缺点与错误：一是在各级机关和广大干部中相当普遍地存在着轻视蒙古语文并忽视使用蒙古语文的偏向；一是把使用并发展民族语文与狭隘民族主义混为一谈，因而加以反对。显然，这不论在理论上、政策上都是错误的。”（引自当时党委文件）语文工作处在党政领导的指示下，对蒙古语文的学习使用情况，进行了调查了解。关于蒙古语文工作方面存在的问题，召开了座谈会听取了各方面的意见，并于 1953 年 5 月，由宣传部召开了全区蒙文工作会议。会上对有关蒙古语文的重要问题进行了认真的讨论。1953 年 7 月，针对存在的问题，自治区党委（当时称为中共中央蒙绥分局）发出了“中共中央蒙绥分局关于反对忽视民族语文倾向及进一步加强民族语文工作的指示”。指示中除指出存在的问题及其危害性外，制定了比较全面的改进措施。包括：各级党政机关和有关部门学习民族政策和民族语文政策，进行工作检查，干部、群众中开展民族语文的学习，制定学校中的民族语文教育制度，各级各类机关团体、企事业单位重视使用民族语文，培养蒙文工作干部，开展蒙古语文研究，加强党政对蒙古语文工作的领导，从组织、编制、财政等方面采取必要的措施等。

经过党委指示的贯彻执行，民族语文工作的面貌发生了很大的变化。民族语文的学习、使用得到了重视。各机关的编译机构、民族语文的报刊及出版机构得到了充实。成立了蒙文研究会，建立了蒙文专科学校。

我在军大工作时期，重点学习并讲授马列主义民族政策以及民族语文政策。所以，在语文工作处的工作中，贯彻执行党的民族语文政策，还比较顺手。加上民族语文的学习使用是民族语文工作的基础，是涉及到民族语文的前途命运的问题，所以，我对这项工作也很重视。

随着民族语文工作的开展，有些学术性问题也突显出来。如名词术语问题，基础方言标准音问题，文字改革问题等。语文工作处也开始组织对这些问题的讨论研究。1954 年 11 月初，中央民委来电，让内蒙派少数语文工作骨干到中央民院听取苏联专家关于苏联文字改革经验的学术报告。我办理这件事，我也想听取苏联经验，所以我带领几个人去中央民院。原来苏联专家谢尔久琴柯的夫人托达耶娃是苏联卡耳梅克蒙古族。他们对蒙文改革也抱有很大的兴趣。苏联专家也好，中央民院领导也好，对我们表示热烈欢迎。并以我们去民院为契机，成立了蒙语教研室（第七教研室），让我兼任教研室主任。根据苏联专家的建议，我们一方面听取苏联专家的报告，一方面筹备成立蒙古语族语言调查队，并进行编写调查大纲等工作。

1955年5月，以中央民院蒙语教研室和语言研究班中的内蒙学员为核心（共18人），以内蒙古蒙文研究会派来的语文工作者为主力（39人），并由科学院语言研究所、北大东语系派人参加的六十余人的蒙古语族语言调查队组成。经过一个多月的集训，从6月末到9月末，分成13个组，分赴东北、内蒙古、西北各省自治区进行了语言调查。调查结果初步整理后，提交到1955年12月中国科学院语言研究所和中央民族学院在北京联合召开的第一次民族语文科学讨论会上，得到了好评。1956年进行全国规模的少数民族语言调查时，蒙古语族语言调查队（在全国的排号为第五调查队）在原来基础上增加人员（70余人），增加调查分量，增补调查点，于1956年7月初到12月末（有的组到1957年1月），又进行了半年的调查。

经过两次大规模调查，基本弄清了蒙古语族语言及其方言的分布情况和它们的相互关系，搜集了大量的语言资料，培养了一批语言研究人员。后来在高等院校和科研机构研究蒙古语族语言的骨干，几乎都参加过这两次调查，并在调查研究的过程中得到了锻练和提高。

我之所以特别谈这两次的语言调查，是因为它们对我的影响也特别大。我以前的语文工作是由于工作的需要，有时还加上责任感甚至使命感（如对语文工作处的工作），但是并没有感到很大的兴趣。在语言调查当中看到语音、语法、词汇各个方面的参差不齐的现象以后，觉得自己看到了语言的活的历史，又觉得自己走进了语言现象的大宝库里，有数不尽的新奇的东西在发光。因此可以说，我的自觉自愿的语言研究是从语言调查开始的。

乌：说到语言研究，就不能不提到在您主持下创建并发展起来的内蒙古大学蒙古语言文学系和蒙古语文研究所，现在该系和所已是国家级重点学科，担负着重要的科研教学任务，发挥着重要作用。能否简单介绍一下内蒙古大学蒙古语言文学系和蒙古语文研究所的创建过程、语文研究所的主要研究方向和业绩？

清：内蒙古大学开始建校，就把我调到了内大。我是从民族研究所（当时为少数民族语言研究所）去内大的。过程是这样：我经过语言调查，热望从事语言研究。当时民研所也准备开展蒙古语族及北方语言的研究，希望把我留下。于是我征得内蒙古党委一些领导的勉强同意，于1957年1月举家搬到了北京。我正在所里组织力量开展研究工作的时候，内蒙古大学也正在开始建校。内蒙古大学建校时，国务院和教育部非常重视，以北京大学为首的各大学作了系统的支援。有许多系是从系主任、教研室主任、主讲教师到辅助人员全套支援的。唯独蒙古语言文学系主要靠自力更生。虽有一些在民院学习的研究生和在蒙古国学习过的人员，但力量还感单薄，尤其缺乏带头人。于是内蒙古一些领导人又想起了我。内大筹建组的负责人（建校后的党委书记）到北京动员我回内蒙古主持蒙古语言文学系的工作。他说的话，要点有两个：一是内蒙古建立综合性大学，对蒙古民族来说是个有历史意义的大事，您应该积极支持并参与。二是您这个级别的干部（由国务院总理任命的自治区文改会副主任）的调动，要经过自治区党委的正式决定并报华北局备案，这些手续还没有办，您仍属内蒙干部。我在去留两难的情况下，在个人工作问题上，生平第一次（大概也是最后一次）讲了个价：两方面的工作兼作一个时期。先到内大做建系的工作，一年回所里工作三四个月。随着建系工作基本完成再回到所里来。这也是我和傅懋勣先生一起出的主意。可是后来由于不断的政治运动，这个君子协定逐渐失去了效力。

当时内大蒙古语文系的情况是：蒙古语言文学的专业课暂由从蒙古国请来的专家担任；我们自己的师资队伍，数量少，学术水平尚待提高；适合我国情况的蒙古语言文学的专业课教材尚待建设。但是我们也有些有利条件：我们的青年教师都有若干年的蒙古语文工作经历，蒙汉文水平都比较高，其中有几名是参加过两次蒙古语族语言调查的研究生，已有相当的研究经验和理论水平；还有一些人已有相当的文艺理论修养，其中有的已被认为是青年作家。除此之外，我们的第一届学员中，也有一些从蒙古语文工作队伍中招来的年龄偏大的学生，可作为将来师资队伍的后备力量。当时的系的领导班子认为，如果我们在理论修养方面不断有所提高，在掌握实际、联系实际方面不断有所加强和深入的话，我们师资队伍的建设还是很有希望的。

不久在全国范围掀起了教学改革的高潮。我们也掀起了理论联系实际的高潮，于1959年把当时两个年级学生和教师合在一起分为语言、文学两个班，语言班集中学习语言学理论和语言调查方法，于1960年下乡调查，回校以后撰写总结和论文。文学班集中学习文艺理论后，广泛搜集古今的蒙古文学作品，进行分析研究，写出心得或论文。在这些工作的基础上以教师为主编著了大学本科教材《现代蒙古语》（1964年正式出版，上下册）、《语言学概论》、《蒙古文学史》、《文艺学概论》等教材。通过这一过程，提高了教师的水平，建设了教材，也准备了后备力量。

为了充实、发展蒙古语文学科，也为了体现乌兰夫校长指示的内大除了有与国内一般大学相同的任务外，“还有培养本民族知识分子，发展民族文化的任务”的精神，于1962年成立了蒙古语文研究室。它的任务是除了进行直接与教学有关的研究外，还要拓展研究领域，为社会需要和学科发展服务。如：编写蒙汉词典，研究蒙古文字史，研究蒙古语发展史等。正当研究工作稳步发展的时候，遭遇了倒行逆施的“文化大革命”。

“文革”后，为了弥补失去的宝贵的十年时间，蒙古语文系和蒙古语文研究室的教师们以更加忘我的精神投入到学科的建设当中。1976年《蒙汉词典》正式出版，1977年与中国社科院民族所合作研究的《关于契丹小字研究》（内大学报专刊）公开发表，1978年招收11名研究生，1981年获得硕士学位授予权，同年研究室升格为研究所，1984年获得博士学位授予权。随着研究工作和研究生培养工作的开展，研究所的研究领域和研究方向也逐渐拓展。如以研究生的研究课题为例：1962年首次招收的两名研究生，一个研究一部蒙文名著的词法，一个研究一个方言的语法；1978年招收的11名研究生以蒙古语族各语言的语法为研究课题，后来有的以中期蒙古语语法为研究课题，有的以蒙古文字史的研究为课题，有的以满通语族与蒙古语族的关系为研究课题，有的以突厥语族与蒙古语族的关系为研究课题。最近，有的以蒙古语的信息处理、实验语音学、机器翻译为研究课题等。

研究所和系1988年成为少数民族语言文学国家级重点学科。1994年被批准为国家教委蒙古语言文学人才培养与科学研究基地。同年，研究所和系的资料室同本校其他有关图书资料部门一起被批准为国家教委民族学科蒙古学文献信息中心。1995年蒙古语言文学系和有关几个研究所联合成立了内大蒙古学研究院，最近改名为蒙古学学院，下辖蒙古语言文学、新闻、民族学三个系，蒙古语文研究所、蒙古文学研究所、蒙古史研究所、内蒙古近现代史研究所、蒙古文化研究所、周边国家研究所六个研究所；另有蒙古学研究中心、蒙古学文献信息中心、蒙古语文信息处理研究中心等。

乌：您的研究领域很广，也有许多创新，不仅涉及蒙古语言自身的诸多方面，还涉及蒙古语族的其他语言如土族语等的研究、阿尔泰语系诸语言的比较研究等，您的研究成果屡次获奖，均受到学界的重视，由内蒙古大学蒙古语文研究所和中国社会科学院民族研究所组成的契丹文字研究小组，完成了高水平的学术著作《契丹小字研究》，于上个世纪80年代中期出版，被日本著名学者西田龙雄誉为“划时代的新研究”。综观您的学术研究，您认为自己最主要的成就是什么？

清：我的研究领域看起来相当广，实际上并不太广。我还常常觉得，由于知识领域不够广泛，影响着我的研究工作的深度。我所进行的一些不同的研究，是随着时间的变化和任务的变化逐渐形成的。我们在内大的研究，开始时，为建立课程和教材的需要，着重研究了现代蒙古语及其方言，后来为了研究蒙古语历史，拓展到了文字史、书面语历史、同语族语言，甚至同一系语言。我在这当中，研究了蒙古语的语音、语法，土族语，满语及鄂温克语等。其中对契丹小字的研究，从我们这方面说，也是从研究蒙古语历史的需要出发的。在这些研究过程中，一些项目取得了较好的成绩，得到了较高的评价，但这些都是集体努力的结果。如专著《现代蒙古语》，工具书《蒙汉词典》，专著《契丹小字研究》，以及蒙古语族语言方言研究丛书（即21本书）的陆续出版等都是这样，我感到欣慰和比较满意的是我们在集体研究当中，相互关系很融洽，同心协力，集思广益。

说到研究当中的创新，我的体会是：创新往往与理论联系实际的深化有关。在一般情况下，我们学习理论的时候，可以找到实际的事例；相反的情况下，我们遇到的实际事例，也能在理论著作中找到答案。但是随着研究工作的深入，接触语言资料的千姿百态当中，也不免遇到一些理论著作中没有涉及到的事例。在这种情况下，不应削足适履地把具有本身特点的事物硬塞进与它不合适的现成的模子中去。这时就需要给它制作一个合适的模子。现有的模子，或者说概念、范畴等等也都不是天生就有的，而是实践当中逐渐形成的。这也是理论联系实际的必然要求。譬如：在普通语音学里，说明一个元音的性质的时候，一般从①口腔的开合度及舌头的升降度，②舌头抬高部位的前后，③嘴唇的圆展，这三个条件就可以说清楚。在蒙古语语法著作中，也曾以这三个条件来说明，但始终不能令人满意。我们经过一段时间的研究，提出了“舌根后缩与否”这第四个条件，简称为“松与紧”。这个论点逐渐被蒙语学界接受，后来一些外国学者引用这个论点，来说明其他语言中的类似现象。再譬如关于元音和谐律，一些权威性的语言学工具书上都说，元音和谐律是一种语言的元音之间的同化现象。这个定义虽说明了它的主要内容，但从具有严格的元音和谐律的蒙古语的情况看并不完整。在蒙古语里唇形到了又闭又圆的极点以后，反而在后续音节里要求出现展唇元音，这就不能说是同化，而属于异化了。这里包含着“谋求发音方便”的更根本的要求。我们研究具有元音和谐律的许多语言的共性和个性以后，认为元音和谐律特性中包括求同性、限制性、序列性、制约性。简言之，可以说，元音和谐律是一个词里元音之间的调和及制约关系的规律。语法方面举一个例子的话，土族语的形态变化里，有一系列-iː、-a 形式的对立。如：-niː、-na，dʑiː、-dʑɑ（以上为副动词加：-iː、-ɑ 的），-guiː、-guɑ，-guniː、-gunɑ，-sɑniː、-sɑnɑ，-dʑiniː、-dʑinɑ（以上为形动词加-iː、-ɑ 的形式）。此外还有单词形式的：iː、ɑ（有），gui、gua（无），numbiː、numba（是），puɕiː、puɕa（否）。

关于 iː、a 对立的语法意义，20 世纪 30 年代初，田清波（A. Mostacrt 莫斯铁尔）写蒙古语语法时就已发现，但当时未弄清其在语法上对立的意义。从 50 年代中期的蒙古语族语言调查以来，对这个现象的语法意义提出过种种看法，如：人称差别，肯定与不定，确定与非确定，直接与间接，眼见与不见，直述与转述，意料与非意料，想像与实际等。我们经过比较长期的观察和研究，比较种种说法的适用度和不适用度，提出了一个适用度最大而几乎没有反证的说法，即主观语气和客观语气。（参见《土族语和蒙古语》）类似的例子还有许多。语音方面，如中性元音 i 的性质，辅音的清浊与吐气与否的关系，辅音结合律问题，辅音之间的音势结构问题等。语法方面，如概称范畴问题，作为一个词类的时位词问题，动词的不同角度的分类问题，动词的分析形式问题，词组本位的句法分析问题等。总之我们提倡不断地深入研究实际语言材料，并且给语言现象一个恰如其分的理论说明。

乌： 蒙古语言研究，包括蒙古语族语言的研究等已经取得了令人欣喜的进展，但仍存在不足之处，有待改进和加强。您认为目前蒙古语言研究中存在的主要薄弱环节是什么？哪些方面亟须加强和拓展？比如说，您对古代蒙古语的研究现状满意吗？契丹语与蒙古语等相关语言的比较研究是否有进一步深入的必要？

清： 蒙古语和蒙古语族语言的研究的确取得了一定的成绩，一些该研究的领域和课题都有人开始研究，但这些研究大部分是初步的基础研究。在一些课题上取得了较好的成绩，但从数量方面看，是少数的，并且还需要进一步提高。我可以举几个例子：

(1) 60年代初编写的《现代蒙古语》，在当时是里程碑性质的。但是随着研究工作的深入，还需要补充修订。

(2)《蒙汉词典》得到过好评，但这类工具书是需要定期修订的。将来还需要编撰更加充实的《蒙汉大词典》。

(3) 蒙古语族语言的二十一本书也是得到好评的。但这是描写性的。我们原来的目的是在描写研究的基础上，进行蒙古语族历史比较研究，以及阿尔泰语系比较研究。从这个观点看，我们真正的工作还在后边。

(4)《契丹小字研究》得到过国内外好评，获得过国家教委人文社科研究优秀成果一等奖。可是后来发现的新资料增加到了好几倍，也很需要培养新生力量，进行进一步的研究，包括契丹语与蒙古语的比较研究。

以上是已有知名度的几个项目。另外还有不少尚待完成的项目，如：中古期蒙古语词汇，蒙古语方言土语研究，蒙古语基础方言研究，方言地图集等。还有新开展的项目，如：实验语音学，蒙古语文计算语言学研究，机器翻译等。

这些情况说明，内大蒙古语文学科是发展中学科，而不是发达学科。至于更大范围的内大的蒙古学，情况更是这样。在蒙古学这个大学科中，语言、文学、历史三个，还属起步较早的学科，我们叫作“老三篇”。后建的文化研究所以及民俗博物馆等更是处于刚刚起步和刚要起步的阶段。

乌：您在从事科研工作的同时，还长期承担教学任务，培养了包括本科生、硕士研究生、博士研究生在内的大批学生，其中不少人已成为蒙古语言科研教学方面的佼佼者。请问您这方面的经验和您对一个合格学生的主要要求是什么？

清：对大学生的培养，国家有德智体等多方面的统一要求，学校也有相应的规定，这些方面不需要多说。我只说一些专业方面的要求。蒙古语言文学专业的培养目标，在建校时主要是为培养高等学校的教师和科研机构的研究人员，后来调整为：培养从事蒙古语言文学科学研究、教学和党政机关及其他部门所需的蒙汉兼通人才。近年为了适应社会需要，蒙古语言文学系分为：语言文学、新闻学、民族学三个系，更加往培养蒙汉兼通的通才方面发展。蒙古语言文学方面的科研人才，则主要依靠培养出的硕士生、博士生。这里举一下培养硕士生、博士生的几个例子：

为了培养蒙古语言研究方面的后备力量，1978 年招了 11 名硕士研究生。除了学习语言学、蒙语学的课程外，着重学习了语言调查课。1980 年师生分为七个组调查了达斡尔语、土族语、东乡语、保安语、裕固语和蒙古语卫拉特方言、巴尔虎方言。回校以后把七个组的调查材料油印成册，分发给每个调查组成员。在这些语言资料的基础上，研究生们在导师指导下围绕蒙古语族语言，分别选题目，撰写了论文。写就的论文有：《关于蒙古语族语言人称代词的几个问题》、《蒙古语族语言动词态诸形态的比较》、《关于蒙古语族诸语言格的范畴》、《关于蒙古语族语言几个后置词起源的探索》、《蒙古语族语言辅音比较》、《关于蒙古语族语言的长元音和复合元音》、《蒙古语族语言的基本元音的比较》、《关于蒙古语族语言的副动词》等。通过调查研究，强化了实践能力，搜集了比较充分的资料，在撰写论文的过程中进一步提高了分析研究的能力。由于指导教师也一同参加了调查研究，有利于指导研究生论文的撰写。这一次的调查研究和研究生的论文写作以及后来教师们编写有关这些语言的丛书，有力地促进了蒙古语文研究所的蒙古语族语言方面的研究。

我们在总结这次有益经验的基础上，对中期蒙古语的研究方面也采取了类似的作法。后来的一期硕士研究生班，在完成必要的课程以后转入到对中期蒙古语文献的搜集和阅读。我们把《蒙古秘史》等主要文献分工输入到微机里，编制了检索程序。研究生们在导师指导下，分别选定了关于中期蒙古语的研究题目。写出的论文有：《中期蒙古语形动词形态及其演变》、《中期蒙古语动词祈使式形态及其演变》、《中期蒙古语陈述式诸形态及其演变》、《中期蒙古语格范畴及其演变》以及关于中期蒙古语的构词附加成分、动词态、形容词、数范畴、助动词、联系动词等论文。这些论文利用中古蒙古语许多文献，也利用了蒙古语族语言的调查材料，着眼点都在于历史演变。后来的硕士生和博士生在前人研究的基础上作了进一步的研究。除涉及蒙古语族、中期蒙古语外，还涉及到文字史、满通语族和突厥语族。

我们对研究生的专业方面的要求是，学好本学科的基础课和专业课，打好理论基础。对研究对象进行深入的学习和研究，最好掌握充分的第一手资料。在学风方面，提倡理论联系实际，实事求是，并且要求在前人研究基础上有所前进，有所创新。对博士生来说，在这方面的要求更高一些，力求在一些重要的学术问题上有所突破。

乌：您曾多次出国，或讲学或开展科研工作或参加有关学术会议，还不断送学生赴外国如蒙古、日本、俄罗斯、土耳其、匈牙利、芬兰、美国等国家留学。在您看来，与国外同行的交流，相互学习、合作研究对我们的蒙古语言研究事业究竟具有什么样的意义？

清：蒙古学是一门国际性的学科。有一些国家的蒙古学研究具有百年以上的历史，与他们进行学术交流是很有必要的。

内大蒙古学学院的研究人员，近二十年来与一些国家的蒙古学研究人员逐渐加强了学术交流。既有教授、研究员的长短期互访，也有一般研究人员和研究生的互派进修。互相参加彼此的国际学术会议的人员则更多。内大在1987年、1991年、1998年举行过三次蒙古学国际学术讨论会，每次都有十多个国家的专家学者来参加。此外，还和日本、蒙古、俄罗斯等国进行过或正在进行合作研究。

通过这些交流，我们可以发现彼此间的共同点和不同点。其中一个显著的不同点就是具有相当数量的蒙古族居民的国家和没有蒙古族居民的国家之间有差异。虽说都在研究蒙古学，但在没有蒙古族居民的国家里，学者的研究中自愿选择的成分较多，也包含着一些偶然性。有些学者由于某种原因开始研究蒙古学以后，能毕生坚持研究，作出出色的成绩。有些学者也可能向政府或基金组织提出某一研究课题的申请，得到支持以后作出一些很好的研究成果。得不到支持时，也可能放弃这种打算，去做别的事情。

我国有内蒙古这样一个大的自治区，蒙古学的有组织的全面发展是很必要的。不能只依靠某些人的一种兴趣，也不能只靠某个时期某项课题的经费。必须有一个全面考虑的基础上形成的研究规划。一些基础性的研究，必须有相对稳定的机构和人员，以免青黄不接或走弯路。

乌：国内目前由于经济大潮等因素的冲击，作为蒙古语言研究基本对象的蒙古语正在迅速发生着变化，使用、学习蒙古语的人口不断减少，范围不断缩小，不少地区的蒙古语中汉语借词的成分大幅度增加。您对这一现象看法如何？这种现象对蒙古语言的研究有何影响或将会产生怎样的影响？对我们的研究提出了哪些新问题？

清：您提的这个问题，主要涉及到民族语文的学习、使用以及使用与发展等问题，是很多人关心的问题，也是语文工作管理部门主要关心的问题。

蒙古语文的学习，最主要是指学校教育中的蒙古语文学习。学习人口的减少，主要发生在不同程度上兼通蒙汉两种语言的农区和城镇地区。这类地区的人口，占全部人口的比例越来越大，所以也不是小问题。一些家长愿意让他们的子女从以蒙古语文授课为主的学校转向以汉语文授课为主的学校。其原因可能是考虑到汉语文的使用范围广，将来在升学、就业等方面都有优越性。群众的这种考虑，有其现实的原因，不好一味责怪他们对民族语文没有感情。

另一方面，从语文工作和民族教育工作角度看，这不是一个好办法。对一个有悠久文字历史的民族来说，幼儿教育、小学教育过程中不能利用母语，是文化教育方面的一个损失。从一般情况和国内外一些实例看，先以母语进行教育，进行一段时间后，再学第二语言，之后再到第三语言，对智力发展是比较理想的。我们能否作到在以蒙古语文开始教学的学校里，在小学、中学阶段大致作到蒙汉兼通并获得一门外语的基础知识呢？这种可能性是有的。但必须作一番努力，进行一些改革。

在蒙古语文的学习方面，还有一个蒙语会话的学习。这项学习也有它一定的重要意义。一些农村和城镇的青少年，蒙语不太好，想提高一下，一些服务部门的工作人员，经常接触蒙族群众，想学些蒙语会话，这种需要一直都有。一些以汉语授课的蒙族地区学校加授蒙古语文课，使用一般的蒙古语文课教材效果不太好。有些学校反复学习字头，背写字头，背写书面课本，结果日常会话也不会。像这样一些学校的蒙古语文课还不如就学蒙古语会话。

说起蒙古语会话问题，似乎经验教训也不少。需要考虑的问题也不少。经过一些年的经验，我的粗线条的想法是：

第一，一定要注意实用性和少而精。据美国哥伦比亚大学桑代克教授的统计，学会常用的英语500个词和3000个词，等于学习了普通英文书刊用词的82%多和97%多。这就是说，会话读本的选词、选句都非常重要。选词选句得当，事半功倍；选词选句不当，事倍功半，浪费学习人员宝贵的时间和精力。

教材由浅入深，可以有第一个100句（初），第二个100句（中），第三个100句（高）等。每个句子都应有活用或扩展的余地。

第二，既然以会话为目的，最好不用传统的蒙文字母，而用便于口语表达的拉丁拼音字母或国际音标（类似学英语用的）。这些在其他方面也常用，也许学习人员都已经不陌生了。

第三，学习过程一定要成为实践的过程。学一句用一句，学习100句，巩固100句。正式开班学习应有结业考核，应该发结业证。一些服务单位的指定人员，应与岗位资格挂钩。正式开班的教师也应该是胜任这种教学的人员。

蒙古语文的使用问题，涉及面很广。它涉及到不同地区（农村、牧区、城镇）、不同产业、不同年龄的不同用法（口语、书面语或听、说、读、写）。在这里不能谈及所有问题，只能谈一些比较重要的具有现实意义的问题。

（一）关于党政机关、社会团体、企事业单位以及各种服务单位中注意使用蒙古语文的问题已有规定，这里不必多说。如果还有该用而没有用的地方，是属于由语文工作行政部门检查督促的问题。

（二）关于满足广大群众的文化需要的问题。熟悉民族语言的群众，掌握初步的或初中级程度的文化比较容易，但满足进一步的文化需要，是一个重大的课题。如果这方面的需要不能满足，也影响人们进一步学习的积极性。这方面出版部门虽在努力，但离满足群众的需要还有相当大的距离。如果把思路转向这个方面，我想该做的事情一定很多。举一个我所知道的例子：为了解决群众所需读物缺乏的问题，一些有识之士早就建议出版农牧民文库之类的系列丛书。由出版部门、语文工作行政部门牵头，组织文教、科技、文艺、农牧林、医药卫生等各部门人士参加的一个委员会，调查研究群众的实际需要，物色适当人员，编撰或翻译适合的书籍，在陆续出版的同时，不断补充新的内容。

（三）关于挖掘、利用社会力量的问题。现在各地各部门都有不少蒙汉兼通的干部，其中有些人的文字水平还不错。可是平常他们不怎么用蒙文写作。学习蒙文的目的本来在于使用，学好之后不用，未免太可惜。有关领导部门、有关语文工作部门应考虑挖掘这方面潜力，发挥这些人的作用。

（1）出版部门（包括上边谈到的农牧民文库之类）、报刊部门，有计划、有意识地向各部门组稿、约稿。这也是加强语文工作社会基础的举措。

（2）没有专职翻译或有时翻译力量不足的较大的单位，设置一些兼职翻译岗位或蒙汉兼通岗位，使一些蒙汉兼通的干部平常也多注意蒙古语的报刊广播，经常处于能够胜任这项工作的状态。

（3）《蒙古语文》这样的刊物，应让蒙汉兼通人员进一步参与蒙文编译工作。每期刊物上登载当时报刊上的新词术语及当前语文工作的报导。这个刊物，现在办得也不错。希望更上一层楼，更深入地参与社会的语文实践。可能的话，每年出一期《语文工作年鉴》，进行一年的综合报导。

“汉语借词大幅度增加”的问题，需要作些分析。

(1) 现在的书面语里，即正式的文学语言里，并不存在这种情况。

(2) 干部和知识分子的口语中，有时看到借词较多的现象。这可能是因为对一些新词术语不知怎么说，也可能是图一时的方便。在后一种情况下，正式说的时候就能改正过来。

(3) 在一些群众中，尤其在农区和边缘地区的群众口语中有大量的汉语借词。一般他们的蒙文程度不高，汉文程度更低。当地的干部一般讲汉语的多。群众讲不了汉语，只好说夹杂一些汉语借词的蒙古语。对于这种情况不宜取笑或反对，而应理解他们的苦处。他们现在依然离不开母语。可能的话，考虑一些如何引导、如何提高、如何辅导的问题。

有关蒙古语文的研究，大致可分为两大类，即基础研究和应用研究。我们这次谈话中前边谈的大都属于基础研究，除这些以外的语言规范化的研究，如蒙古文字改革问题，正字法改进问题，标准音的问题，新词术语的制定问题等，以及翻译问题，广播语言问题等，都属于应用研究的范围。

我们在进行基础研究的时候，注意的是揭示语言各部分、各方面的本来面目和客观规律，不考虑群众是否容易接受的问题。应用研究是在基础研究的基础上研究如何使其实用化的问题。因此必须考虑群众是否容易接受的问题，必须考虑对群众来说是否方便的问题。这个问题在应用研究者当中是否都得到了解决呢？这是需要以实践来回答的问题。

我们以蒙古文字改革问题为例：在长期的研究和实践过程中，大家觉得传统蒙文有改进的必要。但是在如何改进的问题上意见并不一致。在这种情况下，为了妥善处理这个问题，必须真正走群众路线。经过研究提出一个方案后，应有一个征求广大语文工作者意见的过程，应有一个试行阶段。经过一段时间的实践以后，再由大家共同总结经验，采纳大家比较满意的改进法。

再如：中国蒙古语的基础方言和标准音地区确定后标准音系统的具体方案迟迟定不下来。原因之一是察哈尔土语的过渡性很大，可塑性很大。如：前化元音与颚化辅音的关系问题，n与ng的关系问题，阳性I与阳性e的问题等等。近来有关研究人员在解决这个问题上取得了一些共识，在一些问题上不采取绝对的办法，而允许有一定程度的幅度等。朝这个方向努力，有可能使大多数人比较容易接受。

再如：蒙古语广播这些年很有进步，很有提高，受到群众的欢迎。但也有群众说，个别广播员的说话速度太快，不易接受。是否说话速度越快越好，越能表示业务水平？这个问题可以研究。这方面听听群众意见可能有帮助。

其他如新词术语的制定，教材的编撰法，书刊上的语言，翻译作品的语言等等方面，似乎都有一个群众路线的问题。总起来说，在应用研究方面，如果向世界先进国家、先进民族语言看齐，可以讲出许多理论，但是我认为更重要的是，面向我国蒙古族的实际，面向群众的需要。

以上我针对蒙古语文工作的现状，暂时放弃“静观”态度，说了些有主观因素的想法。这是因为，对相对弱势语言来说，应采取一些促进措施和扶持措施。这样才能使其有个比较平等的机会，发挥它应有的历史使命。因此我也希望有关领导和语文工作者多考虑一些合情合理的促进语文工作的办法。希望各有关同志尽心尽力，尽到责任。

另一方面，有些地区居民在历史上已转用汉语或其他民族语言。有些地区居民由于现在的居住环境、工作条件等等，汉语或其他民族语言成为第一语言，其中一些人已不使用蒙古语文。如果他们不要求学习、使用蒙古语文，也只好听其自便。

乌：您长期担负研究所的领导工作，还担任过校领导，但您个人的科研工作并没有因此而放松，给人感觉您首先是一位学者，您的学术成就使您成为享誉海内外的著名学者。在多年的科研工作中，您最深的感受是什么？

清：我和我们一起工作的集体在内大从事教学科研工作已有45年。在这45年中我们虽遇到了风风雨雨，但一直团结合作，取得一些成绩。究其原因，除了客观方面学校工作的需要和学校领导的支持外，也有我们主观方面的原因：

首先，我们都认识到我们工作的重要意义。我们有看重大局，服从工作需要的精神。

其次，我们在重视调查研究，重视理论联系实际等方法问题上有共同的认识。

第三，我们对科学研究产生了浓厚的兴趣。

第四，我们有团结合作的精神，集体与个人的关系比较协调。我们既提倡个人服从工作需要，又主张充分发挥个人的潜能，使每个成员都能发扬本身的长处而有所成就。

作为我们集体中的一个成员，作为一个班长，我除了和大家有共同的态度和想法外，我想补充一下纯属我个人的一两个事例：我到内大以后不久，有一位很熟的老同志见我就说，你是咋搞的？经多年的科长、处长提上去的厅局级，怎么又回落到处长、副处长级了？你本人就没有意见？我回答说，我现在每天每刻在考虑怎样才能把蒙古语言文学系真正建立起来，哪有时间考虑级别待遇呀？再举一个例子：到了80年代初，又有一位同志见到我说，祝贺你当选为全国人大常委。这个职位了不起呀，全内蒙才你一个常委。你可以考虑改行啦。我说，我这个书呆子早已定性啦，再也改不了啦。

我的这些说法和态度，出于我的一种根本想法。从我个人的整个情况看，已经历史地形成为一个做学术工作的人，对此应有一个"自我定位"。既然这样，就不应计较待遇地位，患得患失，见异思迁。实际上我也是以学术上的点滴心得体会，为很大的快乐和满足。学术上微小的成绩，都是对学术工作者的很好的回报。

乌： 您现在虽已年逾古稀，但仍笔耕不辍，继续自己的研究。请问您现在的主要研究方向和具体内容是什么？

清： 我早已年逾古稀，前几年就提出离休申请，还没有批准。对我个人来说，离休与否无所谓，全由学校的方便来定夺。勿论离休与否，我还是做我能作的事情。

我在这个春节前，刚完成我在日本讲学期间答应下来的关于契丹文的一个论著。现在主要工作是主持编写蒙古学百科全书语言文字卷的工作。由于有关人员都有别的工作，所以进展较慢。

过一段时间，百科的工作告一段落后，我想继续进行已经开始而尚未完结的工作。主要是蒙古语族比较语法和契丹文字的研究。准确地说我继续做这些工作的一部分，绝大部分工作和接着做的工作要靠年轻同志。

另外学校给了我一个蒙古学学院名誉院长的荣誉职务。因为是荣誉职务，可以不管具体事情。但是现职的同志有时也找我商量，找我咨询，我也不能啥也不说。对此我采取的态度是：

知无不言，言无不尽，闻者参考，言者不究。

也就是说，我的意见采纳了没有，采纳了多少，我不去过问。这一方面是因为不在其位的人，本来就不应再去过问；另一方面，年纪大的人往往趋向于保守，容易犯经验主义错误。所以我认为，自己应有自知之明，不去过问为宜。

（访问者：乌兰，中国社会科学院民族研究所研究员）

尤中先生访谈录

龙晓燕：尤先生，我们都知道您是著名的民族史学家和教育家，从事民族史学的教学与研究已近50年，您是否可以谈谈您是如何走上这条道路的。

尤中：：1943年，我考上了省立宣威乡村师范学校，三年师范毕业后，就到了昆明，担任昆明市圆通小学五年级教师，后又到寻甸县立款庄中学任文史专任教员。1949年进入云南大学文史系深造，在大学期间，我格外青睐于中国近代史，当时的毕业论文是《辛亥革命》，对云南民族史并未打算做进一步的研究。但1954年毕业留校后，系主任张德光教授让我担任方国瑜教授的助教，接替方先生讲授《云南民族史》，虽然不是很情愿，但我还是接受了组织的安排。当时又恰逢周总理来云大，特别指示历史系要研究云南的少数民族，以利于祖国的统一及民族的团结。这对我触动很大，于是决定全身心地投入到民族史的教学和科研工作中去。刚刚留校时，关于我的具体工作，方国瑜先生就是一句话："把二十四史里有关云南的史料抄出来"。从此我就开始每天从图书馆借阅二十四史回家阅读，由于当时的二十四史都是木刻本，数量非常大，所以有的书，例如《宋史》，我是用扁担挑回家来的，为此在校园里被称为"用扁提挑书的助教"。书借回来后，就抓紧时间阅读和抄写，放弃了星期天的休息，并且每天都工作到深夜一两点以后，这样不到两年的时间就把二十四史中有关云南的史料抄录了出来。到1956年秋，我就开始讲授《云南民族史》，并把这些抄录出来的资料印成了《云南民族史史料汇编》发给学生，同时边讲课边写讲稿，到1957年第二次开课时，我就正式写出了讲义。其中的第一章以《对秦以前西南民族源流的窥探》为名的《社会科学杂志》1957 年第 6 期发表，第二章《汉晋时期的“西南夷”》在《历史研究》1957 年第 12 期发表。《汉晋时期的“西南夷”》有 3 万多字，主要论述了汉晋时期西南边疆各民族的族系源流、社会性质以及与中印半岛各国的交往关系等，在当时引起了一定的反响，这又进一步加强了我从事云南民族史研究的决心。

龙晓燕：50 年代，在从事云南民族史的教学和研究的同时，先生还参加了全国民族大调查，是这样的吗?

尤中：：如果对各少数民族的现状一无所知，那么对他们的历史也就不能有深入的理解与研究。现实是历史的发展。很多古代的现象一直残存在近现代的某些少数民族地区，所以，对一个历史科学工作者来说，社会调查既有助于对历史的理解，又可以帮助解决现实生活中历史上遗留下来的很多问题。从开始民族研究之初，我就非常重视民族调查，1958 年的时候曾带学生到德宏等地从事民族调查。同年我又参加了全国民族大调查，就是在这次调查中，认识了林耀华、宋蜀华、吴恒等民族学家。当时我们组组长是方龄贵教授，我是副组长，组员有中央民族学院、云南大学、云南民族学院、云南师范学院的教师和学生。我们先到了临沧，然后又转到思茅、红河等地，对这些地区的傣族、哈尼族等少数民族的社会历史进行了深入细致的调查，调查的成果最后都在当时的少数民族社会历史调查资料中反映了出来。这次调查，对我自己进一步理解过去的历史是很有帮助的。

龙晓燕：先生是名著《中国历史地图集》的作者之一，在编写、绘图的过程中，先生付出了艰辛的劳动，您是否能给我们介绍一下当时编写的情况。

尤中：：1961 年，中央组织有研究的各大学编绘《中国历史地图集》。工作由吴晗主管，谭其骧主编，参加的单位有中国社会科学院历史所、中央民族学院、南京大学、复旦大学和云南大学等，而云南大学参加的人有方国瑜和我。这是我人生的一件大事。在工作中，我具体负责编绘中国古代西南的南诏、大理国及元明清时期的疆域图。在当时的政治背景之下，编绘工作要为无产阶级政治服务，但整个编绘工作仍然是非常严谨的。大家都认为历史要真实、准确，不能歪曲附会。当时的编绘情况是每写出一次说明文字，画好图，我们都要到上海复旦大学集中讨论一次，然后又回来修改，这样反反复复经过多次修改，最后定稿是1972年在北京，由当时的外交部副部长余湛主持。具体到我，我一直认为要坚持历史的真实性，历史如果不真实，只会对政治起反作用。尤其是清代的图，一方面它和今天的疆界关系密切，牵一发而动全身；另一方面我们画清图的标准年代是嘉庆25年(1820年)，而现在云南的边界是1885年以后才分别和英国和法国划定的，就是说在此以前，云南的边界线和现在的边界线是不一致的，当时云南的文山州的一些地方，例如猛峒、南温河以南是属于越南的，是后来划界才划给我们，而有的地方原来属于我们，后来又属于他们，情况很复杂。所以我做了认真细致的工作。首先我从古代史籍、地方志等文献中收集了大量的相关材料，同时由于云南省革委会的重视，对我们大开绿灯，我得以进入到档案馆查抄了大量的资料。虽然汇集了很多资料，但由于历史上边疆民族地区不为人所重视，许多问题仍然很难说清楚，尤其是边疆少数民族地区的历史发展演变问题，更是难度很大。1972年，云南省革委会又派了一辆小车，给我们提供了到边疆进行社会调查的条件。我们从东部的文山富宁顺着边境线往西一直到德宏州，对云南边疆进行实地考察，又对民间的有关传说、民族风俗等进行了访问。三个月的艰苦考察，发现了很多古迹遗存，有的印证了历史，有的则纠正厘定了以往资料的讹误。如根据马鹿塘南边有个村，至今还叫“隔界”，确定了马鹿塘在清代属云南开化府，不属越南；牛羊汛边界的一段是自今麻栗坡县东北第三段中、越边界的第十七号界碑处起，向西南至第二段第十四号界碑处止等。调查归来后，把汇集的文献资料与社会调查获得的资料进行综合研究，写出说明文字，然后才上图。

在这次编绘过程中，我既收集了资料，又进行了深入的实际调查，后来发表的论文《领地跨于红河南北的纳楼土司》、《腾冲西郊的老缅王京城》、《西南边疆民族史札记》都直接运用了此次亲自调查的材料，《西南边疆变迁史》也是在此基础上写成的，其中边疆村寨的变化都很细地在本书中反映了出来。

龙晓燕：在从事历史研究的过程中，先生收集了大量的历史文献并对它们剔梳排比，认真校对，在古籍研究方面做了很多基础性的工作，您能否介绍一下这方面的情况。

尤中：：西南地区有大量的汉文和少数民族文字的古籍，但其中很多古籍散落各处，没有得到充分的利用，但在这些古文献中，有很多关于物产、交通、气候以及政治、民族关系的资料，它们对我们今天的科学研究和政治、经济建设很有帮助。为了集中力量、分工协调地展开对西南古籍的研究工作，云南省成立了高等院校古籍整理研究工作委员会，云南大学也于1984年成立了西南古籍研究所，我被推举为古籍整理委员会的常务副主任委员，同时担任西南古籍研究所所长及《西南古籍研究》的主编。在担任以上职务期间，我在组织力量对一些古籍进行标点、注释和校勘的同时，亲自校点了《僰古通纪浅述》，并对天启《滇志》的点校进行了审订。《僰古通》是大理国时期白族的历史著作，而《僰古通纪浅述》是演绎《僰古通》的最后一本书，大约成书于清代。从《僰古通》到《僰古通纪浅述》，文字由白文变为汉文，其间又经历代文人演绎发挥，所以有很多内容只能视为白族民间的传说故事，但它也有有利于历史研究的方面。此书涉及面广，信息量大，很多内容可补正史的不足。为了使它成为一部对云南地方历史及民族文化研究的有用之书，我广泛地收集资料，对它加以细致的考证并于1989年交付出版。

龙晓燕：您多次谈到要构建民族史研究的金字塔，请谈谈这一学术思想以及您是如何实践该思想的。

尤中：：留校当初，我在教学和科研方面的主攻方向为云南民族史，但我在云南民族史的研究中发现云南各民族历史的发展与全国各民族包括汉族在内的历史发展是不可分割的，只局限在云南这个范围内来研究，不与全国形势相联系，很多问题就看不开，不可能把云南民族史讲清楚。例如汉开西南夷就是与全国相连的，但在研究中我就发现自己对北方、西北的历史不太了解。这时我就想起胡适说过“为学要如金字塔，要能博大要能高”，只有广博的知识，才能做到高精尖，于是便决定建造金字塔。我开始重读二十四史，把所有有关少数民族的资料重抄出来，加以标点；同时去书店、图书馆等地方的时候，除了有关云南的书籍外，我开始注意和收集其他地区的有关资料。这一方面扩大了我的治学视野，为以后的研究奠定了基础，另一方面，又使我能够把握对云南民族史的宏观研究和微观方面的深入。1959年，历史系招收中国民族史专业本科生，我在教《中国民族史史学名著选读》的同时，又和方国瑜先生、江应梁先生共同讲授《中国民族史》，其中先秦、隋唐五代宋部分由我讲授。当初我的研究如果仅仅局限于云南，我就拿不下此课，正因为大量掌握了有关的资料，所以能够讲授此课。但此后，也就是1959年到1975年，由于大跃进、“文化大革命”，这个专业被撤消，所以在这一段时间内，我仍然专注于云南民族史的教学和研究。讲稿每年都在修改，同时也注意全面地收集资料，例如《资治通鉴》等书中有关少数民族的史料就是在这一时期收集的。大量史料的收集和梳理工作为以后专著的写作和出版打下了基础。所以在80年代我招收研究生后，能够顺利地写出《中国西南的古代民族》、《中国西南民族史》、《中国西南的古代民族续编》三部硕士研究生教材和《中国西南边疆变迁史》、《中国西南民族地区沿革史》和即将出版的《中华民族发展史》等博士生教材。

龙晓燕：从您的学术经历来看，有一个立足云南、巩固西南，全面研究中华民族史的过程，而其中《云南民族史》、《西南民族史》及《中华民族发展史》是其中的代表性著作，是这样的吧？

尤中：：是这样的。《云南民族史》可以说是我民族史研究的奠基之作。刚才我们也谈到了，1957年我就写出了《云南民族史》的讲义，此后历经修改，到1980年由云南民族学院印成铅印教材。1985年，又由云南大学西南边疆民族历史研究所再次铅印，作为云南大学、云南师范大学、云南民族学院历史系的教材，其后我又进行了反复的修改充实，1994年本书由云南大学出版社正式出版。《云南民族史》以云南地方政治势力的消长、中央封建王朝对云南统治的变化及内地汉族地区的影响为线索，对影响云南地区社会发展的重大历史事件和历史现象进行了叙述，同时理顺了云南古代各民族纷繁复杂的历史发展脉络，完成了对古代云南各民族的民族识别工作。在对西南地区的研究方面，《中国西南民族史》和《中国西南的古代民族》可以说是相辅相成的。《中国西南民族史》从“史”的角度研究历史上的西南民族，而《中国西南的古代民族》则是从“民族”的角度对史作了探讨。这两部书从大西南的宏观角度（涉及到了云贵川、两湖、两广、西藏等区域）探讨了西南地区古代各民族的历史发展及他们的族系源流和他们与近代各民族的族源关系。在西南各民族的族系源流研究方面，观点众多，意见不同，我在对史料进行了认真梳理的基础上，采用了民族历史地理学的方法，把西南各地区各个历史阶段的民族分布情况加以逐阶段的考证、排比，再对其进行认真地论证和分析，从而判断出各民族的族系源流及其发展变化和最终归属。至于《中华民族发展史》的写作则现在还在进行当中。

龙晓燕：从1989年初开始写作，到2002年问世，《中华民族发展史》可以说是先生呕心沥血之作，请您介绍一下本书的写作过程及其特点。

尤中：：应该说本书的写作缘起还要更早一些，因为在进行云南民族史的研究和教学过程中，我就发现中国是一个统一的多民族国家，离开了汉族去研究少数民族，或者缺少了少数民族去研究汉族，都是搞不清楚的，所以我一直在收集汉族和其他地区少数民族的资料。正式动笔是在1988年。这一年档案系系主任张鑫昌教授请我给本科生讲授《中华民族发展史》。我一边教学一边写讲稿，因为是本科生的课，而且主题又如此宏大，内容相当多，所以我当时只想写一部20万字的简史，但事实是写到南北朝时就已经有20万字了。就在这个时候，由于要忙着赶《西南民族地区沿革史》，这部《中华民族发展史》被放下了。到了1990年的时候，云南人民出版社的李惠铨来家里拜访我，谈到了这部未完的书稿，他很感兴趣，就把已写出来的书稿带走了。一个月后，他告诉我出版社经过三次论证决定投资出版此书，并表示了就算卖不出去也要出的决心，于是我决定放下手中的其他事情，好好写一部《中华民族发展史》作为博士生教材。在写作过程中，我每写好一部分就印出来提供给博士生学习，到现在写作进行到了明代，已定稿290万字，明年年中将全部写完并交付云南人民出版社一次性出版，预计共有350万字。

我的这部《中华民族发展史》有两个方面的特点，其一：建国初期以来，中国民族史都是不包括汉族的，实际上是中国少数民族史。但事实上少数民族的历史发展脱离不了汉族，也不能脱离历代封建王朝，所以当时我就考虑写一部中华民族史，这部民族史是包括汉族在内的全国56个民族的共同发展史，而其中心思想就是整个中国民族史都是以汉族为主，联合和团结各兄弟民族共同创造的。其二，注意区别国家概念和民族概念。国家是政治界限，而民族是自然界限，历史上如此，今天也如此。所以我在写《中华民族发展史》的过程中就把这两个概念加以区别，在体例上就是民族与国家（王朝）分别写。国家叙述其政治、民族政策并明确其疆域范围，同一时间阶段内以汉族为主建立的国家和以其他兄弟民族为主建立的国家平等并列。例如隋唐时期，隋朝和唐朝是以汉族为主建立的，而北方的突厥汗国、西部的吐蕃王朝、西南的南诏国、东北的高丽等都是不同的少数民族建立的。在我的书中，不把少数民族政权，例如南诏说成是"地方政权"，而是把它们作为不同的政治实体在本书中与唐朝并列。而民族则不以国家的政治界限而以民族的自然界限叙述同一时间阶段内不同民族的经济文化生活。这一体例和以往的著作是不同的，但我个人认为这并非我的创造，只是尊重历史的真实性而已。

龙晓燕：从1957年至今，您发表了60余篇论文，出版专著近10部，取得了巨大的成就。在40多年的治学过程中，您有什么经验和体会？

尤中：：这里要明确的是我的这些成果都是出于教学的需要，是在教学的过程中产生的，因此我的第一点体会就是教学要和科研紧密结合。其次我有以下3点看法：

首先，作为一个历史工作者要有史德。我在读中师的时候，有位国文老师出了一个作文题目《士不立品者必无文章》，当时我的文章得了第一名。从这次作文之后，我就开始思考并认为知识分子必须有高尚的道德情操，只有有了好的品德，才会有高格调的文章，反映在史学领域，就是要求史学工作者要有史德。为了迎合某方面的政治需求，或为了某些个人私利而任意歪曲事实、捏造史实都是没有史德的表现。比如魏收所编写的《魏书》，由于当时讲门阀制度，所以魏收在写作时，若有人贿赂他，那么他就把这人的祖先说成是大族，反之则贬抑该家庭，这样就使此书有很多不实之处，被后人称为“秽书”。所以说不管从事什么职业，首先一定要有道德，即职业道德。具体到史学，就是要有史德。

其次要有正确的治学态度。朱熹有一篇文章说，做学问，要像猛将用兵，直是鏖战一场；像酷吏治狱，直是推勘到底。这就是说做学问要非常认真细致，一点一滴都要注意。我们在进行史学研究的过程中，在对史料的理解上，就是每一句都要仔细推敲并把它弄清楚，只有这样才能正确地说明历史真实。例如《史记·西南夷列传》中的“且兰君恐远行旁国掳其老弱”一处，先前有人标点为“且兰君恐远行旁国，掳其老弱”，这就不好理解。我认为当时夜郎地区社会处于原始社会末期，各部落互相争战，所以标点为“且兰君恐远行，旁国掳其老弱”，就能让人明白这段话的意思。

最后就是要有好的治学方法。史学与文学不一样，不能夸大也不能缩小，一定要有根据，所以治史最重要的就是史料。这就要求我们熟练地掌握第一手原始资料，史料之于史学犹如砖瓦之于大厦，砖瓦不济则根基不稳。我治史 40 多年，在史料上所花功夫几乎占去了我五分之四的时间，至今我已经做了上万张卡片，有的纸质已变得泛黄，但仍然还在使用。其次我们要注意收集现代人的研究成果，善于利用他人的成果来完善自己的理论。在这个过程中要避免两个不好的倾向，一是史料收集不全面，对某一历史问题尚未充分理解就随便乱发议论；二是在引用他人的成果时不作注，不标明来源。这里谈的是技术问题，当然有的人涉及到的是道德问题。

龙晓燕：先生在史学研究领域取得巨大成就的同时，还培养了大量的本科生、硕士生和博士生，其中的很多人都在民族学的研究领域里取得了巨大的成绩，先生现在可以说是桃李满天下。您在教学工作中又有何经验呢？

尤中：：这些学生的成才和他们的努力是分不开的，作为指导教师，我对学生主要有两点要求：首先要严，对学生要严格要求、严格训练。一方面我要求学生阅读二十四史等史部的书及地方史志的有关部分，并做卡片；另一方面我又根据教学内容要求学生做读书札记，学习心得，并对其进行认真的修改，这样就能让学生有扎实的业务基础。

其次要求学生能够独立思考，积极鼓励学生提出和自己或其他学者不同的观点。古人说过“致知之途有：曰学、曰思。学非有碍于思，而学愈博则思愈远，思正有功于学，而思之困则学必勤。”学是思的基础，而思则是在前人研究成果的基础上，发前人所未发，想前人所未想。因此，对于一些权威性的著作、权威学者，不要盲从，一方面要认真地研读他们的著作，同时要积极地进行思考，从他们的著作中引发问题，并力图解决，那么你就有可能在这个方面有所突破，有所建树。学问学问，要学要问，如果学生不能超过老师，学问也将无从深入，无从发展。

（访问者：龙晓燕，云南大学人文学院副教授、博士）

陈连开先生访谈录

邸永君（以下简称“**邸**”）：陈先生，感谢您能接受采访。今天的话题是否就从您的斋名“三乐居”谈起？

陈连开（以下简称“陈”）：好。孟子有云：“人生有三乐：无愧于天，无怍于人，一乐也；父母俱在，兄弟无故，二乐也；得天下英才而教育之，三乐也。”此古圣贤之境界，我虽一介凡夫，却心向往之，因此引为斋号。另外，我认为现代人亦有三乐，即“自得其乐”、“各乐所乐”、“助人为乐”，斋号亦寓此意。总而言之，我是乐观主义者。

邸：在当代学者中，您素以学养深厚、眼界开阔、思维敏捷、性格豁达而著称。您认为是哪些因素成就了您的这些优点？

陈：过奖。我无论从上述哪个方面而论，皆难领受如此评价，自我审视，“中人”而已。谈到学养，似却有些家学渊源。我于 1933 年出生于湖南省东部攸县龙和乡龙家台村的一个耕读之家，年幼时家境小康。族人中世代皆有以开馆（教授私塾）为生者。我曾祖翘轩公终生授徒，成就者多，享寿九十有四，颇有名望于乡里；祖辈、父辈中有些人亦有才学，家中藏书也小有规模，形成了“崇儒重文”之家风。这对我后来走上学者之路具有一定影响。其实，一个人之成长环境不只是家庭环境，周围的社会环境亦十分重要。我的故乡攸县西汉时就已置县，但历史上在文化领域有建树者却鲜有其人。而攸县临近醴陵，就我家而言，距攸县县城 120 里，距醴陵县城却只有 90 里，反而更近。醴陵位于湖南省东部，属于湘江支流渌水流域，紧邻长沙、湘潭。株洲原是属醴陵一个乡镇，因京广、泸广两条铁路在此交汇，遂成为南北、东西铁路交通枢纽，因此其地位日隆，现已是地级市，醴陵、攸县、茶陵等县皆属株州市管辖，真乃后来居上者也。

自我稍知世事，第一个向往之地就是醴陵，后终于得以前往，先就读于醴陵湘东中学，后转学于开明中学。是何原因使我离开故乡攸县而去醴陵求学？我家离醴陵较近固然是原因之一，而醴陵经济、文化远比攸县发达，则是吸引我去醴陵求学的主要原因。醴陵设县在东汉，晚于攸县，但与长沙、湘潭接壤，又地处交通干线，历史上就文风颇盛，人才辈出，留下了不少人文名胜；经济也较发达，长于制瓷，与景德镇同获“瓷都”美誉；又盛产烟花鞭炮，其种类、质量足可与浏阳花炮媲美，因而与之同列为驰名中外的“花炮之乡”。自晚清以来，湘军、湘学颇令国人瞩目，而醴陵在这两大突兴湘流中，贡献多多；并涌现出一大批声名显赫的杰出人物。尤其于军政界更加突出，从国民党时期的程潜、陈明仁等到中共杰出领导人李立三、抗日名将左权及耿飚等一大批叱咤风云的将领和仁人志士皆出于此，使醴陵成为先进人物之摇篮。这就是其对少年之我产生的巨大吸引力之所在。

至于我的家族，在太平天国兴起前，大概是当地巨族。太平天国来到我的家乡，不仅焚毁宅院并将我尚在青年时的曾祖父当人质押至天京（今南京），并索要巨额赎金。后虽因有李姓千夫长解救，并亲自护送回湘，但从此家道中落。为谋生计，我曾祖父开始以开馆授徒为业。至我祖父时，虽一度中兴，而较之鼎盛时，相去不可以道里计矣。

邸：就我观察，是否重视对子弟之培养及能否成功，当地向学风气与家学传统所起作用似乎比家境之贫富更大，所谓“孟母三迁”之典即可说明此理。

陈：言之有理。至我出生时，家境每况愈下，然受民风家风影响，我仍得以五岁入私塾，故而发蒙较早。塾师陈经策乃我堂伯，此人思想保守，性情孤僻，但国学功底深厚，小有名气于乡里。这样，我在家塾中读书计四年余，学习内容多为《四书》、《五经》及《左传》等古籍，因而为日后走上学术之路奠定了必要的基础。后来，我赴醴陵读初中，假期回乡后，仍从经策师读古文，因而少有闲暇。经策师对学生之书法亦十分重视，认为"字如其人"，"不能书，则难成大事也"。但我本人却不愿练字，每每偷闲搪塞，终致满纸"涂鸦"，想来追悔莫及也。

邸：先生不必过谦，我见过您的墨迹，虽不能称为上乘之作，但笔力遒劲，字有法度，胜眼下不少偏好题字之"名流"、"雅士"者多矣。此辈以"墨猪"、"涂鸦"之丑书陋字，却敢高县于堂皇之处，令见者不忍足睹，已成污染之公害，诚可谓少廉寡耻之世风使其然也。

陈：文天祥有诗云："时穷节乃见，一一垂丹青。"我的少年时代正值多事之秋，山河破碎。但当时学界风气却胜当今者多矣。知识分子以天下为己任，于极端困难的条件下仍刻苦自励，情绪激昂。1944 年，日寇发动"打通大陆交通线"之役，三湘大地战火纷飞，狼烟四起。我正读高小，师生颠沛流离，一日数惊。但即使如此，仍努力学习，不使学业荒废。当时我们的教师不少是失学的大学生，其中给我留下印象最深者乃国文教员贺铁成。他经常在课堂上慷慨陈辞，历数日寇暴行，激发学生的爱国主义思想。我从那时起，爱国主义、民族主义的情感便深深地扎根于我的心灵之中，并在我日后研究的"中华民族形成史"过程中发挥着重要的影响。

到湘东中学就读后，我积极参与学生政治运动，但该校管理极严，我深感压抑，便转学至开明中学。该校气氛活跃，我如鱼得水，与诸同学成立社团，名"雁群社"，并有进步教师欧阳文道、文家驹等担任指导。后来才知道，这些教师均是中共地下党员。他们经常对我们进行思想诱导，对苏联的政治制度和社会生活赞不绝口，我们被其描述所吸引，幻想有朝一日祖国亦能像苏联一样强大，人民能像俄人一样幸福。此时已进入解放战争中后期，国内形势变化万端，但“求变迎新”已成为时代的主旋律，我们真心期待着一个全新时代的到来。1949年5—6月间，我与另外一名同学（亦是族兄弟）一行二人曾经密谋策划离家出走，去寻找苏联——我们心目中的天堂。但我们竟不知其在何处，只知道在遥远的北方。结果我因故未成行，而他却义无返顾，独自向北“挺进”。从此杳如黄鹤，音信皆无。但前两年他突然由台湾回乡探亲，才知道他当年只北行百余里，便被国民党军队抓去当挑夫，并一直挑到了台湾！此事一方面说明当时青少年追求真理、追求进步的迫切；另一方面也表现出其幼稚与天真。不久，陈明仁发动起义，湖南即告解放，历史掀开了新的一页。

邸：算来当时您是16岁的少年，想必您亦与同时代所有青少年一样，曾心潮澎湃，彻夜难眠？

陈：的确如此。沐浴着新中国的曙光，真是思绪万千，摩拳擦掌。我当时只差一个学期便初中毕业，但已无心再学，便毅然决定辍学回乡参与迎接解放、建立政权和社会改革等一系列活动。我上小学时的老师贺铁成此时担任了区长，但我并未去找他，而是在本村帮助工作组工作。与当时周围同志相比，我已是文化程度相当高的“知识分子”。加之“初生牛犊不畏虎”，我的积极最初得到工作组的欢迎和重视，连本村由龙家台改为“大和乡”，乡名也是我所起。但好景不长，土改摸底，我家被划成地主，我在本乡参加工作已不可能。工作组领导肯定了我的积极性，开介绍信要我报考四十六军军政干部学校，政审和文化考试都通过，而体检不合格未被录取。这样我不得不回家务农。

值此或是在家务农，或是另谋出路的关键时刻，醴陵开明中学更名为醴陵二中，由文家驹老师出任校长。他想起了解放前夕有我这样一个个头很小，但非常活跃的学生，便捎信邀我回校复学，给予甲等助学金，并免交食宿费。于是我又回到学校，得以完成初中学业。师恩难忘，可惜文家驹老师今已作古，而我复学时的班主任文家彦老师虽已离休，但至今仍保持联系。其实，这也是共产党对我最实际的关怀，令我终身难忘。

邸：是何原因使您走上学术之路，并从事历史研究？

陈：我的学术之路十分曲折。初中毕业时，学校欲保送我入湘潭卫生学校，但自忖不适合亦不爱好从医，便婉言谢绝。到1952年初，我在长沙先后投考湖南银行学校、湖南工业学校、湖南第一师范学校，有幸被三所学校同时录取。就当时而言，我最喜化学，应选工业学校。但当时该校须交纳学费，我虽拥有“地主”成分，但“土改”后已变得一贫如洗。而第一师范可免交学费，又是毛主席的母校，于是便选择了湖南一师。当时我已19岁矣。

一师学制为三年。其间我曾对文学产生过兴趣，并在文学刊物《处女地》上发表过小说《死在黎明之前》，叙述了一位学生地下党员，在解放前积极组织学运，不幸英勇牺牲的故事。人物情节虽是虚构，但也有一定依据。1955年，我在一师如期毕业，恰逢刚刚成立于湖北武汉的中南民族学院到我校招收教师，因我成绩优异而小有名气于全校，有幸被选中去大学当教员（当时一师毕业生多为中小学教员）。到任后，我却发现，学生尤其是调干生文化素质参差不齐，大多数学员需补习中学课程，名曰“预科班”。我被分配到“预科班”讲授文学。通过接触，时任副院长的岑家梧教授对我赏识有加，并选调我做其助手。岑先生当时在武汉大学讲授《原始社会史》，我边听课边做助教，渐渐激发了我对史学的强烈兴趣。1956年，学校要开设民族学课程，而北京中央民族学院（今中央民大前身）历史系正举办“民族学研究班”，岑先生便推荐我到北京来进修学习，准备学成后回武汉讲授民族学。于是我平生第一次晋京，并且是以中南民院带职研究生的身份晋京，内心的幸运感和兴奋劲，真是难以形容。

来到历史系以后，我首先认真全面地了解了民族学研究班和本科的课程及任课老师的情况。民族学研究班，只有苏联通讯院士切博萨罗夫教授主讲民族学课程，潘光旦、吴文藻、费孝通等名教授都不参与授课，林耀华教授虽是历史系副主任，当时也不担任民族学研究班的课程。而民族史专业则是另一番光景。当时的历史系主任、著名元史蒙古史专家翁独健作出规定：没有副教授职称不能上基础课，甚至不让登讲台。著名辽金史专家傅乐焕时任系副主任，清史专家王钟翰担任中国史教研室主任，明史也有胡德煌、孙钺教授主讲。可以说辽金元明清史都有名家担纲，是中央民族学院民族史专业的突出特点。此外，张锡彤教授主持世界史教研室，徐宗元教授的先秦史研究也很深入。他们不仅学问扎实，而且极负责任。本系教员已名家云集，还特别聘请夏鼐、苏秉琦领衔主讲考古系课程，贾兰坡、吴汝康领衔主讲古人类学课程。这样的课程设置和名师讲授，所具之吸引力实无法抗拒也。

我当时已 23 岁，而且在中南民院已挂名当岑家梧教授“助教”一年，比一般十七八岁考入大学的同学更重视课程之设置与老师之选择。经过一番思想斗争，我终于做出重大决定：降到本科求学，并选择历史专业。这将给我带来许多变化。第一，中南民族学院将不再承认我“带职派往中央民族学院进修教师”之身份，要与中南民族学院脱离关系，另谋衣食之源；第二，中央民族学院虽同意对我放宽条件，允许我参加入学考试，但必须符合录取标准，这就意味着万一考不中，则丧失了求学机会；第三，即使考取，读 5 年毕业也只是大学本科毕业，而研究班虽然学制 3 年，但毕业则享受研究生待遇。我当时已 23 岁，在研究班里年龄适中，而降到本科，就比一般由中学考入的同学要大四五岁，毕业时将达 28 岁，真乃“老童生”是也。就待遇而言，研究生毕业月薪62元，本科毕业46元，也不能不考虑。这些问题让我考虑再三，但还是决定去中南民院要求辞职，投考中央民族学院本科！当时不少人以为我既疯且傻，但我却义无返顾矣。

自大学三年级起，我便参与少数民族社会历史调查，主要是在青海藏族牧区，到毕业时，前后达三年之久。此间可分为两个阶段：1958年秋至1959年国庆十周年以前，下部落作实地考察；1960年—1961年8月回校以前，除了整理调查报告，还花了很大精力参加青海省的创始阶段工作。

下部落调查收获很大。我先后到过海南、玉树、果洛三个州，下至部落考察青海湖南岸地区、黄河源地区（果洛州）、长江源地区（玉树）藏族游牧封建社会及其历史。在1961年回京之前，又到海西州至海西牧区对当地少数民族的社会历史做了补充调查。这些调查的收获，可以说使我受益终生。第一，当时我已初步认识到，中国农牧区划分乃天然形成，非人力所能改变。中国农牧两类民族的矛盾和相互依存，实际上是中国民族关系运动发展的基本形式。这些认识对我后来的研究工作，始终产生着影响。第二，我在当时已深切体会到，部落牧场虽表面上“公有”，实际上千白年都是部洛的封建领主之领地，牧民是其属民，是依附牧民，相当于农区的农奴。牧区的牧工有雇佣的外表，实际上是一种封建工役。因此，牧区的民主改革，主要应是打倒封建的奴隶制度，废除领主封建特权，实现牧民人身解放和对牧场的民主管理。1959年，我曾以调查组名义撰写文章一篇，名《民主改革前青海藏族牧区社会性质的几个问题》，发表在《民族研究》（1960年第2期）。第三，我当时已深感到牧区开荒，是对天然形成农牧区的自然环境的人为破坏，认为牧区必须以牧为主，以发展畜牧业为中心；牧区可以逐渐发展饲料基地，变游牧为定居牧养，但决不能以发展农业为目标；牧区不能成为粮食基地，但可以建设成肉食与毛皮原料基地。青海牧区调查组的同事，多数都与我持相同看法。但这些看法与当时实施政策相左。青海省有些领导也支持我们的看法，鼓励我们书写内部讨论稿报送当时的民族历史指导委员会。所以，我除了上述用青海调查组名义发表在《民族研究》的论文外，还写了“内参”稿，调查组组长陈永龄先生支持我以及其他几位大胆的调查组成员提出自己的看法。

1961年，我毕业留校工作。大概是1962年秋，在民族文化宫召开民族历史指导委员会汇报与讨论会，关于游牧区封建制度和牧区经营方针是中心课题之一。我被指定为汇报人之一。领导同志和著名学者李维汉、刘春、范文澜、吕振羽、翁独健等参加会议。会开了三天，会后约我写了一组文章，在《民族团结》学术栏发表（当时《民族研究》因故暂停刊）。叮嘱我必须肯定“三面红旗”，但对讨论的问题可大胆发表学术见解。结果我在1963年—1964年发表了《青海藏族牧区游牧封建制度的基础与特点》、《论青海牧区的工役制度》和《牧区必须以发展畜牧业为中心》等3篇论文。这是我以个人名义发表的第一批学术论文，署名“之明”。这个笔名最初是我在1948年—1949年用的一个化名，意思是“走向光明”；在此时，也寓有“自知之明”之意。

在青海调查组的第二阶段，除整理调查报告之外，更主要的精力多放在青海省委托的省志之编写。1959年国庆之后，青海省委书记处派员来我调查组，云青海计划编写省志，要调查组派人向省委书记处汇报，拟定议题为：何谓省志？解放后哪些省已新编省志？传统省志与新编省志体例有何不同？各有何特点？青海过去编撰过哪些地方志？青海如果新编省志应当采用何种体例？据说，在此以前，省委书记处已向某高校某教授咨询过上述问题，但老先生是一位社会学家，于历史学和地方志学不甚了解，故而不肯随便回答。陈永龄教授找到我，要我准备向省委书记处报告。因为青海省当时称调查组为“中央调查组”，认为应该可以回答上述问题。我经过一番准备，向书记处汇报了传统的省志体例、解放后湖南和山东新编省志、总体例及已出版一卷的情况，较详细介绍了《西宁府志》及《甘肃通志》涉及青海的内容，并提出了新编青海省志应建立编委会，以及有关大致内容和体例之设想。省委书记处参加的成员有：省长、省委书记张国声，副省长朱侠夫、高克亭，省委常委公安厅长薛克明、常委宣传部长薛宏福、常委统战部长冀春光等列席，还有省档案局局长等。调查组长陈永龄教授参加。

出乎我意料之外，听汇报的各位省领导纷纷表示嘉许，决定委托调查组起草关于编撰青海省志的初步设想，供省委作决定时参考。所以陈永龄教授与我又第二次出席省委书记处办公会，汇报起草的设想初稿。出席会的除上次的各位领导以外，还增加了一些有关部门负责同志。不久，我们整个调查组搬进了刚刚竣工尚未分配的厅局长宿舍，做青海省志初始阶段的工作。我在历史组，负责编写《青海历史纪要》，于是撰就初稿，回京前移交给青海师范学院历史系讲师白砥民先生和省文史馆蔡端先生。蔡先生为名将蔡锷之子。

在上述两次向省领导报告关于省志问题的会上还有一段趣事。这两次我都在张国声和朱侠夫两位领导下席，朱副省长介绍说他在延安时在民族研究所工作过，贾拓夫是所长、乌兰夫在延安民族学院当领导，还认识我院宗群等。会后，张国声省长问我在中央民院教什么，我说是快毕业的学生。他十分惊讶，说“我们问过教授，没有回答出我们的问题，对你的回答我们很满意!”并要我毕业后留青海工作，到省委做秘书。我回答说，我不是党员，且家庭出身不好，不合适。他很客气地说了一下，“出身不由己，道路可选择嘛！我们青海是尊重知识分子的!”这时我已27岁，相当清楚我只能搞学术，不宜搞行政，不仅出身是障碍，而且我的秉性也不宜。现在看来这里我又一次作了明智的选择。

邸：学者之路的确是人间正道，而有所得必有所失。您选择历史专业的代价似乎大了些，当今之人断不会做此“傻事”。我在北大读研时，历史系被谑称为“屎坑”，将考入历史系描述为“跌入屎坑”，实令我等坑中之人哭笑不得。而您却付出如此代价，真“此一时，彼一时”也。

陈：屈原有云：“虽九死犹未悔”。做事不能患得患失，不然将一事无成。我现在回忆起当时的选择，仍有庆幸之感。历史学是深深植根于中华文化土壤之中的本土学问，具有悠久的渊源、浩瀚的史籍、丰富的内涵和优良的传统。徜徉其间，始终伴随着一种无法形容的精神享受。这可能与我年幼时所受教育背景有关。

邸：闻此言，我深受鼓舞。历史学属“国学”，神游其中，其意境诚不屑与外人道也。众所周知，您与费孝通先生共同创立了“中华民族多元一体”之理论，我对此理论深表认同，并用之于指导自己之研究工作，解释历史现象，有茅塞顿开、屡试不爽之感。您能否谈谈您构思此理论框架之缘起及经过？

陈：关于中华民族多元一体格局的理论，是费孝通教授提出来的。他对中华民族的结构已思考多年。

我对中华民族进行整体性思考研究，则是从1969年受到周恩来总理一个批示的启发开始的。在此以前，我虽对中国历史上农牧民族关系有所思考，也可以说进行了一些调查研究，但没有去深入思考关于中国民族及民族关系总体结构的问题。

1969年6月13日，苏联政府发表了关于中苏边界问题的《政府声明》，为予以回击，外交部来我院组织中苏边界问题资料组。大家都知道，在“文革”以前，我院一些老专家曾参加关于中缅、中印等边界问题的研究，这些老先生们皆背着“反动学术权威”的包袱，于是我被指定为中苏边界资料组负责人。外交部联系人王荩卿同志（中苏边界问题谈判组副组长，后曾出任中国驻苏大使，苏联解体后又出任驻俄大使）第一次与我见面时，传达了总理的批示：“中国是一个统一的多民族国家。俄国也是一个多民族的大国。这两个多民族国家是怎样形成的？怎样发生了边界问题？给现在中苏边界遗留了哪些问题？请组织一些专家研究一下。”（口头传达，未经与文件核对。）

在中苏边界资料研究开始之后不久，又传达中央指示，恢复改编“杨图”的工作。这是毛主席在50年代提议要和的一项重大的历史地理工程。

毛主席好读史，涉及历代地理时，多用清末学者杨守敬主编的《历代地图》作工具书。此图集为线装，共34册，用中国古代传统的地图学方法编绘，用起来很不方便。于是毛主席提议，聘请专家用现代地图学方法改编杨氏所编地图，所以此项工程最初称之为“杨图改编”。从50年代提出开始，至60年代分别由几所高校分工按地区编绘，然后由复旦大学历史系谭其骧教授主持总绘成册，过程漫长，全过程组织工作由中国科学院科研局负责，此处不多叙。

在分工过程中，中央民院历史系由傅乐焕教授领衔组成编绘组，研究和编绘东北地区各图幅。此项工作在“文革”开始时已有了较好的基础，至1970年春恢复工作时，傅先生已不幸去世，军宣队成员黄寿年来组宣布由我担任中苏边界资料组和地图组组长，开展两项研究工作。在进行过程中，各校地图组负责人集中到复旦大学，先后开协作会议数次。大家都认为，此项工作已经不是“杨图改编”，而是重新研究和编绘以历代政区为主体内容的历史地图，遂定名为《中国历史地图集》。所幸毛主席逝世以前，已出版内刊本。颇以为憾者，乃毛主席本人对此图集作何评论，至今未传出可靠信息。

在中苏边界资料的整理和中国历史地图集的编绘工作中，我进一步思考周总理提出的问题，希望能回答“中国自古以来，如此之多的民族如何形成了统一的多民族国家”这一问题。历史上中国的农牧民族中，农业民族有华夏汉民族，还有南方众多的水田农耕民族和山耕民族，这些农牧民族及南北农耕民族关系的发展，对统一多民族中国之形成和发展有何种影响？如何看待历史上各民族建立的政权，这些政权对统一多民族中国的形成与发展起过何种作用？这些问题及其他相关问题从1969年起，一直在我脑海中萦绕思考。

《中国历史地图集》中之《清图》草图完成以后，周总理批示请“中央文革”和郭沫若先生审阅。主持其事者委托中央民院和中科院（当时尚未成立社科院）民研所的相关同志去请郭老审阅，于是林家有和我们几位到郭府请教郭老。在谈完地图的一些问题之后，我与田继周等便抓住机会就“如何从总体上评述中国古代民族关系的问题”向郭老请教。非常感激郭老在当时万马齐喑、一般人不敢随便向他人发表意见的情况下，略加思考，脱口讲出“北方防御，南方浸润”。他担心我们没有明白，还特别解释了一下“浸润”二字的写法，并提出主要是文化浸润。郭老的这个概括，对我启发很大，但至今未作文发表，倒是有位先生拿我的一位朋友的信推荐他来“拜师”，我觉得自己不足为其师，便介绍了郭老的这一概括，并加了我的一点评述，指出中国南北民族关系有所不同。岂料他不久即发表文章《论中国南北民族关系之不同》。我在这里应说明一下，从总体上概括中国南北民族关系之不同，在我的研究工作中，最早的是接受郭老的这一指教。虽然我自己一直认为郭老的这一概括没有十分准确涵盖中国南北民族关系的不同特点，但郭老在当时环境下，能坦然给予我们指教，令我非常感激，且一直作为一个重要启发来研究中国南北农牧民族关系的发展脉络。

直接运用我对中国民族关系的理解和知识，公开发表论著，则是从80年代初中叶开始的。第一件事是北京历史学会、北京图书馆、中国历史博物馆于1983年上半年联合举办“伟大祖国”历史讲座，参与主持其事的史树青教授让我讲《我国少数民族对祖国历史的贡献》，并由书目文献出版社出版了谈讲座的丛书，我所讲的一讲，是其中的一本。

我在这本书中谈到：

“总起来说，少数民族对祖国的历史贡献，大体可以分为四大方面：

（一）中华各民族的祖先共同开发和巩固了祖国广大的疆域。

（二）在一百余年的反帝斗争中，中华各民族共同保卫了祖国的统一与领土基本完整，并且在中国共产党领导下共同缔造了统一多民族的社会主义国家——中华人民共和国。

（三）在经济领域中，自古以来无论农林牧渔生产，还是经济交流，中西交通，以及日常生活，包括社会经济各方面，少数民族都做了很大的贡献。现在的社会主义建设，少数民族地区更占有极重要的地位。

（四）在文学艺术科学等文化领域中，少数民族也为中华文化宝库增添了不少宝贵财富”。

按照上述概括，我对1969年以来一直思考的问题，作了初步的概述和分析。其中自己至今仍印象比较深刻的是以下两点：

第一点，是我自己第一次明确阐述了中国的地理环境自然形成了中国的民族、经济、文化区域是由东西两大版块和南北三带所构成，即湿润的东部（或曰东南部）和干旱的西部（或曰西北部）；长城以北草原游牧带，长城至淮河以北旱地农耕带，淮河以南水田农耕带（现在所说东中西三部，是在传统的东部，又分出工商业发达的东南沿海地区成为中国经济文化最发达的东部，而长江、黄河中游传统的经济文化发达区域，对东部而言相形见绌）。这些生息繁衍于东西两大部和南北三带广大区域内的民族相互依赖和矛盾统一，构成中国农牧民族关系的基本内容，是中国众多民族形成统一国家的根源所在。

第二点，在我自己的论著中，也是第一次较系统而概括地论述了如下观点：中国各民族共同开发了中国的疆域，并且共同缔造了统一的多民族中国；在近现代，共同保卫了祖国的统一和领土基本完整。中国各民族交替作用，共同缔造了统一的中国，并保卫了祖国的统一，争取到中华民族的独立解放，是中国民族关系发展的主流和总的趋势。当然，我们不应忽视汉族作为主体民族的巨大贡献，它起了主导文化的作用。强调各兄弟民族的作用和共同缔造共同保卫，是因为在一般情况下，传统的观念忽视了少数民族的贡献，甚至认为少数民族在中国历史上只起消极作用，只把他们当“夷狄”看。这些观点，在我以后的论著中不断充实和明确，大概是我得到师友关注和鼓励的原因之一。

在上述小册子出版之后不久，北大中文系古典文献专业和北京语言学院（北京语言文化大学前身）合作，主持编撰了一部《中国古代文化史》，由阴法鲁、许树安两位先生主编，作者除来自上述两校之外，还邀请了一些其他院校和科研单位的专家共计30余人，其中大多数在当时还是中青年。我被邀请撰写第一章《中华文化的起源与中华民族的形成》。在这一章当中，我较为系统地考察了关于“中国”、“番汉”、“华夷”、“中华”、“中华民族”等名称的由来和在不同历史时期的含义，也较为系统地综述了关于中国新石器时代文化区域的概念，并结合古史，考察中华文化和中华民族的起源。这样的研究，在当时大体属于前沿性研究。

在《中国古代文化史》由北京大学出版社正式出版以前，我在1987、1988两年发表了《中华民族含义初探》和《中华新石器文化的区域性发展及其汇聚与辐射》两篇论文。这是我研究关于中华民族形成问题的初步尝试。论文公开发表之后，自己觉得有所收获之处在于：第一是明确阐述了“‘中华民族’一词，最初是指中国的主体民族，即汉族；随着中华民族在反帝斗争中日益自觉地结合成整体，它的全部含义才得到了充分的阐明：中华民族是中国古今各民族的总称，是由许多民族结合形成统一国家的长期历史过程中逐渐形成的民族集合体”；“目前，我们在讨论中华民族的含义时，仍集中在如何涵盖中国各民族与中华民族这种‘多’与‘一’的关系方面”。第二是运用中国古人类学和旧、新石器时代考古学的发现和研究成果，与中国的古史研究相结合，得出自己的结论：（一）中华文化、中华民族的起源具有鲜明的本土特点，整个中华民族与大多数中国的兄弟民族，从总体上看皆是由起源于中华大地并继续在中华大地上创造历史的人们形成的。（二）中华民族及其中的主体民族和一些分布较广的少数民族，其起源是多元的。特点是多元起源，多区域不平衡发展，而又反复汇聚与辐射。往往在同一民族中，也是既存在广泛的认同，同时又存在明显的区域文化特点。

上述这些论著发表与出版，都受到了费孝通教授的关注。在我读民院时，他任副院长，从那时起，对我们的成长就一直给予扶持和指导。

1988年春某日，费老召我去，说他要到香港中文大学去作一次学术讲座，主题是关于中华民族的“一”与“多”之关系。他看到我发表在《民族论坛》和《北方民族》研究关于中华民族含义及中国新石器文化区系的两篇文章，已放在案头。但在最近开人大会时，被一位认识的同志要走。费老一是要我上述刊物的文章，同时也指出我把中华民族概括为“多元集合体”的提法很不好理解，不如概括为“多元一体”。他说提这个理论构架，会引起学术界不同意见的争论。但不要紧，可先提出初步的理论框架，再在讨论中不断完善，也许需要几代人的共同努力，才能使整个理论成为一个完善的科学体系。

费老的高瞻远瞩，使我顿开茅塞。我立即把手头存有的上述已提到的几种论著全部送给他作撰稿参考之用。费老以其高度的概括力，将中华民族结构作了高层次阐发，完成了《中华民族多元一体格局》这篇著名的大作。在香港中文大学讲演之后，反响极大，国家民委领导司马义·艾买提、赵延年等支持，由国家民委民族问题研究中心主办了1990年民族学术讨论会。会议邀请了中国海峡两岸三地及日本知名专家共计40多位。其中包括台湾中研院院士李亦园教授，当时任教于中文大学的乔建教授，日本著名人类学社会学家中根千技教授和中国社科院考古所苏秉琦、佟柱臣教授以及我校的费孝通、林耀华、王钟翰教授等在国内外均享盛誉的专家。顺便提一下，佟柱臣教授出身满族世家，一直与我过从甚密。其所著《中国的新石器时代文化》具有至今仍难以超越的学术水平。在此次会议上，大家畅所欲言，各抒高见。这些成果后由费老主编出版了《中华民族研究新探索》一书。从此，在近十余年中出版了专著5种，即《中华民族多元一体格局》及其修订本；《中华民族研究新探索》；我个人的论文集《中华民族研究初探》；以及由我主编的《中国民族史纲要》。在费老和王钟翰先生支持下，中央民族大学中国民族史博士点由我任导师，以中华民族形成史为方向招收博士研究生，已有一批青年学者获得博士学位，初步形成以“中华民族多元一体格局”为核心理论对中华民族进行整体性研究的学术梯队。

至于中华民族多元一体格局学术体系的基本内容及其来源和形成的历史背景，我本想借此机会介绍一下我的体会，但限于时间，容当后续。

邸：近闻湖南第一师范学校（其前身为湖南书院）即将迎来百年华诞，并将为包括毛泽东主席在内的100名著名校友立传，您亦榜上有名，这是对您学术成就之肯定。对此，您有何感受？

陈：湖南第一师范有可能升格为师范学院或与现湖南师大合并，但目前仍是中等师范学校。明年是湖南第一师范百周校庆。

数月之前，一师曾特遣两位先生来我家造访，要我写个材料，供校庆宣传参考，并以此为基础为一百名曾在一师任教或毕业的校友立传，其中包括王先谦、杨昌济、徐特立（老师）和毛泽东、任弼时、李维汉、郭亮等著名学者和革命家。我闻之大为惭愧：我怎敢与上述诸位伟大的学者和革命家比肩？两位先生说，都是校友，无高低贵贱之分，且术业各有专攻。值此校庆之际，把一些知名的校友放在一起来予以宣传，以激励来者，启迪世人。后来我想，一师毕业的同学，绝大多数都去教中小学，像我这样有幸上大学并在大学任教，渐至最高职称与教学岗位者寥寥，也就显得较为突出。所以一师校庆才会把我也作为知名校友来表彰。倘若真能成为百名校友中的一位，也是有幸沾光于培养过诸多伟人的母校，其余则不足道也。

邸：作为中国民族史学界之翘楚，您对新世纪中国民族史研究之前景与方向有何看法？对后学晚辈如我等者有何期望？

陈：中国民族史领域非常广阔，我身在其中。教学、研究几近终身，仍觉得自己是一个学生，所以此问题，我可能回答得很肤浅。自 20 世纪初梁启超先生提出中国民族的概念以来，历经一个世纪，中国民族史已成为中国史学中成绩显著的专门史，以我学力所及，似难以三言两语作出概评，并引出 21 世纪发展的前景展望，只能略抒管见。

总体说来，1949 年以前中国民族史的主要研究对象是汉族以及汉族同化少数民族而不断壮大、发展的历史；1949 年建立新中国以后到“文革”以前，几乎是把中国民族史与中国少数民族史等同起来。我们给全国各少数民族的社会历史都作了实地的调查研究，并形成了各民族的简史，有些民族还形成了有相当规模的专史，乃至民族通史。这些研究使各民族在中国历史发展中的地位影响得到了广泛重视、认可和肯定。这不仅是中国史学发展的大事，也是体现和促进民族平等团结的重大收获。

“文革”以后，由于翁独健、白寿彝等老一辈史学家的倡导和支持，民族关系史曾得到较为认真的研究，汉族史和中华民族形成史的研究也得到了初步的发展。我作为一个“文革”结束时尚处中年的民族史工作者，一直是在自觉、积极地鼓吹，促进并身体力行，满腔热情地进行民族关系史、华夏—汉民族史和中华民族形成史研究。这大概是我得师友关怀和支持，鼓励和肯定的主要原因。

21世纪中国民族史学如何发展，实难一言以蔽之。一般而言，史学有其独特的基本功，苦练基本功是成为史学家的先决条件之一。谈到此，我深切怀念和感激徐宗元教授，他是翁老的研究生，在我毕业后还面对面给我讲授了两年古文献，也教我初涉甲骨文研究。徐先生的恩师翁独健教授，在我读大学时是系主任，但即使毕业以后，也每隔一段时间便召我去聊天，在研究领域、研究方法等方面，经常为我指点迷津，纠正缺失。其他诸多先生老师的关怀和指导于此恕不一一赘述。总之，得名师之真传，可收事半功倍之效；当然，自己不努力，即使有名师的指导，一切还是会落空。

至于中国民族史，我感到最需要改进者，是要与整个中国史学界更紧密地协同合作，必须把中国各民族的历史放在整个中国历史进程中去研究，使整个中国史学界都把中国民族史当作中国史的重要组成部分而着意地重视起来。目前，这种协同合作仍显得很不够。

在研究方法方面，中国民族史学有一个很好的传统，就是把历史文献和社会学、民族学、民俗学的资料和研究成果结合起来。近年来，由于中国考古学的发现与研究成果引人注目，于是在中国民族史研究中也有不少学者开始非常注意吸收考古学的材料和研究成果，从而在研究方法、研究领域和研究成果等诸多方面都取得了新的喜人收获。运用多学科优势从不同角度对中国民族史进行综合性研究，似乎是一种新的发展趋势，我鼓励自己的研究生在这方面多下功夫。

历史是过去的客观存在，而对这种客观存在的历史及其多层次、多角度内在联系的研究和认识，不同时代不同立场的史学家，得出的结论则各异。学者皆指望能作出引人注目的多角度与有深度的叙述和评解。历史本身有无法改变的客观过程和客观发展规律。对历史的挖掘、理解和阐释则因时代不同、史观不同而具有不同特征。历史研究之视野无限广阔，内涵与外延极其丰富而深刻。长江后浪推前浪，21 世纪中国民族史必然会超越 20 世纪而达到新的高度。21 世纪的史学家任重而道远，切望你们刻苦自励，无愧于这一新的伟大时代，也无愧于历史本身！

邸：我等定不负先生厚望，勉力为之。今日聆听教诲，有“胜读十年书”之感。最后，再次对您接受采访表示谢忱。

（访问者：邸永君）

·年内逝世学者介绍·

王辅世先生生平与著述

中国社会科学院民族研究所研究员，中国社会科学院研究生院教授，中国民族语言学会历届理事会常务理事和中国语言学会理事，我国著名的民族语言学家王辅世先生，2001 年 11 月 3 日，因病医治无效，不幸去世，享年 82 岁。

王辅世先生，河北省滦南县人，1919 年 4 月 21 日生。1940 年考入燕京大学政治系后转入社会科学系。1942 年转北京大学经济系，1944 年毕业。同年考取辅仁大学人类学研究所研究生，中途休学。1945—1947 年在陕西省兰田县及甘肃省兰州市任中学英语教师。1947 年复入辅仁大学人类学研究所攻读研究生，师从方言地理学家贺登崧（W. A. Grootaers）先生调查宣化方言。逾年于 1949 年秋再度考入北京大学中文系研究部，成为著名语言学家罗常培先生的研究生。1950 年获辅仁大学人类学研究所硕士学位，1952 年 6 月北京大学中文系研究部研究生毕业。（毕业论文为《威宁苗语研究》）

从 1950 年起王辅世先生在中国科学院语言研究所开始研究苗语，先后在中国科学院少数民族语言研究所和改组后的中国社会科学院民族研究所任助理研究员、副研究员、研究员。1988

年1月退休后又回聘三年指导研究生学习。

1956年国家组织了7个少数民族语言调查队，王辅世先生任中国科学院少数民族语言调查第二工作队副队长，和队长马学良先生一起主持苗瑶语的全面调查。根据调查材料设计了四种苗文方案，并进行试验推行。在此期间，他多次在各种民族语言调查训练班上讲课或作专题报告，培养出一大批民族语文工作者和民族语文研究的骨干力量，并先后发表一系列有关苗族文字改革、创制苗族文字以及一些特殊的汉语方言等问题的文章，同时在汉语研究等方面也发表了一些具有独到见解的论文。他在1957年发表的《贵州威宁苗语量词》一文，详尽地分析了威宁苗语方言量词的多种形态变化，并指出威宁苗语的量词具有类似印欧语冠词的作用，这一创见，在国际语言学界引起了极大的反响，经人翻译成英文，收入美国康奈尔大学编辑的《苗瑶语论文集》。

1959年语言调查结束后，王辅世先生与罗季光先生共同组织编写出《中国少数民族语言简志（苗瑶语部分）》一书，这是建国后出版的第一本苗瑶语研究的书籍。与此同时，王辅世先生还和其他同志一起组织编写了《苗语方言概况》书稿，提出了将苗语划分为湘西、黔东、川黔滇三大方言和川黔滇方言下分七个次方言的方案。

1962年少数民族语言研究所合并到民族研究所，王辅世先生任民族研究所图书资料室副主任，同时，他仍致力于苗语研究，发表了《苗语概况》。

中共十一届三中全会以后，王辅世先生以更充沛的精力投入苗语研究。1979年作为中国语言学家代表团成员应邀出席在巴黎举行的第12届国际汉藏语言学会议，宣读了长篇论文《苗语方言声韵母比较》的提要，文章按声母、韵母分类，并构拟了声类的古音，受到国内外语言学界的高度重视，被认为是深化少数民族语言研究的典范之作。

1981年王辅世先生任民族研究所语言研究室副主任。他除了参与领导各语言组编写各种语言简志和亲自主编苗语简志外，先后发表了《苗语的声类和韵类》、《谈谈在苗语方言声韵母比较中的几点体会》、《贵州威宁苗语的方位词》、《我对苗语语法上几个问题的看法》、《贵州威宁苗语的状词》、《苗语方言划分问题》、《苗瑶语系属问题初探》、《苗语语音研究中的理论和实践相结合》、《苗语古音构拟问题》等等。

王辅世先生还从事汉语方言研究，他在辅仁大学的硕士论文《宣化方言地图》，就是我国较早的一部方言地理学著作，1994年在东京由国立亚非语言文化研究所出版。他的导师贺登崧称此书是开创性的著作，是“语言地理学的一个标版作品”。此外，他还先后发表了《广西龙胜伶话记略》、《湖南泸溪瓦乡话的语音》、《再论湖南泸溪瓦乡话是汉语方言》以及他的家乡话《滦南话的变调系统》等文章，对汉语方言研究具有独特的积极作用。1963年他在《中国语文》上发表的《北京话韵母的几个问题》一文，从普通话语音系统的全局出发，从基本韵母与儿化韵的派生关系，论述舌尖元音和舌面前高元音的音位地位以及中元音的音位变体，被认为“有独到的见地”，受到语言学界的高度评价。如王理嘉的《音系学基础》和《二十世纪的中国语音学和语音研究》中都提及此文的价值。

从1988年开始，王辅世先生与毛宗武先生合作，进行苗瑶语古音构拟。经过几年的比较研究，写成了《苗瑶语古音构拟》一书，将苗瑶语研究推上了一个新的高度。这也是王辅世先生最后参加写成的一部重要著作。

1993年9月，王辅世先生赴日本东京国立亚非语言文化研究所任客座教授，1994年9月回国。在东京工作期间仍然从事苗语历史语言学的研究，在《苗语方言声韵母比较》的拟音基础上，加以补充订正，写成《苗语古音构拟》一书，由东京国立亚非语言文化研究所出版。实现了他在40多年前提出的，要编一部能反映苗语各方言特点并能通过方言共时研究推拟历时演变的"苗语《广韵》"的意愿。

王辅世先生精通英、日、法、俄等多种外语，他从50年代起，翻译了一些国外有关语言学方面的论文，在《科学通报》、《民族译丛》和《民族语文研究情报资料集》上发表，为民族语的语言规划和历史比较研究提供了重要参考。1954年他在《中国语文》上发表的《台湾高山族语言概况》是参考多种日文资料介绍我国高山族语言情况的发轫之作。

王辅世先生一生中最主要的研究内容是：贵州威宁苗语方言的研究、苗语古音的构拟研究和苗瑶语共同语的构拟研究。

王辅世先生的贵州威宁苗语方言的研究是在他的研究生论文的基础上逐渐扩展和深化的。最主要的研究成果有三篇文章：《贵州威宁苗语的量词》、《贵州威宁苗语的声调》和《贵州威宁苗语的状词》。这三篇文章极其详尽地描写了威宁苗语的最主要的特点和基本特征，成为苗语方言中研究得最为深入的一种方言。贵州威宁苗语属于苗语滇东北次方言，这支苗语方言分布在云南省的东北部和贵州省的西北角。这是一种十分独特的苗语方言。由于这一带地方苗族广泛地与彝族杂居在一起，其语言受到彝语的强烈影响，致使其语音面貌与其他苗语方言大相径庭。王辅世先生对这种苗语方言进行了认真的分析和研究，得出了一些相当重要的结论：

1. 威宁苗语有复杂的变调系统，这种变调系统大致可以分为三种不同的类型：历史变调（王先生称为调变）、连读变调和特殊变调。历史变调指的是在历史的发展中一些词语的调类发生了改变，和其他苗语方言的同源词的调类不对应，比如，"影子"一词，在其他川黔滇方言中都是阴上调，但在威宁苗语中却变成了阴去调，这就是调变。王先生对一些调变的词进行了研究后认为，调变的词是历史上连读变调后固化的结果。对于没有固化的，只是在连读时发生改变的变调现象王先生也进行了详细的研究，提炼出了60余条的变调规律，对于苗语方言研究有着极大的意义。特殊变调是不包括上述两种情况的变调，只在某些特殊情况下或特殊场合下才发生声调的改变。其中量词的变调最为复杂，几乎成为一种屈折形态的表现。

2. 威宁苗语的屈折变化与量词的冠词化。威宁苗语有着较为丰富的屈折形态变化，这种屈折变化最主要地体现在量词上。每个威宁苗语量词都有着五种形态变化：本形、本调 ae 变形、本调 a 变形、高升调 ae 变形、高升调 a 变形。每种变形都有着不同的功能意义和语法意义。同时，量词还具有普通的和比较的两种比较级。比较级又分为一般的、壮美的和小巧的三种语义色彩级。在结构功能上，量词除了具有指称所修饰的数词、形容词和指示词的单位外，还具有定指和不定指的功能，这种功能极其近似印欧语的冠词。这是王辅世先生的重大发现，对汉藏语研究有着深远的影响。

3. 状词是王辅世先生的一大发明，至今在许多少数民族语言的研究中都已经采纳。状词主要是附加在动词、形容词后的一种词类，原来一直被认作是动词、形容词的后附成分，从来没有被当作词类处理。王辅世先生认为，在威宁苗语中，在这种后附成分与前面的动词和形容词之间往往还可以加上另一些词缀，这些词缀起着加强或减弱等等方面的功能。如果将其也笼统地算成是中缀，还不如将原来的后附成分独立为一种词类，叫做状词，中间的词缀（王辅世先生把其处理为一种特殊的助词）可以认作是状词的前加成分。何况，在威宁苗语中，状词本身还具有形态变化，作为一个独立的词类有其存在的理由。王辅世先生详细地分析了威宁苗语状词的功能，并仔细研究它的形态变化，确立了苗语中状词的独立地位。

威宁苗语是王辅世先生开始进行苗语方言研究的起点。在随后的50年代苗语方言大普查时，他通过对各地苗语方言的调查研究和对比后，确立了苗语方言的分类体系。在苗语方言分类研究完成之后，王辅世先生开始萌生了编写一部苗语《广韵》，像汉语方言调查一样，可以通过这部字典指导苗语方言的调查。从70年代末叶起，王辅世先生开始着手编写这部苗语《广韵》，他精心挑选了九个苗语方言点的材料作为进行比较的基础，对这九个点的同源词进行了精细的研究后终于确立了苗语《广韵》的基本音系。在1979年的巴黎汉藏语学会上，王辅世先生公布了他的最初的方案：苗语古声母有121个，古韵母有32个，声调有4个。苗语《广韵》的框架基本搭了起来。在其后的研究中，王辅世先生根据苗语方言的实际不断对这个苗语《广韵》音系进行修改和补充，到1994年在日本出版的《苗语古音构拟》一书中，苗语的古声类已经达到了130个，而古韵类则为30个。苗语《广韵》的编制成功的确为苗语的研究和苗语方言调查提供了一个十分方便的工具。

在对苗语古音系的构拟的工作告一段落以后，王辅世先生和毛宗武先生合作，进行苗瑶语古音构拟工作。他们一共选择了24个点的材料，其中苗语9个点（都是王辅世先生据以建立苗语古音的那9个点），瑶语15个点。根据对其同源词的研究，王辅世和毛宗武先生构拟出古苗瑶语的声母共263个声类，210个韵类。这些古声类和韵类在苗语和瑶语中分别发生了很大的变化：苗语保留古声类较为齐全，而瑶语保留古韵类较为齐全。从古声类看，既有单纯声母，又有复合声母和鼻冠音声母，而且还有颚化音声母和唇化音声母。韵母中既有单纯元音韵母，也有复合元音韵母，更有带-m-n-ŋ，-p-t-k韵尾的韵母，此外，苗瑶语古韵类中还区分长短元音。这些都与壮侗语的古音系有着十分相似的特点，值得作进一步的研究。

王辅世先生为人正直、坦率，一向追求进步。他甘于清贫，淡泊名利，尊师敬老，平易近人，专心治学。他十分关心语言研究事业，关心学科的建设和发展。他对于后学，宽厚热情，言传身教，诲人不倦。他常用“只问耕耘，不问收获”的古训来教导急于出成果的后学。对于治学，他一贯严肃认真，一丝不苟。他严谨的治学精神和温厚谦逊的作风在同事中备受尊崇。中国知识分子的高尚人格和传统美德在他身上得到生动的体现。

（刘援朝）

·学术活动·

国内召开的重要学术会议

会议名称：庆祝西藏和平解放50周年学术座谈会
主办单位：中国社会科学院民族研究所《民族研究》编辑部、民族历史研究室
时　　间：2001年3月16日
地　　点：北京
出席人数：20名专家学者
问题讨论及评述：会上学者们从各个方面畅谈了西藏和平解放的历史意义，西藏50年来在各方面取得的巨大成就，同时还探讨了藏学研究的现状及对藏学研究中一些理论问题的看法。

会议名称：河池地区瑶族学术研讨会
时　　间：2001年3月27日至28日
地　　点：广西壮族自治区宜州市
出席人数：57名专家学者
收到论文：51篇
问题讨论及评述：会议以探讨布努瑶历史文化与发展问题为中心议题，对布努瑶来源，与布努瑶有关的重大历史事件和历史人

物，土司统治下的布努瑶社会，布努瑶历史文化进行了广泛的探讨。通过探讨对布努瑶的起源和历史发展问题形成了比较一致的看法：（1）布努瑶起源于长江黄河流域，与九黎三苗有比较密切的渊源关系；（2）布努瑶分多路多时期迁徙；（3）布努瑶进入河池地区的时间在宋代，但有一部分学者认为在唐代；（4）布努瑶是一个对封建统治阶级民族压迫从不屈服的民族，在土司残酷剥削和压迫下仍起义不断；（5）在革命战争年代，布努瑶曾投身邓小平、韦拔群领导的农民革命和百色起义，为中国革命作出了重大贡献。另外学者们对布努瑶的语言、文学艺术、教育、婚姻家庭、风俗习惯、宗教信仰以及布努瑶与周边民族的关系进行了探讨。

会议名称：云南少数民族的社会主义发展道路研讨会

主办单位：云南大学出版社、云南省社会主义学会

时　　间：2001 年 4 月 4 日

地　　点：北京

出席人数：数十名专家学者

问题讨论及评述：会议围绕云南各民族人民在社会主义发展道路上所取得的巨大成就，深入探讨了科学社会主义理论特别是马克思东方社会理论的原则等问题。与会学者认为，云南少数民族的社会主义发展道路，是科学社会主义特别是建设有中国特色社会主义的特殊层次和重要组成部分。云南少数民族在社会主义道路上快速前进，是党的各项正确的民族政策引导的结果。专家学者高度评价了云南科学社会主义学界就云南少数民族社会主义发展道路课题，历经 6 年深入探讨、调查研究、收集材料、结集而成的重要科学社会主义成果——《云南少数民族的社会主义发展道路》专著，认为该书较全面系统地阐述了脱胎于原始公社制、奴隶制、农奴制、地主制不同社会形态的云南少数民族，走上社会

主义道路的历史过程以及各自不同的特点和特殊规律性。从理论和实践两方面，雄辩地证明了没有共产党就没有新中国，只有社会主义才能实现各民族共同繁荣发展这一真理。热情讴歌了在党的民族政策指引下，云南各民族人民在社会主义建设和改革开放中取得的巨大成就。

会议名称：汉语方言与民族语言动词体貌问题研讨会
主办单位：中央民族大学汉藏语研究中心
时　　间：2001 年 4 月 14 日至 15 日
地　　点：北京
出席人数：来自北京、江苏、贵州、四川、香港等地 20 名专家学者
收到论文：18 篇
问题讨论及评述：这是一次小型的专题研讨会，旨在扩展、加深对动词体貌问题的认识。论文涉及体貌的定义，体貌的表现形式，体貌的分合问题。通过讨论，与会代表对动词体貌意义的复杂性和形式的多重性有了更充分的了解，对该问题的研究方法有了更明确的定位。

会议名称：中国西南民族研究学会西部大开发学术研讨会
主办单位：中国西南民族研究学会
时　　间：2001 年 5 月 16 日至 18 日
地　　点：贵州省贵阳市
出席人数：来自北京、四川、广西、云南、重庆、西藏、贵州等七个省（区）市 70 余位专家学者
收到论文：40 余篇
问题讨论及评述：研讨会上，与会专家学者紧紧围绕西部大开发这个中心，对民族地区社会经济发展问题，民族地区的生态经济

系统的建立问题，人力资本理论的应用和民族区域自治制度的贯彻等问题进行了积极的探讨。既有区域性的综合研究，也有理论性的战略研究，从不同的角度提出了较多具有创新意义的理论观点和对策。

会议名称：“中亚与新疆”学术交流会
主办单位：新疆社会科学联合会、新疆大学法学院
时　　间：2001 年 5 月
地　　点：新疆维吾尔自治区乌鲁木齐市
出席人数：约 700 多名教师、学生代表
收到论文：20 余篇
问题讨论及评述：会议认为，中亚地区与新疆山水相连，自古以来就有密切联系，无论从历史的，还是现实的角度，今天新疆的稳定与发展，新疆民族关系的发展，都难以排除中亚地区的影响。会上，专家学者就乌兹别克斯坦、吉尔吉斯斯坦、哈萨克斯坦等中亚 5 个国家的民族关系、经济社会发展进行了较深层次的分析论述，同时专家们还就周边环境与新疆的关系发表了各自的学术观点。

会议名称：中国民族关系史学术讨论会
主办单位：中央民族大学、中国史学会、北京市史学会
时　　间：2001 年 6 月 2 日至 4 日
地　　点：北京
出席人数：来自新疆、陕西、江苏、广西、辽宁、吉林、河南、内蒙、河北、湖南和北京等地 88 名代表
收到论文：44 篇
问题讨论及评述：与会者就中国历代中央政权对少数民族的政策、中华民族的形成和凝聚力、少数民族的历史文化、西部开发

的历史与现状四个方面的学术问题展开了讨论。此外，一些学者在讨论中还对中国民族关系史研究以及中国史学科建设的进一步发展提出了富有建设性的意见。提出应对中华民族共同的心理特征、经济开发与民族团结和生态环境的关系、民族地区的教育状况等问题给予更多的关注；应开拓新的研究领域，从社会史的角度深化民族史研究等等。本次学术研讨会是对近期以来中国民族关系史研究状况较为全面的检阅与总结，集中反映了目前该领域研究的新成果、新动向，并且预示着新世纪的中国民族关系史的研究将更加成熟，更具有个性与开放性的向前迈进。

会议名称：二十一世纪民族文学发展研讨会

主办单位：中国少数民族文学学会、中央民族大学民族语言文学学院、中国社会科学院少数民族文学研究所、中国作家协会民族文学委员会、《民族文学》杂志社

时　　间：2001年6月8日至10日

地　　点：北京

出席人数：80余名代表

收到论文：40篇

问题讨论及评述：讨论会上，代表们就20世纪民族文学发展与研究的成就和经验，21世纪民族文学发展的趋势和前景展开了热烈的讨论。一致认为，20世纪是中国少数民族文学大发展时期，是民族文学得以收集、整理出版和研究的重要时期，也是取得辉煌成就的时期。同时对21世纪民族文学发展与研究也作出三点估计，即：作家文学将蓬勃发展；民族文学将得到理论上的高度概括；中国民族文学将面向全国，走向世界。

会议名称：社会性别、民族与社区发展研讨会

主办单位：贵州省社会科学院、海外中华妇女学会、西南少数民

族妇女研究小组

时　　间：2001年6月11日至13日

地　　点：贵州省贵阳市

问题讨论及评述：与会者就性别理论在西方和中国的发展、中国西部少数民族妇女研究的状况、在西部大开发中如何发挥妇女作用等问题，展开了热烈的讨论。妇女问题研究领域，已从初期的婚姻家庭研究中的妇女指标拓展到妇女参政、就业、妇女发展、妇女解放等现实问题和基本理论研究。少数民族妇女研究也在社会性别理论、性别分析方法论影响下，得到进一步发展，由最初的大量资料收集，调查报告阶段,逐步转向妇女问题的理论抽象，以妇女为主体去探讨少数民族妇女的生存状况、文化贡献、社会地位等重大问题,探讨他们在民族社区发展中的地位和作用。

会议名称：2001年民族学学术讨论会

主办单位：中国民族学会、兰州大学、新疆大学西北少数民族研究中心

时　　间：2001年7月16日至18日

地　　点：甘肃省兰州市

出席人数：来自16个省、市、自治区14个民族的70余名学者

收到论文：44篇

问题讨论及评述：会议以“西部大开发与民族学面临的任务”为主题，展开了热烈的讨论，29位代表作了发言。与会者认为，西部开发地区，首先是一个多民族地区。划入西部开发的12个省、市、自治区中，少数民族人口6000多万，占全国少数民族人口的80%，占西部开发区总人口的四分之一强。西部地区的开发，实质上是少数民族地区的开发。因此，人们强调指出，在西部开发中一定要把西部地区少数民族经济和社会发展摆在重要地位，以促进中国各民族共同繁荣发展。面对21世纪的开头，

与会者就中国民族学在新世纪所面临的任务、学科理论建设和当前的主要研究课题及中外学术交流等问题，各抒己见，发表了有益的见解。

会议名称：第十次全国民族理论专题研讨会
时　　间：2001 年 8 月 12 日至 13 日
地　　点：吉林省延吉市
问题讨论及评述：此次会议以“兴边富民与少数民族发展”为主题，代表们进行了热烈的讨论。

会议名称：南诏史研讨会
时　　间：2001 年 8 月 14 日
地　　点：云南省大理市
出席人数：近百名专家学者
问题讨论及评述：会上学者们对大理地区农民起义领袖李文学的革命斗争精神及其起义带来的积极意义进行了探讨。大理是南诏国建国立都的地方，这个西南少数民族政权的建立对祖国西南边疆的各民族的统一和经济发展都产生了深远的影响。同时对南诏统一云南地区的历史进程进行了讨论和交流。

会议名称：中国世界民族学会第七届会员代表大会暨全国学术讨论会
主办单位：中国世界民族学会
时　　间：2001 年 9 月 1 日至 4 日
地　　点：内蒙古自治区呼和浩特市
出席人数：140 余人
问题讨论及评述：会议通过小组讨论和大会交流两种方式，紧紧围绕中心议题“21 世纪世界民族问题与民族主义”进行了紧张的学术活动，大家各抒己见，气氛活跃，在相关的问题上取得了共识。这次会议是一次成功的学术会议，是海峡两岸世界民族学界的首次盛会，加深了两岸学者的交流和了解，促进了世界民族学科的发展，扩大了世界民族学会的影响，并且必将会对新世纪的世界民族研究产生深远的影响。

会议名称：西部大开发与21世纪回族学展望暨第十三次全国回族学研讨会
主办单位：中国回族学会、中共江苏省党校、江苏省民委
时　　间：2001年9月5日至8日
地　　点：江苏省南京市
参加人数：来自全国26个省、市、自治区近200名代表
收到论文：140篇
问题讨论及评述：代表们就回族历史、文化、经济、教育与伊斯兰教等问题进行了热烈讨论。

会议名称：广西社会学学会暨民族社区经济与社会协调发展学术研讨会
时　　间：2001年9月15日至17日
地　　点：广西壮族自治区金秀瑶族自治县
问题讨论及评述：会议就西部大开发与民族社区经济社会协调发展、少数民族的脱贫解困与现代化少数民族人口控制、人口素质、少数民族人口流动、社会结构及社会网变迁、少数民族社区的文化及精神文明建设等专题进行了探讨。

会议名称：第七次全国民族地区图书馆学术研讨会
主办单位：中国民族图书馆
时　　间：2001年9月16日至20日

地　　点：贵州省贵阳市
出席人数：来自北京、内蒙古、新疆、广西、宁夏、西藏等10个省、市、自治区15个民族的60多位代表
收到论文：85篇
问题讨论及评述：这次会议的主题是：21世纪民族地区图书馆可持续发展战略。论文围绕这一主题针对民族地区图书馆积极响应党中央制定和实施的科教兴国战略，紧紧抓住西部大开发战略所提供的难得机遇，更好地发挥自身优势和作用等问题，从不同的角度，进行了有侧重的论述。

会议名称：《民族语文》编辑部第七次学术交流会
主办单位：《民族语文》编辑部
时　　间：2001年10月17日至19日
出席人数：51位专家学者
收到论文：35位学者宣读或介绍了自己的论文。

会议名称：西部大开发与价值观念更新学术研讨会
主办单位：中共中央党校哲学部、北京师范大学价值与文化研究中心、贵州省社会科学院、武汉大学思想政治教育系、西北大学公共管理学院、西安石油学院学报编辑部、陕西省哲学学会、陕西省社会科学联合会、人文杂志编辑部、西北政法学院马克思主义研究所、中共西安市委党校、陕西省价值哲学学会
时　　间：2001年10月20日至22日
地　　点：陕西省西安市
出席人数：51人
问题讨论及评述：代表们对"价值观念更新"的学理，西部大开发中价值观念更新的必要性和可能性，西部大开发中价值观念更新的目标选择，西部大开发中价值观念更新的关键及途径进行了

热烈深入的讨论。学者认为：不搞清“价值观念”这个概念，就很难谈清楚西部大开发更新价值观念这个话题。价值观念是关于价值信念、价值目标、价值标准、价值规范的稳定的观念模式，要区别价值观念与价值观两个不同概念。价值主体与价值观念主体既有联系又有区别。与会代表一致同意价值观念更新的基础是社会实践。既要用新的价值观念指导各项制度改革，又要通过制度建设来引导人们接受新的价值观念。西部大开发需要价值观念更新是全方位的、普遍的，又是多层次的，不能搞一刀切。很多学者指出：西部传统的价值观念是在长期的自然经济和计划经济基础上形成的，难以适应社会主义市场经济的发展要求，不更新不行。西部落后的一个重要原因是西部人价值观念的落后。西部与东部差距很大，最大差距是价值观念的差别。中国西部不仅是一个地域概念，也是一个文化概念。西部文化价值观念的更新不是简单地除旧布新，而是一个融变革、创新、开发、利用、弘扬于一体的文化整合过程。对于目标选择的整体思路，大家一致认为：此次西部大开发既不同于“一五”时期和“三线”建设时期的西部开发，也不同于东部当初的率先开放，更不同于美国西部开发。选择和确定西部大开发中价值观念更新的目标，必须考虑到此次所遇到的国际国内经济的、政治的、文化的特殊背景，以及西部自身的历史积淀、文化传统、资源条件、经济发展、民族状况等特殊状况，必须用新的发展观、新的生存观、新的文化观、新的文明观来关照西部大开发及开发过程中的价值观念更新。西部开发是西部历史进步和社会发展的过程，其中，价值观念更新目标应与历史进步和社会发展相一致，而历史进步和社会发展又是与每个人的发展和解放程度相一致的，因此，应该牢牢树立“以人为本”的价值观念。此次西部大开发能否成功，关键之一是看西部开发观念是否符合市场经济运行规律的要求。西部大开发价值观念更新的关键是政府管理价值观的更新，制度建设是基础。

会议名称：首届中国伊斯兰教历史与发展学术研讨会
主办单位：中国伊斯兰教协会
时　　间：2001年11月5日至8日
地　　点：北京
问题讨论及评述：来自全国部分省市区和在京中央有关部门单位的学者共同研讨伊斯兰教传入中国1350年来的发展历史、现状和前景。28名学者在三场大会交流中从8个方面作了专题发言。大家一致认为，发扬伊斯兰教的优良传统，促使伊斯兰教文化的不断发展，是中国伊斯兰教学者们肩上的一项重要的历史使命。这次研讨会为伊斯兰教在与时俱进的发展中开辟了一个很好的航向，开创了中国伊斯兰教工作的新局面。

会议名称：少数民族《新词术语词典》（丛书）编纂工作会议
主办单位：中央民族语文翻译局
时　　间：2001年12月16日至17日
地　　点：北京
出席人数：50多位代表
问题讨论及评述：与会代表畅谈了编纂少数民族《新词术语词典》（丛书）的必要性，对词典编纂中的一些具体问题，如词典的性质、收词的范围和重点、词典内容和编纂体例、完成时间等问题进行了热烈的讨论并达成了共识。

（王秀珍）

我国学者参加的国际学术会议

会议名称：中国西部大开发中少数民族传统文化的保存和发展

主办单位：中国云南大学中日民俗文化研究中心、《思想战线》编辑部、日本丽泽大学国际研究中心

时　　间：2001年1月25日至26日

地　　点：中国云南省昆明市

出席人数：来自中国云南大学、云南民族学院、云南省社会科学院、楚雄师范高等专科学校，日本丽泽大学国际研究中心、日本都留文科大学文学部数十位中外专家

问题讨论及评述：会议认为，西部大开发，不是简单地上几个项目，抑或是西部脱贫的权宜之计，而是要对西部进行全面开发，推动其经济发展、社会进步、文化提升、逐步缩小西部与东部地区的差距，最终实现西部地区包括少数民族地区在内的社会、经济、文化现代化。西部大开发既有文化背景，又需要文化支撑，也必然包含了对文化资源的开发利用。因此，少数民族传统文化的保存和发展问题也迫在眉睫。这个问题，放大了说，就是如何处理经济全球化与文化多样性的关系。少数民族传统文化，是该民族群体一致认同，大家热爱，经过世世代代传承、淘汰而得以存留的、至今仍为本民族共同遵守的行为范式、价值体系、民间信仰和民族精神。民族传统文化，可以称之为民族的灵魂。有了这个灵魂，这个民族就有了“根”，有了兴旺发达的根基，就有了凝聚力。西部大开发，必然要导致少数民族传统文化的转型。少数民族传统文化的“变”是大趋势，“变”是必然的。客观条

件的变化，使少数民族传统文化相应地发生变化。因此，对少数民族传统文化的保存，“原汁原味”没有必要，也不可能。关键的问题，是以传统文化为依托，选择适当的文化发展模式，促成传统文化的现代转型，全面提升民族传统文化的现代价值，创造全新的和谐的文化。构建中国西部文化发展战略，强调文化资源的开发与保护并进，保存和发展少数民族的传统文化，最重要的问题就是要增强文化意识，提高保护传统文化的自觉性。西部经济建设一定要与西部民族传统文化的保护和发展结合起来，文化资源的开发，在获取经济效益的同时，应建立起民族传统文化的保护机制。政府官员必须提高文化意识和文化自觉。任何一项决策、任何一个动作，都必须从文化的角度去衡量得失，决不可轻率从事，造成不可挽回的损失。舍弃民族传统文化，或以民族传统文化为代价，去换取经济效益，这种急功近利的做法是非理性的。民族传统文化的保护和发展，必须以本民族的意愿为惟一标准。在西部大开发中，应立足于多样化的文化建构，充分考虑到西部文化背景的特点。西部的汉族和东部的汉族之间，西部汉族和各少数民族、西部各少数民族之间，都存在着文化差异。因此，在西部民族传统文化的建设中，必须遵循民族平等、共求发展的原则，从大局出发，正确处理好各民族之间的关系。

会议名称： 新平花腰傣文化国际学术会议
时　　间： 2001年2月4日至7日
地　　点： 中国云南省新平彝族傣族自治县
出席人数： 来自7个国家及中国学者130名
问题讨论及评述： 这次研讨会是云南省县城文化建设的一次重要尝试。会议期间，代表们认真考察了花腰傣村寨及其文化活动，并对花腰傣的文化及其前景进行了热烈的研讨。花腰傣是其他民族对居住在红河流域傣族的一种约定俗成的称谓，这种称谓来源于当地傣族人民用一条花腰带束在腰间，与其他地方的傣族相比较，花腰傣有自己突出的文化特征。泰国皇家研究院院长那空认为，花腰傣的文化中保留了很多傣泰民族古老的文化习俗，对于认识傣泰民族的历史发展有重要的价值。代表们围绕花腰傣的文化个性，花腰傣文化与其他民族文化的关系，花腰傣文化与旅游业发展等问题展开了热烈的讨论，提出了很多有价值的观点与建议。代表们一致认为，花腰傣文化将成为国际傣泰学研究的一个新的热点，它对于保持傣族在全球化浪潮中的文化多样性，以及振奋傣族的民族精神都有重大价值。花腰傣文化对于当地旅游业的发展也将有巨大的推动作用。

会议名称： 新疆克里雅河流域考古考察学术讨论会暨文物展示会
主办单位： 中国文物考古研究所、法国国家科研中心中亚考古研究所
时　　间： 2001年2月14日至15日
地　　点： 法国巴黎
出席人数： 200余人出席开幕式，11人进行大会发言
问题讨论及评述： 会议发言涉及中法克里雅河流域考察概况，喀拉墩民居和佛寺的发掘，佛寺壁画的复原与研究，汉代以前的圆沙古城及其周围墓葬的发掘与研究，圆沙墓葬出土人骨的种族学特征以及出土文物所反映的克里雅河流域的纺织技术、冶金学特点、动物及食物结构，文物的修复与保护等问题。会议气氛热烈，讨论活跃，这是法国第一次举办的中国新疆文物展及学术讨论会。

会议名称： 南京栖霞山石窟艺术与敦煌学研讨会
主办单位： 中国南京师范大学敦煌学研究中心、中国风景园林学会南京分会

时　　间： 2001年3月23日至26日
地　　点： 中国南京市
出席人数： 来自中国、日本、韩国40多位专家学者
问题讨论及评述： 会议的主要议题是探讨栖霞山飞天壁画发现的意义和价值，研究其艺术风格、审美特征、历史背景、比较栖霞山石窟艺术与敦煌石窟艺术的异同等。

会议名称： 中国少数民族语言计算机词典编纂培训班暨研讨会
主办单位： 中国社会科学院民族研究所、世界少数民族语文研究院
时　　间： 2001年5月30日至6月7日
地　　点： 北京
出席人数： 来自中国北京、云南、广东、西藏、新疆等省市自治区及蒙古国、韩国50多位专家学者
问题讨论及评述： 与会人员学习了专门用于编纂各种语言词典的计算机Shoebox软件，并对Shoebox的汉文版进行了研讨。这次会议对于扩大中国少数民族研究的国际交流与合作，促进语言研究向高科技手段的进步，有着重要的意义。

会议名称： 民族区域自治国际学术研讨会
时　　间： 2001年6月22日至25日
地　　点： 北京
出席人数： 来自中国、美国、英国、意大利、德国、西班牙、埃塞俄比亚、澳大利亚、新加坡、芬兰、瑞典、尼日利亚、挪威、泰国、丹麦、印度等16个国家代表60人
问题讨论及评述： 会上有35位代表围绕自治制度国际比较、自治与法制、自治与人权、自治与发展、自治与实践、自治与和谐、民族区域自治的未来7个专题做了发言。虽然这次会议以研

讨区域自治为主，但涉及的内容比较丰富，主要有：关于自治的基础理论的讨论，学者们论述了自治的概念、自治的内涵、自治的类型、自治的功能、实现自治的途径、自治的理论根据和法律保障等一系列理论问题。这些讨论具有较强的理论价值和实际意义。关于民族区域自治的经验交流和个案分析，与会者先后介绍和分析了12个国家和地区民族区域自治的情况或解决民族问题的基本政策，这些介绍和讨论，理论联系实际，内容比较具体。与会者在关于民族区域自治的一些基本理论问题上取得了共识，普遍认为，民族区域自治是保障少数民族权利、预防与缓解民族冲突的一种重要机制。民族区域自治源于各国特殊的历史背景、民族构成、文化环境和现实状况，没有固定的模式，适合一个国家的模式不一定适合于另一个国家。尽管各国实施民族区域自治所依据的理论、所表现的方式不同，但所追求的目标是基本一致的，都是以利于国家的统一、民族的团结、社会的发展进步为标准。这次研讨会开得非常成功，不仅使与会者开阔了视野，推动了国际领域的学术交流与合作，而且对促进人们正确认识和解决民族问题也有积极的意义。

会议名称：第七届双语双方言国际学术研讨会

主办单位：中国深圳市语言文字工作委员会、深港澳语言研究所、澳门理工学院

时　　间：2001年7月1日至7日

地　　点：中国深圳市、澳门

出席人数：来自美国、泰国、德国以及中国内地、台湾、香港、澳门的80名专家学者

收到论文：70余篇

问题讨论及评述：会议讨论及论文涉及双语双方言的理论和实际的各个领域，包括语言接触和语言文化交流、少数民族地区的双

语双方言、澳门的双语问题和社会语言生活等各个方面。

会议名称：敦煌佛教艺术与文化国际学术研讨会
主办单位：中国兰州大学、台湾南华大学，美国密西根大学
时　　间：2001年7月12日至15日
地　　点：中国甘肃省兰州市
出席人数：100名专家学者
收到论文：41篇
问题讨论及评述：为推进21世纪敦煌学研究的深入，以敦煌佛教为主题的专题研究受到海内外学者的共同关注。这次会议的论文及讨论大体上涵盖敦煌佛教历史、佛教文献、石窟考古与艺术、语言文学等方面。会议期间还组织与会代表到河西走廊及青海等地的佛教石窟寺等古迹遗址进行了考察。

会议名称：2001年北京藏学讨论会
主办单位：中国藏学研究中心、西藏自治区社会科学院
时　　间：2001年7月24日至28日
地　　点：北京
出席人数：来自英国、法国、德国、俄罗斯、荷兰、美国、巴基斯坦、尼泊尔、中国170多名专家学者
收到论文：160篇
问题讨论及评述：会议及论文涉及政治、经济、宗教、历史、教育、语言、社会等许多方面。

会议名称：中国侗族稻作与祭祀文化国际学术研讨会
主办单位：中国社会科学院少数民族文学研究所、中国少数民族文学学会、中国湖南省怀化市人民政府、中共贵州省黎平县委及黎平县人民政府

时　　间：2001年8月1日至7日

地　　点：中国湖南省怀化市、贵州省黎平县

出席人数：来自中国、日本、韩国的专家学者60余人

问题讨论及评述：会议采取理论与实地考察相结合的方式举行，代表们先后到黎平县的肇兴、地扪，对江县的邑沙、高增等古老的侗族和苗族村寨进行了实地考察，参观了当地群众举行的“祭萨”活动，以及“开田祭祀”、“塘公祭祀”等与稻作文化有关的传统祭祀活动。代表们对侗族稻作与祭祀文化的形成、发展、演变、特点等学术问题各抒己见，相互切磋，深入探讨，取得了诸多共识。代表们认为，侗族是古老越人的后裔，是一个以生产水稻为主业的古老民族。侗族的稻作与祭祀文化丰富多彩，这些具有独特魅力的古老文化既是中华传统文化的重要组成部分，也是人类文明进步史上的一个重要环节。

会议名称：彝族古文献与传统医药开发国际学术研讨会

主办单位：中国中央民族大学、云南省楚雄彝族自治州人民政府

时　　间：2001年8月9日至14日

地　　点：中国云南省楚雄市

出席人数：来自美国、澳大利亚、波兰、日本、中国100多名专家学者

收到论文：72篇

问题讨论及评述：会议围绕“彝族古文字与文献研究”和“彝族医药开发与利用”两个专题进行了认真的分组讨论。论文内容涉及彝族医药文献研究、彝族传统医药研究、彝族传统医药开发、彝族古文字的起源、彝族文字的构字研究、彝文文献与建设民族文化产业等，对彝州彝文古文献的研究及开发利用彝族传统医药、建立彝族医药产业等问题提出了许多建设性的建议和设想。

会议名称：清代政治变革与社会发展国际学术讨论会
主办单位：中国社会科学院历史研究所、故宫博物院
时　　间：2001年8月10日至14日
地　　点：北京
出席人数：80余位清史专家学者
问题讨论及评述：与会者围绕“清代政治变革与社会发展”主题，就清一代的政治、经济、社会、文化、学术、边疆等有关专题展开了颇具理论性、回顾性、实证性、前瞻性的求真、求是、学以致用的探讨。

会议名称：2001年新疆大学语言文化国际学术研讨会
主办单位：中国新疆大学人文学院中文系
时　　间：2001年8月15日至19日
地　　点：中国新疆乌鲁木齐市
出席人数：来自日本、韩国、新加坡、中国内地及香港地区的代表84人
收到论文：107篇
问题讨论及评述：会议及论文内容涉及古代汉语、现代汉语、语言学及应用语言学、民俗、文化诸多方面。

会议名称：2001年国际蒙医药学术研讨会
时　　间：2001年8月18日
地　　点：中国内蒙古呼和浩特市
问题讨论及评述：这是继我国成功举办2000年国际医药学术会议后又一次国际性传统医药大会，也是我国举办的首届国际性蒙医药学术会议。

会议名称：21世纪满通古斯语言文化与人类学学术研讨会

主办单位：中国黑龙江大学

时　　间：2001年8月21日至23日

地　　点：中国黑龙江省哈尔滨市

出席人数：来自中国、日本、美国、法国专家学者80余人

收到论文：52篇

问题讨论及评述：大会围绕中心议题以大会专题学术报告与分组学术报告讨论的形式进行了学术交流。专家学者们分别就满通古斯语言文化与满学研究、满通古斯语言文化与人类学研究的关系、清史民族关系史研究、满通古斯语言文化研究、满通古斯文化研究、满语文献分类与满文档案研究、满语地名研究等相关内容展开了热烈的讨论。在21世纪人类文明进程中，满通古斯语言文化研究面临着更为艰巨的任务，语言文字、历史、宗教、文化等多学科综合研究，是近代人文科学发展的趋势。今后从文化人类学的角度进行满通古斯语言文化理论深层次研究；满通古斯语言文化与相关学科结合研究；满文献整理、科学分类；将现代化手段用于研究；满语口语调查资料数字化处理、科学保存研究；满通古斯语言文化的内部比较研究与外部相关语言文化的比较研究；后继人材的培养等方面的工作将是深入开展的重点方向。

会议名称：2001年国际满族萨满文化研讨会

主办单位：中国社会科学院萨满文化研究中心、吉林市满族文化研究会、吉林省民族研究所、吉林市社会科学联合会

时　　间：2001年8月25日至28日

地　　点：中国吉林省吉林市

出席人数：数十名专家学者

问题讨论及评述：本次会议就萨满文化的内涵、表现方式、表现艺术等问题展开了专题讨论。作为一种古老的文化，中国的萨满

文化具有悠久的历史，包含有丰富的文化人类学、宗教学、民俗学、医药学、艺术学及文学等诸多方面的内容。我们用马克思主义方法研究这一文化现象，就是要去芜存精，通过它来认识满族社会、历史和文化，认识中国乃至世界各国文化。

会议名称：第二届中法藏学研讨会

主办单位：中国社会科学院民族研究所，法国国家科研中心喜马拉雅山环境、社会与发展研究所

时　　间：2001年10月15日至20日

地　　点：北京

出席人数：法国、中国26位专家学者

收到论文：26篇

问题讨论及评述：本次研讨会主题定为“藏族文化：历史与现实”，主办者试图以这一较为宽泛的主题最大限度地促进双方的交流与了解。事实上，会议讨论和与会者提交的论文也涉及到宗教类、历史类、艺术类、语言文字类、文献研究类、社会与发展类、综合类等藏学研究的多个领域，具有广泛的代表性。有关区域性社会组织的研究是区域性文化研究中的重要内容，在人类学和历史学的研究中历来受到重视。这次中法藏学研讨会是一次成功的国际学术交流活动，这不仅已为与会的中法藏学专家学者所一致认同，而且也为积极推动这项活动的法国驻华大使馆所充分肯定。这次会议不仅在中法藏学界学术交流的深度和广度方面取得显著进展，而且为建立中法藏学界更加广泛的交流与合作打开了一个新局面，从而为中法藏学界的学术联系渠道提供了更加广泛的机构和依托。

会议名称：第34届国际汉藏语言暨语言学会议

主办单位：中国云南民族学院、南开大学

时　　间： 2001年10月24日至27日

地　　点： 中国云南省昆明市

出席人数： 来自国内外150多位专家学者

问题讨论及评述： 会议及论文涉及藏缅语族语言研究、壮侗语族语言研究、苗瑶语族语言研究、汉语史研究、现代汉语研究、汉语方言研究、语言接触和语言比较、南岛语和南亚语研究、实验语言学和信息处理、语言类型学、语言规划和社会语言学、古文字语言研究等学科。

会议名称： 西南、西北、海上丝绸之路比较研究学术讨论会

主办单位： 中国对外关系史学会、云南省社会科学院、广东省社会科学院、中国社会科学院边疆史地研究中心、云南大学西南边疆少数民族研究中心

时　　间： 2001年10月29日至11月2日

地　　点： 中国云南省昆明市

出席人数： 来自中国大陆、台湾、香港、澳门地区及美国、葡萄牙的130多位专家学者

讨论问题及评述： 会上学者们分别就3条丝绸之路进行了深入讨论。关于西南丝绸之路，具体阐述了公元前4世纪中国丝绸经该路传入印度的情况，分别研究了唐宋以至现代南方陆上丝绸之路的道路、交通、商贸及中国与东南亚关系的历史发展。西北丝绸之路的研究更多地结合语言学、考古学、宗教学、民族学等多学科展开。海上丝绸之路，学者们阐述了丝绸之路与传统海疆的形成，分析了海上丝绸之路兴起的原因，对北方海上丝绸之路及中朝、中韩、中日关系进行了分析研究。会议通过对3条丝绸之路的比较，对丝绸之路的概念、研究方法、研究状况及未来等问题进行了探讨。与会者充分肯定了丝绸之路在沟通中外经济联系、加强文化交流等方面的重要意义。

会议名称：21世纪敦煌学国际学术研讨会
主办单位：中国台湾中正大学中文系、历史系、逢甲大学中文系、四川大学中国俗文化研究所、中国唐代学会和汉学研究中心
时　　间：2001年11月2日至7日
地　　点：中国台湾嘉义中正大学、台中逢甲大学、台北汉学研究中心
参加人数：来自中国台湾、大陆、香港以及日本、法国、澳大利亚、英国的53位专家学者
收到论文：52篇
问题讨论及评述：本次会议是新世纪第一场敦煌学会议，也是集中展示新世纪敦煌学风貌的一场盛会，开拓了21世纪敦煌学的新天地，为今后敦煌学研究提供了“新方法和新课题”，主要有：(1) 随着俄藏敦煌文献和中国一些小收集品的出版，不仅要辨别藏经洞文献和混入的新疆、黑城等地文书，也要辨别真伪写本。(2) 敦煌学的研究范围应当扩大，特别是要把和敦煌一样同处于唐朝文化周边的吐鲁番、于阗、日本、越南的材料都作为参考，进行对比研究。(3) 从研究方法上来说，希望由多学科向跨学科发展。本次会议的一些力作，提倡跨学科研究，跨学科研究方法是今后努力的方向。

会议名称：21世纪都市可持续发展暨中国人类学百年国际学术研讨会
主办单位：中国中山大学人类学系、中国都市人类学会、北京大学人类学与民俗研究中心、清华大学当代中国研究中心、广州市社会科学界联合会、广州城市科学学会
时　　间：2001年12月14日至17日
地　　点：中国广州中山大学

出席人数：150 多位专家学者

问题讨论及评述：会议分成“21 世纪都市发展”和“21 世纪人类学发展”两大部分。“21 世纪人类学发展”设：中国人类学史、人类学理论与方法、族群与区域文化、民族考古学、历史人类学、民族文化与现代化、民俗文化、婚姻与家庭、宗族与信仰等专题。“21 世纪都市发展”设：广州与珠江三角洲都市协调发展、21 世纪广州发展、乡村都市化、边疆都市发展、都市社区文化、都市少数民族文化、中外都市化比较、移民与都市化等专题。本次会议的发言体现了学科与学科之间，学者与学者之间的理论交织和思想碰撞。

会议名称：第二届双语学国际研讨会

主办单位：中国香港大学、香港理工大学、中央民族大学

时　　间：2001 年 12 月 27 日至 28 日

地　　点：香港

出席人数：来自中国大陆、香港、台湾地区及美国、英国、新加坡的 40 多位专家学者

收到论文：40 余篇

问题讨论及评述：这次会议的中心议题为华语社区双语研究，分为第二语言学习与使用、语言习得与语言对比、语言教学、语法研究、少数民族双语研究、双语社会的语言问题等 6 个专题研讨。

（王秀珍）

·书目·索引·

新书目录（2001年）

说明：出版社名称后的数字为著作页码数。

综　合

广西统计年鉴 2001（总第19期）/广西壮族自治区统计局编．中国统计出版社．439

贵州统计年鉴 2001/贵州省统计局编．中国统计出版社．507

内蒙古统计年鉴 2001（**总第14期**）/内蒙古自治区统计局编．中国统计出版社．882

宁夏统计年鉴 2001（**总第15期**）/宁夏回族自治区统计局编．中国统计出版社．408

青海统计年鉴 2001（**总第17期**）/青海省统计局编．中国统计出版社．535

西藏统计年鉴 2001（**总第13期**）/西藏自治区统计局编．中国统计出版社．460

新疆统计年鉴 2001/新疆维吾尔自治区统计局编．中国统计出版社．784

云南统计年鉴 2001（总第 17 期）/云南省统计局编．中国统计出版社．627

中国民族研究年鉴 2000/于宝林　华祖根主编．民族出版社．660

中国民族年鉴 2000/齐宝和主编．民族出版社．830

中国民族工作年鉴 2001/赵显人主编．《中国民族工作年鉴》编辑委员会．840

民族问题理论

马克思主义民族理论发展史/陈国新　杜玉银主编．云南大学出版社．532

毛泽东：中国民族问题的战略思考与历史实践/巴图著．内蒙古教育出版社．402

继承与创新：马克思主义民族理论在中国的运用和发展/詹真荣著．民族出版社．357

团结进步的伟大旗帜：中国共产党 80 年民族工作历史回顾/文精主编．民族出版社．668

兴边富民与少数民族发展：第十次全国民族理论专题学术讨论会论文集/中国民族理论学会　延边大学民族研究院编．辽宁民族出版社．647

民族发展与社会变迁/赵嘉文　马戎主编．民族出版社．675

民族问题论集/毛公宁著．民族出版社．386

民族与社会发展/马戎著．民族出版社．355

民族发展的若干理论与实践问题/毛公宁　王铁志主编．中央民族大学出版社．328

民族复兴之路/单纯主编．海天出版社．437

中华民族的形成与凝聚新论/伍雄武著．云南人民出版社．416

价值观与中华民族凝聚力/王克千　吴宗英著．上海人民出版社．246

新时期民族政策的理论与实践/王铁志主编．民族出版社．386

中华人民共和国民族区域自治法/中国法制出版社．21

《民族区域自治法》释义/陈云生著．经济管理出版社．162

中华人民共和国民族区域自治法释义/敖俊德著．民族出版社．175
民族区域自治机关制定单行条例常识/黄逢贵著．民族出版社．177
民族区域自治制度的发展/王戈柳主编．民族出版社．317
民族政治学导论/周平著．中国社会科学出版社．316
民族人口学/张天路编著．中国人口出版社．359
中国城市民族工作的理论与实践/沈林等著．民族出版社．214
中国的民族乡/沈林著．民族出版社．233
中国民族社区发展研究/马戎　潘乃谷　周星主编．北京大学出版社．549
散杂居民族工作概论/沈林等著．民族出版社．243
建国以来新疆党和政府处理民族宗教问题的经验/李泽主编．新疆维吾尔自治区社会科学院民族研究所出版．404
历史的丰碑/中共新疆维吾尔自治区委员会党史研究室编．新疆人民出版社．257
毛泽东西藏工作文选/中共中央文献研究室等编．中央文献出版社．221
民族哲学与宗教 2001/宫玉宽主编．民族出版社．310
中国人口流动方式与途径 1990—1999 年/蔡昉主编．社会科学文献出版社．348
统战史研究/李玉荣著．山东教育出版社．434
当代中国宗教禁忌/朱越利主编．民族出版社．282
转型中的社会与文化/向春玲著．民族出版社．245
东方民族非资本主义发展道路/陈国新著．云南大学出版社．328
全球民族问题大聚集/中国现代国际关系研究所民族与宗教研究中心著．时事出版社．
民族教育学通论/哈经雄　滕星主编．教育科学出版社．624
中国民族学院论/赵世怀　欧以克等著．民族出版社．280
呼伦贝尔民族教育史略（上编）/苏日嘎拉图编著．民族出版社．229

民族经济

民族根本利益与经济均衡发展/周毅主编．内蒙古教育出版社．456

中国传统文化与现代化/董平主编．中国政法大学出版社．305

战略重心的西移/周兴维著．民族出版社．335

中国经济西进/赵公卿　汪同三　魏建国主编．社会科学文献出版社．524

献计献策：党外人士西部大开发考察文集/中共中央统战部编．华文出版社．210

西部开发论/张敦富主编．中国轻工业出版社．403

中国西部开发论/朱坚真著．华文出版社．378

西部开发十年可成/温世仁著．三联书店．271

中国西部开发的历史审视/马敏　王玉德主编．湖北人民出版社．791

中国西部贫困地区扶贫攻坚难点问题与战略选择研究/赵曦著．西南财经大学出版社．368

复苏的热土：西部开发与兴边富民研究/梁希勇　杨聪　张华志著．民族出版社．312

毛泽东屯垦思想与西部大开发/王瀚林主编．新疆大学出版社．437

强劲的崛起/吕维宁等编著．社会科学文献出版社．250

西部大开发与民族问题/吴仕民著．民族出版社．278

西部大开发与兴边富民行动/吴建国　马勇　肖琼著．民族出版社．282

西部民族经济/石生泰主编．甘肃人民出版社．137

西北生态启示录/吴晓军　董汉河著．甘肃人民出版社．341

西部生态大扫描/梅忠堂著．长征出版社．440

西部生态经济建设/李锦等著．民族出版社．257

西部生态环境经济社会可持续发展/周毅著．内蒙古教育出版社．681

西部特色经济开发/王长文　李曦辉　李俊峰著．民族出版社．382

西部反贫困研究/周毅著．甘肃人民出版社．313

西部危情/金磊　李沉编著．中国城市出版社．545

中国西部的对外开放/涂裕春等著．民族出版社．256

中国西部开发史话/刘兴全等著．民族出版社．307

千年等一回：广西实施西部大开发战略理论构想/李甫春等著．民族出版社．553

中国古代西部开发人物志/继光　高瑞主编．兰州大学出版社．697

青藏高原沙漠化问题与可持续发展/李森　董玉祥　董光荣著．中国藏学出版社．304

三江行：澜沧江、怒江、独龙江调查手记/张惠君著．云南大学出版社．295

从澜沧江到湄公河/徐建国　汤家麟著．云南民族出版社．295

西双版纳份地制与西周井田制比较研究/马曜　缪鸾和著．云南人民出版社．428

满族游牧经济/滕绍箴　滕瑶著．经济管理出版社．251

资源配置与制度变迁：人类学视野中的多民族经济共生形态/陈庆德著．云南大学出版社．298

民族经济学教程/施正一主编．中央民族大学出版社．584

经济人类学/陈庆德著．人民出版社．521

伊斯兰经济思想/刘天明著．宁夏人民出版社．319

新经济社会学/张其仔著．中国社会科学出版社．299

来自实践的理性思考：民族地区发展建设论集/阿什老轨著．社会科学文献出版社．524

中国贫困地区农户劳动供给研究/都阳著．华文出版社．167

世界不发达地区开发史鉴/郑长德著．民族出版社．359

民族学

民族学 2000/郭大烈主编．民族出版社．331

民族学 2001/郭大烈主编．云南民族出版社．296

民族研究论文集/田季清主编．民族出版社．280

民族学通报（第 1 辑）/林超民主编．云南大学出版社．346

21 **世纪：文化自觉与跨文化对话（一、二）**/马戎　周星主编．北京大学出版社．1406

人类学理论的新格局/纳日碧力戈等著．社会科学文献出版社．398

走进他者的世界：文化人类学/麻国庆著．学苑出版社．367

西方民族学史/戴裔煊著．社会科学文献出版社．380

费孝通文集（第15卷）/费孝通著．群言出版社．442

杨侯第民族工作与人类学论集/杨侯第著．民族出版社．229

纪念林惠祥文集/汪毅夫　郭志超主编．厦门大学出版社．413

发展人类学引论/陈庆德等著．云南大学出版社．390

新世纪的挑战：四川少数民族地区文化变迁的田野考察和研究/李星星等主编．四川民族出版社．302

西太平洋的航海者/（英）马凌诺斯基著　梁永佳　李绍明译．华夏出版社．448

文化论/（英）马凌诺斯基著　费孝通译．华夏出版社．107

社会人类学方法/（英）布朗著　夏建中译．华夏出版社．189

文化社会学/司马云杰著．中国社会科学出版社．492

文化人类学新论/许烺光著．台湾南天书局．219

人文类型/（英）弗思著　费孝通译．华夏出版社．177

走进中华古文明/罗新慧著．民主与建设出版社．213

中国文明论：中国古代文明的本质与原理（从公元前21世纪至1840年）/北野著．中国社会科学出版社．289

鸠摩罗什和中国民族文化/新疆龟兹石窟研究所编．新疆美术摄影出版社．280

中国民族/郝文明主编　国家民委民族问题研究中心编．中央民族大学出版社．768

中国民族概论/宋蜀华　陈克进主编．中央民族大学出版社．858

神话与鬼话：台湾原住民神话故事比较研究/（俄）李福清著．社会科学文献出版社．410

中华神秘文化辞典/吴康主编．海南出版社．629

中国巫傩史：中华文明基因初探/林河著．花城出版社．674

巫觋：人与鬼神之间/宋兆麟著．学苑出版社．392

心智的误区：巫术与中国巫术文化/詹鄞鑫著．上海教育出版社．882

原始活态文化：萨满教透视/郭淑云著．上海人民出版社．662

民间神像/周博等编著．天津人民出版社．188

解读禁忌：中国神话、传说和故事中的禁忌主题/万建中著．商务印书馆．373

历代社会风俗事物考/尚秉和著　母庚才　刘瑞玲点校．中国书店．524

中国少数民族饮食文化荟萃/颜其香主编．商务印书馆国际有限公司．1132

隐藏民族灵魂的符号：中国饮食象征文化论/瞿明安著．云南大学出版社．273

丧葬习俗/雷绍锋　张俊超著．湖北教育出版社．204

中国竹文化/王平著．民族出版社．479

中国寿文化图话/周艾久　侯美莲编著．学苑出版社．379

中国服饰文化参考文献目录/李之檀编．中国纺织出版社．753

语言民俗/王作新著．湖北教育出版社．221

中国民俗文化大观(上下)/汪玢玲　张志立主编．吉林人民出版社．1463

中华风俗史：吉祥·禁忌风俗史/康健　李高峰主编．京华出版社．413

中华风俗史：家庭·方言风俗史/康健　李高峰主编．京华出版社．452

中华风俗史：节日风俗史/康健　李高峰主编．京华出版社．404

中华风俗史：丧葬·医疗风俗史/康健　李高峰主编．京华出版社．391

中华风俗史：商贸风俗史/康健　李高峰主编．京华出版社．432

中华风俗史：神秘文化风俗史/康健　李高峰主编．京华出版社．460

中华风俗史：饮食·民居风俗史/康健　李高峰主编．京华出版社．426

中华风俗史：游戏·博彩风俗史/康健　李高峰主编．京华出版社．455

中华风俗史：服饰·工艺·交通风俗史/康健　李高峰主编．京华出版社．437

中华风俗史：婚姻风俗史/康健　李高峰主编．京华出版社．428

中国少数民族风土漫记（上中下）/颜其香主编．农村读物出版社．1572

影视人类学原理/（美）保罗·霍金斯著　王筑生等编译．云南大学出版社．424

影视文化学/陈默编著．北京广播学院出版社．227

城市中的少数民族/中国都市人类学会秘书处编．民族出版社．218

社会性别·族裔·社区发展译选/马元曦　康宏锦主编．中国书籍出版社．272

村治中的宗族：对九个村的调查与研究/肖唐镖著．上海书店出版社．662

家庭主义与中国文化/杨知勇著．云南大学出版社．530

平峰村的文化转型/胡燕鸣等著．中央民族大学出版社．206

乌拉手记：东北民俗田野考察/曹保明著．学苑出版社．320

最后的捕猎者/宋兆麟著．山东画报出版社．379

中华奇婚异俗/邹绍志编著．民族出版社．575

昆仑山：探寻西王母古国/李晓伟著．天津社会科学院出版社．262

最后的汉族/陈彤　刘春撰文　晋永权摄影．中央编译出版社．306

20世纪中国民族家庭实录（第1—4集）/高发元主编．云南大学出版社．共28册

汉族风俗文化史纲/徐杰舜　周耀明著．广西人民出版社．504

中国古代北方民族文化史（上下）/张碧波　董国尧主编．黑龙江人民出版社．1732

鄂伦春狩猎民俗与艺术/鄂·苏日台著．内蒙古文化出版社．224

蒙古族生活掠影/张秀华编著．沈阳出版社．316

内蒙古：阿拉善风物志/蔡家艺编著．云南人民出版社．169

内蒙古：呼伦贝尔风物志/卢明辉　李烨编著．云南人民出版社．163

伊斯兰文化论集/朱崇礼主编．中国社会科学院宗教研究所．中国社会科学出版社．479

伊斯兰哲学研究/杨启辰　杨华著．宁夏人民出版社．233

西夏王国与东方金字塔/僧人著．四川人民出版社．269

回族文化新论/杨华　杨启辰著．宁夏人民出版社．268

回族学刊（第1辑）/云南回族研究委员会编．云南大学出版社．379

丝路上的文明古国/黄剑华著．四川人民出版社．359

新疆民俗/韩连赟摄影　程万里撰文．新疆人民出版社．126

新疆世居民族概览/续西发著．民族出版社．218

维吾尔族麻扎文化研究/热依拉·达吾提著．新疆大学出版社．179

哈萨克族文化大观/贾合甫·米尔扎汗著．新疆人民出版社．364

富蕴县哈萨克族卷/杜荣坤　何星亮　吴宏伟编著．民族出版社．314

塔吉克族民俗文化/西仁·库尔班　伊明江·木拉提著．新疆大学出版

社．298

保安族文化形态与古籍文存/马少青编著．甘肃人民出版社．347

东乡族文化形态与古籍文存/马自祥　马兆熙编著．甘肃人民出版社．256

南方民族研究论丛（第五辑）/中南民族学院民族研究所编．民族出版社．279

中国西南文化研究 5/云南省社会科学院历史研究所编．云南民族出版社．330

西南边疆民族研究 1/方铁主编．云南大学出版社．485

三星堆文化探秘及《山海经》断想/刘少匆著．昆仑出版社．233

万户千门入画图：巴蜀少数民族文化/冯敏著．四川人民出版社．437

文化与图像：一个人类学者贵州田野考察及札记/潘年英著．贵州人民出版社．207

夜郎文化寻踪/唐文元　刘卫国著．四川人民出版社．280

民间思想的村落：苗族巫文化的宗教透视/陆群著．贵州民族出版社．324

社区历史与乡政村治：鄂西土家族地区农村宗教文化与村民自治研究/孙秋云著．民族出版社．279

中国土家族民俗与稻作文化/刘芝凤著．人民出版社．304

土家人和土家语/罗安源等著．民族出版社．408

土家族民间信仰与文化/向柏松著．民族出版社．217

土家族文化通志新编/彭英明主编．民族出版社．399

武陵土家/张良皋著．三联书店．132

一个家族的时空域：对瞿氏宗族的个例分析/瞿州莲著．贵州民族出版社．305

锉刀下的风景：湘西苗族剪纸的文化探寻/田茂军著．贵州民族出版社．350

婚俗中的人伦：湘西各族婚俗的透视/姚金泉著．贵州民族出版社．348

民间思相的村落：苗族巫文化的宗教透视/陆群著．贵州民族出版社．324

文化的伦理剖析：湘西伦理文化论/郑英杰著．贵州民族出版社．355

潜网中的企求：湘西贫困与反贫困的理性透视/游俊　龙先琼著．贵州民族出版社．252

彝文化和楚文化的关联：彝楚语词、十月历法、崇虎敬羊、三色彩绘及家国之匏/普珍著．云南人民出版社．167

彝族羊文化与吉符卍卐/普珍著．云南人民出版社．126

文化变迁与双语教育：凉山彝族社区教育人类学的田野工作与文本撰述/滕星著．教育科学出版社．331

摩史苏/王继超主编．贵州民族出版社．285

中国西藏文化大图集（1—3卷）/曹自强　李书敏主编．重庆出版社．1176

格萨尔研究集刊5/全国《格萨尔》工作领导小组办公室主编．民族出版社．386

藏传佛教探秘/徐丽华著．巴蜀书社．384

藏密真言宝典/中国藏语系高级佛学院研究室　中国佛教文化研究所编．宗教文化出版社．476

中国藏密宝典（1—6）/则一编．民族出版社．3312

藏族文化发展史（上下）/丹珠昂奔著．甘肃教育出版社．1477

藏族族源与藏东古文明/石硕著．四川人民出版社．345

释迦牟尼：生平与思想/崔连仲著．商务印书馆．399

宗喀巴大师集（1—5卷）/宗喀巴著．中国佛教文化研究所主编．民族出版社．2519

米拉日巴大师集（上中下）/米拉日巴著　中国佛教文化研究所主编．民族出版社．1291

阅读西藏/张永发著．民族出版社．407

青藏高原游牧文化/尕藏才旦　格桑本编著．甘肃民族出版社．162

西藏察隅僜人的社会与文化/吴从众著．黑龙江教育出版社．155

南昆八村：南昆铁路建设与沿线村落社会文化变迁（广西卷）（贵州卷）（云南卷）/翁乃群主编．民族出版社．1054

寻访原始部落/刘芝凤著．云南人民出版社．316

民族村寨文化/高发元主编．云南大学出版社．201

云南民族村寨调查：壮族/杨经德主编．云南大学出版社．232

云南民族村寨调查：彝族/马京主编．云南大学出版社．346

云南民族村寨调查：佤族/李兵主编．云南大学出版社．196

云南民族村寨调查：瑶族/匡自明主编．云南大学出版社．216

云南民族村寨调查：藏族/张实主编．云南大学出版社．222

云南民族村寨调查：满族/冯良方主编．云南大学出版社．208

云南民族村寨调查：蒙古族/方慧　荣莉主编．云南大学出版社．217

云南民族村寨调查：苗族/殷永林主编．云南大学出版社．200

云南民族村寨调查：纳西族/段钢　代春强主编．云南大学出版社．182

云南民族村寨调查：怒族/赵美主编．云南大学出版社．209

云南民族村寨调查：普米族/刘韵涵主编．云南大学出版社．185

云南民族村寨调查：水族/张巨成主编．云南大学出版社．236

云南民族村寨调查：哈尼族/何斯强主编．云南大学出版社．372

云南民族村寨调查：回族/姚继德　肖芒主编．云南大学出版社．350

云南民族村寨调查：基诺族/张锡盛主编．云南大学出版社．278

云南民族村寨调查：景颇族/王皎主编．云南大学出版社．231

云南民族村寨调查：傈僳族/肖迎主编．云南大学出版社．234

云南民族村寨调查：拉祜族/王晓珠主编．云南大学出版社．252

云南民族村寨调查：布朗族/谭晓健主编．云南大学出版社．324

云南民族村寨调查：布依族/杨南丽主编．云南大学出版社．158

云南民族村寨调查：傣族/张晓辉主编．云南大学出版社．280

云南民族村寨调查：德昂族/汤芝兰　李韬主编．云南大学出版社．194

云南民族村寨调查：独龙族/郑维川主编．云南大学出版社．285

云南民族村寨调查：阿昌族/王志良　文小勇主编．云南大学出版社．196

云南民族村寨调查：白族/段炳昌　杨立权　董秀团主编．云南大学出版社．304

云南民族村寨调查：走进田野/肖芒主编．云南大学出版社．284

云南民族村寨调查：跨世纪的思考/张跃主编．云南大学出版社．565

从云南到阿萨姆：傣—泰民族历史再考与重构/何平著．云南大学出版社．440

中国少数民族现状与发展调查研究丛书：西盟县佤族卷/罗之基等著．民族出版社．327

爨文化史/范建华等著．云南大学出版社．340

周城文化：中国白族名村的田野调查/郝翔等主编．中央民族大学出版社．408

铜鼓：南国奇葩/蒋廷瑜著．天津科学技术出版社．288

大理文化论/马曜著．云南教育出版社．519

滇文化/张增祺著．文物出版社．201

阿昌族文化史/刘江著．云南民族出版社．346

布朗族文化史/赵瑛著．云南民族出版社．356

佤族文化史/魏德明著．云南民族出版社．366

纳西族文化史/和少英著．云南民族出版社．356

纳西族风俗志/白庚胜著．中央民族大学出版社．205

色彩与纳西族民俗/白庚胜著．社会科学文献出版社．309

瑶族文化史/徐祖祥著．云南民族出版社．378

岭南圣母的文化与信仰：冼夫人与高州/卢方圆　叶春生主编．黑龙江人民出版社．274

广东畲族古籍资料汇编：图腾文化及其他/朱洪　李筱文编．中山大学出版社．198

南粤客家围/杨耀林　黄崇岳主编．文物出版社．349

客家传统文化概说/吴永章著．广西教育出版社．405

龙虎山崖葬与百越民族文化/蒋炳钊　石奕龙　黄向春主编．吉林人民出版社．365

台湾原住民的社会与文化/田哲益著．联经出版事业公司．221

台湾原住民的祭仪生活/古野清人原著　叶婉奇译．台湾原民文化出版公司．378

忠于原味：原住民媒体、文化与政治/孔文吉著．台湾前卫出版社．234

民族历史

吕振羽集/吕振羽著．中国社会科学出版社．414

白寿彝史学的理论风格/瞿林东著．河南大学出版社．200

国家图书馆藏敦煌遗书研究论著目录索引/申国美编．北京图书馆出版社．616

敦煌吐鲁番研究：第五卷（2000）/季羡林　饶宗颐　周一良主编．北京大学出版社．439

敦煌吐鲁番法制文书研究/陈永胜著．甘肃人民出版社．217

敦煌文献论集：纪念敦煌藏经洞发现100周年国际学术研讨会论文集/郝春文主编．辽宁人民出版社．673

中国西北地区青铜时代考古论集/水涛著．科学出版社．329

东北亚考古资料译文集：高句丽　渤海专号/杨志军主编．北方文物杂志社．317

疏勒河流域汉长城考察报告/岳邦湖　钟圣祖著．文物出版社．245

中国婚姻史/汪玢玲著．上海人民出版社．571

中国流人史与流人文化论集/李兴盛著．黑龙江人民出版社．631

中华民族史（上下）/萧君和主编．黑龙江教育出版社．1210

中国民族关系史纲要/翁独健主编．中国社会科学出版社．881

民族史研究 第二辑/中央民族大学历史系编．民族出版社．363

民族宗教论集/白寿彝著．河北教育出版社．776

中华民族发展史/田晓岫著．华夏出版社．433

丝绸之路/（法）布尔努瓦著．山东画报出版社．287

中国文化史（上下）/柳诒徵撰　蔡尚思导读．上海古籍出版社．973

血缘与地缘之间：中国历史上联宗与联宗组织/钱杭著．上海社会科学院出版社．406

各民族共创中华：满族、锡伯族、达斡尔族、鄂温克族、鄂伦春族、赫哲族的贡献（上册）东北内蒙卷/韩效文　杨建新主编．甘肃文化出版社．245

各民族共创中华：朝鲜族的贡献（中册）东北内蒙卷/韩效文　杨建新

主编．甘肃文化出版社．248

各民族共创中华：蒙古族的贡献（下册）东北内蒙卷/韩效文　杨建新主编．甘肃文化出版社．300

各民族共创中华：维吾尔族、哈萨克族、塔吉克族、俄罗斯族、乌孜别克族、柯尔克孜族、塔塔尔族的贡献（上册）西北卷/韩效文　杨建新主编．甘肃文化出版社．274

各民族共创中华：回族、东乡族、保安族、撒拉族、裕固族、土族的贡献（下册）西北卷/韩效文　杨建新主编．甘肃文化出版社．376

各民族共创中华：藏族、门巴族、珞巴族、羌族的贡献（上册）西南卷/韩效文　杨建新主编．甘肃文化出版社．330

各民族共创中华：苗族、瑶族、侗族、水族、布依族、仡佬族、傣族、佤族、德昂族、布朗族、土家族、拉祜族、纳西族、阿昌族、独龙族、基诺族的贡献（中册）西南卷/韩效文　杨建新主编．甘肃文化出版社．330

各民族共创中华：彝族、白族、傈僳族、哈尼族、普米族、景颇族、怒族的贡献（下册）西南卷/韩效文　杨建新主编．甘肃文化出版社．312

各民族共创中华：壮族、仫佬族、毛南族、京族的贡献（上册）中南东南卷 /韩效文　杨建新主编．甘肃文化出版社．244

各民族共创中华：黎族、高山族、畲族的贡献（下册）中南东南卷/韩效文　杨建新主编．甘肃文化出版社．224

汉人与周边社会研究：王松兴教授重要著作选择/徐正光主编．唐山出版社．403

中国礼制史·宋辽金夏卷/陈戍国著．湖南教育出版社．650

辽金史论集 第六辑/张畅耕主编．社会科学文献出版社．439

宣化辽墓壁画/河北省文物研究所编著．文物出版社．136

西夏简史（修订本）/钟侃　吴峰云　李范文著．宁夏人民出版社．154

西夏王朝/张灵编著．宁夏人民出版社．135

蒙元的历史与文化（全二册）/萧启庆主编．台湾学生书局．874

元代史学思想研究/周少川著．社会科学文献出版社．233

元蒙史札/周清澍著．内蒙古大学出版社．754

马可·波罗时代/申友良著．中国社会科学出版社．263

明初以降人口及其相关问题：1368—1953/（美）何炳棣著　葛剑雄译．三联书店．407

伯希和西域探险记/（法）伯希和等著　耿升译．云南人民出版社．528

明清史探实/郑克晟著．中国社会科学出版社．472

明清湘鄂赣地区的人口流动与城乡商品经济/方志远著．人民出版社．775

清前期八旗土地制度研究/赵令志著．民族出版社．371

清代人物传稿 上编 第10卷/张捷夫主编．中华书局．393

清代西部历史论衡/马汝珩著．山西人民出版社．368

清史论丛2000**年号**/中国社科院历史研究所明清史研究室编．中国广播电视出版社．302

清史论丛2001**年号**/中国社科院历史研究所明清史研究室编．中国广播电视出版社．258

清代治藏政策研究/苏发祥著．民族出版社．253

中国人口史 第五卷 清时期/葛剑雄主编　曹树基著．复旦大学出版社．1003

番头家：清代台湾族群政治与熟番地权/柯志明著．“中央研究院”社会学研究所．440

乱世潜流：民族主义与民国政治/罗志田著．上海古籍出版社．285

东北史地考略/李健才著．吉林文史出版社．227

龙出辽河源/郭大顺著．百花文艺出版社．271

辽宁回族史话/马文清等编著．辽宁民族出版社．229

辽宁蒙古族史话/暴风雨　项福生著．辽宁民族出版社．180

辽宁锡伯族史话/安振泰著．辽宁民族出版社．216

辽宁朝鲜族史话/禹钟烈著．辽宁民族出版社．182

蒙藏关系史大系·宗教卷/乌力吉巴雅尔著　陈庆英　丁守璞主编．外语教学与研究出版社、西藏人民出版社．458

蒙古族通史（上中下）/内蒙古社科院历史所《蒙古族通史》编写组编．民族出版社．1388

多桑蒙古史（上下）／（瑞典）多桑著　冯承钧译．上海书店出版社．829

外蒙古问题/刘学铫著．台湾南天书局有限公司．146

百年风云内蒙古/郝维民主编．内蒙古教育出版社．733

一代英豪：建党初期的蒙古族共产党员/乌嫩齐主编．民族出版社．281

科尔沁铁骑/图克斯白乙尔遗著　郑竹青整理．解放军出版社．332

克兴额：一个科尔沁蒙古人/克·莫日根著．内蒙古教育出版社．222

近代绥远地区的社会变迁/牛敬忠著．内蒙古大学出版社．233

湖南少数民族史/游俊　李汉林著．民族出版社．375

溪州土司八百年/彭剑秋编著．民族出版社．134

卯峒土司志校注/张兴文等注释．民族出版社．185

西南少数民族历史档案管理学/华林著．民族出版社．360

云南民族史/尤中著．云南大学出版社．575

传统与现代的整合：云南回族历史·文化·发展论纲/纳麒著．云南大学出版社．224

云南回族历史与文化研究/马维良著．云南人民出版社．306

云南史料丛刊（第7—12卷）/方国瑜主编．云南大学出版社．4873

云南古长城考察记/于希贤等著．云南人民出版社．164

大理总管段氏世次年历及其与蒙元政权关系研究/方慧著．云南教育出版社．184

南诏和大理国宗教艺术/刘长久著．四川人民出版社．116

大理古佚书钞/尹明举主编．云南人民出版社．535

昭通彝族史探/陈本明　傅永祥编著．云南民族出版社．466

临沧地区佤族百年社会变迁/李洁著．云南教育出版社．287

新编昆明风物志/卓维华主编．云南人民出版社．425

中土基督/郭卫东著．云南人民出版社．357

百苗图校释/李汉林著．贵州民族出版社．320

贵州少数民族古籍研究（一）/贵州民族宗教事务委员会民族古籍整理办公室编．贵州民族出版社．306

贵州苗族林业契约文书汇编 1736—1950 第一卷 史料编/唐立　杨有赓

武内房司主编．东京外国语大学国立亚非语言文化研究所．279

濯锦清江万里流：巴蜀文化的历程/段渝　谭洛非著．四川人民出版社．405

玉垒浮云变古今：古代的蜀国/段渝著．四川人民出版社．391

中国回族金石录/余振贵　雷晓静主编．宁夏人民出版社．766

绿苑钩沉：张巨龄回族史论选/张巨龄著．民族出版社．335

回族文化透视/赵慧著．宁夏人民出版社．256

近代西北回族社会组织化进程研究/霍维洮著．宁夏人民出版社．280

马福祥传/丁明俊著．宁夏人民出版社．221

诸马军阀集团与西北穆斯林社会/许宪隆著．宁夏人民出版社．279

抗日战争中的回族/李伟　雍际春　王三义著．甘肃人民出版社．440

青海近代社会史/邓慧君著．青海人民出版社．193

新疆古尸/王炳华主编．新疆人民出版社．245

访古吐鲁番/王炳华著．新疆人民出版社．334

新疆宗教史略/马品彦　赵荣织著．新疆大学出版社．120

去楼兰：悖论、相对主义——开启沙漠中的秘密/杜培华著．光明日报出版社．674

耿世民新疆文史论集/耿世民著．中央民族大学出版社．497

王震与陶峙岳/罗元生著．华文出版社．319

新疆·哈密风物志/王嵘编著．云南人民出版社．227

新疆·吐鲁番风物志/王嵘编著．云南人民出版社．261

新疆·伊犁风物志/李耕耘编著．云南人民出版社．214

正确阐明新疆历史/田卫疆著．新疆人民出版社．79

正确阐明新疆民族史/陈超著．新疆人民出版社．69

正确阐明新疆伊斯兰教史/马品彦著．新疆人民出版社．86

史前社会与格萨尔时代/尕藏才旦编著．甘肃民族出版社．140

历代班禅与雍和宫/黄崇文著．民族出版社．102

塔尔寺史话/拉科·益西多杰著．民族出版社．170

甘南藏区考古集萃/李振翼著．民族出版社．270

西藏地方志资料集成 第 1 集/陈家主编．中国藏学出版社．270

吐蕃僧诤记/（法）戴密微著　耿升译．西藏人民出版社．499

十三世达赖喇嘛：1904 **年江孜保卫战**/降边嘉措　吴伟著．作家出版社．482

中央驻藏代表——张经武/赵慎应著．中国藏学出版社．176

张国华将军在西藏/赵慎应著．中国藏学出版社．174

修筑川藏公路亲历记/高平编著．中国藏学出版社．143

十八军先遣侦察科进藏纪实/王贵　黄道群著．中国藏学出版社．191

西藏 50 **年 经济卷**/罗莉　拉灿著　丹珠昂奔主编．民族出版社．297

西藏 50 **年 历史卷**/黄颢　刘洪记著　丹珠昂奔主编．民族出版社．288

西藏 50 **年 旅游卷**/胡海燕　陈波著　丹珠昂奔主编．民族出版社．248

西藏 50 **年 文学卷**/耿予方著．民族出版社．396

西藏采访笔记/马晨明著．民族出版社．361

民族语言文字

论语言发声/孔江平著．中央民族大学出版社．379

突厥语大词典（1—3卷）/麻赫穆德·喀什葛里著　校仲彝等译．民族出版社．1371

中国民族文字与书法宝典/关东升主编．中国大百科全书出版社．559

中国民族语言文学研究论集 1/戴庆厦主编．民族出版社．398

濒危语言研究/徐世璇著．中央民族大学出版社．387

北方民族的历史接触与阿尔泰诸语言共同性的形成/孟达来著．中国社会科学出版社．203

中国民族语文工作的创举：蒙古语文“八协”工作二十年回顾/舍·那木吉拉著．辽宁民族出版社．241

语言接触与语言演变：阿昌语个案调查研究/袁焱著．民族出版社．217

哈尼语研究/李泽然著．民族出版社．265

鄂伦春语研究/胡增益著．民族出版社．293

彝文字形探源/阿余铁日著．四川民族出版社．216

大学彝语文/洛边木果著．四川民族出版社．456

普米语方言研究/陆绍尊著．民族出版社．607

东乡语汉语词典/马国忠　陈元龙编．甘肃民族出版社．494

瑶族布努语方言研究/蒙朝吉著．民族出版社．354

苗汉语的历史比较/麻荣远等著．湖南师范大学出版社．502

傣语方言研究/周耀文　罗美珍著．民族出版社．400

壮汉同源词借词研究/蓝庆元著．中央民族大学出版社．395

《突厥语词典》语言研究/赵明鸣著．中央民族大学出版社．520

吐鲁番回鹘文世俗文书语言结构研究/阿不里克木·亚森著．新疆大学出版社．176

中国柯尔克孜语南部方言研究/胡毅著．新疆大学出版社．244

维吾尔语及其他阿尔泰语言的生成句法研究/力提甫·托乎提著．民族出版社．380

新疆—青海撒拉语维吾尔语词汇比较/许伊娜编著．新疆大学出版社．310

维吾尔语口语读本/再娜甫　王煜编著．中央民族大学出版社．428

台湾赛德克语/陈康　许进来著．华文出版社．336

藏英对照基础口语/米旺索措著．西藏人民出版社．326

藏文拼音教材：拉萨音/周季文编．民族出版社．127

拉萨口语读本（修订本）/胡坦　索南卓噶　罗秉芬编．民族出版社．446

双语词典编纂/李明　周敬华编著．上海外语教育出版社．327

当代中国少数民族双语教学理论与实践/方俊明等著．陕西人民出版社．434

双语现象与双语教育/云南民族语文工作指导委员会编著．云南民族出版社．321

朝鲜族双语现象成因论/关辛秋著．民族出版社．233

第七届国际粤方言研讨会论文集/单周尧　陆镜光主编．商务印书馆．510

益阳方言语法研究/徐慧著．湖南教育出版社．362

湘潭方言语法研究/曾毓美著．湖南大学出版社．182

通泰方言音韵研究/顾黔著．南京大学出版社．568

少数民族文学艺术

中国少数民族文学史（上中下）/马学良　梁庭望　张公瑾主编．中央民族大学出版社．1246

中国少数民族俗文学/关纪新主编．内蒙古教育出版社．354

中国少数民族美术史/陈兆复主编．中央民族大学出版社．593

中国少数民族传统音乐（上下）/田联韬主编．中央民族大学出版社．1985

民族器乐赏析/张静波编著．云南大学出版社．371

中华吉祥图/叶应燧编绘．中国旅游出版社．239

中国南方民族文学关系史（上中下）/刘亚虎　邓敏文　罗汉田著．民族出版社．1239

西夏美术史/韩小忙　孙昌盛　陈悦新著．文物出版社．388

西北民族歌谣学/郗慧民著．民族出版社．337

湖北少数民族歌曲精选/牟廉玖主编．民族出版社．484

湖北民族地方戏剧曲艺集萃/牟廉玖主编．民族出版社．349

历代诗人咏施州/张兴文　牟廉玖注释．民族出版社．294

蒙古英雄史诗源流/仁钦道尔吉著．内蒙古大学出版社．348

蒙古民间文学比较研究/陈岗龙著．北京大学出版社．278

蒙古史诗生成论/萨仁格日勒著．中央民族大学出版社．315

藏族独特的艺术/尕藏才旦编著．甘肃民族出版社．207

彝族三段诗研究：理论篇/王明贵著．民族出版社．269

朝鲜族音乐“长短”与舞蹈/池福子著．民族出版社．130

新疆少数民族语言文学论集/王堡主编．新疆大学出版社．323

伊犁，阿力麻里/郭从远著．新疆人民出版社．149

世界民族

当代世界民族宗教/《当代世界民族宗教》编写组编．中共中央党校出版社．283

非洲民俗民间图案/田旭桐 侯芳编著．广西美术出版社．159

欧洲民俗民间图案/田旭桐 侯芳编著．广西美术出版社．159

亚洲民俗民间图案/田旭桐 侯芳编著．广西美术出版社．159

美洲民俗民间图案/田旭桐 侯芳编著．广西美术出版社．159

太平洋岛屿民俗民间图案/田旭桐 侯芳编著．广西美术出版社．159

朝鲜民俗/（朝鲜）朴淳载著 文东奎等译．人民教育出版社．143

同根生的民族：壮泰各族渊源与文化/范宏贵著．光明日报出版社．334

当代旁遮普锡克人问题研究/刘立涛著．华文出版社．323

阿拉伯波斯突厥人东方文献辑注（上下册）/（法）费琅编 耿升 穆根来译．中华书局．908

上帝选择了犹太人：一个游牧民族如何改变了世界/（美）托马斯·卡希尔著 徐芳夫译．世界知识出版社．286

圣经时代的犹太社会与民俗/梁工主编．宗教文化出版社．337

圣经之谜：摩西出埃及与犹太人的起源/（美）加利·格林伯格著 祝东力 秦喜清译．光明日报出版社．359

努尔人：对尼罗河畔一个人群的生活方式和政治制度的描述/（英）普里查德著．褚建芳等译．华夏出版社．328

独闯非洲高山王国/梁子著．国际文化出版公司．245

天使与魔鬼共舞：黑非洲札记/王灵桂著．时事出版社．425

野性非洲：拥挤的挪亚方舟/（澳）莫尔海德著 冯伯里译．广西师范大学出版社．208

其他

中国少数民族广播电视发展史/林青主编．北京广播学院出版社．802

中国当代神秘现象全纪录：破译中华民族起源之谜解开神秘大地玄奥之谜（上下卷）/胡太玉编著．中国言实出版社．525

流浪内蒙/阿坚著．中国文联出版公司．246

穿越绝地：罗布泊腹地神秘探险之旅/高建群著．湖南文艺出版社．282

跟我去楼兰：清华女孩罗布泊探险记/李希光　包丽敏主编．新华出版社．262

谁也活不过一棵树：塔克拉玛干旅行笔记/陈漠著．湖南文艺出版社．258

镜头前的西藏：一个摄影记者走西藏的实录写真/成卫东著．湖南文艺出版社．372

西藏50年·生态卷/徐凤翔编著．民族出版社．215

西藏秘境/闫振中著．西藏人民出版社．353

西藏秘境：走向中国的最西部/徐平著．知识出版社．404

走向喜马拉雅/（美）鲍威尔著　方百寿等译．海潮出版社．289

托林寺/彭措朗杰著．中国大百科全书出版社．153

相遇古格/郭玉普著．民族出版社．187

西藏纪行/毛毛著．中国旅游出版社．259

青海纪行/毛毛著．中国旅游出版社．224

宁夏纪行/毛毛著．中国旅游出版社．258

内蒙古纪行/毛毛著．中国旅游出版社．220

新疆纪行/毛毛著．中国旅游出版社．315

新疆巴扎/韩连赟摄影　程万里撰文．新疆人民出版社．79

湖北民族地区风景名胜概览/张洪伦主编．民族出版社．252

云南游记：从东京湾到印度/（法）亨利．奥尔良著　龙云译．云南人民出版社．353

菩提树下的藏医学和蒙古医学/苏诺著．民族出版社．201

（魏　忠）

重要学术论文索引（2001 年）

说明：期刊名称后面的数字为期数。

汉　文

民族问题理论

浅论列宁的民族自决法律思想及其影响/杜敏．宜宾师范高等专科学校学报．2.

孙中山民族主义思想述论/李克建．西南民族学院学报．2.

论孙中山后期的民族主义/冯祖贻．贵州社会科学．6.

毛泽东对孙中山民族理论的继承和超越/白友涛．安徽工业大学学报．3.

建国初期毛泽东民族思想与实践/康基柱．中央民族大学学报．1.

论毛泽东民族理论的历史发展与理论构架/杨顺清．毛泽东邓小平理论研究．2.

毛泽东民族斗争与阶级斗争一致性的理论/明月．内蒙古大学学报．3.

毛泽东社会矛盾学说与新时期民族问题/汪春燕．青海社会科学．6.

论毛泽东关于民族区域自治的理论与实践/张振华　武晓凤．西北民族学院学报．1.

伟大胸怀　英明决策——对毛主席解决西藏问题的回顾/张向明．中国藏学．2.

毛泽东与和平解放西藏——对毛主席解决西藏问题的回顾/曹志为．中国藏学．2.

毛泽东同达赖喇嘛、班禅额尔德尼的几次谈话/党的文献．5.

浅析毛泽东统战理论在西藏和平解放历史时期的实践/汪德军．西藏民族学院学报．4.

刘少奇对新中国民族、宗教工作的贡献/巩茹敏．世纪桥．3.

周恩来对中国共产党处理民族问题的经验总结/王家云．新疆大学学报．4.

论邓小平的民族思想/田忠福．贵州社会主义学院学报．1.

邓小平民族理论对毛泽东民族思想的继承/马惠兰．西北第二民族学院学报．3.

邓小平的民族思想及其时代意义——兼论邓小平对毛泽东民族思想的发展/柴生祥．甘肃社会科学．5.

论邓小平的民族意识/戴平安．中南民族学院学报．3.

邓小平民族观的特质：民族平等与共同富裕的辩证统一/李德阳．邵阳师范高等专科学校学报．1.

邓小平理论对增强中华民族凝聚力的主导作用/黄肖芬．广西社会科学．4.

论经济与民族区域自治——兼论邓小平关于实行民族区域自治实质问题的思想/包玉明．黑龙江民族丛刊．4.

邓小平民族理论与西部大开发/郑文杰．四川师范大学学报．4.

从邓小平民族理论看西部大开发/胡艳丽．湖湘论坛．3.

邓小平对中国民族问题的伟大实践与贡献/安学斌．云南民族学院学报．2.

邓小平关于实现各民族真正平等发展的理论及甘肃民族工作的实践/马玉海．甘肃民族研究．1.

论邓小平民族理论及其在实践中的丰富发展/陈国新．社会主义研究．6.

试析邓小平的民族问题理论及其实践/朱国庆．三峡大学学报．4.

以经济发展作为解决民族问题的根本途径：邓小平民族理论对马克思主义民族理论的运用与新发展/和颖　代吉成．昆明师范高等专科学校学报．1.

论邓小平对新时期民族理论的贡献/康基柱．满族研究．1.

试析邓小平民族观指导下的我国民族工作/马福元．甘肃民族研究．4.

以江泽民同志为核心的中央第三代领导集体对邓小平民族理论的丰富和发展/杨发仁．新疆社会科学．4.

党的第三代领导集体对邓小平民族理论的继承和发展/黄苹．桂海论丛．

3.

论中国共产党第三代领导集体的民族理论/金炳镐　青觉　张谋. 民族研究. 5.

党的三代中央领导集体对民族区域自治制度的贡献/奥古　张静. 北方民族. 3.

中共三代领导集体与西藏工作/唐水江　何晓栋. 党的文献. 3.

党的三代领导核心关于西藏工作的重要论述与决策回顾/养第. 西藏民族学院学报. 2.

试论江泽民民族理论的基本内涵/李富强. 广西民族研究. 3.

论新世纪民族问题与民族自身发展——学习江泽民同志关于民族问题的论述/彭英明. 中南民族学院学报. 5.

各民族文化发展、繁荣与现代化的根本保证——学习江泽民同志关于“三个代表”重要论述的一点体会/夏里甫罕·阿布达里. 新疆社会科学. 2.

论江泽民加强党对民族工作领导思想/宋保国. 理论研究. 6.

浅谈张闻天对民族问题的理论贡献/李荣珍. 甘肃民族研究. 2.

试析董必武同志民族法制思想及其实践/彭谦　贾延馨. 黑龙江民族丛刊. 3.

回忆贺老总召谈解放西藏/任乃强遗作. 中国藏学. 4.

贺龙与白族/谷志望　贺兴科. 大理文化. 1.

乌兰夫与民族区域自治法的制定/底润昆. 中国民族. 4.

沉痛悼念杨静仁同志/中国民族. 11.

缅怀民族工作的楷模王连芳同志/张贡新　黄国益. 云南民族学院学报. 1.

试论中国传统民族观的历史演变/赵建利. 中国农业大学学报. 3.

浅论儒家民族观与祖国统一/杨荆楚. 中央民族大学学报. 1.

论美国人的民族观/施琳. 中央民族大学学报. 2.

民族政策学初探/牛海桢. 西北第二民族学院学报. 3.

光辉思想　与时俱进——中国共产党民族理论与政策八十年/柴生祥. 甘肃民族研究. 3.

试论新中国民族政策的依据、内容和特点/王红曼. 黑龙江民族丛刊. 1.

论中国共产党民族工作 80 年/李资源. 中南民族学院学报. 6.

中国共产党民族工作八十年历史回顾/吴承义．攀登．专刊．

坚持党的领导是我国少数民族地区发展与繁荣的根本保证/包瑞明．北方民族．2．

新时期党的民族工作理论研究/高占福．甘肃民族研究．2．

加快发展是现阶段我国民族工作的主要任务/牟本理．中央民族大学学报．6．

论杂散居民族工作与民族团结/王国勇．贵州民族研究．4．

以“三个代表”的重要思想为指导做好新世纪的民族工作/李德洙．中国民族．1．

西部大开发与中东部城市民族工作/邢淑芳．中南民族学院学报．5．

新时期的城市民族工作：广东城市民族工作调研/盘小梅．西南民族学院学报．10

社会主义时期党的少数民族统一战线政策的完善和发展（上）/乌小花．满族研究．4．

点燃北方革命的第一炬烽火——记中共北方区委与党的早期民族工作/宋太成．中国民族．7．

与时俱进　继往开来——写在《民族团结》更名为《中国民族》之际/费孝通．中国民族．1．

我国赫哲族“九五”期间实现了历史性的跨越发展/舒景祥．黑龙江民族丛刊．3．

马克思主义民族理论在新疆的实践与发展/加木沙甫·巴孜克拜．实事求是．5．

关于正确认识和处理新形势下新疆民族问题的调查报告/李泽执笔．马克思主义与现实．2．

对当前新疆民族、宗教问题的几点理论思考/束迪生．实事求是．3．

党的民族政策在西藏的辉煌胜利/马熙敏　马红霞．西藏民族学院学报．2．

党的民族区域自治政策在西藏的实践/姚俊开　马汉斌．西藏民族学院学报．3．

西藏现代化新战略/温军．西藏研究．2．

西藏现代化发展道路的选择问题/胡鞍纲　温军．中国藏学．1－2．

和平解放西藏析/阴法唐．西藏研究．3.

和平解放西藏的历史回忆（1950—1952年）/谢法海．西藏民族学院学报．2.

辉煌的成就　成功的经验——纪念西藏和平解放50周年/臧轩．求是．10.

西藏和平解放的历史经验初探/旺拉．西藏研究．4.

简论和平解放西藏战略决策和实施方针的历史实践/陈崇凯．中国藏学．2.

一部伟大光辉的历史文献的诞生/阴法唐．中国藏学．4.

论西藏和平解放的历史基础——纪念《十七条协议》签订50周年/拉巴平措．中国藏学．2.

划时代的历史文献/申新泰．中国藏学．2.

《十七条协议》与西藏社会的历史变迁/孔艳霞．西藏民族学院学报．2.

西藏一九五九/郭克范．西藏研究．2.

中国共产党与西藏建设的回顾和经验/陆水明．南京政治学院学报．5.

西藏社会实现历史性跨越的五十年/杨维周　姚俊开．西藏民族学院学报．2.

党的民族政策在广西的成功实践/周健　向济萍．桂海论丛．3.

中国共产党的民族政策在云南的实践/杨宗亮．云南民族学院学报．4.

党的民族政策与中国西部的发展——抓住西部大开发机遇，加快云南民族地区发展/郑周道．学术探索．专刊.

种族冲突与国家弱化：兼论弱化国家的行政管理/何跃．国际论坛．4.

“数学经济”将成为民族地区政府经济管理的主潮/宋斌．民族．12.

少数民族传统行政制度与民族自治地方行政管理制度走向预测/张晓琼　李根．内蒙古社会科学．2.

民族乡政管理与村民自治的双向调适/廖杨　党延中．黑龙江民族丛刊．3.

甘南藏区农牧民思想政治状况调查报告/孟虎军　刘俊睢．甘肃民族研究．4.

湖南民族地区的制度创新/王晓敏．民族论坛．3.

湘西少数民族地区精神文明建设之路初探/郑英杰．中南民族学院学报．

1.

民族地区妇女参政的制约因素及对策思考——以甘南藏族自治州为例/刘燕华．兰州学刊．1.

南方民族地区山村的村民自治与宗族意识——以湖北西部少数民族地区农村为例/孙秋云．贵州民族研究．4.

偏远地区少数民族传统意识的立体透视/朱慧珍．广西民族学院学报．1.

地域意识行为与小民族发展——以鄂伦春族为例/何群．西北民族研究．1.

浅议西部大开发中少数民族伦理的整合/李永林．学术探索．专刊.

维吾尔族传统伦理的特征及其现代意义/阿合买提江·艾海提．新疆师范大学学报．4.

壮族人民奋发进取精神探揭/王光荣．广西师院学报．1.

论湘西土家族的生命意识/郑英杰．贵州民族研究．1.

论湘西土家族传统伦理道德的现代转型/瞿州莲．贵州民族学院学报．1.

湘西土家族价值观浅探/瞿州莲．广西右江民族师专学报．2.

论湘西土家族的蛮悍精神/郑英杰．湖北民族学院学报．1.

民族哲学20年/宝贵贞．哲学动态．12.

以“三个代表”的重要思想推动民族研究学科的发展繁荣/郝时远．民族研究．6.

中国民族理论研究中的“三个代表”要求/王希恩．民族研究．6.

“三个代表”思想与民族理论发展/金炳镐　都永浩．黑龙江民族丛刊．3.

“兴边富民行动”的理论意义及深化民族理论研究的问题/王希恩．北方民族．4.

边疆史地研究与民族问题/郝时远．中国边疆史地研究．1.

马克思主义民族理论在中国的两个发展阶段/牛海桢　李占荣．甘肃社会科学．4.

试论中国民族理论探索的三大历史发展阶段/杨顺清．内蒙古社会科学．3.

观察和研究民族问题必须要有新视角/李德洙．中南民族学院学报．6.

马克思主义哲学与民族的理论思维方式/李宝刚．科学·经济·社会．1.

中国特色民族理论政策的形成与发展/杨荆楚．云南社会科学．2.

我国少数民族构成要素的因子分析/黄行．民族研究．1.

评安东尼·史密斯关于“nation”（民族）的论述/马戎．中国社会科学．1.

时间符号与民族认同/侯灵战．读书．10.

论民族兴衰的根本原因/傲东．西北民族研究．4.

从全球化与理性主义的关系看全球化下的民族趋势/李容华．社会科学．5.

民族的心理诉求与趋同/阿忠荣．青海师范大学学报．4.

浅谈朴氏村落朝鲜族的民族意识/全信子．延边大学学报．1.

论回族的民族情感与民族理性/马平．黑龙江民族丛刊．1.

从利益的角度看民族/郭军．青海民族学院学报．1.

汉语“民族”一词在我国的最早出现/茹莹．世界民族．6.

“民族”一词在英文中如何表述/阮西湖．世界民族．6.

群体意识与回族凝聚力/马平．中南民族学院学报．4.

文化全球化与民族凝聚力/刘平．西南民族学院学报．4.

论民族的内聚力与互聚力/赵世林．四川大学学报．1.

关于阶级社会中是否存在民族融合的思考/范生姣．黔东南民族师专学报．1.

民族融合与社会稳定/乔国华．济南大学学报．3.

国家和民族的不同类型及其形成/孙进己．北方民族．1.

中国民族问题与中国共产党——纪念中国共产党建党80周年/龚学增．民族研究．3.

中国共产党八十年与中国民族问题/黄铸．中国统一战线．7.

共产党八十年与民族问题/黄铸．中国民族．7.

中国共产党解决国内民族问题的基本经验/陈辅逵．中央社会主义学院学报．7-8.

中国共产党80年解决民族问题的实践回顾/刘吉昌．贵州民族研究．2.

中国共产党解决国内民族问题的基本经验/甫元　张静．北方民族．1.

中国共产党对解决民族问题道路的开创及其基本经验/刘鹏．广西社会科学．4.

中国共产党处理民族问题政策和制度的科学依据/王有星．广播电视大学学报．4.

论民族认同性与多民族国家民族政策的成功调整/何群．内蒙古大学学报．1.

民族政策制定中的二三事/刘春．民主与科学．3.

论新民主主义革命时期中国共产党的民族政策在东北朝鲜族地区的实践/朴今海．民族研究．6.

解放战争时期中国共产党民族政策理论体系的形成/陈理．广西民族学院学报．4.

中国共产党对朝鲜族的政策/金炳镐．北方民族．2.

论民族政策与西部民族地区的发展/何高娃．内蒙古社会科学．6.

西部大开发与少数民族地区政策支持/罗莉．西南民族学院学报．8.

中国共产党的民族政策与西部大开发中民族地区的发展/乌力更．广播电视大学学报．2.

中国共产党对民族政策的探索与西部地区的发展/杨美萍　杨建林．社会主义论坛．12.

中国共产党建党以来对民族政策的探索与西部地区的发展/杨建林．学术探索．专刊.

中国共产党认识和处理民族问题的基本经验/蒋世琳．理论学刊．2.

试论中国共产党成功解决民族问题的道路/赵静．桂海论丛．增刊.

中国共产党是具有中国特色的民族发展道路的开拓者/沈君立．新疆社会科学．3.

成功解决民族问题的伟大实践/李德洙．求是．13.

伟大的成就　光辉的未来——有中国特色解决民族问题的正确道路/李德洙．中国民族．7.

民族问题与民主化/程人乾．学术论丛．6.

民族问题关系到国家命运/刘述成．学术探索．专刊.

社会主义阶段民族问题的基本特征和发展趋势——从马克思到江泽民/詹真荣　熊乐兰．江西行政学院学报．4.

论民族问题的诸影响因素/周传斌．中南民族学院学报．2.

社会主义经济体制的选择与民族问题/张祥云　赵吉芳．中南民族学院学报. 2.

西部大开发与民族问题/金炳镐　熊坤新. 西北民族研究. 1.

论西部大开发中的民族问题/聂琴. 思想战线. 4.

西部大开发与民族问题/刘智文. 北方民族. 3.

西部大开发与民族问题/张俊萍　范宗兴. 宁夏社会科学. 2.

西部大开发中的民族问题趋向分析/王希恩. 宁夏社会科学. 1.

西部大开发与我国的民族问题/尚公友. 陕西社会主义学院学报. 3.

论西部大开发中的西北民族问题/王掀　周伟洲. 西北大学学报. 4.

论西部大开发中少数民族的政治关系调适/吴琼　刘玉琼. 青海民族研究. 5.

西部大开发中若干与民族有关问题的透视与思考/郭俊. 贵州社会主义学院学报. 2.

西部大开发中的民族因素与民族理论研究的新视角/刘吉昌. 中央民族大学学报. 2.

民族自决权新议/陈联壁. 民族研究. 6.

民族自决权·联邦制·民族区域自治：抗日战争时期中国共产党民族理论思想的再探讨/周昆云. 广西民族研究. 2.

民族自决权、人权与主权/王智娟　潘志平. 新疆师范大学学报. 1.

试论少数民族人权的特殊性及其保障/李冰. 西南民族学院学报. 5.

论少数民族人权的保护/刘心. 民族论坛. 4.

自治与少数民族权利保护的国际新观察/周勇. 中国民族. 4.

少数民族人权国际保护方式的历史演进/赵少群. 贵州文史丛刊. 4.

试论西部开发过程中少数民族权益的保障问题/张锡盛. 思想战线. 1.

西部大开发与民族团结和社会稳定/刘景华. 青海社会科学. 2.

化解民族地区“热点”问题的实践与思考/云南省民委民族工作队. 社会主义论坛. 6.

关于正确处理民族群体性事件初探/江仁宝. 政法论丛. 2.

民族散杂居地区突发事件的险素分析及排除对策/王树理. 甘肃民族研究. 1.

云南民族地区长期保持稳定和发展的经验探索/王国忠. 中共云南省委党校学报. 6.

民族共治论——对当代多民族国家族际政治事实的认识/朱伦．中国社会科学．4．

先进的民族政治文化及其理论和制度创新/朱伦．民族研究．6．

全球化进程中文化的民族性与国家文化安全/李跃华．烟台大学学报．3．

经济全球化与民族国家——从世界体系论角度的分析/李诚邦．欧洲．3．

论当代世界的民族问题与宗教问题/程人乾．山西大学学报．2．

以发展的眼光看宗教与民族的关系/何其敏．中国宗教．5．

全球化与种族冲突/何跃　何琍．思想战线．4．

论民族偏见/韩忠太．云南社会科学．4．

社会主义初级阶段民族矛盾的一般特征/唐鸣．社会科学研究．6．

民族矛盾的根本原因和一般原因/唐鸣．社会主义研究．4．

试论西部民族地区的沿边开放/涂裕春．西南民族学院学报．6．

马克思的社会发展理论与西部民族地区社会发展的几个问题/雷振扬．中南民族学院学报．6．

实现民族地区的发展必须是整体推进与重点突破相结合/孟立军．黑龙江民族丛刊．1．

文化优先发展战略与西北民族地区现代化/周蓉．西北师大学报．6．

现阶段我国西部少数民族省区的现代化状况分析/丁刚．西北人口．3．

试论渔猎民族现代化的几个认识问题/韩有峰．黑龙江民族丛刊．3．

西北小民族现代化进程中的制约因素及其对策思考/闫丽娟．科学·经济·社会．4．

关于中国少数民族聚集地区科技与社会发展的若干思考/吴彤．内蒙古大学学报．2．

西部大开发与民族地区社会发展/王允武．社会科学研究．2．

关于青海民族地区发展问题的思考/余永英．青海民族研究．4．

乐山市民族地区跨越式发展研究报告/邹健民　刘国春　刘小松．社会科学研究．4．

攀西民族地区对外开放的新机遇/陈继东．西南民族学院学报．4．

从自然走向自觉　在变革中寻求发展——改革开放以来白裤瑶生活方式的跃迁及其意义/宋涛　许进品．广西民族研究．4．

西部地区社会保障制度存在的问题与对策研究/刘华．中央民族大学学报．5.

撒拉族青少年社会化问题刍议/马成俊．青海民族学院学报．3.

中国共产党民族平等观的理论与实践/刘弘淦．学术探索．专刊．

实现民族平等　走向共同繁荣——民族工作的世纪回眸与展望/杨顺清．贵州民族研究．4.

论中国共产党的领导是民族团结的核心/杨顺清．西北师大学报．6.

中国共产党对民族团结事业的伟大贡献/李元卿．石油大学学报．5.

认真学习江泽民同志“七一”讲话　大力推进民族团结进步事业/韩哲石．北方民族．4.

论民族关系理论体系/金炳镐　青觉．中南民族学院学报．6.

社会主义初级阶段与社会主义民族关系/赵野春．中南民族学院学报．5.

再论民族关系含义/徐黎丽．甘肃社会科学．3.

少数民族政治关系的协调/周平．社会主义论坛．7.

论我国多元一体格局与民族关系/尹鸿鹏．北方民族．1.

历史·现实·未来——中国民族关系发展回顾与展望/刘吉昌．中共云南省委党校学报．6.

试论当前我国民族关系的特点/韩中太．曲靖师范学院学报．2.

试论民族关系的调节方式/田孟清．黑龙江民族丛刊．1.

试论少数民族地区贫困对我国民族关系的影响/邓成明．求索．1.

把和谐稳定的民族关系带入21世纪/铁木尔．中国民族．1.

城市民族关系的结构变化与调整/周竞红．中央民族大学学报．6.

关于武汉市构建城市和谐民族关系调控机制的调研报告/武汉市民族事务委员会专题调研小组．民族研究．6.

个体社会化过程中民族意识的形成对民族关系的影响/侯慧丽．西北民族研究．2.

试论市场经济的跨民族性和民族关系的新发展/李志杰．黑龙江民族丛刊．2.

论市场竞争规律对民族关系的影响及对策/李志杰．黑龙江民族丛刊．3.

市场经济的跨区域性和民族关系的新发展/李志杰．北方民族．3.

市场经济体制下的民族区域自治法与民族关系的深化发展/金海燕．满族研究．1.

论社会主义市场经济条件下的民族关系研究/鲁渝生．满族研究．2.

论社会主义市场经济条件下民族关系的新格局/周竞红．满族研究．2.

市场经济条件下影响我国民族关系的主要因素/王彦达　孙宝玲．北方民族．1.

关于西部大开发中民族关系新问题的几点思考/闵文义．西北民族学院学报．4.

试论西部大开发进程中利益调整下的民族关系/乌小花．黑龙江民族丛刊．1.

西部开发：民族关系的变动及原因分析/吴琼．西北民族学院学报．1.

西部大开发：民族关系的变动及原因分析/吴琼．贵州民族研究．1.

西部大开发对当地民族关系的影响及对策/马平．宁夏社会科学．2.

西部开发中民族关系的变动及原因分析/吴琼．青海民族学院学报．2.

深刻认识族际关系的复杂性/李劼．满族研究．2.

论回汉民族关系的历史特点/马宗保．西北民族研究．4.

中国东北朝鲜族自治地方民族和睦的成因初探/刘智文．黑龙江民族丛刊．2.

甘宁青地区民族关系问题的重要性和复杂性/徐黎丽．西北民族研究．1.

甘宁青民族地区自然环境对民族关系的影响/王三北．西北师大学报．2.

宁夏吊庄移民的民族关系和宗教生活/周传斌．宁夏社会科学．4.

兰州市区民族关系研究/虎有泽　冯瑞．西北民族学院学报．3.

新疆各民族人口的空间分布格局及变动研究/童玉芬　李建新．西北民族研究．3.

新疆社会主义新型民族关系的形成/王颖．新疆社会科学．6.

新疆维汉民族关系的社会学研究/靳薇．西北民族研究．4.

中国西南民族关系研究散论/王文光　龙晓燕．思想战线．2.

对云南省民族关系协调工作的思考/保定召．社会主义论坛．7.

改革开放以来桂中、桂北的民族关系——以三江、龙胜、资源、鹿寨、金秀县（自治县）为例/覃乃昌．广西民族研究．1.

民族区域自治是中国共产党解决我国民族问题的基本政策/薛林．学术探索．专刊.

论民族区域自治的历史选择、政策定位和制度创立——中国共产党成立

80周年而作/李瑞．广播电视大学学报．2.

党对民族区域自治理论的重大贡献/王有星．前沿．7.

中国民族区域自治制度50年发展历程/于春艳．长白学刊．5.

民族区域自治是我国各民族历史发展规律的科学体现/刘成贵．新疆大学学报．2.

认真学习 提高认识 把《民族区域自治法》的精神落到实处/文精．中央民族大学学报．5.

新世纪初我国民族法制建设的新成果——论《民族区域自治法》的修改/敖俊德．民族研究．4.

关于民族区域自治法修改和实施的几个问题/敖俊德 戴小明．中南民族学院学报．3.

民族区域自治法是怎样修改的/敖俊德．中国民族．4.

我国《民族区域自治法》修改的主要特点/李宝奇 赵静海．东疆学刊．2.

《民族区域自治法》的修改及其贯彻实施/王允武．西南民族学院学报．5.

《民族区域自治法》为什么要修改/王平．中国民族教育．3.

浅谈修改后的《民族区域自治法》/段德全 舒巍．黑龙江民族丛刊．2.

民族区域自治法的重大发展与完善——迎接《民族区域自治法》修改决定的颁布实施/李温．西北第二民族学院学报．3.

民族法制建设的里程碑——学习修改后的《民族区域自治法》的体会/刘彦霞．北方民族．3.

修订《民族区域自治法》，完善和调整民族地区财政体制与政策/潘志金等执笔．经济研究参考．9.

民族区域自治制度的比较研究/牟本理．民族研究．5.

民族区域自治与联邦制的比较研究/周忠瑜．中共党史研究．4.

自治和少数人的有效参与公共生活/玛丽亚．内蒙古社会科学．3.

关于自治条例若干问题的探讨/汪全胜．青海民族学院学报．1.

学习贯彻实施民族区域自治法，加快少数民族和民族自治地方的发展/苏太恒．贵州民族研究．3.

论民族区域自治制度在市场经济体制下的发展与完善/王生华．西北民族学院学报．1.

对《民族区域自治法》一些基本原则的再认识/曹育明．中央民族大学学报．1.

民族区域自治与西部大开发/陈宜．西南民族学院学报．5.

西部大开发与民族区域自治/苏饮．广西民族学院学报．6.

坚持和完善民族区域自治是实施西部大开发战略的政治基础和法律保证/马玉祥．西北民族研究．2.

西部大开发与民族区域自治制度/刘惊海．实践．9.

谈中央对西部大开发的优惠政策与自治权之间的相互协调/宗那生．内蒙古大学学报．2.

西部大开发与自治权/额·乌力更．贵州民族研究．1.

建国前党的民族区域自治理论在西北回族地区的实践/王生华．回族研究．3.

少数民族风俗习惯的保持或改革/王红曼．青海民族研究．3.

民族地区人才市场建设之研究/王亚．内蒙古社会科学．3.

政策创新——边疆少数民族地区人才资源开发的根本/刘闽．新疆大学学报．1.

少数民族优秀干部成长规律试析/何龙群．广西民族学院学报．1.

改革开放以来党的民族干部工作回顾/李养第．当代中国史研究．2.

论少数民族干部的培养与使用/孙忠霖．内蒙古社会科学．5.

改革少数民族干部培养选拔方式的对策研究/梁波．黑龙江民族丛刊．2.

适应实施西部大开发战略的需要　切实加强少数民族干部的选拔培养工作/李盛刚．甘肃民族研究．2.

切实加强少数民族干部队伍建设/龙志贵．西藏发展论坛．4.

适应新形势，努力培养和造就一支高素质的少数民族干部队伍/李勇．社会主义论坛．5.

21世纪民族人才的培养及其德育规律初探/朴晋康．延边大学学报．2.

知识经济对民族地区干部的要求/杨明亨．西南民族学院学报．6.

关于培养和选拔少数民族妇女干部的几点思考/刘玉英．青海民族学院学报．1.

西部大开发与加强民族干部队伍建设/佛秀芳．攀登．6.

加大西部少数民族贫困地区现有人才培训教育力度促进区域性人才资源的可持续性发展/袁康．人才与现代化．1．

西部大开发与少数民族青年干部培训工作/郎明福．中国青年政治学院学报．6．

中国共产党早期在少数民族中的发展/魏忠．内蒙古民族大学学报．3．

保安族干部队伍的成长壮大/妥进荣．甘肃民族研究．2．

保留一支长期稳定的进藏干部队伍是西藏跨越式发展的组织保证/易巧秋．西藏发展论坛．4．

对西部开发中人才问题的实证研究——哈尼族人才现象的调查与思考/李少军．民族教育研究．2．

民族地区干部看西部大开发——对中央党校西藏、新疆班学员的调查/靳薇．科学社会主义．4．

继续防止和克服两种民族主义的错误倾向/王小彬．西藏发展论坛．6．

现代性与中国现代民族主义/张汝伦．江苏社会科学．3．

当前我国民族立法工作中存在的主要问题、成因及对策研究/陈洪波　王光萍．民族研究．2．

对城市民族法制建设的几点思考/徐合平．中南民族学院学报．5．

立法法对促进民族自治地方法制建设的作用/洪红．黑龙江民族丛刊．2．

对我国民族立法问题的若干思考/龙春松．学术论坛．5．

完善我国民族立法的几点思考/李尐祺．西北第二民族学院学报．4．

谈民族立法中的变通规定与补充规定/何皓．西藏民族学院学报．4．

论民族政法工作/黄海坤．广西民族研究．1．

社会主义民族法制建设的现状与对策/赵静．桂海论丛．4．

我国民族法制建设的新阶段/宋才发　韩小兵　吴宗金．中国民族．4．

对自治条例单行条例法律地位的再认识/郑建华．前沿．8．

论民族自治法规对法律、行政法规的变通/覃晚萍　何立荣．广西民族学院学报．6．

民族自治地方刑法变通或补充立法探究/韩美秀　王楠高．法学评论．5．

传统法文化的断裂与现代法治的缺失——少数民族农村法治秩序建构路径选择的社区个案研究/王启梁．思想战线．5．

西部经济开发中民族自治地方的税收立法权/丁文英．内蒙古大学学报．

1.

试析我国现行法律对少数民族公民特别民事权利的保护/张静．西北民族学院学报．1.

论少数民族公民刑事犯罪案件中刑法及“两少一宽”政策的适用/夏黎阳．中南民族学院学报．2.

我国民族行政法特点初探/刘巍．中南民族学院学报．5.

试论民族法律文化/吐尔逊·沙吾尔．西北民族研究．3.

西北少数民族法制教育的探讨/郭万里　孙多金．甘肃社会科学．3.

民族语言文字诉讼原则的适用与完善/冷传莉．贵州民族研究．1.

社会主义法律与宗教关系探析/任爱国．北方民族．2.

西部大开发与民族自治立法的发展/徐合平．兰州学刊．4.

论西部大开发与民族地区的法治现代化/徐合平．人大研究．7.

论西部大开发中民族立法的内容/虎有泽．甘肃民族研究．4.

论民族自治地方在西部大开发中的法律地位/张晓辉．思想战线．1.

对西部大开发法制环境的几点思考/巴桑罗布．西藏研究．1.

中国西部法律文化的基本型态与现实表征/王勇　李玉璧．西北师大学报．6.

西部大开发与西部民族地区法制建设问题论析/廖杨．贵州民族研究．3.

西部大开发中民族地方法制建设的意义和作用/张学华．思想战线．4.

论西部大开发中民族地区法制建设的发展趋势/张廉．青海民族研究．1.

新疆回疆的法律运用/袁自永　高庭爱．喀什师范学院学报．1.

西部大开发中的贵州法制建设/韩小兵．民族研究．6.

浅谈贵州省的民族立法工作/保健行．贵州民族研究．3.

加强贵州民族法制建设　促进民族地区经济发展/王朝阳．贵州民族研究．4.

国际视野中的民族区域自治——“民族区域自治国际学术研讨会”综述/王铁志．世界民族．4.

关注西部大开发中的民族问题——中央民族大学第三次民族理论研究生学术讨论会暨第二次青年民族理论学会学术讨论会综述/金炳镐　熊坤新．黑龙江民族丛刊．2.

探索西藏问题研究的新思路——国际关系与西藏问题研究讨论会述评/张植

荣．中国西藏．1．

庆祝西藏和平解放50周年学术座谈会综述/郭军宁．民族研究．3．

我们中国是能够解决民族问题的——读《邓小平民族理论及其在新疆的实践》/潘志平．新疆社会科学．1．

边疆少数民族地区马克思主义理论教育的重要地位——兼评《中国少数民族地区马克思主义教育丛书》/闫缨 张云钢．学术探索．专刊．

《我国民族区域自治制度的完善与发展》评介/龚学增．民族研究．2．

与时俱进 不断完善——简评《民族区域自治制度的发展》/郑信哲．民族研究．6．

安东尼·吉登斯的民族—国家理论——读《民族—国家与暴力》/胡秋红．史学理论研究．3．

一幅20年民族理论研究的画卷——评金炳镐主编《中国民族理论研究二十年》/谢广民．黑龙江民族丛刊．3．

研究朝鲜族社会发展问题的佳作——《中国朝鲜族社会变迁与展望》评介/金炳镐．中央民族大学学报．2．

西工委与《回回民族问题》——纪念《回回民族问题》出版60周年/王伏平．回族研究．4．

民族经济

从周恩来的发展民族经济思想看西部开发/王家云．毛泽东思想研究．5．

实现各民族共同富裕的战略决策——论邓小平关于西部大开发着眼点的思想/梁栋材．广西右江民族师专学报．4．

论邓小平科技思想与民族地区科技政策的制定/龚志伟．中南民族学院学报．4．

新民主主义革命时期中国共产党民族经济政策的形成与发展/彭谦．广西民族研究．4．

中国少数民族经济政策的演变与启示/温军．贵州民族研究．2．

民族自治地方经济自治权问题/刘惊海．内蒙古社会科学．2．

论少数民族与优惠政策/孛·吉尔格勒．理论研究．2.

论加入世贸组织对我国民族地区经济思维观念变革的影响/荆畅．黑龙江民族丛刊．4.

少数民族地区亦应做好入世准备/多才旦．民族经济与社会发展．4.

发展理论的人类需求分析/段钢．思想战线．4.

“SEA”与新广义经济人类学的兴起/施琳．宁夏社会科学．2.

民族地区市场发育的历史基础分析/黄健英　黄涛．黑龙江民族丛刊．1.

少数民族地区上市公司问题及对策分析/韩风永　张丰兰．前沿．11.

以人为本的发展观/胡鞍钢　温军．中国民族．2.

关于民族地区人力资源开发对策的思考/李耀丽　邹小兵　孙英植．北方民族．4.

民族地区人力资源开发对策研究/贾敏笑．贵州社会科学．2.

试论经济全球化对发展中国家民族经济的影响/吴雅杰．中央民族大学学报．2.

在世界经济全球化过程中发展和壮大民族经济/鲜静林　杨泽明．西北民族学院学报．1.

价值观与民族地区的经济发展/罗志蓉．经济问题探索．5.

民族地区经济社会可持续发展思考/周兴维．西南民族学院学报．8.

浅谈民族地区经济限性与可持续发展/曹警民．经济研究参考．20.

民族山区经济持续发展问题与经营制度优化创新/王丽华．吉首大学学报．1.

可持续发展战略及在欠发达地区实施的迫切性阐析/央吉．中国少数民族人口．4.

试论科技对民族地区发展的意义/李凤海．北方民族．4.

文化教育事业与边远少数民族地区的可持续发展/迟希新．黑龙江民族丛刊．4.

20世纪末叶中国边疆民族地区反贫困行动述略/吴建国．西南民族学院学报．3.

新时期扶贫与发展的几点思考/杨聪．贵州民族研究．3.

少数民族山区脱贫后的持续发展问题研究/王丽华．中南民族学院学报．5.

民族地区的反贫困与经济可持续发展/杨清震 周晓燕．黑龙江民族丛刊．4.

政府在新时期的扶贫重点是建设公共基础设施/杨聪．中央民族大学学报．6.

民族地区扶贫对象依赖心理的主观成因探析/吕学芳．吉首大学学报．2.

国际援助经验及其对我国东西扶贫协作的启示/安树伟 季任钧．西北民族研究．3.

中国少数民族地区亟待完善的民族经济法律制度/葛少芸．西北民族研究．1.

论提高民族经济立法质量的几个问题/葛少芸 张民义．兰州大学学报．6.

论民族经济法经济分析的方法/李占荣．甘肃社会科学．6.

论我国少数民族地区的环境法制/乔世明．中央民族大学学报．2.

少数民族地区可持续发展的法律环境浅析/吴云 罗家云．思想战线．6.

民族地区经济发展中自然生态观的重新整合/刘兰凯．云南民族学院学报．2.

游牧文化中的生态环境观浅析/吴琼 周亚成．西北民族研究．4.

中国少数民族生态文化的创新、转换与发展/袁国友．云南社会科学．1.

中国少数民族生态观对可持续发展的借鉴和启示/廖国强．云南民族学院学报．5.

论人文环境的变迁对民族经济发展的影响——以西南地区为例/罗康隆．民族研究．4.

财政自治及其在中国的实践——兼论民族自治地方财政自治/戴小明．民族研究．5.

社区服务与民族地区小城镇建设/刘伦文．湖北民族学院学报．4.

西南水电资源开发中少数民族移民问题与对策/周松柏 胡晓登．贵州民族研究．1.

民族地区中小企业参与西部大开发的十种市场定位模式/李俊杰．新疆社会科学．5.

民族地区农业化与农业支柱产业的选择/廖业扬．广西民族学院学报．3.

关于民族地区农业产业化发展的思考/李忠斌．湖北民族学院学报．1.

民族地区推进农业产业化途径选择/葛春风．湖北民族学院学报．2.

民族地区推进农业结构战略性调整的初步探讨/孟庆圣．满族研究．1.

山区农村小城镇现状与发展对策研究/吕世安　周腾蛟．湖北民族学院学报．4.

少数民族贫困地区农技推广面临的难题及对策/吴虞．贵州民族研究．1.

关于少数民族乡特色经济发展的几点思考/杨玉霜．广西社会科学．6.

民族文化与民族文化产业浅论/李炎　刘薇琳．经济问题探索．2.

刍论“旅游人类学”的几个基本问题/周霄．广西右江民族师专学报．2.

西方旅游人类学与中国旅游文化研究/覃德清　戚剑玲．广西民族研究．3.

中国传统旅游的民俗学审视/罗典．西南民族学院学报．4.

民族地区发展旅游业的战略思考/金海燕．北方民族．2.

略论性别分析在民族旅游影响研究中的意义/吴晓萍　何彪．贵州民族学院学报．4.

少数民族地区人文旅游产业的营销问题/游俊．云南民族学院学报．3.

社会发展优先：西部民族地区新的追赶战略/胡鞍钢　温军．民族研究．3.

西部大开发中的制度创新等“非经济”因素初探/李岚．中央民族大学学报．6.

西部大开发中民族地区的知识创新/李保林．内蒙古社会科学．4.

加快西部少数民族地区经济发展的法律问题/施文正　戴燕．广播电视大学学报．1.

论西部地区民族经济发展中的特色经济开发/李澜　张丽君．中央民族大学学报．6.

调整西部地区产业结构发展优势产业和各具特色的区域经济/李竹青　于艳春．黑龙江民族丛刊．4.

层次递进：西部大开发的必然选择/沈道权．黑龙江民族丛刊．2.

网络经济时代的西部大开发/黄健英．中央民族大学学报．6.

关于西部大开发中若干重大问题的思考/毛公宁．西北民放研究．1.

浅析西部大开发的优势与制约因素/张丽君．中央民族大学学报．2.

关于对西部大开发认识的几个问题/过竹　邵志忠．广西民族研究．1.

西部民族贫困地区大开发亟待解决观念滞后问题/李万松．民族论坛．6．

少数民族传统意识与西部大开发/朱慧珍．广西民族学院学报．5．

论加快西部少数民族地区发展的重要意义/温军．民族论坛．2．

西部大开发与西部少数民族地区的发展/周志华．西藏大学学报．4．

西部民族地区经济发展的思考/张有京．云南民族学院学报．4．

浅析现阶段西部民族地区经济发展中的问题及对策/张邠．思想战线．4．

开发西部必须重新认识民族地区的经济特征/刘晓春　王慧颖．黑龙江民族丛刊．1．

西部大开发与民族地区经济社会发展/詹真荣．青海民族学院学报．4．

试论西部开发对民族地区发展的促进作用/杜怀亮．贵州社会主义学院学报．1．

西部大开发与民族地区政策支持/罗莉．攀登．4．

论对西部民族地区经济开发的政策支持/李含琳．柴达木开发研究．1．

市场经济体制下少数民族经济开发的特点与法律促进的必然性/金海燕．黑龙江民族丛刊．2．

民族区域自治制度与西部民族地区的市场经济体制建设/李富强．贵州民族研究．1．

西部民族文化资源的综合开发与产业化的思考/刘家志　朱海林．思想战线．5．

论西部民族地区大开发中的资源战略/李含琳　张永丽．甘肃民族研究．1．

论西部民族地区发展资本市场的必要性与可行性/时光　马长友　罗晓芹．西南民族学院学报．6．

论西部民族地区人力资源的开发与人力资本的形成/郑长德．人口与经济．3．

西部开发重在人力资本积聚/田雪原．中国少数民族人口．4．

西部民族地区人力资本投资的制度绩效——来自新疆、甘肃、宁夏的问卷调查分析/李具恒　马德山．西北民族研究．4．

试论西部大开发的资金保障体系建设/丑洁明．中央民族大学学报．3．

多方筹措资金　促进西部经济大发展/段永新．甘肃民族研究．1．

西部资源与东部财力的互动/李筱文．贵州民族研究．3．

试论西部民族地区的沿边开放/涂裕春．开发研究．4.

西部少数民族地区城市发展研究/刘晖．民族经济与社会发展．11.

现阶段我国西部少数民族省区的现代化状况分析/丁刚．西北人口．3.

西部工业化过程中的结构性障碍及优化/朱坚真．中央民族大学学报．5.

浅论西部二元经济结构调整中的工业化推进/陈延斌．甘肃民族研究．3.

入世对我国西部农业的影响及对策/韩光明　王晓红　包海凤．黑龙江民族丛刊．3.

西部开发与民族地区的人才培养/刘胜康．贵州民族研究．3.

论西部民族地区大开发与科技创新/刘兴全．西南民族学院学报．11.

西部民族地区旅游业发展浅析/马振．中南民族学院学报．2.

切实保护改善西部地区生态环境/李竹青　李宝山．黑龙江民族丛刊．1.

西部地区生态环境的保护与建设/李曦辉．贵州民族研究．2.

西部大开发中西北地区面对的生态环境压力及对策/杨森．甘肃民族研究．4.

西北民族地区环境保护的法律探析/娄海玲．青海民族研究．3.

试论少数民族传统体育与西部民族地区经济开发/方征．西北民族学院学报．4.

当代西北穆斯林民族社会经济发展的转折点——从“西部大开发”的相关影响及评估谈起/张中复．西北第二民族学院学报．4.

略论海外华人经济/单纯．北方民族．2.

西方国家对欠发达地区进行政府援助的经验和对我国西部大开发的启示/杜伟．贵州民族研究．1.

西方民族经济研究评介/单纯．民族研究．3.

新形势下民族地区图书馆与民族经济的发展/王淑玲．中央民族大学学报．1.

《中国图书分类法》（第四版）增设民族经济学类目及思考/古玲．西南民族学院学报．5.

民族地区经济五十年理论与实践/李竹青．甘肃民族研究．3.

1980 年以来的甘肃民族经济问题理论研究/邓艾．西北民族学院学报．1.

五十年来的近代新疆开发史研究综述/祁美琴．西域研究．1.

黑龙江省部分市县区民委扶贫工作会议综述——兼论黑龙江省民委扶贫工作/刘烈军　王琪．黑龙江民族丛刊．1．

迎接西部大开发，促进民族地区的发展繁荣——中国西南民族研究学会西部大开发学术研讨会综述/辛丽平．贵州民族研究．3．

民族经济学研究的新境界——评《地缘经济学导论》/周宇．中国图书评论．1．

甘肃民族经济研究领域的一本新作——评《甘肃少数民族经济发展问题研究》/杨操．甘肃民族研究．4．

藏学研究的新探索 藏区发展的新思维——《四川藏区开发之路》一书简评/狄洲．西藏民族学院学报．1．

开拓者礼赞——记傣学专家高立士先生及其《西双版纳傣族传统灌溉与环保研究》/冯可汉．广西民族研究．1．

《中国西部开发人物志》序/王继光　高瑞．西北民族研究．3．

经济逐年复苏　合作缓慢进展——东北亚地区经济与合作形势评论/于国政．北方民族．1．

“兴边富民行动”与东北边疆民族地区兴边富民/车哲九　王普文　裴立扬．北方民族．4．

中国延边地区城市的多元文化与图门江下游国际合作开发/朱在宪　裴立扬．黑龙江民族丛刊．3．

浅谈珲春—图门江地区开发的八大关系/李基云　朴日勋　李在日．北方民族．3．

改变干旱状况是辽西民族地区实施可持续发展战略的关键/李程．满族研究．3．

加速实施并积极推进农业产业化进程促进民族地区农业经济发展/阎立新．满族研究．4．

关于编制民族地区“十五”计划的一点想法/爱国．北方民族．1．

山川钟神秀　人文荟萃地——古伊通州文化与旅游资源考察笔记/施立学　李卓　李玉珍　黄岚．北方民族．4．

延边朝鲜族地区经济面临的问题及对策/崔永哲．东疆学刊．2．

延边可持续发展之路——建设生态经济区/车哲九　那炎．北方民族．2．

长春市少数民族乡镇企业发展调查报告/金玄哲．北方民族．2．

赫哲族农民家庭生活状况和生活质量的调查研究/鲁锐　张玉忠．黑龙江民族丛刊．4．

内蒙古自治区发展思路与重点的理性思考/陈智．内蒙古大学学报．2．

试论内蒙古经济建设方针和在西部大开发中的对策/王德胜．内蒙古大学学报．2．

内蒙古草原牧区人地矛盾的加剧及缓解对策/包玉山　周瑞．内蒙古大学学报．2．

古代蒙古生态保护法规/奇格　阿拉腾　盛明光．内蒙古社会科学．3．

草原生态与蒙古族的民间环境意识/麻国庆．内蒙古社会科学．1．

西部大开发与科尔沁沙地生态建设的十大关系/马金壮．内蒙古民族大学学报．2．

杜尔伯特蒙古族自治县旅游业发展框架及前景思考/常宝军．黑龙江民族丛刊．4．

论驯鹿鄂温克族鹿业经济的历史变迁/卡丽娜．满语研究．1．

论宁夏扶贫开发性移民与回族的发展/李宁．回族研究．3．

宁夏特色产业的选择与培育/宁夏统计局课题组．宁夏社会科学．5．

宁夏南部山区走出生态困境的途径和选择/李禄胜．宁夏社会科学．5．

关于回族生态价值观的思考/旦秀英．青海民族研究．2．

论国家与回族社会的互动关系/段继业．回族研究．1．

临夏回族村镇经济的历史考察与发展对策/马志荣．西北师大学报．2．

历史的透视：回族商业经济与回族社会地位的关系/高占福．黑龙江民族丛刊．1．

中华回商/王树理．中国穆斯林．5．

对中国穆斯林经济历史与现状的思考/沙鹏程．中国穆斯林．6．

云南回民经济的传统和目前的任务/马丽娟．回族研究．4．

甘肃民族地区大开发的总体思路和战略设计/王文学　李含琳．民族研究．2．

当前我省民族地区扶贫开发中的新问题与对策选择/杨晓锋．甘肃民族研究．1．

甘肃民族地区经济增长与制度创新/李泉．甘肃民族研究．3．

甘肃民族地区市场经济的发展与党的领导/李育红．甘肃民族研究．2．

调整产业结构 发展特色农业/杨操. 甘肃民族研究. 2.

浅析建立江河上游地区环境保护“补偿机制”的意义和途径/方国天 卓玛. 甘肃民族研究. 3.

甘肃临夏州民间商贸发展及对策研究/妥进荣. 西北民族研究. 3.

积石山县非公有制经济发展情况的调查/孔令熙. 甘肃民族研究. 2.

欠发达民族地区发展非公有制经济的思路与构想——以东乡族自治县为例/杨操 马毓新. 西北民族学院学报. 3.

东乡族自治县经济发展的几点思考/马荣祖. 甘肃民族研究. 3.

甘肃民族地区生态环境的历史演变及治理对策/王文学 吴晓军. 甘肃民族研究. 1.

小流域 大问题：甘肃省肃南裕固族自治县生态环境持续恶化所引起的综合问题及思考/钱民辉 贺卫光. 西北民族研究. 3.

移民开发是民族地区扶贫攻坚的一种有效模式——对肃南县莲花乡移民开发的调查与思考/郎永涛. 甘肃民族研究. 4.

西部大开发中保安族经济发展与对策/李忱. 甘肃民族研究. 2.

保安族经济发展二十年/迟钰骅. 甘肃民族研究. 2.

保安族的商业贸易/安·伦布嘉措. 甘肃民族研究. 2.

保安族非公有制经济发展研究/马玉倩. 甘肃民族研究. 2.

保安族扶贫攻坚的思路与对策/桑吉才让. 甘肃民族研究. 2.

简析保安族妇女的经济社会生活/马亚萍. 甘肃民族研究. 2.

契机与考验并存——浅谈加入世贸组织对青海民族地区经济的影响及对策/多才旦. 青海民族研究. 2.

关于青海民族地区经济可持续发展的思考/马燕. 青海民族学院学报. 4.

青海民族地区人力资源的开发与经营浅析/许光中. 青海民族学院学报. 4.

青海畜牧业的发展与生态环境的保护/马成库. 青海民族研究. 3.

瞿昙寺文物旅游资源开发的探索/蒲天彪. 青海民族研究. 4.

生态决策与新疆大开发/崔延虎. 民族研究. 1.

西藏经济发展的战略选择/周天勇 龙元文. 中国工业经济. 7.

简论西藏从事西部大开发的历史意义、条件及战略构想/狄方耀. 西藏民族学院学报. 1.

展望21世纪西藏经济的腾飞——在西部大开发中实现西藏经济跨越式发展/胡秉之．西藏民族学院学报．2.

西藏经济的过去、现实及展望/沈开运．西藏研究．3.

推行股份合作制在西部大开发中的意义——以西藏为例/徐平．民族研究．1.

知识经济与西藏可持续发展初探/毛阳海．中国藏学．4.

西藏可持续发展与相关政策问题/王代远．西藏研究．4.

人力资本与制度创新——关于昌都地区调查后的思考/张勇玉．西藏研究．1.

藏区经济发展的方式及途径/王文长．西藏研究．1.

关于西藏在西部大开发中抓住机遇促进经济发展的思考/刘小芳　周莉蓉．西藏民族学院学报．4.

西部开发中西藏农业开发的资源基础/王清先　何珍．西藏民族学院学报．4.

藏区草山纠纷的成因、危害及对策/杨多才旦．西藏研究．2.

简析西藏扶贫攻坚及其伟大成就/罗莉．西南民族学院学报．4.

正视西藏农村的相对贫困，深化扶贫工作/张明．西藏研究．1.

从个案调查研究西藏农村的相对贫困和“扶贫攻坚”工作/张明．西藏研究．4.

论藏区自然禁忌及其对生态环境的保护作用/南文渊．西北民族研究．3.

民主改革前藏族部落交换与买卖述略/星全成．西藏民族学院学报．3.

创建青藏高原环境资源产业/王天津．民族研究．4.

关于青藏高原环境资源产业组建的基本思想和具体问题/王天津．西北民族学院学报．4.

藏区旅游开发的前景、特点与问题/石硕．西南民族学院学报．2.

东部藏区发展粗论/周兴维．西南民族学院学报．7.

阿坝州实施生态环境建设标志性工程的潜力、问题及途径/杨秋　紫腾嘉　庄春辉．西藏研究．1.

论甘南藏区畜牧业经济的现代化发展/安俭．中央民族大学学报．4.

论四川藏区畜牧业产业化发展/庄万禄．西南民族学院学报．3.

云南藏区经济增长与可持续发展的相关考察/绒巴扎西．云南社会科学．

4.

后发地区的发展路径和治理结构选择——云南藏区案例研究/朱玲. 经济研究. 10.

论西藏进入长江上游经济带/杨明洪. 西藏研究. 4.

长江上游民族地区生态经济系统/李绍明　李锦. 广西民族研究. 3.

西部大开发与四川民族地区生态经济建设/袁本朴　袁晓文　李锦. 民族研究. 2.

浅议四川省民族地区经济社会的协调发展/梁川　周晖. 西南民族学院学报. 1.

四川民族地区农村个体私营经济发展战略初探/张绍学　洪武林. 西南民族学院学报. 1.

文化价值观与凉山民族文化旅游资源的形成/陆文熙. 西南民族学院学报. 11.

发展民族社区经济方法探索——以可邑彝族生态文化旅游村项目为例/彭多意. 思想战线. 6.

信息传播与凉山彝族社会经济的发展/罗典. 西南民族学院学报. 6.

混成耕牧制在彝语地名中的反映/杨庭硕　李天元. 吉首大学学报. 3.

西部大开发中云南多民族社会发展研究/贺圣达. 云南社会科学. 1.

云南少数民族的生态文化与可持续发展/郭家骥. 云南社会科学. 4.

实用型教育：边疆贫困地区经济平稳跨越的保障——云南省云县教育扶贫新模式研究/缪坤和　赵小平等. 思想战线. 3.

论云南民族商品的绿色营销/徐永林. 中央民族大学学报. 4.

云南旅游的开发与民族文化资源的保护/杨红英. 云南民族学院学报. 3.

从旅游人类学的视角透视云南旅游工艺品的开发/张晓萍. 云南民族学院学报. 5.

思茅、西双版纳和河口边贸与国际大通道建设考察报告/董建中. 云南社会科学. 6.

西双版纳曼景兰旅游新村总策划/黄惠焜. 思想战线. 5.

怒江州旅游业发展探析/杨丽. 贵州民族研究. 4.

香格里拉民族生态旅游的设计与实践——来自云南省中甸县霞给村的研究报告/邓永进　郭山. 思想战线. 2.

景洪旅游业的可持续发展研究/王筱春．云南民族学院学报．6．

历史文化名城文化产业与旅游产业整合创新的目标模式研究——以云南大理为例/黎洁　李垣．思想战线．1．

三江并流地区经济活动对生态环境的影响及天然林的保护对策/罗民波　杨雪清　杨良．思想战线．6．

白族妇女传统手工技能的传承发展/文华．中南民族学院学报．3．

试论哈尼族先民的生态观/白云昌．云南民族学院学报．4．

独龙族的生态文化与可持续发展/王明东．云南民族学院学报．3．

“十五”期间贵州民族地区经济社会发展的思考/张北平　卓玛才让　牟代居．贵州民族研究．2．

区域优势与贵州民族地区经济发展/林文．贵州民族研究．1．

移民搬迁是解决特困人口温饱问题的有效途径——贵州省移民搬迁的成效、经验、问题及对策措施/冉茂文．贵州民族研究．2．

屏边苗族自治县经济发展战略思考/李正有．云南民族学院学报．1．

新化苗族彝族满族乡经济发展调查研究/苏太恒．贵州民族研究．1．

从德江的现状探讨贵州民族地区的生态农业建设对策/李霞林．贵州民族研究．1．

多元文化构建在生态均衡中的实践价值——以贵州省罗甸县木引乡的苗族、布依族对生物多样性的保护与利用方式为例/吴正彪．贵州民族研究．3．

贵州民族地区旅游资源的开发与旅游扶贫/张遵东．贵州大学学报．6．

贵州民族风情旅游中的文化困惑/龙宣萍　徐圻．贵州民族研究．2．

贵州省民族研究所　贵州省民族研究学会开展“贵州省民族地区旅游资源及开发”专题调查/本刊编辑部．贵州民族研究．4．

中国苗族传统意识与西部大开发/朱慧珍．广西民族研究．3．

生态环境对明清时期苗族经济的制约/杨胜勇．中央民族大学学报．3．

侗族的生态环境意识——与自然和谐相处/王萍丽　杨盛男．黑龙江民族丛刊．1．

论侗族传统文化与侗族人工林业的形成/潘盛之．贵州民族学院学报．1．

侗族传统人工营林业的社会组织运行分析/罗康隆．贵州民族研究．2．

侗族地区旅游资源开发探析/傅安辉．贵州社会科学．3．

广西实施西部大开发战略理论构想/李甫春．民族研究．5．

广西实施西部大开发战略若干问题研究/李甫春等．广西民族研究．3．

“三林”禁伐对广西民族地区经济发展的影响及对策研究/陈家柳　俸代榆．广西民族研究．4．

浅论桂西北民族地区经济社会可持续发展与人力资源开发/甘宜沅　杨克斯．广西大学学报．4．

交往差异与近代广西壮瑶社会经济发展的比较/李闰华．广西右江民族师专学报．2．

国有大型企业与当地壮族的现代化/程成．广西右江民族师专学报．1．

广东山区经济发展的人类学思考/白志武　谭盛凤．广西民族研究．4．

海南中部民族地区旅游业滞后的成因及对策/黄菡．贵州民族研究．2．

湖南民族地区农业可持续发展的目标和指标体系/吕学芳．湖南社会科学．1．

湖南民族地区农业可持续发展中的问题/吕学芳．吉首大学学报．4．

湘西土家族苗族自治州扶贫开发的历史反思/游俊．民族研究．3．

湘西贫困文化透视/龙先琼．吉首大学学报．3．

体制创新与湖北民族地区经济发展/马奎　杨桦．中南民族学院学报．5．

湖北民族地区发展农产品加工业的问题及思路/汪兴平　张驰．湖北民族学院学报．4．

找准着力点　实现新突破——关于土家族地区加快发展特色经济的思考/袁仲由．中南民族学院学报．5．

台湾高山族经济现状的分析/陈茗．人口学刊．3．

民族学

创建一个和而不同的全球社会——在国际人类学与民族学联合会中期会议上的主旨发言/费孝通．思想战线．6．

论中国的民族社会学研究/马戎．北京大学学报．5．

21世纪初我国民族学发展的几个问题/李绍明．西南民族学院学报．11．

民族学旧问题与新方法简论/杨志娟．西北第二民族学院学报．4．

民族学、人类学前景广阔/邹逢佳．云南民族学院学报．4．

当代社会学与人类学关系新探/石金群．广西民族研究．3．

人类学的未来/［美］詹姆斯·皮科克．广西民族研究．2．

音系学：结构主义与人类学解释/纳日碧力戈．中南民族学院学报．1．

本土人类学：重新发现的知识/潘年英．贵州师范大学学报．2．

人学与人的哲学、人类学的比较研究/韦有多．广西民族学院学报．1．

“不浪费的人类学”思想与实践/稚桐．云南民族学院学报．4．

女性及其文化的人类学反思/王婧．广西右江民族师专学报．1．

性别、民族的研究与反思：分析自我体验及行动/马林英．西南民族学院学报．9．

国外女性人类学的发展过程/李霞．民族研究．5．

政治人类学研究及其理论的发展/董建辉．广西民族学院学报．5．

人类学的时间与他者建构/赵旭东．读书．7．

汉字变异的人类学背景/赵丽明．广西民族学院学报．3．

人类学与部落民族研究——过去的经验及未来的模式/［美］吉姆·麦里曼著　尹铁超译．满语研究．2．

跨越人文类型的空间阻隔——社会人类学的观察方法与互联网时代的文化沟通/孙庆忠．学术论坛．6．

关于文化人类学的思考/步平．满语研究．2．

论一些人类学专门术语的历史和翻译/［美］郝瑞者　杨志明译．世界民族．4．

田野关系是理论与方法的双重工具/董晓萍．中央民族大学学报．5．

田野工作的意义/［日］中根千枝著　麻国庆译．思想战线．1．

台湾人类学田野调查理念与方法/朱国佳．广西民族研究．1．

参与性农村评估在民族调查中的意义及运用——以云南中甸彤朵村为例/张实．思想战线．3．

一个文化变迁的斜向结构：周城“蟒蛇共蝴蝶”文化现象的田野调查及分析/朱炳祥．湖北民族学院学报．1．

马林诺夫斯基与现代人类学工作方式/谢燕清．民俗研究．1．

阐释作为模版的文化：格尔兹文化理论述评/王明璐．思想战线．1．

功能学派琐谈/陈永香．楚雄师专学报．2．

中国人类学的民俗学渊源及学术取向/黄泽．广西民族研究．1．

日本民族学、文化人类学三题/金少萍．云南民族学院学报．3．

西方人类学电影史述评/鲍江．民族研究．2．

西方学者与纳西族的文化人类学研究/甘雪春．思想战线．3．

西方旅游人类学研究述评/宋晓莲．民族研究．3．

旅游人类学在美国/张晓萍．思想战线．2．

论西方民族学方法论发展的历史轨迹/施琳．黑龙江民族丛刊．1．

小民族，大课题——以赫哲族为例/于长江．北京大学学报．1．

贵州民族地区开发的民族学视野/杨昌儒．贵州民族学院学报．2．

民族研究在湘西的开创与发展/李绍明．吉首大学学报．2．

民族学研究在湘西/李绍明．土家学刊．1．

从边疆到腹地：中国多元民族的不同类型——兼论“多元一体”格局/徐新建．广西民族学院学报．6．

全球场景下的“族群”对话/纳日碧力戈．世界民族．1．

试论社会、族群与文化/［美］许倬云．中国文化研究．3．

乡土社会的民间信仰与族群互动：来自田野的调查与思考/刘朝晖．广西民族学院学报．3．

云南未识别群体研究的族群理论意义/黄泽．广西民族学院学报．2．

广东族群与区域文化研究：多学科综合研究方法的尝试/黄淑娉．广西民族学院学报．1．

珠江三角洲外来企业中的族群与族群关系——以深圳中成文具厂为例/孙九霞．广西民族学院学报．3－4．

族群与族群性：两个概念的再认识/高崇．中南民族学院学报．3．

论族群与族群关系/周大鸣．广西民族学院学报．2．

从族谱编纂看满族的民族认同/定宜庄　胡鸿保．民族研究．6．

虚构与真实之间：就家谱和族群认同问题与《福建族谱》作者商榷/胡鸿保　定宜庄．中南民族学院学报．1．

实践于历史与想象之间：客家群族性认同与宁化石壁公祭仪式/彭兆荣．思想战线．1．

青藏高原地区藏族与穆斯林群体的互动关系/段继业．民族研究．3．

华南族群的互动与认同/徐杰舜．思想战线．1．

贺州族群互动考察/徐杰舜　徐桂兰　罗树杰　李远龙．广西右江民族师专学报．3．

香港的族群与认同/周大鸣　程瑜．珠江三角洲经济．2．

历史渊源古物载——港澳台与东南亚族群关系研究之一/廖杨．广西民族研究．3．

文化漂流自徘徊——港澳台与东南亚族群关系研究之二/廖杨．广西民族研究．4．

Jamaat：**都市中的独特社区——以对兰州回族穆斯林的调查为视点**/杨建新　杨文炯．中央民族大学学报．2．

西北城市回族社区的现状与未来/刘光宁．固原师专学报．4．

西北乡村回族社区功能演变与伊斯兰教/刘光宁．回族研究．3．

社区认同的塑造——以勐海“帕西傣”社区为例/马健雄．云南民族学院学报．6．

现代化进程中一个怒族社区的社会变迁/郭愉．云南民族学院学报．6．

少数民族农村社区文化生活与精神文明建设——以云南罗平多依村布依族调查为例/杨南丽．思想战线．3．

新疆的城市类型与族群关系/王建民．中国少数民族人口．1．

发挥小城镇的桥梁作用，推动西藏城市化进程/周莉蓉　杨森．西藏研究．2．

大理历史文化名城价值体系分析/张跃　王明东．云南师范大学学报．3．

宗族与墟市关系的人类学研究/陈运飘．广西民族研究．1．

东干族宗法文化论析/廖杨．甘肃民族研究．4．

土族宗法文化初探/廖杨．青海民族研究．4．

保安族宗法文化刍论/廖杨．中央民族大学学报．3．

游牧民族社会结构问题刍议/王三义．天水行政学院学报．3．

西藏昌都四种传统社会组织调查/扎呷　刘德锐．中国藏学．4．

广西各民族间的结构性差异/梁茂春．广西民族研究．2．

鄂西土家地区宗族组织的历史变迁/孙秋云　崔榕．中南民族学院学报．2．

当前湘西宗族组织重现的原因审视/瞿州莲．怀化师专学报．3．

当代土家族社会结构的变迁/柏贵喜．民族研究．4．

客家菜馆与社会变迁/张展鸿. 广西民族学院学报. 4.

藏族部落雇佣制度刍议/星全成. 青海民族学院学报. 1.

论凉山彝区等级观念形态/林耀华. 凉山大学学报. 4.

论凉山传统社会中“独立白彝”的社会地位/李绍明. 西南民族学院学报. 1.

人类学关于环境与生活类型的研究/钟年　李鸿文. 广西民族研究. 1.

对西部大开发中民族文化资源和文化生态保护问题的再思考/段超. 中南民族学院学报. 6.

论西部开发中民族文化的生态建设/李青　朱尽晖. 西北大学学报. 3.

文化多样性与人类生存环境问题/游俊. 思想战线. 6.

游牧民族传统文化与生态环境保护/孛·吉尔格勒. 广播电视大学学报. 4.

民族传统文化与环境保护——兼谈一些民族谚语中的自然观/曹道巴特尔. 满语研究. 2.

蒙古族文化的生态学思考/陈烨. 内蒙古社会科学. 5.

藏俗中的环保意识/赛措·更尕旦周. 西藏民俗. 3.

云南少数民族刀耕火种农业的生态文化/廖国强. 广西民族研究. 2.

岜沙苗族社区的环境与人文/杨军昌　申鹏　孙钦荣. 贵州文史丛刊. 2.

布依族信仰民俗中的环保理念/黄椿. 民俗研究. 3.

中国汉族锁骨的性别判定/张继宗　田雪梅. 人类学学报. 3.

中国汉族女性长骨推断身高的研究/张继宗. 人类学学报. 4.

山东临淄周－汉代人骨种族属性的讨论/韩康信　尚虹. 人类学学报. 4.

朝鲜族儿童少年体型发育探讨/郝秀芳　刍延祥　魏宝玉等. 人类学学报. 1.

内蒙古呼伦贝尔盟蒙古族3个群体5项舌运动类型的研究/郑连斌　谢宾　陆舜华等. 人类学学报. 2.

兴安盟3个民族7种不对称行为特征的研究/韩在柱　陆舜华　郑连斌等. 人类学学报. 2.

中国内蒙古东西部蒙族和布里亚特人血 EAP、ADA、AK_1 遗传多态研究/刘牧　沈淑萍　李琳等. 人类学学报. 4.

蒙古族学生体质发育及动态研究/陈国权　陈力　柳树连. 人类学学报.

1.

达斡尔族、鄂温克族、鄂伦春族13项形态特征的研究/李咏兰　郑连斌　陆舜华等. 人类学学报. 3.

达斡尔族青少年体型的Heah－Carter人体测量法研究/王树勋　郑连斌　朱钦等. 人类学学报. 1.

新疆伊犁哈萨克族的体质特征研究/艾琼华　陈晓　江虹等. 人类学学报. 4.

对藏族、畲族、朝鲜族人发中微量元素的聚类分析研究/杨若明　金继红. 人类学学报. 2.

云南白族头面部微机测量研究/许彪　王胤涛　马继康. 人类学学报. 2.

云南拉祜族的体质特征/李明　李跃敏　余发昌等. 人类学学报. 1.

百色地区壮族学生体质发育调查分析/吴荣敏　黄世宁　浦洪琴等. 人类学学报. 3.

安徽省宁国县畲族群体HLA抗原分布/梅长华　俞雅琴　江三多等. 人类学学报. 1.

儒学与社会结构：东亚社会中的汉族与多民族社会中的汉族——人类学学者访谈录之八/徐杰舜问　麻国庆答. 广西民族学院学报. 1.

跨文化研究与西部大开发——人类学学者访谈录之九/徐杰舜问　崔延虎答. 广西民族学院学报. 2.

我所理解和从事的人类学——人类学学者访谈录之十/徐杰舜问　张海洋答. 广西民族学院学报. 3.

实事求是：文化人类学的追求——人类学学者访谈录之十一/徐杰舜问　石奕龙答. 广西民族学院学报. 4.

人类学与文学的互动——人类学学者访谈录之十二/徐杰舜问　叶舒宪答. 广西民族学院学报. 5.

为了民族的生存和发展——人类学学者访谈录之十三/徐杰舜问　高发元答. 广西民族学院学报. 6.

潘光旦释“人世间的三角”/潘乃谷. 西北民族研究. 3.

林耀华教授与中国的少数民族和民族研究/张海洋. 西南民族学院学报. 1.

五十书行出边关，何惧征鞍路三千—— 忆李安宅、于式玉教授/王先梅.

中国藏学．4．

岑家梧先生的治学经历及人类学民族学研究述评/徐杰舜　彭英明．中南民族学院学报．6．

是乃仁者　师德长存——纪念中国社会学前辈吴泽霖教授/章人英．中南民族学院学报．4．

注重田野调查　为社会进步服务——吴泽霖教授学术思想概说/孙秋云　钟年．中南民族学院学报．6．

马曜先生对白族学的贡献/何贵荣．大理文化．1．

傣学研究开新域——忆黄惠焜教授/宋蜀华．云南民族学院学报．1．

严谨的学风　卓越的胆识——忆惠焜同志/宋兆麟．云南民族学院学报．1．

斩棘披荆硕果丰——记黄钰瑶学研究五十年/陈家柳．广西民族研究．1．

女性人类学的新生力量：四川少数民族妇女研究中心的诞生背景及其工作简介/西南民族学院学报．10．

抗战时期云南的省校合作与社会学人类学研究/潘乃谷．云南民族学院学报．5．

中山大学人类学教学和研究述略/容观夐．广西民族学院学报．5．

近年来社会文化人类学若干热点透视/胡鸿保　王建民．民族研究．1．

近年来国内汉族研究综述/胡阳全．中国史研究动态．4．

近二十年中国汉民族起源形成研究综述（一）/陈礼贤．广西右江民族师专学报．4．

《雪球》学术贡献述略/黄振南．广西民族研究．2．

新兴期的云南民俗研究/杨知勇．云南民族学院学报．1．

瑶族跨国分布与国际瑶学/黄海．贵州民族研究．3．

近期土家族研究成果评述/周兴茂．中央民族大学学报．3．

2000年土家文化研究述评/陈正慧．湖北民族学院学报．4．

日本对台湾原住民的人类学研究（1895—1999年）/［日］末成道男著　麻国庆译．世界民族．3、6．

2001年民族学学术讨论会在兰州大学举行/廖杨．民族研究．5．

“族群理论与族际交流”国际学术研讨会综述/王实．中南民族学院学报．6．

汉民族研究2000年国际学术会议综述/徐晓望．民族研究．2．

“中国西部大开发中少数民族传统文化的保存和发展”座谈会纪要/本刊记者．思想战线．4．

2000年：国际人类学的中国年——在国际人类学与民族学联合会2000年北京中期会议开幕式上发言/阮西湖．广西民族学院学报．3．

河池地区瑶族学术研讨会综述/蒙有义．广西民族研究．3．

吉林省民族学会第二届理事会在长春召开/云来．北方民族．4．

开创新世纪我省民族学会工作的新局面——吉林省民族学会第二届理事会工作报告/金华．北方民族．4．

四川大学、西藏大学中国藏学研究所成立/中国藏学．3．

奠定中华民族研究的坚实基础——评《中华民族多元一体格局（修订本）》/陈名杰．中国图书评论．1．

新的综合 新的起点——评《中国民族概论》/杨玉．中央民族大学学报．6．

且看人看我——评顾定国先生所著《中国人类学逸史》/杨春宇．贵州民族研究．4．

读顾定国的《中国人类学逸史》/胡鸿保．广西民族学院学报．3．

汉民族人文研究的原始力作——《雪球：汉民族的人类学分析》述评/彭清深．甘肃民族研究．3．

既是历史学的，又是人类学的——再读《雪球：汉民族的人类学分析》有感/黄世杰．广西民族学院学报．1．

运用语言学研究成果拓展人类学研究的成功之作：读《雪球：汉民族的人类学分析》/韦树关．广西右江民族师专学报．3．

文化自觉与精神渴望——都市族群研究：《开拓》，一种文化现象/杨文炯．回族研究．1．

理论的突围——《现代背景下的族群构建》读后/胡鸿保．民族研究．2．

民族研究对外开放的新尝试——《现代背景下的族群构建》简评/李劼．民族教育研究．2．

《广东族群与区域文化研究》评析/孙庆忠．民族研究．1．

徐其超、罗布江村主编《族群记忆与多元创造》序/吉狄马加．西南民族学院学报．10．

读《荒野上的祭坛：中国少数民族祭祀文化》/俸兰．广西民族学院学报．4．

推荐一部傩神谱系研究的新作/钟敬文．广西民族研究．2．

文化对话与理解：21世纪的时代主题——村田幸子《苏非之光在汉文中的折射》序/［美］杜维明．回族研究．1．

文明的冲突与文化的研究——《文明的冲突与世界秩序的重建》读后记/苍铭．黑龙江民族丛刊．1．

开创中国的影视人类学体系——《影视人类学概论》评介/潘守永 雷亮中．民族研究．3．

献给新千年的民族文化鸿篇——评铁木尔·达瓦买提主编的《中国少数民族文化大辞典》/李耀宗．中央民族大学学报．1．

人类学研究的可喜成果——读《人类学文库》/徐治平．广西右江民族师专学报．1．

蒙古族传统文化的最新诠释——《蒙古族传统文化论》评介/波·少布．内蒙古社会科学．4．

回族民俗学：一门里程碑式的学问——由《回族民俗学概论》荣获中国图书奖谈起/李秀琴．中国穆斯林．5．

《西藏文化大图集》——新的经典之作/李德洙．中国西藏．5．

评《走出香巴拉——西藏“一江两河”流域乡村城镇化研究》/李绍明．中国藏学．2．

心灵的旅程——读徐平博士新著《西藏秘境——走向中国的最西部》/王天津．中国西藏．4．

积极地科学地创造性地继承和弘扬优秀民族传统文化——《西藏传统养生体育文化》代序/肖怀远．中国藏学．2．

高立士和他的傣学研究新成果——兼评《西双版纳傣族传统灌溉与环保研究》/罗东山．中南民族学院学报．1．

一部研究土家族文化的力作——《土家族文化史》评述/刘美崧．中央民族大学学报．5．

民间思想者的精神河流——读陆群《民间思想的村落：苗族巫文化的宗教透视》/罗康隆．贵州民族学院学报．4．

勾勒客家文化全景图的一次成功尝试——评吴永章教授新著《客家传统

文化概说》/詹全友　孙秋云．广西民族研究．3．

福建地方史与区域汉民族学研究的新进展——评陈支平《福建六大民系》/吴春明　秦慧颖．民族研究．6．

耕耘于维吾尔民族文化沃野：阿布都克里木·热合满民俗研究论著举隅及其理论贡献/王堡．广西民族学院学报．5．

四川土家族历史发展的见证——评《伍湛民族学术论集》/李绍明．湖北民族学院学报．3．

关于汉民族研究的一些想法——在“2000年国际汉民族研究学术讨论会”上的发言/费孝通．中央民族大学学报．1．

汉民族孕育、形成和发展述略及其三点重要昭示/郭武斌　吴强．新疆社会科学．4．

论汉民族凝聚力的凸显与升华/陈礼贤．广西民族学院学报．2．

从汉字看汉族先民下衣的演进/敏春芳．西北民族研究．4．

汉民族在新疆/齐文礼．新疆社会科学．3．

交流与融合——关于巴塘汉族的个案分析/袁晓文　李锦．黑龙江民族丛刊．1．

简论汉族闽台地域文化/徐亦亭．中央民族大学学报．1．

港澳台的宗法文化述论——港澳台汉族民间文化研究系列论文之四/廖杨．广西民族研究．1．

东北亚通古斯语族民族比较研究/孙娜　郭力．学习与探索．6．

新疆的图瓦人/刘万福．丝绸之路．3．

客家人在台湾/风语文．中国摄影学会图．中国国家地理．3．

福佬人论略/谢重光．广西民族学院学报．2－3．

论回族在西部开发中的作用和地位/文海江．青海社会科学．5．

南阳石桥镇回族概述/杨运鹏．回族研究．3．

甘南藏区拉仁关回族“求索玛”群体研究/马平．回族研究．3．

赋予大山梦幻的民族——东乡族/汪玉良．丝绸之路．4．

论撒拉族个体的成长/高永久．青海民族研究．2．

积石山下的民族奇葩——保安族/马文科　田永新　马文渊．甘肃民族研究．2．

放雕捕猎的哈萨克/吉尔·桑坦托尼奥．中国国家地理．9．

关于“塔塔尔”一词的多种解释/张敬仪　阿克赞．西北民族学院学报．4．

新疆塔塔尔族调查研究——现状、问题与思考/李建新．西北民族研究．4．

一个藏族村寨的现代化变迁——中甸县尼西乡形朵村调查实录/张实．云南社会科学．1．

墨脱有一个门巴族/杨辉麟．西藏民俗．4．

西藏察偶有僜人/王健．中国国家地理．4．

走近今日摩梭人/黄建明．民俗研究．2．

重返老林的启示：云南省苦聪人考察报告/晏红兴．中南民族学院学报．3．

为“高山苗”辩/秋阳．文史天地．3．

千山万弄中的黑衣壮/农敏坚．中国民族．11．

贵州土家族分布区域变迁考/李汉林．贵州民族研究．1．

解谜台湾高山族/张崇根文．中国艺术摄影学会图．中国国家地理．3．

蒙古族妇女优良历史传统分析/明月．黑龙江民族丛刊．2．

论侗族文化的女性思维偏向/廖开顺．贵州民族研究．1．

八排瑶妇女传统文化与现代化/盘小梅．广西民族研究．2．

论全球化与民族文化/郑晓云．民族研究．1．

全球一体化发展中所遭遇的文化困境/费孝通　方李莉．民族艺术．2．

经济全球化背景下的民族地区文化建设/张英伟．理论前沿．24．

全球化浪潮中的民族文化/许士密．西北民族研究．3．

全球化视野中的民族与民族性/朱爱东．广西民族学院学报．4．

经济全球化与民族文化：兼论文化的民族性与世界性/吴元迈．中国社会科学院研究生院学报．2．

经济全球化与弱势民族的文化困境/王德胜．思想战线．1．

论文化及其文学的全球化、民族性与多元化问题/杨传鑫．中南民族学院学报．2．

中华文化的基本特点及其在现代化进程中的弘扬/陈连开．广西民族研究．2．

民族文化的资本化运用/马翀炜．民族研究．1．

论民族文化互动的特点及本质/罗康隆．吉首大学学报．1．

论民族文化传统的辩证扬弃/肖怀远．西藏研究．3．

民族文化多样性与资源利用的相关性研究/李汉林．中央民族大学学报．4．

试论少数民族文化中的桃文化/王焰安．贵州民族学院学报．1．

乡间购物：一个文化的视角/段玉明．云南社会科学．2．

文化现象的解释/王晓丽．西北民族研究．1．

民族发展的文化基础/马翀炜．广西民族研究．2．

文化、民族文化概念解析/喻云涛．学术探索．2．

从语言的文化功能看民族文化的差异/冯运莲．湖北民族学院学报．4．

民族文化自我发展的变迁分析/李汉林．湖南社会科学．3．

少数民族文化、文学发展的历史探索/韩任伟．黑龙江社会科学．6．

民族之间文化传播方式初探/张利洁　高永久．青海社会科学．6．

关于民族文化保护的思考/王锋．青海民族研究．4．

抢救保护民族文化遗产与民族文化大省建设/段金录．社会主义论坛．5．

批判地继承中外各民族文化传统，推动进步文化的发展/钱宗范．中共桂林市委党校学报．1．

关于民间传统文化研究的随想/刘魁立．广西民族学院学报．2．

论民族文化资源开发/袁少芬．吉首大学学报．2．

论西部大开发中民族文化的价值/吴钦敏．贵州民族研究．4．

全面认识民族民间文化的价值/聂大江．文物工作．2．

民族文化与民族审美文化建设/刘家志．云南民族学院学报．6．

关于文化转型与民族地区妇女发展的思考/黄筱娜．广西民族学院学报．6．

西部大开发与繁荣民族文化/张佳生．宁夏社会科学．1．

边疆民族文化的保护和开发与兴边富民/青觉　谢广民．宁夏社会科学．6．

发展民族文化促进西部开发/谢肇华．中央民族大学学报．5．

西部大开发与小民族文化遗产的弘扬、保护/钟进文．青海民族研究．2．

干旱区文化的两个特点/杨圣敏．中国少数民族人口．1．

北方面具文化考析/富育光．北方论丛．2．

避暑山庄文化探源/田淑华．北方文物．3.

五台山——民族文化交流的纽带/邓小咏　王启龙．五台山研究．3.

中国古代游牧文化的几种类型及其特征/贺卫光．内蒙古社会科学．5.

论游牧文化圈/史继忠．贵州民族研究．2.

从南宁国际民歌艺术节探讨当前民族文化活动的特点及走向/李妍．广西民族研究．3.

从文化的时代性看“三个代表”的重要意义/何星亮．民族研究．6.

关于中国先进文化前进方向的思考/邸永君．民族研究．6.

论满族文化规范社会群体行为的功能/张雷军．云南社会科学．4.

拉林阿勒楚喀地区的满族民间文化活动/伊葆力　王禹浪．满族研究．2.

关于研究中国特色朝鲜族文化的几个问题/朱在宪．北方民族．3.

中国特色朝鲜族文化研究综合报告/“中国特色朝鲜族文化研究”课题组．北方民族．4.

朝鲜族女性文化与女性文学/吴相顺．满族研究．1.

黑土文化对达斡尔族文化的整合与再造/高虹．学术交流．1.

对我国穆斯林民族文化特征的几点认识/丁明俊．西北第二民族学院学报．4.

文明对话视野中的中国伊斯兰文化/丁克家．回族研究．4.

求同存异　和而不同：论回族历史上的文化适应/马宗保．回族研究．3.

Jamaat **地缘变迁及其文化影响：以兰州市回族穆斯林族群社区调查为个案**/杨文炯．回族研究．2－3.

Jamaat**：都市中的亚社会与族群文化——以兰州市回族穆斯林族群调查为个案**/杨文炯　张嵘．西北民族学院学报．3.

社会变迁中的回族文化环境/骆桂花．青海民族研究．4.

王正伟回族民间文化研究述评三题/李树江．宁夏社会科学．6.

肩挑“两个世界”：云南回族伊斯兰文化特征透视/纳麒．云南社会科学．6.

简论青海历史文化资源开发的社会价值/解占录．青海民族研究．1.

青海民族文化个性论/马小琴．青海民族研究．2.

对兰州市满拉汉文化需求分析——以城关区为例/虎有泽　冯瑞．西北第二民族学院学报．3.

民族文化与民俗文化——以钟敬文的文化观谈对新疆民族文化资源的保护利用/薛洁．西北民族研究．4．

塔里木文化特征考述/阿布都克里木·热合满．广西民族学院学报．5．

漫谈昆仑文化/王伟章．青海民族研究．2．

城市哈萨克族的宴事活动与多元文化/杨凌．新疆大学学报．4．

略论哈萨克族的文化特色/张国杰．中国少数民族人口．1．

人类学视野中的西藏文化/郝时远．民族研究．1．

藏族传统文化中协调人与自然关系的几种方式/南文渊．青海民族学院学报．3．

正确认识和对待藏族传统文化/仁真洛色．中国藏学．3．

西藏文化发展面临知识经济的挑战及其对策/刘志群．中国藏学．4．

藏文化和纳西文化的交流/徐丽华．青海民族学院学报．2．

永仁县直苴乡彝族稻作文化初探——永仁县直苴乡赛装节与稻作祭祀/肖国英．楚雄师专学报．4．

云南稻作民族的文化生态适应研究/童绍玉．楚雄师专学报．4．

彝族吉符“卍、卐”研究/朱炳祥　普珍．云南社会科学．5．

云南民族文化区域构建/赵自庄．学术探索．专刊．

云南省民族民间文化遗产保护的考察与感受/彭常新．文物工作．1．

打造云南民族文化产业/陈真．学术探索．6．

云南建设民族文化大省的理论背景/陈德金　李旭．学术探索．6．

云南少数民族文化哲学：研究云南少数民族传统文化现代化问题的一种思路/杨志明．云南民族学院学报．5．

浅析云南民族文化教育与研究在建设民族文化大省中的功能/张天跃．云南民族学院学报．1．

发掘澜沧江—湄公河流域的民族文化资源/赵世林．思想战线．4．

佛教与白族龙文化/郑筱筠　赵伯乐　牛军．思想战线．2．

关于白族本主文化的哲学思考/杨学文．大理文化．2．

哈尼语文化主题研究/许鲜明　朱黎勇．学术探索．4．

试论哈尼族传统文化的基本特征及其变迁/刘亚雄．思茅师范高等专科学校学报．2．

傣族文化当代变迁的思考/章立明．中央民族大学学报．4．

“花腰傣”的文化及其发展/郑晓云. 云南社会科学. 2.

“花腰傣”文化与新平经济发展/范亚辉. 云南社会科学. 2.

贝叶文化与文化立州刍议/李子贤. 云南民族学院学报. 6.

纳西族色彩文化的基本特征/白庚胜. 思想战线. 5.

纳西族色彩文化制约机制谈/白庚胜. 云南社会科学. 1.

纳西族色彩文化功能研究/白庚胜. 民族艺术. 2.

纳西族文化中的多元现象/盖兴之 高慧宜. 云南民族学院学报. 5.

中国纳西族东巴文化的放(设)想/梁玖. 东南大学学报. 4.

纳西族传统文化及其保护/郭大烈. 云南社会科学. 6.

略论独龙族传统文化的特点/王明东. 思想战线. 3.

贵州民族文化的多样性保护与民族团结/杨永春 韦宗林. 贵州民族学院学报. 3.

试论贵州民族文化与旅游资源开发/石开忠. 贵州民族学院学报. 2.

屯堡文化研究/翁家烈. 贵州民族研究. 4.

民族文化的多元互动:永顺县苗寨、双凤、儒家三村民俗调查所见所思/蒋小进. 中南民族学院学报. 4.

多元文化中的苗族话语研究:用当代话语理论对苗文化的阐释/张晓松. 贵州民族研究. 3.

侗族文化保护村的建设与经营/邓敏文. 贵州社会科学. 2.

广西民族文化的产业化发展研究/何颖 颜景 何晓萍. 广西民族研究. 2.

论当代壮族的文化价值取向与冲突/黄平文. 中央民族大学学报. 2.

从地名比较看壮族与傣族由同源走向异流——壮族文化语言学研究系列论文之二/潘其旭. 广西民族研究. 1.

壮泰民族传统文化的发展前景——壮泰传统文化比较研究总论之三/覃圣敏. 广西民族研究. 4.

试论壮族师公的“师”是壮语 sae 的音译——壮族师公文化研究之二/杨树喆. 广西民族研究. 2.

关于岭南与广府文化形成的讨论/刘伟铿. 广西民族学院学报. 5.

广东外来人口对粤文化的吸纳与整合/孙九霞. 中南民族学院学报. 5.

湘西北各民族文化互动试探/董珞. 民族研究. 5.

《土里巴人》的文化底蕴/胡德才．中南民族学院学报．1．

试论土家文化对语言的影响/谭志满．重庆三峡学院学报．5．

台湾早期移住民的史前文化述论/廖杨．贵州民族研究．2．

神判与法律器物文化/徐晓光　吴大华．贵州民族学院学报．1．

刍议民族民间法/吴大华　朱灿平．云南大学学报法学版．2．

回族穆斯林的风俗习惯与刑法的协调保护/王银．中南民族学院学报．2．

藏族赔命价习惯与刑事法律的冲突及立法对策/辛国祥　毛晓杰．青海民族学院学报．1．

湘西苗族习惯法研究/石伶亚．贵州公安干部学院学报．3．

关于藏历饶迥年与公元年换算问题/马宏武．青海民族学院学报．3．

水苗汉二十八宿比较研究/潘朝霖．贵州民族研究．3．

热贡佛像雕塑艺术的工艺技术初探/赵清阳．青海民族研究．3．

凉山彝族的漆作工艺/宋兆麟．东南文化．10．

凉山彝族的传统纺毛工艺/冯利　宋兆麟．云南民族学院学报．2．

白族的技艺文化传承/赵世林．云南民族学院学报．5．

纳西族与汉族箭事象比较/赵小刚．中央民族大学学报．6．

班布考——兼谈蜡染/胡进　简小娅．贵州文史丛刊．2．

“点蜡幔”、“顺水斑”质疑/胡进．贵州民族研究．4．

丽江纳西族福寿剪纸与福寿文化/何红一．中南民族学院学报．2．

湘西苗族剪纸的分类及其文化内涵/田茂军　邓振军．吉首大学学报．3．

土家织锦的审美特征/辛艺华　罗彬．华中师范大学学报．3．

土家织锦的现代价值变迁/辛艺华　罗彬．湖北民族学院学报．2．

物语天工　朴拙单纯　土家族地区靠背木椅造型探析/向极鼎．湖北民族学院学报．3．

畲族的工艺文化及其特征/冰河．西南民族学院学报．10．

从回族的节食习俗谈养生长寿/丁月玲．中国穆斯林．6．

略谈藏医学的饮食养生/丁玲辉．西藏大学学报．4．

藏医药的开发研究在西部大开发战略中之意义初探/金索南．青海民族研究．1．

论佛教对藏医学的影响/斗嘎．青海民族学院学报．2．

傣族医药与文化/伍琼华．云南民族学院学报．6．

我国少数民族传统体育综述/杨津津．民族教育研究．1．

少数民族传统体育与全民健身运动/梅峰．宁夏大学学报．4．

论民族传统体育文化的开发与保护/钟海平　田祖国．吉首大学学报．2．

满族传统体育项目“绫球”/赵书．满族研究．3．

试论“回族武术”/马明达．回族研究．3．

藏族寺院民俗体育文化初探/卢兵．中南民族学院学报．3．

巴蜀少数民族体育文化考证/姜明　文格西．西南民族学院学报．11．

云南少数民族体育产业化的民族性、开放性与宏观支撑条件/章秉纯．思想战线．4．

云南少数民族体育产业化的政策选择与社会支撑体系/张云钢．思想战线．2．

试述云南民族体育与自然和谐共融之特性/刘竹　饶远．云南师范大学学报．1．

云南少数民族体育业发展进程探索/沈阳．云南民族学院学报．3．

对我国少数民族风俗习惯的分类/王红曼．满族研究．4．

得荣神奇多彩的民俗风情/得荣·泽仁邓珠．西藏民俗．4．

满族睡扁头习俗探讨/宋兆麟．中央民族大学学报．2．

由《笊篱姑姑舞》看满族的占卜习俗/张德玉．满族研究．3．

中国朝鲜族满族民俗比较研究/崔用麟　赵立．北方民族．1．

谈《红楼梦》中满族旧俗/富育光．北方民族．2．

探索民族底蕴　服务社会生活——伊通满族民俗文物发掘和研究工作浅析/孙英林．北方民族．1．

对朝鲜族风俗与文化的透视/工晓东．社会科学战线．3．

论蒙古与通古斯熊传说的有关习俗内涵/满都呼．满语研究．1．

尊重各族穆斯林的风俗习惯——兼谈穆斯林为什么不吃猪肉/马贤．中国民族．1．

撒拉族“羊背子”习俗透视/张春秀．青海民族研究．1．

对新疆维吾尔族风俗习惯演变趋势的因素分析/陈南雁．新疆社会科学．5．

浅析喀喇汗朝时期的维吾尔习俗/娣丽达·买买提明．语言与翻译．4．

哈萨克族传统生产习俗的变迁及发展/周亚成．中央民族大学学报．4．

新疆塔塔尔族穆斯林风情录/单生魁．中国穆斯林．6．

西藏民族风俗在现代的更新、嬗变和新兴/刘志群．西藏民俗．2．

松木石村藏族风俗变化的价值取向及影响因素/殷永发．青海民族研究．1．

藏族喜用纵横图/大罗桑朗杰　华宣积．西藏大学学报．4．

浅述华锐藏族的尚白习俗/苏乃旦．西藏民俗．3．

五台山、北京、承德、内蒙、丽江等地区的藏传佛教寺庙建筑/杨嘉铭．西藏民俗．1．

藏族的金瓦屋顶/得荣·泽仁顿珠．西藏民俗．1．

西藏古船的演变/更堆．西藏民俗．1．

拉萨城名的来历/次多．西藏民俗．2．

珞巴民俗奇风/杨辉麟．西藏民俗．1．

大理周城白族栽秧会风俗变迁浅析/程志君．湖北民族学院学报．1．

湘西苗族民俗文化初探/哈湘存．湖南商学院学报．4．

广西融水水族生活习俗调查/卢敏飞．广西民族研究．2．

略论广西少数民族传统风俗对社会发展的影响/韦新祺　李图仁．广西师院学报．3．

试论茶山瑶民俗中的“山主”意识/覃洁贞．广西民族学院学报．3．

仡佬族风俗小考（中、下）/罗懿群．贵州文史丛刊．1、3．

从《徐霞客游记》看滇、黔、桂民俗中的经济文化/董力三．经济问题探索．7．

中国少数民族的服饰文化/胡敬萍．广西民族研究．1．

民族文化对民族服饰发展的影响/周静．贵州民族学院学报．3．

汉俄服饰色彩象征文化对比/郑涛．贵州民族学院学报．2．

由东乡、保安、裕固族的传统民族服饰特征透视服饰文化的内涵/马亚萍．西北民族学院学报．3．

试析保安族服饰及工艺美术的艺术特点与审美特征/张大纲．甘肃民族研究．2．

试论土族服饰中蕴含的原始信仰审美观/曹娅丽．青海民族研究．2．

土族服饰及其审美内涵——土族审美文化研究之二/吕霞．青海民族研究．1．

浅谈青海藏族服饰蕴藏的民族文化心理/陈亚艳．青海民族研究．2.

藏族服饰文化的宗教意蕴/魏新春．西南民族学院学报．1.

华锐藏区服饰的历史渊源及艺术特色/华锐·东智．西北民族学院学报．3.

原后藏各阶层的服饰特征/日喀则政协编　德庆多吉译．西藏民俗．4.

木里藏族服饰文化旅游资源浅谈/陆文熙．西南民族学院学报．9.

浅谈甘青藏族的服饰及发饰/旦秀英．西藏民俗．3.

青海藏族妇女服饰/拉毛措．中国藏学．1.

云南少数民族服饰资源的开发/余鸣．中央民族大学学报．5.

文化保护与妇女脱贫：云南少数民族传统服饰未来发展模式构想/余鸣．西南民族学院学报．9.

云南少数民族服饰艺术浅谈/李靖寰．云南艺术学院学报．1－2.

银饰——云南民族服饰的点睛之笔/孙和林文　刘建明等摄影．中国国家地理．11.

再论苗族妇女服饰的类型、演变和时代/席克定．贵州民族研究．3.

20世纪80年代以来中国苗族服饰研究略述/李淳信．云南民族学院学报．3.

凝重美：对苗族服饰的美学猜想/封孝伦．贵州师范大学学报．2.

论黔东方言区苗族服饰文化与其生境关系研究/李汉林．贵州民族学院学报．2.

苗族服饰交鱼纹图案象征意义剖析/刘锋．吉首大学学报．3.

论中国的饮食文化与生态环境/宋蜀华．中央民族大学学报．1.

饮食人类学：求解人与文化之谜的新途径/叶舒宪．广西民族学院学报．2.

圣牛之谜：饮食人类学个案研究/［美］马文·哈里斯　叶舒宪．广西民族学院学报．2.

满—通古斯语族民族的饮食文化/任国英．世界民族．2.

论伊斯兰教饮食习俗对回族穆斯林健康的影响/肖芒．西南民族学院学报．6.

回回食品“秃秃麻食”吃法新探/马兴仁．回族研究．2.

伊犁地区民族饮食文化研究（之一）——民族饮食文化结构的形成/张昀

成世勋．伊犁师范学院学报．4.

《突厥语词典》与维吾尔族馕文化/夏雷鸣．西域研究．3.

漫话茶文化在青藏高原的传播与发展/吴建礼．西藏研究．1.

藏族饮食礼仪与禁忌/陈立明．西藏民俗．4.

漫话藏族茶文化/华锐·东智．丝绸之路．2.

藏族的茶史与茶俗/刘凯．西藏艺术研究．1.

大理白族的食花文化/沙平．民族论坛．2.

侗族饮食习俗与稻作文化的关系/李颖．广东职业技术师范学院学报．3.

湘西人的食粑习俗/吴传仪　朱吉英．怀化师专学报．6.

论中国民族聚落的分类/管彦波．思想战线．2.

影响西南民族聚落的各种社会文化因素/管彦波．贵州民族研究．2.

古代西北少数民族建筑中琉璃的应用/王进玉．西北民族研究．3.

蒙古包溯源/张彤．文物世界．6.

大运河与我国回族散杂居格局的形成/王树理．回族研究．4.

"回坊"的形成演变及功能化浅论/闫国芳．青海民族学院学报．1.

回族与外族混合居住的户型分析/陈长平．中国少数民族人口．1.

哈萨克毡房及其文化内涵/蒋新慧．西北民族学院学报．2.

试论藏族民居装饰的嬗变/夏格旺堆．中国藏学．3.

西南少数民族民居环境改革与妇女健康发展的调查与分析——以羌族为例/冯敏．贵州民族研究．3.

西双版纳傣族传统村寨的保护与开发/杨庆．云南民族学院学报．6.

变迁中的侗族村寨/杨筑慧．中央民族大学学报．5.

山民下坝的文化适应：苦聪人定居问题研究/苍铭．中央民族大学学报．1.

侗族鼓楼与风雨桥特征浅论/冰河．西南民族学院学报．6.

南宁市区汉壮民族的居住格局/梁茂春．广西民族学院学报．5.

壮族民居文化中的宗教信仰/韦熙强　覃彩銮．广西民族研究．2.

侗族"栖居"的文化研究/廖开顺．中央民族大学学报．2.

中国原始社会乱婚说质疑/瞿明安．民族研究．4.

从一个民族的近代婚姻看理性婚姻的意义/丁立平．云南民族学院学报．1.

闹洞房习俗的文化内涵及功能分析/关溪莹．中南民族学院学报．4．

从1990年人口普查1%抽样数据看我国的民族通婚/高玉梅．人口与经济．3．

中表婚探源/左宏阁．西北第二民族学院学报．4．

回族婚俗文化论/周传斌　马东平．西北第二民族学院学报．4．

回族婚俗的传统与现代流变：以西安回族婚姻民俗文化为个案研究/马健君．回族研究．3．

回族婚礼食俗/丁一波．民族艺术林．2．

云南回族妇女早婚现象浅析/高回松．西北第二民族学院学报．3．

异彩纷呈的新疆回族婚礼/张昀．丝绸之路．8．

独特而多元化的东干族婚俗/赵常丽．青海民族研究．4．

从“Kurgeen”一词看土族古代婚姻制度/李美玲．青海民族研究．1．

民和土族婚姻制度初探/何吉芳．青海民族研究．1．

论撒拉族的婚姻选择/高永久．西北民族学院学报．2．

青海婚俗中的媒妁文化浅析/蒲生华．青海民族学院学报．2．

就当今维吾尔社会的离婚现象与袁志广先生商榷/巴赫提亚·巴吾东．西北民族研究．1．

哈萨克族婚嫁仪式歌及其形成原因浅探/冯瑞　艾买提．西北民族学院学报．4．

婚嫁仪式歌——哈萨克独特社会风情的展示/冯瑞　艾买提．甘肃民族研究．1．

对藏区“多夫多妻”现象的浅见/陈克进．西藏研究．1．

藏族的婚姻规则和道德观念/徐平．中国西藏．2．

卓仓藏族的几项婚俗及其文化蕴含/索端智．青海民族学院学报．3．

云南藏族婚姻家庭形式的变迁/刘月英．云南民族学院学报．3．

西藏门巴族的婚姻习俗/马晓军．丝绸之路．11．

循化藏区抢婚习俗/阿顿·华多太．西藏民俗．2．

华热地区藏族婚姻习俗述略/洪军．青海民族研究．4．

凉山彝族婚改内容解析：兼论传统文化与现代国家的互动/张海洋　胡英姿．中央民族大学学报．4．

对凉山彝族婚姻文化变迁及行为调适的考察/马林英．西南民族学院学报．1．

西南民族地区的居住模式与婚姻、家庭的变迁/姜晓萍．西南民族学院学报．3．

彝族婚配与数学/阿牛木支．凉山大学学报．4．

主客位文化视野中的纳人走访制/章立明．中南民族学院学报．4．

论苗族婚习同婚姻法的差异与调适/姚金泉．贵州民族研究．1．

试论湘西苗族婚恋自由的相对性/姚金泉．西北第二民族学院学报．4．

鼓楼与侗族古代婚姻/舒青．怀化师专学报．4．

从侗族《金汉烈美》看侗族婚俗矛盾/廖开顺．贵州民族学院学报．1．

族际联姻：壮族婚姻文化变迁的因与果——亲历一个壮族婚礼的感悟/李富强．广西民族研究．2．

试论族权对壮族传统婚姻制度的影响/覃成号．广西右江民族师专学报．3．

茶山瑶传统节制生育民俗刍议/覃洁贞．社科与经济信息．6．

撩人心扉的花瑶婚俗/老后．民族论坛．6．

土家族婚姻习俗的嬗变/彭林绪．湖北民族学院学报．2．

周城婚嫁仪式的田野调查/徐良梅．湖北民族学院学报．1．

浅论姓氏研究的意义/杨圣敏．中央民族大学学报．2．

村落空间和家庭构成/［日］福田アシタタオ著　张合荣译．贵州民族研究．4．

试析回族的亲属制度/肖芒．云南社会科学．2．

回族人生礼仪/石春惠　石惠镜．丝绸之路．9．

北京牛街回民的家庭变迁/良警宇．中国少数民族人口．1．

浅谈土族民俗中的生育文化/张秀花．青海民族研究．4．

维吾尔族人名闰色成分分析/陈瑜．喀什师范学院学报．4．

试论维吾尔族亲属称谓的特点/孙岿．喀什师范学院学报．3．

农村维吾尔族家庭生育选择成因试析——库车县牙哈乡调查/王海霞．人口与经济．3．

哈萨克族人名的构成特点/黄中祥．西北民族研究．2．

试论哈萨克族的“还子”制度/李晓霞．新疆社会科学．2．

真曲河谷一妻多夫家庭组织探微/坚赞才旦．西藏研究．3．

真曲河谷亲属称谓制探微/坚赞才旦．西藏研究．4．
藏族的人名和称呼方式/芝珠著　计美译．西藏民俗．2．
拉萨市藏汉家庭行为比较/王生彦．西藏民俗．4．
云南少数民族家庭的嬗变/肖芒．中央民族大学学报．5．
傣族人因何有名无姓/李建国．民族与宗教．3．
阿佤山佤族中的汉族姓氏探源/赵富荣．中央民族大学学报．5．
汉苗亲属称谓文化特征之比较/贺又宁．贵州民族研究．2．
土家族家庭与家族习俗的变迁/彭林绪．土家学刊．1．
关于崖葬的几点思考/余丰．中南民族学院学报．4．
试论丧服习俗的起源/丁鼎．思想战线．4．
清时满族葬俗浅论/汤夺先．青海社会科学．2．
论元代蒙古族丧葬习俗/额尔德木图．内蒙古民族大学学报．1．
藏族天葬和断身仪轨源流考/汤惠生．中国藏学．1．
藏民族的丧葬习俗/索朗仁称．中国西部．3．
彝族传统思想文化中的死亡观/普同金．中南民族学院学报．3．
道教“壶天”、“洞天”与彝族丧俗/普珍．湖北民族学院学报．2．
试论广东壮汉民族拣骨重葬所隐含的宜/忌与投资功利理念/［日］川口敦司　杨国栋．广西民族研究．1．
广西瑶族丧葬中的文化学探源/王熙远．学术论坛．6．
一份关于土家族丧葬习俗的田野调查/罗鹏．湖北民族学院学报．2．
土家人的诙谐：跳“撒尔嗬”——对土家族丧仪之狂欢性的解读/余霞．湖北民族学院学报．4．
土家“跳丧”文化本源探微/白晓萍．三峡大学学报．4．
台湾少数民族的丧葬民俗文化/陈伟明．贵州民族研究．3．
蛇王节·闽越文化·稻作习俗：浅谈闽北樟湖的蛇王节/何彬．思想战线．3．
“花儿”中的岁时节令习俗/刘凯．青海民族学院学报．1．
独具特色的回族传统节日/马振林．丝绸之路．12．
回族节日文化解读/马桂花．青海民族研究．3．
藏族节日文化探识/青措．西藏民俗．2．
藏族的赛马节与赛马文化/杜莉梅　马汉钦．西藏民俗．3．

青海同仁县藏族六月歌舞节历史内涵初探/张江华．中南民族学院学报．1．

宗教·男女·生殖·抒泄：南方民族节日缘起演变的历史人类学解释/杨鹓．贵州民族学院学报．1．

南方少数民族节俗与傩/刘凝芳．中南民族学院学报．4．

论彝族节日文化/余立樑．楚雄师专学报．4．

经济转型期的云南少数民族节日符号/马翀炜．云南民族学院学报．2．

哈尼族的“祭龙”节/贾溪涛．民族艺术研究．3．

论毛南族的节日文化与毛南族的现代化/张茂梅．广西师范大学学报．2．

民间故事对禁忌习俗的攻击及其中心话语/万建中．思想战线．4．

回族禁忌的社会功能探析/马红艳．青海民族研究．2．

汉维语言数字禁忌文化差异/闰丽萍．新疆师范大学学报．4．

西南民族地区赶山鞭型传说中禁忌母题的文化诠解/万建中．中央民族大学学报．2．

瑶族传统禁忌习俗的文化诠释/覃洁贞．贵州民族学院学报．3．

熔铸民族性：土家族饮食禁忌的人类学考察/孙正国．广西民族学院学报．6．

土家族传统禁忌的文化寻绎/游俊．广西民族学院学报．1．

土家族禁忌文化研究/游俊．吉首大学学报．1．

人生礼仪与习俗化探源/张昀．新疆大学学报．3．

漫谈中国穆斯林的商贸礼俗/胡蓉．中国穆斯林．4．

彝族铜鼓礼俗与稻作文化/杨甫旺．楚雄师专学报．4．

论纳西族东巴和彝族毕摩的仪礼传统——以送葬仪礼为中心/［日］丸山宏著　张泽洪译．西藏民族学院学报．4．

纳西族的成人礼/赵心愚．中国民族．11．

祭祀传统与民族凝聚力/李家欣．贵州文史丛刊．3．

论宗庙祭祀及其文化特征/余和祥．中南民族学院学报．5．

敦煌“祭祀”考/段小强．西北民族学院学报．1．

满族的民间祭祀管窥/刘明新．中央民族大学学报．4．

满族家族祭祀活动的文化透视/张文彬　陆德华．北方民族．4．

苏尼特右旗的一次敖包祭祀/A L POLLARO－URQUHART 著　刘迪南

译　陈岗龙校译．西北民族研究．2．

彝族撒尼人祭“密枝”的原始功利目的探源：对祭祀辞和仪式的诠释/昂自明．云南民族学院学报．3．

阴阳五行在中国彝族农业神祭祀与日本农业神祭祀中之异同/傅光宇．思想战线．2．

冲绳神女组织探源：冲绳神女与云南少数民族祭司的比较/李子贤．思想战线．2．

中国大理白族与日本的农耕稻作祭祀比较/杨国才．云南民族学院学报．1．

大理白族稻作祭仪及其变迁/金少萍．中南民族学院学报．3．

纳西族东巴大祭风的心理功能/杨知勇．广西民族学院学报．3．

大小凉山彝族杀年猪的祭祖仪式及象征意义/昂自明．思想战线．4．

苗族稻作与祭仪初探/李云峰　杨甫旺．贵州民族研究．1．

锁住婴幼儿的灵魂：苗族祭祀用牛披风的构图程式与宗教理念解读/游俊．中南民族学院学报．2．

南方稻作民族的农耕祭祀链及其演化/黄泽　洪颖．思想战线．1．

苗瑶民族的“祭鬼”与古代汉族的血祭比较研究/刘付靖．贵州民族研究．3．

图腾起源新论/赵野春．西南民族学院学报．9．

“古姓来源于图腾”辩证/张淑一．贵州民族研究．3．

“女书”字符中的崇鸟意识与古越人鸟图腾的关系/谢志民．中南民族学院学报．6．

近代哈萨克族图腾文化研究/木拉提·海那亚提．西北民族研究．2．

珞巴族的图腾崇拜/冀文正．民族．7．

傈僳族的图腾与姓氏/杨杰　贺丽芬．云南民族学院学报．4．

盘古原型与苗族犀牛图腾/吴晓东．中南民族学院学报．4．

水族鱼图腾析/潘朝霖．广西民族研究．3．

蛙图腾崇拜与壮族审美意识/欧宗户．广西社会科学．4．

高山族排湾人的蛇图腾文化/刘军．中央民族大学学报．6．

女真人生殖崇拜文化习俗探微/李秀莲．黑龙江农垦师专学报．1．

蒙古族风俗中的羊崇拜现象初探/满珂．中南民族学院学报．3．

论蒙古族的拇指崇拜/胡格吉夫．中央民族大学学报．6.

绿色文明背景下的树崇拜考释：维吾尔木文化解读/艾娣雅·买买提．广西民族学院学报．3.

对锡伯族原始崇拜的研究/那启明．满族研究．4.

南方少数民族竹崇拜的起源及特征/王平．湖北民族学院学报．4.

古代藏族关于自然崇拜的概念及其功能/南文渊．青海民族研究．2.

西部藏文化中女性崇拜因素和遗存/刘志群．西藏民俗．1.

彝族谷种神话与母体崇拜/朱元富．楚雄师专学报．2.

彝族自然崇拜与稻作祭仪/李清．楚雄师专学报．2.

剑川石钟山石窟与白族本主崇拜新探/张文．大理文化．4.

佛教与白族本主崇拜神系/郑筱筠．学术探索．3.

试论纳西族白石崇拜/周源．云南师范大学学报．3.

试论苗族祖先崇拜的“非异己性”特征/吴曙光．贵州民族研究．2.

壮族水崇拜与生殖崇拜/廖明君．民族文学研究．2.

土家族女神崇拜探微/马天芳　徐晓军．中南民族学院学报．4.

巴土家族神崇拜的演变与历史文化的变迁/向柏松．中南民族学院学报．6.

从民族志材料看巫的起源与发展/白兴发．青海民族学院学报．2.

苗疆巫蛊蠡探/吕养正．吉首大学学报．3.

湘西苗族巫蛊信仰生成之剖析/陆群　谭必友．怀化师专学报．3.

壮族师公及其经典研究/黄世杰．社科与经济信息．2.

青海蒙古族信仰文化述略/额谷岚．青海民族研究．4.

弥勒信仰在新疆的传布/季羡林．文史哲．1.

从关帝庙到格萨尔拉康——信仰对象转换的个案考察/张虎生　安玉琴．西藏研究．1.

（白马）藏族信仰习俗现状调查研究/杨冬燕．西北民族研究．3.

纳入信仰民俗的红、白、黄/仇保燕．西藏民俗．1.

云南少数民族社区医学信仰中的二元性分析/张实．云南师范大学学报．3.

试从认识角度谈苗族信仰的内在生命力/陆群．贵州民族学院学报．1.

试论湘西苗族信仰的宗族意识特征/陆群．湖北民族学院学报．1.

壮族的女神信仰文化/曾杰丽　韦宗协．广西右江民族师专学报．4．

土家族梯玛信仰研究——以拉西峒村为个案/陈心林．中南民族学院学报．5．

梯玛的传承——拉西峒村调查札记/陈心林．湖北民族学院学报．1．

论土家族的祖灵信仰观/瞿州莲．贵州民族研究．1．

试论以巫啸、符法为中心的岭南民间信仰/刘晓明．世界宗教研究．3．

民族宗教

周恩来关于宗教问题和宗教工作的理论思想和实践/陈辅逵　黄立华．北方民族．2．

中国共产党处理民族宗教问题的历史回顾——纪念中国共产党成立80周年/汪春燕．中央民族大学学报．5．

浅析解放战争时期中国共产党的宗教政策/李加才旦．青海民族研究．3．

建国初期中国共产党的宗教政策略论/陈金龙．民族研究．2．

党在处理民族宗教问题上的历史经验/缪慈潮．中共福建省委党校学报．10．

正确处理社会主义初级阶段民族宗教问题，维护民族地区社会稳定/赵黎平．公安大学学报．1．

正确处理民族宗教问题，全力维护民族地区稳定/蔚振忠．公安大学学报．1．

对做好新时期民族宗教工作的几点思考/陈广文　刘敬民　翟鸿祥等．前线．1．

新时期全面贯彻党的宗教信仰自由政策的几个问题/程宗璋．新疆社会科学．2．

论新时期党对马克思主义宗教理论的深化与发展/罡正　章倩．北方民族．4．

试论社会主义初级阶段我国宗教的基本特点和宗教工作的基本原则/周进　王昭华．北方民族．4．

坚持两点论　积极引导宗教与社会主义社会相适应/王德才．北方民族．

3.

论西部大开发与我国的民族宗教问题/龚学增．宁夏社会科学．1.

对西部大开发中民族与宗教工作的思考/刘德龙．宁夏大学学报．5.

西部大开发要处理好民族宗教问题/龚学增．理论前沿．12.

中国西部大开发国际环境中的民族宗教因素思考/余建华．欧亚观察．3.

西部大开发中要重视做好民族宗教工作/官却．民族经济与社会发展．9.

党的建设与民族宗教工作/张永庆．宁夏社会科学．3.

经济全球化与东西方宗教/黄心川．世界宗教研究．4.

浅谈少数民族宗教信仰法律制度建设问题/马继军．青海民族研究．1.

汉藏教理院史略/罗同兵．法音．8.

壮、汉两族宗教意识的构成与发展比较/黄伦生．中央民族大学学报．5.

西部民族青年信教问题/戚甫娟．北京青年政治学院学报．4.

宗教文化与青海地区信教群众的社会生活/马文慧．青海民族学院学报．1.

《土族格赛尔》中宗教信仰的多元整合/马东平．青海社会科学．5.

五大宗教在甘肃的传播与发展/妥进荣　李忱．甘肃民族研究．1.

党的民族宗教政策在保安族地区的贯彻落实/张世海．甘肃民族研究．2.

藏汉民族对土族宗教信仰的影响/张宏莉．青海民族研究．3.

关于正确认识和处理新形势下新疆宗教问题的调查报告/刘仲康执笔．马克思主义与现实．2.

中国共产党处理宗教问题的基本理论及其在新疆的实践/李建生．新疆师范大学学报．3.

党的宗教政策在新疆的成功实践/陈献珩．理论视野．5.

蒙元时期新疆“维吾尔人”与宗教/阿巴拜克·阿不来提．喀什师范学院学报．3.

近代西方内地会传教士在新疆的活动/木拉提·黑尼亚提．西域研究．4.

新疆维吾尔族宗教变迁与其生活价值取向关系初探/秦裕华．新疆大学学报．4.

云南旅游业与民族宗教工作/卓新平．世界宗教研究．4.

传统社会中的宗教结构——日本与云南哈尼族宗教的比较/［日］菅原寿清著　张正军译．楚雄师专学报．4.

古代亚欧大陆北部游牧民的宗教信仰/杜平．内蒙古民族大学学报．1.

壮、汉两族宗教意识的构成与发展比较/黄伦生．中央民族大学学报．5.

浅析回族宗教学者刘智“神人合一”的认识论/梁向明．西北民族研究．2.

现存满文圣经稿本介绍/［韩］金东昭　金贞爱．满族研究．3.

《清真释疑·金天柱自序》解读/海正忠．中国穆斯林．5.

《南诏图传》文字卷考释——南诏国宗教史上的几个问题/温玉成．世界宗教研究．1.

回鹘宗教研究百年回顾/杨富学．敦煌研究．2.

萨满教研究评述/赵志忠．满族研究．3.

《禹贡》回族伊斯兰教研究述略/李习文　张玉海．回族研究．2.

《禹贡半月刊》回族伊斯兰研究之特点/李习文　张玉海．青海民族研究．2.

2000**年我国的伊斯兰教研究**/黄夏年．中国穆斯林．6.

1949**年以前藏传佛教研究的回顾**/王启龙　邓小咏．法音．8.

近现代中国西南少数民族宗教研究述论/张泽洪．宗教学研究．2.

2001**年国际萨满文化学术研讨会综述**/郭淑云．北方民族．3.

萨满文化研究中心在中国社会科学院成立/苑利．中国藏学．2.

“西夏佛教在藏汉佛教交流中的地位与作用”学术讨论会综述/中国藏学．1.

揭开原始文化神秘的面纱——评富育光民族学力作《萨满论》/汪玢玲．社会科学战线．4.

富育光先生与《萨满论》——《萨满论》评析/波·少布．黑龙江民族丛刊．2.

《西域古代伊斯兰教综论》评介/杨圣敏．新疆社会科学．2.

双联璧——读《考证回教历史》/张承志．回族研究．1.

关于撰写《中国伊斯兰教派与门宦制度史略》一书的目的与意义/马通．甘肃民族研究．3.

南京回族社会历史的长卷——读《南京回族伊斯兰教史稿》/杨怀中．回族研究．2.

区域宗教文化研究的重要成果——评王路平先生新著《贵州佛教史》/张

新民．贵州民族研究．3．

对锡伯族原始宗教的研究/那启明　刘海峰．西北民族研究．1．

藏族信仰结构中的原始宗教遗迹及其根源/桑才让．青海民族学院学报．1．

原始本教中的骨占卜与仪轨/仁青旺杰．中国西藏．2．

苯教塞康文化再探/才让太．中国藏学．3．

浅谈雍仲苯教九次第乘/诺日才让．青海民族研究．2．

历史变革中的白族本主宗教信仰/夏绍先．云南师范大学学报．2．

本主庙：白族文化的博物馆/杨国才　孙雅丽．中央民族大学学报．4．

傣族原始宗教研究的新视点——金沙江河谷傣族的稻作与祭祀/刘祖鑫　杨甫旺．楚雄师专学报．2．

试析拉祜族原始宗教与伦理道德的关系/姜颖．思想战线．5．

从《神路图》看藏文化对纳西族东巴教的影响/杨福泉．云南社会科学．5．

川苗原始宗教述论/郎维伟．宗教学研究．1．

赫章苗族原始宗教论/刘代霞．贵州文史丛刊．4．

壮族民间师公教仪式中所用之器物及其变化/杨树喆．广西师院学报．3．

壮族民间师公教：巫傩道释儒的交融与整合/杨树喆．中央民族大学学报．4．

萨满教的观念世界及其演变/吉日嘎拉．内蒙古大学学报．3．

萨满教灵魂观及其哲学思想/郭淑云．云南社会科学．3．

父系氏族公社的萨满教/孟慧英．青海民族学院学报．1．

畜牧经济与萨满教/孟慧英．内蒙古社会科学．1．

萨满教神秘数字的符号人类学解读/色音．内蒙古社会科学．1．

萨满教与北方少数民族占卜习俗/色音．西域研究．2．

萨满教与北方少数民族的人生仪礼/色音．青海民族研究．2．

萨满教与北方少数民族节日文化述略/色音．青海民族学院学报．4．

论复合形态的萨满教/色音．世界宗教研究．3．

萨满的社会作用/［匈］霍帕尔（M. Hoppal）著　孟慧英译．满语研究．1．

萨满面具的功能与特征/郭淑云．民族研究．6．

萨满教是北方民族古神话的重要载体/裴立扬．黑龙江民族丛刊．4.

在其他宗教影响下的萨满教命运/孟慧英．满族研究．1.

中国史前考古发现的萨满遗迹/宋兆麟．黑龙江民族丛刊．1.

中国通古斯语族民族的萨满教特点/孟慧英．满语研究．1.

萨满教的文化遗存——满族的祭祖风俗/杜殿．中国国家地理．2.

吉林满族萨满祭祀考察调研报告/郭孟秀．满语研究．2.

萨满教与赫哲族史诗依玛堪/于晓飞．当代宗教研究．3.

论鄂温克族萨满神话与传说/汪立珍．黑龙江民族丛刊．1.

皇太极与萨满教/周喜峰．历史教学．1.

阿穆尔河下游阿伊努血统的乌尔齐人的萨满皮腰带/寿田正本著　焦芳梅　于学斌译．北方文物．4.

今日大厂回族经济发展与伊斯兰教的良性互动关系/杨桂萍．回族研究．2.

当前中国伊斯兰教与社会主义相适应问题探析/冯怀信．西北民族研究．2.

关于引导新疆伊斯兰教与社会主义相适应的问题/李建生．新疆社会科学．1.

人的现代化——中国穆斯林在西部大开发中的重要选择/米寿江．回族研究．4.

全球化时代的中国伊斯兰文化资源/华涛．回族研究．1.

西部大开发与穆斯林文化资源的保护和利用/刘伟．中国穆斯林．6.

一神教起源初探——以伊斯兰教为线索的综合分析/马强．青海社会科学．2.

正确认识伊斯兰教复兴运动及对我国穆斯林民族的影响/敏贤良．回族研究．1.

穆斯林生理卫生与心理卫生观念初探/马明良．回族研究．3.

略论伊斯兰教的求知观/毛智民．甘肃民族研究．4.

萧德珍与西安伊赫瓦尼教派/马斌．西北民族研究．1.

瓦哈比运动与中国的伊赫瓦尼和赛莱菲耶——兼议国外伊斯兰思潮对中国教派形成的影响/马强．西北第二民族学院学报．3.

试论苏非主义与经堂教育的关系及其流变/丁克家　余荨．西北民族研究．3．

伊斯兰教在唐代活动述略——兼议伊斯兰教在中国早期文化传播的性质/李林．回族研究．4．

略述两宋时期伊斯兰教在西北的传播与发展/韩毅．青海民族研究．1．

元初伊斯兰教在中国北方和西北的传播/邱树森．回族研究．1．

元代伊斯兰教与基督教之争/邱树森．回族研究．3．

明清时期云南地区清真寺的历史考察——兼论伊斯兰教文化的本色化/王建平．回族研究．1．

清代维吾尔族中的伊斯兰教/陈国光．新疆社会科学．2－3．

边缘：一个文化共同体的社会位居——清代社会结构中的民间回教/何清．苏州铁道师范学院学报．4．

内蒙古阿拉善左旗信仰伊斯兰教的蒙古族穆斯林/王玉霞．回族研究．2．

伊斯兰教在西北苏非社区复兴说质疑——对宁夏纳家户村的再认识/马海云　周传斌．民族研究．5．

回族伊斯兰教爱国主义思想的历史探索/束锡红．西北第二民族学院学报．3．

伊斯兰教法对回族道德观和习惯法的影响/马志俊．宁夏大学学报．1．

伊斯兰教的“五功”与回族妇女健康/肖芒．云南民族学院学报．3．

回族穆斯林的“死亡关怀”及其积极意义/买丽苹．回族研究．1．

东干人与伊斯兰教/丁宏．世界宗教研究．1．

论伊斯兰教在新疆兴起的社会根源/赵荣织．西域研究．3．

建国以前的东南伊斯兰教/黄永锋．福建宗教．3．

浅说北京的伊斯兰教/彭年．回族研究．2．

历史上汉族学人对伊斯兰教认识之演变/马强．青海民族学院学报．2．

泉州津头埔新发现伊斯兰教石刻考述/林德民．海交史研究．2．

广州伊斯兰古迹二题/马明达．西北民族研究．2．

关于散杂居地区清真寺的调查与思考/王树理．中国穆斯林．2．

对南宁市清真寺的调查/马冬梅　梁勇．中国穆斯林．5．

泉州回民与清净寺建筑/卢美松．福建史志．2．

汉江流域的一颗明珠——蜀河清真寺/马加玉．中国穆斯林．5．

清真古寺焕新颜——漫谈泊头清真大寺/张文远等．中国穆斯林．6．

清真寺与道观寺庙的位置选择/马海滨．回族研究．3.

试论我国的回族伊斯兰教建筑/苏和平．西北民族学院学报．3.

西藏寺庙经济的历史、现状及对策——关于藏传佛教与社会主义相适应的思考/吴云岑．西藏民族学院学报．2.

试论藏传佛教与社会主义社会相适应/周毓华．西藏民族学院学报．3.

积极引导藏传佛教与社会主义社会相适应的依据/陈富．西部发展论坛．4.

藏传佛教“六字真言”/索南才让．西藏民俗．4.

印度中观思想与藏传佛教的判教观/欧东明．南亚研究季刊．2.

藏传佛教业印母及其生活/德吉卓嘎．西藏研究．4.

试论噶当派的兴起原因及历史影响/格列丹增．民族研究．2.

即心即佛　乐空双运——噶举派佛教思想述论/瞿存明．青海社会科学．5.

藏传佛教噶举派“那若六法”浅析/牛宏．青海民族研究．3.

简论汉传禅宗与藏传宁玛派之关系/吴立民．法音．10.

宁玛派的民间信仰/蒲文成．中国藏学．3.

藏传佛教觉朗派的独特教义“他空见”考/班班多杰．哲学研究．9.

藏传佛教觉囊派的哲学思想/乔根锁．西藏民族学院学报．4.

简论觉囊派的佛教思想/翟存明．青海民族学院学报．1.

格鲁派在青海蒙古民族中早期传播及其作用/韩官却加．青海民族研究．1.

交河塔林与密教东渐/栾睿．敦煌研究．1.

藏传佛教密宗神像赏析/们发延．佛教文化．4－5.

藏传佛教与中国传统文化的关系/李清凌．中国藏学．3.

宗教世俗化与藏传佛教/尕藏加．青海社会科学．3.

论藏区宗教的社会价值/陈昌文．西藏研究．2.

论藏传佛教的价值取向及藏人观念之现代转换/班班多杰．世界宗教研究．2.

藏族佛教生命观刍议/桑杰端智．青海民族研究．1.

藏传佛教生态保护思想与实践/桑杰端智．青海社会科学．1.

论历辈班禅在藏传佛教格鲁派发展史上的领袖地位与作用/卢秀璋．上海社会科学院学术季刊．3．

简述策墨林活佛系统的传承与发展/嘉古·桑杰．西藏民族学院学报．4．

拉卜楞寺高僧喜绕嘉措生平述略/扎扎．甘肃民族研究．1．

谈藏传佛教培养人才的模式/多识·洛桑图　丹琼排．法音．10．

西夏佛教新探/史金波．宁夏社会科学．5．

吐谷浑佛教论考/姚崇新．敦煌研究．1．

回鹘佛教归属未定典籍/牛汝极．语言与翻译．4．

元代回鹘藏传佛教文献研究概论/杨建新　王红梅．兰州大学学报．1．

藏传佛教在元代政治中的作用和影响/王启龙．西藏研究．4．

明清时期河湟洮岷地区家族性藏传佛教寺院/杜常顺．青海社会科学．1．

明清时期青海藏传佛教寺院商品货币经济新成份的发展/李峰．中国藏学．1．

昌都清代的四大呼图克图/土呷．中国藏学．4．

拉卜楞寺“四大赛赤”与清朝中央政府的关系探析/华锐·东智．甘肃民族研究．3．

长尾雅人、西藏佛教和蒙古学问寺/高山杉．读书．12．

蒙古佛教历史概要/［蒙］Sh．比拉著　斯林格译．蒙古学信息．1．

新疆蒙古族藏传佛教节日/才吾加甫．中国藏学．1．

藏传佛教在甘肃的传播与发展/嘉古·桑杰．甘肃民族研究．4．

藏传佛教与青海藏区社会稳定问题研究/蒲文成　参看加．青海民族学院学报．2．

论四川嘉绒藏区铠甲舞的藏传佛教文化前景/杨曦帆．西藏研究．3．

云南佛教文化的多民族性/课题组．思想战线．4．

略论丽江木氏土司与噶玛噶举派的关系/赵心愚．思想战线．6．

布朗族佛教初论/王国祥．云南文史丛刊．2．

简述藏传佛教在土族地区的发展历史/翟存明．西藏研究．2．

西藏佛教五十年的发展特点及其存在的问题/许德存．西藏研究．2．

浅析西藏寺院经济产生与发展的动因/宋秀芳．西藏民族学院学报．2．

拉卜楞寺六大学院修习体制源考/华锐·东智．西藏民族学院学报．3．

哲蚌寺——西藏佛教格鲁派六大寺院的首寺/杨辉麟．西藏民俗．3．

康宁寺经济活动调查/杨健吾．中国藏学．4．

瞿昙寺历史及其建筑艺术/苏得措．青海民族研究．2.

玉树结古寺概述/桑丁才仁．中国藏学．4.

藏传佛塔的形制及其特点/王宏利．五台山研究．3.

北京地区的藏传佛塔/张驭寰．紫禁城．3.

话说《大藏经》/白建新．佛教文化．4－5.

乾隆版满文《大藏经》刊刻述略/翁连溪．故宫博物院院刊．6.

对清代基督教在台湾原住民中传播的原因探析/翁伟志．喀什师范学院学报．1.

近代基督教传入对云南部分信教少数民族的文化影响/张晓琼．民族教育研究．3.

论客家族群与近代基督教的互动关系/王芳恒．广西民族研究．4.

摩尼教入回鹘考/王艳明．甘肃民族研究．1.

唐代长安一个粟特家庭的景教信仰/葛承雍．历史研究．3.

劝丰佑时期阿吒力教在洱海区域的传播/张云霞．大理文化．5.

达巴教/宋九麟．东南文化．2.

民族历史

历史人类学简论/蓝达居．广西民族学院学报．1.

走进历史田野：历史人类学散论/徐杰舜．广西民族学院学报．1.

资料堆中的田野工作：历史人类学的方法与资料来源/［美］卡罗林·布莱特尔．广西民族研究．3.

对中国民族史研究的一些思索/徐亦亭．中南民族学院学报．1.

艰难的抉择与融合——浅论“华夷之辨”观念对中华民族史的负面影响/刘锋寿．文史哲．1.

一个重大问题：正确阐明历史研究中的民族关系/包苞．西北民族研究．1.

关于《五千年还是一万年》的一些疑问/谷苞．西域研究．2.

求实创新，与时俱进，推动民族史研究深入发展/罗贤佑．民族研究．6.

我国统一多民族国家的形成和发展/孙进己．史学集刊．3.

历史上发展统一多民族国家关系的“德治”理论与实践/贺金瑞　苏日娜．中南民族学院学报．5．

上下两千年，各族功难掩/格日勒图　朱成德．内蒙古大学学报．3．

中国古代少数民族朝贡初探/黄木　吴克娅．青海民族研究．4．

贡貂制度与清代东北治策/李凤飞．求是学刊．5．

“丝绸之路”溯源/袁建平　刘夏蓓编译．社科纵横．2．

冲突与互动：论中国古代国家制定法与民族习惯法之关系/杨华双．西南民族学院学报．4．

古代北方民族妇女社会地位、作用的历史考察/王宏刚．黑龙江民族丛刊．4．

论古代东北地区的民俗文化/鞠烨．社会科学战线．6．

近代西北少数民族土地所有制结构的发展趋势/司俊．甘肃社会科学．5．

历史上南方民族区域行政管理制度演变的深层文化分析/魏爱棠．中南民族学院学报．1．

与中国少数民族命运相系的 1848—1949［**中国少数民族革命史**］/郑茜．中国民族．8．

中国少数民族革命运动与中国共产党/罗开云　马云．云南民族学院学报．4．

近代中国少数民族的反洋教斗争/段云学．云南民族学院学报．4．

抗日战争时期沿海内地文化事业向西部民族地区的迁移及其影响/方素梅．广西民族研究．1．

21**世纪近代民族关系史研究视点**/彭武麟．中央民族大学学报．5．

西南地区的土司制度及清代早期对其进行改革的原因/［美］约翰E·赫尔曼著　田明新译．贵州民族研究．1．

论鄂尔泰改土归流的原则和策略——兼对“江外宜土不宜流，江内宜流不宜土”说质疑/刘本军．思想战线．2．

论四川改土归流及其对民族地区开发的意义/李殿元．天府新论．4．

改土归流：明代云南治所城镇发展历程的重要转折/陈庆江．思想战线．1．

改土归流后的昭通屯垦/周琼．民族研究．6．

从血的改革到绿的发展——高其倬与昭通屯垦/周琼．贵州民族研究．3．

播州土司与水西土司关系之研究/王兴骥．贵州社会科学．6.
唐崖覃氏源流考/王平．贵州民族研究．3.
从土司后裔卖地看土司制度的衰亡/陈嘉宗．广西地方志．3.
让中国边疆学具有更强的时代感/步平．中国边疆史地研究．1.
边疆史地研究与民族问题/郝时远．中国边疆史地研究．1.
应重视研究古代治理与开发边疆问题/方铁．中国边疆史地研究．1.
亟待加强东北边疆史的研究/刘厚生．中国边疆史地研究．1.
面向21世纪的中国西北边疆史地研究/王希隆．中国边疆史地研究．1.
南宋与金的边疆经略/林荣贵．中国边疆史地研究．2.
正统的解构与法统的重建：对清代边疆民族问题研究的理性思考/张世明 龚胜泉．中国边疆史地研究．4.
辛亥革命前后中国的边疆危机/吴福环 苗健．新疆大学学报．4.
东北边疆和朝鲜半岛古代国族研究/李德山．中国边疆史地研究．4.
历代王朝北疆经略与与北疆各族关系研究（1989—1998）/龙木 林荣贵．中国边疆史地研究．3.
徐树铮与外蒙古撤治及其影响/刘兰昌．中国边疆史地研究．4.
试论中国传统民族观的历史演变/赵建利．中国农业大学学报．3.
孔子的民族观与汉族的发展/罗世烈．四川大学学报．1.
司马迁之民族观及其根源与价值/王永．宁夏大学学报．2.
论唐朝的民族观念/李鸿宾．内蒙古社会科学．5.
论唐代服饰及夷夏观的演变/孙鸿亮．唐都学刊．17.
辽朝夷夏观的演变/郭康松．中国史研究．2.
元代民族史观的时代特点/李珍．云南民族学院学报．4.
《太平经》的“夷狄”论/张桥贵．云南民族学院学报．3.
论丘浚的民族思想/郑朝波．海南大学学报．4.
论何休的民族思想及其特色/黄朴民．广西民族学院学报．1.
晚清民族主义思潮与近代中国的民族认同/申剑敏．6.
中国近代民族主义之史的考察——从民族意识到民族主义/徐立望．求索．5.
近代中国民族主义的类型、格局及主导价值/俞祖华．齐鲁学刊．2.
辛亥革命和中国近代民族主义/金冲及．近代史研究．5.

孙中山与章太炎民族主义思想之比较——以辛亥革命时期为例/黄顺力．厦门大学学报．3．

邓演达的民族自决思想/殷丽萍．广东教育学院学报．1．

论戴季陶的民族主义/黎洁华．中山大学学报．1．

秦汉政权和匈奴的关系/黄云．华东理工大学学报．1．

秦汉以后国家政权在汉越互动中的作用/魏爱棠．广西右江民族师专学报．2．

从国史之狱看北魏时期民族融合中的文化冲突/高照明．扬州大学学报．3．

唐代的民族交融与政治发展/李鸿宾．中央民族大学学报．4．

唐灭高句丽善后政策之失误及影响/刘炬．东北亚研究．2．

关于唐与突厥在渭水便桥议和罢兵的问题——读《执失善光墓志铭》/牛致功．中国史研究．3．

唐伐西夏与稷放丹朱/韩建业．北京大学学报．4．

唐太宗经营河西走廊略述——兼谈唐初关于内地与边疆关系的争论/张雄．中南民族学院学报．6．

论唐朝统治者的治边思想及对西南边疆的治策/方铁．云南民族学院学报．2．

论唐宪宗元和年间唐朝与吐蕃的关系/李天石．西藏研究．2．

唐代吐蕃的民族统治与民族融合/刘建丽．甘肃社会科学．3．

炳灵寺石窟的唐蕃关系史料/魏文斌　吴荭．敦煌研究．1．

试论安史乱军的民族构成及其民族关系/崔明德．中国边疆史地研究．3．

吐蕃、回鹘、葛逻禄的多边关系考述——关于唐安史乱后的西域角逐/薛宗正．西域研究．3．

五代十国政权与西南少数民族的关系/刘复生．四川大学学报．2．

藏传佛教与宋夏金时期西北的民族关系/李清凌．西北民族学院学报．2．

宋辽“澶渊之盟”：古代少数民族与汉族长期和好的范例/田相林．平原大学学报．2．

关于宋金关系的几个问题/赵永春．黑龙江民族丛刊．1．

论辽与高丽的关系及辽的东部边疆政策/武玉环．复旦学报．4．

论金代女真族文化对汉族的影响/宋馥香．西南师范大学学报．5．

试论西夏梁太后之族属问题——兼论西夏境内的“蕃化”汉人/李辉．西北第二民族学院学报．3.

论蒙元时期蒙汉种族融合/王三北．甘肃社会科学．2.

蒙元时期蒙畏民族关系发展及其影响/王三北．西北民族学院学报．2.

元明以来隆务河流域的民族融合与文化共享/索端智．青海民族研究．3.

明末清军对索伦部的征讨与鄂温克人的变迁/吴守贵．黑龙江民族丛刊．2.

清代前期民族关系探述：以清政府与蒙、藏、新等民族地区的政治关系为中心/苏德．内蒙古师范大学学报．2.

严禁——驱逐——接纳——清廷对越境朝民政策的演变/赵兴元　都首锋．北方民族．2.

阿拉善蒙古与清廷联姻述评/杜家骥．民族研究．5.

青海厄鲁特蒙古与清朝之早期关系述略/汤代佳．青海民族研究．3.

试论同治年间甘肃回民起义前后的回汉民族关系/杨永福　杨红伟．兰州教育学院学报．1.

清代中央政府对藏政策述略/李养第．青海民族研究．2.

从康乾民族政策看西部开发/李世宇．贵州大学学报．4.

近代绥远地区的民教冲突/牛敬忠．内蒙古大学学报．4.

民国时期国民党边疆政策述评/郑永明．档案史料与研究．1.

试论抗战前十年国民政府对内蒙古的政策定位/闫天灵．中国边疆史地研究．1.

浅析日据时期台湾的民族政策/黄跃荣．福建文史．2.

越楚关系述略/方如金　熊锡洪．广西民族学院学报．5.

试论巴、越关系/徐南洲．重庆师院学报．3.

东北亚民族关系与历史研究中的几个重要问题/都永浩　雨烺　文兴．黑龙江民族丛刊．4.

海西女真与朝鲜的关系/那炎　赵东升．满族研究．2.

满汉民族矛盾——《中国近代史》教学中不应忽视的问题/高强．西部论坛．3.

蒙古统治者对西藏僧侣的文告与诏书——13世纪藏蒙政治依附之结构与发展历史概述/［德］迪特尔·舒著　季洪玉译．蒙古学信息．4.

敦煌吐鲁番文献所见吐蕃回鹘之文化关系/杨富学．首都师范大学学报．1.

从服饰图例试析吐蕃与粟特关系/杨清凡．西藏研究．3－4.

论南海王国古越人与闽粤赣边区客家先民的历史关系：兼论畲族与客家关系/刘美崧．中南民族学院学报．2.

论西周时期河南地区的民族与文化/杨东晨．河南大学学报．4.

春秋时期河洛地区少数民族研究/薛瑞泽　董红光．史学月刊．5.

先秦时期：民族行政制度文化特点探析/晓根．云南行政学院学报．1.

汉代以前新疆和中原地区的经济文化联系/陈慧生．西域研究．3.

论秦汉时期吉林地区的民族与文化/杨东晨．松辽学刊．1.

论秦汉时期黑龙江地区的民族与文化/杨东晨　杨建国．哈尔滨师专学报．6.

论秦汉时期内蒙古地区的民族和文化（上）/杨东晨　杨建国．阴山学刊．4.

论秦汉时期宁夏地区的民族与文化/杨东晨．宁夏大学学报．6.

先秦和秦汉时期西域的民族/郭琼．新疆地方志．2.

论秦汉时期广西地区的民族和文化/杨东晨．广西右江民族师专学报．2.

秦汉时期桂东北地区的交通开发与城市建设/李珍　蓝日勇．广西民族研究．4.

论秦汉时期江西地区的民族与文化/杨东晨．上饶师范学院学报．1.

论秦汉时期湖南地区的民族与文化——兼论长德与长沙在秦汉时期的重要地位/杨东晨　杨建国．求索．2.

秦汉中国北方游牧民族服装初探/赵斌．西北民族研究．4.

秦汉中国北方游牧民族服装形制及特点初探/赵斌．人文杂志．2.

秦汉时期北方游牧民族佩饰述论/赵斌．固原师专学报．1.

秦汉时期北方生态与民俗文化/陈业新．社会科学辑刊．1.

细君与解忧/李艳华　孔令远．湘潭大学社会科学学报．2.

汉代合浦郡与海上丝绸之路/梁旭达　邓兰．广西民族研究．3.

汉魏时期东北地区的民族设置与治理/程妮娜．北方文物．4.

晋代北方民族政权诸王辑略/龚荫．西南民族学院学报．3－4.

十六国时期的“单于”制度/韩狄．内蒙古大学学报．5.

两汉魏晋南北朝正史“西域传”所见西域诸国的制度和习惯法/余太山. 西北民族研究. 4.

两汉魏晋南北朝正史西域传所见西域诸国的宗教、神话传说和东西文化交流/余太山. 西北民族研究. 3.

论西域与中原文化交流/郎樱. 西域研究. 4.

西域拜火习俗的文化理解/阿合买提江·艾海提. 西域研究. 3.

两汉魏晋南北朝时期的于阗文化/仲高. 新疆师范大学学报. 2.

南北朝时期中原地区的生活胡风现象/刘锡涛. 新疆大学学报. 1.

北魏初年的汉化制度与天赐二年的倒退/何德章. 中国史研究. 2.

北魏以来均田令的演变与修订/张萍. 云南民族学院学报. 5.

试论西魏北周时期的赐、复胡姓/李文才. 民族研究. 3.

北朝佛教信仰与民族文化认同/袁志明. 青海民族研究. 3.

论北朝西部母权制遗风及其对唐代思想文化的影响/霍然. 西域研究. 4.

隋唐长安中亚人考索/韩香. 人文杂志. 3.

唐代入华“兴生胡”的社会权益评析/尚衍斌. 西域研究. 1.

唐代和亲公主的出身问题/周佳荣. 西安联合大学学报. 1.

唐代单于大都护府探讨/何天明. 北方文物. 2.

武则天与北庭都护府/王守青. 历史教学. 10

七世纪上半叶“前庭州地区”历史考述/张荣. 新疆大学学报. 3.

唐政权与朝鲜半岛的关系述论/都兴智. 史学集刊. 3.

也谈高昌歆氏之郡望——与王素先生商榷/施新荣. 西域研究. 3.

父子悲剧高昌王——论歆伯雅与歆文泰/薛宗正. 新疆师范大学学报. 2.

都官文书中的臧钱与高昌对外贸易中的几个问题/宋晓梅. 西域研究. 4.

论南诏的兴亡及其和唐、吐蕃的关系/宋蜀华. 云南民族学院学报. 5.

南诏十三代王概述/陈国珍. 大理文化. 6.

越析诏诏址和族属问题初探/赵应宝. 云南文史丛刊. 2.

佛教思想对大理国皇权制度的影响/赵向军. 大理文化. 4.

唐代的海南岛崖州建制沿革考/方鹏. 新东方. 1.

唐人“胡食”一瞥/薛成城 徐淑芝. 北方民族. 2.

五代十国政权与西南少数民族的关系/刘复生. 四川大学学报. 2.

唐宋“蕃坊”与“治外法权”/邱树森. 宁夏社会科学. 5.

汉唐龟兹人的内迁及其扩散/钱伯泉．西域研究．2.

唐宋之际龟兹地区的文化转型问题/刘迎胜．西北民族研究．2.

唐宋集群羁縻州之典型——雅属羁縻州/郭声波．中国史研究．3.

唐宋泸属东部羁縻州县研究/郭声波．贵州民族研究．2.

论文化传播的动因：以唐宋时期中原文化在云南的传播为例/夏绍先．思想战线．3.

曹玮与北宋西北边防整饬/汪天顺．西北民族研究．4.

北宋镇戎军知军系年/李之亮．西北第二民族学院学报．1.

宋朝经营广西地区述论/方铁．广西民族研究．2.

论辽朝部族组织的历史演变及其社会职能/王德忠．东北师大学报．6.

辽代的部族制度/［日］岛田正郎著　何天明译．蒙古学信息．1-3.

辽朝国号考释/刘浦江．历史研究．6.

辽代斡鲁朵的存在形态/［日］高井康典行著　何天明译．蒙古学信息．4.

辽代籍没法考述/王善军．民族研究．2.

辽代夷离毕院再探/何天明．内蒙古社会科学．4.

从铸币业的发展看辽代经济的盛衰/马利清．内蒙古大学学报．3.

辽代的文化风貌和文学关系/黄震云．徐州师范大学学报．3.

王安石“使辽”及“使辽诗”考辩/赵克．北方论丛．2.

辽代燕云地区佛教文化探论/张国庆．民族研究．2.

佛教对辽代工艺的影响/许晓东．故宫博物院院刊．2.

辽朝上京的营建及其划时代意义/田广林．寻根．5.

辽金文化比较研究/宋德金．北方论丛．1.

金朝争夺燕云地区的策略探析/宋馥香．北方文物．1.

试论金朝儒家文化分期——兼议“崇儒重道”基本国策/孟古托力．满语研究．2.

金代的茶叶与饮茶风俗/彭善国．北方文物．2.

大金在东亚各国中的地位/董克昌．黑龙江民族丛刊．1.

鉴史治世的金代明君——完颜雍/孙玉敏．黑龙江农垦师专学报．4.

试论西夏分立的地缘条件/宋乃平．中国历史地理论丛．1.

论党项宗族/杜建录．民族研究．4.

西夏家庭研究/邵方．西北民族研究．4．

党项盟誓制度探析/尚世东．宁夏大学学报．1．

关于西夏边防制度的几个问题/陈广恩．宁夏社会科学．3．

西夏监军司考/鲁人勇．宁夏社会科学．1．

西夏天都监军司所遗址及神勇军考/刘华　杨孝峰．宁夏社会科学．2．

关于西夏兵器的几个问题/陈广恩．青海民族学院学报．3．

西夏兵器及其配备制度/陈广恩．固原师专学报．4．

论西夏畜牧业的几个问题/杜建录．西北民族研究．2．

西夏池盐的生产与征榷/杜建录．固原师专学报．5．

试论西夏盐业资源及其地理分布/赵斌．中国历史地理论丛．4．

论西夏交通/鲁人勇．固原师专学报．1．

西夏公文驿传探微/尚世东．宁夏社会科学．2．

西夏时期的契约档案/赵彦龙．西北民族研究．4．

西夏服装制作技术述论/苏冠文．宁夏社会科学．4．

西夏服饰研究/孙昌盛．民族研究．6．

从考古发现看唐宋文化对西夏的影响/牛达生．考古与文物．3．

吐蕃西夏历史文化渊源与西夏藏传绘画/谢继胜．西藏研究．3．

试论西夏文学的特色/杨梓．宁夏大学学报．2．

西夏时期的书法艺术/韩小忙　李彤．固原师专学报．1．

西夏长存与多变外交/吉家友．天中学刊．4．

河南濮阳新发现的元末西夏遗民乡约/杨富学　焦进文．宁夏社会科学．5．

元代西夏遗民研究的新成果——《〈述善集〉研究论文集》序/朱绍侯．固原师专学报．4．

从法律制度看元朝的民族宗教政策/杨华双．西南民族学院学报．5．

元代高丽贡女制度的形成与发展/喜蕾．中国社会科学院研究生院学报．2．

从黑城出土文书看元“回回哈的司”/邱树森．南京大学学报．3．

元“回回哈的司”研究/邱树森．中国史研究．1．

元代对色目商人的管理/修晓波．中国社会科学院研究生院学报．5．

元代东迁西域人屯田述论/马建春．西域研究．4．

元代东迁西域人礼俗汉化之考察/马建春．西北民族学院学报．4.

元代西域物质文明的东传/马建春．甘肃民族研究．3.

元代哈剌鲁人伯颜宗道新史料/杨富学．新疆大学学报．1.

元代哈剌鲁人伯颜宗道事文辑/杨富学．文献．2.

元英宗谪高丽忠宣王于吐蕃原因探析/桂西鹏．中国边疆史地研究．2.

蒙元时期的哈剌赤与兀剌赤/谢咏梅．南开学报．3.

试析元、明时期贵州少数民族妇女的摄政功绩及其社会意义/吴晓云．贵州文史丛刊．2.

明代官营茶马贸易体制的衰落及原因/王晓燕．民族研究．5.

明代朵颜卫源考/额德．内蒙古民族大学学报．3.

明朝对西北民族地区的经营析论/董倩．中央民族大学学报．4.

明代河西走廊境内的西域贡使/田澍．中国边疆史地研究．3.

明代中期的青海海寇与吐蕃移民/任树民．青海师专学报．1.

明代少数民族外交使者侯显及侯家寺/杨士宏．西北民族学院学报．3.

明末清初的朵颜卫与喀喇沁的关系/奥拉．内蒙古社会科学．5.

试论明清时期河湟文化的特质与功能/武沐　王希隆．兰州大学学报．6.

论清代的藩部与行省/张永江．中国边疆史地研究．2.

清代直省驻防旗地浅探/赵令志．黑龙江民族丛刊．2.

清代海拉尔在呼伦贝尔地区的地位/乌云格日勒．黑龙江民族丛刊．4.

清代呼伦贝尔地区的两次移民与得失/奇文瑛．中国边疆史地研究．1.

清代“塔里雅沁回子”东迁呼伦贝尔开垦种田始末/郭美兰．中国边疆史地研究．1.

略论清代前期西北边疆的“因俗而治”政策/王荣霞．甘肃理论学刊．1.

清代西北边疆史地学兴起的历史背景/牛海桢．兰州大学学报．4.

清代西北边疆史地学的开创者祁韵士/牛海桢．伊犁师范学院学报．3.

清代“南番二十一寨”述略/林跃勇．甘肃民族研究．1.

论清代河州的再度兴起/武沐　王希隆．回族研究．2.

论清代新疆台站体系的兴衰/刘文鹏．西域研究．4.

清代新疆移民屯田的历史作用与教训/董琳．新疆师范大学学报．1.

清季吐鲁番地区的租佃契约关系——吐鲁番厅察合台文文书研究/金玉萍．西域研究．3.

论清代新疆屯田的重大历史作用/李敏．西域研究．3．

清代对新疆的开发/赵葆惠．齐鲁学刊．3．

英国的精明无为政策与1874年喀什噶尔通商条约/朱新光．新疆大学学报．2．

清朝治理云南边疆民族地区的思想及举措/方铁．思想战线．1．

清朝台湾开发过程中的族群冲突/褚静涛．南京社会科学．4．

清代湘南山区的经济开发及其生态变迁/傅乐园．中南民族学院学报．3．

田兴恕与咸同之交的晚清时局/郑峰．贵州民族研究．3．

试论晚清边疆、内地一体化政策/苏德．中国边疆史地研究．3．

晚清蒙元史研究的新风气/李廷勇．浙江学刊．5．

晚清民国黔西南民族地区天主教传播原因评述/周松柏．贵州社会主义学院学报．1．

民族统一之光在这里闪烁——承德避暑山庄及周围皇家寺庙群在清帝解决民族问题上的历史作用初探/李月明．民族与宗教．3．

中国近代西北移民及其影响/陈永清．青海民族研究．4．

西北各族人民对缔造祖国政治、经济、文化的伟大贡献/谷苞．西北第二民族学院学报．3．

论西部大开发与“丝路西段”历史研究/赵汝清．宁夏社会科学．2．

西北民族贸易述论——以茶马互市为中心/魏明孔．中国经济史研究．4．

试论新疆与中亚民族、文化多元融合性特点及其差异/万雪玉．中国边疆史地研究．3．

中国历史上的新疆开发/赵云旗．新疆社会科学．5．

丝绸之路和西域经济——对新疆开发史上若干问题的思考/殷晴．西域研究．3．

左宗棠与新疆建省/陈理．中央民族大学学报．3．

试论左宗棠保卫、开发新疆的思想和实践活动/张寿彭　张彦斌．兰州大学学报．3．

杨廷理流放新疆期间的思想和活动/周轩．西域研究．5．

杨缵绪开发近代新疆的经济思想/贾秀慧．伊犁师范学院学报．4．

试论杨增新主政新疆时期的“弱兵政策”/伏阳．西域研究．2．

民国时期新疆民族宗教教育与国民教育的并行/周泓．西北民族研究．2．

论新疆三区革命中的军事斗争/杜瀚．西域研究．2.

新疆会馆探幽/袁澍．西域研究．1.

《突厥语词典》中的新疆史事/薛宗正．新疆大学学报．1.

英国所存近代中国新疆档案查阅散记/许建英．中国边疆史地研究．4.

对军阀体制下甘宁青早期现代化进程的再审视（上）/许宪隆．中南民族学院学报．6.

甘肃若干历史人物籍贯、族属补正/陈启生．甘肃民族研究．3.

试论市场经济萌芽的成长对青海盟旗制度的解体作用/司俊　郭正清．甘肃民族研究．4.

青海民族文化史概论/芈一之．青海民族学院学报．1.

滇国名称再探源/黄懿陆．云南民族学院学报．2.

高其倬治滇农业思想初探/周琼．思想战线．5.

高其倬对滇南民族起义的镇压/周琼　乔汝惠．云南文史丛刊．2.

滇西民族商业资本的转化与近代云南社会/杨煜达．云南社会科学．4.

交通与近代百色城的发展——百色城社会变迁研究之一/韦国友．广西右江民族师专学报．1.

论近代广东商人来百色经商的原因——百色城社会变迁研究之二/韦国友．广西右江民族师专学报．4.

鄂西民族地区的一次近代文明冲击："七女高"时期屯堡社会经济、文化考察/向彩源．湖北民族学院学报．3.

略论历史上的湘西开发/龙先琼．民族研究．5.

海峡两岸民族渊源的历史考察/萧栋梁．船山学刊．3.

魏晋"杂胡"释义问题探析/王义康．民族研究．3.

胡族婚俗与唐代寡妇再嫁/张金同．甘肃社会科学．1.

唐代"兴胡"与元代"斡脱"名义考辩/尚衍斌．新疆大学学报．2.

略论东北古代族名与山水之名的关系/都兴智．社会科学战线．1.

羌、姜同源说辨正/［韩］姜允玉．中山大学学报．3.

肃慎系民族的演进及其文化传承关系/栾凡．黑龙江民族丛刊．4.

论肃慎族系在中国历史发展中的作用/郝庆云　魏国忠．满语研究．2.

先秦时期的秽人与貊人/王建新　刘瑞俊．民族研究．4.

鲜卑兴盛原因初探/张久和．内蒙古社会科学．6.

鲜卑室韦族名释义/米文平．北方民族．1．

鲜卑代国的成长与拓跋鲜卑初期汉化/何德章．武汉大学学报（人文科学版）．1．

论拓跋鲜卑民族的融合/王万盈．西北师大学报．6．

鲜卑族与中国封建法制建设/王霄燕．民族研究．6

十六国时期氐族和鲜卑族教育政策对比研究/陈燕．中国边疆史地研究．2．

北魏孝文帝改革鲜卑族生活方式/汤夺先．民族教育研究．2．

北朝时代鲜卑妇女的精神风貌/庄华峰．安徽师范大学学报．2．

靺鞨源流与“渤海文化”/冯小琴．甘肃高师学报．1．

8世纪中期以后黑水靺鞨与渤海关系考/马一虹．文史哲．6．

朝鲜半岛境内“靺鞨”人再研究/董万崙．世界历史．4．

重审渤海建国史——兼评“依附”说、“白山”说、“叛乱”说/张碧波．民族研究．5．

渤海大氏续考/张碧波．北方文物．3．

再谈渤海国的族属问题/姜守鹏．社会科学战线．3．

论渤海主体民族的族属问题/魏国忠　郭素美．社会科学战线．3．

渤海是继承高句丽的国家吗？/王成国．社会科学战线．6．

渤海人对中原文明的心理认同/杨雨舒．社会科学战线．6．

辽金时期渤海族习俗研究/程妮娜．学习与探索．2．

试论渤海文化迅速消亡的原因/卢伟．牡丹江师范学院学报．1．

渤海亡国年月辩正——辽初王权斗争驳论之三兼与金正善商榷/刘国宾．求是学刊．5．

渤海遗迹的发现与研究/魏存成．社会科学战线．6．

关于渤海历史考古的两个问题/徐学毅．北方文物．2．

当前研究高句丽归属的几个问题/孙进己．东疆学刊．3．

高句丽与渤海论略/张碧波．黑龙江民族丛刊．3．

东北亚历史民族：高夷、高丽、高句丽/傅朗云．东北亚论坛．1．

高句丽五部研究/杨军．复旦学报．5．

高句丽之新大王和故国川王考/朴灿奎．东疆学刊．1．

高句丽中央官制研究/杨军．黑龙江民族丛刊．4．

安西王阿难达对高丽政治势力的利用/喜蕾．西北民族研究．1.

论4至10世纪东北亚政治格局及高句丽、渤海与日本“结援”的历史真相/张碧波．北方论丛．2.

关于渤日交聘中的“高丽国”问题/魏国忠　郭素美　魏建华．北方文物．1.

渤海与日本交聘中“高丽国”的辩析/程尼娜．复旦学报．4.

高句丽古墓壁画反映高句丽社会生活习俗的研究/李殿福．北方文物．3.

高句丽王国儒家文化述论/孟古托力．黑龙江民族丛刊．2.

高句丽隧神考/梁志龙．北方文物．4.

高句丽的灵星祭祀/姜维东．北方民族．2.

高句丽历史与疆域归属问题补议/徐德源．社会科学战线．5.

高句丽疆域沿革考辩/刘小敏．社会科学战线．4.

高句丽的域邑制度与山城/王绵厚．社会科学战线．4.

高句丽纥升骨城新考/李淑英　耿铁华．北方民族．2.

高句丽民族的社会生活与习俗/李殿福．社会科学战线．2.

浅析高句丽舞乐在历史上的地位和作用/王丽萍．社会科学战线．6.

蒙元时期蒙古与高丽的经济文化交流和民族融合/田俊迁．甘肃社会科学．6.

元朝宫廷中的高丽贡女/喜蕾．内蒙古大学学报．3.

再析《三国志·高句丽传》中的王莽朝高句丽记事——答刘子敏先生/朴灿奎．北方民族．3.

试析大对卢的产生及其终结/祝立业．社会科学战线．4.

试论盖苏文/刘炬．社会科学战线．5.

“箕子朝鲜”钩沉/黄历鸿　吴晋生．北方文物．3.

从新罗建国神话传说看中国历史与文化的影响/刘子敏．东疆学刊．1.

从夫余南下看百济国族源/杨军．北方民族．2.

辰国考/杨军．北方文物．3.

唐代契丹民族论略/王成国．社会科学辑刊．4.

契丹媵婚制考略/杨富学　孟凡云．黑龙江民族丛刊．4.

契丹习惯法研究/张志勇．徐州师范大学学报．1.

阿保机从无废长立次之志——阿保机生前卒后契丹王权斗争论辩之一/刘

国宾. 烟台大学学报. 3.

与时俱进的契丹族杰出政治家——耶律楚材/刘丽华. 大庆高等专科学校学报. 3.

耶律楚材儒释道观评析/朋·乌恩. 内蒙古社会科学. 2.

耶律楚材的法律思想浅析/阮春林 王菊梅. 云南师范大学学报. 1.

文明教师：耶律楚材/周月亮. 文史知识. 4.

辽代杰出的军事家——耶律休哥/许明武. 内蒙古民族大学学报. 1.

论隋至清北狄裔族的地位及其历史贡献/杨东晨. 阴山学刊. 1.

山戎文化所含燕与中原文化因素之分析/靳枫毅 王继红. 考古学报. 1.

匈奴汉国的政治与氐羌/吕一飞. 历史研究. 2.

汉文化对匈奴社会影响初探/高红梅. 西北第二民族学院学报. 4.

匈奴时期我国北方的森林分布/王庆宪. 内蒙古社会科学. 6.

匈奴史事与北方森林植被/王庆宪. 云南师范大学学报. 6.

鄂尔多斯周边及中原地区的汉代匈奴文化分析/宋远茹. 考古与文物. 6.

沙陀族历史杂探/蔡家艺. 民族研究. 1.

初盛唐时期入华粟特人的入仕途径/陈海涛. 文献. 2.

唐末五代沙陀集团中的粟特人及其汉化/刘惠琴 陈海涛. 烟台师范学院学报. 2.

从葬俗的变化看唐代粟特人的汉化/陈海涛. 文博. 3.

敦煌归义军曹氏统治者为粟特后裔说/荣新江. 历史研究. 1.

敦煌曹氏族属与曹氏归义军政权/冯培红. 历史研究. 1.

阿姆河宝藏及其反映的早期粟特文化/陈海涛. 西域研究. 2.

西域籍沙陀人在中原称帝及其历史作用/刘正民. 新疆师范大学学报. 4.

吐谷浑与昆仑山/罗新. 中国史研究. 1.

浑公夫人墓志铭与隋唐时期的契苾族/苏忠深. 宁夏史志研究. 2.

西域龟兹国人与羌族的关系/钱伯泉. 甘肃民族研究. 1.

龟兹国王金花考/季羡林. 文史知识. 3.

吐火罗人的族属/王欣. 西北大学学报. 1.

吐火罗人的族属与族源/王欣. 西北民族研究. 2.

乌孙山下的“弓箭部落”/海云 红霞. 丝绸之路. 6.

乌孙居住地探析/任冰心. 伊犁师范学院学报. 3.

“祁连山小月氏”族源新探/侯丕勋．青海民族研究．4．

先秦时期塞种人之族源及其东渐问题/曾宪法．国际关系学院学报．2．

试论突厥丧葬习俗的流变/刘永连．西北民族研究．3．

祭帐仪式·置尸马上·待时而葬：突厥葬礼三考/刘永连．人文杂志．6．

后西突厥两厢可汗始末/薛宗正．新疆师范大学学报．4．

安西大都护府的伟大功绩和突厥对丝绸之路的贡献/李明伟．西北民族研究．3．

乌古斯与突厥、回鹘、突厥蛮关系考（上）——乌古斯和回鹘研究系列之六/李树辉．喀什师范学院学报．4．

回纥的构成及其发展（下）：乌古斯和回鹘研究系列之四/李树辉．喀什师范学院学报．1．

回鹘西迁及其相关问题考辨——乌古斯和回鹘研究系列之五/李树辉．喀什师范学院学报．2-3．

回鹘西迁诸事考/贾丛江．西域研究．4．

回鹘汗国灭亡原因新探/［韩］丁载勋．文史哲．6．

回鹘文买卖文书中的 bir ägsüksüz 与汉文同类文书中的“一无悬欠”考/刘戈．民族研究．2．

黑汗朝名称考——兼辨黑汗非喀喇汗译名/蒋其祥．西域研究．1．

高昌回鹘史研究刍议/田卫疆．新疆师范大学学报．2．

吐蕃影响下的河西回鹘文化/帕林达．社科纵横．5．

11 世纪存在过统治瓜沙二州的回鹘汗国吗？——西夏统治瓜沙始年考/陈炳应．敦煌研究．2．

伏羲，廪君，白虎：巴人族源臆说/谭庆虎．湖北大学学报．3．

对巴人起源于清江说若干问题的分析/杨华．四川文物．1．

巴蛮图腾文化之比较/姜孝德．重庆师院学报．3．

三峡考古与巴文化研究/赵冬菊．中央民族大学学报．2．

襄樊市“樊”城得名新探——兼论禀君系巴人的起源地/白俊奎　张学文．西南民族学院学报．6．

《华阳国志》所记“宾刚徼白摩沙夷”考辨/赵心愚．西南民族学院学报．1．

南蛮祖先槃瓠考说/任俊华．湖南大学学报．1．

梅山蛮民族史略考/粟海．娄底师专学报．1.

汉代武陵蛮的敲击乐器/傅聚良．华夏考古．2.

也谈溆浦蛮夷的历史文化和族属/石宗仁．怀化师专学报．3.

俚人文化概论/陈水润．湛江师范学院学报．1.

释爨及西爨白蛮/王宏道．云南民族学院学报．5－6.

论古思人的地域及其与乌古思人的关系/蓝琪．贵州师范大学学报．4.

贵琼人的来源与迁徙初探/郭声波．西南民族学院学报．3.

贵州“龙家”族属考辩/吴正彪．中南民族学院学报．2.

永登“薛家湾人”族源初探/吴荣臻　吴曙光　赵玉燕．中南民族学院学报．3.

岭南族群与谱牒探研/骆伟．广东史志．1.

民国时期“下江人”的形成与认同刍议/张瑾．西南民族学院学报．4.

凤图腾东夷人及其文化贡献/张发颖．社会科学辑刊．2.

东夷文化的历史沿革/任重．山东大学学报．1.

古代越人的神木崇拜/林蔚文．中央民族大学学报．2.

东汉《白狼歌》是越人歌谣/黄懿陆．广西民族研究．3.

民间信仰的升华与超越：冼夫人信仰透析/叶春生．广西民族研究．3.

吴越文化的三次发展机遇/董楚平．浙江社会科学．5.

于越文化形成原因探析——驳越文化乃“外来文化”说/方如金　熊锡洪．浙江学刊．5.

论闽族和闽方国/卢美松．南方文物．2.

闽越的农业生产/周雪香．龙岩师专学报．1.

闽越青铜文化特点及相关问题探论/徐心希．福建师范大学学报．4.

闽越文化与客家文化/谢重光．福建论坛．6.

“束发椎髻”非南越之俗——兼论“束发之俗”的起源及其他/彭年．中央民族大学学报．6.

北部湾地区的古代居民探源［骆越］/吴小玲．钦州师范高等专科学校学报．2.

东周时期两广地区瓯骆墓葬文化因素浅析/杨清平．广西民族研究．3.

试论瓯越文化的内涵和特征/陈中权．温州论坛．5.

民族研究中亟待廓清的几个概念——兼论中华民族的起源、形成与发展/

任怀国．潍坊学院学报．1．

华夷、华夏、汉人在东方/董万挚．北方文物．4．

华夏考/詹鄞鑫．华东师范大学学报．5．

论黄帝族的迁徙和融合/杨东晨．贵州文史丛刊．1．

西部华族寻根考/西北民风民俗课题组．人文杂志．6．

宋元西北汉族族群之历史观照/彭清深．西北第二民族学院学报．1．

从出土文物看夏遗民的迁徙/王克林．考古与文物．2．

论台湾与大陆汉民族的关系和交往/杨冬晨　杨建国．固原师专学报．2．

"客家"称谓年代考/刘丽川．北京大学学报．2．

客家民系形成及范围界定新论/陈弦章．龙岩师专学报．1．

论赣南在客家民系形成和发展中的地位/罗荣．赣南师范学院学报．1．

客家民系在畲汉人民联合抗元斗争中发展壮大/谢重光．嘉应大学学报．2．

赣南闽西客家人与中央苏维埃革命/黄保华　黄艳红．赣南师范学院学报．1．

女真与高丽曷懒甸之战考略/魏志江．中山大学学报．5．

论金代女真族文化及汉族的影响/宋馥香．西南师范大学学报．5．

试论生女真人的宗族文化（上）/杨茂盛．北方文物．1．

试论生女真的宗族文化（下）/杨茂盛　王萍．北方文物．2．

金代女真人饮食习俗考/崔广彬．学习与探索．2．

元末明初朝鲜半岛的女真族与明、朝鲜的关系/刁书仁．史学集刊．4．

女真官制与满族共同体的形成/杜成安．满族研究．4．

朝鲜使臣所见的建州社会——兼论后金建国前与朝鲜的关系/刁书仁．满族研究．2．

"满族发祥依兰说"质疑/王新弟　张克．黑龙江社会科学．1．

刍议满汉姓氏起源的共同特征/高庆仁．满族研究．4．

论清代满族四种社会群体的形成/赵展．中央民族大学学报．1．

努尔哈赤时期牛录考/滕绍箴．民族研究．6．

朵儿边部史略/波·少布．黑龙江民族丛刊．4．

简论努尔哈赤时期八旗军事力量的形成及发展壮大/张炳旭．满族研究．1．

刘蒴与萨尔浒战役中的宽甸之战/姚斌．满族研究．3.

抗击侵略者英勇悲壮的一幕/李凤琪．满族研究．3.

浅论入关前满族社会的文化特色/牛海桢　李晓英．黑龙江民族丛刊．3.

清代尚砯卷所见蒙古旗人的社会生活/张杰．清史研究．3.

贞节、个性与杆：论清朝入关后满族妇女的变化和特点/定宜庄．浙江学刊．6.

论清代八旗教育在乾隆时期的转变/白新良．南开学报．4.

清代帝后印章与宫殿建筑/郭福祥．满族研究．4.

清前期北京旗人满文房契研究/刘小萌．民族研究．4.

北京地区碑刻中的旗人史料/刘小萌．文献．3.

北京满族的百年沧桑/阎崇年．满族研究．3.

山东青州北城满族村的考察报告——关于青州八旗驻防城的今昔/刘小萌　王禹浪．黑龙江民族丛刊．4.

清代杭州满城研究/陈喜波　颜廷真．满族研究．3.

试论皇太极对满汉文化的态度/张丽梅．满族研究．4.

论清太祖努尔哈赤与继妃衮代/李国俊．北方民族．3.

希冀道统　治统之合膺——康熙玄烨独尊程朱理学的文化选择探赜/陈峻岭．满族研究．2.

康熙帝教子论析/杨珍．满族研究．1.

康熙评价絮语/孟古托力．满语研究．1.

乾隆帝与新疆高朴玉石案/周轩　齐清顺．新疆大学学报．2.

大清开国元勋费英东考/傅朗云．北方民族．4.

多尔衮入关之初是否取消了“三饷”加派/孟姝芳．内蒙古社会科学．2.

论叶赫那拉家族及其代表人物在清初的历史作用/薛柏成．北方文物．3.

浅论叶赫那拉氏族谱/薛柏成．满族研究．4.

满族《章佳氏族谱》研究/赵维和．北方民族．4.

边台哈什胡里氏（韩）家谱研究/韩启昆．满族研究．1.

关于大妃乌拉纳喇氏葬地问题/陆海英．满族研究．3.

两代“西平郡王”与败落的曹雪芹家族/曹革成．满族研究．1.

满族藏书家国英私人图书馆成就浅探/陈少川．国家图书馆学刊．2.

有关中国朝鲜族历史的若干理解/权立　李洪　．北方民族．1.

解放前东北朝鲜族国籍问题探究/赵刚．延边大学学报．1．

论伪满时期日本对无籍朝鲜人的无籍措施/孙春日．延边大学学报．4．

伪满洲国《国籍法》的难产与在满朝鲜人的国籍问题/孙春日 朴兴镇．东疆学刊．2．

匈奴文化与蒙古文化的共性述略/嘎尔迪．西北第二民族学院学报．3．

试论蒙古部落的聚合过程/徐黎丽．西北师大学报．6．

呼伦贝尔厄鲁特之来源/那顺乌力吉．内蒙古社会科学．4．

准噶尔部形成考辨/邢洁晨．民族研究．3．

黑龙江蒙古形成史/波·少布．北方民族．2．

嫩江流域巴尔虎蒙古的历史变迁/何日莫奇．内蒙古社会科学．1．

东北蒙古族历史及其地方建制/王慎荣．社会科学战线．1．

再释"探马赤"一词及其与"探马赤军"的关系/瞿大风．内蒙古社会科学．2．

关于"头下"研究的两个问题/李锡厚．中国史研究．2．

再谈1237年的蒙古军队人数/［俄］B．B．科谢耶夫著 孟昭慧译．蒙古学信息．1．

论明穆宗时期实现"俺达封贡"的历史条件/胡凡．中国边疆史地研究．1．

从《蒙古风俗鉴》看罗布桑却丹的畜牧业经济思想/包明山．内蒙古社会科学．6．

16世纪末17世纪初嫩科尔沁部牧地变迁考/胡日查．中国边疆史地研究．4．

略论清末绥远地区的蒙垦/李玉伟．内蒙古社会科学．3．

清代内蒙古东部农业村落的规模和布局/王玉海．内蒙古社会科学．6．

近代内蒙古农业制度体系的形成及其适应/王建革．中国历史地理论丛．4．

关于蒙古王公提议成立"蒙古殖业银行股份有限公司"一案的有关档案资料/优全．蒙古学信息．1．

伪蒙疆政权的物资统制政策——羊毛统制政策的研究/宝音朝克图．内蒙古大学学报．1．

伪蒙疆政权的物资统制政策——家畜统制政策的研究/宝音朝克图．内蒙古大学学报. 5.

试述百灵庙自治运动发生的原因/刘忠和. 阴山学刊. 4.

试论清代蒙古地区的司法制度/杨选第. 内蒙古社会科学. 4.

大蒙古国时期地方儒学机构和学官的设立/赵琦 周清澍. 中国史研究. 4.

《蒙古秘史》所传"苍狼神话"与"阿阑豁阿神话"/[日] 索罕·格日勒图著 斯林格译. 蒙古学信息. 3.

论元代蒙古族丧葬习俗/额尔德木图. 内蒙古民族大学学报. 1.

成吉思汗"纪念陵"传说考证/那木吉拉. 内蒙古社会科学. 5.

评近代蒙古族哲学思想研究/何金山. 内蒙古社会科学. 6.

蒙古族无神论史探析/乌兰察夫. 内蒙古社会科学. 1.

论成吉思汗的奖惩机制/马曼丽 安俭. 民族研究. 4.

贵州余氏族人是成吉思汗的后裔/孙定朝. 文史天地. 4.

明永乐时期瓦剌三王及和宁王的册封/于默颖 薄音湖. 内蒙古社会科学. 3.

达廷汗生卒年、即位年及本名考辨/宝音德力根. 内蒙古大学学报. 6.

英勇的汗——抗俄英雄渥巴锡/周少华. 丝绸之路. 10.

丹巴多尔济小考/姜念思. 故宫博物院院刊. 1.

咸丰朝担任"公职"的几位蒙古王公贵族/汪炳明. 蒙古学信息. 3.

哈撒儿生平述略/梁丽霞 王希隆. 西北民族学院学报. 4.

近代蒙古族无神论思想家——尹湛纳希/布仁门德. 内蒙古民族大学学报. 1.

把汉那吉的家庭纠纷/薄音湖. 内蒙古大学学报. 3.

关东军的"内蒙工作"和伪蒙疆政权的建立/哈斯木仁 布和. 内蒙古民族大学学报. 3.

40年代日本对内蒙古的政策与《青旗》报/[日] 广川佐保著 乌兰其木格译. 蒙古学信息. 4.

从档案看日本兴亚院"蒙疆连络部"及其对蒙古族地区的调查研究/房建昌. 蒙古学信息. 4.

《清德宗实录》蒙古事务订误五则/周学军 傅金才. 石家庄师范专科学校学报. 3.

论17世纪蒙古编年史书所杜撰的所谓蒙元时期供养喇嘛/希都日古．黑龙江民族丛刊．3．

国内关于《蒙古秘史》的研究状况/乌云高娃．中国史研究动态．3．

论17世纪蒙古编年史的史学模式——印藏蒙同源论/希都日古．内蒙古大学学报．5．

“也里可温”词义新释/乌恩．蒙古学信息．1．

“孛可舌列因　孛克薛　图儿　扯客舌列因　扯额只图儿　阿都中孩”辨析/德·策仁索德纳木．内蒙古社会科学．3．

就“黄金家族”产生时间和指称对象问题答特木勒等同志/阿尔丁夫．北方民族．1．

“元朝皇室”是“孛儿只斤家族”的同义词吗？/阿尔丁夫．蒙古学信息．2．

试论齐齐哈尔达斡尔族的迁徙/宛文君．齐齐哈尔大学学报．3．

达斡尔族与兴建齐齐哈尔城考述/满都尔图　杨优臣．民族研究．4．

达斡尔族反抗日本侵略者的斗争/李凤飞　刘金明．黑龙江民族丛刊．2．

日本侵略者对鄂温克人的灭绝政策/王国柱．中央民族大学学报．1．

对西部大开发背景下回族学研究走向的几点思考/马勇．西北民族研究．4．

二十一世纪：世变方激，中国回族研究急需社会学/人类学的大视野/郝苏民．西北民族研究．4．

回族族源的多元性及其一元认同/白建灵．西北第二民族学院学报．3．

海南回族的历史来源与社会变迁——对海南省三亚市羊栏镇两回族村的历史学与人类学考察/马建钊．回族研究．4．

元代色目人史事杂考/尚衍斌．民族研究．1．

回族铁姓起源及其分布/［美］铁鸿业．回族研究．1．

青海省民和县冶姓回族先民的碑石资料及其收集整理方面的相关问题/吴景山．西北民族研究．4．

回族形成发展过程中的族际族内通婚/周建新．中央民族大学学报．3．

试析唐宋时期回回先民的国际婚姻：蕃汉通婚/鲁忠慧．宁夏社会科学．5．

回族重商传统的文化思考/马建春　张颖．兰州大学学报．6．

杜文秀政权的外贸特征及其意义/马丽娟．回族研究．2．

辛亥革命与民国时期回族文化运动/答振益．中南民族学院学报．6．

西北回族军阀论略（下）/霍维洮．宁夏大学学报．5．

试论清代哈密回旗/黄达远．新疆大学学报．2．

回回入滇与省会初创/马经．回族研究．1．

论广西回族的族谱及其史料价值/翁乾麟．回族研究．3．

元代关涉回回立法初探/王东平．中央民族大学学报．6．

《清朝法制史》回族法辩误/尚衍斌　王东平．回族研究．1．

论回族在哲学领域对中华文明的贡献/马明良．西北第二民族学院学报．4．

钩沉史实　阐幽发微——云南回族历史人物评价问题/纳国昌．回族研究．2．

萨都剌原名之推测/杨志玖．回族研究．2．

忽思慧《饮膳正要》不明名物再考释/尚衍斌．中央民族大学学报．2．

李贽与姚安/薛丽云．云南民族学院学报．5．

关于白彦虎之复议/丁宏．回族研究．1．

常遇春家族与“蓝玉党”案/马明达．回族研究．1．

不顾一切　专诚不懈的奋斗者——纪念革命烈士郭隆真殉难70周年/黄庭辉．回族研究．2．

海固起义中的马喜春一家/杨怀中．回族研究．4．

抗战时期中国回教救国会领导人唐柯三活动述略/杨广恩．甘肃民族研究．1．

浅析海军元老萨镇冰先世之族属/黄秋润．回族研究．1．

“以儒诠经”与“反经异俗”——兼谈回族学者刘智从事汉文译著的时空背景/梁向明．回族研究．1．

学者的墨汁甚于殉道者的血——纳忠传略/高发元　肖芒．回族研究．2．

唐柯三、王静斋为泰安《米氏族谱》所作的序/赵锦铎．中国穆斯林．5．

《赛典赤·赡思丁评传》/马曜．回族研究．3．

《元咸阳王赛典赤·赡思丁世家》绪论/纳为信．回族研究．3．

《回族文化史》序/高发元．回族研究．3．

《传统与现代的整合——云南回族历史·文化·发展论纲》序一/刘树生．

回族研究．3．

东干族文化史上的又一奇葩——东干族杂志《回族》创刊/丁宏．回族研究．3．

再论撒拉族的族源与形成问题/米娜瓦尔．中央民族大学学报．6．

土库曼斯坦访问纪实——兼谈撒拉族语言、族源及其他/马成俊．青海民族研究．1．

新疆撒拉族的历史与现状/许伊娜．新疆大学学报．2．

循化撒拉族村落名称考释/马成俊．青海民族研究．3．

试论元朝中央政府对畏兀儿地区的统治/尚衍斌．中国边疆史地研究．1．

隋唐时期的于阗文化/仲高．西域研究．1．

影响维吾尔族伦理思想和道德观念的重要历史人物/熊坤新．西域研究．3．

鸠摩罗什在长安/罗志英．文献．1．

喀喇汗王朝古都巴拉沙衮考/尤努斯江·艾力．新疆大学学报．1．

哈萨克族族源新探/钱伯泉．民族研究．5．

新疆哈萨克族近代文化转型进程述论/夏里甫罕·阿布达里．西域研究．2．

儒家文化对锡伯族文化的影响/佟克力．西域研究．4．

近代俄罗斯文化对锡伯族的影响/贺灵．西域研究．2．

锡伯族文物史迹考述/吴克尧．北方民族．4．

柯尔克孜族东迁黑龙江地区考实/吴元丰．黑龙江民族丛刊．1．

沉重的翅膀——关于新世纪藏学发展问题的反思和寄语/李登贵．西藏研究．1．

藏学研究与西部开发/王兴先．西北民族学院学报．2．

青藏高原的早期人类活动/黄慰文．中国西藏．2．

拉萨曲贡：雪域远古的辉煌/王仁湘．中国西藏．3．

吐蕃王朝以前雅隆吐蕃部落的经济变迁及其与政权发展的关系/石硕．西藏民族学院学报．1．

浅析吐蕃王朝成立前藏族社会的性质/索朗央珍．康定民族师范高等专科学校学报．3．

论吐蕃攻陷凉州及其对灵州、庭州的争夺/赵贞　许瑞源．甘肃民族研究．1.

吐蕃节度使考述/金滢坤．厦门大学学报．1.

敦煌写本 S. 370（5）号残卷所涉及的吐蕃史的几个问题/孙林．西藏民族学院学报．1.

论藏族关于自身族源的三个传说及其价值/石硕．西藏研究．3.

卡若人从黄河走来/侯石柱．中国西藏．1.

古格文明——世界屋脊的绝唱/宗同昌．中国国家地理．10.

初论西藏史前农业的几个问题——兼与张亚生先生商榷/夏格旺堆．西藏研究．3.

古代藏汉战争防御体系之比较/朱普选．青海民族研究．1.

试论藏族部落武装力量编队问题/戈明多杰．青海民族学院学报．3.

藏区的茶马古道概述/郎建兰．甘肃民族研究．3.

论西藏古代科学技术的形态、体系特点及其分期/牛治富．西藏民族学院学报．3.

中原古代瓷器在西藏的流传/王国栋　王骥．青海师范大学学报．4.

《大唐天竺使出铭》相关问题再探/霍巍．中国藏学．1.

论明朝对河湟的统治及湟水流域藏族分布状况/甘措．青海民族研究．4.

明代松潘卫“番人”略考/任树民．西藏研究．1.

明代西藏行政区划考/房建昌．西藏民族学院学报．4.

清朝对西藏与四川、青海、云南行政分界的勘定/李凤珍．西藏研究．1.

清朝经营川、藏与达赖出逃/李凤珍．西藏研究．3.

清代中央政府对西藏行政管理的财政支出/陈小强．西北民族研究．3.

试析清朝治藏政策/赵葆惠．无锡轻工大学学报．3.

清政府在西藏用兵驻军及其历史作用/何俊．军事历史．1.

从“拉萨痘碑”看驻藏大臣的历史作用/扎西次仁．西藏民俗．2.

20 世纪初年川边藏区政治经济文化改革述论/何一民．西南民族学院学报．6.

赵尔丰对川边藏区风俗的改革/刘严付　向晓东．四川档案．5.

17 世纪中后期西藏政局述略/韩官却加．青海民族学院学报．3.

清末川边藏区“改土归流”的宏观历史分析/马菁林．西藏研究．3.

清代白利土司顿月多吉小传/［德］彼德·史卫国著　才旺南加译．西藏民族学院学报. 1.

策墨林诺们罕事件考证/李晨生. 中国藏学. 1.

宣侠父起草的“甘边藏民请愿书”手稿浅识/尹德生. 西北民族研究. 1.

藏族人民是中国近代抵御外侮斗争中的重要力量/敏贤麟. 中国藏学. 4.

西藏武术史话/丁玲辉　毕卫忠. 西藏民族学院学报. 1.

17世纪初西藏的政局与五世达赖喇嘛的认定/马林. 青海民族学院学报. 1.

五世达赖喇嘛年谱（1663年—1682年）（连载）/陈庆英. 西北民族研究. 1－2.

论五世达赖喇嘛与固始汗的联合统治/马林. 青海民族研究. 1.

六世达赖喇嘛仓洋嘉措的寻访、认定及坐床/陈柏萍. 青海民族学院学报. 4.

九世班禅返藏受阻玉树期间的若干问题/桑丁才仁. 青海社会科学. 4.

从《颇罗鼐传》看颇罗鼐的爱国统一思想/梁成秀. 西藏民族学院学报. 2.

民国历届政府反对分裂、维护对西藏主权的斗争/陈崇凯. 西藏民族学院学报. 1.

国民参政会中的藏族参政员与国民政府治藏政策/孙宏年. 西藏研究. 4.

民国时期中央政府工作人员在昌都的活动/王川. 西藏研究. 1.

三十年代初的川藏战争/刘国武. 衡阳师范学院学报. 1.

19世纪末至20世纪中叶中美关系中的西藏问题/胡岩. 民族研究. 1.

唐绍仪与中英西藏谈判述评/苏苑. 西藏研究. 1.

辛亥革命时期英国分裂中国西藏的阴谋/高鸿志. 安徽大学学报. 5.

英、印驻噶大克商务代办及国外探险西部西藏小史/房建昌. 西藏研究. 3.

西方跨越世界屋脊入藏第一人——以安德拉德葡文书信为中心的探析/万明. 中国藏学. 3.

崇德年间藏事档案译稿/中国第一历史档案馆. 历史档案. 1.

1996—1999年藏学文献的内容分析/张帆　胡冰霜　秦伟. 西南民族学院学报. 6.

美人渊源考释/阎璘　柳春城. 青海民族研究. 1.

汉代羌人各部述论/李宗放．西南民族学院学报．6.

从《说文解字》看古羌族对华夏农业的贡献/赵小刚．兰州大学学报．1.

贵州彝族古代妇女的婚姻家庭/李平凡．西南民族学院学报．9.

白子国国王张乐进求及其家世评述/杨政业．云南民族学院学报．5.

昆明西山白族的历史与现状/王锋．大理文化．2.

民族英雄周保中/马曜．云南民族学院学报．1.

明清以来汉文化对哈尼族文化的影响/毛佑全．云南社会科学．3.

明、清以来哈尼族对汉文化的吸收/毛佑全．民族艺术．4.

花腰傣与古滇国的渊源关系/孙钧．民族艺术研究．5.

云南新平傣族的历史与文化/王懿之．云南社会科学．4.

中国分布最北的傣族：金沙江河谷傣族来源和文化习俗/郭大烈．云南文史丛刊．1.

元明时期纳西族文化的多重结构/李喆．云南社会科学．3.

中外学者与纳西族历史研究/甘雪春．云南师范大学学报．4.

楚人、楚国与苗族/伍新福．民族研究．1.

重评蚩尤与苗族族源研究中的几个问题——苗族古史研究述评之一/伍新福．中南民族学院学报．1.

明代湘黔边“苗疆”“堡哨”“边墙”考/伍新福．贵州民族研究．3.

略论明清边墙碉卡对湘西苗族社会的影响/姚金泉．云南民族学院学报．2.

边墙兴废与明清苗疆社会/张应强．中山大学学报．2.

清代湘黔边“苗防”考略/伍新福．贵州民族研究．4.

文化变迁的个例分析——清代“改土归流”对黔中苗族文化的影响/李汉林．民族研究．3.

试论自然环境对明清苗族经济模式的制约/杨胜勇．贵州民族研究．3.

杨完者与苗、僚武装/王廷硕．复旦学报．1.

“百苗图”贵州现存抄本述评/杨庭硕．贵州民族研究．4.

论《百苗图咏》的史料价值/杜薇．贵州民族研究．4.

《百苗图》族称名源探析例举/李汉林．贵州民族研究．2.

九种《百苗图》版本概说/李汉林．吉首大学学报．2.

历史民族学的一项奠基性工作——《百苗图研究丛书》总序/宋蜀华．吉首大学学报．3.

三苗、荆蛮与瑶族来源问题/余祖祥．贵州民族研究．1.

论苗瑶民族的同源问题/胡阳全．贵州民族学院学报．1.

论羁縻政策土司制度下水族地区与中央王朝的关系/罗春寒．广西民族研究．4.

壮族形成时间辨析/张一民．广西师范大学学报．2.

“内寇”？帝不点头谁作主——关于侬智高国籍研究之三/白耀天．广西民族研究．2.

论侬智高反宋的实质：保境爱国正义战争/梁庭望．广西民族研究．4.

对韦昌辉集团的考察/贾熟村．学术论坛．1.

近代壮族社会结构及其变迁/方素梅．云南民族学院学报．5.

试论瑶族文化与瑶族族源的渊源关系/玉时阶．学术论坛．6.

元代千家峒瑶族主要源于梅山蛮及其源流故址初探/杨仁里．零陵师范高等专科学校学报．4.

从《评皇券牒》看瑶族先民的价值观念体系/陈路芳．广西民族学院学报．3.

土家族地区的远古人类/王晓宁．土家学刊．1.

古代土家族地区开发简论/段超．江汉论坛．11.

明清鄂西南土家族地区民族的分布与变迁/朱圣钟．湖北民族学院学报．3.

宋代土家族地区的“土军”初论/段超．中央民族大学学报．6.

论思州田氏与元明思州宣慰司/田敏．民族研究．5.

论明清时期的土舍/成臻铭．民族研究．3.

舍把身份初探/成臻铭　张连君．湖北民族学院学报．2.

试论改土归流后土家族地区的开发/段超．民族研究．4.

试论土家族人民对辛亥革命的贡献/陈国安．贵州民族研究．4.

土家族在御侮斗争中的历史贡献述评/李忠良．黔东南民族师专学报．1.

对当前黎族史研究的几点思考/容观夐．中南民族学院学报．6.

明朝后期的黎族起义与苗族迁琼/黎雄峰．新东方．3.

清代黎族风俗的画卷——《琼州海黎图》/李露露．东南文化．4.

浅谈清代学者王仁俊对敦煌学、西夏学的贡献/胡玉冰．西北第二民族学院学报．2.

清代西北边疆史地学的开创者祁韵士/牛海桢．伊犁师范学院学报．3.

民族融合与文化整合——论陈寅恪魏晋南北朝史研究/刘振华．扬州大学学报．6.

忆我的父亲翦伯赞/翦天聪．中国民族．9.

白寿彝对中国民族史研究的理论贡献/哈正利．西北第二民族学院学报．4.

白寿彝对广西回族史研究的贡献/常启明．回族研究．2.

怀念白寿彝先生/龚书铎．回族研究．2.

张博泉教授与"中华一体"论/张璇如．北方民族．4.

何炳松史学研究二题［蒙元史］/何炳松．暨南学报．5.

亦邻真教授对蒙古史学发展的突出贡献/白拉都格其．蒙古学信息．3.

余大钧教授简介/乔吉．蒙古学信息．4.

蒙古学泰斗伯希和/［法］韩百诗著　耿昇译．蒙古学信息．2.

法国阿尔泰学研究先驱伯希和/［法］德尼著　耿昇译．蒙古学信息．3.

伯希和西域探险与中国文物的外流/耿昇．西北第二民族学院学报．4.

《代歌》、《代记》和北魏国史——国史之狱的史学史考察/田余庆．历史研究．1.

周肇祥批注《渤海国志》/周峰．克山师专学报．1.

乾隆御制《宋孝宗论》辨析/唐英凯．满族研究．2.

《辽史》拾遗/曹铎　张沛喆．内蒙古社会科学．5.

辽、金史《国语解》的史学价值/赵梅春．兰州大学学报．5.

《拉林阿勒楚哈京旗原案》的发现及其价值/王禹浪　伊葆力．黑龙江民族丛刊．1.

《星源集庆》及行辈用字/佐海峰　爱新觉罗·德崇．满族研究．4.

读《述善集》选注（两篇）》/陈高华．史学月刊．3.

《西夏书》考略/胡玉冰．文献．2.

西夏史书与三史的《西夏传》/胡玉冰．史学史研究．2.

元代西夏遗民文献《唐兀公碑》校释/杨富学．甘肃民族研究．1.

部分正史《西域传》所见西域山水/余太山．史林．3.

《明史·西域传》黑娄考/张文德．西域研究．1.

乾隆《平定伊犁回部战图》的史料价值/李斌．故宫博物院院刊．4.

东北亚古族历史的开篇之作——析陈寿的《三国志·东夷传》/王臻．延边大学学报．2.

《南夷书》笺注并考异/王叔武．云南民族学院学报．3.

一部宣扬“大一统”思想的地方史志——评《华阳国志》/陈晓华 刘重来．中国图书评论．12.

略说《华阳国志》对西南少数民族的记载/吴国升．四川教育学院学报．9.

读郭松年《大理行记》的另一种收获/李劼．中央民族大学学报．3.

余庆远与《维西见闻记》/宋永平．文献．1.

陈第、沈有容与《东番记》/李祖基．台湾研究集刊．1.

简史丛书非凡说——中国民族史探讨40年/杜玉亭．云南民族学院学报．1.

高句丽历史研究综述/孙进己．社会科学战线．2.

国内高句丽归属问题研究综述/韩忠富．社会科学战线．5.

世纪之交的西夏学回顾/朱琪．阴山学刊．3.

二十世纪宁夏西夏研究述评/孙颖慧 张玉海．宁夏社会科学．6.

2000年西夏学研究综述/杨志高．宁夏大学学报 6.

20世纪敦煌吐鲁番官制研究概况/冯培红．中国史研究动态．11.

巴蜀文化研究综述/刘复生．文史知识．7.

土家先民：巴人历史文化研究述评/杨华．中南民族学院学报．1.

近二十年来的云南蒙古族研究/马世雯．云南民族学院学报．6.

昔日的足迹——内蒙古社会科学院建院20年来蒙古史研究概述/晓克．蒙古学信息．1.

韩国蒙元史研究概述/［韩］崔允精．中国史研究动态．1.

20世纪回族研究成果述略/丁万录．西北第二民族学院学报．4.

1949—1999年回族研究的回顾与思考/答振益．中南民族学院学报．1.

国内五十年来的回民起义研究述评/杨永福 张克非．云南社会科学．5.

20年来回族学热点问题研究述评/杨大庄 丁明俊．回族研究．4.

藏学研究的回顾与展望/拉巴平措．中国藏学．3.

近20年国内德昂族研究综述/胡阳全．云南民族学院学报．4.

20世纪的壮学研究（上）/覃乃昌．广西民族研究．4．

1995—1999年魏晋南北朝民族史研究综述/黄健．中国史研究动态．5．

二十世纪八十年代以来魏晋南北朝时期婚丧礼俗研究概述/郭善兵．贵州文史丛刊．4．

二十世纪隋唐五代史研究的回顾与展望/张国刚．历史研究．2．

辽代法制史研究述评/张志勇．辽宁高职学报．1．

2000年秦汉史研究综述/王健．中国史研究动态．7．

2000年隋唐五代史研究概况/李锦绣．中国史研究动态．12．

2000年魏晋南北朝史研究综述/李琼英　那晓凌．中国史研究动态．4．

1999年日本史学界关于魏晋南北朝史的研究/［日］渡边义浩著　张学锋译．中国史研究动态．7．

2000年宋史研究概况/曲鸣曲．中国史研究动态．9．

2000年国内辽夏金史研究综述/关树东．中国史研究动态．11．

2000年蒙元史研究概况/刘晓．中国史研究动态．12．

2000年元史研究综述/金华　邹琪．中学历史教学研究．4．

2000年明史研究概况/吴艳红．中国史研究动态．6．

2000年清史研究动态及评析/陈连营．中国史研究动态．5．

1999年日本史学界关于明清史的研究/［日］太田 出著　张学锋译．中国史研究动态．11．

东北地方史研究的回顾与展望/李治亭．中国边疆史地研究．4．

西域研究的丰碑/王守春．新疆大学学报．4．

新疆地方史研究百年回顾与展望/苗普生．中国边疆史地研究．1．

新疆史若干问题研究综述（1989—1998）/阿拉腾奥其尔．中国边疆史地研究．2．

世纪之交中国边疆史地研究的回顾与展望/周伟洲．中国边疆史地研究．1．

1989年—1998年中国古代疆域理论问题研究综述/邢玉林．中国边疆史地研究．1．

西南疆域史研究综述（1989—1998）/方铁．中国边疆史地研究．4．

比丘林的中国边疆史地研究/阎国栋．中国边疆史地研究．2．

近20年来日本有关中国少数民族研究文献简述/崔莲．西南民族学院学

报．2．

中国古代少数民族法律文献概述/安群英．西南民族学院学报．3．

西夏文献研究概述/杨志高．宁夏大学学报．1．

宋朝汉文西夏史籍及其著者考述/胡玉冰．宁夏大学学报．3．

宋朝汉文西夏史籍及其著者续考/胡玉冰．宁夏大学学报．6．

元朝史家编修汉文西夏史籍功过述略/胡玉冰．中国典籍与文化．4．

明朝汉文西夏史籍述略/胡玉冰．宁夏社会科学．6．

清人著汉文西夏史籍亡佚者考略/胡玉冰．宁夏社会科学．2．

云南民族研究文献资源与其特色文献数据库建设/宋光淑．云南师范大学学报．3．

中国民族关系史学术讨论会综述/智文．北方民族．3．

北朝史国际学术研讨会暨中国魏晋南北朝史学会第十七届年会纪要/魏卫红．中国史研究动态．12．

探海陆丝路之兴衰，溯民族文化之渊源——“丝绸之路与西北少数民族”国际学术研讨会综述/王晓燕．中国文化研究．1．

哈佛大学“回儒对话国际学术会议”综述/［美］马小鹤．回族研究．1．

中国李贽研究学会筹委会成立大会暨学术研讨会综述/李超整理．西北第二民族学院学报．1．

东北疆域历史与现状研究工作座谈会纪要/厉声　龙木．中国边疆史地研究．3．

国际藏学研究新动向：第九届国际藏学讨论会论文综述/谢继胜．中国藏学．1．

中法藏学研讨会综述/扎洛．世界民族．1．

第二届中法藏学研讨会综述/中国藏学．4．

新世纪之初的藏学盛会——2001 北京藏学讨论会综述/本刊记者．中国藏学．3．

2001 年北京藏学讨论会综述/孙宏年．中国边疆史地研究．3．

中国藏学研究中心十五年/格勒．中国藏学．3．

中华民族凝聚力的历史探索——《中华民族凝聚力的形成与发展》读后/华祖根．民族研究．3．

中华民族的内涵、底蕴及其民族精神——评《中华民族的形成与凝聚新

论》/赵智奎．马克思主义研究．2.

新视野下的中华民族精神——读《中华民族的形成与凝聚新论》/林庆 李旭．云南民族学院学报．3.

精思·自得·融通——读伍雄武著：《中华民族的形成与凝聚新论》/陈瑛．云南师范大学学报．4.

一部深入研究中华民族和中华民族精神的力作——《中华民族的形成与凝聚新论》座谈会综述/滇仁．求是．18.

记述中华民族历史的开山力作——《中华民族史》评介/祁庆富．中央民族大学学报．2.

中国民族通史编著的新成果——读《中国民族史纲要》/李珍．中国图书评论．1.

民族史研究的一项重要成果——评《中国少数民族革命史》/罗贤佑．民族研究．2.

爱国主义教育的好教材——评《中国少数民族革命史》/苏发祥．中央民族大学学报．5.

《中国少数民族革命史》西藏部分读后/张云．中国西藏．2.

勤于探索，勇于开拓——赵永春《金宋关系史研究》评介/薛柏成　高桂荣．松辽学刊．2.

史论结合的创新之作——《中国边疆经略史》读后感/社会科学战线．5.

中国边疆研究的汇总创新之作——《中国边疆经略史》评述/李大龙．中国边疆史地研究．1.

建立在空想上的历史观——评《古朝鲜历史概观》/张碧波．北方民族．1.

溯本追源　以成证论——评《古代中国高句丽历史丛论》/孙玉良．社会科学战线．6.

契丹史研究的新成果——黄凤岐著《契丹史研究》评介/冯永谦．社会科学辑刊．5.

赤子之心　沙里𫟖金——著名西夏史学家韩荫晟先生与他的《党项与西夏资料汇编》/李范文．宁夏社会科学．2.

捷连提耶夫——卡坦斯基的《西夏书籍业》及其中译本/聂鸿音．固原师专学报．4.

寻找历史和未来结合部的新尝试——读《西域文化的回声》/边丁．中国边疆史地研究．2.

值得青年学者取法的西域史研究专著——读《唐代九姓胡与突厥文化》/林悟殊．西域研究．1.

《唐努乌梁海历史资料汇编》评介/赵云田．中国边疆史地研究．2.

《中国西部民族文化史研究》后记/王继光．西北民族学院学报．4.

对西部的深层发现——读杨镰《发现西部》/王嵘．中国边疆史地研究．2.

《满族文化史》简评/李劼．民族研究．5.

简评《〈蒙古源流〉研究》/王晓虹．满族研究．3.

评乌兰的《蒙古源流研究》/乔吉．蒙古学信息．1.

明代蒙古史研究的一部力作——《明代漠南蒙古历史研究》评析/尚衍斌．内蒙古社会科学．1.

《蒙古诸王朝史纲》一书简介/葛拉登岱．蒙古学信息．4.

大型蒙古文历史档案文献面世——成吉思汗八白室系列丛书内容梗概/红煜．蒙古学信息．3.

日本的内蒙古近代史新著《德王研究》/韩红梅．蒙古学信息．2.

西北穆斯林社会早期"现代化运动"的历史审视——《诸马军阀集团与西北穆斯林社会》评述/高占福．回族研究．4.

《云南回族历史与文化研究》前言/马维良．回族研究．3.

《传统与现代的整合——云南回族历史·文化·发展论纲》序二/王天玺．回族研究．3.

论《回族人物志》的史学价值/李珍．民族研究．3.

一部雅俗共赏的回族人物研究力作——《马福祥传》读后/丁万录．回族研究．2.

读《回族杰出人物》随感/达慧中．中国穆斯林．3.

历史学与语言学相结合的典范——读李文实先生的《西陲古地与羌藏文化》新著的体会/西诺夫．青海民族研究．4.

一部民族文明的优秀传记：评贾合甫·米尔扎汗研究的《哈萨克族历史与民俗》/多洛肯．西北民族研究．1.

众里寻他千百度——《没有航标的沙海之旅——近代新疆探险百年》代

序/田卫疆．西域研究．4．

再谈《西藏通史》汉译本的译校问题——写在《西藏通史》汉译修定版出版之前/何宗英．西藏研究．3．

《夏格巴的〈西藏政治史〉与西藏历史的本来面目》一书辨误/胡岩．西藏研究．2．

云南藏区社会历史研究的力作——评《迪庆藏族社会史》/朱玲．中国藏学．1．

读《藏族文化发展史》/戴发望．中国藏学．3．

《近代藏事研究》简评/苏发祥．中国藏学．1．

评伯戴克教授的晚年力作《中国西藏与蒙古》/张云．西藏民族学院学报．3．

神秘的眺望——读《文成公主入藏记》/舒婷．中国民族．8．

《西双版纳份地制与西周井田制比较研究》再版序/朱家桢．云南民族学院学报．1．

中国民族史研究的又一重大成果——伍新福著《中国苗族通史》读后/李廷贵．民族研究．4．

民族文化研究的硕果——《苗族文化史》评介/罗庆康．民族研究．1．

壮学研究的新作——读杨宗亮《壮族文化史》/张雄．中南民族学院学报．4．

一部很有学术深度和创见的瑶族社会史著作——莫金山著《瑶族石牌制》评介/钱宗范．学术论坛．3．

瑶学研究的一本力作——莫金山先生新著《瑶族石牌制》评介/黄海．贵州民族研究．1．

传统文化研究的新力作——《瑶族传统文化》评介/奉恒高．学术论坛．3．

失落圣地的重新发现——评宫哲兵《千家峒运动与瑶族发祥地》/奉恒高．广西民族研究．4．

宫哲兵与千家峒——评《千家峒运动与瑶族发祥地》/彭兆荣．贵州民族研究．4．

书民族历史　谱爱国华章——读陈国安先生《土家族近百年史》/黄柏权．贵州民族研究．4．

不要无视燕秦汉之辽东长城/刘子敏．北方民族．1．

清太祖努尔哈赤兴兵之地北砬背山城研究/赵维和．满族研究．4．

评汉代乐浪郡在今辽河以西说/李健才．中国边疆史地研究．1．

且末古城地望考/李肖．中国边疆史地研究．3．

星星峡地名考/戴良佐．西域研究．1．

西夏都城迁移的地理因素/刘菊湘．宁夏社会科学．6．

明代鄂尔多斯库图克台吉·彻辰·洪·台吉远征图伯特所到的“锡里木济三河交汇之地”考述/先巴．青海民族研究．2．

二十世纪上半叶藏区地理研究评述/王启龙　邓小勇．西藏研究．2．

唐五代岭南道岩州、常乐州钩沉/郭声波．中南民族学院学报．3．

云南古长城遗迹的地理发现：滇东崇山峻岭中的古代文明/于希贤　贾向云　于涌．云南民族学院学报．1．

丽江古城形成探说/杨世光．云南民族学院学报．5．

中国民族考古学的形成与考古学的本土化/周大鸣．东南文化．3．

作为独立学科的考古学——考古学、人类学、历史学学科体系之比较/王婧．东南文化．9．

民族文物学再探/秦晋庭．中国博物馆．1．

裴李岗文化的族属初探/骆志弘．学海．3．

论陵阳河大汶口文化墓葬所反映的社会分层——从文化人类学和民族学角度说起/燕生东　尹秀姣．江汉考古．1．

关于通化万发拨子遗址的考古与民族学考察/王绵厚．北方文物．3．

集安长川一号高句丽墓佛教壁画研究/温玉成．北方文物．2．

武汉大学文物陈列室所藏铜鼓考——兼论12063号铜鼓的纹饰内涵/倪婉．江汉考古．4．

故宫博物院藏铜鼓的类型与时代/孙关根　丁孟　万钧　江英　何林．故宫博物院院刊．2．

关于崖葬的几点思考/余丰．贵州大学学报．3．

辽宁义县万佛堂北魏石窟分期研究/刘建华．考古学报．2．

近年来我国高句丽考古的主要发现与研究/魏存成．东北亚论坛．1．

辽宁本溪县小市中心街高句丽墓/齐俊　梁志龙．北方文物．2．

集安长川高句丽一号墓的佛教壁画/温玉成．敦煌研究．1．

高句丽釉陶器的类型与分期/耿铁华．考古与文物．3．

辉煌的“海东盛国”——渤海遗迹考察经实/刘厚生等．中国边疆史地研究．4．

黑龙江省西部的辽代墓葬/乔梁　杨晶．北方文物．4．

法库李贝堡辽墓/林茂雨　佡峻岩．北方文物．3．

耶律羽之墓志铭考证/盖之庸．北方文物．1．

论辽代金银器/张景明　赵爱军．考古与文物．2．

辽朝和西辽朝的牌、印/江慰庐．伊犁师范学院学报．4．

旅顺博物馆藏金代完颜娄室墓出土的部分文物/孙传波．北方文物．2．

科左中旗慧丰寺传法记事碑文史析/孙颖．内蒙古民族大学学报．3．

乌兰察布博物馆收藏的几方古代官印/李兴盛　包龙梅．北方文物．2．

谈谈回族文物的征集与保护/桂莉梅．中国穆斯林．5．

武威出土的西夏文物/胡爱玲．丝绸之路．7．

西夏陵六号陵园平面结构及其文化意义/朱存世　李芳．固原师专学报．1．

稀世珍宝——西夏碑/黎大祥．丝绸之路．3．

新发现的西夏官印/杨明　黄丽荣．固原师专学报．1．

黑水城出土活字版汉文历书考/史金波．文物．10．

试析青铜时代贺兰山、北山岩画与欧亚草原丝绸之路的关系——兼论欧亚草原丝绸之路的东段走向/朱存世　李芳．宁夏社会科学．3．

论贺兰山岩画式样结构的演变/王毓红．宁夏社会科学．3．

丝绸之路上的张骞碑/李惠兴．丝绸之路．6．

广河县文化遗存浅述/阿吉菲．甘肃民族研究．3．

辽朝和西辽朝的牌、印/江慰庐．伊犁师范学院学报．4．

金祝寿人物故事镜考释/王可宾．北方文物．4．

吐鲁番阿斯塔那—哈拉和卓古墓地出土古尸述论/柳洪亮．西域研究．1．

鄂尔浑—叶尼塞碑铭文献古俗寻绎/艾娣雅·买买提．西域研究．3．

楼兰发现与其纠葛—楼兰发现百年祭/侯灿．丝绸之路．3．

楼兰人远古活动的信息/侯灿．丝绸之路．6．

新发现于新疆洛浦县的两件唐代文书残页考释/李吟屏．西域研究．2．

近年新疆考古新收获/张玉忠．西域研究．3．

近二十六年来西南地区“大石墓”的研究综述/杨哲峰．中国史研究动态．4．

“晋蛮夷归义王”印考/胡昌健．西南民族学院学报．6．

印山大墓应是越王勾践自治冢——绍兴印山越国王陵陵主新考/葛国庆．绍兴文理学院学报．5．

20世纪西藏考古的回顾与思考/甲央　霍巍．考古．6．

浅说西藏新石器时代陶器/杨曦．西藏研究．4．

邦嘎新石器时代遗址的考察及考古发掘/夏格旺堆．中国西藏．4．

“古格王国遗址”名称辨析/禾冉．西藏研究．3．

列山墓地之谜/张慧民．中国西藏．5．

西藏浪卡子县查加钩古墓葬的清理/西藏自治区山南地区文物局．考古．6．

西藏昌果沟遗址新石器时代农作物遗存的发现、鉴定与研究/傅大雄．考古．3．

西藏日土县塔康巴岩画的调查/四川大学考古学系　西藏自治区文物局．考古．6．

西藏的岩画/张亚沙．中国西藏．6．

西藏札达县格布赛鲁墓地调查简报/四川大学中国藏学研究所　四川大学考古学系　西藏自治区文物局　阿里地区文化广播电视局．考古．6．

西藏札达县皮央——东嘎遗址1997年调查与发掘/四川大学历史文化学院考古学系　四川大学中国藏学研究所　西藏自治区文物事业管理局．考古学报．3．

西藏札达县皮央·东嘎遗址古墓群试掘简报/四川大学中国藏学研究所　四川大学考古学系　西藏自治区文物局．考古．6．

乾隆皇帝为六世班禅所画《金娑罗树图》/杨丹霞．紫禁城．2．

大理文物考古发现札记/杨德文．大理文化．4．

我收藏的南诏大理国铜镜/张了．大理文化．1．

《南诏图传》文字卷考释：南诏国宗教史上的几个问题/温玉成．世界宗教研究．1．

云南石窟与摩崖造像艺术/刘长久．思想战线．1．

贵州省黔西县发现一枚元代八思巴文官印/郑远文．文物．7．

广西早期岩洞葬初探/彭长林. 广西民族研究. 4.

广西宜州发现的铜鼓、画马崖画与古代马市、驿铺关系初探/李楚荣. 广西民族研究. 2.

广西宁明花山岩画的保护与防治研究/黄槐武　谢日万. 广西民族研究. 1.

广西古代滑石器研究/李珍. 广西民族研究. 1.

论两广战国汉代墓的腰坑习俗/谢日万. 广西民族研究. 2.

广东文物考古工作新成果的考察与思考/韦江. 广西民族研究. 1.

现代户外民族博物馆在西部大开发中的作用/杜倩萍. 云南社会科学. 6.

建立中国傩戏傩面具博物馆的评估——张家界建立中国土家族傩戏傩面具博物馆的可行性调查/庹修明. 吉首大学学报. 4.

李仰松先生与民族考古学/赵春青. 文物世界. 1.

集土家族区域考古文化大成的新作——浅评邓辉《土家族区域的考古文化》/程超美. 江汉考古. 4.

民族语言文字

完善民族区域自治　正确贯彻语言政策/徐炳勋. 内蒙古大学学报. 2.

民族语言文字在西部大开发中的地位和作用/卓俊才　刘晋. 甘肃民族研究. 4.

关于西部大开发进程中民族语言建设理论与实践的思考/胡书津　罗聿言. 西南民族学院学报. 1.

西藏现代化过程中语言使用模式的分析和讨论/周炜. 中国藏学. 4.

语言文字立法与民族问题/刘文　裴瑛. 云南社会科学. 5.

浅谈田野调查在民族语言学研究中的重要性/米娜瓦尔·艾比布拉. 语言与翻译. 3.

城市化：中国少数民族语言使用功能的变化/戴庆厦　邓佑玲. 陕西师范大学学报. 1.

对方言和民族共同语言的再认识/潘翠琼　肖依虎. 广西民族学院学报. 4.

语言的生态环境/张公瑾．民族语文．2．

试论民族语言的文化学意义/陶雅光．青海民族研究．2．

动物观念的实现方式与普遍性问题/马清华．民族语文．1．

元音和谐的类型学问题/李兵．民族语文．2．

声调起源研究方法论问题再议/徐通锵．民族语文．5．

“胡”字词义考/乔永．新疆大学学报．2．

“稻子”一词从华东向四周传播的痕迹/李炳泽．民族语文．5．

“於菟”之“菟”的同族词及其同源词/周及徐．民族语文．1．

西部民族杂居区的语言使用特点/赵升奎．青海民族学院学报．4．

接触　影响　吸收　趋同——多民族地区的语言文化交际/高莉琴　乔永．语言与翻译．3．

谚语与格言中反映出的民族文化异同/茹娴古丽·木沙．语言与翻译．3．

青海民族语地名结构特点及文化意义分析/谷晓恒．青海民族研究．3．

濒危语言研究中定性定位问题的初步思考/戴庆厦　邓佑玲．中央民族大学学报．2．

从全球的濒危语言现象看我国民族语言文化生态的保护和利用问题/普忠良．贵州民族研究．4．

茶洞语概况/李锦芳．民族语文．1．

巴那语概况/陈其光．民族语文．2．

克木语概况/陈国庆．民族语文．3．

莽语概况/高永奇．民族语文．4．

扎话概况/江荻　李大勤．民族语文．6．

关于我国部分穆斯林民族中通行的“小经”文字的几个问题/刘迎胜．回族研究．4．

在“中国女书文化抢救工程座谈会暨全国女书学术研讨会”上的讲话/奉恒高．中南民族学院学报．6．

论江永女书决非先秦古文字/宫哲兵．中南民族学院学报．6．

论女书构成与古越稻作文化/谢志民．寻根．4．

破解千古“蕃书”之谜/张福有　王松林．松辽学刊．5．

双语语义表征的理论及其研究方法/陈宝国．民族教育研究．1．

新疆民汉语互学现象的由来和发展/陈世明．新疆大学学报．1．

西藏双语政策的形成和完善/周炜．青海民族研究．4．

影响拉萨城镇居民双语使用的若干因素——1999年西藏城镇居民语言使用调查报告之一/周炜．西藏民族学院学报．4．

论壮—老挝特殊的双语教学/覃国生．广西民族学院学报．1．

上古汉语的韵尾和声调的起源/吴安其．民族语文．2．

南方汉语古越语底层问题新探/龚群虎．民族语文．3．

双宾结构的消解：从维吾尔语语法角度看汉语双宾语结构/闫新红．喀什师范学院学报．3．

重新认识汉语介词在越南语中的地位和作用/［越］阮江灵　亓华．民族语文．1．

鲜卑语言解读述论/聂鸿音．民族研究．1．

鲜卑名考/尹铁超．满语研究．2．

契丹语的名词附加成分*-n和*-in/聂鸿音．民族语文．2．

契丹小字《耶律奴墓志铭》考释/石金民　于泽民．民族语文．2．

契丹小字《耶律智先墓志铭》考释/赵志伟　包瑞军．民族语文．3．

《夷坚志》与契丹诵诗新证/聂鸿音．满语研究．2．

训民正音和八思巴字的关系探究/照那斯图　宣德五．民族语文．3．

也谈西夏语里的小舌音问题/孙宏开　刘光坤．宁夏大学学报．6．

西夏语动词的体范畴/马忠建．宁夏社会科学．3．

西夏语动词的式范畴/马忠建．宁夏社会科学．6．

西夏语SOV型单句中宾语的形式/马忠建．民族语文．2．

《文海宝韵》序言、题款译考/史金波．宁夏社会科学．4．

俄藏4429号西夏文《类林》残叶考/孙颖新　宋璐璐．宁夏社会科学．1．

回鹘文文献语言研究百年回顾/邓浩　杨富学．语言与翻译．2．

吐鲁番回鹘文世俗文书语言数词研究/阿不里克木·亚森　王正良．新疆大学学报．1．

高昌回鹘文献语言的形容词/李经纬　靳尚怡．喀什师范学院学报．2．

元代高昌回鹘语概略——《转轮王曼陀罗》残卷语言分析/王红梅．民族语文．4．

敦煌莫高窟北区B159窟出土回鹘文《别译杂阿含经》残卷研究/张铁山．

民族语文．6．

敦煌莫高窟北区出土回鹘文《中阿含经》残叶研究/张铁山．中央民族大学学报．4．

莫高窟北区B53窟出土回鹘文《杂阿含经》残叶研究/张铁山．敦煌研究．2．

北京大学图书馆藏两叶敦煌本回鹘文残片研究/张铁山．西北民族研究．3．

原始汉藏语辅音系统中的一些问题——关于原始汉藏语音节结构构拟的理论思考之二/孙宏开．民族语文．1．

原始汉藏语中的介音问题——关于原始汉藏语音节结构构拟的理论思考之三/孙宏开．民族语文．6．

确定汉藏语同源词的几个原则/黄行．民族语文．4．

原始汉藏人的宗教与原始汉藏语/邢公畹．中国语文．2．

汉藏系语言和汉语方言称谓词的比较/陆镜光　张惠英．语言研究．4．

藏汉混合语“倒话”述略/意西微色·阿错．语言研究．3．

论汉藏成语的文化差异与翻译/凌立　拉都．康定民族师范高等专科学校学报．1．

壮语中古汉语借词及汉越语与平话的关系/蓝庆元．民族语文．3．

壮语汉借词的词义和语法意义变异/李锦芳．中央民族大学学报．3．

高田壮语的声调演变/曾晓渝．民族语文．4．

七百弄壮语表示性别的词/蒙凤姣．民族语文．6．

壮语地名的文化色彩——壮族语言文化系列研究之一/韦达．中南民族学院学报．4．

试论新世纪的壮文推行使用工作/韦永强　蓝明生．广西民族研究．2．

英语傣语定中结构对比研究/刀洁　倪旸．天津大学学报．4．

关于德宏古傣文的源流问题/龚锦文．云南民族学院学报．5．

试论傣文对傣族民间文学繁荣发展的贡献/俸俊馨．云南民族学院学报．6．

海南岛的语言与方言/刘新中．方言．1．

临高语黎语关系词的文化内涵/刘剑三．民族语文．3．

从核心词看汉语和藏语缅语的亲疏关系/金理新．民族语文．6．

藏缅语人称代词和名词的“数”——藏缅语“数”范畴研究之一/李大勤．民族语文．5．

汉语、藏缅语形容词重叠式的特殊用法/丁崇明．云南民族学院学报．5．

藏缅语言元音的上移和下移演化/江荻．民族语文．5．

藏缅语的述宾结构——兼与汉语比较/戴庆厦　傅爱兰．方言．4．

藏文前加字*ɦ和上古汉语的鼻音前置辅音/薛才德．民族语文．1．

简论藏语同义词的积极作用/马进武．西北民族学院学报．1．

《唐蕃会盟碑》藏汉对音里下附小阿（ɦ）的语音意义/郑张尚芳．民族语文．1．

走向未来的藏语文——从其现状趋势及主客观条件看藏语文的命运/谢热．青海民族研究．3．

藏族地名的文化历史背景及其与语言学有关的问题/华侃．西北民族研究．3．

《藏文白话报》的在藏发现及新闻史学价值/周德仓．西藏民族学院学报．3．

彝语阿都话唇软颚复辅音声母比较研究/潘正云．民族语文．2．

彝语动词的体貌范畴/胡素华．民族语文．4．

彝语结构助词在不同层面上的多功能性/胡素华．语言研究．2．

古彝文及其造字规律新探/李生福．贵州民族研究．2．

关于彝族文字称谓/黄建明．民族语文．2．

彝族古地名 ma^{21}ne^{33}ʐi^{21}tʂhi^{33}考释/普忠良．民族语文．6．

彝族古籍翻译世家罗氏三代对彝语文事业的贡献评论/陈世良．贵州民族研究．1．

从文化因素探讨翻译的可译性——兼谈彝、汉、英翻译实例/马林英．贵州民族研究．4．

纳西语在藏缅语族语言中的历史地位/孙宏开．语言研究．1．

纳西东巴文与藏文的关系/木仕华．民族语文．5．

由若喀字与鲁甸字看纳西东巴文字流播中的发展——兼论这一研究对文字史与普通文字学研究的意义/王元鹿．华东师范大学学报．5．

哈尼语文学语言的双音节化/李泽然．中央民族大学学报．2．

西山白语概况/王锋．民族语文．5．

元代白话碑文中代词的特殊用法/祖生利．民族语文．5．

景颇语的话题/戴庆厦．语言研究．1．

独龙语的动词的使动范畴/杨将领．民族语文．4．

苗语方言比较中的几个语音问题/李云兵．贵州民族研究．1．

《楚辞》特殊语句像苗语——普释“扬云霓之晻蔼兮，鸣玉鸾之啾啾”/曹翠云．中央民族大学学报．5．

从景宁畲话古全浊声母的今读看畲话的性质/傅根清．中国语文．3．

土家语对目标语迁移问题初探/徐宜良．湖北民族学院学报．3．

族际交流与民族语言及文化的变迁——以双凤村土家语言的使用现状及其演变为例/邓佑玲．西南民族学院学报．8．

试论土家文化对语言的影响/谭志满．重庆三峡学院学报．5．

新疆回族经名的语言变异/刘俐李．中国语文．2．

回族语言中的民俗文化/李生信．固原师专学报．2．

回族语言的民族属性/李生信．固原师专学报．5．

回族语言及其反映的民族认同心理/马红艳．青海民族学院学报．4．

试论阿拉伯语在云南回族语言中的运用/马利章　王云．思想战线．6．

东干话的语序/王森．中国语文．3．

对共同阿尔泰语肯定动词＊ba-～ ＊bi-和否定动词＊aː-～ ＊eː的探索/力提甫·托乎提．民族语文．1．

阿尔泰诸语句法类型及副动词范畴/许伊娜．民族语文．1．

试释李唐皇室以“哥”称父的原因及“哥”、“姐”等词与阿尔泰诸语言的关系/陈宗振．语言研究．2．

《突厥语词典》语言被动态及其被动结构研究/赵明鸣．民族语文．4．

论《突厥语大词典》的语言学价值/库来西·塔依尔．西域研究．2．

从《突厥语大词典》看维语复辅音的发展/张洋．语言与翻译．3．

《突厥语大词典》所录 Tirnäk 与 Bistä 二词的古历史涵意与经济学涵意/李雍．西北民族研究．1．

浅谈古突厥文与现代维语语法中名词与动词之异同/欧伟贞．喀什师范学院学报．3．

维语词重音的节律栅及其参数/刘向晖．语言与翻译．3．

维吾尔语基数词历史演变/菲达．新疆大学学报．3．

维语量词的形象性和模糊性/张玉萍．语言与翻译．3．

现代维吾尔语否定范畴探析/李军　滕春华．语言与翻译．2．

现代维语的名名结构/李祥瑞．语言与翻译．3．

零形态与维吾尔语语法/胡毅．语言与翻译．2．

维吾尔语亲属称谓的社会称呼法/孙岿．中央民族大学学报．5．

试论维吾尔语和田方言亲属称谓的特点/阿孜古丽·阿布力米提．中央民族大学学报．6．

维吾尔民俗语言及其研究/阿布力米提·尤努斯．语言与翻译．2．

汉维语言数字禁忌文化差异/闫丽萍．新疆师范大学学报．4．

汉维语时间表达之异同/张国云．语言与翻译．1．

汉维语礼貌用语的对比用法/袁生武．语言与翻译．1．

论汉维词汇构成中体现的思想方式/贺群．喀什师范学院学报．4．

由后置词 bilɛn 构成的维吾尔语后置词结构及其在汉语中的对应表达/夏迪娅·伊布拉音．语言与翻译．2．

汉维语双重否定句对比研究/赵永亮　廖冬梅．语言与翻译．2．

汉维语词法构词法对比/杨文革　安占锋．语言与翻译．3．

略谈汉维语简单句的对比/古丽加玛丽．新疆教育学院学报．3．

撒拉族文化与委婉语/马伟．语言与翻译．3．

哈萨克语限制和否定语气助词/张定京．中央民族大学学报．2．

哈萨克语知情语气助词/张定京．民族语文．6．

哈萨克语关注格助词/张定京．语言与翻译．7．

哈萨克语的词义关系/黄中祥．新疆大学学报．1．

哈萨克语的词义类型/黄中祥．语言与翻译．4．

哈萨克语词义的变化/黄中祥．伊犁师范学院学报．4．

哈萨克族的“巴塔”习俗及其语言/周亚成　古丽巴克．语言与翻译．4．

雅库特语与柯尔克孜、维吾尔语语音比较/侯尔瑞．中央民族大学学报．1．

二十一世纪与蒙古语言/乌·满达夫．西北民族研究．1．

蒙古语“库仑”的文化释读/斯钦朝克图．民族研究．4．

祖先崇拜与生殖器名称/斯钦朝克图．民族语文．4．

蒙古语中的塞擦音c/［苏］H·B·巴德加耶夫著　范丽君译．蒙古学信

息. 3.

蒙古语中谐音对词的构成及理据/李军萍. 解放军外国语学院学报. 5.

蒙古语中的循环音节划分/［瑞典］杨—奥洛夫斯万特森著　白梦璇译. 蒙古学信息. 1.

蒙古语韵律特征声学参数数据库/呼赫　陈嘉猷　郑玉玲. 内蒙古大学学报. 1.

蒙古语多方语音识别及共享识别模型探索/伊·达瓦　［日］大川茂树　白井克彦. 中央民族大学学报. 4.

蒙古语主要方言的声学和音律特征分析分类/伊·达瓦　［日］大川茂树　白井克彦. 民族语文. 1.

论蒙古语元音的阳性向阴性演化——兼谈土默特部名称的演变/张双福. 蒙古学信息. 2.

关于蒙古语人称代词词干变格问题/哈斯巴特尔. 民族语文. 3.

蒙古语助动词与英语助动词的比较——兼谈蒙语助动词的虚化/白梦璇. 内蒙古大学学报. 6.

关于蒙古语集合数词缀-γula，-güle 的来源问题/哈斯巴特尔. 内蒙古大学学报. 6.

蒙古语的 bilig、bölög、keseg 突厥语的 bil-、bøl-、kes-/高·照日格图. 内蒙古大学学报. 1.

蒙古语联系助动词“ge”和满语联系助动词“sembi”的比较研究/晓春. 满语研究. 1.

论蒙古语构形法归属问题/德力格尔玛. 中央民族大学学报. 5.

布里亚特语的形成/［俄］и·п·布拉耶夫著　范丽君译. 蒙古学信息. 4.

朝鲜司译院蒙古语教习活动研究/乌云高娃. 中央民族大学学报. 4.

阜新境内蒙古语地名“沙力士”渊源考/刘建亚. 满族研究. 4.

元明戏曲中的蒙古语续考（连载）/方龄贵. 西北民族研究. 1、3.

关于回鹘式蒙古文文献中梵语借词的转写特征/正月. 内蒙古大学学报. 6.

关于《蒙古语新文字方案》的初步设想/贾木查. 新疆大学学报. 3.

天命天聪年间蒙古文档案译稿（上、中）/中国第一历史档案馆　李保文编译. 历史档案. 3－4.

关于德国出版的桦树皮蒙文文献——兼评《蒙古科学院收藏的从哈喇布罕·巴尔嘎松发现的桦树皮文献》一书/乔吉　乌力吉．蒙古学信息．3.

关于蒙古文报刊史研究中的几个问题/朝克图．蒙古学信息．4.

《蒙话报》研究/忒莫勒．蒙古学信息．3.

土族语长元音的形成/李美玲．西北民族研究．1.

土族语词首清擦音 f 的演变/李美玲．青海民族学院学报．1.

土族《格萨尔》中土族语与藏语音系之比较研究（一）/王国明．西北民族学院学报．4.

达斡尔族语言文化结构与发展态势/丁石庆．语言研究．2.

论清代“达呼尔文”的历史文化价值/丁石庆．黑龙江民族丛刊．3.

关于通古斯诸语和爱斯基摩语共有名词/朝克．满语研究．1.

从核心关系词的分布看蒙古语和满通古斯诸语的词汇关系/孟达来．满语研究．1.

21 世纪满通古斯语言文化研究的新发展/赵阿平　杨惠滨．满语研究．2.

关于女真语研究/朝克．民族语文．1.

《女真译语》中的遇摄三等字/孙伯君．民族语文．4.

论女真语、满语在东北史研究中的作用/徐俐力　张泰湘．满语研究．2.

满语口语研究的重音问题/黄锡惠．满语研究．1.

关于满语 - mbi 词缀/哈斯巴特尔．满语研究．1.

关于满语第一人称复数代词/［日］津曲敏郎著　朝克译．满语研究．2.

蒙古语和满语基本颜色词的比较研究/高娃．满语研究．2.

中国东西部民族语地名修辞方法初探——以满语与苗语地名为例/金美．满语研究．2.

入关前满族语言中的物资经济文化基因/杨惠滨．满语研究．1.

满族文字的异质文化影响（一）/黄锡惠．满语研究．2.

简述乾隆时期满语文的推广、应用及发展/邹兰欣．满族研究．1.

评《满文大藏经》的语言学价值/春花．故宫博物院院刊．6.

浅析《满文老档》的文学描写/张德玉　蔡雅文．北方民族．4.

康熙《御制清文鉴》选词特点举要/江桥．满语研究．1.

关于江宁将军额楚满文诰封碑/刘小萌．满语研究．1.

二十世纪四十年代几种《俗文学》周刊中有关“满汉兼”及满文译本的研究/关家铮．满族研究．3．

现代锡伯口语复合音探析/安成山．语言与翻译．2．

鄂伦春语使用现状分析/徐世旋　关红英．满语研究．1．

鄂温克语形态类型的对比分析/黄行．满语研究．1．

鄂温克和达斡尔语、蒙古语的形动词比较/斯仁巴图．满语研究．1．

展望21世纪的中国朝鲜语/李德春　金基石．延边大学学报．1．

中国传统文化对朝鲜族书面语表达的影响/陈维新　金德子．东疆学刊．1．

近代朝鲜文献中的汉朝对音转写问题/李德春．民族语文．2．

关于《朝汉文字混用》问题的调查报告/延边朝鲜族自治州社会科学院课题组．北方民族．3．

汉语“动词＋结果宾语”在朝鲜语中的对应/黄玉花．中央民族大学学报．1．

浅析朝鲜语数词与阿尔泰语系的关系/黄晓琴．语言与翻译．4．

有关朝鲜语词类问题上的不同观点评析/金日　毕玉德．民族语文．6．

关于朝鲜司译院清学书的谚文对音的性质/［日］菅野裕臣著　孟达来译．满语研究．1．

佤语前置音/赵岩社．中央民族大学学报．4．

塞德克语动词命令式的协和音变/陈康．民族语文．5．

湘西苗语研究五十年（1949—1999）/杨再彪　龙兴武．湖北民族学院学报．2．

韩国蒙古语研究/［韩］成百仁著　穆仁译．蒙古学信息．3．

报国书生一片心——平凡而又伟大的学者于道泉/王尧．中央民族大学学报．3．

严学宭先生学行记略/刘宝俊．中南民族学院学报．6．

沉痛悼念著名语言学家王辅世先生/《民族语文》编辑部．民族语文．6．

二十四史中亚（广义）资料维吾尔文译注工作概述/陈世明．西域研究．4．

民族语文工作纪事（1999年12月—2000年12月）/郭阳．民族语文．6．

汉语方言和少数民族语言研究座谈会纪要/《方言》编辑部．方言．3．

汉语方言和民族语言动词体貌问题学术研讨会/傅爱兰．方言．3．

波恩第一届国际满—通古斯学大会（ICMTS）综述/江桥．满语研究．1．

21世纪满通古斯语言文化与人类学学术研讨会纪要/郭孟秀．满语研究．2．

黑龙江省满通古斯语学会第二届理事会工作报告及第三届理事会工作计划/赵阿平．满语研究．2．

继往开来　再创辉煌——简述《西夏语比较研究》的学术价值/张安生．宁夏社会科学．2．

《语言与人类：中华民族社会语言透视》简介/斯钦朝克图．民族语文．3．

对比语言学研究的新探索——读《汉维语音对比研究与维吾尔语音析辨》/陈燕燕．中央民族大学学报．6．

珠联璧合　光疏媒质——读《蒙古语青海方言辞典》/贾晞儒．西北民族研究．2．

积极探索　增进沟通　促进发展——《西域翻译史》评述/塔依尔江．西域研究．1．

建国50年来少数民族文字图书出版状况分析/菅志翔．西北民族研究．1．

少数民族古籍的科学管理和开发利用/包和平．中国图书馆学报．1．

西部大开发与少数民族古籍整理/马勇．西南民族学院学报．6．

略论西部少数民族文献信息资源开发利用/安群英．西南民族学院学报．8．

继往开来加倍努力全面推进辽宁的少数民族古籍工作/阎向东　陈峻岭．满族研究．3．

辽宁省图书馆馆藏满文古籍书说/卢秀丽．满族研究．2．

黑龙江省少数民族古籍整理工作综述/张嘉宾．黑龙江民族丛刊．4．

蒙古民族优秀文化典籍总汇——记《中国蒙古文古籍总目》/乌林西拉．内蒙古民族大学学报．2．

藏文古籍文献述略/阿华．青海民族研究．3．

谈藏文文献的开发和利用/阿华．中国图书评论．3．

五省区藏文古籍第七次协作会议在成都召开/阿华．中国藏学．1．

试论民族古籍整理的科学性——以壮族古籍整理为例/梁杏云．广西民族研究．1．

民族文学艺术

少数民族文学在中国文学史上的地位/赵志忠．中央民族大学学报．5．

民族出身与民族文学——兼及民族文学的范畴与界定/杨春．中央民族大学学报．6．

论中国精神文明与少数民族文学之关系/栗原小荻．西北民族学院学报．3．

20世纪的中国少数民族文学研究/梁庭望．西南民族学院学报．1．

中国少数民族史编写中的学科问题与现代性意识形态/吕微．民族文学研究．1．

中国当代少数民族文学话语权评析/栗原小荻．西南民族学院学报．9．

文学人类学：中西交流中的兼容与发展/徐建新．思想战线．4．

弗莱的文学人类学思想/叶舒宪．内蒙古大学学报．3．

东北亚诸族创世与起源神话考原：兼与"东北亚的圣母柳花"说商榷/喻权中 张碧波．社会科学战线．1．

论我国通古斯诸民族神话传说中的动物崇拜/汪立珍．满语研究．1．

"西王母神话"与"青海环湖"民族原始审美观/王志强．青海民族研究．2．

西王母传说的人类学重构/萧兵．民族艺术．2．

日月神话及其寓意探析：原始神话的世界性透视/高福进．思想战线．5．

地陷型传说中禁忌母题的历史流程及其道德话语/万建中．广西民族学院学报．2．

从中西神话之异看文学民族特色的历史渊源/刘长．云南民族学院学报．6．

民族民间童话中的"善恶报应"观念兼论/肖远平．贵州民族研究．2．

一个多民族传承的故事类型之比较/刘守华．中央民族大学学报．1．

人与动物同舟共济："感恩的动物忘恩的人"解析/刘守华．西北民族研究．2.

欲盖弥彰　遭遇灭亡："头上长角"型故事试析/林继富．西北民族研究．2.

多行不义必自毙："夺妻败露型"故事解析/顾希佳．湖北民族学院学报．1.

民族音乐学及其发展概况和研究范畴/汪平．宁夏大学学报．3.

音乐在少数民族社会交往中的作用：以南方民族和国外一些民族"乐器说话"现象为例/白兴发．西南民族学院学报．6.

西北地区回族、撒拉族、维吾尔族民间婚俗舞蹈比较/马盛德．西北民族研究．1、3.

论民族审美人类学领域的开拓和扩展/张利群．广西民族研究．2.

少数民族审美文化的现实困境与相关理论的探讨/张胜冰　魏云．思想战线．6.

民族宗教文化的审美透视/朱堂锦．民族艺术研究．1.

我国西部少数民族民歌的审美意蕴/吕霞．青海民族学院学报．2.

西部民族歌舞的审美风韵/吕霞．青海社会科学．3.

传统民族图案的美学特色/星亮．青海民族研究．3.

中国清真寺楹联赏析/李传明．西北第二民族学院学报．4.

论南永前图腾诗的文化价值/邹建军．北方民族．3.

中国西南傩戏论述/庹修明．贵州民族学院学报．4.

马头琴源流考/柯沁夫．内蒙古大学学报．1.

民乐神韵　中国古代北方民族乐器欣赏/郝凤亮．中国收藏．7.

青海少数民族文学发展的历史回顾/胡芳．攀登．5.

20世纪下半叶新疆多民族文学交流影响初探/张明．民族文学研究．2.

女性体验与男权意识：云南当代文学文本中少数民族妇女形象的文化分析/张立明．思想战线．2.

云南少数民族文学与外国文学/张直心．云南社会科学．3.

寻找民族文化之根：云南文学文本中出行与回归模式探略/章立明．学术探索．1.

中国美学与民族艺术学术讨论会综述/王美津．思想战线．2.

《蒙古族文学史》首发式暨出版座谈会综述/金海．蒙古学信息．3.

此身愿向画中投　栩栩常作逍遥游——纪念裴建準先生诞辰 115 周年暨逝世 25 周年/马明达．甘肃民族研究．3.

渤海国历史文化研究的基石——谈刘国宾《渤海诗文辑校》/江林昌．社会科学辑刊．1.

集腋成裘　后来居上——谈《渤海诗文辑校》/徐立亭．中国图书评论．6.

一源能讨尽　万卷岂辞劳——《曹雪芹家世新证》/周汝昌．满族研究．2.

中国卫拉特古代文学研究的一个里程碑——评《卫拉特蒙古古代文学简史》/斯钦巴图．新疆师范大学学报．3.

一部填补文学史空白的学术著作——评《鄂温克族文学》/于晓飞．黑龙江民族丛刊．3.

《穆斯林名家名作简析》序/李佩伦．回族研究．3.

"花儿"理论研究与基础工作的关系——《花儿词话》序/赵宗福．青海民族研究．4.

评《锡伯族民歌集》/张佳生．满族研究．2.

东方口头语言艺术的奇葩——《西藏民间故事》序/刘守华．中国藏学．3.

国家级重点教材《彝族文学概论》出版/罗小文．西南民族学院学报．12.

牛津大学出版纳西音乐专著/戈阿干．云南民族学院学报．2.

再读《广西瑶歌记音》/李在镒．方言．3.

历史文化蕴歌中——《毛南族民歌》赏读/莫家仁．广西民族研究．1.

了解毛南文化的理想窗口——评《毛南族民歌》/黄毅．广西梧州师范高等专科学校学报．3.

幽光重现的民族文化瑰宝——评《田氏一家言》诗评注/褚斌杰．湖北民族学院学报．4.

民族诗库的瑰宝，诗歌评注的力作——读《田氏一家言》评注本/丘铸昌．湖北民族学院学报．4.

多维视野中的杜甫及其西域边塞诗/刘艺．西域研究．1.

试探岑参诗中的西域胡人/谢建忠．西南民族学院学报．11．

论魏晋时北朝民歌的英雄崇拜/周丽玲．贵州民族学院学报．4．

初唐四杰的边塞诗与盛唐边诗之比较/张福庆．外交学院学报．2．

也谈高句丽柳花神话/杨军．社会科学战线．1．

辽金文学鸟瞰/周惠泉．文史知识．8．

论辽代的多民族文学（上）/周惠泉．北方民族．4．

西夏诗歌概论/冯剑华．宁夏大学学报．4．

穆桂英人物原型出于党项考/汤开建．西北民族研究．1．

元代少数民族汉语诗歌景物描写的特点/杨泉良．中南民族学院学报．1．

“白马秋风塞上”——元代少数民族边塞诗简论/童凤畅．青海师范大学学报．3．

清代白族、壮族、土家族的妇女诗歌/祝注先．中南民族学院学报．1．

萨满诗歌与满族民歌/李志杰．满族研究．2．

满族民歌格律初论/友兰．北方民族．3．

流传在承德的满族歌谣/杨林勃．满族研究．4．

满族萨满英雄史诗《乌步西奔妈妈》初探/郭淑云．黑龙江民族丛刊．1．

叶赫满族口碑文学的文化内涵/柴运鸿．北方民族．4．

试论纳兰性德的边塞词/季祝平．华南师范大学学报．6．

浅谈曹雪芹诗词的审美趣味/乌润龄．满族研究．3．

满族作家唐鲁孙事略考/李凝祥．满族研究．1．

清代作家佟世思/高兴璠．满族研究．1．

中国朝鲜族女性文学的特点/吴相顺．黑龙江民族丛刊．2．

改革开放与朝鲜族女性文学/吴相顺．黑龙江民族丛刊．1．

朝鲜族音乐“长短”与舞性/池福子．中央民族大学学报．2．

神谣与神歌——中国赫哲族与日本阿伊努民族民间文化之比较/黄仁远　于晓飞．北方民族．3．

赫哲族的口头文学——伊玛堪/李秀华　黄儒敏．佳木斯大学社会科学学报．4．

满—通古斯语族民间文学的奇花异葩——赫哲族的伊玛堪与鄂温克族民间传说的比较/吴桂华．民族文学研究．2．

元明清时期蒙古人的摩诃葛刺神崇拜及其相关文学作品研究/那木吉拉．

中国藏学．1．

蒙古神话和英雄史诗中的印度日月蚀神话影响/那木吉拉．民族文学研究．2．

蒙古族北斗七星神话比较研究/那木吉拉．中央民族大学学报．6．

关于蒙古英雄史诗始创时期及其相关问题/孟克吉雅．黑龙江民族丛刊．3．

蒙古神话与佛教文化关系研究综述/纳吉木拉．内蒙古民族大学学报．1．

蒙古族神话中的腾格里形象初探/纳吉木拉．西北民族研究．2．

蒙古族识宝传说研究/陈岗龙．民俗研究．2．

蒙古和朝鲜民间故事之比较研究——浅析“葫芦和富人”的传说/［韩］宋上光著　穆仁译．蒙古学信息．4．

歌唱生命——《江格尔》门外谈/王佑夫．新疆师范大学学报．3．

说唱的艺术　诗化的叙述——《江格尔艺术论》之五“叙事论”/张越．新疆师范大学学报．3．

从《江格尔》的分布情况论证其产生定型的地域与时间/孟克．新疆师范大学学报．3．

珍贵的财富　艺术的宝藏——谈挖掘整理蒙古族民间文化艺术遗产/阿尔斯楞．北方民族．1．

布里亚特收藏的《甘珠尔》和《丹珠尔》/［俄］噶尔玛耶娃　申屠榕译．蒙古学信息．1．

论山林鄂温克族民歌的思想内涵/汪丽珍．中央民族大学学报．3．

简论鄂温克族以驯鹿为造型的艺术/哈那斯　石均．黑龙江民族丛刊．2．

回族文学的萌芽——唐宋回族民间文学/吴海鸿．西北第二民族学院学报．1．

西北回族的文化艺术/王伏平．回族研究．2．

回回古诗用韵考/张竹梅．西北第二民族学院学报．1．

回族建筑装饰艺术管窥/冰河．甘肃社会科学．5．

元代回族诗人丁鹤年与道教/张泽洪．回族研究．3．

元代回回高克恭存逸画推索/冯雪红　吴建伟．回族研究．3．

族教之光　艺苑昆仑——京剧艺术大师优素福·马连良百年诞辰祭言/李佩伦．回族研究．4．

土族女词人李宜晴词艺探析/胡芳．青海民族研究．2.

民和土族“纳顿”面具艺术述略/胡廷．青海民族学院学报．1.

撒拉族民间文学中的民俗事象透视/毛巧晖．青海民族研究．3.

裕固族工艺美术与审美/冰河．甘肃民族研究．4.

史诗《玛纳斯》的阿富汗变体/曼拜特．西域研究．1.

试论《福乐智慧》的价值/佟德富．中央民族大学学报．3.

近年维吾尔古典文学研究的新成果/伊明江·艾合麦迪．西域研究．4.

现代维吾尔戏剧文学流变研究/穆罕默德·艾沙．中央民族大学学报．2.

哈萨克谚语的修辞特征/黄中祥．民族文学研究．2.

关于藏族文学史的分期问题/岗措．中央民族大学学报．3.

藏族韵文体民间文学中的民俗因素/李晓丽．青海民族研究．3.

藏汉古代长篇小说的文化意蕴/汤立民．西南民族学院学报．3.

关于藏族传统美术理论的定位及其现状和发展/阿旺晋美．中国藏学．3.

论藏族民间歌舞堆协的阳刚与囊玛的阴柔特征/米玛洛桑．中国藏学．3.

康巴卓舞及其艺术特色/泽仁拉姆．青海民族学院学报．2.

浅谈西藏歌曲的演唱风格与技巧/孟新洋．西藏研究．2.

浅谈藏式建筑的装饰艺术/噶玛沃赛．青海民族研究．4.

阿里古格佛教壁画的艺术特色/康·格桑益西．西藏研究．4.

扎塘寺壁画与敦煌艺术/张亚莎．中国藏学．4.

也谈仓洋嘉措的诗歌创作/星全成．青海民族研究．3.

格萨尔史诗的源头及其历史内涵/尊胜．西藏研究．2.

论宗教与《格萨尔》的关系/角巴东主．青海社会科学．2.

试论《格萨尔》史诗的六大特征/曼秀·仁青道吉．西北民族学院学报．4.

《格萨尔》人物性格塑造的方式/赵秉理．青海民族学院学报．4.

格萨尔诞生地考/索南卓玛．青海民族研究．2.

羌族释比戏和花灯戏的源流沿革及艺术特色/马成富　郭娅．西南民族学院学报．9.

《彝族古代文艺理论丛书》与中国彝族古代史学理论的被发现/向中银．贵州文史丛刊．3.

彝族舞蹈“阿西跳月”的文化特征浅析/普丽春．思想战线．2.

凉山彝族传统民间歌舞/罗曲. 西南民族学院学报. 10.

白族洞经音乐/李永辉. 大理文化. 2.

论丽江“白沙细乐”的风格形成与现代化发展/杨曦帆. 西南民族学院学报. 9.

论哈尼族神话的“期待原型”/李光荣. 云南师范大学学报. 1.

论哈尼族文学的“祖先原型”/李光荣. 民族文学研究. 1.

佛教故事与傣族《召树屯》故事渊源/郑筱筠. 云南社会科学. 2.

从创始神话中探讨傈僳族的远古生活/黄昌莉. 中央民族大学学报. 1.

论佤族舞蹈的多元文化特征及其社会功能/张宝华　王晓惠. 云南师范大学学报. 6.

拉祜族神话史诗《牡帕密帕》的文化特点/晓根. 云南民族学院学报. 5.

拉祜族迁移历史的形象概括——拉祜族民间文学《根古》初探/郭继红. 思茅师范高等专科学校学报. 4.

对《苗族古歌日月神话浅析》的再思考/张启成. 贵州民族研究. 4.

苗族鼓乐舞的文化形态学阐述/梁子. 贵州民族学院学报. 3.

简论布依族民间文学中的女性形象/谷因. 贵州民族研究. 2.

布依族神话史诗《安王和祖王》与舜、象故事/谷因. 贵州民族学院学报. 2.

浅谈布依族神话和民间故事中的哲学思想/王鸣明. 贵州民族研究. 4.

布依族情歌语言的审美特征与布依人的审美意识/贺又宁. 贵州民族研究. 1.

文化基因和社会条件：侗族大歌多声成因一说/杨方刚. 贵州民族学院学报. 1.

略论六洞地区侗族说唱音乐/吴媛姣. 贵州民族学院学报. 2.

侗族“情人歌”的失恋人物形象阐释/张泽中. 怀化师专学报. 1.

壮族神话谱系及其内涵述论/农冠品. 广西右江民族师专学报. 3.

对智的礼赞与生的求索：从梁祝故事的“壮化”看壮族文化的审美意蕴/陆晓芹. 广西民族学院学报. 4.

云南瑶族歌谣的分类及其社会文化功能/徐祖祥. 西南民族学院学报. 10.

瑶族漂洋过海审美初探/蓝克宽. 广西民族研究. 4.

族性中的音乐叙事：以瑶族的“叙歌”为例/彭兆荣．音乐艺术．2.

巴人古歌试释——土家族《廪歌》考辨/熊晓辉．怀化师专学报．6.

七姓证盟西迁与隐居的史诗——武陵山腹地的廪歌研究/谭必友．中央民族大学学报．1.

土家族歌舞音乐语义特征论/田世高．湖北民族学院学报．3.

试析一组与妇女纹面风俗有关的黎族传说/陈金文．民族文学研究．2.

黎族民间故事论析/陈立浩．琼州大学学报．2.

描绘理想社会的畲歌《封金山》/雷阵鸣　蓝细宽．中南民族学院学报．1.

民族教育

认真学习贯彻江总书记重要讲话努力开创新世纪民族教育工作新局面/夏铸．中国民族教育．4.

发展中再谱民族高等教育新篇章——学习江泽民同志“七一”重要讲话体会/罗布江村．西南民族学院学报．11.

中央第三代领导集体发展民族教育的战略决策/任中夏．中央民族大学学报．1.

论新中国民族教育实践的成就/孟立军．民族教育研究．1.

新中国民族教育大事记略/李云昌　周莉．中国民族．2.

民族教育研究：“九五”回顾与“十五”展望/李东成．中国民族教育．2.

新世纪展望民族教育的新发展——2001 年民族教育工作要点及“十五”展望/夏铸．中国民族教育．1.

振兴教育事业　复兴中华民族——世纪之初关于民族教育的思考/吴仕民．中国民族教育．1.

走向新世纪，实现民族教育的新发展/爱民布和．中国民族教育．1.

树立大教育观　振兴民族教育/张景梅．贵州民族学院学报．4.

创新教育：民族教育发展的主动权/李伟．辽宁师范大学学报．3.

正确认识民族教育特征，促进民族教育改革与发展/黄胜　黄育云．黔南民族师范学院学报．2.

改革与发展民族教育应与时俱进/韩英烈．中国民族教育．6.

发展民族教育必须实行五个结合/孟立军．黑龙江民族丛刊．2.

西部大开发中民族教育应如何优先发展/马文华．中国民族教育．2.

西部大开发与“少数民族教育优先发展”的构思/王鉴．民族教育研究．4.

西部大开发与民族教育/刘笑燕．内蒙古大学学报．2.

西部大开发与民族教育/朴今海．宁夏社会科学．3.

西部大开发背景下民族教育发展的新举措/张丽君．民族教育研究．3.

关于西部民族教育与社会经济发展战略指导思想的思考/吴春苗　黄育云．凉山大学学报．4.

略论西部大开发与民族院校的发展/普丽．西北第二民族学院学报．2.

浅议西部民族教育发展现状及对策——以甘肃、四川民族教育为例/旷平昌　黄晓平．学术探索．专刊.

论少数民族的教育平等权和自主权/宝玉柱．民族教育研究．3.

民族地区教育跨越式发展的思考/景志明．云南社会科学．5.

继承和发展少数民族传统教育是发展民族地区现代教育的基础/曲木铁西．中央民族大学学报．2.

实现民族教育现代化与可持续发展刍议/凌绍崇．广西右江民族师专学报．4.

民族文化传统与教育的现代转化/顾明远．杭州师范学院学报．6.

奠定民族地区腾飞新基础的伟大工程/肖荣．民族教育研究．1.

民族贫困地区教育发展面临的突出问题及对策/陈立鹏．中国民族教育．3.

浅谈少数民族学校走出困境的最佳途径/乌云达来　吴宝柱．黑龙江民族丛刊．3.

少数民族地区教育投入的统计研究/喻云涛　陈路．云南民族学院学报．3.

少数民族地区师资建设刍议/游俊．湘潭师范学院学报．1.

从控制论的角度看民族地区学校的课堂教学/黄明光．广西教育学院学报．2.

中国民族教育的特殊办学模式/黄明光．广西社会科学．4．

边远少数民族地区学生思想品德教育的对策研究/褚远辉．伊犁师范学院学报．1．

立足现实开拓创新全面推进素质教育——对民族贫困地区实施素质教育的思考/张朝勇．中国民族教育．6．

民族语文教育与素质教育/朴泰秀．黑龙江民族丛刊．2．

试析心理语言学在少数民族地区双语教学中的运用/车金明．中国民族教育．2．

创新教育与汉语教学/阿迪里居玛洪．中国民族教育．3．

试对比分析对外汉语与少数民族汉语文化教学与研究/贺群．西北民族学院学报．4．

民族数学与民族数学教育/郭永发．青海民族研究．2．

边疆民族学生心理障碍成因及其对策研究/李辉　李红．云南师范大学学报．6．

民族高等教育发展模式探讨/赵巧华　杨士宏．甘肃民族研究．4．

当代国外多元文化教育对我国民族地区教育启示/刘启艳．贵州民族研究．2．

在改革和探索中发展少数民族女童教育/王振岭．民族教育研究．4．

采取灵活政策，发展女童教育：聚焦困境中发展的撒拉族女童教育/刘俊杰　陈琥．中国民族教育．2．

试论边远民族基层社区扫盲与培训项目的开发/朱恒跃　常永才．中国民族教育．2．

加快少数民族贫困地区普及义务教育步伐的研究与实验/王嘉毅　吕国光　白芸．西北师大学报．3．

论普及义务教育在西部民族地区的巩固与深化——从贵州民族地区普及义务教育谈起/任一明．民族教育研究．3．

中国民族高等教育50年回顾与展望/杨胜才．高等教育研究．5．

21世纪民族高等教育的改革与发展/王玲．西南民族学院学报．12．

关于21世纪初我国少数民族高等教育发展战略若干问题的思考/陈巴特尔．中央民族大学学报．6．

多元文化教育理念与中国的民族高等教育/黄骏．黑龙江高教研究．6．

高等学校要为发展民族教育做出更大贡献/程黎阳．黑龙江民族丛刊．1.

民族高等教育发展模式探讨/赵巧华 杨士宏．甘肃民族研究．4.

西部地区民族高等教育的发展思路探析/普丽春．民族教育研究．3.

民族高等教育应坚持“和而不同”的办学理念/郎军萍．中南民族学院学报．5.

略论我国民族高等教育结构的战略性调整/曹红霞．中南民族学院学报．5.

西部大开发与民族高等院校的发展/刘吉昌．民族教育研究．1.

知识经济与民族地区高校教学改革/谭志松 王世枚．湖北民族学院学报．3.

新成果 新起点/教育部民族教育司．中国民族教育．1.

民族学院发展的历史经验/刘志荣．西南民族学院学报．6.

论民族院校在西部大开发中的地位和作用/龙玉梅．西北民族学院学报．5.

遵循教育和民族工作的双重规律是办好民族学院的关键/刀波．中央民族大学学报．4.

我国民族院校研究生教育的现状与改革/孟立军．中南民族学院学报．5.

民族地区高校科研管理与科研产业化/孙力．西北第二民族学院学报．2.

关于民族院校课程改革的研究/郑一筠 麻秀成．民族教育研究．1.

民族院校要为西部大开发提供人才支持/奉江．广西民族学院学报．2.

民族院校：培养民族教育师资的重要阵地/常永才．广西民族学院学报．5.

加强民族院校师资队伍建设的思考/龚志伟．西北第二民族学院学报．1.

论民族院校思想政治教育的特殊性/朱为鸿 李小宁．中国民族教育．1.

世纪之交西部少数民族大学生思想政治状况的调查研究/黄泽文．中央民族大学学报．4.

当代民族大学生素质教育的构想/张海育．青海民族研究．4.

少数民族大学生文化素质状况调查/冶生贵．甘肃民族研究．1.

浅谈西部大开发中少数民族大学生心理素质教育/戚甫娟．中央民族大学学报．2.

少数民族大学生心理素质的调查与分析/康春英．甘肃民族研究．4.

西部少数民族大学生素质特征分析及培养/李静．高等理科教育．2．

汉、藏、维吾尔族大学生自我意识的跨文化研究/王树秀　井卫民．西北师大学报．1．

内地高校少数民族大学生心理卫生状况：SCL－90测量与分析/常永才．中央民族大学学报．5．

浅析高校少数民族特困生的择业心理/普丽春．云南民族学院学报．2．

论民族院校毕业生就业难之原因与对策/兰树林．西南民族学院学报．2．

少数民族大学毕业生择业变通性及完善性准备/张超．西南民族学院学报．9．

半个世纪的风采——中央民族大学校庆50周年/中央民族大学党委宣传部．中国民族教育．3

新世纪再创中央民族大学的特色和优势/荣世星．中国民族教育．1．

中央民族大学的特殊地位和作用/梁庭望．中央民族大学学报．3．

在西北民族学院建校五十周年庆祝大会上的讲话/费孝通．西北民族研究．1．

发展民族教育　为促进各民族共同繁荣而奋斗——纪念西南民族学院建校50周年/罗布江村　陈玉屏．西南民族学院学报．6．

西南民族学院创建回顾/张天伟．西南民族学院学报．6．

辉煌的历程——云南民族学院50年/中国民族教育．5．

云南民族学院五十年/周凡．云南民族学院学报．6．

努力发展民族教育　大力培养少数民族人才——庆祝云南民族学院成立五十周年/王大昆　赵嘉文．云南民族学院学报．5．

论“团结、高尚、博学、创新”的云南民族学院校训/字如祥　王江屏．云南民族学院学报．5．

迎接知识经济时代　加快民族职业教育发展/韩珍．青海民族研究．1．

西部民族职业教育论/徐敏．贵州民族研究．2．

民族贫困地区职业技术教育与区域经济开发/唐志君　覃小林．吉首大学学报．2．

职业教育与族群的生存发展——以法国瑶族为例/徐桂兰．广西大学学报．5．

少数民族贫困地区成人教育发展战略研究报告/彭广荣．民族教育研究．

1.

民族地区成人教育内涵式发展模式及其实施依据/田恒俊. 湖北民族学院学报. 4.

开拓女性教育研究的新领域——评《新疆少数民族女性教育研究》/墨愚. 民族教育研究. 2.

把握时代脉搏，开拓民族地区职业技术教育新途径：《四川藏区职业技术教育研究》述评/杨嘉铭. 康定民族师范高等专科学校学报. 1.

四川民族教育研究的新收获：《四川藏区职业技术教育研究》读后/杨健吾. 康定民族师范高等专科学校学报. 1.

清末民国间边疆少数民族地区教会学校述略/徐永志. 民族教育研究. 2.

辽宁省民族教育改革发展总体情况报告/李树森. 满族研究. 2.

清代双城堡地区满语文教育状况考/张虹. 满族研究. 1.

清末青州的满族教育/刘明新　李凤琪. 民族教育研究. 3.

五常市、尚志市朝鲜族教育专题调查报告/吴克尧. 黑龙江民族丛刊. 3.

浅谈黑龙江省民族教育现状及发展思路/卢范植. 黑龙江民族丛刊. 3.

蒙古族的传统教育与民族凝聚力/洪玉范. 青海民族研究. 4.

清代蒙古族寺院教育及其语言教育/宝玉柱. 中央民族大学学报. 5.

陶行知与内蒙古的平民教育/涂雪峰. 内蒙古民族大学学报. 2.

民族教育与民族发展——以鄂伦春为例/白兰　麻秀荣. 黑龙江民族丛刊. 3.

黑龙江省鄂伦春族教育的历史与现状/任国华. 民族教育研究. 4.

回族家庭教育的特点/海存福. 回族研究. 2.

回族语言、回族教坊与回族社区幼儿教育/马以念　沈惠. 民族教育研究. 4.

马邻翼与新式回民教育/李安辉. 甘肃民族研究. 1.

宁夏高校回族预科教育的地位、发展及其基本经验/周瑞海. 回族研究. 3.

泾源回族教育50年/马三保. 回族研究. 2.

青海省回族女子基础教育现状及对策/王印堂. 青海民族研究. 3.

云南回族教育的传统与走向/纳麒. 思想战线. 1.

试论教育在东干文化传承和发展中的重要意义/丁宏. 中国少数民族人

口. 1.

甘肃民族基础教育的问题与对策/杨军. 西北民族研究. 2.

改革开放后甘肃民族教育的发展探索/何永忠. 民族教育研究. 4.

甘肃民族地区教育发展对策研究/范鹏. 甘肃社会科学. 6.

甘肃民族教育改革与发展综述/马劳周　安生明　李源. 西北民族学院学报. 1.

论甘肃少数民族地区师资队伍建设/王发斌　李红霞. 西北民族学院学报. 1.

浅议西部开发中临夏教育的发展现状及对策/马彩霞. 甘肃民族研究. 1.

保安族教育发展的现状、存在的问题及对策研究/李吉和. 甘肃民族研究. 2.

关于多元文化与河湟教育研究的几个问题/陈化育. 青海民族学院学报. 4.

影响河湟教育的文化因素分析/陈化育　马继文. 青海民族研究. 4.

马步芳对河湟教育的控制及教育的军事化/李臣玲. 青海民族研究. 3.

撒拉族农村地区的教育现状与困境/良警宇. 民族教育研究. 3.

近代新疆教育事业的三次盛衰/袁澍. 西域研究. 3.

新疆民汉合校的演变及其发展前景/李晓霞. 新疆大学学报. 2.

新疆高校招生中的民族政策述评/李维青. 新疆大学学报. 1.

新疆高校少数民族师资队伍建设的问题与对策/刘闽. 新疆师范大学学报. 1.

新疆高校民族师资配置的现状分析与对策构想/刘闽. 西北民族学院学报. 1.

新疆多民族聚居区中小学教师现状调查研究报告/孟凡丽. 新疆师范大学学报. 3.

试论藏族教育传统形态与当代形态/马进虎. 青海社会科学. 4.

西部大开发与藏区教育现代化若干问题思考/吕明海. 民族教育研究. 1.

采用现代化教育手段，提高藏族地区民族文化素质/杨改学　张莜兰. 民族教育研究. 2.

西藏农村基础教育的现状调查/周炜. 西藏研究. 1—2.

西藏古代的体育教育/丁玲辉. 西藏研究. 1.

1949年以前藏区教育研究述评/王启龙　邓小咏．西藏大学学报．4．

西藏教育50年回顾与新世纪的展望/吴德刚．中国民族教育．2—3．

藏、汉族中师生人格特征的比较研究/赵铭锡　刘暖．民族教育研究．4．

青海高原藏汉不同性别大学生特征的跨文化比较/宋兴川．西北第二民族学院学报．1．

迪庆藏区女性的教育和发展/杨国才　文华　钱丽梅．民族教育研究．2．

谈汉语文教学对藏族学生创新思维的培养/王举君．中国民族教育．1．

试论青海东部农业区藏族教育/豆改杰．青海民族研究．2．

四川藏区中等职业技术教育结构研究/唐明钊．西南民族学院学报．10．

关于西部开发中四川藏区教育培养目标的思考/邵陵．西南民族学院学报．12．

西部民族教育的现状、问题与任务——以四川民族教育为例/邓旭．西南民族学院学报．2．

四川省民族地区教育发展十年行动计划论析/贺雪梅．西南民族学院学报．8．

关于西部民族地区九年制义务教育办学模式的思考：从茂县羌族义务教育办学现状看西部民族教育改革/刘茜．西南师范大学学报．1．

蒙古族大学生性格特征及其成因/包冬梅．青海民族研究．1．

彝族《教育经典》浅论/黄建明．民族教育研究．2．

彝族传统文化与当代民族院校大学生的民族团结教育/潘正云．西南民族学院学报．3．

谈高校彝汉双语教育“一类模式”生源问题——兼谈与“二类模式”的关系/沈良杰　罗边木果．中国民族教育．4．

云南民族自治地方教育发展对策研究/辛爱洪．云南民族学院学报．4．

西双版纳傣、哈尼、布朗族妇女的教育比较/罗阳．云南民族学院学报．4．

哈尼族传统教育的内容、形式及特点/李泽然　车金明．民族教育研究．3．

传统文化与现代经济——对我国傣族传统教育的理性思考/赵玲．学术探索．3．

西部贫困山区民族教育发展滞后的症结及出路——以云南潞西市三台山

德昂族乡为典型的调查研究/李蔬君　李韬．中国民族教育．5.
论清代前期贵州民族教育的发展/张羽琼．贵州民族研究．2.
谈发展贵州少数民族地区基础教育/戴坚．贵州民族学院学报．1.
关于发展民族地区职业教育的思考——贵州民族职业教育调查报告/罗康隆　刘锋　李锦屏．民族教育研究．3.
历史上湘西苗疆的学校教育/姚金泉．民族教育研究．2.
对腊尔山苗族社区“扫盲”教育的思考/瞿州莲．民族教育研究．1.
山瑶女童教育现状及其对策/黄大族．民族教育研究．1.
略论重庆土家族教育的历史特点/谭再琼．贵州民族研究．3.
陕甘宁边区的民族教育方针政策及其实践/宋太成．黑龙江民族丛刊．4.
城市散居少数民族教育发展中的问题与对策——武汉市少数民族教育发展个案调研/曹红霞　麻秀荣．黑龙江民族丛刊．4.

民族人口

关于人类学的人口研究：与 Kertzer/王丹宇．中国人口科学．1.
少数民族流动人口与城市民族工作/周竞红．民族研究．4.
加强城镇散居少数民族人口工作推动民族地区发展/程昭星．黑龙江民族丛刊．3.
城市少数民族流动人口的新情况、新问题/胡令明．民族论坛．4.
略论我国少数民族人口流动及其影响/郑信哲．满族研究．1.
中国少数民族妇女贫困原因分析/嵇平平．中国少数民族人口．2.
树立婚育新风　消除农村传统生育文化/覃素媛．中国少数民族人口．2.
中国古代民族人口的迁移/刘淑英．中国少数民族人口．2.
明代少数民族人口/刘淑英．中国少数民族人口．3.
家谱资料在少数民族人口史研究领域中的作用/吴景山．中国少数民族人口．3.
西部大开发与民族人口战略/张天路．中国少数民族人口．3.
西部少数民族人口与发展/黄荣清．人口与经济．6.
西北地区川山回汉人口民族经济行为取向比较分析/柏建华．西北人口．

2.

性别视角与人力资源发展——《中国藏族人口与社会》/朱玲．中国藏学．4．

满族人口风情/文风．中国少数民族人口．．2．

中国朝鲜族人口问题浅论/吴天喜．黑龙江民族丛刊．3．

试论延边地区民族人口的构成/玄龙男．延边大学学报．3．

延边朝鲜族人口状况分析/金钟国．北方民族．1．

赫哲族人口的婚俗与特点/姜鸥．中国少数民族人口．2．

清末民国时期的藏传佛教与蒙古族人口/刘军．黑龙江民族丛刊．2．

蒙古族人口风情/文风．中国少数民族人口．3．

《中国穆斯林人口与文化》研讨会开幕词/杨圣敏．中国少数民族人口．1．

关于中国穆斯林人口几个问题的分析/张天路．中国少数民族人口．1．

中国穆斯林人口的地域分布/黄荣清．中国少数民族人口．1．

我国穆斯林人口的婚姻状况分析/马金．中国少数民族人口．1．

中国穆斯林各民族人口生育状况的比较分析/高玉梅．中国少数民族人口．1．

中国穆斯林女性人口就业状况研究/高杏华．中国少数民族人口．1．

新疆穆斯林人口年龄、性别构成/马寿海．中国少数民族人口．1．

论新疆突厥语穆斯林人口的发展状况与特点/程适良．中国少数民族人口．1．

《中国穆斯林人口与文化》研讨会概述/戴成萍．中国少数民族人口．1．

穆斯林人口的文化素质/任慧娟．中国少数民族人口．2．

清代新疆地区少数民族人口发展的经济环境/杨琰．西北人口．1．

新疆各民族人口的空间分布格局及变动/童玉芬　李建新．新疆大学学报．3．

人口流动与新疆社会经济发展/王颖．新疆大学学报．2．

新时期的新疆人口问题及其调控对策/张传国．人文地理．2．

新疆维吾尔族人口史考/刘淑英．中国少数民族人口．1．

维吾尔族妇女研究十年回顾/王海霞．中国少数民族人口．2．

新疆锡伯族人口综合研究/艾尼瓦尔·聂机木．西北人口．4．

西藏的人口构成与语言互动/周炜. 西南民族学院学报. 11.

西藏和平解放与人口增长/张天路. 中国西藏. 4.

西藏人口与民族繁荣初探/张天路. 南方人口. 1.

西藏城镇贫困人口及对策研究/彩云执笔. 西藏研究. 3.

明中后期青海河湟地区藏族人口数量考察/贾伟. 青海民族研究. 3.

青海省藏族人口生育状况的研究/银措. 西藏研究. 4.

清中后期四川人口逆向迁移及对边远民族地区开发的影响/邓前程. 西南民族学院学报. 10.

云南省份民族死亡率与人口平均预期寿命的分析/郭子宏　李燕　刘锦桃. 中国人口科学. 2.

试论石柱县人口的发展变化/张焰. 民族研究. 2.

土家族人口风情/文风. 中国少数民族人口. 4.

海南省少数民族人口/詹长智. 中国少数民族人口. 3.

世界民族

寄语新世纪：霸权的终结与民族的和解/郝时远. 世界民族. 1.

21 世纪世界民族问题的基本走向/郝时远. 国外社会科学. 1.

中国共产党国际民族问题理论述要/王希恩. 世界民族. 3.

民族共治论：对当代多民族国家族际政治事实的认识/朱伦. 世界民族. 4.

简论国家主权原则与民族自决原则之间关系的演化/程人乾. 世界民族. 2.

不同民族不同文化的相处之道——现代化问题与文化多样性/钟年. 世界民族. 6.

论跨界民族问题对我国安全的影响/阎文虎. 理论导刊. 11.

东北亚跨界民族的特点与民族工作/李红杰. 北方民族. 3.

云南跨界民族有关问题初探/杨剑波. 社会主义论坛. 6.

云南跨界民族与可持续发展——云南跨界民族研究三题/方芸. 云南社会科学. 5.

浅析民族主义/蒋彬．西南民族学院学报．12．

当代民族主义的类型学分析/魏光明．中南民族学院学报．2．

论民族主义/［英］以赛亚·柏林著　秋风译．战略与管理．4．

韦伯：民族主义，自由主义？/阎克文．读书．10．

全球化进程中的民族主义/庄明哲．世界民族．5．

全球化进程中的民族主义/陈晓律．世界历史．4．

全球化时代的民族主义及其影响/李晓伟　袁涛．云南民族学院学报．5．

全球化背景下的民族主义问题初探/刘靖华．现代国际关系．8．

全球化与民族主义：何中华教授访谈录/孙璐．探索与争鸣．2．

论中国人的“天下民族主义”/单纯．世界民族．2．

文化民族主义的困境与出路——一个社会文化的观点/刘久清．世界民族．6．

文化民族主义的理论基础/钱雪梅．世界民族．2．

民族主义与20世纪世界历史/王新刚．人文杂志．1．

二十世纪民族主义与国际关系/罗运璇．贵州民族学院学报．1．

20世纪民族主义的发展态势及对国家主权的影响/王佐龙．青海民族学院学报．3．

论东亚民族主义的类型与特征/李晔　耿昕．东北师大学报．5．

现代锡克民族主义产生的历史环境/杨振华．康定民族师范高等专科学校学报．3．

中东民族主义与中东国家现代化/田文林．世界民族．4．

伊斯兰原教旨主义对民族主义的思想挑战/刘中民．世界民族．6．

正确理解民族自决原则，坚决反对民族分裂主义/陈建萍．河北学刊．2．

民族分裂主义、宗教极端主义和国际恐怖主义与帕西地缘政治/安维华．国际政治研究．1．

民族、民族主义与民族分离——对冷战后民族主义的思考/谭宏庆．现代国际关系．9．

民族分离主义思潮及其对国家安全的影响/宋燕波．现代国际关系．4．

民族与神话/［波］克尔吉兹托夫·高里考斯基著　高原译．世界民族．4．

西方人的屠龙观念/吉成名．世界民族．3．

跨越人文类型的空间阻隔——社会人类学的观察方法与互联网时代的文化沟通/孙庆忠．世界民族．5.

伊达拉里亚人起源考/叶民　王敦书．世界历史．5.

古代巴尔干伊利里亚人述论/沈坚．世界历史．3.

对斯拉夫人发源地推论的分析/王丹．世界民族．5.

从跨文化比较角度谈东干学研究的价值/丁宏．世界民族．4.

中国世界民族学会第七届会员代表大会暨学术讨论会综述/马骅．民族研究 5.

中国世界民族学会第七届会员代表大会暨全国学术讨论会综述/劳焕强．世界民族．5.

《中国人类学逸史》的由来及其书评/王建民　李小敏　侯庸．世界民族．1.

民族主义：再生，还是消隐？——读《民族与民族主义》/程亚文．社会科学论坛．7.

论华族：从世界史与民族史的角度所作的探讨/陈衍德．世界民族．2.

台湾问题与海外华人反独促统/单纯．世界民族．4.

试论海外华人研究在汉民族研究中的地位与作用/葛公尚．世界民族．1.

促进中越边境民族文化与边贸良性互动的对策思考/李红．广西大学学报．2.

中国西南边疆的变迁与中缅佤族跨过国境格局的形成/何平．世界民族．5.

中缅边境跨境民族经济与民族关系的崭新发展/马太江　韦承二．西南民族学院学报．6.

日本人起源研究述论/王军　赵连泰．日本学刊．3.

论日本民族自然观与民族文化/张晓光．北方论丛．3.

日本穆斯林社会的形成与现状：东西文化交流中的新现象与新课题/王建新．回族研究．2.

日本及中国的稻作文化与祭祀/［日］伊藤清司著　张正军译．思想战线．2.

川端康成与日本民族文化/陆喜培．广西民族学院学报．6.

战后东南亚国家华人少数民族问题的由来/吴前进．亚太论坛．1.

东南亚国家转型期的民族和宗教冲突研究/姜杰　丁金光．山东大学学报．1．

论东南亚古代铜鼓文化及其在东南亚文化发展史上的意义/梁志明　郑翠英．东南亚研究．5．

老挝的民族识别与划分及其未来发展/周建新．贵州民族研究．1．

缅甸政府在民族问题上的策略调整/韦红．当代亚太．9．

泰国北部的云南穆斯林——一份初步的田野报告/姚继德．回族研究．4．

泰族壮族传统文化的关系/［泰］纳鲁密·索素　素拉蓬·素　拉蓬·纳塔平图著，黄翊译．广西民族研究．2．

新加坡现代化进程中的马来人/胡灿伟．东南亚．4．

印度尼西亚和菲律宾民族意识的形成、特点及其对独立运动的影响/吴杰伟．世界民族．2．

菲律宾华人社会组织的建构及其功能/曾少聪．世界民族．4．

论菲律宾的梯田文化/刘勇．世界民族．3．

日军统治对马来亚民族关系的影响/廖小健．世界民族．1．

关于孟加拉国卡西族社会经济特点的研究/Chang，SS. Hossain，M. L. 南亚研究．3．

试论印度的穆斯林民族主义/邓红英．江汉大学学报．2．

印度加罗人的婚恋习俗/熊坤新．世界民族．4．

印度傣族阿洪姆人的民族主义与民族复兴运动/何平．世界民族．1．

从同化政策到多元文化政策——谈印尼政府华侨华人政策的变化/汤平山．当代亚太．6．

文化适应的失败——印尼华人困境再思考/文峰．东南亚．2．

中亚五国独立后的民族状况与民族政策评析/吴琼．新疆社会科学．6．

中亚五国的民族关系问题/陈联璧．世界民族．2．

中亚民族国家建设中的民族因素问题/常庆．欧亚观察．3．

中亚五国的语言状况/何俊芳．世界民族．1．

以色列的两大族类：阿士肯纳兹人和赛法迪人/杨军．世界历史．3．

试论古代以色列民族的历史观——从资料构成、史书编集到观念的形成/王立新　王敦书．史学月刊．2．

巴以冲突：一块土地上的两个民族/高占福．中国民族．1．

联合国与巴勒斯坦民族自决权/赵克仁. 世界民族. 4.

在全球化压力下的欧洲的民族国家/［德］J哈·哈贝马斯. 复旦学报. 3.

欧洲种族与文化权利反思/［英］佩里·凯勒著　王雪梅　蒋隽译　冯军校. 世界民族. 2.

北爱尔兰民族问题的来龙去脉/刘玉华. 今日民族. 4.

法国瑶族生存策略的变迁——李宝光先生访谈录/徐桂兰. 武汉大学学报. 6.

挪威的萨米语言立法/周庆生. 世界民族. 2.

前苏联和中国民族政策比较研究/梁玉今. 北方民族. 1.

关于苏联民族问题的历史思考/张彩琴. 运城高专学报. 2.

十年后的回顾与反思——民族问题对苏联解体的影响及其教训再认识/杨顺清. 世界民族. 6.

试析经济差距与苏联解体的关系——兼对多民族国家分离主义的思考/丁志刚. 东欧中亚研究. 3.

俄罗斯国家的形成与民族主义/张建华. 北京师范大学学报. 2.

后殖民主义语境下的民族主义——20—21世纪之交俄罗斯文化现象研究/林精华. 社会科学战线. 6.

论地理环境对俄罗斯民族性格的影响/宋瑞芝　宋佳红. 湖北大学学报. 1.

俄罗斯满—通古斯各民族的现状/杨艳丽. 黑龙江民族丛刊. 1.

关于俄罗斯学者对满—通古斯语族民族的研究/任国英. 黑龙江民族丛刊. 1.

在开放中守护传统——斯洛文尼亚的民族和民族工作/张海洋. 世界民族. 6.

波兰国家政治中的少数民族问题（1945—1997）/［俄］O·A·甘茨卡娅著　吴扎拉译　蔡曼华校. 世界民族. 5.

试析非洲地方民族主义的演变/李安山. 世界经济与政治. 5.

埃及的地方阿拉伯民族主义思想与伊斯兰教/刘中民. 世界民族. 1.

历史、文化与比较法：西非之谜/［英］J·D·Y·皮尔著　颜勇译. 贵州民族研究. 2.

肯尼亚发现一种新的化石人类——扁脸肯尼亚人/岳冰．人类学学报．2.

澳大利亚多元文化主义的启示/吴金光．广西民族学院学报．6.

从同质社会到多元社会——二战后澳大利亚民族问题的由来/杨洪贵．世界民族．5.

略论战后澳大利亚华人文化/张秋生．世界民族．6.

澳大利亚苗族音乐/凯瑟琳·弗克著 吴晓东译．怀化师专学报．1.

新西兰少数民族教育/张强．中国民族教育．6.

加拿大少数民族在政治斗争中的作用/王昺 谷野平.辽宁师范大学学报.2.

加拿大语言政策考察报告/阮西湖．世界民族．3.

加拿大印第安人自治问题初探/方卉．北方民族．3.

美国种族歧视探源/覃庆辉．柳州师专学报．1.

美国的言论自由与种族诽谤/李世安．史学集刊．3.

美国20世纪60年代“奇卡诺运动”探微/钱皓．世界民族．3.

华人新移民与后工业美国社会：兼论“模范少数族裔论”/李其荣．世界民族．3.

略论美国黑人解放的道路问题/吴金平．史学月刊．6.

20世纪七八十年代美国黑人政治力量崛起的原因/陈奕平．史学月刊.5.

美国城市黑人聚居区的形成、现状及治理/姬虹．世界民族．6.

文化同化的失败与多元文化的兴起——美国多元文化教育运动分析/赵登明 MHarris 刘可敬．西北师大学报．6.

美国的平权措施与少数民族的高等教育/时春荣．世界民族．2.

美国少数民族高等教育进展·问题·前瞻/刘宝存．比较教育研究．7.

美国少数民族高等教育政策的历史演变和未来走向/刘保存．中国民族教育．3.

美国少数民族的高等教育历程问题探讨/陶志琼．上海教育．8.

“肯定性行动计划”论争与美国少数民族高等教育的未来走向/刘宝存．西北民族研究．3.

墨西哥印第安人问题与政府的政策/徐世澄．世界民族．6.

墨西哥印第安人双语双文化教育/王军．中国民族教育．1.

巴西印第安人现状和政府的相关政策/周世秀．世界民族．1.

犹太教、犹太复国主义与以色列现代化/秦人文．世界民族．5.

哈尔滨犹太人人口、国籍和职业构成问题探讨/李述笑　傅明静. 学习与探索. 3.

“犹太人在中国”——国际学术研究和公众关注的热点/潘光. 史学理论研究. 1.

（众　文）

蒙　古　文

民族问题理论

论内蒙古新型民族关系的建立及其“黄金时代”/额·乌力更. 内蒙古社会科学. 5.

党领导下的内蒙古民族统一战线理论与实践/何·阿拉坦阿古拉. 内蒙古社会科学. 5.

在党的关怀下的蒙古族人文社会科学事业/额尔敦陶克陶. 内蒙古社会科学. 5.

从乌兰夫为成陵作出的历史功绩看党对民族文化遗产的重视/葛拉登岱. 内蒙古社会科学. 5.

关于中国共产党在抗战时期培养蒙古族干部的工作/阿拉腾达来　姚金峰. 内蒙古社会科学. 5.

略谈跨国民族问题/达布希拉图. 内蒙古师大学报. 2.

欣欣向荣的内蒙古/娜荷芽　苏格吉玛. 蒙古学研究. 2.

民族经济

制度和观念的改变是西部大开发的关键/包明山. 内蒙古社会科学. 3.

论始终代表先进生产力问题/陶克陶. 内蒙古社会科学. 5.

党的领导与乡镇企业的发展/额尔敦其其格. 内蒙古社会科学. 5.

元代以前的蒙古农业考略/乌日陶克陶. 内蒙古师大学报. 1.

圣都库伦之蒙古贸易/王巴雅尔夫　王海鹰. 内蒙古师大学报. 1.

论游牧生产力/额尔敦扎布　敖文达古拉. 内蒙古师大学报. 2.

西部大开发需要继承和发扬我国游牧文明的优秀传统/金峰. 内蒙古师大学报. 2.

西部地区人才资源开发与利用的几点意见/格日乐其其格. 内蒙古师大学报. 2.

畜群与草场的关系及沙化问题/扎格尔. 内蒙古师大学报. 4.

对发展西部非公有制经济的思考/塔娜. 内蒙古师大学报. 4.

罗布桑却丹的商业贸易思想/包明山. 内蒙古师大学报. 4.

对朝贡贸易探索/乌仁. 内蒙古师大学报. 4.

生态环境的一个重点问题/额尔敦扎布　格·敖特根巴雅尔. 蒙古学研究. 2.

蒙古的游牧生活及生态平衡/德力格尔. 蒙古学研究. 2.

邓小平同志关于少数民族地区经济的思想/哈斯木仁　包金刚. 蒙古学研究. 2.

额森太师的商业思想/额斯日格仓. 蒙古学研究. 3.

罗布桑却丹关于财产和手工业的思想/包明山. 蒙古学研究. 3.

关于古代蒙古手工业的发展/丹巴. 蒙古学研究. 3.

见论如何发展内蒙古草原旅游业/托娅. 蒙古学研究. 3.

清代多伦的商业贸易/布和. 蒙古学研究. 3.

民族学

论尹湛纳希的爱情观/布仁门都　莫·陶克套. 内蒙古社会科学. 1.

《蒙古秘史》与蒙古族忠顺风习/额尔德木图. 内蒙古社会科学. 1.

古代蒙古生态保护法/奇格. 内蒙古社会科学. 1.

欲望论/莫·扎拉丰嘎. 内蒙古社会科学. 1—2.

人类学本体论与历史分工辩证法/满都夫. 内蒙古社会科学. 2、4.

蒙古族货币文化析/王·来喜. 内蒙古社会科学. 2.

科尔沁有些地方的要奶豆腐风俗/额尔得尼高娃．内蒙古社会科学．2.
蒙古历与藏历的关系/黄明信　沈晓亭．内蒙古社会科学．2.
浅论科尔沁传统文化/白初一．内蒙古社会科学．2.
《蒙古秘史》中的若干哲学概念范畴析/额·巴特尔．内蒙古社会科学．3.
清代蒙古作家汉文创作中的蒙古游记诗文的民族特点研究/红卫．内蒙古社会科学．3.
论成吉思汗的哲学思想（续）/朋·乌恩．内蒙古社会科学．4.
《蒙古秘史》与雅利安文化之关系/双福．内蒙古社会科学．4.
蒙古实物文化的类型/白·那仁毕力格．内蒙古社会科学．4.
蒙古——通古斯人关于熊的传说/满都呼．内蒙古社会科学．4.
蒙族婚俗与昭盟“姻亲台吉”和“亲族台吉”之别/色尔吉高朝．内蒙古社会科学．4.
蒙古传统的肉汤治疗法/当苏荣扎布．内蒙古社会科学．4.
乌拉特蒙古人祝寿习俗/班泽热查．内蒙古社会科学．4.
从概念范畴的特性看哲学的民族性/格·孟和．内蒙古社会科学．6.
论蒙古族哲学思想的“天”“人”关系/巴干．内蒙古社会科学．6.
论蒙古族古代“一”和“多”的辩证思想范畴/满都夫．内蒙古社会科学．6
浅论《蒙古秘史》中的“扎撒”概念/李美英．内蒙古社会科学．6.
论《蒙古秘史》中的“额克·兀秃干”/珠岚．内蒙古社会科学．6.
元之前蒙古族道德范畴研究/朋·乌恩．内蒙古社会科学．6.
论古代蒙古人的“古列延”意识/额尔敦陶克陶．内蒙古社会科学．6.
成吉思汗训言“赦免九过”探/齐秀华．内蒙古社会科学．6.
蒙古“天论”内涵略析/王德恩．内蒙古社会科学．6.
蒙古族哲学史的“思变”范畴探析/何金山．内蒙古社会科学．6.
蒙古史籍中的“本原”概念/包·赛吉拉夫．内蒙古社会科学．6.
史诗《江格尔》中的檀香树崇拜/木·赛吉日夫．内蒙古社会科学．6.
论锡尼喇嘛的民族政权思想/白音德力格尔．内蒙古社会科学．6.
蒙古英雄史诗的战争性质/陶·那木吉拉旺其嘎．蒙古语言文学．1.
20 **世纪初蒙古文学中的佛教意识**/查古尔汗．蒙古语言文学．1.

蒙古学的内涵与外延/乌云巴图．蒙古语言文学．1．

成吉思汗留下的“岩浆”/［日］莲见治雄．蒙古语言文学．1．

《江格尔》中的树木崇拜/昭·巴图孟克．蒙古语言文学．4．

火的崇拜与卫拉特叙事作品中的火的崇拜/巴·达木林扎布．蒙古语言文学．4．

“希拉郭勒三汗”与格斯尔之名称的缘由/图·贾木查．蒙古语言文学．4．

喀喇乌苏图尔扈特部祭敖包习俗/巴·巴都．蒙古语言文学．4．

关于蒙古马烙印记号/钢布和．蒙古语文．2．

蒙古族奶食品所象征的文化心理/斯钦孟克．蒙古语文．8．

额济纳的有关祭敖包习俗和文化意识/萨仁图雅．蒙古语文．8．

蒙古族和达斡尔族服饰风俗比较/孟根图雅．蒙古语文．10．

关于蒙古文化的研究方法/［蒙古］那·哈布哈．内蒙古大学学报．1．

蒙古国满族学研究概况/［蒙古］陶·奥特根图拉．内蒙古大学学报．1．

辨析《孤儿传》的哲学价值观/孟和巴雅尔．内蒙古大学学报．4．

论近代法制/芒来夫．内蒙古大学学报．4．

蒙古族对原始数“一、二、三”的理念/格·海日汗．内蒙古大学学报．4．

科尔沁民俗文化特点/呼日勒沙．内蒙古师大学报．1．

蒙古族榆树崇拜及其使用习俗/哈斯巴特尔　格日勒图．内蒙古师大学报．1．

论巴林敖包祭祀的起源与发展/额尔敦高娃．内蒙古师大学报．1．

简论成吉思汗《大扎撒》的法律/特木勒．内蒙古师大学报．2．

古代达斡尔族宗教种类的概略/孟根图雅．内蒙古师大学报．2．

《米喇兀宴》与成吉思汗生日纪念/那·呼日查毕力格．内蒙古师大学报．3．

蒙古人捆尸打结的丧葬习俗/拉·苏和．内蒙古师大学报．3．

论《蒙古秘史》中的“三数”/慕·塞吉拉夫．内蒙古师大学报．3．

汉族风俗对科尔沁民歌的影响/满都拉．内蒙古师大学报．3．

古代蒙古族弓箭文化/黄金．内蒙古师大学报．3．

摇篮曲与《蒙古秘史》/［蒙古］X. 桑琵乐登德布. 内蒙古师大学报. 3.

对《蒙古秘史》中“yehes－e gajaru ineru garuhsan－tor”一句的探讨/贺希格陶克陶. 内蒙古师大学报. 3.

蒙古民俗与草场保护/敖其. 内蒙古师大学报. 4.

达斡尔民族的饮食文化/孟根托亚. 内蒙古师大学报. 4.

蒙古人山神崇拜及崇拜物形象/. 内蒙古民族大学学报. 1.

科尔沁蒙古人的服饰习俗文化研究/白钢. 内蒙古民族大学学报. 1.

论科尔沁蒙古人的婚礼礼物来源/关金花. 内蒙古民族大学学报. 1.

论蒙古族姓氏名称/天峰. 内蒙古民族大学学报. 1.

蒙古族游牧文化习俗中的生态观/扎格尔. 内蒙古民族大学学报. 1.

论蒙古人的乡土情感/塔米尔. 内蒙古民族大学学报. 2.

蒙古民族吐痰习俗探/哈斯巴特尔. 蒙古学研究. 1.

古代蒙古军事、狩猎广告探源/道·德力格尔仓. 蒙古学研究. 1.

崇拜神祇的情理/贺·宝音巴图. 蒙古学研究. 3.

蒙古民族服饰的种类制作及形式的起源和定型/色·敖特根白乙尔. 蒙古学研究. 3.

蒙古人崇尚圆形的缘由/王斯琴. 蒙古学研究. 3.

民族宗教

蒙古族萨满教观念探析/乌兰察夫. 内蒙古社会科学. 1.

佛教宇宙结构论研究——人类的起源/陶克郭巴雅尔. 内蒙古社会科学. 1.

萨满的问候词语/尼玛. 内蒙古社会科学. 1.

关于宗教象征意义与社会功能的若干理论/那顺巴雅尔. 内蒙古社会科学. 2.

在卫拉特传布佛教的尹湛呼图克图/盖·李杰. 内蒙古社会科学. 4.

蒙古萨满教的“天”与蒙古哲学的“天”范畴比较研究/乌·朝洛门. 内蒙古社会科学. 6.

巫术思维、崇拜思维与萨满教的诞生/吉日嘎拉．蒙古语言文学．5.

从图腾崇拜、祖先崇拜来看蒙古族意识发展的轨迹/乌仁．蒙古语言文学．6.

蒙古佛教高僧对“人”及“人论”的阐释/策仁．内蒙古社会科学．6.

论萨满教99腾格里（二）/苏尤格．内蒙古大学学报．4.

关于图古拉金山萨满教的两个传说/白初一．内蒙古师大学报．2.

关于尹湛纳希无神论/宝音．内蒙古师大学报．2.

尹湛纳希阴阳学的基本观念和理论体系/爱梅．内蒙古师大学报．2.

清王朝对蒙古地区的宗教政策/宝力高．内蒙古师大学报．1.

阿僧喇嘛在内蒙古地区传播黄教过程中的作用/布和朝鲁．蒙古学研究．3.

民族历史

论与阿巴嘎部历史有关的若干问题/胡日查．内蒙古社会科学．1.

阿拉善旗“小三爷事件”/金海．内蒙古社会科学．1.

蒙古济农派遣世袭祭奠成吉思汗陵台吉简述/奇·娜仁．内蒙古社会科学．1.

蒙古部落何时迁移到漠北大草原/蔡凤林．内蒙古社会科学．2.

论拖雷系袭汗权的历史必然性/丹巴．内蒙古社会科学．2.

巴尔斯博罗特与蒙古右翼三万户的强盛/斯琴巴雅尔．内蒙古社会科学．2.

阿拉善协理罗·巴图孟克/松儒布　斯钦毕力格．内蒙古社会科学．2.

略论喀喇乌苏蒙古部历史文化经济发展历程/巴·巴图巴雅尔．蒙古语言文学．4.

郡王帕勒塔极其业绩与政策/巴·巴图巴雅尔．蒙古语言文学．4.

旧土尔扈特蒙古郡王帕勒塔家系订补/周学军．蒙古语言文学．4.

土尔扈特王帕勒塔及其女儿妮日吉德玛/特古斯巴雅尔．蒙古语言文学．4.

宫明活佛与九世宫明活佛的功绩/格·李杰．蒙古语言文学．4.

伪满时期东蒙古盟旗制度的演变/金海．内蒙古大学学报．1.

“北斗七星经”蒙、维译者考/格·那木吉拉．内蒙古大学学报．1.

后期出现的蒙古文文献对《蒙古秘史》语言研究尤为重要之一例/［蒙古］沙·确玛．内蒙古大学学报．2.

从17世纪初蒙古温和满文“遗留性”史料看内蒙古历史的若干问题——（四）东土默特诸诺颜、塔布囊与爱新国/乌云毕力格．内蒙古大学学报．2.

对新巴尔虎左旗石雕人像的考察与访问/巴·达瓦达格巴．内蒙古大学学报．2.

乌里雅苏台蒙古参赞大臣锦丕勒多尔济/齐白顺．内蒙古大学学报．2.

谈清朝改变对蒙传统政策的内因/苏德毕力格．内蒙古大学学报．3.

20世纪初海拉尔、满洲里的商业贸易/乌云格日勒．内蒙古大学学报．3.

关于察哈尔旧游牧地的一份档案材料/敖拉．内蒙古大学学报．3.

论17世纪蒙古编年史对蒙兀史的篡改/希都日古．内蒙古大学学报．4.

成陵祭奠差课与法规初探/那·胡尔查．内蒙古大学学报．4.

试论15—17世纪蒙古左、右翼社会制度/呼日查．内蒙古师大学报．1.

世界各国研究《蒙古秘史》综述（续）/［蒙古］D·策仁匹勒．内蒙古民族大学学报．2.

论古代蒙古忽里勒台制/包玉清．内蒙古民族大学学报．3.

成吉思汗的汗权思想和政治观/扎拉嘎．内蒙古民族大学学报．3.

《蒙疆政权》与内蒙古西部盟旗制度的变化/阿拉腾达来．内蒙古师大学报．1.

关于孛尔帖赤那的三个问题/巴雅尔．内蒙古师大学报．2.

《蒙古秘史》与汉文史籍中的几个姓氏比较/乌其拉图．内蒙古师大学报．2.

关于孛端察尔成了孛尔只斤氏/莲见治雄．内蒙古师大学报．2.

历史的横向发展与游牧民族大冲击/铁柱．内蒙古师大学报．4.

论黄教在嫩科尔沁的传播/胡日查．内蒙古师大学报．4.

论成吉思汗专吏派遣/苏达那木若化．内蒙古师大学报．4．

论蒙古族第一部法典《大扎撒》/芒来夫　布仁陶克陶．内蒙古师大学报．4．

八白帐与元朝朝仪/那顺乌立吉．内蒙古师大学报．4．

论诃额仑夫人的道德观/敖力格尔马．内蒙古师大学报．4．

论帖睦格·斡惕赤斤家庭的兴衰/额尔德木图　塔娜．内蒙古民族大学学报．3．

从《蒙古秘史》的"金縻绳"谈起/额斯日格仓．内蒙古民族大学学报．3．

绰篾儿根不是耶律楚材而是绰儿麻罕/乌云其其格．内蒙古民族大学学报．3．

外蒙古独立的"缘由"谈/哈日鲁．内蒙古民族大学学报．3．

喀尔喀万户和它的十二鄂拓克/金峰．蒙古学研究．1．

关于和硕特部的起源/胡日查．蒙古学研究．1．

《成吉思汗祭歌》所反映的蒙古史实/包·赛吉拉夫．蒙古学研究．1．

曾于日本学校任教的蒙古知识分子和学者/［日本］二木博史．蒙古学研究．1．

民族语言文字

《蒙古秘史》语言的词缀/玉泉．内蒙古社会科学．1．

再论蒙古语词素/德力格尔玛．内蒙古社会科学．1．

对蒙古语俄 e 音的性范畴分析/陶·那木吉拉旺楚格．内蒙古社会科学．1．

汉译蒙中应注意的问题/包双喜．内蒙古社会科学．1．

论反义词复合词语意结构/达·萨日娜．内蒙古社会科学．2．

关于"görögesün"一词之源/乌力吉布仁．内蒙古社会科学．2．

论母语/额·乌日根．内蒙古社会科学．2．

鉴定蒙文手写体特征/胡木吉勒图　诺敏达赉．内蒙古社会科学．2．

《蒙古秘史》中的"孛哈兀"一词论释/［蒙古］ш·却玛．内蒙古社会科学. 3.

蒙古语动词及其配价初探/额尔敦朝鲁. 内蒙古社会科学. 3.

蒙古语义素解析论/德力格日玛. 内蒙古社会科学. 3.

托忒蒙文文献的分类与利用/包秀兰. 内蒙古社会科学. 3.

《蒙古秘史》中“qor－”等五词干的关系/策·诺尔金. 内蒙古社会科学. 4.

从形式逻辑角度阐释句子主要成分/季荣. 内蒙古社会科学. 4.

论蒙古语词干/额尔敦础格拉. 内蒙古社会科学. 4.

蒙文期刊事业发展道路/拉·苏和. 内蒙古社会科学. 5.

坚持“三个代表”思想做好蒙古语文工作/韦弦. 蒙古语文. 1.

蒙古语和藏语某些格的比较/贾拉森　查干萨日. 蒙古语文. 1.

关于民族宗教文件的翻译/孟·达赖. 蒙古语文. 1.

浅谈词的翻译/图雅. 蒙古语文. 1.

关于金融术语翻译问题/索龙古特·波·宝音. 蒙古语文. 1.

关于重视使用蒙古语文的小小建议/旺吉拉. 蒙古语文. 1.

措施有力 成绩高——介绍东升市蒙古语文工作/蒙古语文. 2.

论“bulqa”一词/达拉特·巴·查干. 蒙古语文. 2.

谚语和格言的关系/包双江. 蒙古语文. 2.

影响民族语言发展的消极思想分析/苏雅拉. 蒙古语文. 3.

蒙古语语义学研究概述/德力格尔玛. 蒙古语文. 3.

认真研究方言土语，丰富书面语/策登那木吉拉. 蒙古语文. 3.

如何蒙译汉文古诗词/刘洁. 蒙古语文. 3.

论“setkül”一词/新特格. 蒙古语文. 4.

“conghu”一词词源考/乌力吉布仁. 蒙古语文. 4.

蒙古语及其方言中梵语词语的意义特点/旭仁夫. 蒙古语文. 4.

蒙古语动词词根派生名词词缀的意义和作用/姜迎春. 蒙古语文. 5.

现代蒙古口语时间范畴结构/玉荣. 蒙古语文. 5.

论翻译中准确表达语句含义的问题/金花. 蒙古语文. 5.

论杜尔伯特县蒙古语文工作/蒙古语文. 6.

关于现代蒙古语“hi、hin、hini”/三月. 蒙古语文. 6.

蒙古语篇章分析/勒·陶克特木巴雅尔. 蒙古语文. 6.

NP［［A1A2］］结构和NP［［AN1N2］］结构之间的中介/达胡尔巴雅尔．蒙古语文．6.

蒙古语族语言“margasi”一词的形态变化和意义变化/［日本］Shiotani Shigeki．蒙古语文．6.

《白莲珠》所反映的蒙古语翻译内容/娜仁高娃．蒙古语文．6.

关于托忒文第八元音提法/扎·仑图．蒙古语文．6.

繁荣发展的蒙古文报刊事业/拉·苏和．蒙古语文．7.

蒙古语元音同化/孟和宝音．蒙古语文．7.

复合形容词的语法信息研究/达·青格勒图．蒙古语文．7.

简述语义场/额尔登朝鲁．蒙古语文．7.

“situgen”词源考/达拉特·巴·查干．蒙古语文．7.

关于现代蒙古语词汇发展特点和名词术语规范问题/松布尔巴特．蒙古语文．8.

关于《蒙古秘史》里的“bilijü”一词/额·宝音乌力吉．蒙古语文．8.

农业文化和科尔沁土语/波·索德．蒙古语文．8.

科尔沁土语假定副动词/哈斯格日勒．蒙古语文．8.

标准音音位系统问题/扎·普力杰．蒙古语文．9.

《蒙古秘史》词缀的表层/策·诺尔金．蒙古语文．9.

蒙古语从格范畴研究（四）/乌力吉布仁．蒙古语文．9.

关于现代蒙古语词汇发展特点和名词术语规范问题（续）/松布尔巴特．蒙古语文．9.

标准音音位系统问题（续）/扎·普力杰．蒙古语文．10.

阴阳元音交替构词法/巴·查干．蒙古语文．10.

蒙古文献搜集中的问题及其解决方法探求/萨仁．蒙古语文．10.

乌拉特土语的某些构词附加成分/乌·那仁巴图．蒙古语文．11.

喀喇沁土语短元音/曹道巴特尔．蒙古语文．11.

复数附加成分的频率和作用/达·青格勒图．蒙古语文．11.

《蒙古秘史》里“bar”的意义和作用/海花．蒙古语文．11.

当代蒙古语语用学研究的三个方向/巴达玛敖斯尔．蒙古语文．12.

科尔沁民歌中的汉语影响/满都拉．蒙古语文．12.

浅谈呼和浩特蒙古语口语/阿古拉　哈斯其木格．蒙古语文．12.

《蒙古秘史》中有关兵器术语/萨日娜．蒙古语文．12.

《江格尔》部分词汇与汉文典籍中所载官职比较研究/乌其拉图．蒙古语言文学．1.

苏尼特口语的辅音系统/乌力吉布仁．蒙古语言文学．1.

熟语翻译的方法与技巧/色·额尔德木图．蒙古语言文学．1.

影视剧本的翻译应崇尚语言艺术/拉希尼玛．蒙古语言文学．1.

蒙古语复合句系统/特图克．蒙古语言文学．2.

略论《喻法宝聚》及其释文/巴图．蒙古语言文学．2.

关于联义词汇的一些问题/包克楚　白龙．蒙古语言文学．2.

蒙古语敬语/巴特尔．蒙古语言文学．2.

蒙古语族诸语种藏源词汇语音特征/旭仁夫．蒙古语言文学．2.

动词义根探析/达·萨日娜特图克．蒙古语言文学．2.

和林城出土 1348 年石碑蒙古文碑文研究/乌云．蒙古语言文学．2.

蒙古语句子结构系统/特图克．蒙古语言文学．3.

蒙古语句子结构分析初探/勒·陶克特木巴雅尔．蒙古语言文学．3.

八思巴文献中若干难辨字词考证/贾拉森．蒙古语言文学．5.

对蒙古语词结构试作语言学阐释/那·格日勒图．蒙古语言文学．5.

从《甘丹格言》中的耳饰谈开来/蒙古语言文学．5.

口语的元音和谐律/玉荣．蒙古语言文学．5.

苏尼特方言中的代词管窥/朝克巴雅尔．蒙古语言文学．6.

蒙古族生殖器文化在语言中的遗痕/格·海日汁．蒙古语言文学．6.

蒙古尔语支语言的某些语音现象之比较/布和．内蒙古大学学报．1.

关于科尔沁土语语音体系/白音朝克图．内蒙古大学学报．1.

关于蒙古语词的突显问题/呼和．内蒙古大学学报．2.

东部裕固语复数形式的独特性/保朝鲁．内蒙古大学学报．2.

浅析蒙哥皇帝癸丑年圣旨碑文中的蒙文/赛尔格．内蒙古大学学报．2.

关于科尔沁土语中与时间有关的几种副动词/哈申格日勒．内蒙古大学学报．2.

关于蒙古语族语言词结构研究概况/图门吉日嘎拉．内蒙古大学学报．3.

面向信息处理的固定词组界说/德·青格勒图．内蒙古大学学报．3.

蒙古文录入条件/额尔敦朝鲁．内蒙古大学学报．3.

托忒文录入条件/巴·萨日娜．内蒙古大学学报．3．

关于蒙文编码控制符/明珠．内蒙古大学学报．3．

蒙古语方言中的梵语借词语音特征/希日胡．内蒙古大学学报．3．

圆唇元音对蒙古语长元音的形成所起的作用/兀·呼日勒巴特尔．内蒙古大学学报．4．

蒙古语从格研究（三）/乌力吉布仁．内蒙古大学学报．4．

现代蒙古语元音和谐律原理/呼和巴日斯．内蒙古师大学报．1．

由语音变化导致的形态内涵变化/嘎日迪．内蒙古师大学报．1．

蒙古语从格研究/乌力吉布仁．内蒙古师大学报．1．

蒙古语元音系统的演变特点/哈斯巴根．内蒙古师大学报．2．

蒙古语复合词自动识别方法/青格勒图．内蒙古师大学报．2．

蒙古秘史与黄金史语言文化/杭爱．内蒙古师大学报．2．

对《罗·黄金史》中“amagar”罕这一错误表述缘由的探究/杭爱．内蒙古师大学报．4．

蒙古语族语言中“i的转折”特点/哈斯巴根．内蒙古师大学报．4．

蒙古语中的一种特殊重叠/额勒顺其其格．内蒙古师大学报．4．

论蒙古语方言中藏语借词的语言特征/旭仁夫．内蒙古师大学报．4．

试论回鹘蒙古文字的文化思维/阿拉腾格日乐．内蒙古民族大学学报．1．

满蒙书面语相近词的元音对应关系/波·索德．内蒙古民族大学学报．1．

论现代蒙古语的联系动词/特图克．内蒙古民族大学学报．2．

论拟定语文政策的依据/舍·贺其叶勒图．蒙古学研究．1．

从历史文献中观察中古时期蒙语格的省略用法/乌力吉陶格特夫．

《蒙古秘史》里一个独特用语及从比格《ece》的含义和用法/布仁巴图．蒙古学研究．2．

蒙语从格探究/乌力吉布仁．蒙古学研究．2．

设立蒙文标点符号学的意义/额·宝音乌力吉．蒙古学研究．2．

用心理实验法分析蒙语句子里是否存在动词语类/兴安．蒙古学研究．2．

关于蒙古文结尾辅音及辅音音节的概述/福令阿．蒙古学研究．3．

关于《蒙古史》中的一词诠释/高娃．内蒙古师大学报．2．

翻译中的准确用词初探/朱梅梅．内蒙古师大学报．3．

简论翻译中的直译与意译/乌仁其其格．内蒙古师大学报．3．

民族文学艺术

新时期蒙古诗歌的历史意识审美现象/乌云毕力格．内蒙古社会科学．1．

悲观意识及蒙文诗歌中的历史实践概略/亮月．内蒙古社会科学．1．

扎嘎尔与他的《江格尔》研究/孟根其木格．内蒙古社会科学．1．

史诗《江格尔》研究会概述/格日勒．内蒙古社会科学．1．

谈民俗诗歌之命名/宝音贺希格．内蒙古师大学报．1．

史诗《江格尔》文化思维总论/巴雅尔．内蒙古师大学报．3．

论《江格尔》中的方位与地域关系/德·塔亚．内蒙古师大学报．3．

20世纪中国江格尔说唱艺人研究概述/达·塔亚．内蒙古社会科学．1．

《卫拉特蒙古古代文学史》的内涵和结构特点/萨仁格日勒．内蒙古社会科学．2．

哈斯宝作品事件的述说中形成的美学观念/色·敖特根巴雅尔．内蒙古社会科学．2．

论"话本"故事/伍月．内蒙古社会科学．2．

简述哈斯宝的文学和绘画关系的论述/敖·查赫录乐．内蒙古社会科学．2．

知识界的苦闷——论九十年代蒙古文中短篇小说/萨日娜．内蒙古社会科学．3．

论史诗《江格尔》所反映的征战因由/黄金．内蒙古社会科学．3．

论著名的卫拉特江格尔齐——坡冉皮勒的艺术造诣/诺·照日格图．内蒙古社会科学．3．

读蒙文散文杂感/森德玛．内蒙古社会科学．3．

蒙古《英雄史诗》伦理文化的基本精神/萨·巴特尔．内蒙古社会科学．6．

关于蒙古族古代自然哲学的几个范畴/吴凤英．内蒙古社会科学．6．

20世纪肃北蒙古文学/査·乔旦德尔．蒙古语言文学．1．

蒙古文学史研究和文学史编纂/巴·苏和．蒙古语言文学．1．

祖国之上的军旅诗人及其作品/道润腾格尔．蒙古语言文学．1．

论满都麦作品的主体演变/玉明．蒙古语言文学．1．

圆转形势与安代舞的凝聚力/孟根．蒙古语言文学．1．

人性的审美观照——阿云嘎的小说创作/雅·特木尔斤．蒙古语言文学．2．

话本说书取代蟒古斯故事的缘由之我见/包金刚．蒙古语言文学．2．

汉文黄籍载狼图腾资料辨析/格日勒扎布　乌云．蒙古语言文学．2．

评小说集《野驴出没的戈壁》/那木沁．蒙古语言文学．2．

江格尔形象与土尔扈特部阿玉奇汗的关联/包·孟和．蒙古语言文学．3．

女性题材文学的发生与演变/那仁其木格．蒙古语言文学．3．

阿拉善当代小说的特性/萨·珠兰泰．蒙古语言文学．3．

被流放的预言家的无尽孤独——凄清的诗/雅·特木尔斤．蒙古语言文学．3．

剖爱与建造：儿童世界——读巴图吉日嘎拉的《儿童小说》有感/道润腾格尔．蒙古语言文学．3．

伊希巴拉珠尔著《青海史》的散文特性/呼·策仁巴图．蒙古语言文学．3．

有关《阿拉坦汗》作者的一些传闻/勃勒古奴岱·纳·布和哈达．蒙古语言文学．3．

卫拉特蒙古民歌管窥/勃儿只斤·那·巴生．蒙古语言文学．3．

蒙古史诗与蒙古生活中的吸烟习俗及其历史源由/包英华．蒙古语言文学．3．

依连哈比尔尕土尔扈特蒙古部归国230周年纪念专号献词/夏鲁瓦·嘎拉桑图布丹普仍来扎木苏．蒙古语言文学．4．

借以土尔扈特史诗的旋律弹唱我心中的歌儿/苏尤格．蒙古语言文学．4．

从喀喇乌苏四中的发展看土尔扈特人的文化教育/乌·尼玛　雅·特木尔

斤．蒙古语言文学．4.

喀喇乌苏地区《江格尔》传承考/达·塔亚．蒙古语言文学．4.

20世纪蒙古文学史上的几个问题/色·乌日斯嘎拉．蒙古语言文学．5.

蒙古诗歌中德拟声词/苏尤格．蒙古语言文学．5.

草原题材小说中的生态主题散论/乌冉．蒙古语言文学．5.

文学批评方法及其若干类型/孟根其其格．蒙古语言文学．5.

从史诗《江格尔》中的耳饰谈开来/关金花．蒙古语言文学．5.

关于深化莫日根葛根研究的一点意见/乌·那仁巴图．蒙古语言文学．5.

蒙古民歌渊源谈/斯琴高娃．蒙古语言文学．5.

东部民歌的科尔沁文化底蕴/木·赛吉拉夫．蒙古语言文学．5.

叙事民歌中源自神话传说的艺术形象/阿古达木．蒙古语言文学．5.

蒙古文学研究的方法论与学术规范/色·乌日斯嘎拉．蒙古语言文学．6.

从卫拉特蒙古文学“简史”与“史”谈起/帕·丹碧普勒吉德．蒙古语言文学．6.

论尹湛纳希章回小说重诗词的创造性/哈日夫　那仁高娃．蒙古语言文学．6.

聪慧忒莫讷的故事与藏族传说的痕迹/萨仁高娃．蒙古语言文学．6.

《蒙古秘史》中好来宝的口头创作特征及其修辞系统/德力格尔．蒙古语言文学．6.

新疆的卫拉特人对“江格尔”与“江格尔齐”的理解/达·塔亚．蒙古语言文学．6.

《清澈的塔米尔河》与《静静的顿河》比较研究/巴音仓．蒙古语言文学．6.

古拉兰萨的《中秋水歌》系苏东坡《水调歌头》的编译之作/苏尤格．蒙古语言文学．6.

探索、追求与突破/拉给苏荣．蒙古语言文学．6.

作家巴达巴儿童小说的艺术特色/楚鲁．蒙古语言文学．6.

蒙古史诗中的好汉标准之一——赛马/哈森图雅．蒙古语文．6.

关于《江格尔》中的地名问题/德·塔亚．内蒙古大学学报．1.

试论蒙古史诗、传说中的特殊好汉——“盗贼”/拉西东日布．内蒙古大学学报．1．

八十年代蒙古小说的“内转”现象/奥特根巴雅尔．内蒙古大学学报．1．

论20世纪蒙古文学史学研究/乌日斯嘎拉．内蒙古大学学报．2．

小说审美三形态——哈斯宝审美型态论/额尔敦哈达．内蒙古大学学报．2．

普希金与民间文学/白斯古楞．内蒙古大学学报．3．

浅析蒙古族箭及其崇拜/哈斯巴特尔．内蒙古大学学报．3．

由《蒙古诗歌学》一个论点谈起/哈斯图雅．内蒙古大学学报．3．

蒙古诗歌中的“树鸟因缘”（一）/铁木日真．内蒙古大学学报．3．

论口承传统的文化价值/那顺巴雅尔．内蒙古大学学报．4．

论蒙古族作家创作具体内容及诠释/道润那腾格尔．内蒙古大学学报．4．

《江格尔》中的“十三西苹”与蒙古族音乐的关系/苏日其根　呼和额尔吉．内蒙古大学学报．4．

汉族文学对科尔沁民歌的影响/满都拉．内蒙古大学学报．4．

《江格尔》中的数神文化十题/贺·宝音巴图．内蒙古师大学报．1．

瓦·哈斯散文诗文评析/高力布．内蒙古师大学报．1．

当代蒙古诗歌美学研究概述/乌云毕力格．内蒙古师大学报．2．

《蒙古秘史》中的英雄史诗根源/呼日勒沙．内蒙古师大学报．3．

三论梅日根葛根、伊希丹金旺吉拉作品风格之联系/乌·那仁巴图．内蒙古师大学报．3．

《蒙古秘史》以阿阑豁阿传说为中心的叙述段两个描写系统/德·达林泰．内蒙古师大学报．3．

《苍狼》、《白鹿》传说的文化审视/齐·巴特尔．内蒙古师大学报．3．

塞原新诗人章叶频/毕力工．内蒙古师大学报．3．

《审》与《奇》的和谐统一——陶渊明田野诗点评/额尔敦仓．内蒙古师大学报．3．

蒙古马形象历史溯源/杨·巴雅尔．内蒙古师大学报．4．

民族文论普及问题/孟根其木格．内蒙古师大学报．4．

谈尹湛纳希对情感的论述/德斯来扎布．内蒙古民族大学报．4.

蒙古族北斗七星崇拜及其文学作品研究/格·那木吉拉．内蒙古民族大学报．1.

蒙古族和日本天鹅初女型故事比较研究/阿古达目．内蒙古民族大学报．1.

论新时期蒙文诗歌的悲剧意识审美形象/乌云毕力格　额尔敦高娃．内蒙古民族大学报．1.

论审美活动中的惊奇感/铁木日真．内蒙古民族大学报．1.

蒙文说书故事的曲感色彩的协调及它的应用规律/特·塔日巴　莫·陶克陶夫．内蒙古民族大学报．1.

小说的定名与蒙古族小说观念的形成/额尔敦哈达．内蒙古民族大学报．1.

论赛春嘎关于文学艺术的传统与革新的观点/敖·查赫轮．内蒙古民族大学学报．2.

《智慧的钥匙》的流传、研究及其版本概况/萨仁高娃．内蒙古民族大学学报．2.

蒙古族传说研究的新进展/斯琴图雅．内蒙古民族大学学报．2.

20世纪中国的《蒙古秘史》文学研究概述/巴·苏和．内蒙古民族大学学报．2.

《蒙古秘史》的民间文学探索/呼日勒沙．内蒙古民族大学学报．2.

科尔沁叙事民歌与胡仁乌力格尔比较研究/白玉荣．内蒙古民族大学学报．2.

尹湛纳希的文学作品与西欧科技知识/布仁门德．内蒙古民族大学学报．2.

东方文学的思维特点与《青史演义》的艺术成就/［蒙古］贺什克苏赫．内蒙古民族大学学报．2.

当代蒙古文学的社会历史批评之回顾/萨日娜．内蒙古民族大学学报．2.

蒙古民间文学的意义/［日本］莲见治雄．蒙古学研究．1.

莲见治雄对蒙古民间文学研究的贡献——莲见治雄教授蒙古学研究四十年/乌·那仁巴图．蒙古学研究．1.

蒙古学研究与莲见治雄教授的研究方向／（蒙古）达·嘎拉巴特尔．蒙古学研究．1．

研究方法论——从研究方法论的角度分析蒙古学学者莲见治雄的学术著作／铎伦达汗　斯琴毕力格．蒙古学研究．1．

记著名蒙古学学者、教育家、文化交流活动家莲见治雄教授四十年来的事迹和功绩／恩和赛音　斯琴．蒙古学研究．1．

难忘的回忆——献给蒙古学学者莲见治雄教授蒙古学研究四十周年／格根其木格．蒙古学研究．1．

莲见治雄教授——同一位资深学者相识的过程／［日本］长山广雪．蒙古学研究．1．

蒙古学家莲见治雄和他的研究／包金刚．蒙古语文．1．

民间文学研究学家莲见治雄／扎嘎尔．蒙古语文．1．

东蒙胡琴伴奏说书的起因／包金刚．蒙古学研究．1．

说书艺人巴拉吉尼玛关于胡琴伴奏说书的理论和见解／孟根其木格．蒙古学研究．1．

生活的视野、爱的抒情曲——读色·浩毕斯嘎拉图《生活的低声细语》有感／那·格根萨日．蒙古学研究．2．

简论古拉兰萨诗的形象／乌云毕力格．蒙古学研究．2．

蒙古文学中《象征》的发展历程／伊·特木尔斤．蒙古学研究．2．

从文学和人文学角度分析蒙古《格斯尔》／哈申托娅．蒙古学研究．2．

民族教育

关于教育改革的几点思考／旭仁花．内蒙古社会科学．1．

论素质教育的重要性／阿民布和．蒙古语文．1．

关于如何提高学生自学觉悟／得力根巴雅尔．蒙古语文．1．

如何当好班主任／季·其其格．蒙古语文．1．

关于小学生德育教育／石桂英．蒙古语文．1．

论蒙古语文教学的评议原则和评议内容／斯·乌日斯嘎拉．蒙古语文．1．

关于素质教育和修订小学语文教材问题/昭日格图．蒙古语文．2.

加强蒙古语文教学的意义/巴彦呼．蒙古语文．3.

蒙汉双语教学面临的困难和解决方法/毕力格．蒙古语文．3.

关于新编小学语文成套教材的思考/色德玛　旭仁华　阿拉坦其其格．内蒙古社会科学．2.

赛春嘎教育思想细论/其布日哈斯．内蒙古师大学报．1.

论赛春嘎教育思想的基础——对人的总体认知/其布日哈斯．内蒙古大学学报．1.

论赛春阿的“知”与“行”辩证观/嘎布拉．内蒙古大学学报．2.

谈留学生的蒙语教学/海花．内蒙古师大学报．4.

谈发展少数民族地区研究生教育/何常林．内蒙古民族大学学报．3.

现代蒙古语的课堂教学与素质教育/天晓．内蒙古民族大学学报．3.

课堂教学中“体态语”及善用技巧/铁安．内蒙古民族大学学报．3

（曹道巴特尔）

藏　　文

民族问题理论

论西藏和平解放的历史基础——纪念《十七条协议》签订50周年/拉巴平措．中国藏学．2.

回顾西藏和平解放过程见闻/金仲·坚赞平措．中国藏学．2.

在纪念西藏和平解放五十周年之际谈谈自己的感想和体会/益西赤列．中国藏学．2.

纪念西藏和平解放五十周年/嘉卡·洛桑丹曲．中国藏学．2.

西藏在祖国的怀抱中飞跃发展的里程碑——纪念西藏和平解放五十周年/林温·班玛格桑．中国藏学．2.

饮水思源　自勉奋进——纪念西藏和平解放五十周年/车仁·晋美旺秋．中国藏学．2．

西藏——真实与谎言的实地检验/N．拉穆．中国西藏．1．

我所经历的西藏和平解放/朋措扎西．中国西藏．3．

新世纪西藏跨越式发展的行动纲领/程然．中国西藏．5．

民族团结新纪元/次仁班觉．西藏研究．2．

党的正确领导下西藏农村发生了历史性的伟大变化/次顿．西藏研究．2．

浅谈五十年来西藏工会事业全面发展的状况/加洛·次仁顿珠．西藏研究．4．

文化部孙家正部长谈创造西部新文化/平措译．雪域文化．1．

文化部关于实施西部大开发战略加强西部文化建设的意见/平措译．雪域文化．4．

新时期各民族应树立现代意识/攀登．1．

西部大开发与民族统战问题（节译）/黄铸著　玉英译．攀登．1．

关于依法治州的几点思考/贡巴太．攀登．2．

用"三个代表"思想指导民族工作/攀登．3．

青海大发展的关键是解放思想实事求是/高守成．攀登．3．

民族人格意识与现代化的关系/桑杰端智．攀登．3．

按照"三个代表"要求做好民族工作/李德洙著　玉英译．攀登．4．

光辉时代的新西藏——庆祝西藏和平解放五十周年/边巴顿珠．拉萨河．1．

幸福的根源，历史的证据——西藏民主改革后墨竹贡噶县的变化/顿珠次仁．拉萨河．1．

吉祥的日子——庆祝西藏和平解放五十周年/克珠．山南文艺．2．

浅谈关于西部大开发中如何加强民族团结/新杂·旦增曲扎．山南文艺．2．

民族经济

那曲地区扶贫攻坚调查报告/徐平著　普片　玉珍译．中国藏学．1．

青海牧业改革思考/洛桑旦巴．中国西藏．1．

西藏登山产业/吉占堆　薛文献　李贺普．中国西藏．1．

强俄巴·仁增多吉和西藏第一座电站/卢颖．中国西藏．2．

帮纳村的启示/格桑卓玛．中国西藏．2．

青藏铁路/边吉　中国西藏．3．

青海湖畔牧民的新生活/扎西班典．中国西藏．3．

僜人新村/年炘　中国西藏．4．

雪域旅馆简介/顿多　桑布．中国西藏．5．

今日拉萨/索朗．中国西藏．6．

西部开发与西藏开放/王代远著　卡尔纳·德庆译．西藏研究．1．

原西藏手工业的组织及其责权/索朗次旦．西藏研究．1．

丰硕的成果，辉煌的业绩——记拉萨市城关区古建艺术公司/次多．西藏研究．2．

市场经济与萨格村落/尕藏草．西藏研究．3．

西部开发中如何开发人才资源的几点思考/米玛次仁．西藏研究．3．

WTO对民族地区经济文化的挑战/胡鞍钢　温军著　正贤译．攀登．4．

乘西部大开发的强劲东风，彻底整治、保护、开发和利用雅江山南段的建议/旦增曲扎著　索朗丹青译．山南文艺．2．

在全州旅游工作会议上对确定我州旅游发展的目标任务、工作重点和主要措施的三点意见/罗笑虎．达赛尔．3—4．

在全州旅游工作会议上总结我州旅游工作成绩，明确今后主攻方向．推动我州旅游业快速发展的三点意见/贡保甲．达赛尔．3—4．

在全州藏族文化与甘南旅游产业研讨会上的总结讲话/梁明远．达赛尔．3—4．

关于文化产业化与旅游产业化结合问题的思考/旦智塔．达赛尔．3—4．

民族学

积极地科学地创造性地继承和弘扬优秀民族传统文化——《西藏传统养生体育文化》代序/肖怀远．中国藏学．2.

略论藏族传统文化与现代化问题/桑德．中国藏学．3.

藏语播音工作初探/旺青格列．中国藏学．3.

新世纪之初的藏学盛会——2001年北京藏学讨论会综述/本刊记者．中国藏学．4.

藏学研究的回顾与展望/拉巴平措．中国藏学．4.

藏语播音工作初探/扎西旺秋．中国藏学．4.

略谈与藏文古籍编目相关的几个问题/蔡江．中国藏学．4.

杂日日廓——猴年转神山/吴从众．中国西藏．1.

西藏生物环境保护/顿多．中国西藏．2.

青海湖畔牧民的婚俗简介/娘吾才让．中国西藏．4.

山南地区春耕仪式/乌金次仁．中国西藏．4.

日喀则仁布地区的藏历年/扎西班典．中国西藏．5.

林芝地区松宗法会赛马节/普布多吉．中国西藏．5.

藏北高原考察散记/巴桑次仁．中国西藏．6.

略谈西藏原后藏各阶层的服饰/日喀则政协文史委员会．西藏研究．1.

藏族的葬俗及其有关的各种仪式/强巴　赵向黄．西藏研究．1.

团结协作、艰苦创业、开创古籍事业的新局面/巴桑次仁．西藏研究．2.

西藏文博事业的发展概况/更顿著　滕巴太译．西藏研究．2.

藏学研究正在走向世界/角巴顿珠．西藏研究．2.

略述藏语播音/旺青格勒．西藏研究．3.

略谈文化的特点与文艺翻译间的对立统一/娥荣初．西藏研究．4.

试探循化藏族的风俗习惯/曲桑·多杰仁青．西藏艺术研究．1.

热贡萨吉一带的过年习俗及其相关的民俗/萨吉·桑杰才让．西藏艺术研究．2.

多麦恰噶地区的婚俗/多才旦索南智玛．西藏艺术研究．2.
西藏现代社会主义文化事业发展趋势（转载）/雪域文化．1.
试论西部开发中的群众文化工作/本刊．雪域文化．1.
古西藏气象观测略谈/热赛·贡确加措．雪域文化．1.
艰苦奋斗五十载　迎来百花齐芬芳/区文化厅社会文化处．雪域文化．2.
回顾与畅想/区文化厅副厅长索朗．雪域文化．2.
试论西部大开发与民族古籍搜集整理/巴旭·索朗拉姆．民族．1.
西藏古代姓氏研究/东干·格西奇珠　东干·索朗纳么．民族．1.
敦煌吐蕃文献中“雅希”之考/桑吉克．合作民族师专学报．2.
浅议藏族妇女社会地位的历史变化/卓玛措　卓尕杰．攀登．2.
藏文古籍整理法及其相关问题/蔡江．攀登．3.
试论文化的内涵及其构成/巴顿·万玛项加　铁英秀．攀登．4.
藏族伏藏文化及其社会价值/昂智才让．攀登．4.
藏族血肉供习俗的渊源/才旦加．攀登．4.
浅论藏族民间“俄保”习俗的历史意蕴/万玛顿珠．攀登．4.
办好藏文报为西部开发建设服务/卡毛吉．攀登．4.
论藏族文化发展中的世界性/扎拉·达哇桑布．藏语文工作．1.
风俗介绍/角巴东珠．西藏文艺．4.
浅谈洛扎县涅区“牧”字的含意/扎西珠觉．邦锦梅朵．1.
拉嘉里府宫造型及传统节日习俗/索朗．邦锦梅朵．2.
坚阿曲巴的仪式/甲日巴洛桑朗杰．邦锦梅朵．3.
评析藏族丧俗中的丧算法/米吾擦旦增朗杰．邦锦梅朵．4.
传统尼木制箭工艺/金果次平．邦锦梅朵．4.
鲜为人知的两种藏俗/周本加．群文天地．1—2.
五十年蓬勃发展的西藏藏医药事业/强巴赤列．中国藏学．2.
藏医矿物微化处理方法简介/嘎玛格扎　阿珠仁青多杰．中国藏学．1.
论藏医药学的发展历史与现状/楚如次郎．中国藏学．3.
藏医学起源问题新探/香朵·李先加．中国藏学．3.
桑珠加措先生在藏族星算学上取得的成就/华洛．中国西藏．5.
谈藏医药理/丹巴达吉．西藏研究．1.

略谈藏医事业的发展/林温·白玛格桑．西藏研究．2.

浅谈人体与精神的关系/土登平措．西藏研究．4.

藏医外治放血与烧火的疗效/纳雪巴·旦增曲扎．西藏研究．4.

略谈藏医学中的母子保健法/哈马．西藏研究．4.

简述矿类药物配制经验/布地泽仁．雪域文化．3.

浅谈藏医药的优势/央果．青海教育．4.

浅论《四部医典》的历史来源/忠登郎加．民族．1.

浅谈藏族天文学嬗变/仁毛加　俄玛．青海师大民族师范学院学报．2.

谈藏医的证实体会/万玛才让．群文天地．1—2.

民族宗教

藏传因明与形式逻辑之比较研究/龙智多杰．中国藏学．1.

阿琼南宗桑丹寺尼姑生活方式简述/德吉卓玛．中国藏学．1.

藏民族与地方保护神崇拜/恰嘎·旦正．中国藏学．3.

十一世班禅和他的修习生活/华子．中国西藏．3.

原始本教中的骨卦占卜与仪轨/仁青旺杰．中国西藏．3.

藏族民俗中的插经幡习俗的来源/完么东主．中国西藏．4.

塔尔寺大金瓦殿开始维修/官却．中国西藏．5.

真桑寺简介/古如·达瓦次仁．中国西藏．6.

再论恰苯与摩尼教的关系/谢绕托美．西藏研究．3.

谈中观论中的缘生因缘及物质辩证法/干木滚．西藏研究．4.

哲学发展史上的藏传辩证法/小次多．西藏研究．4.

东嘎扎西曲林寺及其引起的谈论/索曲．雪域文化．3.

“曲登尼玛”之介绍/迪努·多吉占堆．雪域文化．4.

简要回顾西藏和平解放50年来的宗教工作/珠康·土登克珠．西藏佛教．1.

党的宗教信仰自由政策在西藏得到了贯彻执行/策墨林·单增赤列．西藏佛教．1.

简述阿拉夏阿旺丹达格西拉让巴功绩/塔尔寺桑杰甲布．西藏佛教．1.

贤哲出众大德吾坚丹增农布略传善缘捷径/格资曲尼．西藏佛教．1.

朝拜圣地省木宗简史白莲花串/苏学巴曲英智美．西藏佛教．1.

藏达那亲见山寺颂——信仰之花/洛桑顿丹．西藏佛教．1.

佛言经典简要阐述天界大鼓/旦白尼玛．西藏佛教．1.

门珠林寺八大宝塔修缮后的装藏目录及简史/土登达吉．西藏佛教．1.

彭波夏热寺夏钦木节法会/伦珠．西藏佛教．1.

二十一至尊度母拜颂词解杜鹃的呼唤/扎唐．西藏佛教．1.

会供曼荼罗进行法说明大乐喜筵/扎岗·洛桑多吉．西藏佛教．1.

龙续嘎当派四尊佛圣地/恰日巴·洛桑南杰．西藏佛教．1.

诞生于山南地区的三十多位圣者名人简传诗句/克珠．西藏佛教．2.

按年纪编写的帕邦喀迪青宁布大师略传确认之车/洛丹供稿．西藏佛教．2.

典堆卓妈扎圣地的来历简述/农杰供稿．西藏佛教．2.

聂吾堆嘎坚寺的历史介绍/扎西．西藏佛教．2.

永中苯教的主要寺院妥杰米日寺/夏玉彭措．西藏佛教．2.

殊胜佛尊白文殊祈祷词/平措绕杰．西藏佛教．2.

如来佛灵塔的由来及构造细述三界饰品/强白益西．西藏佛教．2.

宗娘百吉伦布大佛塔目录散集/色卡贡嘎次仁收集．西藏佛教．2.

朗仁巴阿旺平措亲授萨派教戒离四耽著笔记/扎唐供稿．西藏佛教．2.

菩提心析解/更顿达瓦．西藏佛教．2.

诵经佛事前行发愿略谈宝瓶口花/阿旺扎青．西藏佛教．2.

霍康先生从几处赞布时期石碑上抄来的碑文及意解（上）/强且供稿．西藏佛教．2.

烧灵纸时的火烟状态辨析法/洛桑公钦．西藏佛教．2.

宗喀巴大师名著菩提道次第论中的部分名词解释/扎岗洛桑多吉．西藏佛教．2.

先前中部藏区辩经盛行过的六个寺院学府/恰日巴·洛桑南杰．西藏佛教．2.

如何评价第斯桑吉嘉措/万德扎西．青海教育．4.

杰增曲吉坚赞、班钦索南扎巴和更庆嘉洋协巴三者及其黄教教义论著介绍/夏吾拉本　柔增吉．青海教育．4.

本教四因乘述略/诺布才让．青海教育．4．

评述比若藏娜译师之生平/阿巴加米．西藏大学学报．1．

谈藏传因明学起源及特征/丹巴次仁．西藏大学学报．1．

德格玉隆拉加寺历史简介/巴多．民族．1．

《菩提道次第广论》及其注疏/华洛．青海师大民族师范学院学报．1．

略论“三宝”的概念/更登．青海师大民族师学院学报．1．

浅谈《俱舍论》中的创世神话/多杰加．青海师大民族师范学院学报．1．

谈雍仲苯教中的“乘”/当增才让．青海师大民族师范学院学报．1．

唯识宗理论中的“阿赖耶识”探赜/更登．青海师大民族师范学院学报．2．

佛学驳论文的历史沿革与特点（连载）/华洛．青海师大民族师范学院学报．2．

试论佛教中的因果观/万玛项千．青海师大民族师范学院学报．2．

历辈阿芒班智达传略/赛仓·罗桑华旦．合作民族师专学报．1．

谈关于顿渐两门的争议/嘉仁·华洛．合作民族师专学报．1．

考证则亚班智达铜像/唐克·欧杰．合作民族师专学报．1．

历辈阿芒班智达传略/赛仓·罗桑华旦．合作民族师专学报．2．

塔米奇罗桑东珠生平小考/贡巴扎西．合作民族师专学报．2．

历世贡唐呼吐克图简介/唐克·欧加．合作民族师专学报．2．

略述佛教文化与缘起论之要义/奇吉·更登桑旦．合作民族师专学报．2．

雍仲本教的有关问题初探/东主加．攀登．1．

“宗教需求”与宗教存在/岳臻著　正贤译．攀登．1．

古印度因明学经典藏译过程略论/龙智多杰．攀登．1．

夏噶巴及其著作简介/嘉让华洛．攀登．1．

聂赤赞普前藏族佛塔艺术相关问题初探/旦增．攀登．2．

《莲花生传》评析/才项太．攀登．2．

因明“同品遍”与“实品遍”含义之辩/爪什则久美．攀登．2．

积极引导宗教与社会主义社会相适应/何启林著　豆改译．攀登．3．

从理念差异看科学与宗教的本质/拉毛杰著．攀登．3．

简略僧人法衣及特点/洛桑公尖. 邦锦梅朵. 1.

仓央嘉措秘史记载的奇特见闻/才华. 山南文艺. 1.

元者寺志/夏珠嘉措. 日月山. 1.

民族历史

泾川县八思巴蒙古文碑铭考释/雅贡·关却才旦. 中国藏学. 3.

关于藏族历史上"预试七人"之探讨/仲普·次仁多吉. 中国藏学. 4.

论《敦煌出土的藏族历史文献》中的"喇顿"一词的含义/扎保. 中国西藏. 1.

萨迦寺藏明代宣德青花彩河莲鸳鸯纹碗/王芳. 中国西藏. 2.

玉树旅游/阿宝. 中国西藏. 2.

列山墓之谜/赵慧民. 中国西藏. 5.

藏银百两考/邹大枚. 中国西藏. 6.

青海地区的铜器时期卡若文化考述/索朗次仁. 西藏研究. 1.

《巴协》一书的作者及其成书年代质疑/夏布峡·达瓦次仁. 西藏研究. 3.

关于噶尔东赞是否吐蕃赞普派往中原的第一个使臣的考跋/欢龚. 西藏研究. 3.

霍尔麦玛四部落史话/霍尔·努木. 雪域文化. 1.

关于藏族古代历史上"十神统治"时期初探/才旦多吉. 青海教育. 6.

刍议吐蕃王朝时期的社会形态/白伦·占堆. 西藏大学学报. 1.

略考吐蕃"猿猴"种系之说/狮游·拉珍. 西藏大学学报. 1.

安多地区的阿里克部落简史（连载）/仁青诺日. 青海师大民族师范学院学报. 1—2.

藏王松赞干布生卒年代考略/贡保南杰. 合作民族师专学报. 2.

对石器和青铜器时代藏区人类活动的考古学探析/旦增才让. 攀登. 1.

吐蕃王朝解体后的藏族社会状况/樊保良　水天长著　嘉益群培译. 攀登. 3.

简析古代赞普称谓中的"赤"和"德"/夏吾交巴. 攀登. 3.

关于热贡四寨人口的族别问题/洛哲达奥．攀登．4.

对藏族史书中有关人类起源等三个神话传说的分析/才让卓玛　尕桑加吾．攀登．4.

简述与地名“道帏”有关的历史/彭措．青海藏语文工作．1.

简析藏区部分人名和地名的由来/索南才让．青海藏语文工作．1.

拉加里历史汇编/索朗．邦锦梅朵．1.

有关《嘎塘西扎》的评述/岗坚卓玛．邦锦梅朵．3.

四大家族之简说/甲日巴洛桑朗杰．邦锦梅朵．3.

论歧视妇女观点在西藏的产生与发展/格托．山南文艺．2.

民国历届政府反对分裂、维护对西藏主权的斗争/陈崇凯著．山南文艺．2.

论青海湖周边的藏族历史/莫·嘉华．日月山．1.

伦堡赛钦山脚下的县城称恰雄/栋察·欢龚．日月山．1.

青海湖沿边的景点简介/玛侃·丹增嘉措．日月山．1.

民族语言文字

从语法学角度谈谈藏语规范化问题/边巴嘉措．中国藏学．1.

藏语语法中第二判位词和第四判位词的区分方法/卡本．中国藏学．1.

略谈藏语文与藏民族文化教育的关系/平措扎西．中国藏学．3.

略谈翻译时应注意文化的差别/珠拉．西藏研究．1.

制定藏语普通话的几点思考/边巴加措．西藏研究．3.

藏语文及藏文翻译业的几点思考/诺吾才让．西藏研究．4.

民族语言的作用与教育体系建设之谈/华旦加．雪域文化．3.

藏语言的来历及其发展变化之新论/热赛·贡觉加措．雪域文化．3.

第三格的异意/东嘎吉　才旺多杰．西藏教育．1.

谈藏语规范化的重要性/索朗曲达．西藏教育．1.

略说西藏古代翻译理论中的基本译法/索朗多吉．西藏教育．4.

藏文修辞学教学感想/英周．青海教育．6.

浅谈藏语名词的变迁/才旺多吉．青海教育．6.

藏文语法入门/考邦扎秀顿巴．青海教育．6.

第一次藏文文字厘定初探/扎西达瓦．西藏大学学报．1.

论语言和民族的关系/吉太加．青海师大民族师范学院学报．1.

关于藏语言文字的几点思考/蒋恰·更登扎西　李加太．合作民族师专学报．1.

略论翻译的主要手法——"意译"/龙布杰．合作民族师专学报．1.

谈有些报刊上存在的错译问题/强扎·尼尕．合作民族师专学报．2.

加强民族语文工作法制建设/桑杰端智．攀登．1.

从文化视角看藏文名词翻译/侃本加．攀登．2.

藏族翻译学论著《声明要领二卷》和《正字学·智生处》之比较/参看加．攀登．2.

关于翻译学的分类/诺吾才让．攀登．2.

略论藏语广播电视新闻的翻译标准/吴健．攀登．2.

语言与文化/许嘉璐著　参侃嘉译．攀登．3.

关于推进藏族语言文字进一步发展的思考/桑雄·娘先加．攀登．3.

关于藏文运用前途的几点思考/索南多杰．攀登．4.

汉藏翻译中的"趋同式"译风/阿东·华多太．攀登．4.

再谈藏文有五个元音/布次仁．藏语文工作．1.

在全省第三次民族语文工作会议上的讲话/李庆．青海藏语文工作．1.

民族工作的重点在于民族语文工作/群太加．青海藏语文工作．1.

藏语文方面的几点意见/毛兰．青海藏语文工作．1.

为藏语文在青藏高原继续发展而努力奋斗/桑杰加．青海藏语文工作．1.

西部大开发的新形势下对我省藏语文工作的几点思考/关却叁智．青海藏语文工作．1.

民族语文要为西部大开发发挥重大作用/夏吾东主．青海藏语文工作．1.

藏文的拉丁字母转写/曼秀·仁青多杰．青海藏语文工作．1.

细说梵文的元音字母与辅音字母/华洛．青海藏语文工作．1.

论新闻翻译的标准/柔措．青海藏语文工作．1.

论语言的变革与藏语文的未来/班玛龙珠．日月山．1.

浅谈新时期民族语文工作/夏吾东主. 日月山. 1.

简议藏语文的发展和使用/夏吾更太. 日月山. 1.

略谈藏汉翻译中审稿的几点经验/蔡江. 日月山. 1.

藏汉翻译中音译的用法/才让扎西. 日月山. 1.

民族文学艺术

旦智大师诗论中有关诗魂之说/吴钰. 中国藏学. 1.

略谈藏族神话的产生、发展及其特点/巴顿·万玛项钦. 中国藏学. 1.

论诗歌意象的艺术表现手法及审美特点/华毛. 中国藏学. 3.

结合藏族当代文学的发展谈谈有关文学翻译的几点思考/多杰龙珠. 中国藏学. 3.

《尸语故事二十五品》研究/上村胜彦著　加叶·扎西平措译. 中国藏学. 3.

浅谈藏族传记文学/加热·华洛. 中国藏学. 4.

《协巴》及其艺术特色/热·英加. 中国藏学. 4.

藏族文坛上的奇葩——端智嘉/杜永彬. 中国西藏. 3.

谈文学的起源与发展/多杰. 西藏研究. 1.

蓬勃发展的藏族文学/麦巴·贡却加. 西藏研究. 2.

试论根敦群培的诗学思想/多贝·角巴罗杰. 西藏研究. 3.

略谈自由诗/更恰. 西藏研究. 4.

略谈《米拉日巴传》人物刻画的艺术特征/普次仁. 西藏艺术研究. 1.

敦煌发现的古西藏谚语略谈/雪域文化. 1.

展示我区先进文化建设的成果——庆祝建党80周年、西藏和平解放50周年文艺作品综述/本刊. 雪域文化. 4.

浅论西藏古诗/拉巴次仁. 雪域文化. 4.

浅谈神话与古典文学作品之间的关系/央姆措　桑杰先. 青海教育. 4.

浅谈藏族古代道歌的艺术特征/卓玛吉　格珍. 青海教育. 4.

略析藏族格言体裁的源流及发展/普次仁. 西藏大学学报. 1.

米拉日巴道歌的思想内容及艺术特色/东主才让. 青海师大民族师范学

院学报．1、2.

文学的人民性及民族性/拉秀吉．青海师大民族师范学院学报．1

《萨迦格言》赏析/仁青扎西．青海师大民族师范学院学报．2

藏族古代文体的结构/兰卡才让．合作民族师专学报．2.

浅谈发展藏族传统文学的重要性/吉代．合作民族师专学报．2.

名作《金色之花》艺术特色赏析/万德嘉．攀登．1.

藏族古典小说中的爱情描写及艺术形象/才让卓玛　尕桑加吾．攀登．1.

藏族文学翻译史综述/侃本加．攀登．3.

《诺桑王子传》简析/柔措．攀登．3.

简述文学翻译与非文学翻译的差异/诺日才让．青海藏语文工作．1.

浅谈《颇罗鼐传》的主人公及作者之间的关系/多吉旺秋．西藏文艺．5.

从传统小说走向新小说——谈《花园里的风波》的历史意义/得拉加．西藏文艺．5.

《萨迦格言》评述/普布顿珠　拉巴群培．西藏文艺．6.

浅谈萨迦格言是否西藏最早格言/杨毛吉．山南文艺．1.

关于藏族谚语的几点思考/鲁毛吉．山南文艺．1.

浅淡藏族民间的"打油诗"/旦正才让．群文天地．1—2.

试论洛桑班丹大师著作的思想性/嘎色·洛者达沃．日月山．1

论掘藏类格萨尔说唱艺人/角巴顿珠．中国藏学．1.

《格萨尔》继承有关藏族原始神话/娘吾才让．中国西藏．1.

西藏大学抢救《格萨尔》/普桑占堆．中国西藏．3.

简论《格萨尔》中跳神和绘画艺术/次旺　达拉．中国西藏．4.

从《格萨尔》看西藏妇女地位之变化/旺姆措．中国西藏．6.

略析格萨尔史诗里的灵魂概念/纳巴次仁．西藏研究．1.

江格尔藏戏的调查报告/德吉卓嘎．西藏研究．3.

如何完善《格萨尔王传》中的格萨尔王的人物形象的几点思考/开珠．西藏研究．3.

《格萨尔王传》引言/［法国］R．A．石泰安著　索朗格勒译．西藏研究．4.

吐番时期佛本之争的根由与《格萨尔》宗教文化的比较研究/平措．西藏艺术研究．1.

略谈《地狱篇》的艺术特色/宁吾才让．西藏艺术研究．2.

评介上师仁增尼玛及其伏掘的《格萨尔》卷本/白玛维色．西藏艺术研究．2.

位于多康色达县的岭国古迹/白玛仁增．雪域文化．1.

论《格萨尔王传》中的佛苯之争/恰嘎·旦正．格萨尔研究．1.

浅析《格萨尔王传》中藏族妇女的社会地位和当今社会的实际地位/黄毛草．格萨尔研究．1.

论《格萨尔》人物描写的艺术特色/恰嘎·觉智．格萨尔研究．1.

论《格萨尔王传》中古代藏族妇女的形象和地位/娘吾才让．格萨尔研究．1.

初探《格萨尔》史诗中的部落联盟及其特点/旦正加．青海师大民族师范学院学报．1.

格萨尔王传《降伏妖魔》版本的特点/曼秀·仁青道吉．合作民族师专学报．2.

史诗格萨尔的藏族原古神话内含/宁吾才让．攀登．1.

从格萨尔王传看藏族妇女地位的变化/昂毛措．攀登．4.

谈“格萨尔王”中“卓同”这一人物形象的生动描写/罗旦．西藏文艺．2.

论格萨尔《诞生史》的史传特色/曼秀·仁青道吉．达赛尔．1—2.

藏族民间歌舞“堆谐”和“囊玛”乐谱的结构分析/米玛洛桑．中国藏学．3.

藏族绘画初探/安多强巴．中国西藏．1.

尊者拉杰和《彩绘大观》/群太　巴桑次仁．中国西藏．2.

色达县《格萨尔》演出队/岗·尖参才让．中国西藏．2.

藏族美术史上的几个发展阶段的划分及其艺术特点/桑纽．西藏研究．3.

藏族神像绘画艺术的护法怒神相貌画法取自何处之探/洛桑扎西．西藏研究．4.

略述苯教的三种羌姆/卡尔梅桑木旦著　索杰译．西藏研究．4.

嘎尔的历史及其音乐/更堆培杰．西藏艺术研究．1.

西藏舞蹈概述（续）/丹增次仁著　计明南加译．西藏艺术研究．1—2.

浅谈藏族传统装饰画的内涵/旦巴热单．西藏艺术研究．1.

直工噶居派独具一格的果芒曲登之艺术特征/热萨·贡确加措．西藏艺术研究．1.

评介塑神像者洛珠及其艺术创作风格/仓旺·更堆登巴．西藏艺术研究．1.

藏族说唱艺术品种及其艺术特色/索朗次仁著　朦巴太译．西藏艺术研究．2.

评长篇电视连续剧《格萨尔王》/索南东主．西藏艺术研究．2.

直工噶居派相关的塑画艺术及其源流/热萨·贡确加措．西藏艺术研究．2.

藏族的画像和塑像的种类/热贡·计明桑珠．西藏艺术研究．2.

山南地区抢救民间艺术工作成果简介/巴桑．西藏艺术研究．2.

西藏的六弦琴（摘编）/雪域文化．4.

芒热恰玉寺跳神大节/芒势阿娘．西藏佛教．2.

浅谈六长寿图画/却桑加　嘎土解．西藏教育．3.

浅谈堆谐朗玛的起源/尼珠平措．邦锦梅朵．2.

唐卡新论/安多强巴．章恰尔．1.

美术在藏区的源流/贾果．群文天地．1—2.

详解六道轮回图/文群太．群文天地．1—2.

民族教育

谈谈搞好教育工作的重要性/华热桑杰．中国藏学．3.

西藏民族学院创建始末/丁玲辉．中国西藏．3.

谈如何改革中学藏文教学方法/格桑玉珍．西藏研究．1.

五十年来我区教材改革事业取得了丰硕成果/江平　强巴．西藏研究．2.

发展中的西藏扫盲教育/欧珠次仁. 西藏研究. 2.

关于发展西藏职业教育的几点思考/雄努洛桑. 西藏研究. 4.

发展中的西藏大学藏语文系/多布杰. 雪域文化. 2.

五十年绘制后藏教育新蓝图/曲卓·尼玛顿拉. 雪域文化. 2.

关于改革和发展农牧区教育的意见/西藏自治区教育厅. 西藏教育. 1.

在全区农牧区教育综合改革工作会议上的讲话/西藏自治区党委副书记丹增. 西藏教育. 1.

在全区农牧区教育综合改革工作会议上的总结讲话/西藏自治区副主席次仁卓嘎. 西藏教育. 1.

目标教学与藏族传统教学的结合是实施素质教育的有效途经/加仁白罗. 西藏教育. 1.

教育应符合受教育者的身心发展规律/仁毛友. 西藏教育. 1.

园丁指数桃李春——纪念西藏和平解放50周年/田家乐　张应吉. 西藏教育. 3.

回顾历史豪情满怀　展望未来信心百倍/边诺. 西藏教育. 3.

谈谈藏语文教学/万玛项欠. 西藏教育. 3.

略述藏文书法/多贡·桑塔多吉. 西藏教育. 3.

提示性教学功能/多吉伦珠. 西藏教育. 3.

浅谈家庭教育的重要性/白玛. 西藏教育. 3.

中学生家庭教育中应重视的几个问题/萨里玛. 西藏教育. 3.

谈近期藏文教学中出现的几个问题/格桑益西. 西藏教育. 4.

初论藏文化发展的途径/夏吾卓玛. 西藏教育. 4.

中学历史学科如何实施素质教育/格桑加措. 青海教育. 4.

深化基础教育改革　加快推进素质教育/韩珍. 青海教育. 4.

藏文数学教学的现状及今后改进的几点建议/久协. 青海教育. 4.

谈理论结构教学之重要性/拉巴次仁. 西藏大学学报. 1.

高校师资队伍建设中需要注意的几个问题/豆格草. 合作民族师专学报. 1.

关于藏族基础教育方面的几点思考/道吉卓玛. 合作民族师专学报. 2.

对加快发展青海教育事业的思考/星扎西. 攀登. 1.

回顾历史的轨迹——拉萨师范学校的发展/扎西桑珠. 拉萨河. 1.

使用本民族的语言文字，发展教育事业/仁青闹日．日月山．1.

谈藏文教材在民族教育中的作用/文才．日月山．1.

（卓　玛）

维　吾　尔　文

民族问题理论

论西部大开发的几个问题/阿布都克里木·马木提．新疆大学学报．1.

论西部地区的贫困和发展问题/帕提古丽·图尔迪．新疆大学学报．3.

论新疆各少数民族的习惯法/艾合买提·马木提．新疆大学学报．4.

对当前提高新疆少数民族参政能力途径的探索/吐尔逊·卡德尔．新疆大学学报．4.

我国成功解决民族问题的途径/李德洙．新疆社会科学．1.

西部大开发中一定要保持民族团结和社会稳定的大局/阿吾提·托乎提．新疆社会科学．1.

在新时期农业发展的要求与我区农业发展的实际状况/阿布里克木·阿拉吾东．新疆社会科学．1.

繁荣社会科学研究为自治区的改革、发展、稳定的大局服务/司马义·铁力瓦尔地．新疆社会科学．2.

改革开放与中国的民族区域自治制度/吴世民．新疆社会科学．2.

实施西部大开发战略，应把加强和发展社会主义民族关系放在首位/阿·托乎提．新疆社会科学．3.

近代不平等条约与中国新疆边界的最后确定/努·莫明．新疆社会科学．3.

党的民族政策及其实践/木·买买提．新疆社会科学．4.

浅谈地方法规的实用性/皮尔东．新疆社会科学．4.

共产党的领导是我国区域经济协调发展的根本保证/吾买尔·拜克力．新疆师范大学学报．1．

正确掌握“三个代表”的本质，促进我国经济发展/古丽巴努·吐尔逊．新疆师范大学学报．1．

简论社会主义分配理论的新发展/卡德尔哈孜．新疆师范大学学报．2．

在西部大开发中新疆应抓哪些工作/热合买提江·艾合买提．新疆师范大学学报．2．

试论贫困的原因与脱贫的途径/阿布力孜·玉素甫．新疆师范大学学报．3．

新疆旅游业的发展应走生态旅游之路/古丽斯坦·亚森．新疆师范大学学报．3．

抓住机遇加速新疆大开发应解决的几个问题/热依汗古丽·亚生．新疆师范大学学报．3．

西部开发是发展西部经济的战略措施/努尔比也·哈吉　祖力皮也·哈吉．喀什师范学院学报．1．

民族经济

抓住西部开发的机遇，加快发展新疆经济/阿布力克木·艾山　穆合塔尔·图尔迪．新疆大学学报．2．

论新疆的边境贸易及其战略发展/赫力里·艾里．新疆大学学报．2．

新疆产业结构调整之我见/古丽努尔·玉素甫　穆罕默德江·牙森．新疆大学学报．2．

关于新疆少数民族传统地方工业在新疆经济发展中的地位/穆罕默德艾力·吐尔地　乌斯曼·尼亚孜　哈丽旦·艾尼瓦尔．新疆大学学报．4．

关于“马”贸易在西域社会经济中的地位/古丽扎帕尔．新疆社会科学．1．

中亚诸国与中国新疆的经贸关系/阿·伊米提　艾·伊明．新疆社会科学．4．

浅析新疆区域经济差距/地·吾守尔　艾·艾山．新疆社会科学．4．

看新疆近代外贸事业/阿衣木姑丽·卡比力．喀什师范学院学报．1.

民族学

《福乐智慧》中凸现的美学问题/穆罕默德吐尔逊·艾力．新疆大学学报．1.

论维吾尔族的家族别号/阿尔斯兰·阿布都拉．新疆大学学报．4.

近代维吾尔族报业探索/阿斯曼·尼亚孜　艾力·吐拉克．新疆大学学报．4.

《突厥语大词典》中喀喇汗王朝建筑文化一瞥/阿里木江·麦合苏特　阿布都许库尔·麦合苏特．新疆大学学报．4.

浅谈维吾尔妇女的服饰习惯/迪·阿不里米提．新疆社会科学．1.

《福乐智慧》与喀喇汗王朝的文化整合/魏良弢．新疆社会科学．2.

艾得莱斯绸与维吾尔族的漂染艺术/米·买买提艾力．新疆社会科学．3.

霍加·艾哈买德亚萨威诗歌中的隐居思想/艾合买提江·艾山．新疆社会科学．4.

维吾尔人绰号分类及其社会作用/伊力夏提·艾来提江．新疆师范大学学报．2.

伊斯兰教在新疆社会中的地位/阿巴拜克　玛依努尔．新疆师范大学学报．2.

论维吾尔人的烧香习俗/美合拉伊·阿不都力木．新疆师范大学学报．3.

民族宗教

鸠摩罗什与甘肃的鸠摩罗什寺庙/乌买尔江·艾山．新疆大学学报．1.

当前新疆宗教问题及对策研究/马品彦．新疆社会科学．1.

从《突厥语大词典》中的诗歌看维吾尔族的古代信仰/帕·玉素甫．新疆社会科学．3.

《突厥语大词典》中有关宗教信仰的记载/热·买提尼牙孜. 新疆社会科学. 3.

马尼教与维吾尔人/阿布都热伊木·穆罕默德. 喀什师范学院学报. 1.

古代宗教对麦盖提地区的影响/阿迪利·土兰. 喀什师范学院学报. 4.

民族历史

论新疆古代纺织业/阿布都热依木·穆罕默德. 新疆大学学报. 2.

新疆部分古地名及其地理位置/阿布里米提·穆罕默德. 新疆大学学报. 2.

有关古突厥文《翁金碑》的几个问题/库尔班·图兰. 新疆大学学报. 3.

马赫穆德·喀什噶里与田野调查方法/热依拉·达吾提. 新疆大学学报. 4.

论塔里木盆地远古文明史/阿布力克木·阿布都热西提. 新疆大学学报. 4.

古城喀什的城市建设历史和传统的住宅艺术/阿布力克木. 新疆社会科学. 2.

论高昌回鹘汗国的建立及有关的问题/库尔班. 新疆社会科学. 2.

新疆三区革命时期教育事业的发展与阿合买提江·哈斯木的教育思想/陈延琪. 新疆社会科学. 2.

关于粟特语和月氏语的几个问题/（俄国）巴尔托里德. 新疆社会科学. 3.

浅谈中国历代王朝的西域政策/图尔文江. 新疆社会科学. 4.

论元代维吾尔族天文学家对我国天文学的贡献/阿·买买提　买·莫明. 新疆社会科学. 4.

维吾尔族棋类文化/亚夏尔·阿布里米提. 新疆师范大学学报. 1.

察合台汗国可汗们/阿依木古丽·努肉拉. 新疆师范大学学报. 1.

论清朝与杨增新在新疆的行政政策/阿丽亚·艾尼瓦尔．新疆师范大学学报．1.

论高昌回鹘社会经济文献中的《Nixan》/司马义·铁木尔．新疆师范大学学报．4.

准噶尔汗国的可汗们/努如拉·木明　艾·吾买尔．喀什师范学院学报．1.

和田地区文物遗址（13）/艾·阿塔吾拉　阿·图尔逊．喀什师范学院学报．1、2、4.

蓝突厥汗国的可汗们/努如拉·木明．喀什师范学院学报．2.

浅谈民俗文化与两个文明建设/阿布力米提·穆罕默德．喀什师范学院学报．2.

维吾尔汗国的可汗们/努如拉·木明玉力浑．喀什师范学院学报．3.

萨玛尼汗国的可汗们/努如拉·木明玉力浑．喀什师范学院学报．4.

民族语言文字

论塔吉克语的历史发展和现状/西仁·库尔班．新疆大学学报．1.

现代汉语递进关系复句的维吾尔语译法之我见/尼牙孜·艾买提．新疆大学学报．1.

《突厥语大词典》中有关虚词的研究/热扎克·买提尼亚孜．新疆大学学报．1.

英语中形容词和副词的级在维吾尔语中的表达/安尼瓦尔·热杰甫．新疆大学学报．1.

维吾尔族用波斯语写成的著作简介/海热提江·乌斯曼．新疆大学学报．1.

通过对哈密方言研究阐述维吾尔语中所存在的现实问题/依斯买提·哈斯木．新疆大学学报．2.

论现代维吾尔语的混合复句/苏来曼·沙帕尔．新疆大学学报．2.

现代语言学的研究特点/库来西．新疆社会科学．1.

关于现代维吾尔语中的“月份”名称/热蒲开提．新疆社会科学．1.

现代维吾尔语的歧义结构考/塔依尔江．新疆社会科学．2.

论维吾尔的文字文化/乌依古尔．新疆社会科学．2.

浅谈维吾尔语中与动物有关的成语/艾则孜江．新疆社会科学．3.

浅谈文化语言学的研究方法/吐·艾米杜拉　艾·斯马义．新疆社会科学．3.

汉语与维吾尔语中道德词汇的比较/帕·阿帕尔．新疆社会科学．3.

解放前我国维吾尔语研究简况/库来西．新疆社会科学．4.

论现代维吾尔语中的术语/帕·吉兰．新疆社会科学．4.

中国突厥语研究事业的二十年来的发展概述/吐尔逊·阿尤甫．语言与翻译．1.

论现代维吾尔语中的新词及其研究的重要性/热孜万·阿瓦穆斯林．语言与翻译．1.

论旁代/尤力瓦斯·热西丁．语言与翻译．1.

维吾尔人的语言禁忌/阿依努尔·多拉提．语言与翻译．1.

浅谈“tohula”地名的来源/阿布拉海提·阿布都卡迪尔．语言与翻译．1.

谈《汉维审计经济词典》中部分税务术语的维译/吐尔迪·艾买提．语言与翻译．1.

浅谈维吾尔语专用名词英译中存在的问题/艾斯卡尔·吐尔逊．语言与翻译．1.

浅谈古代汉语“之”字在不同语言环境中的使用及维译/艾合买提·尼牙孜．语言与翻译．1.

谈“缓刑”和“缓期执刑”的维译/买合默德·司马义．语言与翻译．1.

要正确使用 pay、pay qeki、payqik 等几个词/艾尔肯阿依·瓦依德．语言与翻译．1.

英语教学中要正确掌握英语字母和维语字母在发音上的异同/楚格鲁克·阿布迪力木　美克拉依·阿布迪力木．语言与翻译．1.

论现代维吾尔语中的部分波斯语语言成分/阿布力米提·艾海提．语言与翻译．2.

试谈和田土语的发音特征/努尔穆罕默德·吾买尔．语言与翻译．2.

试论广告语/古丽贤·尼亚孜．语言与翻译．2.

试谈多义词与语境的关系/阿依夏木·阿布都力．语言与翻译．2.

谈古代维吾尔人使用的部分官职术语/穆妮拉·阿布都外力．语言与翻译．2.

现代维吾尔语专业术语之我见/吾买尔·阿皮孜　哈丽旦·肉孜．语言与翻译．2.

浅谈"miran"和"toksun"地名的来源/穆罕默德热依木·阿吉．语言与翻译．2.

从电影电视剧的维译谈谈术语工作/阿布都热西提·吾甫尔．语言与翻译．2.

汉语中的形象词语及其维译/阿地里江·塔伊尔．语言与翻译．2.

做好会议口头翻译/康永宏．语言与翻译．2.

论新疆地名翻译规范中存在的问题/吐尔逊古丽·玉苏甫．语言与翻译．2.

谈《古代维吾尔人》一书维译中存在的几个问题/艾合买德·苏来曼．语言与翻译．2.

浅谈《汉英维医学词典》中某些术语的维译/艾尔肯·阿里木．语言与翻译．2.

关于若干术语的维译/吐尔地·艾买提．语言与翻译．2.

《汉维工业企业管理词典》中某些术语的维译之我见/库尔班江·买苏木．语言与翻译．2.

就医学方面的若干术语之我见/胡尔西旦·阿布都热依木．语言与翻译．2.

谈谈部分术语的维译/木拉提·哈力克．语言与翻译．2.

关于标准化化学元素的维文名称及词根/艾海提·沙力　阿布力孜·艾力旦尔．语言与翻译．2.

谈《福乐智慧》中的颜色词/阿尔斯兰·阿布都拉．语言与翻译．3.

谈谈20世纪20—30年代俄语对维吾尔文学语言的影响/热甫凯提·热合木．语言与翻译．3.

近二十年来维吾尔语词汇研究概述/阿布都热依木·热合曼　阿依努尔．语言与翻译．3.

论维吾尔谚语与维吾尔文化的关系/伊力哈木江·吐尔逊．语言与翻译．3.

谈现代维吾尔语成语的修辞特点/帕热达·马力克．语言与翻译．3.

维吾尔语方言研究中要重视的几个问题/穆娜瓦尔·艾比布拉．语言与翻译．3.

汉语代词的维译/热合曼·伊敏．语言与翻译．3.

要提高专业著作的翻译和出版质量/穆罕默德·伊布拉音．语言与翻译．3.

谈自然科学著作的翻译与编缉问题/居来提·加马力丁　尼加提·加马力丁．语言与翻译．3.

论音乐专业部分术语的维译/阿提凯木·托呼提．语言与翻译．3.

谈《汉维法学词典》中部分术语的维译/阿布都哈力克·阿布都力巴克．语言与翻译．3.

谈“法制”和“法治”的维译/吾买尔·马木提．语言与翻译．3.

电视用语用字也应符合文学语言文字的规范化标准化要求/卡米力·吾买尔．语言与翻译．3.

要正确使用 jriman **和** xtrap **两个词**/艾比布拉·塞买提．语言与翻译．3.

论维吾尔构词附加成分“—man/—mən”/尼加提·阿不都克力木．语言与翻译．4.

论自古以来一直沿用的维吾尔语词义演变问题/布海热·阿不来提．语言与翻译．4.

称呼语的发展演变及其社会文化背景/牛小莉．语言与翻译．4.

浅谈现代维语中的偶词/米合拉依·依沙克．语言与翻译．4.

维吾尔口语中部分音节的拖长及其作用/艾山江·穆罕默德　艾尔肯娜依·瓦依德．语言与翻译．4.

谈现代维语中几个外来词的词源/古丽鲜·尼亚孜．语言与翻译．4.

电视译制片中存在的若干问题/阿里木·哈沙尼．语言与翻译．4.

论翻译对维吾尔语的负面影响及对策/阿迪力·吐尔逊．语言与翻译．4.

谈汉语新词术语维译存在的一些问题/塔西埔拉提·艾拜都拉　阿布都

热西提·吾甫尔．语言与翻译．4.

维汉花卉术语对比研究/穆娜瓦尔．语言与翻译．4.

石油化工术语维译时不能任意缩略/买尔当·吐尔逊．语言与翻译．4.

浅谈古汉语中“于”字的词义及其维译/阿曼古丽·沙迪克．语言与翻译．4.

使用名词术语应该以规范化为标准/艾热提江·孜热西．语言与翻译．4.

科普读物中要正确使用科技术语/左合拉·阿布都热依木．语言与翻译．4.

谈维吾尔人的姓氏与姓名书写顺序问题/玉素甫·依该木　迪丽努尔·艾力．语言与翻译．4.

论“把”字的运用及其维译/美热古丽·阿布都拉．语言与翻译．4.

文人与语言/买买提·夏吾尔．新疆师范大学学报．2.

浅谈“简直”在汉语里的表达及维译法/莎妮亚·凯穆拜尔．新疆师范大学学报．2.

浅谈翻译中的民族性表达问题/迪丽拜尔·米吉提．新疆师范大学学报．2.

论现代维吾尔语中的同形语素/斯迪克江·伊不拉音．新疆师范大学学报．4.

论汉译维中的引申法/吐尔地·艾买提．新疆师范大学学报．4.

同义词的选择问题初探/图尔艾合麦提·海木都拉　多力昆·海参．喀什师范学院学报．2.

谈维汉语中表示亲属关系的名词/热比娅·阿布都热依木．喀什师范学院学报．2.

应如何用维语来询问人名/帕尔哈提·赛义德尼牙孜．喀什师范学院学报．2.

现代维吾尔语中同义的附加成分/阿布都热合曼·库尔班　喀什师范学院学报．3.

汉维语中禁忌语与委婉语的对比研究/海尤尔·阿布都卡迪．喀什师范学院学报．3.

民族文学艺术

《突厥语大词典》中有关《乌古斯可汗传说》的论述/吐尔逊·吾守尔 穆尼热·阿布都热合曼. 新疆大学学报. 1.

浅谈修辞学的发展和维吾尔修辞学/阿尔斯兰·阿布都拉. 新疆大学学报. 2.

论合卓时期维吾尔文学所反映的社会主题及其表达/艾希热甫·阿布都拉 迪里木拉提·穆罕默德. 新疆大学学报. 2.

帕尔哈德形象的艺术档案——一个巨大的东方文学形象原型的变化过程及文化层次/艾赛提·苏拉伊曼 美合拉伊·买买提力. 新疆大学学报. 3.

论塔里木文化的特点/阿布都克里木·热合曼. 新疆大学学报. 3.

维吾尔族现代话剧特点探索/穆罕默德·艾萨. 新疆大学学报. 4.

鲁迅的《狂人日记》与维吾尔族作家买买提明·吾守尔的小说《疯子》比较研究/艾·卡德尔. 新疆社会科学. 3.

从民间文学的整理、搜集的角度来研究《乌古斯传》/艾尼盘·阿依丁. 新疆师范大学学报. 1.

论赛福鼎·艾则孜的戏剧创作/买买提·艾沙. 新疆师范大学学报. 1.

浅谈纳瓦依作品的文艺思想/阿布拉江·吾米提亚尔. 新疆师范大学学报. 1.

有关纳瓦依研究的若干问题/伊克巴尔·吐尔逊. 新疆师范大学学报. 3.

维吾尔古典文学中的妇女形象/巴哈尔古丽·卡得尔. 新疆师范大学学报. 3.

论《突厥语大词典》中自然美的描述/祖木热提·阿帕尔. 新疆师范大学学报. 4.

中国塔吉克族中的著名人士——赛伊德·阿布都力艾孜则罕·毛拉拜合西/加·巴扎尔祖巴伊. 喀什师范学院学报. 1.

丰富的文学论文集——《突厥语大词典》/艾合买提·代尔威西. 喀什师范学院学报. 3.

民族教育

论知识经济时代教育的战略地位/穆罕默德·托乎提．新疆大学学报．2.

察合台语的教学与研究/阿布力米提·艾海提．新疆大学学报．4.

道德教育对青少年的作用/马依拉·阿帕尔．新疆社会科学．1.

浅谈儿童教育与维吾尔儿童文学/热西旦．新疆社会科学．4.

加强教育管理，发挥整体效益/帕丽达·拜合提.新疆师范大学学报.1.

继续教育是新时期的必然之路/热合玛依·阿不都外力．新疆师范大学学报．1.

实施素质教育是改进课堂教学的主要途径/阿依古丽·瓦依提．新疆师范大学学报．1.

关于导致维吾尔族基础教育质量低下的具体原因的一些思索/阿布利米提·艾克木．新疆师范大学学报．2.

浅谈素质教育与教师队伍素质/肖哈热提·巴哈尔古丽．新疆师范大学学报．2.

教育界的积极性与发展/依斯拉木·努尔．新疆师范大学学报．2.

论素质教育/阿帕尔·肉孜．新疆师范大学学报．2.

培养学生创新能力的探索/海力旦木·艾买提．新疆师范大学学报．2.

论知识经济时期的教育改革/阿不力孜·沙吾提.新疆师范大学学报.3.

浅谈家庭教育与素质教育/吐尔逊·达吾提.新疆师范大学学报.3.

（廖东梅）

中国社会科学院民族研究所馆藏日文民族研究书目

北樺太及黑龍江下流の民族に就て(北桦太及黑龙江下游的民族)/帝國學士院總會著/帝國學士院總會/[出版年不詳]/4—11 页

調查報告　第五卷——黑龍江省　其一龍江道(调查报告第五卷　黑龙江省　其一龙江道)/南滿洲鐵道株式會社總務部調查課著/南滿洲鐵道株式會社/[出版年不詳]/270 页

噶爾丹侵入當時の外蒙喀爾喀(噶尔丹侵入当时的外蒙喀尔喀)/井邊一家著/[出版地不详]/[出版年不詳]/226—246 页

紅頭嶼の土人(红头屿的土人)/宫武辰夫著/[出版地不详]/[出版年不详]/81—87 页

景教研究の歷史と現狀(景教研究的历史和现状)/佐伯好郎著/[出版地不详]/[出版年不详]/117—143 页

康藏に於ける喇嘛教徒の動向(康藏喇嘛教徒的动向)/橋本光寶著/[出版地不详]/[出版年不詳]/8—18 页

客家人物と近代支那(客家人物和近代中国)/彭盛木著/[出版地不详]/[出版年不詳]/35 页

喇嘛となりて(我做了喇嘛)/シオス.バーナード著/善鄰協會调查月報社/1939 年/108 页

露西亞に殘る蒙古の遺風——シキヰと胴上げ(俄国残留的蒙古遗风——往上举)/ウエセロフスキ——著/[出版地不详]/[出版年不詳]/49—60 页

滿洲建築及考古學文獻集(满洲建筑及考古学文献集)/義藤清造著/[出版地不詳]/[出版年不详]/一册

蒙古人——放牧者、僧及惡魔(蒙古人——放牧者、僧及恶魔)/フエルディナント,レッシンダ著/蒙疆新聞社印刷部/[出版年不詳]/159 页

蒙古雜觀(蒙古杂观)/佐藤久藏著/同仁会华北防疫初/[出版年不詳]/19页

民族學——學説·展望(民族学——学说·展望)/ミルヶ著及川宏譯/三省堂/1944年(昭和19年)/167页

内蒙古及び奉天附近の砂丘(内蒙古及奉天附近的沙丘)/新帶國太朗著/地學雜誌社/1920/一册

内蒙古雪害救濟趣意書(内蒙古雪害救济趣意书)/善鄰協會著/善鄰協會/1936年(昭和11年)/16页

清代文字獄檔を讀む(读清代文字狱档)/小澤文四郎著/[出版地不详]/[出版年不詳]/15—51页

史林55卷6號——ロブザンダンジンの反亂について(史林55卷6号——关于罗布桑丹金的反乱)/佐藤長著/[出版地不详]/[出版年不詳]/32页

世界歷史大系第7卷　明代の蒙古と滿洲(世界历史大系第七卷　明代的蒙古和满洲)/和田清著/平凡社/[出版年不詳]/445—510页

臺灣の民族性(台湾的民族性)/原田作之進著/[出版地不详]/[出版年不詳]/8页

問題の國蒙古行——呼倫貝爾の旅の思出話(问题之国蒙古行——呼伦贝尔之旅见闻录)/今村忠助著/[出版地不详]/[出版年不详]/242—252页

湘西苗族考察記(湘西苗族考察记)/[作者不詳]著/[出版地不详]/[出版年不詳]/42页

人種誌(人种志)/坪井正五郎校閲/鳥居龍藏編輯/嵩山房/1901年(明治35年)/135

滿洲事情(满洲事情)/山岡次郎著/商況社/1904年(明治37年)/138页

人文种學(人文种学)/鸟居龍藏著/大日本圖書株式會社/1904年(明治37年)/363页

漢籍解題(汉籍解题)/桂五十郎著/明治書院/1905年(明治38年)/980页

蒙古及蒙古人(蒙古及蒙古人)/東亞同文會著/東亞同文會編纂局/1908年(明治41年)/774页

蒙古史　第一卷(蒙古史　第一卷)/ドーソン著/田中萃一譯/富山房/

1909年(明治42年)/349,35页

伊犁紀行　日誌之部　上卷(伊犁纪行　日志之部　上卷)/日野强著/博文館/1909年(明治42年)/354页

伊犁紀行　地誌之部　下卷(伊犁纪行　地志之部　下卷)/日野强著/博文館/1909年(明治42年)/328页

大清興亡史(大清兴亡史)/上野閑雲著/[不详]/1912年(明治45年)/408页

滿洲(满洲)/服部暢著/政教社/1913年(大正2年)/562页

滿洲舊慣調查報告　習慣ノ押　後篇第二卷(满洲旧惯调查报告　习惯的押　后篇第二卷)/南滿洲鐵道株式會社調查課編/東洋印刷株式會社/1913年(大正2年)/一册

臨時臺灣舊慣調查會第一部　蕃族調查報告書　阿眉族奇[虫]　同太巴望社　同馬太鞍社　同海岸蕃(临时台湾旧惯调查会第一部　蕃族调查报告书　阿眉族奇[虫]　同太巴望社　同马太鞍社　同海岸蕃)/臨時臺灣舊慣調查會著/臨時臺灣舊慣調查會/1914年(大正3年)/331页

清朝全史　上卷(清朝全史　上卷)/稻葉岩吉著/早稻田大學出版部/1914年(大正3年)/804页

清朝全史　下卷(清朝全史　下卷)/稻葉岩吉著/早稻田大學出版部/1914年(大正3年)/744,56页

蒙古研究——白人の世界か黄人の世界か(蒙古研究——白人的世界还是黄人的世界?)/中村久四郎著/晋文館/1915年/240页

東部蒙古(东部蒙古)/東亞同文會著/東亞同文會編纂局/1915年(大正4年)/786页

我が觀たる滿鮮(我所了解的满鲜)/中野正岡著/政教社/1915年(大正4年)/394页

政治學叢書　人種問題(政治学丛书　人种问题)/稻田周之助著/有斐閣/1915年(大正4年)/243页

滿鮮地理歷史研究報告　第一(满鲜地理历史研究报告第一)/東京帝國大學文學部著/丸善株式會社/1915年(大正4年)/334页

滿鮮地理歷史研究報告　第二(满鲜地理历史研究报告第二)/東京帝國大學文學部著/丸善株式會社/1916年(大正5年)/323页

满鲜地理歷史研究報告　第三(满鲜地理历史研究报告第三)/東京帝國大學文學部著/丸善株式會社/1916年(大正5年)/522页

現代叢書　滿蒙(现代丛书 满蒙)/吉野作造著/民友社/1916年(大正5年)/344页

西藏蒙古秘密喇嘛教大觀(西藏蒙古秘密喇嘛教大观)/イポポフ著/石川喜三郎譯/森江書店/1917年(大正6年)/473页

元朝秘史 卷十五(元朝秘史 卷十五)/青柳綱太郎編/朝鮮研究會/1917年(大正6年)/406页

滿蒙の旅(满蒙之旅)/國澤新兵衛著/[出版地不详]/1918年(大正7年)/770页

满鲜地理歷史研究報告　第四(满鲜地理历史研究报告第四)/東京帝國大學文學部著/丸善株式會社/1918年(大正7年)/364页

臨時臺灣舊慣調查會第一部　蕃族調查報告書　武崙族前篇 巒蕃　達啟覔加蕃　丹蕃　郡蕃　千卓萬蕃　卓社蕃(临时台湾旧惯调查会第一部　蕃族调查报告书　武仑族前篇 蛮蕃　达启觅加蕃　丹蕃　郡蕃　千卓万蕃　卓社蕃)/臨時臺灣舊慣調查會著/臨時臺灣舊慣調查會/1919年(大正8年)/262页

最新蒙古鑑(最新蒙古鉴)/閩侯卓宏謀著/[出版地不详]/1919年(民國8年)/一册

家族制度研究(家族制度研究)/河田嗣郎著/弘文堂/1920年(大正9年)/316页

日本語と蒙古語 全(日语和蒙古语全)/大藪鉦太郎著/滿洲日日聞新社/1920年(大正9年)/267页

西藏遊記(西藏游记)/青木文教著/内外出版株式會社/1920年(大正9年)/463页

現代蒙古之眞相(现代蒙古之真相)/眞繼義太郎著/大陸出版社/1920年(大正9年)/441,107页

世界人種實觀(世界人种实观)/松村瞭著/右文館/1921年(大正10年)/54,48页

臺灣風俗誌(台湾风俗志)/片岡巖著/臺灣日日新報社/1921年(大正10年)/1184页

鮮滿の經營——朝鮮問題の根本解决(鲜满的经营——朝鲜问题的根本解决)/細井肇著/自由討究社/1921年(大正10年)/一册

滿蒙歷史地理研究(滿蒙历史地理研究)/社長室調查課著/滿蒙文化協會/1922年(大正11年)/一册

滿蒙全書　第一卷(滿蒙全书 第一卷)/社長室調查課著/滿蒙文化協會/1922年(大正11年)/1164页

滿蒙全書　第二卷(滿蒙全书　第二卷)/社長室調查課著/滿蒙文化協會/1922年(大正11年)/1298页

滿蒙全書　第四卷(滿蒙全书　第四卷)/社長室調查課著/滿蒙文化協會/1922年(大正11年)/1119页

滿蒙全書　第五卷(滿蒙全书 第五卷)/社長室調查課著/滿蒙文化協會/1922年(大正11年)/1272页

增補改訂西藏語方法(增补改订西藏语语法)/寺本婉雅著/内外出版印刷株式會社/1922年(大正11年)/240页

回教民族の活動と亞細亞の將來(回教民族的活动和亚细亚的将来)/渡邊巳之次郎著/大阪每日新聞社/1923年(大正12年)/569页

滿蒙全書　第三卷(滿蒙全书　第三卷)/社長室調查課著/滿蒙文化協會/1923年(大正12年)/1058页

滿蒙全書　第六卷(滿蒙全书　第六卷)/社長室調查課著/滿蒙文化協會/1923年(大正12年)/1284页

人種及文明國人としての猶太人(人种及所谓的文明国人的犹太人)/フリッツ·カーン著/内藤顺太郎譯/東亞社/1923年(大正12年)/428页

臺灣同化策論——一名「臺灣島民の民族心理學的研究」(台湾同化策论——一名「台湾岛民的民族心理学研究」)/柴田廉著/晃文馆/1923年(大正12年)/268页

滿鮮地理歷史研究報告　第十(满鲜地理历史研究报告第十)/東京帝國大學文學部著/岩波書店/1924年(大正13年)/464页

日本周圍民族の原始宗教(日本周围民族的原始宗教)/鳥居龍藏著/岡書院/1924年(大正13年)/303页

世界人種物语(世界人种物羽)/フレデリック.スタール著/津田敬武譯/厚生閣/1924年(大正13年)/247页

特殊部落史(特殊部落史)/高橋貞樹著/更生閣/1924年(大正13年)/341页

近代蒙古史研究(近代蒙古史研究)/矢野仁一著/弘文堂/1925年(大正14年)/469页

滿洲現代史(满洲现代史)/南滿洲鐵道株式會社庶務部調查課著/南滿洲鐵道株式會社/1925年(大正14年)/428页

民間信仰史(民间信仰史)/加藤熊一郎著/丙午出版社/1925年(大正14年)/496

水平民族史物語(水平民族史物语)/西村文則著/中央出版社/1925年(大正14年)/191页

宗教の發達——人類學及び社會心理學よりの研究(宗教的发达——从人类学及社会心理学研究)/キング著/寺澤智了,高野正治譯/岩波書店/1925年(大正14年)/433页

滿鮮地理歷史研究報告　第十一(满鲜地理历史研究报造　第十一)/東京帝國大學文學部著/岩波書店/1926年(大正15年)/313页

滿洲二十年史(满洲二十年史)/淺野虎三郎著/日華事業新報社/1926年(大正15年)/848页

民族 第一卷第三号(民族第一卷第三號)/岡村千秋編/秀英舍/1926年(大正15年)/194页

南蠻更紗(南蛮更纱)/新村出著/改造社/1926年(大正15年)/390页

南蠻紀文選(南蛮纪文选)/三島才二著/聚芳閣/1926年(大正15年)/一册

人類學概論(人类学概论)/西田巳四郎著/大阪每日新聞社/1926年(大正15年)/337页

人類學上より見たる西南支那(从人类学看西南支那)/島居龍藏著/富山房/1926年(大正15年)/796页

人類學研究(人类学研究)/小金井良精著/大岡山書店/1926年(大正15年)/601页

清代通史　上卷(清代通史　上卷)/蕭一山著/商務印书館/1927年(民國16年)/893页

朝鮮及滿蒙に於ける北陸道人史(朝鲜及满蒙的北路道人史)/获野勝重

編/北路道人史編纂社/1927年(昭和2年)/657页

民族 の歴史自覺(民族的历史自觉)/上原専禄著/创文社/1927年(昭和2年)/186页

圖什業圖王旗事情(图什业图王旗情况)/南滿洲鐵道株式會社庶務部調查課著/南滿洲鐵道株式會社/1927年(昭和2年)/200页

蒙疆畜産政策要綱(蒙疆畜产政策要纲)/蒙將聯合委員會著/蒙疆聯合委員會著/1928年(成紀元722年)/5页

レ——ニン叢書 第十二編——民族問題(列宁丛书 第十二编——民族问题)/レ——ニン著/秋田清一,清野季吉譯/白揚社/1928年(昭和3年)/230页

滿蒙の探查(滿蒙探查)/鳥居龍藏著/萬里閣書房/1928年(昭和3年)/545页

滿蒙の探查上(滿蒙探查上)/鳥居龙藏著/萬里閣書房/1928年(昭和3年)/192页

滿蒙の探查下(滿蒙探查 下)/鳥居龍藏著/萬里閣書房/1928年(昭和3年)/195—545页

滿鐵調查資料第77編　滿蒙に於ける露國の現勢力(满铁调查资料77编　关于满蒙俄国的现势力)/南滿洲鐵道株式會社庶務部調查課著/南滿洲鐵道株式會社/1928年(昭和3年)/202页

民族　第三卷第二号(民族　第三卷第二号)/岡村千秋著/精興社/1928年(昭和3年)/192页

民族　第三卷第三号(民族 第三卷第三号)/光村千秋著/精興社/1928年(昭和3年)/200页

民族　第三卷第六號(民族第三卷第六号)/岡村千秋著/精興社/1928年(昭和3年)/200页

民族　第四卷第一號(民族 第四卷第一号)/光村千秋著/精興社/1928年(昭和3年)/202页

民族の起源及び其の發達——并びに帝國主義時代に於ける民族問題(民族的起源和它的发达——并谈帝国主义时代的民族问题)/ブロイド著/高橋實譯/共生閣/1928年(昭和3年)/144页

人類起源論——人類學叢書第二篇(人类起源论——人类学丛书第二

篇)/清野謙次,金關丈夫著/岡書院/1928年(昭和3年)/490页

世界改造叢書第三編　滿蒙之歷史地理的研究——滿蒙特位論(世界改造丛书第三编　满蒙历史地理研究——满蒙特位论)/淺野利三郎著/世界改造叢書刊行會/1928年(昭和3年)/237页

支那時報叢書第五輯　蒙古來襲と一山國師の歸化(支那时报丛书第五辑　蒙古袭来和一山国师的归化)/水野梅曉著/支那時報社/1928年(昭和3年)/84页

滿鐵調查研究資料　第百四編　滿蒙要覽(满铁调查研究资料　第百四编 满蒙要览)/佐田弘治郎編/南滿洲鐵道株式會社/1929年(昭和4年)/315页

人類學汎論(人类学汎论)/西村真次著/東京堂/1929年(昭和4年)/476页

日本地理大系　近畿篇(日本地理大系　近几篇)/山本三生編/改造社/1929年(昭和4年)/509页

デユルケム宗教生活の原初形態(宗教生活的原始形态)/エミル.デユルケム著/古野(KIYOTO)/[出版地不详]/1930年/394页

社會科學叢書　人類學小引(社会科学丛书 人类学小引)/馬累著　張銘鼎譯/商務印書館/1930年(民國19年)/102页

東洋史講座　第五卷　北方民族·躍動時代(东洋史讲座　第五卷 北方民族·跃动时代)/中山久四郎 著/雄山閣/1930年(昭和5年)/317—620页

東洋史講座　第六卷　蒙古民族·盛衰時代(东洋史讲座　第六卷 蒙古民族·盛衰时代)/高桑駒吉 著/雄山閣/1930年(昭和5年)/298页

露西亞諸民族の研究(俄国诸民族研究)/南滿洲鐵道株式會社編纂著/大阪每日新聞社/1930年(昭和5年)/287页

世界美術全集　第十三卷　ゴシツク〔上〕·元朝〔上〕·鎌倉時代〔上〕(世界美术全集　第十三卷[上]·元朝[上]·镰仓时代〔上〕)/下中彌三郎編/平凡社/1930年(昭和5年)/138页

世界美術全集　第十五卷　ゴシツク〔下〕西藏·元朝〔上〕·鎌倉時代〔下〕(世界美术全集　第十五卷　哥德式〔下〕西藏·元朝〔下〕·镰仓时代〔下〕)/下中彌三郎編/平凡社/1930年(昭和5年)/138页

世界人種風俗大系(世界人种风俗大系)/中摩照久著/新光社/1930年

(昭和5年)/366页

満蒙の重大化と實力發動(満蒙的重大化和实力发动)/細野繁勝著/巧藝社/1931年(昭和6年)/224页

歐洲民族文化史(欧洲民族文化史)/世界興亡史論刊行會編/平凡社/1931年(昭和6年)/588页

アジア民族運動(亚洲民族运动)/ハンス.ユ——ン著/阿部十郎譯/同人社/1932年(昭和7年)/615页

サヴエ——ト文化業書　第一輯　民族文化の發展(文化丛书 第一辑民族文化的发展)/サヴエ——ト文化研究會譯編/木星社書院/1932年(昭和7年)/230页

ヒマラセの旅(喜马拉雅之旅)/長谷川傳次郎著/中央公論社/1932年(昭和7年)/198页

初等西藏語讀本(初等西藏语读本)/池田澄達著/山喜房/1932年(昭和7年)/48页

初等西藏語讀本辭書(初等西藏语读本辞书)/池田澄達著/山喜房/1932年(昭和7年)/51页

東洋史研究法 塞外西域興亡史(东洋史研究法 塞外西域兴亡史)/中山久四郎著/日本文學社/1932年(昭和7年)/192页

獨裁政治論叢書 第四卷 民族的社會主義論(独裁政治论丛书　第四卷民族的社会主义论)/今中次麿著/大畑書店/1932年(昭和7年)/320页

吉林省を中心としこ見たる滿洲民族變遷史(以吉林省为中心看满洲民族变迁史)峯旗　良充著/滿洲文化協會/1932年(昭和7年)/160页

景教文獻及遺物目録(景教文献及遗物目录)/佐伯好郎著/東方文化學院東京研究所/1932年(昭和7年)/25页

滿·鮮(满·鲜)/山本實彦著/改造社/1932年(昭和7年)/402页

滿蒙權益要録(满蒙权益要录)/關東聽著/關東聽/1932年(昭和7年)/634页

滿蒙史講話(满蒙史讲话)/教科書編輯部著/大阪屋號書店/1932年(昭和7年)/200页

滿蒙事情總覽(满蒙情况总览)/蠟山政道等著/改造社/1932年(昭和7年)/702页

满蒙資源要覽(满蒙资源要览)/参謀本部編纂/兵用圖書株式會社/1932年(昭和7年)/135页

滿洲學報 第一(满洲学报第一)/島田好編輯/滿洲學會/1932年(昭和7年)/3一册页

民俗學 下第四卷第1—6號(民俗学下第四卷第1—6号)/小山榮三著/民俗學會/1932年(昭和7年)/526页

民俗學 下第四卷第7—12號(民俗学 下第四卷第7—12号)/小山榮三著/民俗學會/1932年(昭和7年)/498页

日本ト滿蒙(日本和满蒙)/國際聯盟支那調查外務省準備委員會著/國際聯盟支那調查外務省準備委員會/1932年(昭和7年)/270页

世界知識刊第二卷第三號 新滿蒙自由國に加はらんとするコロンバイル(世界知识刊第二卷第三号 加入新满蒙自由国的呼伦贝尔)/柴山兼四郎著/[出版地不详]/1932年(昭和7年)/402—407页

特殊部落實地考察(特殊部落的实地考察)/松島宗晴著/關東水平社/1932年(昭和7年)/167页

岩波講座東洋思想 支那民族(岩波讲座东洋思想 中国民族)/松井等著/岩波書店/1932年(昭和7年)/45页

支那及滿蒙(中国及满蒙)/佐藤義亮編/新潮社/1932年(昭和7年)/473页

吉黑兩省ノ民事習慣調查ニ就テ(关于吉黑两省的民俗调查)/國務院統計處編/國務院統計處/1933年(康德元年)/181页

成吉思汗と亞細亞民族(成吉思汗和亚细亚民族)/大濱喜一著/伊藤書林/1933年(昭和8年)/578页

地理講座 外國篇第一卷 アジアの概説と滿洲·蒙古(地理讲座 外国篇第一卷 亚洲的概说和满洲·蒙古)/山本三生編纂/改造社/1933年(昭和8年)/524页

東洋諸民族の歷史(东洋诸民族的历史)/佐佐木三治郎著/大同館書店/1933年(昭和8年)/290页

滿蒙講座(满蒙讲座)/教化振興會編/立命館出版部/1933年(昭和8年)/1493页

滿鮮史研究 中世第一册(满鲜史研究 中世第一册)/池内宏著/岡書

院/1933年(昭和8年)/704页

满洲國地方事情(满洲国地方情况)/大濱喜一郎著/伊藤書林/1933年(昭和8年)/318页

滿洲國歷史(满洲国历史)/矢野仁一著/目黑書店/1933年(昭和8年)/354页

民俗學　上第五卷1—6號(民俗学　上第五卷1—6号)/小山榮三著/民俗學會/1933年(昭和8年)/1467页

民俗學　上第六卷第7—12號(民俗学　上第六卷第7—12号)/小山榮三著/民族學會/1933年(昭和8年)/527页

親族法論(亲族法论)/長沼宏有著/有斐閣/1933年(昭和8年)/284页

清朝時代に於ける滿洲の農業關系——舊滿洲の土地形態と地帯形態(关于清代满洲农业关系——旧满洲土地形态和地带形态)/滿鐵經濟調查會第一部著/南滿洲鐵道株式會社/1933年(昭和8年)/131页

滿洲に於ける蒙古民族(满洲的蒙古民族)/オウエンラテイモア著/后藤富男譯/善鄰協會/1934年(昭和8年)/254页

滿蒙獵奇秘話(满蒙猎奇秘話)/金子秦次著/宏元社書房/1934年(昭和9年)/433页

滿蒙言語の系統(满蒙语言的系统)/石濱純太郎著/岩波書店/1934年(昭和9年)/56页

滿鮮地理歷史研究報告　第十四(满鲜地理历史研究报告　第十四)/東京帝國大學文學部著/岩波書店/1934年(昭和9年)/298页

滿洲事情(满洲事情)/南滿洲中等教育研究會編纂/三省堂/1934(昭和9年)/470页

世界歷史大系　第1卷　史前史(世界历史大系第一卷　史前史)/大島正滿等著/平凡社/1934年(昭和9年)/612页

岩波講座　东洋思潮　第二回　印度民族(岩波讲座　东洋思潮　第二回　印度民族)/木村日紀著/岩波書店/1934年(昭和9年)/49页

岩波講座　東洋思潮　第五回　滿蒙言语の系統(岩波讲座　东洋思潮　第五回　满蒙语言的系统)/石濱純太郎著/岩波書店/1934年(昭和9年)/56页

岩波講座　東洋思潮　第六回　日本民族——日本人種論の變遷(岩波

讲座　东洋思潮　第六回　日本民族——日本人种论的变迁）/清野謙次著/岩波書店/1934年(昭和9年)/53页

民族學研究第1—22卷（民族学研究第1—22卷）/日本民族學協會編/誠文堂/1935—59年/17册

熱河省縣旗事情（热河省县旗情况）/滿洲帝國國務院民政部編纂/大同印書館/1935年(康德2年)/一册

ブリヤ——ト蒙古の全貌（布利亚特蒙古的全貌）/吉村忠三著/日本公論社/1935年(昭和10年)/168页

第一次滿蒙學術調查研究團報告　第二部　地質學　第二編（第一次满蒙学术调查研究团報告　第二部　地质学　第二编）/德永重康著/滿蒙學術調查研究團事務所/1935年(昭和10年)/一册

第一次滿蒙學術調查研究團報告　第六部　人類學　第一編（第一次满蒙学术调查研究团報告　第六部　人类学　第一编）/德永重康著/滿蒙學術調查研究團事務所/1935年(昭和10年)/106页

第一次滿蒙學術調查研究團報告　第六部　人類學　第二編（第一次满蒙学术调查研究团報告第六部　人类学　第二编）/德永重康著/滿蒙學術調查研究團事務所/1935年(昭和10年)/107页

翻譯露文蘇聯極東及外蒙調查資料　第18編——外蒙古地志　上卷（翻译俄文苏联极东及外蒙调查资料　第18编——外蒙古地志　上卷）/滿鐵調查部著/南滿洲鐵道株式會社/1935年(昭和10年)/264页

蕃人教育概況（蕃人教育概况）/臺灣總督府警務局者/臺灣總督府警務局/1935年(昭和10年)/92页

滿蒙の文化（满蒙文化）/原田淑人著/岩波書店/1935年(昭和10年)/73页

滿鮮文化史觀（满鲜文化史观）/鳥山喜一著/刀江書院/1935年(昭和10年)/296页

蒙古慣習法の研究（蒙古习惯法的研究）/佐藤貞次郎著/東亞經濟調查局/1935年(昭和10年)/450页

内蒙古＝地理·産業·文化（内蒙古——地理·产业·文化）/吉村忠三著/日本公論社/1935年(昭和10年)/507页

我が民族（我们民族）/井東憲著/秋豐園書版部/1935年(昭和10年)/

256页

我が民族(我们民族)/蔡元培著/井東憲譯/秋豐園書版部/1935年(昭和10年)/256页

現代新疆(现代新疆)/經濟調查會著/南滿洲鐵道株式會式/1935年(昭和10年)/342页

岩波講座　東洋思潮　第七回　朝鲜语の系统(岩波讲座　东洋思想第七回　朝鲜语的系统)/小倉進平著/岩波書店/1935年(昭和10年)/54页

岩波講座　東洋思潮　支那に於ける家族制度(岩波讲座　东洋思潮关于支那家族制度)/牧野巽著/岩波書店/1935年(昭和10年)/44页

岩波講座　東洋思潮　第十回　支那民族(岩波讲座　东洋思潮　第十回　中国民族)/松井等著/岩波書店/1935年(昭和10年)/45页

岩波講座　東洋思潮　第十二回　塞外民族(岩波讲座　东洋思潮　第十二回　塞外民族)/白鳥庫吉著/岩波書店/1935年(昭和10年)/56页

岩波講座　東洋思潮　第十三回　西藏語の系統(岩波讲座　东洋思潮第十三回　西藏语的系统)/山口益著/岩波書店/1935年(昭和10年)/57页

岩波講座　東洋思潮　第十一回　西アジア諸族(岩波讲座　东洋思潮第十一回　西亚诸族)/大久保幸次著/岩波書店/1935年(昭和10年)/58页

ロシア革命史研究叢書——ロシア民族史第一卷第一分册(俄罗斯革命史研究丛书——俄罗斯民族史第一卷第一分册)/ワナ——ゲ著/ロシア問題研究所譯/ナウカ社/1936年(昭和11年)/207页

翻譯露文蘇聯極東及外蒙調查資料第二十三編——西部蒙古族及滿洲族上(翻译俄文苏联极东及外蒙调查资料第二十三编——西部蒙古族及满洲族上)/經濟調查會著/南滿洲鐵道株式會社/1936年(昭和11年)/341页

翻譯俄文蘇聯極東及外蒙調查資料第二十三編——西部蒙古族及滿洲族下(翻译俄文苏联极东及外蒙调查资料第二十三编——西部蒙古族及满洲族下)/經濟調查會著/南滿洲鐵道株式會社/1936年(昭和11年)/260页

經調資料第113號　滿蒙民族誌(经济调查资料第113号　满蒙民族志)/南滿洲鐵道株式會社經濟調查會著/南滿洲鐵道株式會社/1936年(昭和11年)/283页

露文翻譯ソ聯極東及外蒙調查資料　第二十三編　西部蒙古族及び滿洲族　下卷(俄文翻译苏联极东及外蒙调查资料　第23编　西部蒙古族及满洲族　下卷)/南滿洲铁道株式會社經濟調查會編/南滿洲鐵道株式會社/1936年(昭和11年)/260页

滿蒙傳説集(满蒙传说集)/細谷清著/滿蒙社/1936年(昭和11年)/343页＊＊

滿洲國の現住民族(满洲国的现住民族)/滿洲弘報協會著/滿洲弘報協會/1936年(昭和11年)/62页

滿洲舊慣調查報告　蒙地(满洲旧惯调查报告　蒙地)/南滿洲鐵道株式會社編/大同印書館/1936年(昭和11年)/136页

滿洲史研究(满洲史研究)/歷史學研究會編/四海書房/1936年(昭和11年)/312,97页

滿洲事情案内所报告39編　蒙古事情(满洲情况指南所报告39编　蒙古情况)/滿洲事情案内所編/滿洲事情案内所/1936年(昭和11年)/122

蒙古語獨習書　第一卷(蒙古语独习书　第一卷)/精松源一著/甲文堂書店/1936年(昭和11年)/101页

人類地理學(人类地理学)/ノルベルト.クレーブス著/辻村太郎,能登志雄譯/古今書院/1936年(昭和11年)/200页

人種學[總論]——人種基礎概念人種計測法人種分類史(人种学[总论]　人种基础概念　人种计测法人种分类史)/小山榮三著/星文館/1936年(昭和11年)/493页

社員會叢書第十九輯——成吉思汗傳(社员会丛书第十九辑——成吉思汗传)/エレンジン·ハラ·タワン著/本間七郎譯/滿鐵社員會/1936(昭和11年)/400页

西部蒙古族及び滿洲族　上卷——露文翻譯ソ聯極東及外蒙調查資料　第二十三編(西部蒙古族及满洲族　上卷——俄文翻译苏联极东及外蒙调查资料第23编)/南滿洲鐵道株式會社經濟調查會編/南滿洲鐵道株式會社/1936年(昭和11年)/340页

岩波講座　東洋思潮　第十七回　西藏の文化(岩波讲座　东洋思潮　第十七回　西藏的文化)/岩井大慧著/岩波書店/1936年(昭和11年)/90页

支那革命論　民族問題(中国革命论　民族问题)/スターリン著/白揚

社/1936年(昭和11年)/496页

支那民俗の展望(支那民俗的展望)/后藤朝太郎著/富山房/1936年(昭和11年)/752页

資源調査書類第三編第三卷——蒙古資源調查報告(资源调查书类第三编第三卷——蒙古资源调查报告)/南滿洲鐵道株式會社經濟調查會著/南滿洲鐵道株式會社經濟調查會/1936年(昭和11年)/354页

滿洲建國史(满洲建国史)/國務院總務聽弘報處著/國務院總務聽弘報處/1937年(康德4年)/39页

ユダヤ民族の世界支配權獲得運動(犹太民族的世界支配权获得运动)/中村福尊譯/滿洲評論社/1937年(昭和12年)/338页

翻譯露文蘇聯極東及外蒙调查资料　第11編——西部蒙古及乌梁海地方の自然地理概觀　上卷(翻译俄文苏联极东及外蒙调查资料　第11编——西部蒙古及乌梁海地方的自然地理概观　上卷)/滿鐵調查部著/南滿洲鐵道株式會社/1937年(昭和12年)/358页

滿鮮地理歷史研究報告　第十五(满鲜地理历史研究报告　第十五)/東京帝國大學文學部著/岩波書店/1937年(昭和12年)/639页

滿鮮史研究　中世第二册(满鲜史研究　中世第二册)/池内宏著/岡書院/1937年(昭和12年)/688页

滿洲國の習俗(满洲国习俗)/滿洲弘報協會著/滿洲弘報協會/1937年(昭和12年)/163页

滿洲國地名大辭典(满洲国地名大辞典)/山崎惣與著/滿洲國地名大辭典刊行會/1937年(昭和12年)/935,141页

蒙古社會制度史(蒙古社会制度史)/ボリス.ウラヂミルツォフ著/外務省調查部譯/日本國際協會/1937年(昭和12年)/296页

最近の滿洲國地誌(最近满洲国地志)/國松久彌著/古今書院/1937年(昭和12年)/211页

同族間於にける不立賣契の慣習(同族间的不立卖契的习惯)/天海謙三郎著/滿洲調查部/1938年/77—118页

東方國民文庫第8編　滿洲民族誌(东方国民文库第8编　满洲民族志)/秋葉隆著/滿日文化協會/1938年(康德5年)/132页

滿洲の傳説と民謡(满洲传说和民谣)/滿洲事情案内所編/滿洲事情案

内所/1938年(康德5年)/138页

満洲百萬户移民國策の全貌(满洲百万户移民国策的全貌)/滿洲事情案内所編/滿洲事情案内所/1938年(康德5年)/66页

最新蒙古語作文の基礎(最新蒙古语作文基础)/德廣彌十郎著/蒙古會館/1938年(康德5年)/284页

北支·シベリヤ·蒙古(北支·西波利亚·蒙古)/佐藤弘編/三省堂/1938年(昭和13年)/260页

東韃靼紀行(东鞑靼纪行)/南滿洲鐵道株式會社大連圖書館編/南滿洲鐵道株式會社總裁室庶務課/1938年(昭和13年)/108页

翻譯露文蘇聯極東及外蒙調查資料　第45編——東部シベリユ及ブリヤトモンゴリア共和國の氣候(翻译俄文苏联极东及外蒙调查资料　第45编——东部西伯利亚及布利亚特蒙古共和国的气候)/滿鐵調查部著/南滿洲鐵道株式會社/1938年(昭和13年)/282页

回教の動き(回教的活动)/佐久間貞次郎著/春日書房/1938年(昭和13年)/442页

滿蒙史論叢　第一卷(满蒙史论丛　第一卷)/日滿文化協會編/彙文堂書店/1938年(昭和13年)/321页

滿鐵社員會叢書第二十七輯　韃靼(满铁社员会丛书第27辑　鞑靼)/衛藤利夫著/滿鐵社員會/1938年(昭和13年)/283页

蒙古シベリア踏破記(蒙古西伯利亚踏破记)/ハルトマン著/田中修治譯/三笠書房/1938年(昭和13年)/343页

蒙古大观(蒙古大观)/善鄰協會編纂/改造社/1938年(昭和13年)/635,38页

蒙古馬政史(蒙古马政史)/吉原公平著/東學社/1938年(昭和13年)/113页

蒙古要覽(蒙古要览)/東亞問題研究會著/三省堂/1938年(昭和13年)/205页

蒙疆(蒙疆)/高木翔之助著/北支那經濟通信社/1938年(昭和13年)/201页

蒙疆現地報告(蒙疆现地调查报告)/[不詳]著/[出版地不详]/1938年(昭和13年)/37—40页

民族心理より見たる政治的社會(从民族心理看政治的社会)/ヴイルヘルム.ヴント著/平野義太郎譯/日本評論社/1938年(昭和13年)/400页

人類學·先史學講座　第四卷(人类学先史学讲座　第四卷)/長坂金雄著/雄山閣/1938年(昭和13年)/一册

人類學·先史學講座　第一卷(人类学先史学讲座　第一卷)/長坂金雄著/雄山閣/1938年(昭和13年)/一册

人類學報第一輯(人类学报第一辑)——京都帝國大學醫學部病理學教室人類學業績/三宅宗悦著/人文書院/1938年(昭和13年)/页

人類學輯報　第一輯(人类学辑报　第一辑)/三宅宗悦著/人文書院/1938年(昭和13年)/437页

人類學輯報　第一輯(人类学辑报　第一辑)/京都帝國大學醫學部病理學教室著/人文書院/1938年(昭和13年)/437页

人類學先史學講座　第二卷(人类学先史学讲座　第二卷)/長坂金雄著/雄山閣/1938年(昭和13年)/一册

人類學先史學講座　第三卷(人类学先史学讲座　第三卷)/長坂金雄著/雄山閣/1938年(昭和13年)/一册

人種學的に見たるアジア民族の研究(从人种学看亚洲民族的研究)/E·ピッタール著古在學譯/泰山房/1938年(昭和13年)/169页

塞外行——支那西北邊疆視察記(塞外行——中国西北边疆视察记)/池田孝道著/滿鐵社員會/1938年(昭和13年)/274页

韃靼漂流記の研究(鞑靼漂流记研究)/元田一龜著/南满洲鐵道株式會社鐵道總局庶務課/1939年(康德6年)/328页

满洲國の習俗(满洲国的习俗)/满洲事情案内所编/满洲事情案内所/1939年(康德6年)/138页

满洲國の宗教(满洲国的宗教)/满洲事情案内所编/满洲事情案内所/1939(康德6年)/69页

滿洲國各縣事情(满洲国各县情况)/滿洲事情案内所編/滿洲事情案内所/1939年(康德6年)/439页

アジア問題講座　第八卷——民族·歷史篇　二　(亚洲问题讲座　第八卷——民族·历史篇二)/矢部良策編輯/創元社/1939年(昭和14年)/536页

アジア問題講座　第九巻——社會·習俗篇 /(**亚洲问题讲座第9卷——社会·习俗篇**)/矢部良策編輯/創元社/1939年(昭和14年)/412页

アジア問題講座　第七巻——民族·歴史篇　一　(亚洲问题讲座第7卷——民族·历史篇一)/矢部良策編輯/創元社/1939年(昭和14年)/457页

朝日東亞リポート第五册　蒙疆(朝日东亚报告第五册　蒙疆)/朝日新聞社東亞問題調查會著/朝日新聞社/1939年(昭和14年)/114页

韃靼·西藏·支那旅行記　下卷(鞑靼·西藏·中国旅行记下卷)/エル.エ.ユツケ著/后藤富男譯/生活社/1939年(昭和14年)/472页

大陸叢書　第一卷　ゴビよりヒマラヤへ(大陆丛书　第一卷　从戈壁到西玛拉亚)/F·E·ヤングハズバンド著/滿鐵弘報課　筧太郎譯/朝日新聞社/1939年(昭和14年)/241页

大興安嶺縱斷調查報告(大兴安岭纵断调查报告)/北滿經濟調查所編/南滿洲鐵道株式會社總務部調查課/1939年(昭和14年)/175页

東洋古代民族史(东洋古代民族史)/赤松啟介著/白揚社/1939年(昭和14年)/262页

翻譯露文蘇聯極東及外蒙調查資料 第51編——蒙古人民共和國領域内に於けるオルホン及セレンガ河和流點の草地(翻译俄文苏联极东及外蒙调查资料　第51编——蒙古人民共和国领域内乌日混和斯楞格河和流点的草地)/滿鐵調查部著/南滿洲鐵道株式會社/1939年(昭和14年)/32页

風土——人間學的考察(风土——人间学的考察)/和辻哲郎著/岩波書店/1939年(昭和14年)/407页

改稿蒙古遊牧記(改稿蒙古游牧记)/張穆石洲著/須佐嘉橘譯/開明堂出版部/1939年(昭和14年)/684,28页

露西亞民族の新研究(俄国民族的新研究)/淺野利三郎著/現代社/1939年(昭和14年)/208页

滿鐵調查研究資料第一編　滿洲の人口問題(满铁调查研究资料第一编　满洲人口问题)/水俗國一著/南滿洲鐵道株式會社/1939年(昭和14年)/364页

滿鐵調查資料第73編　支那に於ける家族制度(满铁调查资料第73编　关于中国家族制度)/滿鐵調查部著/南滿洲鐵道株式會社/1939年(昭和14年)/215页

蒙古と青海　上卷(蒙古和青海　上卷)/ブルジェヴァリスキー著/田村秀文,高橋勝之譯/生活社/1939年(昭和14年)/351页

蒙古案内記(蒙古指南記)/岩崎繼生著/蒙疆新聞社/1939年(昭和14年)/一册

蒙古文鈔(蒙古文钞)/服部四郎編/文求堂/1939年(昭和14年)/83页

蒙古語四週問(蒙古语四周)/出村良一,竹内幾之助著/大學書林/1939年(昭和14年)/243页

蒙疆の自然と文化(蒙疆的自然和文化)/京城帝國大學大陸文化研究會編/古今書院/1939年(昭和14年)/316页

内陸アジアの調査研究——蒙古十一月號(内陆亚洲的调查研究——蒙古 十一月号)/吉岡永美編輯/善鄰協會/1939年(昭和14年)/163页

人類學先史學講座　第九卷(人类学先史学讲座 第九卷)/長坂金雄著/雄山閣/1939年(昭和14年)/一册

世界諸民族經濟戰夜話(世界诸民族经济战夜话)/白柳秀湖著/岩波書店/1939年(昭和14年)/210页

文化類型學(文化类型学)/高山岩男著/弘文堂/1939年(昭和14年)/249页

西康西藏踏查記(西康西藏踏查记)/劉曼卿著/松枝茂夫,岡崎俊夫譯/改造社/1939年(昭和14年)/335页

西亞細亞民族の研究(西亚细亚民族的研究)/須山卓著/日本公論社/1939年(昭和14年)/267页

猶太民族の対日攻勢(犹太民族的对日攻势)/武藤貞一著/内外書房/1939年(昭和14年)/374页

猶太問題と日本(犹太问题和日本)/宇都宮希洋著/内外書房/1939年(昭和14年)/506页

農村事態調査報告書——巴彦塔拉盟集寧縣(农村事态调查报告书——巴彦塔拉盟集宁县)/蒙古聯合自治政府産業部農林課著/蒙古聯合自治政府産業部農林課/1940年(成紀734年)/418页

滿洲事情案内所報告46　滿洲國の現住民族(滿洲事情指南所报告46 滿洲国的现住民族)/滿洲事情案内所編/滿洲事情案内所/1940年(康德7年)/112页

满洲事情案内所報告 79 滿洲民俗考(满洲情指南报告 79 满洲民俗考)/滿洲事情案内所編/滿洲事情案内所/1940 年(康德 7 年)/108 页

满洲事情案内所報告 84 蒙古事情(满洲情况指南所报告 84 蒙古情况)/滿洲事情案内所編/滿洲事情案内所/1940 年(康德 7 年)/一册

蒙古研究 第二卷第三輯(蒙古研究 第二卷第三辑)/蒙古研究會著/[出版地不详]/1940 年(康德 7 年)/121 页

蒙古研究 第二卷第四輯(蒙古研究 第二卷第四辑)/楨篤二著/蒙古研究會/1940 年(康德 7 年)/92 页

蒙古研究 第二卷第五輯(蒙古研究 第二卷第五辑)/楨篤二著/蒙古研究會/1940 年(康德 7 年)/98 页

アジア民族政策論(亚洲民族政策论)/細川嘉六著/東洋經濟新報社/1940 年(昭和 15 年)/294 页

トルグート族 第二部(土尔扈特族 第二部)/リヴァ—著/辰巳篤夫譯/生活社/1940 年(昭和 15 年)/360—710 页

トルグート族 第一部(土尔扈特族 第一部)/リヴァ—著/辰巳篤夫譯/生活社/1940 年(昭和 15 年)/355 页

ロジアの民族政策——特に回教民族政策(俄国的民族政策——回教民族政策)/花岡止郎著/生活社/1940 年(昭和 15 年)/199 页

北支·蒙疆年鑒(北支·蒙疆年鉴)/高木翔之助著/北支那經濟通信社/1940 年(昭和 15 年)/650 页

北支と南支の貌(北支和南支的面貌)/川島理一郎著/龍星閣/1940 年(昭和 15 年)/242 页

韃靼·西藏·支那旅行記 上卷(鞑靼·西藏·中国旅行记上卷)/ェル.ェ.ユック著/后藤富男譯/生活社/1940 年(昭和 15 年)/439 页

韃靼通信(鞑靼通信)/P·フレミング著/川上芳信譯/生活社/1940 年(昭和 15 年)/521 页

大陸叢書 第二卷 沙漠の蒙疆路(大陆丛书 第二卷 沙漠的蒙疆路)/オゥヱン.ララモァ著/西卷周光譯/朝日新聞社/1940 年(昭和 15 年)/271 页

大陸叢書 第四卷 科學者の韃靼行(大陆丛书 第四卷 科学者的鞑靼行)/W·フイルヒナ—著/滿鐵弘報課譯/朝日新聞社/1940 年(昭和 15 年)/339 页

地理學評論第16卷第12號　北支蒙疆の氣候變化と年輪分析(地理学评论第16卷第12号　北支蒙疆气候变化和年轮分析)/保柳睦美著/[出版地不详]/1940年(昭和15年)/17页

東亞民族論(东亚民族论)/白柳秀湖著/千倉書房/1940年(昭和15年)/372页

東洋史講座第五卷　第二期後編北方民族躍動時代(东洋史讲座　第五卷　第二期后编北方民族跃动时代)/中山久四郎著/雄山閣/1940年(昭和15年)/317—620页

富山方百科文庫97——成吉思汗アジアの嵐(富山方百科文库97——成吉思汗亚洲的暴风雨)/プヲヴディン著/濱中英田譯/富山房/1940年(昭和15年)/262页

古代の蒙古(古代蒙古)/内田吟風著/富山房/1940年(昭和15年)/159页

近代支那民族運動史(近代中国民族运动史)/中國現代史研究委員會編著/史川正義譯編/生活社/1940(昭和15年)/239页

近世猶太民族史第三卷(近世犹太民族史第三卷)/ドゥブノフ著/水谷國一譯/南滿洲鐵道株式會社/1940年(昭和15年)/504页

滿洲·支那の土地と人(满洲·中国的土地和人)/クレッシイ著/三好武二譯/偕成社/1940年(昭和15年)/625页

滿洲風物誌(满洲风物志)/春山行夫著/生活社/1940年(昭和15年)/450页

滿洲國史通論(满洲国史通论)/稲葉岩吉著/日本評論社/1940年(昭和15年)/393页

滿洲紀行(满洲纪行)/島木健作著/創元社/1940年(昭和15年)/359页

滿洲歷史地理　第二卷(满洲历史地理 第二卷)/南滿洲鐵道株式會社著/丸善株式會社/1940年(昭和15年)/651页

滿洲歷史地理　第一卷(满洲历史地理　第一卷)/南滿洲鐵道株式會社著/丸善株式會社/1940年(昭和15年)/441页

蒙古と青海　下卷(蒙古和青海　下卷)/ブルジェヴァリスキ一著/田村秀文,高橋勝之譯/生活社/1940年(昭和15年)/358页

蒙古源流(蒙古源流)/江實譯注著/弘文堂書房/1940年(昭和15年)/

一册

内陸アジアの調査研究——蒙古　八月號(内陆亚洲的调查研究——蒙古　八月号)/吉岡永美編輯/善鄰協會/1940年(昭和15年)/206页

内陸アジアの調査研究——蒙古　二月號(内陆亚洲的调查研究——蒙古　二月号)/吉岡永美編輯/善鄰協會/1940年(昭和15年)/208页

内陸アジアの調査研究——蒙古　九月號(内陆亚洲的调查研究——蒙古　九月号)/吉岡永美編輯/善鄰協會/1940年(昭和15年)/166页

内陸アジアの調査研究——蒙古　七月號(内陆亚洲的调查研究——蒙古　七月号)/吉岡永美編輯/善鄰協會/1940年(昭和15年)/184页

内陸アジアの調査研究——蒙古　三月號(内陆亚洲的调查研究——蒙古　三月号)/吉岡永美編輯/善鄰協會/1940年(昭和15年)/216页

内陸アジアの調査研究——蒙古　五月號(内陆亚洲的调查研究——蒙古　五月号)/吉岡永美編輯/善鄰協會/1940年(昭和15年)/182页

内陸アジアの調査研究——蒙古　一月號(内陆亚洲的调查研究——蒙古　一月号)/吉岡永美編輯/善鄰協會/1940年(昭和15年)/197页

農業支那と遊牧民族(农业支那和游牧民族)/オウェン·ラテイモア著/后藤富男譯/生活社/1940年(昭和15年)/208页

西藏文化の新研究(西藏文化的新研究)/青木文教著/有光社/1940年(昭和15年)/283页

西域文明史概論(西域文明史概论)/羽田亨著/弘文堂/1940年(昭和15年)/199页

岩波文庫2547—2548　**民俗學方法論(岩波文库**2547—2548**民俗学方法)**/クーローン著/關敬吾譯/岩波書店/1940年(昭和15年)/227页

岩波新書69　**人種の问題(岩波新书**69　**人种问题)**/L·ハックスリ,A·ハッドン著/小泉丹譯/岩波書店/1940年(昭和15年)/184页

政治·經濟·民族(政治·经济·民族)/加田哲二著/慶應書房/1940年(昭和15年)/359页

支那精神と其の民族性(中国精神和它的民族性)/金孝敬著/三友社/1940年(昭和15年)/259页

支那民族構成史(中国民族构成史)/宋文炳著/草野文難譯/人文閣/1940年(昭和15年)/284页

支那民族論(中国民族论)/須山卓著/慶應書房/1940年(昭和15年)/174页

アジア民族政策論(亚洲民族政策论)/細川嘉六著/東洋經濟新報社/1941年(昭和16年)/294页

朝鲜史滿洲史(朝鲜史满洲史)/稻葉岩吉,矢野仁一编/平凡社/1941年(昭和16年)/609页

東洋史講座第八卷　第四期前編滿洲努盛衰時代(东洋史讲座　第八卷　第四期前编满洲努盛衰时代)/松井等著/雄山閣/1941年(昭和16年)/294页

東洋史講座第六卷　第三期前編蒙古民族盛衰時代(东洋史讲座　第六卷　第三期前编蒙古民族盛衰时代)/高桑駒吉著/雄山閣/1941年(昭和16年)/298页

獨逸に於ける猶太人問題の研究(在独逸的犹太人问题研究)/菅原憲著/日本評論社/1941年(昭和16年)/445页

法と民族(法和民族)/木村龜二著/日本評論社/1941年(昭和16年)/459页

滿洲の今昔(满洲的古今)/一仁野矢,一淵鴛,龜一田園著/目黑書店/1941年(昭和16年)/336页

滿洲國地名大辭典(满洲國地名大詞典)/山崎惣興著/日本書房/1941年(昭和16年)/935页

蒙古　第8卷第10號(蒙古　第8卷第10号)/楊井克巳著/善鄰協會/1941年(昭和16年)/129页

蒙古の秘史(蒙古秘史)/小林高四郎著/生活社/1941年(昭和16年)/313页

蒙古の民族と歷史(蒙古的民族和历史)/青木富太郎著/博文館/1941年(昭和16年)/398页

蒙古語教本(蒙古语教本)/竹内幾之助著/營雪書院/1941年(昭和16年)/114页

蒙古語文典(蒙古语文典)/小島武男著/文求堂/1941年(昭和16年)/125页

蒙疆ニ於ケル阿片(关于蒙疆阿片)/滿鐵·北支經濟調查所著/滿鐵·北

支經濟調查所/1941年(昭和16年)/190页

蒙疆の旅(蒙疆之旅)/飯山達雄著/三省堂/1941年(昭和16年)/82页

蒙疆經濟地理(蒙疆经济地理)/川村得三編/叢文閣/1941年(昭和16年)/242页

蒙疆漫筆(蒙疆漫笔)/高津彦次著/河出書房/1941年(昭和16年)/430页

民族の文藝(民族文艺)/保田與重郎著/ぐろりあ·そさえて/1941年(昭和16年)/257页

民族性と神話(民族性和神话)/松村武雄著/培風館/1941年(昭和16年)/439页

民族宗教の研究(民族宗教研究)/棚瀬襄爾著/畝傍書房/1941年(昭和16年)/490页

内陸アジアの調査研究——蒙古 三四月號(内陆亚洲的调查研究——蒙古 四月号)/吉岡永美編輯/善鄰協會/1941年(昭和16年)/276页

内陸アジアの調査研究——蒙古 五月號(内陆亚洲的调查研究——蒙古 五月号)/吉岡永美編輯/善鄰協會/1941年(昭和16年)/144页

南洋の民族と文化(南洋的民族和文化)/井東憲著/大東出版社/1941年(昭和16年)/231页

南支那民族史(南支那民族史)/徐松石著/井出季和太譯/大阪屋號書店/1941年(昭和16年)/338页

南支遊記(南支游记)/ハリー·フランク著/滿鐵弘報課譯/朝日新聞社/1941年(昭和16年)/237页

農業支那と遊牧民族(农业中国和游牧民族)/オウェン.ラテイモヤ著/后藤富男譯/生活社/1941年(昭和16年)/208页

人類學叢刊人類學第二册——蒙古人頭骨の研究(人类学丛刊人类学第二册——蒙古人头骨的研究)/島五郎著/東京人類學會/1941年(昭和16年)/108页

人類學先史學講座 第八卷(人类学先史学讲座 第八卷)/長坂金雄著/雄山閣1941年(昭和16年)/一册

人類學先史學講座 第六卷(人类学先史学讲座 第六卷)/長坂金雄著/雄山閣/1941年(昭和16年)/一册

人類學先史學講座　第七卷(人类学先史学讲座　第七卷)/長坂金雄著/雄山閣/1941年(昭和16年)/一册

人類學先史學講座　第十八卷(人类学先史学讲座　第十八卷)/長坂金雄著/雄山閣/1941年(昭和16年)/一册

人類學先史學講座　第十二卷(人类学先史学讲座　第十二卷)/長坂金雄著/雄山閣/1941年(昭和16年)/一册

人類學先史學講座　第十九卷(人类学先史学讲座　第十九卷)/長坂金雄著/雄山閣/1941年(昭和16年)/一册

人類學先史學講座　第十卷(人类学先史学讲座　第十卷)/長坂金雄著/雄山閣/1941年(昭和16年)/一册

人類學先史學講座　第十六卷(人类学先史学讲座　第十六卷)/長坂金雄著/雄山閣/1941年(昭和16年)/一册

人類學先史學講座　第十七卷(人类学先史学讲座　第十七卷)/長坂金雄著/雄山閣/1941年(昭和16年)/一册

人類學先史學講座　第十三卷(人类学先史学讲座　第十三卷)/長坂金雄著/雄山閣/1941年(昭和16年)/一册

人類學先史學講座　第十四卷(人类学先史学讲座　第十四卷)/長坂金雄著/雄山閣/1941年(昭和16年)/一册

人類學先史學講座　第十五卷(人类学先史学讲座　第十五卷)/長坂金雄著/雄山閣/1941年(昭和16年)/一册

人類學先史學講座　第十一卷(人类学先史学讲座　第十一卷)/長坂金雄著/雄山閣/1941年(昭和16年)/一册

人類學先史學講座　第五卷(人类学先史学讲座　第五卷)/長坂金雄著/雄山閣/1941年(昭和16年)/一册

人種·民族·戰争(人种·民族·战争)/加田哲二著/慶應書房/1941年(昭和16年)/463页

人種學〔各論〕——人種の地理的分布人種の史的發展〔前〕(人种学〔各论〕——人种的地理分布人种的史的发展〔前〕)/小山榮三著/星文館/1941年(昭和16年)/484页

日本語·西藏·緬甸語同系論(日语·西藏·缅甸语通系论)/C·K·バーカー著/原一郎譯/東亞同文書院支那研究部/1941年(昭和16年)/272页

世界歷史第五巻　東亞諸民族の盛衰(世界历史第五卷　东亚诸民族的盛衰)/河出孝雄著/河出書房/1941 年(昭和 16 年)/365 页

西域史研究 上(西域史研究 上)/白鳥庫吉著/岩波書店/1941 年(昭和 16 年)/659 页

岩波文庫 1389—1390　**蒙古史上卷(蒙古史上卷)**/ドーソン著/田中萃一郎譯/岩波書店/1941 年(昭和 16 年)/331 页

猶太人社會の研究　上巻(犹太人社会研究 上卷)/アルトゥル.ルツピン著/菊地清譯/南滿洲鐵道株式會社/1941 年(昭和 16 年)/503 页

猶太思想及運動(犹太思想及运动)/四王天延孝著/内外書房/1941 年(昭和 16 年)/517 页

原始文化——人類學序説(原始文化——人类学序说)/マレッド著永僑卓介譯/生活社/1941 年(昭和 16 年)/148 页

昭和 17 年蒙疆年鑒(昭和 17 年蒙疆年鉴)/鈴木清干著/蒙疆新聞社/1941 年(昭和 16 年)/401 页

支那民族發展史(中国民族发展史)/旗田魏著/博文館/1941 年(昭和 16 年)/358 页

蒙疆に於けむ土俗信仰(蒙疆的土俗信仰)/巴盟興亞協進會本部著/巴盟興亞協進會本部/1942 年(成紀 737 年)/92 页

興蒙委民資料第二號　清末に於ける綏遠の開墾(兴蒙委民资料第二号　关于清末绥远的开垦)/蒙古自治邦政府興蒙委員會著/蒙古自治邦政府興蒙委員會/1942 年(成紀 737 年)/155 页

蒙疆漫筆(蒙疆漫笔)/高津彦次著/河出書房/1942 年(昭和 16 年)/430 页

アメリカ·ユダヤ人問題(美国·犹太人问题)/神谷茂著/國民評論社/1942 年(昭和 17 年)/417 页

アルス文化叢書 21　**蒙古(蒙古)**/平松幸彦著/アルス/1942 年(昭和 17 年)/95 页

チベット(西藏)/多田等觀著/岩波書店/1942 年(昭和 17 年)/175 页

トルキスタンへの旅(塔吉克斯坦之旅)/タイクマン著/神近市子譯/岩波書店/1942 年(昭和 17 年)/264 页

トルコ民族の風俗(突厥民族的风俗)/内藤智秀著/八木書店/1942 年

(昭和 17 年)/316 页

マレ—の民族(马来的民族)/酒井寅吉著/興亞日本社/1942 年(昭和 17 年)/260 页

大東亞地理民族學(大东亚地理民族学)/ジーグフリード・パッサルゲ著/高山洋吉譯/地平社/1942 年(昭和 17 年)/203 页

大陸叢書 第九卷 キルギスよりァムル(大陆丛书 第九卷 从克尔柯孜到阿穆尔)+A1068/T·W·トキンソン著/滿鐵弘報課譯/朝日新聞社/1942 年(昭和 17 年)/282 页

東南ァジャの民族と文化(东南亚民族和文化)/小[土+屈]甚二著/聖紀書房/1942 年(昭和 17 年)/467 页

東亞研究叢書第五卷——北方ッンゲスの社會構成(东亚研究丛书第五卷——北方通古斯社会构成)/ツロコ.ゴロフ著/川久保悌郎,田中克己譯/岩波書店/1942 年(昭和 17 年)/717 页

獨逸民族史(德意志民族史)/ル—ドルフ.ヘルツオーク著/稻木勝彦譯/聖紀書房/1942 年(昭和 17 年)/466 页

漢族の性格を語る(谈汉族特性)/永持德一著/泰山房/1942 年(昭和 17 年)/266 页

濠洲の土と人(濠洲的土和人)/山本政喜著/生活社/1942 年(昭和 17 年)/428 页

金吉堂 支那回教史(金吉堂 中国回教史)/外務省調查部譯/生活社/1942 年(昭和 17 年)/177 页

滿文習俗考(满文习俗考)/井岡咀芳著/湯川弘文社/1942 年(昭和 17 年)/465 页

滿洲風土(满洲风土)/田口稔著/中央公論社/1942 年(昭和 17 年)/95 页

蒙古の感覺(蒙古的感觉)/野村泰三著/日光書院/1942 年(昭和 17 年)/224 页

蒙古の喇嘛教(蒙古的喇嘛教)/橋本光寳著/佛教公論社/1942 年(昭和 17 年)/293 页

蒙古の理想(蒙古的理想)/米内山庸夫著/改造社/1942 年(昭和 17 年)/288 页

蒙古の歐洲遠征(蒙古的欧洲远征)/岩村忍著/三省堂/1942年(昭和17年)/211页

蒙古草原(蒙古草原)/米内山庸夫著/改造社/1942年(昭和17年)/233,198页

蒙古歷史物語(蒙古历史物语)/野波淳著/平路社/1942年(昭和17年)/206页

蒙古社會の構成的基礎單位としての蘇木——伊克昭盟準噶爾旗河套地(河北)を中心として(作为蒙古社会构成基础单位的苏木——以伊克昭盟准噶尔旗河套地为中心)/菊地清著/南滿洲鐵道株式會社/1942年(昭和17年)/50页

蒙古社會制度史(蒙古社会制度史)/ベ.ヤ.ゥラヂミルツォフ著/外務省調查部譯/生活社/1942年(昭和17年)/444页

民族叢書第九卷　スラヴ民族(犹太民族)/花岡止郎著/六盟館/1942年(昭和17年)/346页

民族論(民族论)/高田保馬著/岩波書店/1942年(昭和17年)/226页

南方民族の生態(南方民族生态)/清野謙次著/六興商會出版部/1942年(昭和17年)/118页

南方民族運動史(南方民族运动史)/片山真吉著/モダン日本社/1942年(昭和17年)/422页

南蠻宗俗考(南蛮宗俗考)/岡田章雄著/地人書館/1942年(昭和17年)/303页

南洋の民族　上卷(南洋民族 上卷)/水田信利,佐藤秀男,常岡悟郎著/六盟館/1942年(昭和17年)/151页

南支那の村落生活——家族主義の社會學(南支那村落生活——家族主义的社会学)/D·H·カルプ著/喜多野清一,及川宏譯/生活社/1942年(昭和17年)/467页

熱河古蹟と西藏藝術(热河古迹和西藏艺术)/五十嵐牧太著/洪洋社/1942年(昭和17年)/一册

臺灣風物誌(台湾风物志)/春山行夫著/生活社/1942年(昭和17年)/419页

太平洋の民族＝政治學(太平洋民族＝政治学)/平野義太郎,清野謙次

著/日本評論社/1942年(昭和17年)/490页

太平洋民族誌(太平洋民族志)/松岡静雄著/岩波書店/1942年(昭和17年)/329页

特調查資料編·第四篇　川康各縣政概况·第一集——茂縣·峨邊(特别调查资料编·第四篇　川康各县政概况·第一集　茂县·峨边)/在上海·日本大使館特別調查班譯/[出版地不详]/1942年(昭和17年)/254页 年/349页

未開民族の文化(未开民族文化)/坪井良平著/韋牙書房/1942年(昭和17年)/395页

文化類型學研究(文化类型学研究)/高山岩男著/弘文堂/1942年(昭和17年)/401页

文化社會學原理(文化社会学原理)/松本潤一郎著/弘文堂/1942年(昭和17年)/410页

新疆省ノトルコ語地名 其ノ二　(新疆省的突厥语地名　其之二)/滿鐵北支經濟調查所著/滿鐵北支經濟調查所/1942年(昭和17年)/26页

岩波文庫1391—1393　**蒙古史下卷(蒙古史下卷)**/ドーソン著/田中萃一郎譯/岩波書店/1942年(昭和17年)/400页

印度の民俗と生活(印度民俗和生活)/岡崎文規著/千倉書房/1942年(昭和17年)/315页

印度民族運動史(印度民族运动史)/加藤長雄著/東亞研究所/1942年(昭和17年)/202页

昭和18年版北支·蒙疆年鑒(昭和18年版北支·蒙疆年鉴)/高木翔之助編/北支那社/1942年(昭和17年)/645页

支那の民族問題(中国的民族问题)/東亞調查會編纂/東京日日新聞社，大阪每日新聞社/1942年(昭和17年)/324页

支那蒙疆旅行案内(中国蒙疆旅行指南)/林重生著/東亞旅行社滿洲支部/1942年(昭和17年)/206页

支那土地制度研究(中国土地制度研究)/長野朗著/學術社/1942年(昭和17年)/451页

左宗棠と新疆問題(左宗棠和新疆問題)/西田保著/博文館/1942年(昭和17年)/302页

民族學研究(民族学研究)/民族學協會編/三省堂/1943—44年(昭和

18—19 的)/三册

宗教哲學(宗教哲学)/ハインリッヒ.ショルツ著/三枝義夫譯/[出版地不详]/1943 年/600 页

シベリャレの風土と異民族志(西伯利亚的风土和异民族志)/ベ.ゴロヮチェフ編/北尾一水譯/五星書林/1943 年(康德 10 年)/230 页

滿洲の古塔と古城(满洲的古塔和古城)/前田俊雄著/滿洲事情案内所/1943 年(康德 10 年)/86 页

風俗科學與倫理學(风俗科学与论理学)/L·Lev－Bruhl 著/黎東方譯/商務印書館/1943 年(民國 32 年)/170 页

アジア周邊民族史(亚洲周边民族史)/竹尾弌著/今日の問題社/1943 年(昭和 18 年)/344 页

アメリカ民族圈(美国民族圈)/稻原勝治著/龍吟社/1943 年(昭和 18 年)/403 页

インド民族史(印度民族史)/岩永博著/今日の問題社/1943 年(昭和 18 年)/459 页

ゴビの沙漠(戈壁沙漠)/ゴビ沙漠學術探檢隊編/目黑書店/1943 年(昭和 18 年)/190 页

ゴビ沙漠探檢行(戈壁沙漠探险记)/譯壽次著/東雲堂/1943 年(昭和 18 年)/246 页

これが支那だ——支那民族性の科學的解析(这是中国——中国民族性的科学的解析)/山崎百治著/栗田書店/1943 年(昭和 18 年)/477 页

ソロモン諸島とその附近—— 地理と民族(所羅門群島和它的附近——地理和民族)/太平洋協會編/太平洋協會/1943 年(昭和 18 年)/574 页

ニューギニアの自然と民族(新几内亚的自然和民族)/太平洋協會編/日本評論社/1943 年(昭和 18 年)/682 页

ビルマの民族誌(缅甸民族志)/シュウエイョ.一著/今永要,國本嘉平次譯/三省堂/1943 年(昭和 18 年)/698 页

ブリヤート蒙古民族史(布里亚特蒙古民族史)/クドリヤフツエフ著/蒙古研究所译/紀元社/1943 年(昭和 18 年)/424 页

ユダヤ民族の姿(犹太民族的姿态)/小辻節三著/黑目書店/1943 年(昭和 18 年)/307 页

北支·蒙古の地理（北支·蒙古的地理）/保柳睦美著/古今書院/1943年(昭和18年)/276页

成吉思汗實録　全（成吉思汗实录 全）/那珂通世譯注/筑摩書房/1943年(昭和18年)/591页

帝國學士院東亞諸民族調查室報告記録第12號 宗教及神話地理的及文化的動因（帝国学士院东亚诸民族调查室报告记录第12号 宗教及神话地理的及文化的动因）/松村武雄著/帝國學士院/1943年(昭和18年)/31页

東方考古學叢刊　乙種 第四册——蒙古高原　前篇　錫林郭爾·乌蘭察布に於ける地質·古生物·人類の調查（东方考古学丛刊　乙种　第四册——蒙古高原　前篇　关于锡林郭勒·乌兰察布的地质·古生物·人类的调查）/東亞考古學會著/東亞考古學會/1943年(昭和18年)/一册

東南ァジァの民族と文化（东南亚民族和文化）/ハァネ.ゲルデルン著/小[土+屈]甚二譯/聖紀書房/1943年(昭和18年)/469页

東西交涉史の研究　西域篇（东西交涉史研究　西域篇）/藤田豐八著/荻原星文館/1943年(昭和18年)/一册

東亞古俗考（东亚古俗考）/藤原相之助著/春陽堂/1943年(昭和18年)/456页

東洋民族史叢書　第一卷　西ァジァ民族史（东洋民族史丛书　第一卷　西亚民族史）/内藤智秀著/今日の問題社/1943年(昭和18年)/379页

東洋中世史第三卷（东洋中世史第三卷）/日野開三郎著/平凡社/1943年(昭和18年)/537页

東印度（东印度）/ヴァンデンボッシュ著/大江專一譯/改造社/1943年(昭和18年)/495页

東印度原住民 土俗と民藝（东印度原住民 土俗和民艺）/宫武辰夫著/春陽堂書店/1943年(昭和18年)/398页

獨逸文化史第一卷（文化史第一卷）/G·フライタ——ク著/向坂逸郎譯/中央公論社/1943年(昭和18年)/570页

改訂海南島誌（改订海南岛志）/陳銘樞總纂著/井出季和太譯/松山房/1943年(昭和18年)/395页

古代支那研究（古代中国研究）/小島祐馬著/弘文堂/1943年(昭和18年)/353页

古典索引叢刊 1　狩谷棭齊箋注倭名類聚抄(古典索引丛刊 1　狩谷棭齐箋注倭名类聚抄)/京都帝國大學文學部國語學國文學研究室編/全國書房/1943 年(昭和 18 年)/526 页

古琉球(古琉球)/伊波普猷譯/青磁社/1943 年(昭和 18 年)/466 页

廣東之現狀(广东之现状)/平野健著/廣東日本商工會議所/1943 年(昭和 18 年)/336,60 页

漢文華語康熙皇帝遺訓(汉文华语康熙皇帝遗训)/魚返善雄著/大阪屋號書店/1943 年(昭和 18 年)/205 页

濠洲の住民と産業(濠洲的住民和产业)/ァーサージョーズ著/野口勇譯/有光社/1943 年(昭和 18 年)/262 页

濠洲原住民の研究(濠洲原住民研究)/サーB·スペンサ著/田村秀文譯/有光社/1943 年(昭和 18 年)/329 页

呼倫貝爾地方牧野植生調查報告(呼伦贝尔地方牧业植生调查报告)/新京支社調查室編/南滿洲鐵道株式會社/1943 年(昭和 18 年)/458 页

近世風俗畫史(近世风俗画史)/大村文夫著/寶雲舍/1943 年(昭和 18 年)/530 页

開拓科學生活圖说　第二册　滿人の營農と生活(开拓科学生活图说　第二册 满人的营农和生活)/暉峻義等述/大阪屋號書店/1943 年(昭和 18 年)/72 页

開拓科學生活圖説　第二册　日滿露三民族の生活比較(开拓科学生活图说　第二册　日满俄三民族の生活比较)/暉義峻等著/大阪屋號書店/1943 年(昭和 18 年)/86 页

喇嘛教事情第一輯　喇嘛教を語る(喇嘛教事情第一辑　谈谈喇嘛教)/真言宗喇嘛教研究所著/真言宗喇嘛教研究所/1943 年(昭和 18 年)/76 页

滿蒙史論叢(满蒙史论丛)/日本文化協會編/座右實刊行會/1943 年(昭和 18 年)/425 页

滿鐵調查研究資料第八十四編北支經濟調查所編——蒙古站とその土地關系に就て(满铁调查研究资料第八十四编 北支经济调查所编——关于蒙古站和它的土地关系)/倉持博著/南滿洲鐵道株式會社/1943 年(昭和 18 年)/32 页

蒙古及蒙古人(蒙古及蒙古人)/米内山庸夫著/目黒書店/1943 年(昭和

18年)/365页

蒙古——乾燥ァジァの调查研究 第10卷第10號(蒙古　干燥亚洲的调查研究　第10卷第10号)/齊藤貢著/善鄰協會/1943年(昭和18年)/112页

蒙古——乾燥ァジァの调查研究 第10卷第11號(蒙古　干燥亚洲的调查研究　第10卷第11号)/齊藤貢著/善鄰協會/1943年(昭和18年)/112页

蒙古——乾燥ァジァの调查研究 第10卷第7號(蒙古　干燥亚洲的调查研究　第10卷第7号)/齊藤貢著/善鄰協會/1943年(昭和18年)/112页

蒙古——乾燥ァジァの调查研究 第10卷第9號(蒙古　干燥亚洲的调查研究　第10卷第9号)/齊藤貢著/善鄰協會/1943年(昭和18年)/93页

蒙古史雜考(蒙古史杂考)/岩村忍著/白林書房/1943年(昭和18年)/253页

蒙古文化地帶(蒙古文化地带)/宮川米次著/春陽堂書店/1943年(昭和18年)/312页

蒙疆の農村(蒙疆农村)/山田武彦著/錦城出版社/1943年(昭和18年)/308页

民族と染色文化(民族和染色文化)/上村六郎著/靖文社/1943年(昭和18年)/431页

民族の理論(民族的理论)/小松堅太郎著/日本評論社/1943年(昭和18年)/332页

民族叢書第六卷　西亞細亞民族(民族丛书第六卷　西亚细亚民族)/内藤智秀,岡島誠太郎,三岛安精著/六盟館/1943年(昭和18年)/173页

民族叢書第一卷　日本民族の文化(民族丛书第一卷　日本民族的文化)/松本芳夫著/六盟館/1943年(昭和18年)/328页

民族的世界觀の研究(民族世界观的研究)/湯村榮一著/慶應書房/1943年(昭和18年)/467页

民族科學大系　日本民族論(民族科学大系　日本民族论)/帝國書院編輯局編著/帝國書院/1943年(昭和18年)/426页

民族科學研究 第一輯 (民族科学研究 第一辑)/日本學術振興會第十一特別委員會編/朝倉書店/1943年(昭和18年)/415页

民族文化概説(民族文化概说)/今西正雄著/全國書店/1943年(昭和18年)/356页

南方の地域文化と資源(南方的地域文化和资源)/谷山整三著/厚生閣/1943年(昭和18年)/462页

南方民族圖譜(南方民族图谱)/厚生省研究所人口民族部編/國際報道株式會社/1943年(昭和18年)/114页

南方民族誌(南方民族志)/西村真次著/東京堂/1943年(昭和18年)/375页

南方年鑒(南方年鉴)/南方年鑒刊行會編/東邦社/1943年(昭和18年)/1694页

南方周紀(南方周纪)/岡野繁藏著/[不詳]/1943年(昭和18年)/374页

南方諸民族事情研究(南方诸民族事情研究)/國策研究會著/日本評論社/1943年(昭和18年)/289页

南蠻帖(南蛮帖)/岡田章雄著/黄河書院/1943年(昭和18年)/432页

歐羅巴民族の運命(上巻)(欧罗巴民族的命运)/ファ——レンクロ——ク著菅良譯/櫻井書店/1943年(昭和18年)/421页

乾燥アジアの綜合的調査研究——蒙古　第10卷 第1—6號(干燥亚洲的综合调查研究——蒙古第10卷 第1—6号)/著/善鄰協會/1943年(昭和18年)/一册

人種學〔各論〕——人種の地理的分布人種の史的發展〔後〕(人种学〔各论〕——人种地理分布人种的史的发展〔后〕)/小山榮三著/星文館/1943年(昭和18年)/235页

世界の原始民族 上巻(世界原始民族　上卷)/J·マドック著/土屋光司譯/聖紀書房/1943年(昭和18年)/278页

世界マドックの原始民族下巻(原始民族下卷)/J·マードック著/土屋光司譯/聖紀書房/1943年(昭和18年)/290页

太平洋民族學(太平洋民族学)/清野謙次著/岩波書店/1943年(昭和18年)/612页

烏蘭察部盟四子王旗實態調查報告書(乌兰察布盟四子王旗实态调查报告书)/烏蘭察部盟公署著/烏蘭察部盟公署/1943年(昭和18年)/一册

西藏——英帝國の侵略過程(西藏——英帝国的侵略过程)/村山公三著

/小島書店/1943年(昭和18年)/282页

西亞細亞民族(西亚细亚民族)/岡島誠太郎,三島安精,内藤智秀著/六盟館/1943年(昭和18年)/173页

新修支那省別全誌　第五卷　甘肅省　上(新修中国省别全志　第五卷　甘肃省·宁夏省)/東亞同文會支那省別全志刊行會編纂/東亞同文會支那省別全志刊行會/1943年(昭和18年)/908页

新修支那省別全誌　第五卷　貴州省　上(新修中国省别全志　第五卷　贵州省上)/東亞同文會支那省別全志刊行會編纂/東亞同文會支那省別全志刊行會/1943年(昭和18年)/944页

新修支那省別全誌　第五卷　貴州省　下(新修中国省别全志第五卷　贵州省　下)/東亞同文會支那省別全志刊行會編纂/東亞同文會支那省別全志刊行會/1943年(昭和18年)/599页

岩波文庫2869—2871　編前　セム族の宗教(岩波文库2869—2871　编前　塞姆族的宗教)/W·R·スミス著/永僑桌介譯/岩波書店/1943年(昭和18年)/295页

岩波文庫2872—2875　編後セム族の宗教(岩波文库2872—2875　编后　族的宗教)/W·R·スミス著/永僑桌介譯/岩波書店/1943年(昭和18年)/429页

盐と民族(盐和民族)/時雨音羽著/日本講演協會/1943年(昭和18年)/396页

異民族の支那統治概説(异民族的中国统治概说)/東亞研究所編/東亞研究所/1943年(昭和18年)/312页

印度支那の民族と文化(印度支那民族和文化)/松本信廣著/岩波書店/1943年(昭和18年)/373页

印度支那民族誌(印度支那民族志)/滿鐵東亞經濟調查局著/滿鐵東亞經濟調查局/1943年(昭和18年)/465页

猶太シオン運動の實相(犹太宿根草运动实相)/ローゼンベルグ著/野一色利衛譯/富强日本協會/1943年(昭和18年)/234页

支那と蒙古(中国和蒙古)/米内山庸夫著/北光書房/1943年(昭和18年)/453页

注校諸國風俗問狀答(注校诸国风俗问答)/中山太郎編著/東洋堂/1943

年(昭和18年)/680页

韃靼みやげ(鞑靼特产)/岡田文枝著/國民畫報社/1944年(康德11年)/215页

満洲家族制度慣習調查　第一卷(满洲家族制度习惯调查第一卷)/前野茂著/滿洲有斐閣/1944年(康德11年)/868页

アジア游牧民族史(亚洲游牧民族史)/ルネ·グルセ著/后藤十三雄譯/山一書房/1944年(昭和19年)/879页

北夷談·北蝦夷圖説·東蝦夷夜話(北夷谈·北蝦夷图说·东蝦夷夜话)/大友喜作著/北光书店/1944年(昭和19年)/495页

北支·蒙古の地理(北支·蒙古地理)/保柳睦美著/古今書院/1944年(昭和19年)/276页

邊疆アラズカ——史的發展と資源(边疆阿拉斯加——史的发展和资源)/ヘンリー.クラーク著/毛利亮譯/大観堂/1944年(昭和19年)/290页

傳道と民族政策(传道和民族政策)/民族學協會調查部著/民族學協會調查部/1944(昭和19年)/325页

韃靼一千年史(韃靼一千年史)/E·H·バーカー著/関丙台譯/大和書店/1944年(昭和19年)/380页

東南アジアの民族と文化(东南亚民族和文化)/ハイネ·ゲルデルン/小[土+屈]甚二譯/聖紀書房/1944年(昭和19年)/415页

甘肅省資料第7號　甘肅省ジョーネーラ中心トスル民族社會二(甘肃省资料第7号 甘肃省 中心 民族社会 二)/滿鐵北支經濟調查所著/滿鐵北支經濟調查所/1944年(昭和19年)/48页

黎族及其環境調查第五輯　海南島黎族の社會組織に并經濟組織社會組織(黎族及其环境调查第五辑　海南岛黎族社会组织及经济组织社会组织)/岡田謙,尾高邦雄著/海南海軍特務部/1944年(昭和19年)/168页

蒙古——内陸アジアの調查研究10月號(蒙古　内陆亚洲的调查研究10月号)/蒙古研究所著/山鄰協會/1944年(昭和19年)/96页

蒙古——内陸アジアの調查研究7月號(蒙古　内陆亚洲的调查研究7月号)/蒙古研究所著/山鄰協會/1944年(昭和19年)/108页

蒙古——内陸アジアの調查研究8月號(蒙古　内陆亚洲的调查研究8月号)/蒙古研究所著/山鄰協會/1944年(昭和19年)/96页

蒙古土産(蒙古土产)/一宫操子著/靖文社/1944年(昭和19年)313页

蒙疆農業經濟論(蒙疆农业经济论)/山田武彦,關谷陽一著/日光書院/1944年(昭和19年)/492页

民族學の歷史と方法(民族学的历史和方法)/W·シュミット著/大野俊一譯/彰考書院/1944年(昭和19年)/262页

民族研究所紀要第一册(民族研究所纪要第一册)/民族研究所編/彰考書院/1944年(昭和19年)/409页

内陸ァジァの調查研究——蒙古 二月號(内陆亚洲的调查研究——蒙古二月号)/齊藤貢編輯/善鄰協會/1944年(昭和19年)/112页

南方の民族經濟(南方民族经济)/東亞經濟懇談會著/大東亞出版株式會社/1944年(昭和19年)/260页

南方建設と民族人口政策(南方建设和民族人口政策)/小山榮三著/大日本出版株式會社/1944年(昭和19年)/711页

南變學考(南蛮学考)/外山卯三郎著/國民社創立事務社/1944年(昭和19年)/283页

乾燥ァジァの綜合的調查研究——蒙古 第11卷 第1—6號(干燥亚洲的综合调查研究——蒙古第11卷 第1—6号)/著/善鄰协会/1944年(昭和19年)/一册

西域史研究 下(西域史研究 下)/白鳥庫吉著/岩波書店/1944年(昭和19年)/846页

異民族の支那統治史(异民族的中国统治史)/東亞研究所編/大日本雄辯會講談社/1944年(昭和19年)/424页

異民族の支那統治研究——清朝の邊疆統治政策(异民族的中国统治研究——清朝的边疆统治政策)/東亞研究所編/至文堂/1944年(昭和19年)/398页

印度民族誌(印度民族志)/佛教圈協會編/大東亞出版株式會社/1944年(昭和19年)/403页

猶太民族の歷史的足迹(犹太民族的历史足迹)/A·ローゼンベルダ著/野一色利衛譯/新太陽社/1944年(昭和19年)/294页

支那邊區の研究(中国边区研究)/草野文男著/國民社/1944年(昭和19年)/257页

支那民族史(中国民族史)/宋文炳著/小口五郎譯/大東出版社/1944年(昭和19年)357页

アジヤロシヤ民族誌(亚洲俄罗斯民族志)/沼田市郎譯編/彰考書院/1946年(昭和21年)/400页

古事記の民俗學的考察(古事记的民俗学考察)/竹野長次著/早稲田大學出版部/1950年(昭和25年)/363页

民族工作手册(民族工作手册)/廣西省人民政府民族事務委員會編/廣西省人民政府民族事務委员會/1951年(昭和26年)/228页

民族工作手册(民族工作手册)/廣西省人民政府民族事務委員會編/廣西省人民政府民族事務委员會/1953年(昭和28年)/244页

ァジァの民族解放(亚洲的民族解放)/平野義太郎著/理論社/1954年(昭和29年)/368页

スポーッの民族學(体育的民族学)/今村嘉雄著/大修館書店/1954年(昭和29年)/133页

民族學研究季刊(民族学研究季刊)/日本民族學協會編/開明堂/1954年(昭和29年)/193页

明代滿蒙史料　李朝實録抄　第四册(明代满蒙史料　李朝实录抄　第四册)/東京大學文學部著/東京大學文學部/1954年(昭和29年)/523页

明代滿蒙史料　李朝實録抄　第一册(明代满蒙史料　李朝实录抄　第一册)/東京大學文學部著/東京大學文學部/1954年(昭和29年)/381页

明代滿蒙史料　李朝實録抄　第六册(明代满蒙史料　李朝实录抄　第六册)/東京大學文學部著/東京大學文學部/1955年(昭和30年)/506页

明代滿蒙史料　李朝實録抄　第五册(明代满蒙史料　李朝实录抄　第五册)/東京大學文學部著/東京大學文學部/1955年(昭和30年)/506页

青木文庫213——世界勞動運動史民族運動史年表(青木文库213—世界劳动运动史民族运动史年表)/年表編纂委員會編/青木書店/1955年(昭和30年)/215页

中國に於ける景教衰亡の歷史(中国的景教衰亡史)/佐伯好郎著/東方文化講座委員會ハーバート·燕京·同志社/1955年(昭和30年)/63页

講座 哲學 第四卷——國家と民族(讲座 哲學 第四卷——國家和民族)/ポリツェル,ベス,カヴァンク著/竹内良知等譯/大月書店/1956年/145

页

ぼくまの民俗學(民俗学)/和歌森太郎著/東京堂/1957年(昭和32年)/196页

世界地理民族誌(世界地理民族志)/姫岡勤,藤岡謙二郎編著/朝倉書店/1957年(昭和32年)/281页

中國における言語調査(中国的语言调查)/東同龢著/ハーバード·燕京·同志社東方文化講座委員會/1957年(昭和32年)/31页

アジアの歴史3—民族の活躍(亚洲历史3——民族的活跃)/有高嚴著/福村書店/1958年/273页

講座社會學　第五卷　民族と國家(讲座社会学　第五卷　民族和国家)/福武直,日高六郎高橋徹編/東京大學出版會/1958年/278页

日本民族の形成(日本民族的形成)/藤間生大著/岩波書店/1958年/296页

日本民族の起源(日本民族的起源)/岡正雄等著/平凡社/1958年(昭和33年)/332页

中國人の家族制度の研究——東亞諸民族の社會學考察(中国人的家族制度研究——东亚诸民族的社会学考察)/大山彦一著/關書院/1958年(昭和33年)/316页

民族の文化について——歷史學研究會1952年度大會報告(关于民族文化——历史学研究会1952年大会报告)/歷史學研究會編/岩波書店/1959年/205页

東洋史研究叢刊之六　契丹古代史の研究(东洋史研究丛刊之六　契丹古代史研究)/男松宕愛著/東洋史研究會/1959年(昭和34年)/328页

明代滿蒙史料　李朝實録抄　總索引項目滿洲篇(明代满蒙史料　李朝实录抄　总索引项目满洲篇)/田村實造著/東京大學文學部/1959年(昭和34年)/404页

日本民族(日本民族)/日本人類學會編/岩波書店/1959年(昭和34年)/193页

文化人類學の序說(文化人类学的序说)/石田英一郎著/時潮社/1959年(昭和34年)/218页

敦煌(敦煌)/井上靖著/講談社/1960年(昭和35年)/280页

日本の民族運動(日本的民族运动)/藤島宇内著/弘文堂/1960 年(昭和35 处)/391 页

西域文化研究第四——中央アジア古代語文獻(西域文化研究第四 中亚古代语文献)/西域文化研究會編/[出版地不详]/1961 年/一册

西域文化研究第四——中央アジア古代語文獻(西域文化研究第四——中亚古代语文献)/西域文化研究會編/法藏館/1961 年/一册

西域文化研究第五——中央アジア佛教美術(西域文化研究第五——中亚佛教美术)/西域文化研究會編/法藏館/1962 年/一册

人類學汎論——教養としての人類學(人类学汎论——作为教养的人类学)/渋谷壽夫著/法律文化社/1963 年/353 页

人類學概論(人类学概论)/三森定男著/法律文化社/1963 年/256 页

西域文化研究第六——歴史と美術の諸問題(西域文化研究第六——历史和美术的诸问题)/西域文化研究會編/法藏館/1963 年/一册

蒙古史研究(蒙古史研究)/箭内亙著/西田書店/1966 年(昭和 41 年)/989,117 页

滿洲建國十年史(满洲建国十年史)/滿洲帝國政府著/原書房/1969 年(昭和 44 年)/967 页

西番館譯語の研究(西番馆译语的研究)/西田龍雄著/中西印刷株式會社/1970 年/338 页

原始共同体——民族學的研究(原始共同体——民族学的研究)/石川榮吉著/日本評論社/1972 年/207 页

現代諸民族の宗教と文化——社會人類學的研究(现代诸民族的宗教和文化——社会人类学的研究)/著/社會思想社/1972 年(昭和 47 年)/532 页

元代史の研究(元代史研究)/安部健夫著/創文社/1972 年(昭和 47 年)/567,86 页

元史(元史)/小林高四郎著/明德出版/1972 年(昭和 47 年)/266 页

キムイルソン——民族の分裂を防ぎ祖國を統一しよう(基姆·伊尔松——防备民族分裂统一祖国)/チョソン.ビョンヤン著/外文出版社/1973 年/16 页

東洋文庫 197 騎馬民族史 1 正史北狄傳(东洋文库 197 骑马民族史 1 正史北狄传)/内田吟風,田村実造譯注/平凡社/1973 年(昭和 48 年)/384 页

東洋文庫223　騎馬民族史2正史北狄傳(东洋文库223　骑马民族史2　正史北狄传)/佐口透,山田信夫,護雅夫譯注/平凡社/1973年(昭和48年)/462页

東洋文庫228　騎馬民族史3正史北狄傳(东洋文库223　骑马民族史3　正史北狄传)/佐藤長,羽田明譯注/平凡社/1973年(昭和48年)/325页

中國の少數民族(中国的少数民族)/村松一彌著/毎日新聞社/1973年(昭和48年)/326页

舊滿洲檔　天聰九年2(旧满洲档 天聪九年2)/東洋文庫清代史研究室著/東洋文庫/1975年(昭和50年)/163—384,78页

遼史(辽史)/道田正郎著/明德出版社/1975年(昭和50年)/58页

東洋文庫283　東アジア民族史2正史東夷傳(东洋文库283 东亚民族史2正史东夷传)/井上秀雄譯注/平凡社/1976年(昭和51年)/387页

滿洲文庫——滿洲建國と民族協和思想の原點(满洲文库　满洲建国和民族协和思想的原点)/善口重次著/大湊書房/1976年(昭和51年)/114页

世界探險全集7　天山紀行(世界探险全集7天山纪行)/ペー.ペー.セミョーノフ著/樹下節譯/河出書房/1977年/319页

元朝史の研究(元朝历史研究)/前天直典著/東京大學出版會/1977年/358页

增補アイヌ民族抵抗史(增补　阿伊努民族抵抗史)/新谷行著/三一書房/1977年/320页

東洋文庫264東アジア民族史1正史東夷傳(东洋文库264　东亚民族史1正史东夷传)/井上秀雄譯注/平凡社/1977年(昭和52年)/374页

元寇——蒙古帝國の内部事情(元寇——蒙古帝国的内部事情)/旗田巍著/中央公論社/1977年(昭和52年)/182页

光緒二十一·二十二年の甘肅の回民反亂について上(光绪二十一、二十二年的甘肃回民反乱 上)/片岡一忠著/大阪教育大學/1978年/53—77页

世界の民族7アンデス(世界民族7安第斯)/Eェバンズプリチヤド,梅棹忠夫,加藤九祚著/平凡社/1978年/145页

ユダヤ人と中東問題(犹太人和中东问题)/石田友雄著/六興出版/1978年(昭和53年)/279页

ロシア人(俄国人)/ヘドリック.スミス著/高田正純譯/時事通信社/

1978年(昭和53年)/241页

世界民間文藝叢書 第七卷——モンゴルの昔話(世界民间文艺丛书 第七卷 蒙古昔话)/兒玉信久,荒井伸一,橋本勝編著/三彌井書店/1978年(昭和53年)/267页

新·漢民族から和民族へ(从汉民族到日本民族)/盛毓度著/東洋經濟新報社/1978年(昭和53年)/219页

アジア遊牧民族史(亚洲游牧民族史)/ルネ·グルセ著/后藤富男譯/原書房/1979/453页

シルクロードと仏教文化(丝绸之路和佛教文化)/岡崎敬等著/東洋哲學研究所/1979年/295页

ジンギスカン(成吉思汗)/小林高四郎著/岩波書店/1979年/232页

世界の民族　14　シベリァ.モンゴル(世界民族14西伯利亚·蒙古)/Eェバンズプリチヤド,梅棹忠夫,加藤九祚著/平凡社/1979年/145页

世界の民族　17　アラブ世界(世界民族17阿拉伯世界)/Eェバンズプリチヤド,梅棹忠夫,加藤九祚著/平凡社/1979年/147页

世界の民族　4　メキシコ.中央アメリカ(世界民族4墨西哥·美国中部)/Eェバンズプリチヤド,梅棹忠夫,加藤九祚著/平凡社/1979年/146页

世界の民族 9アフリカ南部.マダガシカル(世界民族 非洲南部·马达加斯加)/Eェバンズプリチヤド,梅棹忠夫,加藤九祚著/平凡社/1979年/145页

シルクロードの終着〔駅〕(丝绸之路的终点站)/長沢和俊著/講談社/1979年(昭和54年)/219页

清代回疆の交通事情——軍台と卡倫を中心として(清代回疆的交通事情——以军台和卡伦为中心)/[土屈]直著/[出版地不详]/1979年(昭和54年)/95—107页

(續)シルクロードと仏教文化(丝绸之路和佛教文化)/井上靖等著/東洋哲學研究所/1980年/343页

『國際政治』65號　中國の少數民族(中国的少数民族)/毛里和子著/[出版地不详]/1980年/36—85页

インドネシァ民族意識の形成(印度尼西亚民族意识的形成)/永積昭著/東京大學出版會/1980年/276页

ジンギスカン(成吉思汗)/小林高四郎著/岩波書店/1980年/232页

政治·民族·國家の話(政治·民族·国家之谈)/矢部貞治著/講談社/1980年/128页

ユーラジア叢書 33 蒙古社會制度史(中亚丛书33 蒙古社会制度史)/Б·я·ウラヂミルツォフ著/外務省調査部譯/原書房/1980年(昭和55年)/444,40,15页

西域研究　上(西域研究　上)/白鳥庫吉著/岩波書店/1981年/523页

サーラ叢書　祖先崇拜——民俗と歷史(祖先崇拜—民俗和历史)/竹田聽洲著/平樂寺書店/1982年/250页

スラヴ民族史の研究(斯拉夫民族史的研究)/清水睦夫著/山川出版社/1983年/458页

滿洲問題の歷史　上卷(满洲问题的历史　上卷)/伊東六十次郎著/原書房/1983年/516页

滿洲問題の歷史　下卷(满洲问题的历史　下卷)/伊東六十次郎著/原書房/1983年/518—1072页

内陸アジア·西アジアの社會と文化(内陆亚洲·西亚社会和文化)/護雅夫著/山川出版社/1983年/914页

叶蕃王國成立史研究(上下卷)(叶蕃王国成立史研究)/山口瑞風著/岩波書店/1983年/2册

現代部落差別の研究(现代部落差别的研究)/杉之原壽一著/部落問題研究所/1983年/550页

シルクロードと日本(丝绸之路与日本)/長澤和俊著/雄山閣出版/1983年(昭和58年)/207页

ホミネース叢書　秘密の人類學(丛书 秘密的人类学)/綾部恒雄著/アカデミァ出版會/1988年/243页

歷史家と民族意識——ポーランドの民族的傳統についての省察(历史家和民族意识——关于荷兰的民族传统省察)/スラファンコキェニェーヴィチ著/阪東宏譯/未來社/1989年/332页

民族とは何か(民族是什么?)/川天順造,福井勝義著/岩波書店/1989年/358页

中央アジア·蒙古旅行記—遊牧民族の實情の記録(中亚·蒙古旅行记

——游牧民族的实情记录）/カルピニ＝ルブルク著/護雅夫譯/光風社/1989年（平成元年）/363 页

世界の少數民族を知る事典（了解世界少数民族的事典世典）/ジョジナ.ァシュヮース著/辻野攻等譯/明石書店/1990 年/444 页

西南中國諸民族文化の研究——日中合同研究集會報告（西南中国诸民族文化研究——日中合同研究集会报告）/中國西南民族研究學會·國力民族學博物館著/中國西南民族研究學會·國力民族學博物館/1990 年（平成 2 年）/240 页

ァポリァとしての民族問題（阿拉伯的民族问题）/加藤一夫著/社會評論社/1991 年/296 页

ソ連·中東の民族問題（苏联·中东的民族问题）/山内昌之著/日本經濟新聞社/1991 年/308 页

近世部落の中世起源（近世部落的中世起源）/落合重信著/明石書店/1992 年/121 页

ツングース言語文化論集 3 「エウンキ語基楚語彙集」索引/朝克著 津曲敏郎編/小樽商科大學言語センター/1993 年/87 页

岩波講座 文化人類學 第 10 巻——神話とメディァ（岩波讲座 文化人类学 第 10 卷——神话和手段）/青木保等著/岩波書店/1997 年/269 页

岩波講座 文化人類學 第 2 巻——環境の人類志（岩波讲座 文化人类学 第 2 卷——环境の人类志）/青木保等著/岩波書店/1997 年/245 页

岩波講座 文化人類學 第 8 巻——異文化の共存（岩波讲座 文化人类学 第 8 卷——异文化的共存）/青木保等著/岩波書店/1997 年/274 页

岩波講座 文化人類學 第 9 巻——儀禮とパフォーマンス（岩波讲座 文化人类学 第 9 卷——礼仪和上演）/青木保等著/岩波書店/1997 年/314 页

岩波講座 文化人類學 第 13 巻——文化という課題（岩波讲座 文化人类学 第 13 卷——所谓文化的课题）/青木保等著/岩波書店/1998 年/248 页

風水の社會人類學——中國とその周边比較（风水的社会人类学——中国和他周边的比较）/渡邊欣雄著/風響社/2001 年/467 页

東北ァジァ研究ゼンター叢書第 3 号　環中華の儀禮と藝能——朝鮮を軸に（东北亚研究中心丛书第 3 号　还中华的礼仪和艺能——以朝鲜为中心）/成澤勝編/東北大學東北ァジァ研究センター/2001 年（平成 13 年）/181

页

ユダセ人——その信仰と生活(犹太人——它的信仰和生活)/アラン.ウンターマン著/石川耕一郎,市川裕譯/筑摩書房/372页

考古學講座 民族論 附録人骨測定表紋章學(考古学讲座 民族论 附录人骨测定表 纹章学)/清野謙次,沼田賴輔著/雄山閣/179,73页

滿洲帝國概覽(满洲帝国概览)/滿洲事情案内所编纂/新京,滿洲事情案内所/281页

（乌云格日勒）

·附录·

民族工作大事记
（2001年）

1月1日　国家民委主办的《中国民族报》正式创刊。国家民委主任李德洙在题为《新世纪、新使命、新篇章》的发刊词中指出：《中国民族报》的创刊，是全国各族人民政治生活中的一件大事，是全国民族工作的一件大事。（《中国民族报》1·1）

1月2日　香港特别行政区政府公布关于少数族裔的调查结果：香港现有少数族裔约28万人。（《新华每日电讯》1·2）

1月3日　新华社报道：被称为我国"西电东送"第一站的天生桥一、二级水电站全面建成投产。天生桥水电站位于广西与贵州交界处的红水河上，一级水电站总装机容量120万千瓦，二级水电站总装机容量132万千瓦。（《人民日报·海外版》1·4）

1月4日　《光明日报》报道：新的新疆大学、新疆财经大学近日成立。新的新疆大学由新疆大学和新疆工学院合并组成；新的新疆财经大学由新疆财经学院与新疆经济管理干部学院合并组成。新的新疆大学计划2005年使在校全日制学生达2.8万人。

1月5日　《中国民族报》、《民族团结》和《中国民族统计年

鉴》编委会共同评出2000年中国少数民族十大新闻。(《中国民族报》1·5)

1月9日　中国西藏信息中心英文版(www.tibtinfor.com)正式开通。该网站由每日新闻、特别报道、服务资讯、商机无线和文化广场五大部分构成,下设近百个栏目,其宗旨是全方位、多视角地向世界展示真实的西藏。(《光明日报》1·10)

1月10—12日　全国民族工作会议在北京举行。国务委员司马义·艾买提在开幕式强调,要维护民族团结,加快少数民族和民族地区发展,完善民族区域自治制度,切实加强对民族工作的领导,努力开创民族工作的新局面。国家民委主任李德洙同志发表了重要讲话。会议提出:全面推进"兴边富民行动",切实加快22个人口较少的少数民族发展,是世纪初年民族工作的重中之重。(《人民日报》1·11、15)

1月12日　《中国民族报》报道:新疆维吾尔自治区召开民族团结进步模范表彰大会,共有110个民族团结进步模范单位和204名民族团结进步模范个人受到表彰。

1月16日　《中国民族报》报道:新疆维吾尔自治区"村村通广播电视"工程基本完成。

1月17日　广西壮族自治区计划生育工作会议在南宁结束。全区"九五"期间少出生94万人,人口出生率和人口自然增长率连续5年低于全国平均水平(《广西日报》1·18)

1月18日　《民族文学》创刊20周年。全国人大副委员长司马义·艾买提等有关方面领导和百余名少数民族代表、文学界人士参加了该刊的庆祝活动。(《光明日报》1·19)

1月19日　《中国民族报》报道:新疆高级人民法院高度重视培训少数民族审判人员,努力培养民族语、汉语双通的法官,目前接受培训的少数民族法官已占培训总数的41%。

1月22日　中央民族大学与中国反邪教协会联合召开座谈

会,反对邪教“法轮功”。(《人民日报》1·23)

1月23—24日　朱镕基总理代表党中央、国务院和江泽民总书记看望、慰问广西各族人民,同当地各族群众一起辞旧迎新,欢度新世纪第一个春节。(《人民日报》1·25)

1月31日　国家民委党组召开扩大会议,深入揭批“法轮功”邪教的反动本质。新疆、广西、青海、天津、江苏、河北等省、市、自治区的民族工作部门也先后以座谈会等形式批判“法轮功”的邪教本质及其滔天罪行。(《中国民族报》2·6)

2月1日　《光明日报》报道:宁夏社会科学界近日集会,庆祝韩荫晟先生从事学术研究60周年并祝贺他的4卷9册550万字的巨著《党项与西夏资料汇编》出齐。

2月2日　《光明日报》报道:新疆教育出版社原社长阿不都萨拉木托乎提编著的维吾尔文彩色《识字课本》荣获“世界学术贡献奖”。该奖是在3000多参评作品中经过严格评审脱颖而出的。维文彩色《识字课本》经过几十年的修改创新,具有独特的民族特色和地方特色,通俗易懂,适合小学生的语言表达能力。

2月5日　中国藏学研究中心总干事拉巴平措率领的中国藏学家代表团抵达加拿大艾伯塔省首府,开始对加拿大进行为期8天的访问。2月12日该代表团还抵达美国进行为期6天的访问。(《人民日报》2·8《光明日报》2·15)

2月6日　新华社报道:内蒙古师范大学蒙古语言学家芒·牧林最近发表论文,大胆地提出了汉藏、阿尔泰语系之间极可能存在亲缘关系的创见。(《光明日报》2·7)

2月8日　重庆市委、市政府召开“重庆市民族地区经济社会发展现场办公会议”。会议提出了“十五”期间帮助民族地区经济发展的三项重要措施。(《中国民族报》2·20)

2月9日　《人民日报》报道:为落实江泽民总书记关于早日开工修建青藏铁路的重要批示,国务院总理办公会议对青藏铁路建设方案进行了研究。会议认为,修建青藏铁路对加快西部地区特别是西藏地区的经济社会发展,造福沿线各族人民具有重要意义,这一项目将成为西部大开发的又一标志性工程。青藏铁路东起格尔木,西至拉萨,全长 1118 公里,其中海拔高于 4000 米的地段 960 多公里,将是世界上海拔最高和最长的高原铁路。

四川省委、省政府召开民族地区教育工作电话会议,全面贯彻落实《四川省民族地区教育发展十年行动计划》。该计划将投资 30 亿元,到 2010 年建立起基本适应当地经济社会发展需要,具有民族特色和时代特点的民族地区教育体系。(《四川日报》2·10)

2 月 10 日　内蒙古和青海两省区党政领导在呼和浩特举行座谈会,探讨两省区在西部大开发中相互支持共同发展的新思路。(《青海日报》2·11)

西藏各族各界 2 万多人聚集在布达拉宫广场,自发开展"反对邪教、保障人权"的百万公众签名活动。(《光明日报》2·11)

2 月 11 日　中国伊斯兰教协会组织各族穆斯林 2000 多人参加的中国穆斯林朝觐团,分乘中国民航包机前往沙特阿拉伯的麦加完成朝觐功课。(《人民日报·海外版》2·16)

2 月 14 日　国务院西部开发办网站(www. chinawest. gov. cn 或 www. westchina. gov. cn)正式开通。该网站设有简介、开发动态、发展规划、政策措施、基础设施建设、生态环境建设和保护、特色经济、科技信息、合作信息、人才资源等 10 个栏目。(《人民日报》2·15)

2 月 18 日　《人民日报》报道:青海省在全省藏区建成了三级医疗预防保健网络。

2 月 20 日　《光明日报》报道:农业部将在西部农村实施"生态家园富民计划"。该计划通过引进、组接、推广一批行之有效的农村可再生能源技术和模式,达到增加西部农村能源供应量,遏制植被破坏,促进农民增收的目的。

2月22日　《第十一世班禅确吉杰布》画册出版首发式在北京人民大会堂举行。(《人民日报》2·23)

2月22—24日　国家民委在北京召开民委系统党建工作会议。会议强调,要通过大力加强党建工作,为新世纪的民族工作提供组织保证。(《中国民族报》2·27)

2月25日　新疆维吾尔自治区党委和人民政府联合出台《关于贯彻落实〈中共中央、国务院关于加强人口与计划生育工作,稳定低生育水平的决定〉的意见》。该《意见》规定了新疆未来10年的人口与计划生育目标:到2010年,全区人口控制在2180万以内,年均人口出生率不超过21.47%。(《新疆日报》2·27)

2月26日　《青海日报》报道:去年全省牧区牧民人均纯收入1477.17元,比上年增长7.21%。其中,海北藏族自治州牧民人均纯收入2104.15元,居全省牧区六州牧民人均纯收入之首;黄南藏族自治州牧民人均纯收入1173.82元,居全省六州牧区之末。

3月1日　国务院总理办公会议批准塔里木河流域综合治理方案。会议认为,加快塔里木河流域综合治理对于实现新疆经济和社会可持续发展,恢复南疆绿色走廊的生机,造福各族人民,具有十分重要的意义,是西部大开发的又一重点工程。(《新疆日报》3·2)

3月2日　《人民日报》全文发表《全国人民代表大会常务委员会关于修改〈中华人民共和国民族区域自治法〉的决定》。同时发表了《坚持和完善民族区域自治制度的重大举措——热烈祝贺民族区域自治法修改决定颁布实施》的评论员文章。

《中国民族报》报道:计算机少数民族文字处理系统新软件——“新疆2000”多文种图文排版系统在乌鲁木齐研制开发成功并投入使用。

《西藏日报》报道:经过6年的艰苦努力,西藏自治区的扶贫工作取得重大成就,全区41万贫困人口基本解决了温饱问题,贫困人口由1994年的48万减少到目前的7万人左右,如期完成了西藏的“八七”扶贫攻坚任务。

3月4日　新华社报道:新疆长篇史诗《马纳斯》研究专家张永海确证,叙写柯尔克孜民族英雄事迹的长篇史诗《马纳斯》形成于公元11世纪中期,史诗传唱的故事确有其人其事。这一发现首次解决了历史上有没有马纳斯和《马纳斯》产生于何时的问题,有助于对柯尔克孜族历史的研究,也有助于对辽史的补充和订正。(《新华每日电讯》3·5)

3月5日　中共中央政治局常委、国家副主席胡锦涛在参加九届全国人大四次会议西藏代表团讨论时强调:西藏的稳定和发展,不仅关系到西藏各族人民的根本利益,而且直接关系到我国社会主义现代化建设的全局。(《新华每日电讯》3·6)

3月7日　国务委员司马义·艾买提在与全国政协宗教界委员座谈时指出,宗教界爱国人士和广大信教群众爱国爱教,一定能为加强民族团结,维护社会稳定,促进祖国统一和对外友好交往做出新的贡献。(《人民政协报》3·8)

3月8日　江泽民总书记在参加九届全国人大四次会议四川、云南代表团的全体会议,与代表们一起审议“十五”计划纲要草案及报告时强调,搞好民族地区的经济发展是做好民族工作的基础。(《中国民族报》3·13)

3月10日　新华社报道:西藏自治区将实施“阳光计划”。在未来5年,西藏计划投入数十亿元,大力发展已初具规模的光电产业,每年提高农牧民用电率5个百分点以上。太阳能的开发利用正成为西藏新的经济增长点。(《人民日报·海外版》3·11)

3月11日　江泽民总书记在中央人口资源环境工作座谈会上强调:在实施西部大开发战略中,要坚持发展经济和控制人口两手抓,加大对西部地区和少数民族地区计划生育工作的投入,建设好基层的技术服务网络,增强服务功能。计划生育工作要加强服

务,寓管理于服务之中,使计划生育事业真正成为造福于人民的事业。(《人民日报》3·12)

3月12日　新华社报道:西藏自治区拉萨市城关区对百户藏族居民进行了无记名问卷调查。调查表明:达赖在西藏不得人心。(《西藏日报》3·15)

3月13日　北京市和内蒙古自治区举行面向新世纪实施西部大开发战略座谈会。内蒙古自治区党委书记刘明祖、政府主席乌云其木格,北京市委书记贾庆林、市长刘淇等党政领导出席了座谈会。近年来,两地本着"优势互补、注重效益、互惠互利、共同发展"的原则,开展了全方位、多层次的经济技术合作。从1997—2000年,两地实施合作项目1240个,实际到位资金85.8亿元,大部分项目已经开始实施并见到成效。(《北京日报》3·14)

《中国民族报》报道,"九五"期间,民族地区经济保持了较好的增长。2000年,八个民族省区国内生产总值达到8398亿元,比1995年增长50.9%,年均增长8.6%,人均国内生产总值为4635元。

3月15日　九届全国人大四次会议批准《中华人民共和国国民经济和社会发展第十个五年计划纲要》。《纲要》的第八章指出:依据民族区域自治法,支持民族自治地区落实自治权。加大支持力度,加快少数民族和民族地区经济与社会全面发展,重点支持少数民族地区的扶贫开发、牧区建设、民族特需用品生产、民族教育和民族文化事业发展。注意支持人口较少的少数民族的发展。促进西部边疆地区与周边国家和地区开展经济技术与贸易合作,逐步形成优势互补、互惠互利的国际区域合作新格局。(《人民日报》3·18)

3月16日　"高原的回忆——第二批援藏干部摄影展"在北京中国美术馆开幕。参展的近百幅作品展示了高原的瑰丽风光和独特的民俗风情,浓缩了援藏干部对那片高天厚土、淳朴人民的深

深爱恋。(《人民日报》3·19)

《中国民族报》报道：经国务院批准，国家"九五"期间实行的民族贸易和民族用品生产优惠政策即新的民贸三项照顾政策，在"十五"期间继续执行。

3月16—20日　由北京民族文化宫等单位联合主办的《民族情书画展》在京举行。国家民委主任李德洙出席开幕式并观看了展览。(《中国民族报》3·20)

3月17日　我国第一个少数民族器乐培养基地在广西壮族自治区南宁市挂牌成立，它标志着我国古老的少数民族乐器自此有了一个专门整理、挖掘、保护、传承的基地。据悉，中国少数民族乐器共有502种，其中广西有100多种。(《广西日报》3·19)

3月19日　新疆统战、民族宗教工作领导干部培训班在自治区党校开学。自治区党委常委努尔·白克力在开学典礼上指出，新疆反分裂斗争的形势和经济发展任务都决定了新疆的统战工作、民族宗教工作的突出地位和特殊重要性，各级领导干部要认真学习全国统战工作会议精神，以民族宗教工作为重点，全面做好各领域的统战工作。(《新疆日报》3·20)

3月21日　《西藏日报》报道："九五"期间，拉萨市国民经济以年均16.3%的速度增长，比上一个五年计划的增速翻了一番多，人均国内生产总值增长了93.6%，一、二、三产业结构已由"八五"时期的22.7∶23.1∶54.2调整到目前的14∶23.8∶62.2。全市社会政治局势持续稳定，城市面貌日新月异。

3月23日　国家民委党组召开扩大会议，研究"两会"期间有关民族工作的提案和建议，把各项任务落实到有关部门。会议要求高度重视"两会"代表和委员的意见，做好研究和办理工作，尽快答复人大代表的建议和政协委员的提案。(《中国民族报》3·30)

3月24日　《西藏日报》报道："九五"期间西藏的旅游业发展迅速。全区共接待国内外游客202.5万人次，年均增长11.7%。

去年接待国内外游客达到57万人次,实现旅游业直接营业收入6.5亿元,推动相关行业实现营业收入达27.09亿元。

3月27日 《中国民族报》报道:新修改的《中华人民共和国民族区域自治法》公布实施后,各地民委立即组织认真学习,深入贯彻。青海、湖南等省民委还根据当地实际,积极协调有关部门制定民族区域自治法的实施细则。

3月28日 国家统计局发布《第五次全国人口普查主要数据公告(第一号)》。至2000年11月1日零时,我国总人口为129,533万人,其中祖国大陆31个省、自治区、直辖市和现役军人的人口共126,583万人。在祖国大陆的人口中,汉族115,940万人,占总人口的91.59%;少数民族人口10,643万人,占总人口的8.41%。同1990年第四次人口普查相比,汉族人口增长了11.22%;少数民族人口增长了16.70%。(《新华每日电讯》3·29)

北京市—拉萨市对口支援工作座谈会在北京举行。北京市委书记贾庆林、市长刘淇,拉萨市委书记向巴平措、市长洛桑等出席了会议。据悉,北京对口支援拉萨6年来,以干部支援为龙头开展了多种形式的支援工作,到2000年底,对拉萨无偿援建的项目及物资、资金累计达1.21亿元,对拉萨市的经济社会发展起了积极的促进作用。(《北京日报》3·29)

3月29日 西藏自治区统计局发布《关于西藏第五次全国人口普查主要数据公报(第一号)》。公报显示:西藏总人口为261.63万人(包括外来人口,不包括外出人口),比1990年增加了42.03万,增长19.1%。在全区的总人口中,藏族人口241.11万人,占92.2%;汉族人口15.53万人,占5.9%;其他少数民族人口4.99万人,占1.9%。(《西藏日报》4·3)

4月1—2日 广西壮族自治区党委、政府在南宁召开全区文化工作会议。自治区党委书记曹波纯在会上提出,根据江泽民总书记关于"三个代表"重要思想的要求,发展面向现代化、面向世界、面向未来和民族的科学的大众的社会主义文化,努力把广西建设成为开放的具有鲜明时代特点和南疆特色的民族文化自治区。(《广西日报》4·3)

4月2日　新疆维吾尔自治区统计局发布《关于第五次全国人口普查主要数据的公报》。统计显示:全区登记的人口为1925万人(包括外来人口,不包括外出人口),全区常住人口为1846万人。在全区的总人口(常住人口)中,汉族749.77万人,占总人口的40.61%;各少数民族1096.49万人,占总人口的59.39%。与1990年第四次全国人口普查相比,汉族人口增加了180.23万人,增长了31.64%;各少数民族人口增加了150.34万人,增长了15.89%。(《新疆日报》4·3)

4月2—5日　全国"兴边富民行动"现场会在广西壮族自治区首府南宁市召开。会议的主题是学习和推广广西的成功经验,推动兴边富民行动的深入开展。国家民委主任李德洙在会议上作了书面发言。全国各省区市和新疆生产建设兵团的民委负责人、兴边富民行动试点县市(旗)负责人近200人参加了会议。(《人民日报》4·3)

4月3日　新华社报道:新疆维吾尔自治区目前已成功解决了837.45万人的饮水困难,取得了巨大的经济效益和社会效益。据悉,由于历史、自然等原因,新疆广大农牧民长期以来一直饮用不卫生的涝坝水、河渠水和氟超标的浅层地下水,因而时常发生各种传染性疾病;有的地区由于饮水困难长期难以摆脱贫困。从1987年开始,新疆掀起了一场人畜饮水工程建设高潮。(《文汇报》4·4)

4月4日　广西壮族自治区统计局发布《2000年人口普查主要数据公报》。统计显示:全区普查登记人口为4489万人(包括外来人口,不包括外出人口),总人口为4744万人(包括外出人口,不包括外来人口)。在全区普查的登记人口中,汉族2768万人,占

61.66%；各少数民族1721成人，占38.34%。(《广西日报》4·5)

中国西藏文化交流代表团在瑞典南部城市隆德举行报告会和图片展览会，向瑞典著名高等学府隆德大学的学生介绍西藏宗教和西藏的发展成就。(《人民日报》4·6)

4月6日　中国东西部合作与投资洽谈会在西安举行。来自美国、日本、澳大利亚等十多个国家和地区以及国内27个省、自治区、直辖市的政府和新疆生产建设兵团的7000家企业的数万名代表、客商参加了这次洽谈会。(《人民日报·海外版》4·9)

《中国民族报》报道，新疆维吾尔自治区每年考入中、东部地区院校约1.2万名学生，毕业后只有20%返回故乡。20年来，新疆流失人才已达21万，其中高级教师、学术带头人、技术创新骨干有10万多人。

4月7日　"中国贵州苗族姐妹节"在黔东南苗族侗族自治州的台江县隆重开幕，数百名中外宾客和当地8万多各族群众参加了开幕式。(《贵州日报》4·8)

4月11日　《中国文物报》报道，宁夏回族自治区人民政府决定追加1000万元保护资金，以加大西夏陵三号园的保护规模和力度。

4月12日　新华社报道，宁夏海原、同心两县扫除青壮年文盲工作通过了自治区政府的验收。这是宁夏进行的最后一轮扫盲验收。至此，宁夏回族自治区青壮年非文盲率达到91%以上，基本上扫除了青壮年文盲。(《新华每日电讯》4·13)

内蒙古自治区统计局发布《自治区第五次全国人口普查主要数据的公报》。统计显示，全区总人口为2375.54万人，其中，汉族1882.39万人，占79.24%；蒙古族402.92万人，占16.96%；其他少数民族90.23万人，占3.80%。与第四次人口普查时相比，汉族人口增长了8.87%，各少数民族人口增长了18.36%。(《内蒙古日报》4·13)

4月16日　由中共中央统战部、全国人大民委、国家民委、国务院法制办、全国政协民族宗教委员会联合主办的“学习贯彻《中华人民共和国民族区域自治法》座谈会”在北京举行。全国人大副委员长铁木尔·达瓦买提在会议上强调,学习、宣传、实施民族区域自治法是全国各族人民的共同任务,要采取措施确保这部法律真正落到实处。(《人民日报》4·17)

4月17—19日　全国政协副主席、中共中央统战部部长王兆国在广西壮族自治区考察工作时指出,要坚定不移地坚持和完善中国共产党领导的多党合作和政治协商制度以及民族区域自治制度,继续巩固和发展社会主义民族关系,加强民族团结,加快民族地区经济发展,促进各民族的共同繁荣。(《人民日报》4·20)

4月17—21日　中国西藏对外文化交流代表团访问智利。代表团相继在智利国民议会、瓦尔帕莱索市天主教大学和圣地亚哥大学等地举行了介绍西藏最近50年来巨大变迁的报告会和图片展,所到之处受到当地各界人士的热烈欢迎。代表团离开智利后还访问了阿根廷、巴西和墨西哥。(《人民日报》4·23)

4月20日　《中国民族报》报道,由中国土族研究会创办的《中国土族》正式向国内外公开发行。这是我国土族有史以来第一次公开发行自己的民族刊物。公开发行后的《中国土族》将全方位地介绍土族的历史、文化、艺术、语言、文字以及民俗风情等内容。

4月23日　中国伊斯兰教教务指导委员会在北京成立。国务委员司马义·艾买提应邀出席成立大会,并对指导委员会的成立表示祝贺。中国伊斯兰教教务指导委员会为中国伊斯兰教协会的专门委员会,由爱国爱教、德高望重、代表我国伊斯兰教最高宗教学识和经学水平的大阿訇、大毛拉组成。(《新华每日电讯》4·24)

4月27日　内蒙古自治区人民政府在呼和浩特隆重举行《内蒙古自治区志·政府志》首发仪式。该志主要论述了晚清至1999年底历届地方官府、地方政府特别是内蒙古自治区人民政府的创

立与变化过程，反映了不同历史时期国家行政机关在施政过程中的经验教训和发展规划。(《内蒙古日报》4·28)

青海省统计局发布《2000年第五次全国人口普查主要数据的公报》。统计显示：全省总人口为5,181,560人，其中：汉族2,823,305人，占54.49%；少数民族人口2,358,255人，占45.51%。在少数民族人口中：藏族1,134,236人，占总人口的21.89%；回族82,346人，占15.89%；土族199,470人，占3.85%；撒拉族95,815人，占1.85%；蒙古族88,829人，占1.71%；其他少数民族16,442人，占0.32%。(《青海日报》4·28)

4月28日　国务院总理朱镕基主持召开国家科技教育领导小组第九次会议，听取教育部关于全国基础教育工作和教育部、国家民委关于"十五"期间我国民族地区教育问题的汇报。国务院领导指出，进一步加快民族地区的教育发展和改革，关系到民族地区的繁荣和发展；要坚持把"两基"教育作为民族地区教育发展的"重中之重"，促使各类教育健康、协调发展。(《人民日报》4·29)

云南省统计局发布《2000年云南省第五次全国人口普查主要数据的公报(第一号)》。统计显示：全省普查时，实际登记的总人口为4235.9万人，其中汉族人口2820.6万人，占总人口的66.59%；少数民族人口为1415.3万人，占总人口的33.41%。与第四次人口普查相比，汉族人口增长了14.25%；少数民族人口增长了14.66%。(《云南日报》4·29)

5月1日　新华社报道，我国人口最少的民族之一鄂伦春族的生育观念开始转变，一些猎民主动放弃可以生育多胎的优惠政策，自愿申请领取独生子女证。截至目前，鄂伦春族已有独生子女户21户，其中9户领取了独生子女证。(《文汇报》5·2)

5月5日　《甘肃日报》报道，甘肃省政府加大对民族地区的扶持力度，为民族地区经济发展创造了有利条件。"九五"期间，全省对民族地区的投入达13.9亿元，1999年底民族地区国内生产总值达到44亿多元,年均增长8.13%,农牧民人均纯收入1050元。提前实现了翻两番的目标。

5月10日 新华社报道:今年国家将进一步推进西部大开发战略,加大西部地区投资力度,加强西部地区重点工程建设,在继续搞好去年开工的10大建设项目的同时,计划再开工12个重点工程项目,总投资约3000亿元。(《新华每日电讯》5·11)

5月10—13日 由国家民委、深圳市联合举办的"中国少数民族和民族地区名优新特产品交易会"在深圳举行。组团参会的有全国31个省、自治区、直辖市,5个计划单列市,新疆生产建设兵团及7所民族院校的2000多家企业。这次交易会集产品交易、文化展示和项目洽谈为一体,突出民族特色和地方特色,同时还举办中国少数民族经济发展论坛、民族地区企业品牌战略与营销策略研讨会等活动。(《人民日报·海外版》5·11)

5月11日 《中国民族报》报道,新疆维吾尔自治区在5月份开展第19个民族团结教育月活动。活动月的主题是"团结、进步、稳定、发展",以学习宣传《民族区域自治法》,全面贯彻党的民族政策为主要内容,以大力为群众办实事为结合点,努力开创新疆民族团结进步事业的新局面。

5月12日(农历4月18日) 锡伯族的传统节日"西迁节"。新疆乌鲁木齐市的近千名锡伯族同胞以传统方式纪念锡伯族西迁戍边237周年。(《新疆日报》5·13)

5月15日 拉萨市规划委员会主任旦巴曲达宣布,在15年内,有着1300年历史的西藏首府拉萨将被扩建成为一座高楼林立但仍保持民族特色的现代化城市。届时,市区面积将由现在的51平方公里扩大到72平方公里。(《人民日报·海外版》5·6)

《云南日报》报道:云南省陇川县目前有2.5万世世代代居住在山岭深处的景颇农民搬迁下坝定居解决了温饱,占全县景颇族山区人口的70%,下坝的景颇农民中有30%解决了贫困问题,实行了景颇族历史上生产力发展的又一次飞跃。

5月17日　外交部发言人孙玉玺就美国政府第三次任命所谓西藏问题协调员指出:美国政府应停止利用西藏问题干涉中国内政。(《人民日报·海外版》5·18)

贵州民族学院隆重举行建校50周年庆典。国家民委代表、教育司司长吴仕民在庆典上宣读了江泽民总书记对全国5所民族学院50周年校庆的题词:“努力发展民族教育,促进各民族共同繁荣”。(《贵州日报》5·18)

5月18日　上海—内蒙古经济开发促进会在上海成立。此举是为了加强内蒙古与上海的经济联系与合作,促进西部大开发。(《文汇报》5·19)

青海省柴达木盆地涩北气田正式向国家重点工程涩宁兰天然气管道供气。这是柴达木盆地资源开发的新里程碑。涩北气田是青海油田的主力气田,天然气资源储量达1万亿立方米,含气面积122平方公里,已探明天然气地质储量2000亿立方米。(《人民日报》5·19)

5月20日　西藏自治区司法厅厅长在拉萨向新闻界透露:西藏目前在押罪犯数量为300人,占全区总人口的0.9‰,低于全国平均水平。达赖和西方敌对势力极力渲染西藏实行警察统治,大肆滥捕,把寺庙中的喇嘛纷纷投入监狱,监狱中关押着大量18岁以下的政治犯,完全是无中生有。(《新华每日电讯》5·21)

5月21日　由中国藏学研究中心主办的“纪念西藏和平解放50周年暨中国藏学研究中心成立15周年学术报告会”在北京举行。中央和国家机关有关部门、西藏驻京办事处、大专院校、科研出版机构有关人员约200人出席了报告会。(《人民日报·海外版》5·22)

5月22日　深圳和新疆在乌鲁木齐签订《深圳市与新疆维吾尔自治区经济合作协议书》和《深圳与新疆助学基金协议书》。根据协议,双方鼓励深圳企业在新疆建立若干个出口商品货源基地;深圳帮助新疆培训技术和管理人员。深圳市还将在3年内拨款1亿元设立助学专项基金,用于资助新疆家庭经济困难的学生接受教育。(《人民日报》5·23)

5月23日　首都各界举行座谈会,庆祝西藏和平解放50周年。中共中央政治局委员罗干出席座谈会并发表讲话。罗干指出,1951年5月23日,中央人民政府与原西藏地方政府签订了《关于和平解放西藏办法的协议》(简称“十七条协议”),宣告了西藏的和平解放。这标志着祖国大陆的完全解放,中华民族实现了在新的历史条件下的大团结,标志着西藏历史从此掀开新的篇章。同日,西藏自治区党委、人大、政府、政协和西藏军区、武警西藏总队召开座谈会,庆祝西藏和平解放50周年。(《人民日报·海外版》5·24)

中共西藏自治区委员会、西藏自治区人民政府发表文章《历史进步的恢宏画卷——纪念西藏和平解放五十周年》。(《人民日报》5·23)

5月24日　新华社报道:截至2000年底,西藏自治区已有162万农牧民参加了合作医疗,约占全区农牧民总人口的69.8%。在免费医疗原则不变的前提下,经过政策调整,农牧民的医疗水平明显提高。(《光明日报》5·25)

5月25日　“雪域藏珍——西藏文物精华展”在上海开展。上海市委书记黄菊、西藏自治区人民政府主席列确等出席了开幕式。黄菊在开幕式指出,西藏人民对维护祖国统一、促进民族团结作出了巨大贡献,上海将继续做好援藏工作。(《文汇报》5·27)

5月25—30日　中共中央统战部、全国人大民委、国家民委、国务院法制办、全国政协民宗委在北京联合举办民族区域自治法研讨班。(《光明日报》5·29)

5月26日　中国人权研究会发表《美国支持达赖集团分裂活

动剖析》的长篇文章，揭露美国长期支持西藏分裂势力、策动西藏独立的事实和实质，指出“美国已成为达赖集团分裂活动的总后台”，达赖则沦为美国“反华”、“遏制中国”的工具。(《新华每日电讯》5·26)

5月27日　“第四届全国民族医药发展研讨会”在北京闭幕。此次会议的目的是借助西部大开发的机遇，从战略高度研讨民族医药的有关政策、规划和面临的重大问题，以促进民族医药的发展和振兴。(《中国民族报》6·1)

5月28日　由国家民委经济司、湖北省民委、计委和恩施土家族苗族自治州政府联合举办的“西部大开发与恩施大发展”研讨会在湖北恩施召开。来自国家十多个部委的领导、专家学者及企业家150余人出席了会议。(《人民日报·海外版》5·29)

5月29日　新华社报道，中共中央文献研究室、中共西藏自治区委员会和中国藏学研究中心合作编辑的《毛泽东西藏工作文选》由中央文献出版社、中国藏学出版社出版发行。《文选》中有相当多的内容是第一次公开发表。(《西藏日报》5·30)

5月29—30日　第三届全国民族院校领导联席会议在四川省成都市的大邑县举行。会议的主题是“学科建设与新世纪民族院校的发展”。全国11所民族高等院校的党委书记和院(校)长出席了会议。国家民委副主任图道多吉发表了重要讲话。(《中国民族报》6·1)

5月31日　来自全国各地的100名56个民族的少年儿童相聚北京，参加由国家民委、团中央、中国关心下一代工作委员会和全国少工委联合举办的56个少数民族少年儿童相聚首都庆“六一”活动。(《人民日报》6·1)

西南民族学院隆重举行建院50周年庆祝大会。国家民委副主任牟本理在会上宣读了国家民委给西南民族学院的贺信，图道多吉副主任发表了重要讲话。(《中国民族报》6·5)

6月1日　新华社报道:西藏自治区启动历史上最大规模的生态环境保护计划。从现在起到本世纪上半叶,西藏将投入227亿元建设160个重点建设项目,使西藏生态得到改善。目前,西藏已建立了17个大型自然保护区,总面积占全国自然保护区面积的一半。(《人民日报·海外版》6·1)

6月4日　青藏铁路总指挥部在青海省格尔木市成立。西藏自治区政府和青海省政府也分别成立青藏铁路服务领导小组,以支持青藏铁路的建设。(《人民日报》6·5)

6月5日　新华社报道:西藏自治区佛教协会就达赖集团派遣人员制造自焚未遂事件召开宗教界人士座谈会。与会人员对达赖违背宗教教规,以僧人生命为代价,妄图制造血案的罪行表示了极大愤慨。(《人民日报·海外版》6·6)

《中国民族报》报道:历经10余年精心编撰的4卷本《蒙古族文学史》正式出版发行。这部文学史以蒙古文学创作为主干系列叙述,兼及蒙古族的汉文和藏文创作,首次完整地提出和论述了书面文学出现前蒙古族口传文学的7种主要体裁,首次提出并论述了民间文学和书面文学相互转化促进的观点。

6月7日　国务院新闻办公室、国家文物局和故宫博物院在故宫联合举办藏传佛教文物特展招待会。在京的100多位外国驻华使节和跨国集团驻华代表应邀出席。这次展出的200多件藏传佛教文物精品,不仅反映了西藏文化的传统,而且反映了中国古代中央政府与西藏地方政府之间紧密的政治文化联系。(《人民日报》6·8)

中国藏学家代表团在拉脱维亚首都与当地约80名政界、新闻界、外交界人士举行座谈,向他们介绍西藏文化和藏传佛教,受到热烈欢迎。此前,中国藏学家代表团还访问了爱沙尼亚。(《人民日报》6·9)

6月8—12日　国务院总理朱镕基在四川省围绕生态环境建

设和加快民族地区发展进行调查研究。朱镕基总理考察工作时指出,党中央和江泽民总书记非常重视少数民族和民族地区的发展,关心少数民族生活水平的提高,实施西部大开发战略的一个重要着眼点和出发点,就是帮助民族地区加快发展。(《新华每日电讯》6·13)

6月9日　“西藏世纪交响音乐会”组委会主办的“西藏艺术系列讲演”活动在北京大学、中国人民大学和中央音乐学院同时拉开帷幕。(《人民日报》6·10)

6月10日　新华社报道:全面反映过去5年中国藏学研究出版成果的《中国藏学书目三编》由外文出版社出版,并由中国国际图书贸易总公司正式发行。该书是我国1994年和1997年先后出版的大型藏学图书目录——《中国藏学书目(1949—1991)》和《中国藏学书目(1992—1995)》的第三编。(《人民日报》6·11)

6月13日　国务院办公厅在京召开学校对口支援工作经验交流会。会议提出,各地要认真贯彻《国务院关于基础教育改革与发展的决定》,加大学校对口支援工作的力度,促进贫困地区和少数民族地区义务教育的发展。(《光明日报》6·14)

6月13—14日　广州市政府分别向西藏自治区、广西壮族自治区和四川民族地区各捐赠1亿元,以建立助学金的形式,资助当地家庭经济困难的学生上学,支持民族地区教育事业的发展。(《人民日报·海外版》6·15)

6月14日　国务院总理朱镕基到中央民族大学看望各族师生员工,代表党中央、国务院对中央民族大学建校50周年表示热烈祝贺。朱镕基总理勉励中央民族大学要大胆创新,加快发展,为民族地区的繁荣昌盛和国家现代化作出更大贡献。(《人民日报》6·15)

6月16日　中央民族大学56个民族的近万名师生和海内外校友欢聚一堂,庆祝中央民族大学成立50周年。国务院副总理李岚清、国家民委、教育部等分别向民族大学校庆致信祝贺,全国人大常委会副委员长铁木尔·达瓦买提在庆祝大会上发表了重要讲话。50年来,中央民族大学培养了6万多毕业生,他们中的大多数已成为全国各地特别是少数民族地区各条战线的骨干。(《新华每日电讯》6·17)

6月17日　香港特区全国政协委员、全国工商联副主席伍淑清与中央民族大学签署协议,由伍淑清出资500万元成立少数民族学生境外考察奖学金,用于资助55个少数民族学生走出国门,以开拓眼界,了解世界。(《人民日报·海外版》6·18)

6月20日　《团结进步的伟大旗帜——中国共产党80年民族工作回顾》出版座谈会在北京举行。国家民委副主任李晋有、民族问题研究中心总干事文精等参加了座谈会。(《中国民族报》6·26)

6月22日　新疆喀什首届"达瓦孜"民间艺术节开幕。被誉为新疆"高空王"的阿地力在开幕式上展现了维吾尔族民间传统绝技"达瓦孜"的风采。"达瓦孜"为维吾尔语"高空走绳"之意,是难度高、危险性大的空中表演项目。(《人民日报》6·23)

6月24—29日　中央组织部、统战部、中央外宣办、国家经贸委、国家民委、文化部、西藏自治区党委和政府联合主办的《情深意长——全国支援西藏成果展》在北京民族文化宫隆重举行。这是我国第一次举办以全国支援西藏为主题的大型专题展览会。胡锦涛副主席观看了展览并发表了重要讲话。(《人民日报》6·25、26)

6月25日　信息产业部副部长吕新奎在全国人大民族委员会第15次会议透露,我国民族地区未来5年将进一步加快通信基础设施建设,预计完成固定资产投资1200亿元,话机普及率达到25部/百人,移动电话普及率达到10部/百人。(《新华每日电讯》6·26)

6月25—27日　中共中央、国务院在北京召开第四次西藏工作座谈会。江泽民总书记在座谈会强调：西藏的发展和藏族同胞的命运，历来与祖国和中华民族的命运紧紧联系在一起。全党同志必须站在党和国家工作大局的战略高度，扎扎实实地做好新世纪的西藏工作。在中央和全国各族人民的大力支持下，西藏的广大干部群众要共同努力，认真贯彻本次会议的精神，解放思想，实事求是，艰苦奋斗，开拓创新，邓小平同志提出的要使西藏“在中国四个现代化建设中走进前列”的伟大目标，一定能够实现。（《人民日报》6·30）

6月26日　中共国家民委党组发表文章《“三个代表”重要思想是民族工作的根本方针——纪念中国共产党成立80周年》。连日来，全国各地民委和民族地区纷纷开展多种活动，纪念中国共产党成立80周年。（《中国民族报》6·26）

6月28日　全国部分省、市、自治区人大民族工作座谈会在内蒙古首府呼和浩特市举行。会议的主题是：研究和交流在建立和完善社会主义市场经济体制过程中，如何结合当地实际，贯彻实施好民族区域自治法；在新的形势下，人大如何通过立法、监督等工作，促进宗教活动纳入法制轨道。（《内蒙古日报》6·29）

6月29日　青藏铁路开工典礼在青海省格尔木市和西藏自治区首府拉萨市同时举行。中共中央总书记、国家主席江泽民为青藏铁路开工发来贺信。国务院总理朱镕基亲临格尔木市出席开工典礼、发表重要讲话并宣布青藏铁路全线开工。国务院副总理吴邦国在拉萨会场出席了开工典礼。（《人民日报》6·30）

7月1日　位于广西壮族自治区红水河上游的龙滩水电站正式开工。该水电站总投资243亿元，规划总装机容量540万千瓦，是我国建设的第二大水电站，也是我国西部大开发、西电东送的标志性工程，计划2009年工程全部完工。（《新华每日电讯》7·2）

青藏高原第一条高速公路在青海省西宁市顺利试通车。（《新华每日电讯》7·2）

7月2日　新华社报道:国务院副总理吴邦国在西藏自治区考察工作时强调,要认真贯彻执行中央第四次西藏工作座谈会精神,抓住机遇,进一步加快西藏经济社会发展,维护社会稳定。(《人民日报》7·3)

7月3日　国家民委召开在京少数民族代表学习江泽民同志"七一"重要讲话会议。来自首都各界的80多名少数民族代表畅谈了学习体会。与会代表一致表示,一定要认真学习、深刻领会"讲话"精神,统一思想,扎实工作,开拓进取,维护民族团结、维护祖国统一,在党的领导下为在新世纪实现中华民族的伟大复兴而团结奋斗。(《人民日报》7·4)

7月4日　为期两天的中央和国家机关第三批援藏干部培训班在北京结束。中共中央组织部部长曾庆红在看望援藏干部时勉励大家要认真学习江泽民同志"七一"重要讲话,用"三个代表"重要思想指导工作,在落实中央第四次西藏工作座谈会精神中当好"三个代表",为西藏的发展和稳定做出应有的贡献。(《新华每日电讯》7·5)

7月5日　西藏自治区党委召开全区县团及副高级职称以上党员干部大会,传达中央第四次西藏工作座谈会精神。《西藏日报》发表社论《新世纪初西藏工作的行动指南——热烈欢呼中央第四次西藏工作座谈会召开》。(《西藏日报》7·6)

中国民族博物馆等单位主办的"庆祝西藏和平解放50周年书画摄影展"在北京中国美术馆隆重开幕。展览分"情系西藏"、"祝贺西藏"、"魅力西藏"三个系列,展出全国各民族著名书法家为西藏和平解放50周年专门创作的书画新作。(《人民日报·海外版》7·6)

新华社报道:考古工作者在内蒙古自治区敖汉旗发现了一座距今5000多年前的"金字塔"。专家称,这是迄今发现的保存最完整的"红山文化"时期的"金字塔",该发现为研究红山文化的葬制、

宗教祭祀和社会结构等提供了崭新的实物资料。(《新华每日电讯》7·6)

7月6日　西藏自治区社会科学院隆重举行拉萨地区社科界庆祝建党80周年和西藏和平解放50周年学术研讨会暨《格萨尔艺人桑珠说唱本》首发式。自治区党委书记郭金龙在研讨会上指出,社会科学研究要为西藏的跨越式发展和长治久安服务。(《西藏日报》7·9)

7月9日　新华社报道,藏北无人区科考团在尼玛县岗龙乡三村果旺湖附近的考古中发现8处石棺墓葬群。据西藏大学考古人员次旺的分析,这可能是比较原始的遗柱遗址。这一重大发现对于西藏和藏北的历史文化具有很重要的研究价值。(《人民日报》7·10)

《人民日报》报道:中国农科院同西藏自治区签订科技合作协议。根据该协议,中国农科院将最新的科研成果,特别是粮食、蔬菜、林果及其他经济作物、畜禽优良品种、农副产品贮运保鲜、精深加工等实用技术,优先在西藏自治区示范、推广、应用;西藏自治区则向中国农科院无偿提供研究、实验、示范、推广基地与场所。

7月10日　我国第一套少数民族文化研究丛书《彝族文化研究丛书》首发式暨研讨会在北京人民大会堂举行。全国人大副委员长布赫、著名社会学家费孝通等有关领导和数丨位专家学者出席了会议。该丛书由著名彝族史学家刘尧汉先生主编,从1985年第一部问世,到目前已出版了近40本,预计全套出齐共51本。(《中国民族报》7·17)

7月10—13日　全国政协“民族地区旅游资源开发与经济发展研讨会”在北京举行。全国政协副主席杨汝岱、陈俊生,以及来自17个省、自治区、直辖市、自治州政协和旅游局的负责同志,国家计委等13个中央和国家有关部委及研究机构的负责同志参加了研讨会。(《人民政协报》7·11)

7月11日　《人民日报》发表全国人大副委员长铁木尔·达瓦买提的文章:《开创少数民族地区发展新时代——学习江泽民总书记“七一”讲话体会》。

7月15日　全长1480.4公里的日喀则至阿里光缆工程建成开通,从而结束了我国最后一个地区不通光缆的历史,标志着全国所有地区进入光传输通信的时代。至此,西藏的光缆总长6557.4公里,通达全区7个地市的55个县。(《西藏日报》7·16)

7月17日　国家民委和展望计划办公室共同组织的首期民族干部人事管理研修班在上海浦东新区党校开学。参加研修班的共有来自西部等14个省区市,包括蒙古、藏、回、维吾尔、苗、彝、壮、朝鲜等17个少数民族的41名县处级干部。(《中国民族报》7·24)

7月18日　中央人民政府向西藏自治区赠送“民族团结宝鼎”揭幕仪式在西藏人民会堂前广场举行。中共中央总书记江泽民为宝鼎题写鼎名,国家副主席、中央代表团团长胡锦涛为宝鼎揭幕。“民族团结宝鼎”高5米,重约3.5吨,象征着西藏在中国共产党的领导下,各项事业鼎盛发展。(《人民日报》7·19)

7月19日　拉萨各族各界干部群众2万多人在布达拉宫广场隆重集会,热烈庆祝西藏和平解放50周年。中共中央政治局常委、国家副主席、中央代表团团长胡锦涛出席大会并发表了重要讲话,并向西藏自治区赠送了江泽民总书记题写的“祝贺西藏和平解放50周年”金匾。中央代表团副团长王忠禹在大会上宣读了中共中央、全国人大常委会、国务院、全国政协、中央军委为庆祝西藏和平解放50周年发来的贺电。(《人民日报》7·20)

7月22日　《毛泽东西藏工作文选》出版座谈会在拉萨举行。全国政协副主席、中共中央统战部部长王兆国出席会议并发表了重要讲话。(《西藏日报》7·23)

新华社报道,西藏和平解放以来,藏族群众的生活水平有了不断提高,人均寿命由20世纪50年代初的36岁提高到现在的67岁。全区百岁以上的老人达116人,成为中国百岁以上老人最多的省区之一。(《新华每日电讯》7·23)

7月25日　全国民族地区青少年爱国主义教育工作座谈会在西藏拉萨召开。这次会议的任务是:贯彻中央第四次西藏工作座谈会精神,以"三个代表"重要思想为指导,进一步加强新形势下民族地区青少年的爱国主义教育工作。(《人民日报》7·26)

青海玉树藏族自治州4万多名藏族群众和近3000名省内外嘉宾聚集在州府结古镇的扎西科草原,热烈庆祝建州50周年。全国人大常委会、国务院致电祝贺,国家民委副主任图道多吉率领的国务院代表团参加了盛大的庆典。(《青海日报》7·26)

7月25—27日　全国满族自治县政协联系会第二次会议在河北省丰宁满族自治县举行。全国13个满族自治县(市)政协近50人出席了会议。(《人民政协报》7·28)

7月26日　第三届"全国各族青年团结进步杰出(优秀)奖"颁奖大会在拉萨举行。全国人大常委会副委员长帕巴拉·格列朗杰出席大会。才旺仁增等10人获"全国各族青年团结进步杰出奖",范宝等160人获"全国各族青年团结进步优秀奖"。(《人民日报》7·27)

北京大学、国家民委民族问题研究中心、西北民族学院联合主办的中国第六届社会学人类学高级研讨班在西北民族学院开班。著名学者费孝通出席开幕式并作了题为《人类学与21世纪》的主题讲演。(《甘肃日报》7·27)

7月31日　藏民族的首部交响乐——《雅鲁藏布江大峡谷》汇报演出在西藏自治区群艺馆举行。这是历史上第一次如此集中地使用藏族传统乐器、采用西方交响乐的形式来表现藏民族的起源、精神以及今日西藏的新面貌。乐器均出自藏传佛教寺院、宫廷和西藏民间。(《光明日报》8·2)

8月2日 《西藏日报》报道:西藏社会科学院成立以来,藏学研究取得了辉煌成就。专家学者已发表、出版各类专著数百部,各类学术论文和研究报告上千篇,并先后与20多个国家和地区建立了固定的学术关系。

8月2—7日 全国政协民族宗教考察团到青海考察民族宗教工作。考察团指出,青海多民族、多宗教的特点,决定了民族宗教工作在西部大开发中的重要地位;要高度重视和做好民族宗教工作,为西部大开发营造良好的社会环境。(《青海日报》8·11)

8月4日 中国西部地区农业综合开发座谈会在呼和浩特召开。来自甘肃、青海、新疆、云南等西部省、自治区、直辖市的有关部门代表参加了会议。(《内蒙古日报》8·5)

8月6日 新华社报道:我国蒙古学专家最近从敦煌莫高窟北区洞窟中发现的大批文献中整理出一木刻版八思巴文《萨迦格言》。这是继敦煌石窟蒙古文题记之后的又一次重大发现。(《人民日报·海外版》8·8)

8月8日 《光明日报》报道,西北少数民族研究中心在新疆大学成立。该中心为国家级人文社会科学研究基地,由新疆大学和兰州大学集中整合相关科研力量共同组建,其宗旨是:研究西北边疆,服务西部开发,维护边疆稳定,促进各民族繁荣。其研究方向是西北边疆民族语言文化、西北边疆民族社会经济发展、西北边疆民族历史与宗教等。

8月8—12日 2001年中国宁夏投资贸易洽谈会暨枸杞节在银川举行。来自30多个国家和地区以及国内16个省市区的2000多名客商参会,期间共签订投资项目39个,项目总投资25.96亿元,合同引进资金21.04亿元。(《人民日报·海外版》8·14)

8月9日 "金色宝藏"西藏历史文物特展在中国历史博物馆开幕。这次展出的140余件历史和宗教文物,是有史以来在北京展出西藏历史文化变迁和辉煌风貌的最集中、最全面的一次，其中许多文物是第一次赴京展出，甚至是第一次面世。(《中国文物报》8·12)

《西藏日报》报道，全面介绍西藏文化和历史的大型画册《中国西藏文化大图集》已由重庆出版社出版。全书分3册，选入1650余幅珍贵照片，中英文对照介绍文字20余万字。全国政协副主席阿沛·阿旺晋美为图集题写了书名。

8月12日　2001年中国凉山彝族火把节在四川西昌市隆重开幕。火把节是凉山彝族一年一度的传统节日，在西部大开发热潮的推动下，为展示西昌这座举世闻名卫星城的民族文化风情，主办者推陈出新，使火把节成为一台颇具新意和亮点的盛会。(《新华每日电讯》8·13)

8月13日　新华社报道，内蒙古已成为我国最大的生态建设区，农牧民正在向生态环境保护者的角色转变。预计到2010年，内蒙古水土流失和荒漠化可基本得到控制。(《新华每日电讯》8·14)

8月13—15日　全国民委系统"三五"普法总结表彰暨"四五"普法动员会议在重庆召开。国家民委副主任江家福出席会议并发表讲话。来自全国24个省、自治区、直辖市、计划单列市民(宗)委(厅、局)的代表及司法部法制宣传司的代表参加了会议。(《中国民族报》8·31)

8月17日—21　中共中央政治局常委、国家副主席胡锦涛到延边朝鲜族自治州考察工作。胡锦涛在考察工作时指出：对延边这样的边疆少数民族地区来说，促进经济又快又好的发展，不断加强民族团结、保持社会稳定，不仅关系到延边各族人民的利益，而且关系到吉林省和全国的现代化建设，关系到祖国边防巩固和国家安全。(《延边日报》8·22)

第二次全国法院援藏工作座谈会在拉萨举行。最高人民法院

院长肖扬在会议上深刻阐述了法院援藏工作的重要意义,对进一步做好全国法院援藏工作提出了明确要求。(《人民日报》8·27)

“2001年中国凯里芦笙节暨民族服饰文化节”开幕式在贵州省凯里隆重举行。全国人大民委主任王朝文宣布芦笙节开幕。(《贵州日报》8·20)

8月19日 总投资14.47亿元的西藏拉满水利枢纽工程竣工。至此,中央第三次西藏工作座谈会确定的62项援藏工程全部竣工并交付使用。(《人民日报》8·20)

8月26—30日 国家文物局西藏文物工作座谈会在拉萨举行。会议的主题是贯彻落实中央第四次西藏工作座谈会精神,努力促进西藏文物工作全面发展。(《中国文物报》9·14)

8月27日 新华社报道:一所旨在展示和传承基诺族民族文化的“基诺族博物馆”在云南省景洪市基诺族乡巴卡小寨正式落成。据悉,云南省将陆续为本省的25个少数民族各选择一个村寨,建一所本民族的博物馆。(《新华每日电讯》8·27)

9月1日 内蒙古自治区鄂伦春自治旗各族群众隆重集会,热烈庆祝我国第一个少数民族自治旗成立50周年。(《中国民族报》9·7)

9月1—8日 2001年乌鲁木齐对外经济贸易洽谈会在新疆乌鲁木齐举行。全国人大副委员长铁木尔·达瓦买提、全国政协副主席王兆国等领导和5000多名中外嘉宾参加了开幕式。这届乌洽会在对外贸易、外资外经和内联、内贸4个方面都取得了丰硕成果,总成交额近300亿元人民币。(《中国民族报》9·18)

9月3日 新华社报道,新疆维吾尔自治区伊犁河谷的特克斯县城,因其为“世界最大规模的八卦城”而获“大世界吉尼斯之最”奖,被称为“八卦名城”。(《光明日报》9·4)

9月5日 新华社报道,敦煌研究院的专家在西藏萨迦北寺发现一处190平方米的壁画组画,并认为此组壁画是我国古代壁画中的极品。西藏自治区有关人士称，萨迦寺的文物价值可与布达拉宫相媲美，考古发掘工作有待加强。(《人民日报·海外版》9·6)

9月8—12日　国家民委在云南省昆明、丽江、宁蒗召开民族地区电脑农业专家系统推广现场会，向西部民族地区推介云南经验，使电脑农业成为“兴边富民”行动、实施西部大开发的重大举措。(《民族时报》9·12)

9月10日　中共西藏自治区第六次代表大会在拉萨隆重开幕。郭金龙在向大会作的报告中提出，新世纪西藏的主要任务是：紧紧抓住实施西部大开发战略和西藏社会局势基本稳定的良好机遇，着眼于西藏的繁荣进步和长治久安，集中力量解决事关西藏发展稳定全局的重大问题，切实加强党的建设，促进西藏经济从加快发展到跨越式发展，促进西藏社会局势从基本稳定到长治久安。(《西藏日报》9·11)

9月11日　“蒙古文化”网站及蒙古文互联网应用技术通过了内蒙古自治区科技厅组织的专家鉴定。该项技术首次实现了蒙古文在互联网上的浏览、传输、编辑、显示和打印等，填补了在互联网上使用蒙古文的空白。(《内蒙古日报》9·20)

9月12日　中国西藏信息中心(www.tibetinfor.com)藏文版正式开通，为海内外藏胞以及懂得藏语的人们了解西藏又开辟了一个窗口。(《人民日报》9·13)

9月15日　第二届全国少数民族文艺会演在北京隆重开幕。这是继1980年第一届全国少数民族文艺会演后，又一次民族文艺的盛会。江泽民等党和国家领导人出席开幕式并观看了演出。来自全国31个省、自治区、直辖市，新疆生产建设兵团，香港、澳门、台湾，解放军以及中央民族歌舞团等37个代表团，包括56个民族的3500名文艺工作者将欢聚北京，演出42台优秀剧(节)目，集中展示改革开放20年来少数民族艺术事业的辉煌成就。(《人民日

报》9·16)

9月17日　《内蒙古日报》报道,内蒙古自治区利用风力发电取得了重大进展。目前全区小型风力发电机发展到13万多台,为60多万户农牧民解决了基本生活用电问题,装机容量、发电量和推广应用程度均居全国首位。

9月18日　新华社西藏分社在拉萨隆重举行成立50周年大会。西藏人民出版社举行建社30周年庆祝大会。(《西藏日报》9·19)

青海省委、省政府召开省直机关《民族区域自治法》宣传月活动动员大会。会议要求全省各地区、各单位加强领导、精心组织,结合工作实际,制定开展民族区域自治法宣传月活动的规划,认真组织实施。(《青海日报》9·19)

9月19日　《西藏日报》报道,第四届全国藏文报协作会议在日喀则闭幕。会议期间,来自五省区13家报社的30多位代表相互交流了各自的经验,探讨了藏文新闻报道中的新词、术语翻译的规范化等问题,并对优秀作品给予了表彰。

9月20—22日　全国第二届"草原杯"蒙古族长调歌曲大赛在锡林浩特举行。全国人大常委会副委员长布赫为大赛题写会名。蒙古族长调历史悠久、博大精深,其辽阔悠长、跌宕起伏的旋律,强烈的抒情性、史诗性与深刻的思想性,使长调成为蒙古族草原游牧艺术中最光彩和富有魅力的艺术之一。(《内蒙古日报》9·24)

9月21日　全国社会科学院院长联席会议在乌鲁木齐召开。30个省市自治区及部分计划单列市、省会城市的社会科学院院长90余人汇聚乌鲁木齐,共商新疆西部大开发及繁荣哲学社会科学事业大计。(《新疆日报》9·23)

9月22—26日　2001年乌鲁木齐丝绸之路国际服装服饰节在新疆国际博览中心举行。海内外240多个生产厂商的1000多个知名品牌服装服饰参加了展览。服装节期间还举办了时尚服装表演、服饰舞蹈晚会和中亚地区服装市场论坛等活动。(《新疆日报》9·23)

9月23日 “新世纪成吉思汗收藏珍品新闻发布会”在北京人民大会堂举行。全国人大常委会副委员长布赫、全国政协副主席赵南起出席了会议。这套成吉思汗收藏珍品是由中国收藏家协会监制、内蒙古政协经济委员会和内蒙古成吉思汗陵园管理局联合发行。(《人民政协报》9·24)

9月24日 新华社报道,交通部部长黄镇东宣布,从今年开始的3年内,国家和地方将共同投资约39亿元,在四川省甘孜藏族自治州、阿坝藏族羌族自治州、凉山彝族自治州境内建设总里程为4505公里的49个项目,从而使四川少数民族地区的公路交通条件有明显改善。(《新华每日电讯》9·24)

国家电力公司在四川省都江堰市召开援藏工作座谈会,贯彻中央第四次西藏工作座谈会精神。会议确定,“十五”期间国家电力公司将重点帮助西藏建设一个工程(通过建设光伏发电、小水电、地热、风电等项目,实施“光明工程”)、两个电网、三条线路和4座电站,努力提高农牧区乡村的通电率。(《西藏日报》9·25)

9月25日 第二届全国少数民族文艺会演评奖结果揭晓。内蒙古自治区代表团民族歌舞《千里草原多秀美》等剧(节)目以及部分演出单位和个人获得各类奖项。广西代表团民族歌舞《漓江诗情》等15台剧(节)目获第二届全国少数民族文艺创作金奖、演出金奖、舞美金奖;新疆代表团大型音乐舞蹈史诗《多浪之化》等12台获创作金奖、演出金奖;青海代表团民族风情组舞《高天厚土》等3台获创作金奖、演出银奖;宁夏代表团大型歌舞《回之韵》等10台获创作银奖、演出金奖。迪尼娜尔等84位演员获优秀演员奖,德吉曲珍等101位演员获优秀新人奖。(《新华每日电讯》9·26)

青海省海北藏族自治州召开第四次民族团结进步表彰大会。会议表彰了1986年以来在民族团结进步事业中做出显著成绩的先进集体和先进个人,提出了今后一个时期民族团结进步工作的主要任务,研究部署了新形势下的民族工作。(《青海日报》10·7)

9月26日 《内蒙古日报》报道,我国少数民族第一个多功能办公软件"蒙文WPSoffice—多功能办公组合"开发成功。该软件是包括汉、蒙、满、锡伯等多民族语言文字在内并兼容国际通用语言的大型基础应用软件组合,不仅可以应用于世界范围的蒙古学研究,而且也适用于我国各类民族院校的远程教育。全国人大副委员长布赫对软件的开发成功表示祝贺。

西藏人民广播电台试播康巴语节目。(《西藏日报》9·29)

9月27—28日 全国少数民族首府城市市长联席会第十五次会议在内蒙古鄂尔多斯市召开。会议就民族地区如何实施开放带动和资源转换战略,促进经济发展与社会进步,缩小与发达地区差距等问题进行探讨,并对招商引资等问题进行了交流。(《内蒙古日报》10·3)

9月28日 内蒙古鄂尔多斯市各族干部群众隆重举行撤盟设市庆祝大会。新设的鄂尔多斯市人口139万,其前身是具有悠久历史和灿烂文化的伊克昭盟。(《内蒙古日报》9·29)

9月29日 内蒙古自治区人民政府和国家民委联合主办的"内蒙古绿色(特色)产品展销会暨经贸洽谈会"在北京民族文化宫开幕。(《人民日报·海外版》10·3)

10月1日 北京中华民族博物院暨中华民族园正式全面开放。该院(园)占地50公顷,总投资8亿元,可全方位展现56个民族的历史文化,是世界上规模最大的人类学博物院。(《光明日报》10·2)

中国民族艺术团在南联盟贝尔格莱德的科拉尔兹音乐厅举行抵南后的首场演出,受到观众的热烈欢迎。这次访南的中国民族艺术团由西藏阿里地区象雄艺术团和甘肃敦煌艺术剧院的演员联合组成，在贝尔格莱德等几个城市进行5场巡回演出。(《光明日报》10·8)

10月2日　《中国民族报》报道，国家民委发出通知，要求各级民委以中央扶贫开发工作会议为动力和契机，抓住机遇，做好新一轮的扶贫开发工作。

10月2—3日　全国人大常委会委员长李鹏前往重庆市酉阳土家族苗族自治县，亲切看望老区的各族干部群众，向大家致以节日的问候。他希望老区各族人民继续发扬优良传统，艰苦奋斗，开拓进取，把山清水秀的家园建设好，过上幸福的生活。(《人民日报》10·5)

10月3日　新华社报道，维吾尔族姑娘古丽祖合热·艾白都拉跑步横穿塔克拉玛干大沙漠，以这种特殊方式向祖国母亲52岁生日献礼。(《新疆日报》10·4)

10月8—19日　联合国教科文组织亚太地区文化遗产管理年会在云南丽江古城召开。拥有丰富独特自然景观和民俗文化的泸沽湖摩梭风情将向联合国教科文组织申报世界自然文化遗产。(《人民日报·海外版》10·26)

10月9日　《中国民族报》报道，四川省民族工作会议日前在成都召开。会议提出，要全面贯彻江总书记"七一"重要讲话、中央民族工作会议和中央第四次西藏工作会议精神，把握新机遇，确立新思路，全面部署四川省民族工作，努力实现全省民族地区的跨越式发展和长治久安。

10月10日　纪念中央民族卫生工作大队赴藏区巡回医疗50周年座谈会在北京人民大会堂举行。国家民委主任李德洙主持会议。卫生部部长张文康在座谈会上高度赞扬了中央民族卫生工作大队当年赴藏区巡回医疗的壮举，称赞他们为推行党的民族政策，发展藏区卫生事业，促进民族团结做出了突出贡献。(《人民政协

报》10·11)

《人民日报》报道:西藏教育进入了快速发展阶段,目前已形成从小学到大学包括幼儿、成人、职业技术、特殊教育等较为齐全的现代民族教育体系。

10月10—11日　以“联手大开放、开发大西南”为主题的六省区市七方经济协调会第十七次会议在成都举行。会议就加快交通通信基础设施建设、联合构建大通道;联合搞好生态环境保护和建设,构筑长江珠江生态屏障;联合开发大西南旅游;大力开发西南地区电力能源,联合推进西电东送等4个方面达成共识。(《人民日报》10·14)

10月10—12日　第十二次全国19城市民委主任联席会议在北京召开。来自北京、上海、天津等19城市的民委主任和有关负责人出席了联席会。会议围绕着新世纪城市民族工作发展趋势和对策、民族法制建设两大主题,深入研究和探讨了新形势下城市民族工作面临的机遇和挑战。(《北京日报》10·11)

10月11日　广西壮族自治区百色水利枢纽工程正式开工。这项工程是一座以防洪为主,兼顾发电、灌溉、航运、供水等综合利用的大型水利枢纽,水库库容56.6亿立方米,装机容量54万千瓦,总投资47亿元,是我国实施西部大开发战略的重要标志性工程之一。(《新华每日电讯》10·12)

10月11—15日　中国西藏—尼泊尔王国经贸洽谈会在拉萨举行。中尼双方在本届经贸洽谈会期间签订进出口贸易合同总额804.73万美元,实现产品销售总额6.5万美元;达成合资合作项目总额86.84万美元。(《西藏日报》10·16)

10月12—13日　新疆维吾尔自治区培训培养爱国宗教人士现场工作会议在阿克苏举行。会议要求贯彻“三个代表”重要思想,把培训、培养爱国宗教人士的工作不断引向深入,努力提高宗教工作水平。(《新疆日报》10·15)

10月13日　第三届中国特产文化节在云南省文山壮族苗族自治州闭幕。2500多家中外客商参加了这次盛会。文化节期间文山州共达成招商引资签约项目47个,总投资69.7亿元,其中引进资金56.3亿元;商品贸易成交额达20.6亿元。(《云南日报》10·14)

10月15—28日　全国少数民族自治州州长参观团赴广东、浙江参观考察。参观团的成员由全国25个自治州的州长、副州长和人大副主任组成,重点是考察学习两省改革开放的先进经验和发展非公有制经济的经验和做法。(《中国民族报》11·2)

10月15日　西藏高原第一所现代学校昌都实验小学庆祝50华诞。(《西藏日报》10·17)

10月17日　《内蒙古日报》报道,内蒙古自治区苏木、乡、镇调整撤并工作圆满结束。截至8月中旬,全区苏木、乡、镇总数由撤并前的1564个减少到1227个,撤并幅度为21.7%,实现了精简机构,减少了基层行政人员和财政支出,达到了减轻农牧民负担的目的。

10月18日　新华社报道,现代太阳能发电设备逐渐走进平均海拔5000米、面积20万平方公里的藏北"无人区",解决了干部群众家庭照明、看电视等生活用电问题,使生活在这里的藏族群众结束了祖祖辈辈靠点酥油灯照明的历史。(《光明日报》10·19)

10月21日　新华社报道:从1994年到2000年,国家共向内蒙古、广西、西藏、宁夏、新疆、云南、青海、贵州等八个民族省区投入扶贫资金432.5亿元,仅到1999年,少数民族贫困地区的贫困人口就从4500万人减少到1400万人,少数民族贫困县人均纯收入增加了210%,达到1255.43元。扶贫开发工作成效显著。(《人民日报·海外版》10·23)

10月24日　拉卜楞寺最重要的大型佛殿之一的宗喀巴佛殿维修工程竣工。据悉,1990年国家曾经拨款1200万元维修拉卜楞寺遭火毁的大经堂。这次宗喀巴佛殿的维修又一次体现了党的民族宗教政策对拉卜楞寺众僧和广大信教群众的关心。(《甘肃日报》10·26)

10月25日　青海油田勘探人员在柴达木盆地涩北地区又发现了一个大气田。气田地面构造500平方公里,是柴达木盆地目前发现的最大气田。据悉,柴达木盆地的天然气地质储量已突破5000亿立方米,继新疆、内蒙古、四川之后跨入全国四大气田行列。(《人民日报》10·26)

10月26日　云南民族学院隆重庆祝建院50周年。50年来,云南民族学院为全省培养了3.8万多名民族干部和各类人才,其中85%以上的毕业生都回到民族地区,成为各条战线的中坚力量。(《云南日报》10·27)

大型民族歌舞《金色岁月》在西藏人民会堂举行修改后的汇报演出。歌舞共分“金色年华”、“火红年代”、“鱼水情深”、“走向辉煌”四个部分,选取了新西藏各个历史时期最具代表性而又广为流传的歌曲和舞蹈作品,具有强烈的艺术震撼力和鲜明的时代精神,充分表达了全区各族人民对中央三代领导集体和全国人民的感激之情。(《西藏日报》10·27)

10月31日　全国政协副主席、中央统战部部长王兆国,全国政协副主席阿沛·阿旺晋美在北京会见西藏民族宗教界爱国人士参观团。参观团由来自西藏的藏族、门巴族和珞巴族等民族的代表人士和各教派、各大寺庙的高僧、活佛共36人组成,从10月10日开始,先后到广东、福建、北京等地参观学习。(《人民政协报》11·2)

新华社报道,国家863计划重点研究项目——中华民族基因组课题的一项DNA研究成果表明,海南黎族人和台湾四少数民族有着共同的祖先——7000多年前发源于浙江河姆渡的百越人,因此他们是“兄弟”关系。(《新华每日电讯》11·1)

新疆人民广播电台维、汉、哈、蒙、柯5种语言节目及卫星经济、音乐广播全部实现了网上同步播出(http: www. xjbs. com. cn)。这使新疆人民广播电台的节目覆盖了全球,结束了只能通过收音机收听新疆人民广播电台节目的历史。(《新疆日报》11·3)

11月1日　贵州省第二届少数民族文艺会演在贵阳开幕。这次会演共有9个代表团700人参加,节目汇集了全省各民族优秀艺术成果,是贵州省举办各类会演以来规模最大的一次。(《贵州日报》11·2)

11月2日　联合国教科文组织第31届大会通过决议,正式将中国著名长篇英雄史诗《格萨尔王传》列入该组织2002—2003年间的周年纪念名单,支持和参与中国政府对这部藏族口承史诗创作千年的纪念活动。(《人民日报》11·3)

11月3日　首届新疆旅游纪念品设计大赛揭晓。在参赛的952种1900多件作品中,共评选出8个金奖作品、12个银奖作品和60个优秀作品。这些获奖作品既体现了新疆丰富的旅游资源,也体现了新疆民族文化和历史文化的丰富内涵。(《新疆日报》11·4)

11月4日　《人民日报》报道:西藏自治区人民政府宣布:在税费减免、土地征用、施工电力、运输保障和简化办事程序等方面,对口援藏项目建设享受优惠政策。

11月5日　新华社报道:“十五”期间,西藏将投资200多亿元,建设67个重点公路项目和32个一般公路项目,计划到“十五”期末,使全区公路通车总里程达到3万公里。(《新华每日电讯》11·5)

11月6日　《中国民族报》报道,云南、贵州两省少数民族森林管理研讨会在贵阳举行。会议决定成立云贵林业乡土文化研究课题组,并决定率先启动苗族、哈尼族、侗族等5个少数民族的传统森林文化及其利用乡土知识保护和管理森林资源的调研课题。

内蒙古民族歌舞剧院的大型民族风情歌舞节目《草原情》结束了在北京、上海的演出返回呼和浩特。《草原情》饱含蒙古民族文化的深厚底蕴,集艺术性、民族性和观赏性于一体,艺术地展现了内蒙古人民的精神风貌,在京沪两地演出期间受到观众的热烈欢迎和文化部领导的高度赞扬。(《内蒙古日报》11·11)

11月7日　西藏自治区"村村通"工作会议在拉萨召开。据悉,西藏自治区有望在3年内实现村村通广播、电视的目标,85%以上的农牧民将收听和收看到清晰的广播电视节目。(《西藏日报》11·8)

11月8日　国务院新闻办公室发表《西藏的现代化发展》白皮书。白皮书全文16,000字,分西藏社会发展的跨越式发展、西藏现代化的发展成就、西藏现代化发展的历史必然性3个部分。白皮书用大量事实和最新统计数据说明半个世纪以来,在中央政府和全国人民的支援下,经过西藏各族人民不懈努力,西藏在现代化发展的道路上不断前进,取得了举世瞩目的辉煌成就。(《人民日报》11·9)

鄂温克民族教育基金会在内蒙古鄂温克自治旗正式成立。该基金会的目的是促进民族教育,保障奖励优秀人才,资助贫困生上学。(《中国民族报》11·16)

11月10日　2001年南宁国际民歌艺术节在自治区体育馆隆重开幕。全国人大副委员长田纪云、程思远等领导人和中外嘉宾、艺术家等观看了开幕式大型文艺晚会。这届国际民歌节突出了国际性、民族性和现代性特色,来自西班牙、俄罗斯、韩国、澳大利亚和美国的艺术家也以不同风格的表演展示了各自民族的文化魅力和艺术风情。(《广西日报》11·11)

11月11日　第十一届"孔雀奖"少数民族声乐大赛暨全国少数民族器乐展演颁奖晚会在广西南宁举行。(《广西日报》11·12)

11月13日　《中国民族报》报道:福建省委组织部、统战部,省人事厅、民族宗教厅联合下发了《2001—2005年培养选拔少数民族干部工作规划》。规划提出:至2005年,县、乡级以上党政领导班子中45岁以下的少数民族干部文化程度要达到大专以上。

11月17日　全国少数民族参观团开始对江苏、上海、浙江、湖北4省市的部分高校进行为期半个月的参观考察。参观团的成员来自全国22所民族院校及民族地方高校,包括院校领导、有突出贡献的专家、学科带头人、教学或科研骨干等。(《中国民族报》11·20)

广西壮族自治区与天津市就共同联手实施西部大开发,加强工业、农业、经贸、基础设施以及科技人才等七个方面的合作签署会谈纪要,并举行了投资总额达11.22亿元的24个重点合作项目的签约仪式。(《广西日报》11·18)

11月19日　为期5天的国家民委系统"WTO与民族经济业务培训班"在北京开班。国家民委副主任牟本理在开班仪式上提出:摆在民族经济工作者面前的一个重要而紧迫的任务,就是要按照"三个代表"的要求,正确分析加入WTO给中国少数民族和民族地区带来的机遇与挑战,确保民族地区经济持续、健康、快速发展。(《中国民族报》11·20)

11月20日　"中国西藏文化周"在澳大利亚的墨尔本开幕。文化周的主要内容包括图片、唐卡展,电影、电视展播,西藏歌舞演出3个部分。此次"中国西藏文化周"活动还分别在悉尼和新西兰的奥克兰举办。(《人民日报·海外版》11·16、22)

11月20日　由中央组织部、中央统战部和国家民委联合组织的2001年西部地区和其他少数民族地区挂职干部培训班在北京举行座谈会。据悉,参加本年度挂职锻炼的干部有418人,其中少数民族干部203人,他们分别在中央国家机关58个部委局办、3个直辖市、5个省、15个副省级城市挂职锻炼。(《人民日报》11·21)

11月21日 广西龙胜各族自治县成立50周年。全国人大民委、国家民委的代表,自治区代表团和海内外嘉宾共6000多人参加了隆重的庆祝大会。(《广西日报》11·22)

11月23日 《中国民族报》报道:内蒙古自治区政府召开贯彻落实《国务院办公厅关于扶持人口较少民族发展问题的复函》会议,专门研究扶持鄂温克、鄂伦春、俄罗斯等3个人口在10万以下少数民族的发展问题。

11月24日 新华社报道:内蒙古自治区出台扶贫规划,将用10年时间解决110万贫困人口的温饱问题,并帮助初步解决温饱的270万贫困人口实现稳定脱贫。(《人民日报·海外版》11·26)

11月26日 全国民族乡工作座谈会在北京召开。这是新中国成立以来第一次举行这样的会议。来自全国各地的120多名民族工作者及部分民族乡镇代表参加了会议。据悉,民族乡作为民族区域自治制度的一种补充形式得到了长足发展。到去年底,我国民族乡镇达1213个,人均纯收入达1674元,实现了由贫困型向小康型的转化。民族乡少数民族人口为948万,约占全国杂散居少数民族人口的三分之一。(《中国民族报》11·28)

11月28日 《人民日报》报道:国家计委下拨7000万元专项资金,用于青海藏区基础教育和卫生事业。其中,专项补助青海藏区基础教育及其基础设施建设资金2000万元,青海"藏区卫生专项资金"5000万元。

《中国民族年鉴》出版座谈会在北京召开。创刊于1995年的《中国民族年鉴》是一部全面反映我国55个少数民族、民族工作、各民族自治地方社会经济发展状况的综合性年鉴,在宣传我国民族政策、展示民族工作成就等方面发挥了重要作用。(《中国民族报》12·4)

11月29日 中南民族学院庆祝50周年华诞。国家民委、教育部分别致电祝贺。中南民族学院现有苗、瑶、壮、黎、藏、维、土家、畲等30个民族的全日制在校生1.1万人，现已发展成为我国目前规模较大的综合性少数民族高等学府。(《人民日报》11·30)

《新疆日报》报道，"新疆统计信息社会公众网"(www.xjtj.com.cn)正式开通。该网站不仅能查询新疆经济运行中的月度、年度的各类指标数据，还可查阅有关专家对经济运行态势及热点的分析评价。

11月30日　首次以艺术家全方位、近距离的眼光聚焦民族地区，展示民族风采的《团结·友爱》多民族题材书画作品暨影像艺术展在北京正式启动。(《人民政协报》12·1)

12月4日　新华社报道：连接成都，经贵阳、南宁至北海的西南公路出海通道11月底全线贯通。我国西部地区第一条跨省区高标准大通道的建成通车，结束了中国交通版图上西部地区没有国道主干线的历史。(《新华每日电讯》12·5)

12月5日　新华社报道：我国学者张永海经过10多年的潜心研究，破解了《玛纳斯》中的"北京"之迷及其产生年代之迷。张永海经过多方考证证明，《玛纳斯》就是柯尔克孜的真实历史，从《玛纳斯》中可以抉择剔出历史文献中失记的10—12世纪柯尔克孜人300年的历史。(《新华每日电讯》12·6)

12月6日　全国人大举办的"学习宣传民族区域自治法座谈会"在北京举行。李鹏委员长在出席座谈会时强调，民族区域自治是我们党创立、坚持并努力加以完善的国家的一项基本政治制度，民族区域自治法是坚持和完善这一制度的基本法律。我国实行民族区域自治制度是我国国情要求的。在当前和今后相当长的时期，全面贯彻落实民族区域自治法，对于巩固和发展各民族的大团结具有极为重要的意义。(《人民日报》12·7)

西藏昌都金河水电站正式开工。这是国家"十五"计划在西藏投资兴建的第一个重点能源项目，国家共投资8亿元，总装机容量60万千瓦。(《人民日报》12·8)

12月7日　西藏民族歌舞团的大型史诗式西藏乐舞《珠穆朗玛》在香港文化中心大剧院举行首场演出,受到香港各界人士的热烈欢迎。(《西藏日报》12·14)

12月10—12日　全国宗教工作会议在北京举行。江泽民总书记在会议上强调,宗教工作在党和国家事业发展的大局中有着重要的地位。新世纪初宗教工作的基本任务是:全面贯彻党的宗教信仰自由政策,依法管理宗教事务,积极引导宗教与社会主义社会相适应,坚持独立自主自办的原则,巩固和发展党同宗教界的爱国统一战线。(《人民日报》12·13)

12月12日　青海省玛多县黄河源水电站第一台机组正式发电,这标志着青海省最后一个无电县告别了长期无电的历史。(《青海日报》12·14)

12月13日　全国宗教厅局长会议在北京举行。会议的主要目的是学习贯彻全国宗教会议精神。国务委员司马义·艾买提出席会议并发表重要讲话。(《人民政协报》12·14)

第三届民族好新闻评选在北京揭晓。由国家民委组织的这次评选,共收到中央新闻单位推荐的参评作品114件,最终评选出特别奖2件,一等奖15件。(《人民政协报》12·15)

12月14日　"国家图书馆馆藏民族古文献珍品暨北京市民族古籍工作展"在北京开幕。据悉,早在1909年,国家图书馆的前身京师图书馆在筹建之初便开始了少数民族文献的收集,到目前为止,国家图书馆共收藏中国少数民族文献共16个文种34000余册。这次展览特设专柜陈列了3种文献,其中两件尚不知是何种文字,而另一种则是用汉字记录的一种尚不知名的少数民族文字,主办者将其展出希望得到有"识"之士的指教。(《光明日报》12·15)

12月15日　由西北民族学院于洪志教授指导的"藏、汉、英多功能组合软件"科研课题通过了甘肃省科技厅组织的专家鉴定。

专家们一致认为,该成果在藏文信息技术领域和藏文教育信息技术领域达到了国际先进水平。(《甘肃日报》12·16)

12月18日　民族民间文化保护与立法研讨会在北京召开。来自丹麦、埃及、俄罗斯、美国等10多个国家和国内有关部门70余人参加了会议。与会代表探讨了保护民族民间文化的理想模式,以推动各国民族民间文化的保护与立法。(《人民日报·海外版》12·19)

12月19日　第三届青藏高原青年科技奖颁奖仪式在北京举行。10名在青藏高原科学研究和科学实验工作中取得突出成绩的青年科技工作者获得此项荣誉。(《光明日报》12·21)

12月20日　国务院西部开发办公室发布《关于西部大开发若干政策措施的实施意见》。实施意见分为20个部分,共70条,细化了实施西部大开发的政策措施。(《人民日报》12·21)

内蒙古自治区学习使用蒙古语文先进集体和先进个人表彰大会在呼和浩特召开。会议号召全区各族干部群众以先进为榜样,进一步落实党的民族政策和民族语文政策,继续做好学习使用民族语文的各项工作。(《内蒙古日报》12·21)

内蒙古土默特文化研究会正式成立。该研究会将以继承和弘扬土默特优秀文化传统为目标,深入探索土默特地区千百年来在人文地理、历史沿革、经济发展、民族风俗、宗教哲学等诸多领域的丰富文化遗产及其发展规律。(《内蒙古日报》12·22)

12月22日　全国农业援藏工作座谈会在北京闭幕。会议期间,全国14个对口援藏省市与西藏自治区共签订了38个援藏项目协议。(《西藏日报》12·24)

12月25日　河北省各族各界群众隆重集会,纪念民族英雄马本斋诞辰100周年。(《中国民族报》12·28)

12月31日　上海市统计局发布的最新统计数据显示:近10年来,上海市少数民族人口规模扩大了2/3,全市现在已有53个少数民族。浦东新区成为全市少数民族最多的一个区,占全市少数民族人口的 12.5%。(《人民日报·海外版》2002·1·1)

（龙远蔚、桂小琳）